北京外国语大学"双一流"建设重大标志性科研项目（2020）成果

"妇女、和平与安全"研究丛书

李英桃　主编

DOCUMENT COMPILATION ON WOMEN, PEACE AND SECURITY
United Nations Volume

妇女、和平与安全文件汇编

（联合国卷）

李英桃　张瀚之　主编

社会科学文献出版社

SOCIAL SCIENCES ACADEMIC PRESS (CHINA)

"妇女、和平与安全"研究丛书序言（一）

袁　明[*]

每一个人，都在参与自己所处时代的实践，在这一点上，古人和今人没有什么区别。但是带着性别意识并自觉投身于和平与安全的实践，让世界更美好，则是今人不同于古人的地方，这在女性身上体现得更为突出。我们说起"现代性"时，女性议题是绕不过去的。女性议题一定是一个未来议题。

我在担任联合国基金会中国理事期间，接触到大量关于女性问题的计划、报告和项目，其覆盖面相当广阔，包括健康、教育、反暴力，甚至清洁炉灶等等。参与并领导这些活动的，也大多为女性。我至今仍记得，联合国秘书长古特雷斯履新之后，很快任命了一批助手，其中有一位女性"青年联络者"，她来自斯里兰卡，目光坚定而自信。我们了解到，在不到两周的时间里，她已经在网络上组织起几百万名志愿者，一问她的年龄，得知才26岁。这样的例子还有很多，可见世界的进步。

生活是最好的教科书。当下肆虐世界的新冠肺炎疫情，提醒我们必须注意人类进步途中的艰险和困难。在联合国大会纪念北京世界妇女大会25周年高级别会议上，习近平主席有这样一段特别表述："妇女是人类文明的开创者、社会进步的推动者，在各行各业书写着不平凡的成就。我们正在抗击新冠肺炎疫情，广大

* 袁明，1945年生，北京大学燕京学堂院长，北京大学国际关系学院教授，博士生导师。

女性医务人员、疾控人员、科技人员、社区工作者、志愿者等不畏艰险、日夜奋战，坚守在疫情防控第一线，用勤劳和智慧书写着保护生命、拯救生命的壮丽诗篇。……正是成千上万这样的中国女性，白衣执甲，逆行而上，以勇气和辛劳诠释了医者仁心，用担当和奉献换来了山河无恙。"[1] 这一伟大的当代实践，值得研究并大书特书，这也是中国女性研究者的时代责任。

这个未来议题，应当是跨学科的。未来的女性研究若只在政治学单一领域内开展，发展的空间会很有限。只有突破学科樊篱，从多个视角来观察和推动，才能真正把女性研究这个大题目做出世界水平和中国味道来。我想这也正是这套丛书的意义所在。

是为序。

2020 年 11 月 2 日

1.《习近平在联合国成立75周年系列高级别会议上的讲话》，人民出版社，2020，第19～20页。

"妇女、和平与安全"研究丛书序言（二）

裘援平 *

人类社会已经进入全球化时代，各国相互依存、利益交融的"地球村"形成，国际社会生态链、产业链、供应链连为一体，世界呈现一损俱损、一荣俱荣的局面。全球化时代的和平与安全问题，越来越具有全球性和普遍性，即便是原有的传统安全问题，也须用全球化思维寻求解决之道。

我们看到，领土主权和海洋权益争端仍然是最敏感的安全问题，全球和区域大国的战略角逐仍在持续，各类矛盾引发的局部冲突和产生的热点问题不断，意识形态和政治制度偏见挥之不去，集团对峙、军事结盟和冷战热战等旧时代的痼疾仍然存在。与此同时，国家群体乃至整个人类共同面临的非传统安全问题大量产生，越来越成为各国和国际安全的核心问题。21世纪以来发生的几次世界性危机，涉及人类公共卫生健康、国际经济金融安全和大规模杀伤性武器扩散，再加上气候变化、自然灾害、饥饿贫困、跨国犯罪、恐怖主义、网络安全、人口激增和大量迁徙以及能源资源和粮食安全等问题，对人类社会构成前所未有的威胁和挑战。而应对这些挑战的全球治理及相关机制，已然滞后于时代的发展变化，也受到旧安全观的限制。国际社会正是在应对共同挑战的过程中，积蓄着全球治理

* 裘援平，1953年生，法学博士，博士生导师，现任全国政协常委、港澳台侨委员会副主任，曾任国务院侨务办公室主任、中央外事办公室常务副主任等职务。

和国际合作的力量，凝聚着对构建人类命运共同体的共识。

妇女是人类社会的创造者、世界文明的开创者、全球进步的推动者，是捍卫国际和平与安全、推动世界经济发展的重要力量。妇女自身和妇女事业的发展，离不开和平安宁的国际环境。2000年联合国安理会通过的第1325（2000）号决议及其后续决议，关注那些受武装冲突不利影响的人，包括难民和各国的流离失所者，特别是妇女和儿童；指出妇女在预防和解决冲突及建设和平方面有着重要作用，亟须将性别观念纳入维护和平行动的主流。当前，在不稳定和不确定的国际形势下，第1325（2000）号决议的重要性更加凸显，将决议及其后续决议的承诺变成现实，仍是联合国和世界各国的重要任务之一。

2020年，正值联合国第四次世界妇女大会《北京宣言》和《行动纲领》通过25周年、第1325（2000）号决议通过20周年，中国国家主席习近平在联合国大会纪念北京世界妇女大会25周年高级别会议上的讲话中强调，保障妇女权益必须上升为国家意志，加强全球妇女事业合作。[1] 在2020年10月联合国举行的妇女、和平与安全问题公开辩论会上，中国常驻联合国代表也强调，应该继续支持妇女在和平与安全领域发挥重要作用，呼吁为"妇女、和平与安全"议程注入新动力。妇女、和平与安全研究要为此做出应有的贡献。

作为北京外国语大学"双一流"建设重大标志性科研项目成果，"妇女、和平与安全"研究丛书是中国第一套"妇女、和平与安全"议程研究丛书。丛书内容涵盖联合国，中、俄、英、法等联合国安理会常任理事国，以及欧洲、亚洲和非洲各类国际关系行为体在人类追求和平与安全的历史进程中，推动妇女、和平与安全的努力，落实第1325（2000）号决议、推动性别平等的具体实践。

丛书的出版在三个方面对中国国际关系研究做出贡献：第一，深化中国妇女、和平与安全理论研究；第二，丰富中国的联合国和区域国别研究；第三，为中国落实"妇女、和平与安全"议程提供决策参考和对策建议。丛书的出版也展现出北京外国语大学在该领域的研究优势。

1.《习近平在联合国成立75周年系列高级别会议上的讲话》，人民出版社，2020，第21页、22页。

在祝贺丛书出版的同时，期待北京外国语大学的研究团队在妇女、和平与安全研究领域取得更优异的成绩，为中国国际关系研究做出更大贡献，为中国落实"妇女、和平与安全"议程提供有价值的国际经验和切实的对策建议。

2020 年 12 月 4 日

"妇女、和平与安全"研究丛书总论

和平与安全是全人类孜孜以求的共同目标，妇女解放与性别平等是各国妇女运动持续奋斗的方向。冷战结束后，国际社会推进全球性别平等、实现和平与安全的历史进程中有两个具有里程碑意义的事件。一是1995年9月4～15日，中国北京承办的联合国第四次世界妇女大会（以下简称北京"世妇会"）通过了全球妇女运动的未来发展蓝图——《北京宣言》和《行动纲领》，"妇女与武装冲突"被列为《行动纲领》的第五个重大关切领域；二是2000年10月31日，联合国安全理事会第4213次会议通过关于妇女、和平与安全的第1325（2000）号决议［以下简称"第1325（2000）号决议"］。从2000年至2019年，联合国安理会已经先后通过10个相关决议，形成以第1325（2000）号决议为基石的"妇女、和平与安全"议程（Women, Peace and Security Agenda, WPS Agenda）。该议程已成为一个重要的国际规范框架。目前，落实"妇女、和平与安全"议程已成为以联合国为代表的国际社会的共识和各国政府对国际社会的郑重承诺。

"妇女、和平与安全"研究丛书，是一套以"妇女、和平与安全"议程为切入点的学术研究丛书，它是中国学者以学术研究参与落实"妇女、和平与安全"议程、致力于建构人类命运共同体的行动的组成部分，具有较强的学术价值和实践意义。

一 "妇女、和平与安全"议程的发展历程

北京《行动纲领》第五个重大关切领域"妇女与武装冲突"有六个具体战略

目标（见表总–1），包括妇女参与和保护、以非暴力方式解决冲突、和平文化、裁军等核心内容。

表总–1　北京《行动纲领》重大关切领域 E"妇女与武装冲突"

战略目标 E.1.	增进妇女在决策阶层参与解决冲突并保护生活在武装冲突和其他冲突状态或外国占领下的妇女
战略目标 E.2.	裁减过分的军事开支并控制军备供应
战略目标 E.3.	推动以非暴力方式解决冲突并减少冲突状态下侵犯人权情事
战略目标 E.4.	促进妇女对培养和平文化的贡献
战略目标 E.5.	保护、援助和培训难民妇女、其他需要国际保护的流离失所妇女和国内流离失所妇女
战略目标 E.6.	援助殖民地和非自治领土的妇女

资料来源：笔者根据《行动纲领》内容整理。详见第四次世界妇女大会、'95 北京非政府组织妇女论坛丛书编委会编《第四次世界妇女大会重要文献汇编》，中国妇女出版社，1998，第 230 ~ 242 页。

第 1325（2000）号决议则有四个支柱，即参与（participation）、保护（protection）、预防（prevention）和救济与恢复（relief and recovery）。该决议及其后续决议的内容逐步集中在"参与"和"性暴力"两个主要方面（见表总–2）。前者强调促进妇女积极有效地参与和平缔造与和平建设，其中作为基础的第 1325（2000）号决议承认冲突对妇女的影响以及她们在预防和解决冲突方面的作用，并呼吁妇女平等参与和平缔造工作；后者则以 2008 年通过的安理会第 1820（2008）号决议为代表，目的是防止并解决与冲突有关的性暴力，特别是针对妇女的性暴力问题。

表总–2　"妇女、和平与安全"议程中十个决议的主题分类（2000 ~ 2019）

参与	第 1325（2000）号决议、第 1889（2009）号决议、第 2122（2013）号决议、第 2242（2015）号决议、第 2493（2019）号决议
性暴力	第 1820（2008）号决议、第 1888（2009）号决议、第 1960（2010）号决议、第 2106（2013）号决议、第 2467（2019）号决议

资料来源：笔者自制。

　　2013年，联合国消除对妇女歧视委员会（The United Nations Committee on the Elimination of Discrimination against Women）通过《关于妇女在预防冲突、冲突及冲突后局势中的作用的第30号一般性建议》（以下简称《第30号一般性建议》）。[1]《第30号一般性建议》的提出标志着"妇女、和平与安全"议程成为《消除对妇女一切形式歧视公约》（The Convention on the Elimination of All Forms of Discrimination against Women, CEDAW，以下简称《消歧公约》）这一保护妇女人权的国际公约的组成部分。与2000年10月31日通过的第1325（2000）号决议所实现的"人权问题安全化"相对应，该决议在13年之后经历了"安全问题人权化"的螺旋式上升过程。安理会决议具体且有针对性，安理会每年可能通过多项决议，有的决议甚至相互矛盾；而公约则是普遍、稳定、长期的国际法，具有更精准、更规范的特点。《第30号一般性建议》使关于妇女、和平与安全的第1325（2000）号决议通过《消歧公约》固定下来。[2]

　　2015年9月25日，联合国大会通过《改变我们的世界：2030年可持续发展议程》（Transforming Our World: The 2030 Agenda for Sustainable Development，以下简称《2030议程》），确定了17个可持续发展目标。目标16为"创建和平、包容的社会以促进可持续发展，让所有人都能诉诸司法，在各级建立有效、负责和包容的机构"，包括12个具体目标。[3]目标16不仅针对妇女，它在涵盖"妇女、和平与安全"议程的具体内容的同时，所涉及人群更广、范围更大，除了消除一切形式的暴力，还包括一系列国家治理问题。从1995年《行动纲领》的重大关切领域"妇女与武装冲突"发展到《2030议程》的"创建和平、包容的社会"目标，

1. 消除对妇女歧视委员会：《关于妇女在预防冲突、冲突及冲突后局势中的作用的第30号一般性建议》，2013年11月1日，http://docstore.ohchr.org/SelfServices/FilesHandler.ashx?enc=6QkG1d%2fPPRiCAqhKb7yhsldCrOlUTvLRFDjh6%2fx1pWCVoI%2bcjImPBg0gA%2fHq5Tl4Q7URju9YH%2f2f2xuJ0WgKghff98wYIvWK3cAe9YKwpHXdmnqMDPpxmJrYrFP10VJY，最后访问日期：2021年2月17日。
2. 李英桃、金岳嵊：《妇女、和平与安全议程——联合国安理会第1325号决议的发展与执行》，《世界经济与政治》2016年第2期。
3. 联合国大会：《改变我们的世界：2030年可持续发展议程》，2015年10月21日，https://www.unfpa.org/sites/default/files/resource-pdf/Resolution_A_RES_70_1_CH.pdf，最后访问日期：2021年2月17日。

妇女、和平与安全议题始终处于中心位置。

2020年8月28日，安理会在"联合国维和行动"主题下，通过了第2538（2020）号决议。[1]这是"妇女、和平与安全"议程的最新发展。

二　落实"妇女、和平与安全"议程与构建"人类命运共同体"

2013年3月，中国国家主席习近平首次在国际场合向世界阐释："人类生活在同一个地球村里，生活在历史和现实交汇的同一个时空里，越来越成为你中有我、我中有你的命运共同体。"[2] 2013年9月7日，习近平在哈萨克斯坦纳扎尔巴耶夫大学首次提出共建"丝绸之路经济带"的构想。他在《弘扬人民友谊 共创美好未来》的重要演讲中指出："为了使我们欧亚各国经济联系更加紧密、相互合作更加深入、发展空间更加广阔，我们可以用创新的合作模式，共同建设'丝绸之路经济带'。这是一项造福沿途各国人民的大事业。"[3]

2013年10月，习近平应邀在印度尼西亚国会发表重要演讲。他指出："东南亚地区自古以来就是'海上丝绸之路'的重要枢纽，中国愿同东盟国家加强海上合作，使用好中国政府设立的中国—东盟海上合作基金，发展好海洋合作伙伴关系，共同建设21世纪'海上丝绸之路'。中国愿通过扩大同东盟国家各领域务实合作，互通有无、优势互补，同东盟国家共享机遇、共迎挑战，实现共同发展、共同繁荣。"[4] 构建"人类命运共同体"是中国为人类未来发展提供的全球治理的中国方案，共建"丝绸之路经济带"和21世纪"海上丝绸之路"的"一带一路"

---

1. 联合国安理会：《第2538（2020）号决议》，S/RES/2538(2020)，2020年8月28日，http://undocs. org/zh/S/RES/2538(2020)，最后访问日期：2021年2月17日。

2. 习近平：《顺应时代前进潮流　促进世界和平发展——在莫斯科国际关系学院的演讲》，《人民日报》（海外版）2013年3月25日，第2版。

3. 习近平：《弘扬人民友谊 共创美好未来——在纳扎尔巴耶夫大学的演讲》，《习近平谈治国理政》，外文出版社，2014，第289页。

4. 习近平：《中国愿同东盟国家共建21世纪"海上丝绸之路"》，《习近平谈治国理政》，外文出版社，2014，第293页。

倡议是推动构建"人类命运共同体"的重要途径，其核心理念是"和平、发展、合作、共赢"，打造政治互信、经济融合、文化包容的利益共同体、命运共同体和责任共同体，为实现和平与安全提供了有力支撑和保障。

"人类命运共同体"的提出是对马克思和恩格斯"自由人联合体"思想的继承和发展，是对中国优秀传统文化、新中国外交理论和实践的总结和升华，是人类走向共同繁荣的伟大事业，也是人类实现性别平等的必由之路。其中，性别平等是构建"人类命运共同体"的核心原则。[1]实现性别平等同样在中国的对内、对外政策和未来构想中占有重要地位。

2015年9月27日，国家主席习近平在纽约联合国总部出席全球妇女峰会，并发表题为《促进妇女全面发展 共建共享美好世界——在全球妇女峰会上的讲话》的重要讲话。他在讲话中指出："环顾世界，各国各地区妇女发展水平仍然不平衡，男女权利、机会、资源分配仍然不平等，社会对妇女潜能、才干、贡献的认识仍然不充分。现在全球8亿贫困人口中，一半以上是妇女。每当战乱和疫病来袭，妇女往往首当其冲。面对恐怖和暴力肆虐，妇女也深受其害。时至今日，针对妇女的各种形式歧视依然存在，虐待甚至摧残妇女的事情时有发生。"习近平特别指出，要"创造有利于妇女发展的国际环境。妇女和儿童是一切不和平不安宁因素的最大受害者。我们要坚定和平发展和合作共赢理念，倍加珍惜和平，积极维护和平，让每个妇女和儿童都沐浴在幸福安宁的阳光里"。[2]

2020年以来，人类应对新冠肺炎疫情的努力昭示着，一个健康稳定的世界是维护和平与安全的重要基础，而妇女在其中扮演着重要角色。2020年10月1日，习近平在联合国大会纪念北京世界妇女大会25周年高级别会议上发表演讲。他强调了妇女在维护世界和平与安全中的重要作用："妇女是人类文明的开创者、社会进步的推动者，在各行各业书写着不平凡的成就。我们正在抗击新冠肺炎疫

1. 李英桃：《构建性别平等的人类命运共同体：关于原则与路径的思考》，《妇女研究论丛》2018年第2期。
2.《习近平在联合国成立70周年系列峰会上的讲话》，人民出版社，2015，第9页、第11页。

情，广大女性医务人员、疾控人员、科技人员、社区工作者、志愿者等不畏艰险、日夜奋战，坚守在疫情防控第一线，用勤劳和智慧书写着保护生命、拯救生命的壮丽诗篇。……正是成千上万这样的中国女性，白衣执甲，逆行而上，以勇气和辛劳诠释了医者仁心，用担当和奉献换来了山河无恙。"[1]

在此背景下推动落实"妇女、和平与安全"议程，完全符合时代发展趋势，充分体现了中国对国际社会的郑重承诺，是构建"人类命运共同体"的题中应有之义和重要组成部分。

三 "妇女、和平与安全"议程研究的关键问题与核心概念

本研究丛书是以"妇女、和平与安全"议程为切入点，进行更为广泛、深入的探讨，而并非仅关注"妇女、和平与安全"议程本身。

奠定"妇女、和平与安全"议程基础的安理会第1325（2000）号决议回顾和重申了大量联合国文件，较早的《联合国宪章》第四十一条"如采取措施时考虑到对平民可能产生的影响，铭记妇女和女孩的特殊需要，以便考虑适当的人道主义豁免规定"；1949年的《关于战时保护平民的日内瓦公约》及其1977年的《附加议定书》、1951年的《关于难民地位公约》及其1967年的《议定书》、1979年的《消歧公约》及其1999年的《任择议定书》、1989年的《联合国儿童权利公约》及其2000年5月25日的《任择议定书》；还有《国际刑事法院罗马规约》的有关规定，以及《北京宣言》和《行动纲领》的承诺和题为"2000年妇女：二十一世纪两性平等、发展与和平"的联合国大会第二十三届特别会议成果文件中的承诺，特别是有关妇女和武装冲突的承诺[2]等。对这些国际法基础的溯源表明，尽管妇女、和平与安全问题于2000年才被纳入安理会决议，但其源头却远在2000年之前，有着更为深远的历史背景。

1.《习近平在联合国成立75周年系列高级别会议上的讲话》，人民出版社，2020，第19~20页。

2.联合国安理会：《第1325（2000）号决议》，S/RES/1325(2000)，2000年10月31日，https://undocs.org/zh/S/RES/1325(2000)，最后访问日期：2021年2月17日。

（一）关于妇女与性别平等

"妇女、和平与安全"议程除了关注妇女和女童，还关注男童及其他在武装冲突中受到不利影响的人群，如难民和其他流离失所者。联合国文书在历史演进过程中逐步形成了稳定的"平等"定义。1975年第一次世界妇女大会通过的《关于妇女的平等地位和她们对发展与和平的贡献的宣言》（以下简称《墨西哥宣言》）指出："男女平等是指男女的尊严和价值的平等以及男女权利、机会和责任的平等。"[1] 1985年第三次世界妇女大会通过的《提高妇女地位内罗毕前瞻性战略》（以下简称《内罗毕战略》）指出："平等不仅指法律平等和消除法律上的歧视，而且还指妇女作为受益者和积极推动者参加发展的平等权利、责任和机会平等。"[2] 联合国大会于1979年通过的《消歧公约》阐述了平等、发展与和平的关系："确信一国的充分和完全的发展，世界人民的福利以及和平的事业，需要妇女与男子平等充分参加所有各方面的工作。"[3]

（二）和平的界定

在国际关系研究和社会生活中，人们对和平的理解往往是"没有战争"。杰夫·贝里奇（Geoff Berridge）等在《外交辞典》中指出，和平"在国际法术语中指没有战争或武装冲突的状态"。[4] 雷蒙·阿隆（Raymond Aron）的观点是：国际政治与国内政治有本质的区别，战争与和平的交替是国际关系的核心问题，和平是"敌对政治单元之间暴力持续中断"的状况。[5]《女性主义和平学》一书梳理了传统国际关系研究对和平的理解：这就意味着只要战争和其他有组织的直接暴力

1.《一九七五年关于妇女的平等地位和她们对发展与和平的贡献的墨西哥宣言》，E/CONF.66/34，载联合国新闻部编《联合国与提高妇女地位（1945—1995）》，联合国新闻部，1995，第229页。

2.《提高妇女地位内罗毕前瞻性战略》，A/CONF.116/28/Rev.1(85.IV.10)，载联合国新闻部编《联合国与提高妇女地位（1945—1995）》，联合国新闻部，1995，第349页。

3. 联合国：《消除对妇女一切形式歧视公约》，A/RES/34/180，1979年12月18日，https://www.un.org/zh/documents/view_doc.asp?symbol=A/RES/34/180，最后访问日期：2021年2月17日。

4.〔英〕杰夫·贝里奇、艾伦·詹姆斯：《外交辞典》，高飞译，北京大学出版社，2008，第213页。

5. Raymond Aron, *Peace and War: A Theory of International Relations*, Garden City: Doubleday & Company, 1966, p. 151.

不存在，和平就建立了。[1]《内罗毕战略》对和平的界定为："和平不仅指国家和在国际上没有战争、暴力和敌对行动，而且还要在社会上享有经济和社会正义、平等、所有各项人权和基本自由。""和平还包括一整套活动，反映出人们对安全的关注以及国家、社会团体和个人之间互相信任的默契。和平既保卫自由、人权和民族和个人的尊严，又体现对他人的善意和鼓励对生命的尊重。"[2]在借鉴约翰·加尔通（Johan Galtung）、刘成等学者的研究成果的基础上，《女性主义和平学》将和平分为消极和平和积极和平两个部分，使其呈现出既包括"没有战争"的传统和平界定，又能体现其逐步深化和不断扩展的过程性，基于中国历史与国情提出一个理解和平概念的框架（见表总–3）。

表总–3　一个中国女性主义学者的和平定义

消极和平		积极和平	
传统和平概念→	传统和平概念的拓展→	传统和平概念的进一步拓展	
没有有组织的直接暴力	没有无组织的直接暴力	没有阻碍实现人的最大潜能和福祉的结构暴力	没有使直接暴力和间接暴力合法化的文化暴力
没有国际、国内战争与暴力冲突 深↓化 以及与之相伴的强奸、性暴力等行为	没有杀害、伤害、强奸、殴打和源自传统文化、习俗等的其他暴力	让每个人都充分享有政治、社会、经济、文化、生态、健康与发展权等基本权利，消除基于性别、族群、财富、身体状况、年龄、相貌等的社会不公正。倡导并逐渐建立社会性别平等的和平文化，充分发挥教育、大众传媒和网络媒体的作用	

资料来源：李英桃著《女性主义和平学》，上海人民出版社，2012，第402页。

这一框架一方面超越了内政与外交的边界，更多的是以人为中心考虑和平问题，尤其关注妇女、儿童和各类弱势群体在日常生活中的切身问题；另一方面，

---

1. 李英桃：《女性主义和平学》，上海人民出版社，2012，第15页。

2.《提高妇女地位内罗毕前瞻性战略》，A/CONF.116/28/Rev.1(85.IV.10)，载联合国新闻部编《联合国与提高妇女地位（1945—1995）》，联合国新闻部，1995，第348~349页。

将个人与集体的关系纳入此概念框架，充分考虑到中国等发展中国家在国家与个人关系上的不同见解，重视识别国家与国家之间的差异性。

（三）对安全的理解

安全是与人类生存密不可分的大问题，与人们的日常生活联系极为密切。关于安全的论述可见于亚伯拉罕·马斯洛（Abraham Harold Maslow）对于安全需求（safty needs）的诠释。安全需求包括安全（security）、稳定、依赖、保护、免于恐惧、免于焦虑和混乱，以及对结构、秩序、法律和界限的需求，对保护者的要求等。[1]

安全虽为政治学的核心概念，但学术界对其并无统一界定，其中最常见的是美国学者阿诺德·沃尔弗斯（Arnold Wolfers）的观点，在其1962年出版的《纷争与协作：国际政治论集》中专门设有讨论国家安全问题的部分。沃尔弗斯指出：安全是一种价值，一个国家可以或多或少地拥有安全，用或高或低的手段来追求安全。这种价值与权力、财富这两个在国际事务中极为重要的价值有共通之处。财富用以衡量一个国家所拥有物质的数量，权力用以衡量一个国家对其他国家行为的控制能力，而安全则在客观上用以衡量已获得价值免受威胁的程度，在主观上用以衡量没有对这一价值受攻击的恐惧的程度。[2]此观点即"客观无威胁、主观无恐惧"。

联合国开发计划署在1994年发布的《人类发展报告》中提出了"人的安全"（human security）概念，指出对普通人来说，安全象征着保护他们免受疾病、饥饿、失业、犯罪、社会冲突、政治迫害和环境危机的威胁。[3]基于前人的研究，中国非传统安全研究学者余潇枫认为，安全的"完整表述是：身体无伤害，心理无

---

1. Abraham H. Maslow, *Motivatiion and Personality*, Harper & Row, 1970, p. 39.

2. Arnold Wolfers, *Discord and Collaboration: Essays on International Politics*, Baltimore: The Johns Hopkins Press, 1962, p.150.〔美〕阿诺德·沃尔弗斯：《纷争与协作：国际政治论集》，于铁军译，世界知识出版社，2006，第133页。

3. UNDP, *Human Development Report 1994*, http://hdr.undp.org/sites/default/files/reports/255/hdr_1994_en_complete_nostats.pdf，最后访问日期：2021年2月17日。

损害，财产无侵害，社会关系无迫害，生存环境无灾害"。[1] 女性主义[2]学者提出了内容丰富、主体多样、领域宽广、层次复杂的安全概念。从安全的主体来说，既有传统的主权国家，也有包括男子和妇女在内的个人，既要关注国家安全、个人安全，也要考虑全人类的共同安全；从涉及领域来说，既不能忽视国家的军事安全，也要考虑到经济、环境安全以及个人安全；从行为主体之间的相互关系来看，既要加强合作，也不可能用合作完全代替竞争。可以说，传统安全和非传统安全是相辅相成、相互补充的有机整体，它们不应该被视为割裂的甚至是对立的部分。[3]

与对和平的理解一致，这种对安全的理解也超越了内政与外交的范畴，是一种以人为中心来考虑安全问题的路径。在讨论和平与安全概念的关系时可发现，在传统的和平定义之中，没有战争即和平，但和平不一定意味着安全；随着和平概念的扩展，没有战争并不意味着实现了和平，积极和平是一个逐步接近的目标；安全也是如此。两者相互渗透、相互交织，在"妇女、和平与安全"议程中这两者紧密地联系在一起。

（四）评估"妇女、和平与安全"议程落实情况的指标体系

第1325（2000）号决议通过后，安理会于2004年10月28日通过主席声明，表示"欢迎会员国为在国家一级执行第1325（2000）号决议所作的努力，包括制订国家行动计划（National Action Plan, NAP），并鼓励会员国继续致力于这些执行工作"。[4] 2005年10月27日，安理会再次通过主席声明"吁请会员国通过制订国

---

1. 余潇枫：《总体国家安全观引领下的"枫桥经验"再解读》，《浙江工业大学学报》（社会科学版）2018年第2期。

2. 英文Feminism在国内学术界有"女权主义"和"女性主义"这两种主要译法，除引用外，本套丛书采用"女性主义"的译法。

3. 李英桃：《"小人鱼"的安全问题》，《世界经济与政治》2004年第2期。

4.《安全理事会主席的声明》，S/PRST/2004/40，2004年10月28日，https://www.un.org/chinese/aboutun/prinorgs/sc/sdoc/04/sprst40.htm，最后访问日期：2021年2月17日。

家行动计划或其它国家级战略等办法，继续执行第1325（2000）号决议"。[1]尽管并非强制性要求，但制订国家行动计划已成为衡量联合国会员国执行"妇女、和平安全"议程情况的一个重要指标。

2009年通过的安理会关于妇女、和平与安全的第1889（2009）号决议提出："请秘书长在6个月内提交一套用于全球一级监测安理会第1325（2000）号决议执行情况的指标供安全理事会审议。"[2]根据决议要求，2010年《妇女与和平与安全——秘书长的报告》附有一整套指标体系，其中包括预防、参与、保护、救济和恢复四个方面的17个大目标，内含26项共35个具体目标。[3]这35个具体目标主要仍围绕冲突地区设计，但参与、保护部分涉及范围较广，也都超越了冲突中或冲突后重建国家的范围。

在第1325（2000）号决议通过20周年前夕，联合国秘书长安东尼·古特雷斯（António Guterres）在2019年10月提交的《妇女与和平与安全——秘书长的报告》中敦促联合国各实体、会员国、区域组织和其他行为体携手采取行动。

> 通过有针对性的数据收集、联合分析、战略规划，以及提高可见度，使领导层对落实妇女与和平与安全议程负责；协助、促进、确保妇女有意义地参与和平进程、和平协定的执行以及所有和平与安全决策进程；公开谴责侵犯人权和歧视行为，防止一切形式的性别暴力，包括针对女性人权维护者的暴力；增加维持和平特派团和国家安全部门中女军警的人数和影响力；保障妇女有机会获得经济保障和资源；为妇女与和平与安全议程提供资金，并资

1.《安全理事会主席的声明》，S/PRST/2005/52，2005年10月27日，https://www.un.org/en/ga/search/view_doc.asp?symbol=S/PRST/2005/52&Lang=C，最后访问日期：2021年2月17日。

2. 联合国安理会：《第1889（2009）号决议》，S/RES/1889(2009)，2009年10月5日，http://www.un.org/en/ga/search/view_doc.asp?symbol=S/RES/1889(2009)&Lang=C，最后访问日期：2021年2月17日。

3. 联合国安理会：《妇女与和平与安全——秘书长的报告》，S/2010/498，http://undocs.org/ch/S/2010/498，最后访问日期：2021年2月18日。

助妇女建设和平者。[1]

除了联合国系统制定的相关评价指标，学术机构和民间组织也编制了独立的评价体系。乔治城大学妇女、和平与安全研究所（Georgetown University's Institute for Women, Peace & Security）与奥斯陆和平研究所（Peace Research Institute of Oslo）一起，借助普遍认可的国际数据来源，编制的妇女、和平与安全指数（Women, Peace, and Security Index, WPS Index）包括包容（Inclusion）、公正（Justice）和安全（Security）三个维度。[2]其中，"包容"维度设有"议会""手机使用""就业""金融包容性""教育"五个指标；"公正"维度有"歧视性规范""男孩偏好""法律歧视"三个指标；"安全"维度下设"亲密伴侣暴力""社区安全""有组织暴力"三个指标。[3]

不同指标体系中的具体内容差异表明国际社会对评估"妇女、和平与安全"议程落实情况的认识的发展变化，也表明不同指标体系之间存在一定的张力。这种张力具体体现在不同行为体对于落实"妇女、和平与安全"议程的不同理解和落实行动中。

（五）"妇女、和平与安全"议程的意义与代表性研究成果

关于"妇女、和平与安全"议程的重要意义，国际社会和学术界有很多分析和评价。澳大利亚学者莎拉·戴维斯（Sara E. Davies）和雅基·特鲁（Jacqui

---

1. 联合国安理会：《妇女与和平与安全——秘书长的报告》，2019年10月9日，https://digitallibrary.un.org/record/3832713/files/S_2019_800-ZH.pdf，最后访问日期：2021年2月17日。

2. 乔治城大学妇女、和平与安全研究所位于乔治城的沃尔什外交学院内，由美国前全球妇女问题大使梅兰妮·韦维尔（Melanne Verveer）负责。该研究所致力于促进一个更加稳定、和平和公正的世界，着重关注妇女在预防冲突和建设和平、经济增长、应对气候变化和暴力极端主义等全球威胁方面发挥的重要作用。国际学术界对该机构和奥斯陆和平研究所共同设计的这一指标体系较为认可，但也存在对其指标选择的疑问。"Women, Peace, and Security Index," http://giwps.georgetown.edu/the-index/, accessed February 17, 2021.

3. GIWPS, "Women, Peace, and Security Index," 2019, http://giwps.georgetown.edu/the-index/, accessed February 17, 2021.

True）指出，在我们生活的世界里，暴力冲突的规模在扩大，严重程度在增加，而且所有证据都表明，这些冲突对妇女和女童的人权不仅影响恶劣，而且其恶劣程度正在加剧。在这一关键时刻，"妇女、和平与安全"议程能够保护妇女免受冲突的伤害，促进她们从冲突和不安全中得以恢复，带来知识和社会转变的潜力。[1]中国学者李英桃、金岳嵘认为，第1325（2000）号决议的通过，无论是对于全球性别平等运动发展还是对于联合国安理会改革都具有标志性意义。从将妇女、和平与安全议题纳入安理会议程，到第1325（2000）号决议和后续一系列决议通过，再到各国制订国家行动计划以及在联合国系统、联合国和平行动中实践决议精神，这一进程清晰地展示了女性主义理念是如何成为国际规范的。[2]"妇女、和平与安全"议程也是2030年全球可持续发展议程不可或缺的组成部分。

在主流国际关系研究领域，性别议题长期受到忽视，很少被纳入学术讨论。20世纪七八十年代，女性主义国际关系理论逐步发展起来，国际妇女运动和学术研究的发展共同推动了国际社会理念与实践的变化。维护国际和平与安全是联合国的主要目的，联合国安理会对维护世界和平与安全负有主要责任。联合国安理会第1325（2000）号决议的通过标志着通常被归类为人权或经济社会问题的性别议题正式提上联合国安理会的议事日程，成为国际安全问题，其在国际政治舞台上的重要性得以强化。这一进程反过来又推动了相关学术研究的发展。2000年以来，国际学术界涌现了一批研究"妇女、和平与安全"议程的学者，例如前文已提到的莎拉·戴维斯、雅基·特鲁，还有斯瓦尼·亨特（Swanee Hunt）、劳拉·J.谢泼德（Laura J. Shepherd）、J.安·蒂克纳（J. Ann Tickner）、托伦·L.崔吉斯塔（Torunn L. Tryggestad）、马德琳·里斯（Madeleine Rees）、路易丝·奥尔森（Louise Olsson）、克里斯蒂娜·钦金（Christine Chinkin）、阿努拉德哈·蒙德库（Anuradha Mundkur）、

---

1. Sara E. Davies, Jacqui True, "Women, Peace, and Security A Transformative Agenda?" in Sara E. Davies, Jacqui True, eds., *The Oxford Handbook of Women, Peace, and Security*, New York: Oxford University Press, 2019, p. 22.

2. 李英桃、金岳嵘：《妇女、和平与安全议程——联合国安理会第1325号决议的发展与执行》，《世界经济与政治》2016年第2期。

尼古拉·普拉特（Nicola Pratt）、劳拉·索伯格（Laura Sjoberg）、罗尼·亚历山大（Ronni Alexander）等；相关研究成果丰硕，包括专著、论文、研究报告等。到2020年6月，安理会先后共发布了6份研究报告，牛津大学出版社于2019年出版了《牛津妇女、和平与安全手册》（*The Oxford Handbook of Women, Peace, and Security*）。[1] 同期，拉特里奇出版社出版了《社会性别与安全拉特里奇手册》（*The Rougledge Handbook of Gender and Security*）。[2] 目前，"妇女、和平与安全"议程已成为能够跻身于主流国际关系研究的最主要的性别研究议题，同时，它也是与女性主义学术联系最紧密的"高级政治"议题。相较之下，中国学术界对此议题的研究仍非常有限。

当今世界正面临百年未有之大变局。[3] 2020年是联合国成立75周年、第四次世界妇女大会召开25周年的重要年份。对于"妇女、和平与安全"议程来说，2020年也是关键的一年。[4] 在这样一个特殊的时间节点，加强对"妇女、和平与安全"议程这一具有实践推动力和学术前沿性的课题的研究，无论是对中国的全球政治研究、联合国研究和性别研究，还是对更好地推动落实"妇女、和平与安全"议程的区域、国别实践，都具有巨大的学术价值和重要的现实意义。

四 "妇女、和平与安全"研究丛书的整体设计与主要特点

"妇女、和平与安全"研究丛书是北京外国语大学"双一流"建设重大标志性科研项目（项目编号：2020SYLZDXM033）成果。该选题顺应人类对于和平、安全与性别平等的不懈追求，为重大全球治理与可持续发展议题，符合构建人类

---

1. Sara E. Davies, Jacqui True, eds., *The Oxford Handbook of Women, Peace, and Security*, New York: Oxford University Press, 2019.

2. Caron E., Gentry, Laura J. Shepherd and Laura Sjoberg, eds., *The Rougledge Handbook of Gender and Security*, Routedge, 2019.

3.《习近平谈治国理政》第3卷，外文出版社，2020，第460页。

4. 联合国安理会：《与冲突有关的性暴力——秘书长的报告》，S/2020/487，2020年6月3日，https://digitallibrary.un.org/record/3868979/files/S_2020_487-ZH.pdf，最后访问日期：2021年2月17日。

命运共同体的基本价值导向，是国际组织、区域和国别研究的重要生长点，与北京外国语大学"双一流"学科建设目标相吻合。

首先，"妇女、和平与安全"议程关系到联合国系统、各区域和联合国所有会员国，覆盖范围广，涉及行为体的层次、数量都很多。根据国际发展和国内研究状况，本项目确定聚焦联合国系统、重要区域、联合国安理会常任理事国和其他相关国家，分析各行为体所持有的立场和采取的措施，探讨其在落实"妇女、和平与安全"议程中的最佳实践及这些实践为中国落实"妇女、和平与安全"议程带来的参考价值。根据国际妇女争取和平与自由联盟（Women's International League for Peace and Freedom）的统计，截至2021年4月，全世界已有92个国家制订了本国落实安理会第1325（2000）号决议的国家计划，占全部联合国会员国的近48%。[1]

其次，"妇女、和平与安全"研究丛书兼具研究主题集中、研究对象层次多样和丛书内容具有开放性的特点。鉴于"妇女、和平与安全"议程涉及联合国、区域、国家等不同层次的行为主体，"妇女、和平与安全"研究丛书的最终成果将是一个具有开放性质的丛书系列。随着研究的深入和团队的扩大，其研究主题将逐步深化，涵盖范围也将逐步拓展。丛书第一期的研究对象主要包括联合国这一最重要的国际组织、欧洲和非洲、联合国安理会的五个常任理事国，以及德国和日本这两个在国际舞台上扮演重要角色的国家。除此之外，第一期成果还包括联合国和中国关于"妇女、和平与安全"议程的两本重要文件汇编。

最后，"妇女、和平与安全"研究丛书有助于推进国内相关研究。目前，国内学术界对"妇女、和平与安全"议程的研究尚不充分，《女性主义国际关系学》和《女性主义和平学》是国内出版的少数设有专门章节讨论妇女、和平与安全问题的教材、专著。其中，《女性主义和平学》系统梳理了国内外关于性别与和平问题的历史与理论，立足中国本土，提出了具有中国特色的性别平等、和平与

---

1. WILPF, "National-Level Implementation," as of August 2020, http://www.peacewomen.org/member-states, accessed May 18, 2021.

安全的理论。该书是国内学术界的代表性著作，荣获2015年第七届高等学校科学研究优秀成果奖（人文社会科学）三等奖。这两部著作的作者多来自北京外国语大学。国内还有少量学术论文发表于相关专业刊物，如《妇女、和平与安全议程——联合国安理会第1325号决议的发展与执行》[1]《英国妇女和平与安全国家行动计划探析》[2]《联合国安理会1325号决议框架下的德国国家行动计划探析》[3]《法国和平安全合作中的女权主张及其实施》[4]《联合国安理会第1325号决议对妇女在联合国和平行动中的影响研究——以非洲地区为例》[5]等，作者也主要来自北京外国语大学。这些作者多已会集到本项目团队中。在本丛书每一卷的撰写团队中，都有既精通英语又精通对象国或地区的语言的作者，能够用对象国或地区的语言进行研究。这种突出的国别和区域研究专业、语言双重优势，为研究的前沿性和信息的准确性提供了保障。

因此，作为北京外国语大学"双一流"建设重大标志性科研项目，"妇女、和平与安全"研究丛书的立项与成果出版将丰富国际学术界关于"妇女、和平与安全"议程的研究，推动中国学者在这一领域的深耕。丛书中的每一部成果都将探讨与性别平等、和平与安全议题密切相关的历史背景、该议题的当代发展和未来趋向，及其与"妇女、和平与安全"议程之间的具体联系。

在设计和论证"妇女、和平与安全"研究丛书各卷具体内容时，项目组就写作要求达成了以下相对统一的意见。

---

1. 李英桃、金岳嵘：《妇女、和平与安全议程——联合国安理会第1325号决议的发展与执行》，《世界经济与政治》2016年第2期。

2. 田小惠：《英国妇女和平与安全国家行动计划探析》，《当代世界与社会主义》（双月刊）2015年第1期。

3. 张晓玲：《联合国安理会1325号决议框架下的德国国家行动计划探析》，《当代世界与社会主义》（双月刊）2015年第1期。

4. 李洪峰：《法国和平安全合作中的女权主张及其实施》，《当代世界与社会主义》（双月刊）2015年第1期。

5. 么兰：《联合国安理会第1325号决议对妇女在联合国和平行动中的影响研究——以非洲地区为例》，《武警学院学报》2017年第7期。

第一，将"妇女、和平与安全"议程作为本丛书每一卷成果的切入点，但并不意味着每卷内容都仅局限于探讨对象国、区域和组织落实该议程过程中的立场、行动或相关内容。

第二，尽可能地将每卷主题置于具有历史纵深感的宏阔时空背景下，通过回顾人们对性别平等、和平与安全的具体理解，为讨论落实"妇女、和平与安全"议程的当下行动提供历史文化和政治制度环境。

第三，在寻求历史连续性的同时，兼顾当代各个行为体落实"妇女、和平与安全"议程实践的共性与个性，凸显差异性，体现多样性。对于性别平等、和平与安全含义理解上的差异，以及概念内部存在的紧张关系，可能正是体现本研究价值的知识生发点。

第四，鼓励各卷作者充分挖掘每一研究对象的具体特点，分析其历史、社会文化特质和个人因素对落实"妇女、和平与安全"议程情况的直接、间接和潜在影响。

"妇女、和平与安全"议程是维护国际和平与安全，促进妇女发展和性别平等，构建性别平等的人类命运共同体的一项综合工程。作为一个开放的研究项目，在可预见的将来，"妇女、和平与安全"研究丛书的覆盖面将进一步扩大，对议题普遍性和独特性的探索势必更加深入。让我们一起开展面向未来的学术研究，切实推动实现全球与地方的和平、安全、妇女发展与性别平等，为构建人类命运共同体而贡献微薄的力量。

李英桃

2021 年 3 月

目　录

编选说明

《妇女、和平与安全文件汇编》分为两册，一册为《妇女、和平与安全文件汇编（中国卷）》，另一册为《妇女、和平与安全文件汇编（联合国卷）》。

《妇女、和平与安全文件汇编（中国卷）》分为六个部分，分别收录了江泽民、胡锦涛、习近平等中国国家领导人重要讲话，近年来中国通过的保障妇女儿童合法权益的相关法律法规，国务院通过的四个妇女发展纲要、国务院新闻办公室发布的四个关于妇女发展与性别平等的白皮书，中华全国妇女联合会章程（1998年11月2日通过）和相关文件，中国代表在联合国安理会关于妇女、和平与安全公开辩论中的发言（2000—2019年），以及其他重要文件。

《妇女、和平与安全文件汇编（联合国卷）》分为五个部分，分别收录了《消除对妇女一切形式歧视公约》、联合国第四次世界妇女大会《北京宣言》和《行动纲领》等联合国关于性别平等的标志性文件，安理会关于妇女、和平与安全的系列决议，安理会关于妇女、和平与安全的主席声明，联合国秘书长关于相关议题的最新报告和其他相关重要文件。

这些文件对于理解妇女、和平与安全议题具有不可替代的作用。

本文件汇编收录之档案及文献，首先以内容进行分类，其次根据发布或出版时间排序。在编选过程中，为忠实于原文，除极个别错字、错误标点符号外，所有资料均保持原貌，保留原注释；联合国相关文件或存在多种中文译本，本文件汇编将根据具体情况以注释形式加以解释说明；对一些与主题无直接关系的文字和图片则予以省略。本文件汇编中若有不妥之处，欢迎读者批评指正，以便改正。

编选者

2020年11月25日

第一部分 关于妇女、和平与安全的标志性文件

消除对妇女一切形式歧视公约

（1979年12月18日联合国大会第34/180号决议通过）

本公约缔约各国，

注意到《联合国宪章》重申对基本人权、人身尊严和价值以及男女平等权利的信念；

注意到《世界人权宣言》申明不容歧视的原则，并宣布人人生而自由，在尊严和权利上一律平等，且人人都有资格享受该宣言所载的一切权利和自由，不得有任何区别，包括男女的区别；

注意到有关人权的各项国际公约的缔约国有义务保证男女平等享有一切经济、社会、文化、公民和政治权利；

考虑到在联合国及各专门机构主持下所签署旨在促进男女权利平等的各项国际公约；

还注意到联合国和各专门机构所通过旨在促进男女权利平等的决议、宣言和建议；

关心到尽管有这些各种文件，歧视妇女的现象仍然普遍存在；

考虑到对妇女的歧视违反权利平等和尊重人的尊严的原则，阻碍妇女与男子平等参加本国的政治、社会、经济和文化生活，妨碍社会和家庭的繁荣发展，并使妇女更难充分发挥为国家和人类服务的潜力；

关心到在贫穷情况下，妇女在获得粮食、保健、教育、训练、就业和其他需要等方面，往往机会最少；

深信基于平等和正义的新的国际经济秩序的建立，将大有助于促进男女平等；

强调彻底消除种族隔离、一切形式的种族主义、种族歧视、新老殖民主义、外国侵略、外国占领和外国统治、对别国内政的干预，对于男女充分享受其权利是必不可少的；

确认国际和平与安全的加强，国际紧张局势的缓和，各国不论其社会和经济制度如何彼此之间的相互合作，在严格有效的国际管制下全面彻底裁军、特别是核裁军，国与国之间关系上正义、平等和互利原则的确认，在外国和殖民统治下和外国占领下的人民取得自决与独立权利的实现，以及对各国国家主权和领土完整的尊重，都将会促进社会进步和发展，从而有助于实现男女的完全平等；

确信一国的充分和完全的发展，世界人民的福利以及和平的事业，需要妇女与男子平等充分参加所有各方面的工作；

念及妇女对家庭的福利和社会的发展所作出的巨大贡献至今没有充分受到公认，又念及母性的社会意义以及父母在家庭中和在养育子女方面所负的任务的社会意义，并理解到妇女不应因生育而受到歧视，因为养育子女是男女和整个社会的共同责任；

认识到为了实现男女充分的平等需要同时改变男子和妇女在社会上和家庭中的传统任务；

决心执行《消除对妇女歧视宣言》内载的各项原则，并为此目的，采取一切必要措施，消除一切形式的这种歧视及其现象。

兹协议如下：

第一部分

第一条

为本公约的目的，"对妇女的歧视"一词指基于性别而作的任何区别、排斥或限制，其影响或其目的均足以妨碍或否认妇女不论已婚未婚在男女平等的基础上认识、享有或行使在政治、经济、社会、文化、公民或任何其他方面的人权和基本自由。

第二条

缔约各国谴责对妇女一切形式的歧视，协议立即用一切适当办法，推行政策，消除对妇女的歧视。为此目的，承担：

（a）男女平等的原则如尚未列入本国宪法或其他有关法律者，应将其列入，并以法律或其他适当方法，保证实现这项原则；

（b）采取适当立法和其他措施，包括适当时采取制裁，禁止对妇女的一切歧视；

（c）为妇女与男子平等的权利确立法律保护，通过各国的主管法庭及其他公共机构，保证切实保护妇女不受任何歧视；

（d）不采取任何歧视妇女的行为或作法，并保证公共当局和公共机构的行动都不违背这项义务；

（e）应采取一切适当措施，消除任何个人、组织或企业对妇女的歧视；

（f）应采取一切适当措施，包括制定法律，以修改或废除构成对妇女歧视的现行法律、规章、习俗和惯例；

（g）同意废止本国刑法内构成对妇女歧视的一切规定。

第三条

缔约各国应承担在所有领域，特别是在政治、社会、经济、文化领域，采取一切适当措施，包括制定法律，保证妇女得到充分发展和进步，其目的是为确保她们在与男子平等的基础上，行使和享有人权和基本自由。

第四条

1.缔约各国为加速实现男女事实上的平等而采取的暂行特别措施，不得视为本公约所指的歧视，亦不得因此导致维持不平等或分别的标准；这些措施应在男女机会和待遇平等的目的达到之后，停止采用。

2.缔约各国为保护母性而采取的特别措施，包括本公约所列各项措施，不得视为歧视。

第五条

缔约各国应采取一切适当措施：

（a）改变男女的社会和文化行为模式，以消除基于性别而分尊卑观念或基于男女定型任务的偏见、习俗和一切其他作法；

（b）保证家庭教育应包括正确了解母性的社会功能和确认教养子女是父母的共同责任，但了解到在任何情况下应首先考虑子女的利益。

第六条

缔约各国应采取一切适当措施，包括制定法律，以禁止一切形式贩卖妇女和强迫妇女卖淫对她们进行剥削的行为。

第二部分

第七条

缔约各国应采取一切适当措施，消除在本国政治和公众事务中对妇女的歧视，特别应保证妇女在与男子平等的条件下：

（a）在一切选举和公民投票中有选举权，并在一切民选机构有被选举权；

（b）参加政府政策的制订及其执行，并担任各级政府公职，执行一切公务；

（c）参加有关本国公众和政治事务的非政府组织和协会。

第八条

缔约各国应采取一切适当措施，保证妇女在与男子平等不受任何歧视的条件下，有机会在国际上代表本国政府参加各国际组织的工件。

第九条

1.缔约各国应给予妇女与男子有取得、改变或保留国籍的同等权利。它们应特别保证，与外国人结婚或于婚姻存续期间丈夫改变国籍均不当然改变妻子的国籍，使她成为无国籍人，或把丈夫的国籍强加于她。

2.缔约各国在关于子女的国籍方面，应给予妇女与男子平等的权利。

第三部分

第十条

缔约各国应采取一切适当措施以消除对妇女的歧视，并保证妇女在教育方面享有与男子平等的权利，特别是在男女平等的基础上保证：

（a）在各类教育机构，不论其在农村或城市，职业和行业辅导、学习的机会和文凭的取得，条件相同。在学前教育、普通教育、技术、专业和高等技术教育以及各种职业训练方面，都应保证这种平等；

（b）课程、考试、师资的标准、校舍和设备的质量一律相同；

（c）为消除在各级和各种方式的教育中对男女任务的任何定型观念，应鼓励实行男女同校和其他有助于实现这个目的的教育形式，并特别应修订教科书和课程以及相应地修改教学方法；

（d）领受奖学金和其他研究补助金的机会相同；

（e）接受成人教育、包括成人识字和实用识字教育的机会相同，特别是为了尽早缩短男女之间存在的教育水平上的一切差距；

（f）减少女生退学率，并为离校过早的少女和妇女办理种种方案；

（g）积极参加运动和体育的机会相同；

（h）有接受特殊教育性辅导的机会，以保障家庭健康和幸福，包括关于计划生育的知识和辅导在内。

第十一条

1.缔约各国应采取一切适当措施，消除在就业方面对妇女的歧视，以保证她们在男女平等的基础上享有相同的权利，特别是：

（a）人人有不可剥夺的工作权利；

（b）享有相同就业机会的权利，包括在就业方面相同的甄选标准；

（c）享有自由选择专业和职业，提升和工作保障，一切服务福利和条件，接受职业训练和再训练，包括实习训练、高等职业训练和经常训练的权利；

（d）同样价值的工作享有同等报酬包括福利和享有平等待遇的权利，在评定工作的表现方面，享有平等待遇的权利；

（e）享有社会保障的权利，特别是在退休、失业、疾病、残废和老年或在其他丧失工作能力的情况下，以及享有带薪假的权利；

（f）在工作条件中享有健康和安全保障，包括保障生育机能的权利。

2.缔约各国为使妇女不致因为结婚或生育而受歧视，又为保障其有效的工作权利起见，应采取适当措施：

（a）禁止以怀孕或产假为理由予以解雇，以及以婚姻状况为理由予以解雇的歧视，违反规定者得受处分；

（b）实施带薪产假或具有同等社会福利的产假，不丧失原有工作、年资或社会津贴；

（c）鼓励提供必要的辅助性社会服务，特别是通过促进建立和发展托儿设施系统，使父母得以兼顾家庭义务和工作责任并参与公共事务；

（d）对于怀孕期间从事确实有害于健康的工作的妇女，给予特别保护。

3.应参照科技知识，定期审查与本条所包含的内容有关的保护性法律，必要时应加以修订、废止或推广。

第十二条

1.缔约各国应采取一切适当措施以消除在保健方面对妇女的歧视，保证她们在男女平等的基础上取得各种保健服务，包括有关计划生育的保健服务。

2.尽管有本条第1款的规定，缔约各国应保证为妇女提供有关怀孕、分娩和产后期间的适当服务，于必要时给予免费服务，并保证在怀孕和哺乳期间得到充分营养。

第十三条

缔约各国应采取一切适当措施以消除在经济和社会生活的其他方面对妇女的歧视，保证她们在男女平等的基础上有相同的权利，特别是：

（a）领取家属津贴的权利；

（b）银行贷款、抵押和其他形式的金融信贷的权利；

（c）参与娱乐活动、运动和文化生活所有各方面的权利。

第十四条

1.缔约各国应考虑到农村妇女面对的特殊问题和她们对家庭生计包括她们在经济体系中无金钱交易的部门的工作方面所发挥的重要作用，并应采取一切适当措施，保证对农村地区妇女适用本公约的各项规定。

2.缔约各国应采取一切适当措施以消除对农村地区妇女的歧视，保证她们在男女平等的基础上参与农村发展并受其惠益，尤其是保证她们有权：

（a）充分参与各级发展规划的拟订和执行工作；

（b）有权利用充分的保健设施，包括计划生育方面的知识、辅导和服务；

（c）从社会保障方案直接受益；

（d）接受各种正式和非正式的训练和教育，包括实用识字的训练和教育在内，以及除了别的以外，享受一切社区服务和推广服务的惠益，以提高她们的技术熟练程度；

（e）组织自助团体和合作社，以通过受雇和自雇的途径取得平等的经济机会；

（f）参加一切社区活动；

（g）有机会取得农业信贷，利用销售设施，获得适当技术，并在土地改革和土地垦殖计划方面享有平等待遇；

（h）享受适当的生活条件，特别是在住房、卫生、水电供应、交通和通讯方面。

第四部分

第十五条

1.缔约各国应给予男女在法律面前平等的地位。

2.缔约各国应在公民事务上，给予妇女与男子同等的法律行为能力，以及行使这种行为能力的相同机会。特别应给予妇女签订合同和管理财产的平等权利，并在法院和法庭诉讼的各个阶段给予平等待遇。

3.缔约各国同意，旨在限制妇女法律行为能力的所有合同和其他任何具有法律效力的私人文书，应一律视为无效。

4.缔约各国在有关人身移动和自由择居的法律方面，应给予男女相同的权利。

第十六条

1.缔约各国应采取一切适当措施，消除在有关婚姻和家庭关系的一切事项上对妇女的歧视，并特别应保证她们在男女平等的基础上：

（a）有相同的缔婚权利；

（b）有相同的自由选择配偶和非经本人自由表示，完全同意不缔婚约的权利；

（c）在婚姻存续期间以及解除婚姻关系时，有相同的权利和义务；

（d）不论婚姻状况如何，在有关子女的事务上，作为父母亲有相同的权利和义务。但在任何情形下，均应以子女的利益为重；

（e）有相同的权利自由负责地决定子女人数和生育间隔，并有机会获得使她们能够行使这种权利的知识、教育和方法；

（f）在监护、看管、受托和收养子女或类似的制度方面，如果国家法规有这些观念的话，有相同的权利的义务。但在任何情形下，均应以子女的利益为重；

（g）夫妻有相同的个人权利，包括选择姓氏、专业和职业的权利；

（h）配偶双方在财产的所有、取得、经营、管理、享有、处置方面，不论是无偿的或是收取价值酬报的，都具有相同的权利。

2.童年订婚和童婚应不具法律效力，并应采取一切必要行动，包括制订法律，规定结婚最低年龄，并规定婚姻必须向正式登记机构登记。

第五部分

第十七条

1.为审查执行本公约所取得的进展起见，应设立一个消除对妇女歧视委员会（以下称委员会）由在本公约所适用的领域方面德高望重和有能力的专家组成，其人数在本公约开始生效时为十八人，到第三十五个缔约国批准或加入后为二十三人。这些专家应由缔约各国自其国民中选出，以个人资格任职，选举时须顾及公平地域分配原则及不同文化形式与各主要法系的代表性。

2. 委员会委员应以无记名投票方式自缔约各国提名的名单中选出。每一缔约国得自本国国民中提名一人候选。

3. 第一次选举应自本公约生效之日起六个月后举行。联合国秘书长应于每次举行选举之日至少三个月前函请缔约各国于两个月内提出其所提名之人的姓名。秘书长应将所有如此提名的人员依英文字母次序，编成名单，注明推荐此等人员的缔约国，分送缔约各国。

4. 委员会委员的选举应在秘书长于联合国总部召开的缔约国会议中举行。该会议以三分之二缔约国为法定人数，凡得票最多且占出席及投票缔约国代表绝对多数票者当选为委员会委员。

5. 委员会委员任期四年。但第一次选举产生的委员中，九人的任期应于两年终了时届满，第一次选举后，此九人的姓名应立即由委员会主席抽签决定。

6. 在第三十五个国家批准或加入本公约后，委员会将按照本条第2、3、4款增选五名委员，其中两名委员任期为两年，其名单由委员会主席抽签决定。

7. 临时出缺时，其专家不复担任委员会委员的缔约国，应自其国民中指派另一专家，经委员会核可后，填补遗缺。

8. 鉴于委员会责任的重要性，委员会委员应经联合国大会批准后，从联合国资源中按照大会可能决定的规定和条件取得报酬。

9. 联合国秘书长应提供必需的工作人员和设备，以便委员会按本公约规定有效地履行其职务。

第十八条

1. 缔约各国应就本国为使本公约各项规定生效所通过的立法、司法、行政或其他措施以及所取得的进展，向联合国秘书长提出报告，供委员会审议：

（a）在公约对本国生效后一年内提出，并且

（b）自此以后，至少每四年并随时在委员会的请求下提出。

2.报告中得指出影响本公约规定义务的履行的各种因素和困难。

第十九条

1.委员会应自行制订其议事规则。

2.委员会应自行选举主席团成员，任期两年。

第二十条

1.委员会一般应每年召开为期不超过两星期的会议以审议按照本公约第十八条规定提出的报告。

2.委员会会议通常应在联合国总部或在委员会决定的任何其他方便地点举行。

第二十一条

1.委员会应就其活动，通过经济及社会理事会，每年向联合国大会提出报告，并可根据对所收到缔约各国的报告和资料的审查结果，提出意见和一般性建议。这些意见和一般性建议，应连同缔约各国可能提出的评论载入委员会所提出的报告中。

2.联合国秘书长应将委员会的报告转送妇女地位委员会，供其参考。

第二十二条

各专门机构对属于其工作范围内的本公约各项规定，有权派代表出席关于其执行情况的审议。委员会可邀请各专门机构就在其工作范围内各个领域对本公约的执行情况提出报告。

第六部分

第二十三条

（a）缔约各国的法律；或

（b）对该国生效的任何其他国际公约、条约或协定，

如载有对实现男女平等更为有利的任何规定，其效力不得受本公约的任务规

定的影响。

第二十四条

缔约各国承担在国家一级采取一切必要措施，以充分实现本公约承认的各项权利。

第二十五条

1.本公约开放给所有国家签署。

2.指定联合国秘书长为本公约的受托人。

3.本公约须经批准，批准书交存联合国秘书长。

4.本公约开放给所有国家加入，加入书交存联合国秘书长后开始生效。

第二十六条

1.任何缔约国可以随时向联合国秘书长提出书面通知，请求修正本公约。

2.联合国大会对此项请求，应决定所须采取的步骤。

第二十七条

1.本公约自第二十份批准书或加入书交存联合国秘书长之日后第三十天开始生效。

2.在第二十份批准书或加入书交存后，本公约对于批准或加入本公约的每一国家，自该国交存其批准书或加入书之日后第三十天开始生效。

第二十八条

1.联合国秘书长应接受各国在批准或加入时提出的保留，并分发给所有国家。

2.不得提出与本公约目的和宗旨抵触的保留。

3.缔约国可以随时向联合国秘书长提出通知，请求撤销保留，并由他将此项通知通知全体国家。通知收到后，当日生效。

第二十九条

1.两个或两个以上的缔约国之间关于本公约的解释或适用方面的任何争端，如不能谈判解决，经缔约国一方要求，应交付仲裁。如果自要求仲裁之日起六个月内，当事各方不能就仲裁的组成达成协议，任何一方得依照《国际法院规约》

提出请求，将争端提交国际法院审理。

2.每一个缔约国在签署或批准本公约或加入本公约时，得声明本国不受本条第1款的约束，其他缔约国对于作出这项保留的任何缔约国，也不受该款的约束。

3.依照本条第2款的规定作出保留的任何缔约国，得随时通知联合国秘书长撤回该项保留。

第三十条

本公约的阿拉伯文、中文、英文、法文、俄文和西班牙文文本具有同等效力，均应交存联合国秘书长。

下列署名的全权代表，在本公约之末签名，以昭信守。

（联合国大会：《消除对妇女一切形式歧视公约》，A/RES/34/180，1979年12月18日，https://undocs.org/zh/A/RES/34/180）

联合国第四次世界妇女大会北京宣言和行动纲领*（节选）

（1995年9月15日联合国第四次世界妇女大会通过）

北京宣言

1. 我们参加第四次妇女问题世界会议的各国政府，

2. 于1995年9月，联合国成立50周年的这一年，聚集在北京，

3. 决心为了全人类的利益，为世界各地的所有妇女促进平等、发展与和平的目标，

4. 听悉世界各地所有妇女的呼声，并注意到妇女及其作用和情况的多种多样，向开路奠基的妇女致敬，并受到世界青年所怀希望的鼓舞，

5. 确认过去十年来妇女在某些重要方面的地位有所提高，但进展并不均衡，男女仍然不平等，重大障碍仍然存在，给所有人的福祉带来严重后果，

6. 还确认源于国家和国际范围的贫穷日增，影响到世界上大多数人民、尤其是妇女和儿童的生活，使这种情况更加恶化，

7. 毫无保留地致力于克服这些限制和障碍，从而进一步提高世界各地妇女的地位并赋予她们权力，并同意这需要本着决心、希望、合作和团结的精神，现在

就采取紧急行动，把我们带进下一个世纪。

我们重申承诺：

8.致力于男女的平等权利和固有的人的尊严以及《联合国宪章》所揭示的其他宗旨和原则，并奉行《世界人权宣言》和其他国际人权文书、尤其是《消除对妇女一切形式歧视公约》和《儿童权利公约》以及《消除对妇女的暴力行为宣言》和《发展权利宣言》；

9.确保充分贯彻妇女和女童的人权，作为所有人权和基本自由的一个不可剥夺、不可缺少、不可分割的部分；

10.在联合国历次专题会议和首脑会议——1985年在内罗毕举行的妇女问题会议、1990年在纽约举行的儿童问题首脑会议、1992年在里约热内卢举行的环境与发展会议、1993年在维也纳举行的人权会议、1994年在开罗举行的人口与发展会议和1995年在哥本哈根举行的社会发展问题首脑会议——所取得的协商一致意见和进展的基础上再接再厉，以求实现平等、发展与和平；

11.使《提高妇女地位内罗毕前瞻性战略》得到充分和有效的执行；

12.赋予妇女权力和提高妇女地位，包括思想、良心、宗教和信仰自由的权利，从而满足男女个人或集体的道德、伦理、精神和思想需要，并且因此保证他们有可能在社会上发挥其充分潜力，按照自己的期望决定其一生。

我们深信：

13.赋予妇女权力和她们在平等基础上充分参加社会所有领域，包括参加决策进程和掌握权力的机会，是实现平等、发展与和平的基础；

14.妇女的权利就是人权；

15.平等权利、机会和取得资源的能力，男女平等分担家庭责任和他们和谐的伙伴关系，对他们及其家庭的福祉以及对巩固民主是至关重要的；

16.在持续的经济增长、社会发展、环境保护和社会正义的基础上消灭贫穷，需要妇女参加经济和社会发展、男女有平等的机会并作为推动者和受益者充分和平等地参加以人为中心的可持续发展；17.明白确认和重申所有妇女对其健康所有方面特别是其自身生育的自主权，是赋予她们权力的根本；

18.地方、国家、区域和全球的和平是可以实现的，是与提高妇女地位不可分开地联系在一起的，因为妇女是在所有各级领导、解决冲突和促进持久和平的基本力量；

19.必须在妇女充分参加下，设计、执行和监测在所有各级实施的、有利于赋予妇女权力和提高妇女地位的切实有效而且相辅相成的对性别问题敏感的政策和方案；

20.民间社会所有行动者，特别是妇女团体和网络以及其他非政府组织和社区组织，在其自主获得充分尊重的情况下，与各国政府合作作出参与和贡献，对有效执行《行动纲领》并采取后续行动十分重要；

21.《行动纲领》的执行需要各国政府和国际社会作出承诺。各国政府和国际社会作出国家和国际行动承诺，包括在世界会议上作出承诺，就是确认有必要为赋予妇女权力和提高妇女地位采取优先行动。

我们决心：

22.加强努力和行动，以期在本世纪末前实现《提高妇女地位内罗毕前瞻性战略》的目标；

23.确保妇女和女童充分享有一切人权和基本自由，并且采取有效行动，防止这些权利和自由受到侵犯；

24.采取一切必要措施，消除对妇女和女童的一切形式歧视，并移除实现两性平等、提高妇女地位和赋予妇女权力的一切障碍；

25.鼓励男子充分参加所有致力于平等的行动；

26.促进妇女经济独立，包括就业，并通过经济结构的变革针对贫穷的结构性原因，以消除妇女持续且日益沉重的贫穷负担，确保所有妇女、包括农村地区的妇女作为必不可少的发展推动者，能平等地获得生产资源、机会和公共服务；

27.通过向女孩和妇女提供基本教育、终生教育、识字和培训及初级保健，促进以人为中心的可持续发展，包括持续的经济增长；

28.采取积极步骤，确保提高妇女地位有一个和平的环境，认识到妇女在和平运动中发挥的领导作用，积极致力在严格和有效国际监督下实现全面彻底裁军，支持进行谈判，以便无拖延地缔结一项有助于核裁军和防止核武器所有方面扩散的普遍的、可以多边和有效核查的全面核禁试条约；

29.防止和消除对妇女和女孩的一切形式歧视；

30.确保男女在教育和保健方面机会均等和待遇平等，并增进妇女的性健康和生殖健康以及性教育和生殖教育；

31.促进和保护妇女和女孩的所有人权；

32.加强努力以确保在权力赋予和地位提高方面由于种族、年龄、语言、族裔、文化、宗教或残疾或由于是土著人民而面对重重障碍的所有妇女和女孩平等享有一切人权和基本自由；

33.确保尊重国际法包括人道主义法，以保护妇女尤其是女孩；

34.使女孩和所有年龄的妇女发展最充分的潜能，确保她们充分、平等地参加为人人建立一个更美好的世界，并加强她们在发展进程中的作用。

我们决心：

35.确保妇女有平等机会取得经济资源，包括土地、信贷、科技、职业培训、信息、通讯和市场，作为进一步提高妇女和女孩地位并赋予她们权力的手段，包括特别是以国际合作方式，增强她们享有以平等机会取得这些资源的利益的能力；

36.确保《行动纲领》取得成功，这将需要各国政府、各国际组织和机构在所有各级作出强有力的承诺。我们深信，经济发展、社会发展和环境保护是可持续发展的相互依赖和相辅相成的组成部分，而可持续发展是我们致力为所有人民取得更高生活素质的框架。公平的社会发展承认必须赋予贫穷人民、尤其是生活于贫穷之中的妇女权力，使其可持续地利用环境资源，这种社会发展乃是可持续发展的一个必要基础。我们还承认，在可持续发展范围内实现基础广泛的持续经济增长，是维持社会发展和社会正义所不可少的。《行动纲领》若要成功，还将需要在国家和国际两级调集足够资源以及从所有现有供资机制，包括多边、双边和私人来源，向发展中国家提供新的、更多的资源，用以提高妇女地位；为加强国家、分区域、区域和国际机构的能力提供财政资源；对平等权利、平等责任和平等机会以及对男女平等参加所有国家、区域和国际机构和政策制订进程作出承诺；在所有各级设立或加强对全世界妇女负责的机制；

37.还确保《行动纲领》在转型期经济国家取得成功，这将需要国际继续合作和给予援助；

38.我们以各国政府的名义特此通过和承诺执行以下《行动纲领》，确保在我们所有的政策和方案之中体现性别观点。我们敦促联合国系统、为区域和国际金融机构、其他有关区域和国际机构和所有男女、非政府组织在其自主获得充分尊重的情况下、以及民间社会所有部门，与各国政府合作，作出充分承诺，协助执行本《行动纲领》。

行动纲领（节选）

......

E.妇女与武装冲突

131.提高妇女地位的一个重要因素，是必须具备一个按照《联合国宪章》所揭示的不威胁使用武力或使用武力侵犯领土完整或政治独立和尊重主权的原则，维护世界和平、促进和保护人权、民主以及和平解决争端的环境。和平是同男女平等和发展密不可分的。武装冲突和其他形式的冲突和恐怖主义以及扣为人质仍然在世界许多地区发生；侵略、外国占领、种族和其他形式的冲突是影响几乎每一区域妇女的现实状况。世界各地继续发生大规模和经常的侵犯行为和严重妨碍充分享受人权的局势，这种侵犯行为和妨碍包括酷刑和残忍行为、不人道和有辱人格待遇或惩罚、即审即决和任意处决、失踪、任意拘留、各种形式的种族主义、种族歧视、仇外心理、贫穷、饥饿和其他剥夺经济、社会和文化权利的行为、宗教不容忍、恐怖主义、歧视妇女和缺乏法治。禁止攻击平民的国际人道主义法时常被有步骤地漠视，人权往往因影响到平民，特别是妇女、儿童、老年人和残疾人的武装冲突情况而被侵犯。在武装冲突情况下侵犯人权是违反国际人权的基本原则和人道主义法。大规模侵犯人权，特别是以灭绝种族形式出现、作为一种战争策略的种族清洗及其造成的的后果、以及强奸，包括在战争情况下有计划地强奸妇女，造成大量难民和流离失所者逃亡，这都是受到强烈谴责的骇人听闻的手段，必须立即停止，同时犯下这类罪行的人必须受惩处。这种武装冲突情况有一些源于一国征服另一国或将其殖民地化，并通过国家和军事镇压使这种殖民地化长期存在。

132.1949年《关于战时保护平民的日内瓦公约》及其1977年《附加议定书》规定"妇女应特别受保护，不使她们的尊严受到侵犯……特别是侮辱性和有辱人格的待遇、强奸、强迫卖淫或任何形式的非礼侵犯"。世界人权会议通过的《维也纳宣言和行动纲领》表明："在武装冲突中一切侵害妇女人权的行为都违反了国际人权和人道主义法的基本原则"。对所有这种侵犯人权情况，特别是包括谋杀、强奸，包括经常的强奸、性奴役和强迫怀孕，需要作出特别有效的反应。大规模有系统地侵犯和构成对充分享有人权的重大障碍的情况仍继续在世界各地发生。这种侵犯和障碍包括酷刑和残忍行为、不人道和有辱人格待遇或即决和任意拘留、各种形式的种族主义、种族歧视、仇外心理、剥夺经济、社会和文化权利以及宗教不容忍等。

133.武装冲突和军事占领中的侵犯人权行为是违反各项国际人权文书以及1949年《日内瓦公约》及其《附加议定书》所载的国际人权和人道主义法基本原则。在战争地区和被占领地区继续发生大规模侵犯人权行为和执行种族清洗政策。这些行径除其他外，造成大量难民和其他需要国际保护的流离失所者和国内流离失所者外流，其中大多数是妇女、少女和儿童。大多数平民受害者是妇女和儿童，伤亡人数往往超过了战斗人员。此外，妇女经常成为受伤战士的护理人员，而且由于冲突而意外地成为家中唯一的管理人、单亲和照顾老年亲属的人。

134.由于世界持续不稳定而且不断产生暴力，急需以合作方式谋求和平与安全。妇女有平等机会并充分参加权力结构，并且充分参与一切防止和解决冲突的努力，是维持和促进和平与安全的必要条件。尽管妇女在解决冲突、维持和平以及国防和事务机制中开始发挥重要作用，但妇女在决策职位上的人数仍然不足。如果妇女要在实现和维持和平中扮演平等的角色，则必须赋予她们政治和经济权力，并在所有各级决策职位上有足够人数。

135. 虽然整个社会都受到武装冲突和恐怖主义之害，但妇女和女孩由于在社会上的地位和她们的性别而受到更大影响。冲突当事方往往强奸妇女而逍遥法外，有时甚至以有计划的强奸来作为战争和恐怖主义策略。在这种情况下对妇女的暴力行为和侵犯妇女人权的行为使所有年龄的妇女受害，她们流离失所、丧失家庭财产、近亲丧失或非自愿失踪、贫穷、家属分离和家庭破裂，她们成为谋杀、恐怖主义、酷刑、非自愿失踪、性奴役、强奸、性迫害和在武装冲突状态下强迫怀孕的受害人，尤其成为种族清洗政策和其他新出现暴力形式的受害人。再加上长期以来由于武装冲突和外国支配在社会、经济和心理上所造成的创伤后果使得情况更加严重。

136. 全世界有千百万难民和其他流离失所者，包括国内流离失所者，其中80%左右是妇女和儿童。她们受到剥夺财产、物品和服务，剥夺她们返回家园的权利，以及暴力和不安全的威胁。应当特别注意对离乡背井的妇女和女孩的性暴力行为，利用这种行为作为有计划的恐怖和胁迫运动，迫使某一种族、文化或宗教团体的成员逃离家园。妇女也可能因为有充分事实根据而担心基于1951年《关于难民地位的公约》和1967年《议定书》中所列举的理由受到迫害——包括通过性暴力的迫害或其他与性别有关的迫害——而被迫逃离，她们在逃亡期间，在庇护国和重新定居地点，以及在返国期间和返国之后，继续遭受暴力和剥削。妇女以这类迫害为理由向一些庇护国申请难民地位时往往难以得到承认。

137. 难民、流离失所和移徙妇女在多数情况下表现了坚强、耐力和才能，她们对安置国或在返回原籍国后可以作出积极贡献。必须让她们适当参与影响她们的各项决定。

138. 许多非政府妇女组织呼吁全世界减少军费，并减少武器的国际贸易、贩卖和扩散。在冲突和过度军事开支中受害最大的是贫民，他们由于缺乏基本服务的投资而陷于困境。贫穷妇女，特别是农村妇女，也受到使用杀伤性特别强或具有滥杀效果的武器之害。全球64个国家共计散布着1亿枚以上杀伤地雷。必须处理过度军事支出、军火贸易、对军火生产和购买的投资对发展的负面影响。但与此同时，维护国家安全与和平是促进经济增长和发展以及赋予妇女权力的重要促成因素。

139.发生武装冲突和社区瓦解时，妇女的作用是关键性的。她们往往在武装和其他冲突中力求维持社会秩序。妇女在家庭和社会中担任和平教育者，作出了重大贡献，但往往没有得到确认。

140.以教育来培养和平文化，支持正义和对所有国家和人民容忍，是实现持久和平所必要的，应从幼年开始。这种教育应包括冲突的解决、调停、减少偏见和尊重多样化。

141.在解决武装或其他冲突问题时，应提倡采取积极鲜明的政策，使性别观点在所有政策和方案中主流化，以便在作出决定之前分别对妇女和男子可能受到的影响进行分析。

战略目标E.1. 增进妇女在决策阶层参与解决冲突并保护生活在武装冲突和其他冲突状态或外国占领下的妇女

应采取的行动

142.各国政府及国际和区域政府间机构：

（a）采取行动，促成妇女平等参与和妇女有平等机会参与所有各级、特别是在决策阶层的论坛与和平行动，包括在联合国秘书处，同时应根据《联合国宪章》第一百零一条适当注意到公平地域分配；

（b）将性别观点纳入武装冲突或其他冲突和外国占领的解决中，并在提名或推荐候选人担任一切有关国际机构诸如联合国前南斯拉夫问题国际法庭和卢旺达问题国际法庭、国际法院以及与和平解决争端有关的其他机构的司法和其他职位时，力求实现性别平衡；

（c）确保这些机构能够适当地处理性别问题，通过适当地培训检察官、法官及其他人员处理涉及在武装冲突状态下强奸、强迫怀孕、在武装冲突中对妇女进行猥亵侵犯行为和其他形式暴力行为包括恐怖主义行为的案件，并将性别观点纳入其工作。

战略目标E.2. 裁减过分的军事开支并控制军备供应

应采取的行动

143.各国政府：

（a）在考虑到国家安全的条件下，斟情加速将更多的军事资源和有关工业改充发展与和平用途；

（b）努力探索创造新的公私财政资源的新途径，特别是通过适当削减过高军费、包括全球军费，并适当削减武器贸易以及对武器生产和采购的投资，同时考虑到国家安全需要，以便有可能为社会和经济发展拨出额外资金，尤其在促进提高妇女地位方面；

（c）采取行动，调查并惩治在武装冲突状况下对妇女犯下暴力行为、违反国际人道主义法和侵犯妇女人权的警务人员、保安人员、武装部队人员和其他人员；

（d）一方面认识到正当的国防需要，一方面也应确认并处理武装冲突对社会的危害以及过度的军事开支、军火贸易——尤其是具有特别杀伤力或滥杀滥伤作用的军火贸易、以及对武器生产和采购的过度投资所产生的负面影响。同样地，认识到必须打击非法军火贩运、暴力行为、犯罪活动、非法麻醉品的生产、使用和贩运、以及妇女和儿童的贩卖；

（e）认识到妇女和儿童尤其受到滥用杀伤地雷的影响：

（一）如果尚未批准1980年的《禁止或限制使用某些可被认为具有过分伤害力或滥杀滥伤作用的常规武器公约》，特别是《禁止或限制使用地雷饵雷和其他装置的议定书》（第二号议定书），则承诺积极努力予以批准，以期到2000年得以普遍批准；

（二）承诺积极考虑加强《公约》，致力减少平民因滥用地雷而遭受伤亡和极度痛苦；

（三）承诺协助排雷，主要是协助交换关于排雷方法和资料，转让技术，提倡科学研究；

（四）承诺在联合国系统内支持努力，协调一项在无不必要歧视的情况下共同支援排雷的方案；

（五）如果还没有暂停出口杀伤地雷，包括向非政府实体出口这类地雷，则尽早暂停出口，同时满意地注意到许多国家已经宣布暂停出口，转让或出售这类地雷；

（六）承诺鼓励进一步作出国际努力，设法解决杀伤地雷所造成的问题，以期最终根除杀伤地雷，同时认识到，随着研究出其他合乎人道的可用武器，各国可以非常有效地达到此一目标；

（f）认识到妇女在和平运动中所起的作用：

（一）积极争取在严格、有效的国际监督下实行全面彻底裁军；

（二）支持谈判立即缔结一项普遍的、可以多边有效核查的全面禁止核试验条约，以便在所有方面促进核裁军并防止扩散核武器；

（三）在全面禁止核试验条约生效以前，在核试验方面力行克制。

战略目标E.3. 推动以非暴力方式解决冲突并减少冲突状态下侵犯人权情事

应采取的行动

144.各国政府：

（a）考虑批准或加入载有关于在武装冲突中保护妇女和儿童的规定的国际文书，包括1949年《关于战时保护平民的日内瓦公约》、《关于保护国际性武装冲突受难者的1949年日内瓦公约附加议定书》（第一号议定书）和《关于保护非国际性武装冲突受难者的1949年日内瓦公约附加议定书》（第二号议定书）；

（b）在武装冲突中充分遵守国际人道主义法的规范，并采取一切所需措施保护妇女和儿童，特别是不遭受强奸、强迫卖淫和任何其他形式的猥亵侵犯行为；

（c）考虑到秘书长在《1995年至2000年提高妇女在秘书处地位战略行动计划》（A/49/587，第四节）中提出的具体建议，在可能制订或影响有关维持和平、预防性外交和有关活动的政策的国家机构和国际机构的所有决策阶层中，加强妇女的作用，并确保妇女有平等的代表性。

145.各国政府及国际和区域组织：

（a）重申所有人民，特别是殖民地或在其他形式外国统治或外国占领下的人民的自决权利，并重申切实有效地实现世界人权会议通过的《维也纳宣言和行动纲领》和其他文书中所阐明的这项权利的重要性；

（b）鼓励按照《联合国宪章》，特别是按照第二条第三和第四项的规定，进行外交活动、谈判和以和平方式解决争端；

（c）敦促认清并谴责蓄意作为战争和种族清洗工具有计划地强奸妇女及以不人道和有辱人格的其他形式对待妇女的行径，并采取步骤，确保全力协助这种遭受虐待的受害者身心康复；

（d）重申武装冲突中的强奸行为构成战争罪行，在某些情况下根据《防止及惩治灭绝种族罪公约》构成危害人类罪和种族灭绝行为；采取一切所需措施保护妇女和儿童不受这类行为之害，加强调查和惩治应对这类行为负责者的机制并将犯罪者绳之以法；

（e）坚持并加强国际人道主义法和国际人权文书中所载准则，防止在武装冲突或其他冲突中对妇女的一切暴力行为；彻底调查战争期间对妇女犯下的一切暴力行为，特别是有计划的强奸、强迫卖淫和其他猥亵侵犯行为和性奴役；起诉应对针对妇女的战争罪负责的所有罪犯并为受害的妇女采取充分的补救措施；

（f）要求国际社会谴责并采取行动制止恐怖主义的一切形式和表现；

（g）为一切有关人员拟订关于国际人道主义法和增进对人权的认识的培训方案时，考虑到对性别问题敏感的关切事项，并建议参与联合国维持和平和人道主义援助活动的人接受这种培训，特别是为了防止对妇女的暴力行为；

（h）劝阻不要采取或避免采取违反国际法和《联合国宪章》的任何单方面措施，这种措施可阻碍受影响国家的人民特别是妇女和儿童充分实现经济和社会发展，妨碍他们的福祉，并对他们充分享有人权包括人人享有健康和福祉所需的适当生活水平的权利以及他们获得食物、医疗和必要社会服务的权利造成障碍。本会议重申食物和医药绝不应被利用为政治压力的工具；

（i）依照国际法采取措施，减少经济制裁对妇女和儿童的不利影响。

战略目标E.4.促进妇女对培养和平文化的贡献

应采取的行动

146.各国政府、国际和区域政府间机构及非政府组织：

（a）通过特别以青年妇女为对象的教育、培训、社区行动和青年交流方案促进和平解决冲突及和平、和解与容忍；

（b）鼓励进一步发展有妇女参与的和平研究，调查武装冲突对妇女和儿童的影响以及妇女参与国家、区域和国际和平运动的性质和贡献；从事研究并查明遏制暴力和解决冲突的创新机制，以便广为传播，供男女使用；

（c）发展和传播关于武装冲突对妇女，特别是青年妇女和女孩的身体、心理、经济和社会影响的研究，以期制订解决冲突后果的政策和方案；

（d）考虑设立女孩和男孩教育方案，以期促进和平文化，着重于以非武力手段解决冲突和促进容忍。

战略目标E.5. 保护、援助和培训难民妇女、其他需要国际保护的流离失所妇女和国内流离失所妇女

应采取的行动

147.各国政府、政府间组织和非政府组织及其他参与保护、援助和培训难民妇女和其他需要国际保护的流离失所妇女和国内流离失所妇女的其他机构，其中酌情包括联合国难民事务高级专员办事处和世界粮食计划署：

（a）采取步骤，确保妇女充分参与规划、制订、执行、监测和评价旨在援助难民妇女、其他需要国际保护的流离失所妇女和国内流离失所妇女的所有短期和长期项目和方案，包括难民营和资源的管理；确保难民和流离失所妇女和女孩能够直接取得所提供的服务；

（b）为在本国境内流离失所的妇女和儿童提供充分的保护和援助，设法解决其流离失所的根源，以期防止这种现象，并酌情为他们的返回和重新定居提供便利；

（c）采取步骤，保护难民妇女、其他需要国际保护的流离失所妇女和国内流离失所妇女在流离时期和返回原来的社区时的安全和人身完整，包括执行重新恢复正常生活的方案；采取有效措施保护难民妇女或流离失所妇女免遭暴力

行为之害；公正和彻底调查任何此种侵犯行为并将应对此种行为负责的人绳之以法；

（d）一方面充分尊重和严格遵守不驱返原则，一方面则采取一切必要步骤，确保难民妇女和流离失所妇女安全体面地自愿返回原居地的权利，以及回返后获得保护的权利；

（e）按照《联合国宪章》，并酌情进行国际合作，在国家一级采取措施，就有关国内流离失所妇女的问题、包括她们自愿地安全返回原籍家园的权利问题，寻求持久解决办法；

（f）确保国际社会和国际组织提供用于紧急救济和其他较长期援助的财政和其他资源，这种援助要考虑到难民妇女、其他需要国际保护的流离失所妇女和国内流离失所妇女的具体需要、资源和潜力；在提供保护和援助时，采取一切适当措施，消除对妇女和女孩的歧视，以期确保平等取得适当和充分的食物、水、住所、教育、社会和保健服务、包括生殖保健、孕产护理以及防治热带疾病的服务；

（g）促进以适当的语文提供教育材料——包括在紧急情况下，以期尽量减少难民儿童和流离失所儿童教育中断；

（h）适用国际规范，确保在难民甄别程序和给予庇护方面使男女享有平等机会和平等待遇，包括充分尊重和严格遵守不驱返原则，特别是使国家移民条例符合有关国际文书，并考虑到妇女申请难民地位时，如以1951年《难民地位公约》及1967年《议定书》所列的理由确实恐惧会有性暴力迫害或其他有关性别的迫害危险，即承认她们为难民，并让她们有机会得到受过特别训练的干事的帮助，包括妇女干事，以便访问妇女关于如性侵犯等敏感的或痛苦的经历；

（i）支持和促进国家作出努力，制订如何回应特别针对妇女的迫害的准则和指导方针，分享国家制定此类准则和指导方针的倡议的资料，并进行监测，确保其公平一致的适用；

（j）促进难民妇女、其他需要国际保护的流离失所妇女和国内流离失所妇女的自力更生能力，并在难民和回归者社区内为妇女、特别是青年妇女开办领导和决策方案；

（ｋ）确保难民妇女和流离失所妇女的人权受到保护，并确保难民妇女和流离失所妇女认识到这些权利；确保家庭团聚的极端重要性受到确认；

（ｌ）酌情为被甄别为难民的妇女提供职业／专业培训方案，包括语言培训、小型企业发展培训及规划和关于对妇女的一切形式暴力行为问题的咨询服务，其中应包括帮助酷刑和创伤受害者康复的方案；各国政府和其他捐助者应大量增加对援助难民妇女、其他需要国际保护的流离失所妇女和国内流离失所妇女方案的捐助，要特别考虑到大批难民人口的需要日益增多对收容国的影响，而且有必要扩大捐助基础，以便更均衡地分担责任。

（ｍ）提高公众对难民妇女向其重新定居的国家所作贡献的认识，促进妇女对其人权及其需要和能力的了解，并通过促进跨文化和种族间和谐的教育方案，鼓励相互了解和接受；

（ｎ）向因恐怖主义、暴力、麻醉药品贩运或与暴力情况有关的其他理由而被迫离弃原居地的妇女提供基本的支助服务；

（ｏ）提高对妇女人权的认识，并酌情向在武装冲突地区和难民地区执行任务的军事和警察人员提供人权教育和培训。

148.各国政府：

（ａ）同难民妇女密切合作，在难民方案各部门内，传播和执行难民专员办事处的《保护难民妇女准则》和难民专员办事处的《评价和照顾创伤和暴力行为受害者准则》，或给予类似的指导；

（ｂ）保护以家庭成员身份移民的妇女和儿童免遭赞助人虐待或剥夺其人权并考虑在国家立法范围内，在家庭关系解体时延长其居留期限。

战略目标Ｅ.6. 援助殖民地和非自治领土的妇女

应采取的行动

149.各国政府以及政府间组织和非政府组织：

（ａ）如《维也纳宣言和行动纲领》和其他文书所阐明，通过在领导和决策培训方面提供特别方案，支持和促进所有人民实现自决的权利；

（b）酌情通过大众传媒、各级教育和特别方案提高公众的认识，使人们更深入地了解殖民地和非自治领土妇女的处境。

（第四次世界妇女大会、'95北京非政府组织妇女论坛丛书编委会编《第四次世界妇女大会重要文献汇编》，中国妇女出版社，1998，第159~164、230~242页）

联合国大会第二十三届特别会议特设全体委员会的报告

（联合国·纽约，2000）

第一章

导言

1. 2000年6月5日，大会第二十三届特别会议第一次全体会议设立了第二十三届特别会议特设全体委员会，并以鼓掌方式选举克里斯蒂娜·卡帕拉塔（坦桑尼亚联合共和国）为委员会主席。

2. 特设委员会于2000年6月5日、9日和10日举行了3次会议，听取了联合国系统和非政府组织代表的发言，审议了审查和评价《北京行动纲要》十二个重大关切领域执行工作的进展情况（议程项目8）以及消除《北京行动纲要》执行工作的障碍的进一步行动和倡议（议程项目9）。

3. 特设委员会在6月5日第1次会议上以鼓掌方式选举艾莎·阿菲菲（摩洛哥）、阿西斯·巴塔查尔吉（印度）、帕特里夏·弗洛尔（德国）、嘉治美佐子（日本）、索尼娅·莱昂斯–卡里尔（圣卢西亚）、莫妮卡·马丁内斯（厄瓜多尔）、柯尔斯滕·姆拉萨克（加拿大）、拉萨·奥斯特奥斯卡特（立陶宛）和杜布拉芙卡·西蒙诺维奇（克罗地亚）为副主席。特设委员会决定马丁内斯女士兼任报告员。

4. 特设委员会在审议议程项目8和9时，面前有作为大会题为"2000年妇女：二十一世纪两性平等、发展与和平"的第二十三届特别会议筹备委员会的妇女地位委员会关于其第三届会议和第三届会议续会的报告（A/S–23/2及Add.1和2

（PartsI–IV 和 IVCorr.1）。

5.主席在第1次会议上作了发言。

6.秘书长关于性别问题和提高妇女地位问题特别顾问也发了言。

7.毛里求斯代表在同次会议上代表南部非洲发展共同体发了言。

8.在第1次会议上发言的还有：联合国艾滋病毒/艾滋病联合方案执行主任、世界粮食计划署区域管理员、提高妇女地位国际研究训练所所长、联合国药物管制和犯罪预防组纽约办事处副代表、以及西亚经济社会委员会副执行秘书。

9.在同次会议上，下列人员也发了言：国际货币基金组织人力资源管理部部长、联合国粮食及农业组织助理总干事、国际劳工组织总干事特别代表以及联合国教育、科学及文化组织助理总干事。

10.具有经济及社会理事会咨商地位的非政府组织全印度妇女会议代表，也代表一些非政府组织发了言。

11.在6月9日第二次会议上，世界卫生组织总干事、联合国人权事务高级专员、欧洲经济委员会执行秘书和世界银行、联合国难民事务高级专员办事处和国际农业发展基金的代表发了言。

12.核准出席特别会议的下列非政府组织的代表也发了言：对妇女的暴力行为问题核心小组、逃难妇女核心小组、亚洲太平洋妇女观察、媒体核心小组、非政府组织精神健康委员会、国际女孩网和世界展望、妇女信息和培训研究机构、国际妇女自力更生机构、职业妇女福利互助会国际协会（代表若干非政府组织）、世界社区无线电广播联合会、非洲妇女发展网。

第二章

特设全体委员会采取的行动

13.在6月10日第三次会议上，特设全体委员会审议了报告草稿（A/S-23/AC.1/L.1 和 Add.1–42）和主席在 A/S-23/AC.1/L.2 号文件内提出的两项决议草案。

14.下列代表发了言：洪都拉斯、哥伦比亚（也代表玻利维亚、巴西、智利、哥斯达黎加、厄瓜多尔、萨尔瓦多、危地马拉、墨西哥、巴拉圭、秘鲁、乌拉圭和委内瑞拉）、加蓬、古巴、毛里塔尼亚、尼日利亚（代表属于77国集团的联合国会员国和中国）、阿拉伯利比亚民众国、伊朗伊斯兰共和国、尼加拉瓜、苏丹、科威特、阿拉伯联合酋长国、加拿大（代表日美加新）、阿根廷、伊拉克、孟加拉国和沙特阿拉伯。

15.特设委员会随即通过其报告并建议大会通过所附两项决议草案，其中一项题为"政治宣言"，另一项题为"执行《北京宣言》和《行动纲要》的进一步行动和倡议"（见下文第16段）。

第三章

特设全体委员会的建议

16.特设委员会建议大会通过下列决议草案：

决议草案一

政治宣言

大会，

通过本决议所附政治宣言。

附件　政治宣言

我们参加大会特别会议的各国政府，

1.重申我们承诺实现1995年第四次妇女问题世界会议通过的《北京宣言》[1]和《行动纲要》[2]及作为1976年至1985年联合国妇女十年成果的《提高妇女地位内罗毕前瞻性战略》[3]所载的各项宗旨和目标；

1.《第四次妇女问题世界会议的报告，1995年9月4日至15日，北京》（联合国出版物，出售品编号：E.96.IV.13），决议1，附件一。

2.同上，附件二。

3.《审查和评价联合国妇女十年：平等、发展与和平成就会议的报告，1985年7月15日至26日，内罗毕》（联合国出版物，出售品编号 E.85.IV.10），第一章A节。

2. 又重申我们承诺执行《北京行动纲要》的12个重大关切领域，即：妇女与贫穷；妇女教育与培训；妇女与保健；对妇女的暴力行为；妇女与武装冲突；妇女与经济、妇女参与掌权和决策；提高妇女地位的体制办法；妇女的人权；妇女与媒体；妇女与环境；及女童；并呼吁执行妇女地位委员会自其第三十九届会议以来通过的关于第四次妇女问题世界会议后续行动的商定结论和决议；

3. 认识到我们对充分执行《提高妇女地位内罗毕前瞻性战略》、《北京宣言》和《行动纲要》及充分履行与提高妇女地位有关的所有承诺具有主要责任，为此呼吁继续开展国际合作包括重申致力于实现有待实现的国际商定的官方发展援助占发达国家国民生产总值0.7%的商定指标；

4. 欢迎迄今为止在朝向两性平等和执行《北京行动纲要》方面所取得的进展并重申我们对加速实现普遍批准《消除对妇女一切形式歧视公约》[1]的承诺并在此方面承认各国政府、联合国系统、政府间组织及其他国际组织和区域组织在各级所作的种种努力，并敦促继续努力充分执行《北京行动纲要》；

5. 认识到民间社会、特别是非政府组织和妇女组织在执行《北京宣言》和《行动纲要》方面的作用和贡献，并鼓励它们参加进一步执行和评价的进程；

6. 强调男子必须参与并与妇女分担责任以促进两性平等；

7. 重申必须将性别观点纳入联合国其他主要会议和首脑会议成果执行进程的主流并由各国政府、区域组织和联合国系统各机构和组织在其职权范围内以协调一致的方式就所有主要会议和首脑会议采取后续行动；

我们各国政府在新的千年开始之际，

8. 重申我们承诺克服在执行《北京行动纲要》和《提高妇女地位内罗毕前瞻性战略》过程中遇到的各种障碍，加强和保障有利的国家和国际环境，并为此目的保证采取进一步行动，确保予以充分和加速执行，特别是通过促进和保护所有人权和基本自由、将性别观点纳入所有政策和方案、促使妇女充分参与和赋予妇女权力以及加强国际合作，促进《北京行动纲要》的充分执行；

---

1. 大会第34/180号决议，附件。

9.同意定期评估进一步执行《北京行动纲要》的情况，以期在《北京行动纲要》通过10年和《提高妇女地位内罗毕前瞻性战略》通过20年之后，于2005年召集有关各方酌情评估取得的进展并审议新的倡议；

10.保证使妇女和男子为创造一个人人能够在二十一世纪享受平等、发展与和平的世界而共同努力的社会得以实现。

决议草案二

执行《北京宣言》和《行动纲要》的进一步行动和倡议

大会，

通过本决议所附的执行《北京宣言》和《行动纲要》的进一步行动和倡议。

附件 执行《北京宣言》[1]和《行动纲要》[2]的进一步行动和倡议

一 导言

1.参加大会特别会议的各国政府重申致力于实现1995年第四次妇女问题世界会议通过并载于会议报告的《北京宣言》和《行动纲要》所载的各项目标。《北京宣言》和《行动纲要》将两性平等、发展与和平定为目标，成为赋予妇女权力的议程。各国政府审查和评价了在执行《行动纲要》方面取得的进展并查明了障碍和目前的挑战。它们认识到在《行动纲要》中提出的目标和承诺未得到充分执行和实现，商定在地方、国家、区域和国际各级进一步采取行动和提出倡议以加速执行《行动纲要》和确保充分履行两性平等、发展与和平的承诺。

2.《北京行动纲要》确定了优先采取行动的12个重大领域，以期实现提高妇女地位和赋予妇女权力的目标。妇女地位委员会审查了在12个重大关切领域中每

1.《第四次妇女问题世界会议的报告，1995年9月4日至15日，北京》（联合国出版物，出售品编号：E.96.IV.13），决议1，附件一。

2.同上，附件二。

个领域取得的进展，自1996年以来通过了各种促进加快执行的商定结论和建议。《行动纲要》以及这些商定结论和建议构成推动在二十一世纪实现两性平等、发展与和平的基础。

3.《行动纲要》是完全按照《联合国宪章》的宗旨与原则和国际法拟订的，其目标是赋予所有妇女权力。充分实现所有妇女的一切人权和基本自由是赋予妇女权力的必要条件。固然，民族特性和地域特征的意义、以及不同的历史、文化和宗教背景都必须要考虑，但是各个国家，不论其政治、经济和文化体系如何，都有义务促进和保护一切人权和基本自由。通过国家法律以及拟订战略、政策、方案和优先次序等方式执行《行动纲要》是每一个国家的主权责任，但要符合所有人权和基本自由；对个人及社会的各种宗教和伦理价值观念、文化背景和哲学信念的重视和充分尊重应有助于妇女充分享有其人权，以实现平等，发展与和平。

4.《行动纲要》强调妇女有共同关注各种问题，唯有通过与男子共同努力、携手合作致力于实现世界各地两性平等的共同目标才能解决这些问题。《行动纲要》尊重和重视妇女种种处境和情况，并确认在赋予妇女权力方面有些妇女面临特别的障碍。

5.《行动纲要》确认，由于种族、年龄、语言、族裔、文化、宗教或残疾等因素，或由于是土著妇女或其他身份，妇女在充分实现平等和提高地位方面面对种种障碍。许多妇女面对的具体障碍与其家庭地位，特别是作为单亲的地位有关，也与其社会经济地位，包括住在农村、偏远或贫困地区的生活条件有关。对于难民妇女和其他流离失所妇女，包括国内流离失所妇女，以及移民妇女和移徙妇女包括移徙女工在内的，还存在着更多的障碍。许多妇女也特别受到环境灾害、严重疾病和传染病以及对妇女的各种形式暴力的影响。

二　在执行《行动纲要》12个重大关切领域方面取得的成就和存在的障碍

6.必须根据《北京行动纲要》及其12个重大关切领域所作的承诺评估成就和

障碍，即评估时要研究各国报告所述已采取的行动和取得的成果，还要注意到秘书长的各项报告、为筹备大会特别会议举行的五次区域会议的成果、结论和协议及其他有关资料。这种评估表明，即使能查明已取得重大积极进展，障碍依然存在，仍然必须进一步实现在北京提出的目标和履行所作的承诺。因此，总结成就和持续存在的障碍或新的障碍可提供一个全球框架，来确定新的行动和倡议，在各级和各个领域克服障碍和全面加速地执行《行动纲要》。

A. 妇女与贫穷

7. 成就。取得了重大进展，更加认识到贫穷的性别层面，并认识到两性平等是消除贫穷的一个特别重要的因素，尤其是针对陷于贫穷的女性人数日增的现象。各国政府同非政府组织合作，作出了努力，将性别观点纳入消除贫穷政策和方案。多边、国际和区域金融机构也正日益注意将性别观点纳入其政策内。取得进展是因为采用双管齐下的办法，促进妇女就业和赚取收入的活动，并提供基本社会服务，包括教育和保健。向妇女提供微额贷款和微额资金已成为促进妇女经济权力的成功战略，并为一些贫穷妇女，特别是农村地区的贫穷妇女增加了经济机会。制定政策时考虑到女户主家庭的特殊需要。研究的结果使人更加理解贫穷对男女产生不同的影响，还开发了帮助进行这种评估的工具。

8. 障碍。许多因素导致男女经济差距日益悬殊，包括收入不平等、失业以及最脆弱群体和边缘群体更加贫穷。债务负担，不符合国家安全需要的过多军事开支，不符合国际法和《联合国宪章》的单方面胁迫措施，武装冲突，外国占领，恐怖主义，官方发展援助数额偏低，致力实现官方发展援助指标的承诺未得到履行，将发达国家国民生产总值的0.7%用于全面官方发展援助和将0.15%至0.2%分配给最不发达国家的国际商定指标尚未实现，资源未能得到有效利用等因素，限制了各国的扫贫工作。此外，两性不平等和经济权力分享不均，男女无报酬工作分配不平等，妇女开办企业缺乏技术和资金支助，获得和控制资本、特别是土地和信贷的机会以及进入劳动力市场的机会不平等，加上有害的传统风俗习惯，这一切都妨碍了赋予妇女经济权力，使陷于贫穷的妇女人数日增。转型期经济国家经历的根本性经济改革，导致赋予妇女权力的消灭贫穷方案资金不足。

B.妇女的教育和培训

9.成就。日益认识到教育是实现两性平等和赋予妇女权力的最重要手段之一。各级妇女和女孩教育和培训工作取得了成就，特别是在获得充分的政治承诺和资源分配的情况下更是如此。所有区域都采取了措施推动其他教育和培训制度，使土著社区及其他处境不利和边缘群体的妇女和女孩能够受教育，鼓励她们学习各领域，特别是非传统领域的知识，并消除教育和培训方面的性别偏见。

10.障碍。在某些国家，为妇女和女孩扫盲和提高识字率以及使她们能有更多机会接受各级各类教育的努力受到下列因素的局限：就改善教育基础设施和进行教育改革而言，资源短缺和政治意志及承诺不足；包括在师资训练方面持续存在的两性歧视和偏见；学校、进修机构和社区中存在基于性别的有关职业的陈规定型观念；托儿设施不足；教材中持续采用关于性别的陈规定型观念；没有充分注意妇女在高等教育机构就读和劳动力市场动向之间的联系。有些社区地理位置偏远，而且有些情况下，薪金和福利不足，难以吸引和挽留教学专业人员，可能会导致教育质素较差。此外，在若干国家，经济、社会和基础设施方面的障碍，以及传统的歧视性做法，都使得女孩的入学率和继续就学率较低。某些发展中国家在扫盲方面进展不大，使得妇女在经济、社会和政治各级的地位更加不平等。其中有一些国家，由于结构调整政策的设计和实施不当，导致投入教育基础设施的投资下降，因此对教育部门产生特别严重的影响。

C.妇女与保健

11.成就。已实施方案，使决策者和规划者认识到保健方案必须满足妇女一生保健的各方面需要，因为此种保健方案已使许多国家的预期寿命延长。日益注意到由于疟疾、肺结核、水媒疾病、传染病和腹泻病以及营养不良，妇女死亡率很高，日益重视《行动纲要》第94和第95段所载妇女的性健康以及生殖健康和生殖权利；一些国家更加重视执行《行动纲要》第96段；对计划生育和避孕方法的知识和使用率已提高；男子越来越认识到自己在计划生育和避孕方法及其使用方面的责任；日益重视妇女和女孩人体免疫机能丧失病毒/后天免疫机能丧失综合症（艾滋病毒/艾滋病）以及如何预防感染的问题；日益重视母乳喂养、营养、母幼保健；将性别观点纳入保健活动以及与保健有关的教育和体育活动；推行针对妇女的预防药物滥用、包括吸烟、吸毒和酗酒方案和康复方案；日益重视妇女的精神健康、工作场所的健康条件、环境考虑以及并确认老年妇女的具体保健需要。1999年6月30日至7月2日在纽约举行的大会第二十一届特别会议审议了妇女保健领域所取得的成就并通过了关键行动，[1]以进一步执行国际人口与发展会议（人发会议）的《行动纲领》。[2]

12. 障碍。在婴儿死亡率和发病率以及保护妇女和女孩健康的措施方面，全世界富国与穷国之间的差距以及富国和贫国国内的差距仍然不可接受，因为妇女和女孩特别容易感染性传染疾病，包括人体免疫机能丧失病毒/后天免疫机能丧失综合症，并且容易遭受其他性健康和生殖健康问题，也容易染上流行病和疟疾、肺结核、腹泻、水媒疾病等传染病及慢性非传染病。在一些国家，此种流行病和传染病继续夺去妇女和女孩的生命。在其他一些国家，心肺病、高血压和变性疾病等非传染病仍是妇女死亡和发病的主要原因。尽管一些国家取得了进展，但多数国家的产妇死亡率和发病率仍高得不可接受。在许多国家，对基本产科护理的投资仍不足。由于未能根据妇女有权在一生中享有可以达到的最高水平身心健康的原则，用整体办法处理妇女的健康和保健，进展受到限制。一些妇女在享受可以达到的最高水平身心健康权利方面继续遇到障碍。保健系统偏重治疗疾病，不着重维持最佳的健康状态，也妨碍采取整体处理办法。在一些国家，保健的社会及经济决定因素没有得到足够的重视。缺乏清洁饮水、充足的营养、安全的卫生环境，缺乏针对妇女的保健研究和技术、在提供保健资料及护理和保健服务、包括影响发达国家和发展中国家妇女的环境和职业健康危害的保健资料和保健服务时，对性别问题认识不足。贫穷和缺乏发展，继续影响许多发展中国家提供和扩大优质保健的能力。特别是在发展中国家，财力和人力资源不足、以及保健部门的改

---

1. 见《大会正式记录，第二十一届特别会议，补编第3号》（A/S–21/5/Rev.1）。

2. 《国际人口与发展会议的报告，1994年9月5日至13日，开罗》（联合国出版物，出售品编号：C.95.XIII.18），第一章，决议1，附件。

革和（或）一些地方保健系统日益私有化的趋势，造成了保健服务素质低劣、减少和不足，也使最脆弱的妇女群体的健康得不到重视。男女权力关系不平等，妇女往往无权坚持安全、负责的性行为，男女在妇女的保健需要方面缺乏沟通和了解等障碍，危害妇女的健康，特别是导致她们易感染性传染疾病、包括艾滋病毒/艾滋病，往往妨碍妇女获得保健和教育、特别是预防性保健和教育的机会。青少年、特别是少女仍得不到关于性健康和生殖健康的保健资料、教育和服务。妇女作为护理对象时，往往得不到尊重，没有隐私和保密的保障，得不到关于现有选择和服务的全部资料。在一些情况下，保健服务机构和保健工作人员在向妇女提供保健服务时，仍不符合人权、道德、专业和敏感认识性别问题等标准，也不确保负责、自愿和知情的同意。关于适当的、负担得起的优质初级保健服务、包括性健康和生殖健康保健是否具备和如何获得的资料仍不足。对产妇和紧急产科护理的重视不够。乳癌、宫颈癌、卵巢癌和骨质疏松症的预防、检查和治疗仍不够。男用避孕药具的试验和研制仍不足。虽然一些国家已采取一些措施，但《行动纲要》第106（j）段和（k）段所载的关于不安全堕胎对健康的影响以及必须减少诉诸于堕胎的情况，仍未得到充分执行。妇女、特别是年轻妇女吸烟人数上升，增加了她们得癌症和其他严重疾病的危险以及烟草和二手烟污染对妇女的危险。

D. 对妇女的暴力行为

13. 成就。大家普遍同意，对妇女和女孩的暴力行为，无论发生在公共生活中还是发生在私人生活中，都是人权问题。大家同意，国家或国家人员如果实施或纵容对妇女的暴力行为，就是侵犯人权。大家还同意，国家有义务适当注意调查和惩治这种暴力行为，无论行为人是国家人员还是私人，并为受害者提供保护。大家日益认识到问题，并承诺通过改革法律、政策和方案等，防止和打击对妇女和女孩的暴力行为，包括家庭暴力，因为这种对妇女和女孩的暴力行为侵犯和损害或勾消她们对人权和基本自由的享受。各国政府进行了政策改革，并建立机制，例如建立部门间委员会，制订指导方针和准则，建立国家多学科协作方案来处理暴力问题。一些国家的政府还制订或修改法律，以保护妇女和女孩，使她们免遭各种形式的暴力，并制订法律起诉行为人。各级日益认识到对妇女一切形式的暴力行为严重影响妇女的健康。大家认为保健工作者在处理这一问题方面可发挥重大作用。在向被虐待妇女和儿童提供服务方面已取得一些进展，包括法律服务、住所、特别的保健服务和咨商服务、热线服务和受过特殊训练的警察单位。目前正在促进对执法人员、司法人员、保健工作者和福利工作者进行教育。现已为妇女编制教育性材料，开展了提高公众认识的宣传运动，并对暴力的根源进行研究。对性别角色、特别是男子和男孩的角色和对妇女一切形式的暴力行为以及在暴力发生的家庭中长大的儿童的状况及其所受的影响进行的调查研究和专门研究越来越多。在防止对妇女的暴力这一领域，政府组织与非政府组织之间的合作获得成效。民间社会，特别是妇女组织和非政府组织的积极支持，在促进提高认识的宣传运动和在向受暴力之害的妇女提供支助服务等方面发挥了重要作用。废除有害的传统习俗，包括废除构成暴力侵犯妇女形式之一的切割妇女生殖器官的习俗的努力得到国家、区域和国际政策支持。许多国家的政府通过教育和推广方案，以及通过立法措施将这些做法按刑事罪论处。此外，这方面的支持包括由联合国人口基金任命一名废除切割女性生殖器官问题特别大使。

14.障碍。妇女继续受各种形式的暴力之害。对妇女和女孩遭受暴力的根本原因认识不足，妨碍消除对妇女和女孩的暴力所作的种种努力。缺少针对实施暴力行为者的综合方案，包括酌情制订方案使他们能够不以暴力解决问题。关于暴力的数据不足的情况妨碍作出明智的决策和分析。歧视性的社会文化态度和经济上的不平等更加使妇女在社会上屈于从属地位。这种情况使妇女和女孩易受多种形式暴力行为之害，例如家中发生的身体攻击、性暴力和心理伤害，包括殴打、家中女童遭受性虐待、与嫁妆有关的暴力、配偶强奸、切割女性生殖器官和其他有害妇女的传统习俗、非配偶的暴力行为以及与剥削有关的暴力行为。许多国家仍然未能充分结合保健系统、工作场所、媒体、教育系统和司法系统，采取协调多学科办法处理暴力问题。家庭暴力行为，包括婚姻关系中的性暴力，在一些国家仍被视为私人问题。对于家庭暴力行为的后果、如何防止这种行为和受害者的权利仍然没有充分的认识。在许多国家，消除对妇女和儿童的不同形式的暴力行为，包括家庭暴力行为和儿童色情制品的法律和立法措施，特别是在刑事司法方面虽有改善，但仍然不足。预防战略也依然零散和被动，针对这些问题的方案太少。大家还注意到，在一些国家，出现了利用新的信息和通讯技术贩卖妇女和女孩以图进行各种形式的经济剥削和性剥削。

E. 妇女与武装冲突

15. 成就。人们普遍认识到武装冲突对妇女和男子产生不同的破坏性的影响，必须以对性别问题敏感的方式实行国际人权法和人道主义法。国家和国际两级已经采取步骤针对虐待妇女的行为，包括日益注意惩办在武装冲突情况中对妇女实施的犯罪行为。前南斯拉夫和卢旺达问题国际刑事法庭对处理在武装冲突中对妇女实施暴力行为的问题作出了重要的贡献。《国际刑事法院规约》[1]的通过也具有重要的历史意义。《规约》规定在武装冲突的情况下实施强奸、性奴役、强迫卖淫、强迫怀孕、强迫绝育等行为和其他形式的性暴力行为均构成战争罪，在特定的情况下，也构成危害人类罪。妇女在建设和平、建立和平和解决冲突方面所作的贡献日益得到确认。提供了有关以非暴力方式解决冲突的教育和培训。在散播和执行保护难民妇女的准则方面以及在解决流离失所妇女的需要方面取得了进展。一些国家将基于性别的迫害作为给予难民地位的根据。各国政府、国际社会和国际组织，特别是联合国，认识到在人道主义紧急情况下妇女和男子有不同的经历，必须向难民妇女和流离失所妇女，包括遭受一切形式虐待，包括针对性别的虐待的妇女提供更加全面的支助，以确保她们有同等机会获得适当和足够的食物和营养、洁净水、安全卫生环境、住所、教育、社会和保健服务，包括生殖保健和孕产护理服务。更加认识到必须将性别观点纳入人道主义援助的规划、拟订和执行并提供充分的资源。人道主义救济机构和民间社会，包括非政府组织，在提供人道主义援助以及在酌情制订和执行方案，以满足妇女和女孩，包括处于人道主义紧急情况，以及冲突和冲突后情况中的难民和流离失所妇女和女孩的需求方面发挥了日益重要的作用。

16. 障碍。和平与男女平等和发展有着密不可分的联系。武装冲突和其他形

---

1. A/CONF.183/9。

式的冲突、侵略战争、外国占领、殖民统治和其他外来统治、以及恐怖主义，继续严重阻碍妇女地位的提高。国家和（或）非国家行动者在武装冲突中违反国内法或国际法，以平民、包括妇女和儿童为攻击目标，使人民流离失所，并征募儿童兵，对两性平等和妇女人权有着特别不利的影响。武装冲突造成许多以妇女为户主的家庭或加重此种情况，而这类家庭往往生活在贫穷之中。维持和平、建设和平、冲突后和解及重建的各级决策职务，如秘书长特使或特别代表，任职的妇女人数不足，并且在这些领域缺乏对性别问题的认识，都是严重的障碍。未能提供充足资源，未能将这些资源适当分配，未能针对特别是收容大批难民的发展中国家，以应付越来越多以妇女和儿童为主的难民的需要，国际援助未能跟上难民人数的增加。国内流离失所者人数日增，供应流离失所者所需，特别是满足妇女和儿童的需要，继续对受影响的国家及其财政资源造成双重负担。在处理陷入武装冲突的妇女或难民妇女的需要方面，有关人员的训练不足，例如缺乏治疗妇女创伤和技能训练的具体方案仍然是个问题。

17.尽管考虑到国家安全需要，但军事开支、包括全球军事开支，军火贸易和对军火生产的投资仍然过多，转移了可能拨供社会及经济发展、特别是供提高妇女地位之用的资金。在几个国家，经济制裁对平民，特别是妇女和儿童产生了社会和人道主义影响。

18.在一些国家，不符合国际法和《联合国宪章》的单方面措施对提高妇女地位产生不利的影响，因为这些措施阻碍了国家间的贸易关系，阻碍了充分实现社会及经济发展，妨碍了受影响国家居民的福祉，给妇女和儿童造成特别的后果。

19.在武装冲突的情况下，侵犯妇女人权的事件继续发生，这是违反国际人权法和国际人道主义法基本原则的行为。在武装冲突的情况下，对妇女的一切形式的暴力行为都有所增加，包括性奴役、强奸、有计划地强奸、性虐待和强迫怀孕。流离失所，再加上失去家园和财产、贫穷、家庭解体和离散以及武装冲突带来的其他后果，对人民、特别是对妇女和儿童影响严重。此外，还违反国际法，绑架或招募女孩参加武装冲突，成为战斗人员、性奴隶或家务帮佣等。

F.妇女与经济

20.成就。妇女在更大的程度上参与劳动力市场，从而得到较大的经济自主权。有些政府采取了一系列措施，处理妇女经济和社会权利、使其能够平等地获得和控制经济资源并享有同等的就业机会等问题。其他措施包括批准各项国际劳工公约以及制定或加强有关法律，使其符合这些公约的规定。日益认识到必须兼顾工作和家庭责任，也认识到产假和陪产假以及育儿假、儿童保育和家庭护理服务补助金的积极影响。一些政府作出规定，处理工作场所的歧视和虐待行为，防止不健康的工作条件并建立资助机制，促进妇女在企业活动、教育和包括科技技能在内的培训和决策中的作用。就妨碍妇女获得经济权力的因素，包括研究有酬工作与无酬工作之间的联系进行了研究，还开发了有助于进行这种评估的工具。

21.障碍。在制定宏观经济政策时纳入性别观点的重要性仍然没有得到广泛的确认。许多妇女仍在农村地区和非正规经济部门从事自给生产和在服务部门工作，收入很低而且没有什么职业或社会保障。在正规经济部门，许多技能和经验与男子不相上下的妇女，因为性别原因而得到较低的工资，收入和职业调动的可能性都比男子要低。男女同工同酬或是同值工作同等报酬尚未得到充分实现。雇用和晋升方面的性别歧视和与妊娠有关的歧视，包括妊娠测试和工作场所的性骚扰继续存在。一些国家的国内法仍然不承认妇女拥有土地及其他财产的正式和平等权利，包括继承权。由于缺乏考虑到孕期和家务责任的结构和措施，妇女的职业晋升在大多数情况下仍然较为困难。在一些情况下，持续存在的陈规定型观念使专职父亲的男子地位较低，不大利于男子兼顾职业和家庭责任。工作安排方面缺乏考虑到家庭需要的政策，这种情况更增加了这方面的困难。法律的有效执行和切实可行的支助系统仍然不足。由于有酬工作和家庭、住户和社区提供照料的工作的分配情况，只要男子仍不充分分担工作和责任，妇女势必负担过重。妇女还继续承担大部分无酬工作。

G.掌权妇女与决策

22.成就。日益认识到妇女充分参与各级和所有论坛，包括政府间、政府和非政府部门的决策和权力机构对社会的重要性。有些国家的妇女还担任这些领域较高级别的职务。越来越多的国家实施平权和积极行动政策，有些国家实施配额制度或志愿协定和制定可衡量的目标和指标、拟定妇女领导培训方案并采取措施使男女都能兼顾家庭和工作责任。建立或改进和加强了提高妇女地位的国家机制和机构以及女性政治家、议员、活动分子和各领域专业人员国家和国际网络。

23.障碍。尽管普遍认为必须在各级决策机构保持性别均衡，但法律上的平等与事实上的平等之间仍存在差距。尽管男女之间法律上的平等有了明显的改善，但自1995年第四次妇女问题世界会议以来，妇女参与国家和国际最高层决策的实际情况仍没有很大的改变，妇女在政治、防止和解决冲突机制、经济、环境和新闻等各方面决策机构的任职人数严重不足，这种情况妨碍将性别观点纳入这些关系重大的领域。妇女在议会和部、局各级、以及公司部门和其他社会和经济机构最高层的任职人数仍然不足。传统上的性别角色分配限制了妇女在教育和职业上的选择，迫使她们担负起家庭重任。旨在促进妇女参与决策的倡议和方案由于下列因素而受到阻碍：缺乏为促进从政进行培训和宣传所需的人力和财政资源；社会上没有以对性别问题敏感的态度看待妇女问题；在一些情况下妇女对于参与决策缺乏认识；没有建立当选官员和政党促进两性平等和促使妇女参与公共事务的责任制；社会缺乏对男女均衡参与决策的重要性的认识；男子不愿意让妇女分享权力；没有与妇女非政府组织进行充分的对话和合作，以及没有适当的组织和政治结构使所有妇女都能够参与各领域政治决策。

H.提高妇女地位的体制机构

24.成就。设立或加强了有关国家机构，将其视为起"催化"作用的体制基础，用以促进两性平等，将性别观点纳入主流，监测执行《行动纲要》，在许多情况下还负责监测执行《消除对妇女一切形式歧视公约》[1]许多国家在提高这些机构的地位和对它们的认识以及促进其扩展和工作的协调方面取得了进展。将性别观点纳入主流已被广泛视为一项增强促进两性平等政策的影响的战略。这种战略

1.大会第34/180号决议。

的目标是将性别观点纳入所有立法、政策、方案和项目。这些机构尽管财政资源有限，但在性别问题研究方面大力促进了人力资源的开发，并促进了编制和分发按性别和年龄分列的数据、对性别问题敏感的研究报告和文件的工作。在联合国系统中，通过开展有关手段和建立两性平等问题协调中心等方式在将性别观点纳入主流方面取得了长足的进展。

25. 障碍。在若干国家，财力和人力不足，以及缺乏政治意志和决心，是国家机构面临的主要障碍。使问题更严重的是，对两性平等和将性别观点纳入政府机构主流缺乏认识；性别陈规定型和歧视性态度普遍；政府的优先事项相互竞争；在有些国家的这种机构除了缺乏权力以及与民间社会联系不够以外，还存在任务规定不明、在国家政府结构内受忽视、在许多领域缺乏按性别和年龄分列的数据和没有充分实施评估进展的方法等障碍。此外，政府机构内部和之间的结构问题和沟通问题，也阻碍了国家机构的活动。

I. 妇女的人权

26. 成就。已进行法律改革，禁止一切形式的歧视，并在涉及婚姻和家庭关系、一切形式的暴力行为、妇女的财产权和所有权以及妇女的政治、工作和就业权利的民法、刑法和个人身份法律中废除了歧视性条款。已采取步骤，通过创造有利环境，包括采取政策措施，改进执法和监测机制，在各级开展普及法律知识和提高认识的宣传运动，使妇女切实享有人权。165个国家已批准或加入《消除对妇女一切形式歧视公约》。消除对女歧视委员会一直促进全面实施这项公约。大会第五十四届会议通过了该公约的任择议定书，[1] 允许声援受缔约国侵犯《公约》规定的任何一项权利的行为之害的妇女向消除对妇女歧视委员会提出申诉。非政府组织协助提高公众认识，动员各方支持上述议定书的通过。妇女非政府组织也帮助提高认识，使人们意识到妇女权利是人权。这些组织还动员各方支持将性别观点纳入国际刑事法庭《罗马规约》的拟订工作。另一取得进展的方面是将妇女人权和性别观点纳入联合国系统、包括联合国人权事务高级专员办事处和人权委

---

1. 大会第54/4号决议，附件。

员会工作主流。

27.障碍。性别歧视和一切其他形式的歧视，特别是种族主义、种族歧视、仇外心理和有关的不容忍，继续对妇女享有人权和基本自由造成威胁。在武装冲突和外国占领的情况下，妇女人权受到广泛的侵犯。尽管一些国家已批准《消除对妇女一切形式歧视公约》，但尚未实现到2000年普遍批准该公约的目标，对该公约提出的保留仍然很多。虽然人们日益接受两性平等，但许多国家仍未充分执行该公约的各项规定。歧视性立法以及有害的传统风俗习惯、负面的男女陈规定型观念仍然存在。家庭法、民法、刑法、劳工法和商业法或法典、或行政规则和章程仍没有充分纳入性别观点。立法和规章方面的空白以及立法和规章得不到执行和实施，使法律上和实际上的不平等和歧视继续存在。几个国家制订了歧视妇女的新法律。在许多国家，妇女因文盲、缺乏法律知识、信息和资源、对性别问题不敏感和性别偏见，无法充分利用诉诸法律的机会；执法官员和司法部门对妇女人权认识不足，在许多情况下未能尊重妇女的人权及其人格尊严和价值。妇女和女孩的生殖权利得不到充分承认，还有种种障碍妨碍她们充分享受这些权利，其中包括《北京行动纲要》第95段界定的某些人权。一些妇女和女孩因其种族、语言、族裔、文化、宗教、残疾或社会经济阶级，或因为她们是土著居民、移徙者，包括移徙女工、流离失所妇女或难民妇女，在向法院申诉和享受人权方面继续遇到障碍。

J.妇女与媒体

28.成就。建立地方、国家和国际妇女新闻网络有助于在全球传播信息、交流意见和向积极进行新闻工作的妇女团体提供支助。新闻和传播技术的发展、特别是互联网的开发为赋予妇女和女孩权力提供更好的传播机会，使越来越多的妇女得以参与交换信息和建立网络的活动和电子商务活动。妇女新闻组织和方案有所增加，有助于实现促使更多的妇女参与新闻工作和促进妇女在新闻媒体中的正面形象的目标。此外在消除妇女负面形象方面取得了进展，因为制订了专业人员准则和自愿遵守的行为准则，鼓励媒体节目公平展示妇女形象和使用无性别歧视的语言。

29.障碍。妇女的负面、暴力和/或有辱人格的形象，包括色性制品和对妇女的定型描写，以各种不同的形式增加，有时还利用新的传播技术，而且新闻媒体仍然对妇女抱有偏见。贫穷、缺乏机会、文盲、缺乏电脑知识和语言障碍使一些妇女无法使用包括互联网在内的信息和通讯技术。特别是在发展中国家，尤其是对妇女而言，互联网基础设施的开发和使用也很有限。

K.妇女与环境

30.成就。有些国家的环境政策和方案已经纳入了性别观点。由于认识到两性平等、消除贫穷、可持续发展和环境保护之间的联系，各国政府已在其发展战略中列入妇女赚取收入活动，以及自然资源管理和环境保护方面的培训。已经开展了一些项目，以便保存和利用妇女传统的生态知识，包括土著妇女在管理自然资源和维护生物多样性方面传统的生态知识。

31.障碍。公众对于妇女面临的环境风险和两性平等对促进环境保护的益处仍然缺乏认识。由于男女不平等等原因，妇女获得技术技能、资源和信息的机会有限，在发展中国家尤其如此，因此妇女无法有效参与关于可持续发展的决策，包括国际一级的决策。在环境问题对妇女和男子的不同影响和意义方面，有关的研究、行动、目标明确的战略和公众意识仍然有限。要想切实解决环境问题，包括环境退化问题，就必须处理这些问题的根本原因，例如外国占领。环境政策和方案未能纳入性别观点，也未考虑到妇女对促进环境可持续性的作用和贡献。

L.女童

32.成就。在女童初级教育方面取得了一些进展，在女孩中等教育和高等教育方面也取得了某种程度的进展，原因是，创造了对性别问题比较敏感的学校环境，教育基础设施有所改善，入学人数和继续就学人数增加，为怀孕少女和少年母亲建立了支助机制，非正规教育机会增加，修习科学技术课程的女孩人数增加。女童的健康、包括青少年的性健康和生殖健康越来越受到重视。越来越多的国家制定立法，禁止切割女性生殖器官，并对参与性虐待、贩卖和以其他形式剥削女童、包括为商业目的剥削女童的人从严处罚。最近的一项成就是，大会第五十四届会议通过了《儿童权利公约》关于儿童卷入武装冲突问题的任择议定书[1]和关于买卖儿童、儿童卖淫和儿童色情制品问题的任择议定书。[2]

33.障碍。妇女和女孩持续陷于贫穷，对她们的歧视态度、不利于女孩的文化态度和做法以及对女孩和男孩的陈规定型观念限制了女童的潜力，对女童处境、童工、女孩繁重的家务缺乏认识，女孩营养不足，无法获得保健服务，缺乏资金，往往使女孩无法接受和完成教育和培训，这一切使女孩没有机会和可能建立自信和自立，并发展为独立的成年人。贫穷、缺乏父母的帮助和引导、缺乏信息和教育、虐待和对女童各种形式的剥削和暴力，在许多情况下导致意外怀孕和感染艾滋病毒，从而限制其教育机会。为女童开办的各种项目，因所拨财力、人力不足而受阻。执行有关女童的政策和方案的常设国家机构很少。在某些情况下，各负责机构之间协调不够。对青少年保健需要、包括性健康和性生殖健康方面的保健需要的认识虽有所提高，但并未因此提供足够的、必要的信息和服务。虽然在法律保护方面取得进展，对女童的性虐待和性剥削却有所增加。青少年仍然缺乏必要的教育和服务，无法以积极而负责的方式处理性行为方面的问题。

三 目前在充分实施《北京宣言》和《行动纲要》方面所面临的挑战

34.《北京宣言》和《行动纲要》执行情况的审查和评估是在迅速变动的全球背景下进行的。自1995年以来，许多问题更加突出和显示出新的层面，给各国政府、政府间机构、国际组织、私营部门和适当情况下给非政府组织全面加速执行《纲要》以实现两性平等、发展与和平带来了新的挑战。要充分执行《行动纲要》，就必须在各级继续对两性平等作出政治承诺。

35.全球化向履行所作的承诺和实现第四次妇女问题世界会议的目标提出了新的挑战。全球化进程促使一些国家改变政策，促使它们更加开放贸易、加快资

1.大会第54/263号决议，附件一。

2.同上，附件二。

金流动、实现国营企业私有化并在许多情况下减少公共支出，特别是用于社会服务的公共支出。这种变化改变了生产方式，加快了信息和通讯技术的进步，但同时影响了妇女既作为工作者又作为消费者的生活。在许多国家，特别是在发展中国家和最不发达国家，这些变化还消极影响了妇女的生活并加剧了不平等现象。这些变化对性别的影响尚未得到系统的评价。全球化还具有文化、政治和社会的影响，既影响到文化价值观念、生活方式和通信形式，又影响到可持续发展的实现。日益增长的全球经济带来的利益没有得到公平的分配，造成经济差距扩大、陷于贫穷的妇女人数日增和男女不平等现象加剧，尤其是在非正规经济部门和农村地区，那儿通常恶劣的工作条件和不安全工作环境也造成上述现象。尽管全球化给有些妇女带来更多的经济机会和自主权，但是由于国与国间和各国国内的不平等现象日益加剧，许多妇女无法从全球化进程中获益，从而处于社会边缘。虽然许多国家妇女参与劳动力的人数有所增加，但另一些国家实施的某些经济政策对妇女就业产生了不利影响，妇女就业机会的增加往往没有相应地带来工资的增加、晋升机会和工作条件的改善。在许多国家，妇女继续从事低薪、非全时和合同工作，这些工作既无保障，又有安全和健康方面的危险。许多国家的妇女，特别是新进入劳动力市场的妇女，仍旧属于最先失去工作、最后被重新雇用的人。

36. 近年来国家间和国内的经济差距日益扩大，加上各国在经济上越来越相互依存和依赖外部因素以及金融危机，改变了许多国家的经济增长前景并造成它们的经济不稳定，从而对妇女的生活产生了严重影响。这些困难削弱了国家提供社会保护和社会保障以及为执行《行动纲要》筹措资金的能力。把社会保护、社会保障和提供其它福利的费用从公营部门转由家庭负担的现象也反映了这方面的困难。通过国际合作筹措的资金日渐减少使大批发展中国家和转型期经济国家更加边际化，而妇女属于这些国家中最贫穷的人。发达国家将国民生产总值的0.7%用于全面官方发展援助的商定目标尚未实现。这些因素造成陷于贫穷的女性人数日增，从而阻碍了实现两性平等的工作。在国家一级筹措的资金有限，因此必须采取创新的办法分配现有资源，不仅各国政府，而且非政府组织和私营部门也应采用新办法。其中一种新办法是对公共预算进行性别分析，这已成为一种重要工具，可用以查明开支对男女的不同影响，以帮助确保现有资金得到公平的使用。这种分析对于促进两性平等至关重要。

37. 在几个发展中国家，全球化和结构调整方案的不利影响、偿还外债的巨额费用和国际贸易条件日渐不利等情况增加了现有的发展障碍，从而增加了陷于贫穷的妇女人数。结构调整方案因制定和实施不当所产生的消极后果继续使妇女的负担过重，特别是削减教育和卫生等基本社会服务的预算造成的负担。

38. 日益认识到多数发展中国家难以持续承担越来越沉重的债务负担，债务负担成为阻碍以人为中心的可持续发展和消除贫穷方案的进展的主要因素。许多发展中国家和转型期经济国家偿还巨额债务严重限制了它们促进社会发展和提供基本服务的能力，影响了它们充分执行《行动纲要》。

39. 转型期经济国家的经济结构调整造成困难，妇女更是首当其冲，在经济衰退时首先失去工作。她们在被挤出快速增长的部门。因国营工作单位被取消或私有化而失去许多儿童保育设施、需要更多地照顾老年人却没有相应的设施、以及在获得重新就业的训练和开办或扩大企业所需生产性资产方面继续缺乏平等机会，凡此种种都是转型期经济国家妇女目前面临的挑战。

40. 科学和技术是发展的基本组成部分，科技在改变生产方式，促进创造工作、新的工作类别和工作方式，促进建立以知识为基础的社会。技术改革能够给各个领域的所有妇女带来机会，如果妇女享有同等机会进入这些领域和得到足够的训练。妇女还应积极参加对与这些变革有关的政策的界定、规划、拟定和执行及其性别影响评价。世界上很多妇女尚未有效地利用新的通讯技术建立联系、进行宣传、交换信息、发展企业、接受教育、进行媒体咨询和利用电子商务创业。例如，许多最贫穷的妇女和男子仍然无法利用科技和享受其利益，他们正在被排斥在这个新领域之外，无法利用其提供的各种机会。

41. 劳动力移徙的动向在改变，妇女和女童越来越多地参与国内、区域和国际劳动力移徙，以谋求多种职业，主要是农业、家务和某些形式的娱乐工作。这种情况增加了她们赚钱的机会，使她们更加自力更生，但也使她们、特别是贫穷、没有受过教育、没有技能和（或）无证移徙者，容易遭受较差的工作条件、较大的健康风险、被贩卖、经济剥削和性剥削、种族主义、种族歧视和仇外心理及其他形式的虐待。这种情况有碍于她们享有人权，并在某些情况下侵犯了她们的人权。

42.虽然认识到各国政府有主要责任制订和执行促进两性的政策，政府和民间社会各行动者间的伙伴关系正日益被视为实现这个目标的重要机制。可进一步拟订更多的创新办法来促进这种合作。

43.有些国家目前生育率下降、预期寿命增加和死亡率降低的人口趋势，使得人口老龄化，而慢性病的增加，对于保健系统和开支、非正规照料护理系统和研究产生了影响。由于男女的预期寿命不同，寡妇和年长单身妇女的人数大幅度增加。这往往使她们在社会上处于孤立状态，并遇到其它各种社会难题。社会可以从年长妇女的知识和生活经验中学到很多东西。另一方面，目前这一代年轻人是有史以来年轻人人数最多的一代。少女和年轻妇女有特殊的需要，必须给予更多的重视。

44.尤其在发展中国家，艾滋病毒/艾滋病的迅速蔓延给妇女造成破坏性极大的影响。负责任的行为和两性平等是预防这种疾病的重要先决条件之一。此外需要制定更有效的战略，赋予妇女权力以控制并自由、负责任地决定与其性行为有关的事务，保护自己免于高风险和不负责任而致感染性传染病、包括艾滋病毒/艾滋病的行为，并且倡导男子负责任、安全和表现尊重的行为，同时还促进两性平等。艾滋病毒/艾滋病是一个紧迫的公共卫生问题，而控制艾滋病毒/艾滋病的努力显得力不从心，在许多国家使得之不易的发展成果付诸东流。由于基础设施不足以迎接目前的挑战，照料感染艾滋病毒/艾滋病的人以及照料艾滋病毒/艾滋病孤儿的责任特别是落在妇女的身上。染上艾滋病毒/艾滋病的妇女经常受到歧视和诋毁，并往往是暴力的受害者。有关以下各方面的问题都还未得到适当的处理：预防、儿童经母体感染艾滋病毒、母乳喂养、尤其向青少年提供信息和进行教育、约束高风险行为、静脉注射毒品使用者、支助小组、辅导和自愿检验、通知性伙伴、基本药物的提供和其价格的高昂等等。在一些国家。控制艾滋病毒/艾滋病的斗争已出现正面迹象，表明青年人的行为已出现变化，经验表明，教育方案能使青年人更加积极地看待两性关系和两性平等，推迟性行为，并减少感染性传染病的危险。

45.发达国家和发展中国家滥用麻醉药品和精神药物的年轻妇女和女孩日益增加，因此需要进一步努力减少需求和打击麻醉药品和精神药物的非法生产、供应和贩运。

46.自然灾害造成的伤亡和损失有所增加，使人更加意识到，现有措施和干预手段不足以对这种紧急情况作出有效的反应，在这些紧急情况下，妇女比男子更多地承担应付家庭日常急需的责任。这种情况使人更加进一步认识到，必须把性别观点纳入正在制订和实施的所有防灾、减灾和复兴战略。

47．两性关系不断变化的背景，以及对两性平等的讨论，导致对性别角色的进一步重新评估。这种情况进一步鼓励就妇女和男子在促进两性平等方面的作用和责任问题以及就必须改变使妇女无法充分发挥潜力的陈规定型和传统角色这一点进行讨论。有必要使妇女和男子均衡地参加有酬和无酬工作。没有认识到并且没有用数字衡量妇女往往不计入国民核算的无酬工作，就意味着妇女对社会和经济发展所作的充分贡献仍然受到低估和看轻。只要男子仍然不充分分担工作和责任，妇女就会由于既要从事有酬工作又要提供照料，而承担比男子要重得多的责任。

四　克服障碍并加紧充分执行《北京行动纲要》的行动和倡议

48.上文第二章评价自第四次妇女问题世界会议以来五年内执行《北京宣言和行动纲要》取得的进展，上文第三章概述目前充分实施该纲要所面临的挑战，鉴于这些评价和挑战，各国政府现在再次承诺执行《北京宣言行动纲要》并承诺采取进一步行动倡议，以克服这些障碍和应付这些挑战。在不断采取新步骤实现《纲要》各项目标的同时，各国政府认识到，所有人权——公民权利、文化权利、经济权利、政治权利和社会权利，包括发展权在内——是普遍、不可分割、相互依存和相互关联的，并且是在二十一世纪实现两性平等、发展与和平必不可少的条件。

49.吁请联合国系统各组织和布雷顿森林机构、以及世界贸易组织、其它国际和区域政府间机构、各国议会和民间社会,包括私营部门和非政府组织、工会和其它利益攸关者支持各国政府的努力,并酌情制订本身的补充方案,以全面和有效地执行《行动纲要》。

50.各国政府和政府间组织认识到非政府组织在确保有效执行《行动纲要》方面所作的贡献和发挥的补充作用,并充分尊重它们的自主权,应当继续加强同非政府组织特别是妇女组织的伙伴关系,为有效执行《行动纲要》并采取后续行动作出贡献。

51.经验表明,只有当不同的利益攸关者在各级重新建立的关系,才能充分实现两性平等的目标。妇女在平等的基础上充分有效地参与社会的所有领域,是促进这项目标所必不可少的。

52.要实现两性平等和赋予妇女权力就必须纠正妇女和男子以及女孩和男孩之间不平等的现象,并确保她们有平等的权利、责任、机会和可能性。两性平等意味着妇女以及男子的需要、利益、关注、经验和优先事项都成为所有领域一切行动的拟订、执行、国家监测和包括在国际一级采取后续行动和评价的必要组成部分。

53.各国政府和国际社会通过《行动纲要》表明同意以两性平等和赋予妇女权力为基本原则的共同发展议程。确保妇女参与发展的努力已经扩大,有必要把妇女情况和基本需要的重点与在平等权利和伙伴关系、促进和保护所有人权和基本自由基础上的整体办法相结合。应拟订政策和方案,以实现以人为中心的可持续发展目标、确保生计以及包括安全网在内的充分的社会保障措施、家庭的强化支助系统、公平获得并控制财政和经济资源和消除妇女中日益严重和不成比例的贫穷现象。所有经济政策、机构和资源分配负责者应采取性别观点,以确保在平等的基础上分享发展红利。

54.认识到许多国家,特别是发展中国家的妇女持续承担着日益加重的贫穷负担,必须从性别观点继续审查、修改和执行综合宏观经济政策和社会政策及方案,包括那些与结构调整和外债问题有关的政策和方案,以确保可普遍和公平地获得社会服务，特别是教育和负担得起的、优质保健服务的机会，以及确保公平获得和控制经济资源的机会。

55. 必须加紧努力，提供获得教育、保健和社会服务的平等机会并确保妇女和女孩获得教育的权利以及在其整个生命周期享有可达到的最高标准的身心保健和福利，以及享有适当、负担得起和可以普遍得到的保健及服务，包括性健康和生殖健康方面的保健及服务，特别是在面对艾滋病毒／艾滋病流行的情况下；由于年长妇女人数日增，这也是必要的。

56. 鉴于世界上大多数妇女是生计农作的生产者和环境资源的使用者，因此必须承认妇女的知识和优先事项，并把妇女的知识和优先事项同环境资源的养护和管理结合起来，以确保资源的可持续性。有必要建立对性别问题敏感的方案和基础设施，以便有效地应付威胁环境和生计安全的灾害和紧急情况，并管理日常生活的基本需要。

57. 如何维持资源有限或匮乏的国家，包括小岛屿发展中国家人口的生计主要取决于养护和保护环境。应承认妇女通常具有了解、管理和可持续利用生物多样性的能力。

58. 各级的政治愿意和承诺对于确保把性别观点纳入在所有领域采取和执行综合性注重行动政策的主流是十分重要的。在政策上作出承诺对于进一步制定必要的框架以确保妇女公平获得并控制经济及财政资源、培训、服务和机构以及参加决策和管理是至关重要的。决策进程需要妇女和男子在各级建立伙伴关系。男子和男孩也应积极参与并应鼓励他们参加为实现《行动纲要》的目标所作的一切努力及其执行过程。

59. 对妇女和女孩的暴力行为是实现两性平等、发展与和平各项目标的重大障碍。对妇女的暴力行为侵犯和损害或致使妇女无法享受人权和基本自由。基于性别的暴力行为，例如殴打或其他家庭暴力、性凌虐、性奴役、性剥削、国际贩卖妇女和儿童、强迫卖淫、性骚扰以及由于文化偏见、种族主义及种族歧视、仇外心理、色情活动、种族清洗、武装冲突、外国占领、宗教和反宗教极端主义和恐怖主义而产生的暴力行为与人格尊严和价值相抵触，必须予以打击和消除。

60.妇女在家庭发挥关键作用。家庭是社会的基本单位，是社会凝聚和社会融合的主要力量，因此应予加强。对妇女的支助不足和对其家庭的保护和支助不够，影响到整个社会并减损实现两性平等的努力。在不同的文化、政治和社会制度中，存在着各种形式的家庭，必须尊重家庭成员的权利、能力和责任。妇女对于家庭福祉的社会和经济贡献以及母性和父性的社会意义仍然未获得充分的认识。还承认母职、父职、父母和法定监护人在家庭和抚养儿童方面的作用以及全体家庭成员对于家庭福祉的重要性，这些绝不能成为歧视的基础。妇女还继续承担过重的家务职责以及照顾小孩、病者和老年人。有必要通过适当的政策和方案，特别是开展教育和酌情通过立法的手段，一贯地解决这种不平衡的现象。为了在公共和私人领域建立完全的伙伴关系，必须要使妇女和男子能够兼顾并公平分担工作责任和家庭责任。

61.要建立强有力的国家机构以提高妇女地位和促进两性平等，就必须在最高级别作出政治承诺，并提供一切必要的人力和财政资源以提出、建议和促进制订、采行和监测旨在赋予妇女权力的政策、立法、方案和能力建设项目，并使这些机构成为就实现两性平等这个社会目标进行公开公众对话的催化剂。这样做可使这些机构能够促进提高妇女地位并把性别观点纳入所有领域的政策与方案，发挥倡导作用及确保妇女平等获得所有机构的服务和资源，并促进妇女在所有部门的能力建设。为迎接变化中的世界的挑战而进行的改革对于确保妇女平等参加各种机构和组织是至关重要的。体制和概念上的变革对创造有利于执行《行动纲要》的环境具有战略和重要的意义。

62.为增加妇女机会、潜力和活动的方案支助必须有两个重点：一方面是旨在满足妇女在能力建设、组织发展和赋予权力方面的基本和特殊需要的方案；另一方面是把性别观点纳入所有方案的拟订和执行活动中。尤其重要的是，为应付当前的挑战开展新的方案拟订领域，以推动两性平等。

63.患有一种残疾的各种年龄的女孩和妇女通常是社会中较易受伤害和处于社会边缘的群体。因此，在进行一切决策和拟订方案时，有必要考虑并解决她们所关切的问题。必须在所有各级采取特殊措施将她们纳入发展的主流。

64.要为充分执行《行动纲要》制订有效而协调的计划和方案，就必须明确了解妇女和女孩的情况指标和具备以研究为基础的明确知识和按性别分列的数据，制订长短期时限可衡量的目标，并建立评估进展的后续机制。必须作出努力，确保参与实现这些目标的所有有关行动者的能力建设。还必须在国家一级作出努力，以提高透明度，加强问责制。

65.必须在地方、国家、区域和国际各级为具体的、目标明确的活动配置必要的人力、财政和物质资源，以确保男女平等，并加强和增进国际合作，以支助实现男女平等、发展与和平的目标。在国家、区域和国际各级的预算工作中明确重视这些目标至关重要。

A.国家一级应采取的行动

政府应采取的行动：

66.（a）制定并鼓励利用明确的长短期时限指标或可衡量的目标，包括适当限额，以促进性别均衡，包括妇女有公平机会，与男子平等地充分参与所有领域的活动和各级公共事务，特别是担任决策职务和参与政党和政治活动，所有政府部门和主要决策机关，以及地方发展机构和当局；

（b）解决妇女、特别是土著妇女和其他处于社会边缘的妇女在接触和参与政治及决策方面面临和障碍，包括缺乏培训、妇女承受有酬和无酬工作的双重负担、不利的社会态度和陈规定型观念。

67.（a）确保政策能保障接受教育的平等机会，消除包括职业培训、科学与技术在内的教育领域中两性的差距，并使女孩、特别是生活在农村和贫穷地区的女孩完成基础教育，并确保所有妇女和女孩接受各级进修教育的机会；

（b）支持执行各项行动计划和行动纲领以确保高质量的教育，并提高和保持男孩和女孩的入学率，在教育课程、教材及教育过程中消除性别歧视和性别陈规定型观念；

（c）加快采取行动并加强政治承诺，以便按照一些全球性会议所倡导的到2005年缩小初等教育和中等教育中两性的差距，并确保到2015年在男女学童中普及免费初级全民义务教育，取消经事实证明使这一差距日益悬殊和持续存在的政策；

（d）制订从幼儿园到小学到职业培训直至大学的、对性别问题敏感的课程，以针对使解决男女职业隔离的根本原因之一——性别陈规定型观念。

68.（a）拟订并执行政策以促进和保护妇女享有一切人权和基本自由，并创造不容侵犯妇女和女童权利的环境；

（b）通过审查立法创造并维持一个非歧视性以及对性别问题敏感的法律环境，争取尽早最好在2005年之前删除歧视性规定并消除使妇女和女孩的权利得不到保护、对基于性别的歧视无法提出有效申诉的法律漏洞；

（c）批准《消除对妇女一切形式歧视公约》，限制对该公约的保留程度，撤销所有不符合该公约目标和宗旨或不符合国际条约法的保留意见；

（d）考虑签署和批准《消除对妇女一切形式歧视公约任择议定书》；

（e）考虑签署和批准《国际刑事法院罗马规约》；

（f）制订、审查和执行禁止和消除对妇女和女孩一切形式歧视的法律和程序；

（g）采取措施，包括方案和政策，确保怀孕，为人母，育儿和妇女在生育方面的作用不用作歧视或限制妇女充分参与社会的理由；

（h）确保国家立法和行政改革过程，包括与土改、权力下放和经济转型相关的进程，促进妇女权利，特别是农村妇女和贫困妇女的权利，并采取措施，通过给予妇女公平机会享有并控制经济资源，包括土地、产权、继承权、信贷和传统储蓄办法，如妇女银行和合作社等来促进和实施上述权利；

（i）将性别观点酌情纳入国家移民和庇护政策、规章和做法，以促进和保护所有妇女的权利，包括在评估是否应给予难民地位和庇护时考虑采取步骤承认与性别相关的迫害和暴力；

（j）采取一切措施以消除任何人、组织或企业对妇女和女孩的歧视和暴力行为；

（k）采取必要措施，以便私营部门和教育机构促进和加强遵守非歧视性立法。

69.（a）酌情优先审查和修改立法，以期制定有效立法，包括关于对妇女的暴力行为的立法，并采取其他必要措施，确保所有妇女和女童免受一切形式的人身、心理和性暴力行为，并给予她们诉诸法律的机会；

（b）起诉对妇女和女孩实施任何形式暴力行为的人并适当判刑，以及采取行动，协助和促使犯罪者打破暴力循环，并采取措施，向被害人提供寻求补救的途径；

（c）把对各种年龄妇女和女孩一切形式的暴力行为，包括基于一切形式歧视的暴力行为，视为应受法律惩处的犯罪行为；

（d）制定立法和/或加强适当机制以处理与一切形式家庭暴力，包括配偶强奸、对妇女和女孩进行性凌虐有关的刑事事项，并确保迅速依法处理此类案件；

（e）酌情拟定、通过和充分实施法律和其他措施，如各种政策和教育方案，以消除有害的习俗和传统做法，如切割女性生殖器官、早婚和强迫结婚、以及所谓的为维护名誉而犯罪，因为这些都是侵犯妇女和女童人权的行为，是阻碍妇女充分享受人权和基本自由的因素；并与地方妇女团体合作，加紧努力，以提高集体和个人对这些有害的传统风俗习惯如何侵犯妇女人权的认识；

（f）继续进行研究，更深地了解一切形式对妇女的暴力的根本成因，以便制订方案采取措施来消除这种形式的暴力；

（g）采取措施，通过政策和方案解决出于种族主义和种族动机对妇女和女孩进行的暴力；

（h）在妇女充分和自愿参与下优先采取具体步骤，处理暴力行为对土著妇女的影响，以便为消除一切形式的暴力行为开展适当、有效的方案和服务；

（i）促进妇女和女孩的精神健康，将心理保健服务纳入初级保健系统，制订对性别问题敏感的支助，训练保健工作人员识别基于行为性别的暴力行为，并向受到任何形式的暴力行为的各种年龄女孩和妇女提供护理；

（j）采取并推广综合办法，处理对包括残疾女孩和妇女在内的各种年龄的女孩和妇女以及易受伤害和受排斥的妇女和女孩的所有形式的暴力和虐待，以满足她们各种需求，包括教育、提供适当的保健和服务以及基本社会服务；

（k）核准和促进以综合办法消除对妇女一生在任何情况下所遭受的暴力。

70.（a）采取适当措施以解决根本问题，包括促成贩卖妇女和女童并迫使她们从事淫业和其他形式的性交易、强迫婚姻和强迫劳动的各种外在因素从而消除贩卖妇女活动，包括加强现有立法以期进一步保护妇女和女孩的权利并通过刑事和民事措施来惩处犯罪者；

（b）制定、执行和加强有效措施，采取全面打击贩卖人口战略，特别是立法措施、预防举措、交流情报、向受害者提供援助和保护并使其重返社会、并起诉取涉的包括中介在内的所有罪犯，以打击和消除一切形式的贩卖妇女和女童行为；

（c）考虑在法律架构内并依照国家政策，防止被贩卖的受害者、特别是妇女和女童因非法入境或居留而遭到起诉，因为她们是被剥削的受害者；

（d）考虑设立或加强国家协调机制，如设立国家报告员或部门间机构，由包括非政府组织在内的民间社会参与，以鼓励交流情况，并就对妇女的暴力行为，特别是贩卖妇女行为的数据、根源、因素和趋势提出报告；

（e）向妇女及其家庭提供保护和支助，并制定和加强有利家庭安全的政策。

71.（a）考虑酌情通过与《生物多样性公约》[1]一致的国内立法，以保护土著妇女和当地社区妇女关于传统药物、生物多样性和本地技术的知识、新办法和做法；

（b）必要时，修改环境和农业政策及机制，以纳入性别观点，并与民间社会合作通过提供教育和培训方案支助农民，特别是妇女和住在农村地区的人。

72.（a）采用政策和执行措施，优先解决新出现和持续存在的卫生挑战的性别方面问题，例如疟疾、肺结核、艾滋病毒/艾滋病和对妇女健康影响特别大的其他疾病，包括发病率和死亡率最高的疾病；

（b）确保把降低产妇发病率和死亡率当作保健部门的优先事项，确保妇女随时可得到基本的产科护理、设备和工作人员齐全的产妇保健服务、熟练的分娩护

---

1. 见联合国环境规划署《生物多样性公约》（环境法和机构方案活动中心），1992年6月。

理、产科急诊护理以及在必要时得到有效的转诊并转送至更高一级护理单位、产后护理和计划生育，以便除其他外，促进安全育儿，并优先注意采取措施预防、检验和治疗乳癌、宫颈癌、卵巢癌、骨质疏松症和性传染病，包括艾滋病毒/艾滋病；

（c）采取措施，满足在提供优质计划生育服务和避孕方面未能满足的需要，也就是在服务、用品和利用方面现有的不足之处；

（d）收集和传播关于妇女死亡率和发病率的最新可靠数据，进一步研究社会和经济因素对女孩和各种年龄妇女的健康的影响，研究向女孩和妇女提供保健服务的情况以及她们使用这些服务的方式，以及预防疾病和促进保健方案对妇女的价值；

（e）确保妇女和男子整个生命周期均可普遍均等地获得与保健有关的社会服务，包括教育、清洁饮水和安全的环境卫生、营养、粮食安全和保健教育方案；

（f）确保向保健工作者提供安全的工作条件；

（g）同妇女组织和民间社会其他行动者协商，于必要时或酌情制定、颁布、审查和修订并执行卫生立法、政策和方案，并拨供必要的资源，以确保可以实现的最高身心健康标准，从而使所有妇女在其整个生命周期都有充分和平等的机会获得全面、优质和负担得起的保健、资讯、教育和服务；反映由于艾滋病毒/艾滋病流行病妇女和女孩对服务和保健造成新的要求和反映妇女在精神和职业保健方案以及在老龄化进程方面的特殊需要的新知识；确保所有保健服务和工作者遵守提供妇女保健服务的道德、专业和对性别问题敏感的标准，包括酌情建立或加强监管和执行机制，以保护和促进人权；

（h）在获得保健信息和教育、保健和健康服务方面，消除对所有妇女和女孩的歧视；

（i）生殖健康是指在生殖系统及其功能和过程所涉一切事宜上身体、精神和社会等方面的健康状态，而不仅仅指没有疾病或不虚弱。因此，生殖健康表示人们能够有满意而且安全的性生活，有生育能力，可以自由决定是否生育、生育时间和次数及生育多少。最后所述的一项条件意指男女均有权获知并能实际获取他们所选定的安全、有效、负担得起和可接受的计划生育方法，以及他们所选定的、不违反法律的调节生育率方法，有权获得适当的保健服务，使妇女能够安全地怀孕和生育，向夫妇提供生育健康婴儿的最佳机会。按照上述生殖健康的定义，生殖保健的定义是通过预防和解决生殖健康问题促进生殖健康和福祉的各种方法、技术和服务。还包括性健康，其目的是增进生活和个人关系，而不仅仅是与生殖和性传播疾病有关的咨询和保健。

（j）铭记上述定义，生殖权利所包括的某些人权已得到各国法律、国际文书和其他协商一致通过的文件的承认。这些权利的基础在于承认所有夫妇和个人均享有自由、负责地决定生育次数、间隔和时间、并获得这样做的信息和方法的基本权利，以及实现性健康和生殖健康方面最高标准的权利。此外还包括人权文件中阐明的人人有在没有歧视、强迫和暴力的状况下作出有关生育决定的权利。在行使此种权利时，他们应考虑到他们已有的和将来的子女的需要以及他们对社会所负的责任。促进所有人负责任地行使这些权利应成为政府和社区坚持的生殖健康包括计划生育方面政策和方案的基础。所作的承诺中应充分注意促进两性之间互敬公平的关系，特别是满足青年教育和服务的需求，使他们能够积极地、负责任地对待性的问题。世界上很多人由于下列原因达不到生殖健康；对人的行为知识不足和生殖健康资料和服务不足或不当；高危性行为盛行；带有歧视性的社会习俗；对妇女和女孩的负面态度；许多妇女和女孩对她们的性生活和生育生活权力有限。多数国家内，青少年由于缺乏资料和有关服务而特别易受伤害。老年男女独特的生殖健康问题往往没有受到适当注意。

（k）妇女的人权包括她们在不受强迫、歧视和暴力的条件下自由和负责任地控制与其性有关的事项包括性保健和生殖保健并作出决定的权利。男女在性关系和生殖事项中的平等关系、包括对人身完整的充分尊重，需要互相尊重、同意并愿意为性行为及其后果承担责任。

（l）拟订和执行方案，鼓励男子并使他们能够采取安全和负责任的性行为和生殖行为，并有效利用各种方法避免意外怀孕和性传染疾病，包括艾滋病毒／艾滋病；

（m）采取一切适当措施，消除对妇女采取有害、医疗上不必要的或胁迫性的医疗措施以及用药不当和过量的情况，并确保所有妇女都适当地知悉其可选办法，包括由经过适当训练人员说明可能的效益和副作用；

（n）采取措施确保不歧视和尊重感染艾滋病毒／艾滋病和性传染病的人，其中包括妇女和年轻人，并尊重他们的隐私，从而使他们获得防止进一步传染所需的信息，并能在不担心受到侮辱、歧视或暴力行为的情况下接受治疗或护理服务；

（o）《国际人口与发展会议行动纲领》第 8.25 段指出，

"绝不应把堕胎作为计划生育的方法加以提倡。应敦促各国政府和各有关的政府间组织和非政府组织加强它们对维护妇女健康的承诺，把不安全堕胎[1]对健康造成的影响视为主要的公共保健问题加以处理，并通过扩大和改善计划生育服务减少诉诸于堕胎。防止意外怀孕应始终被置于最优先地位，并应竭尽全力消除堕胎的必要性。意外怀孕的妇女应可随时得到可靠的信息、关爱的咨询。只有依据国家立法程序，才可在国家或地方各级确定卫生系统内任何有关堕胎的措施或作出变更。在堕胎不违法的情况下，这种堕胎应是安全的。在所有情况下，妇女都应得到调理堕胎并发症的良好服务。堕胎后咨询、教育和计划生育服务应及时地提供，这也将有助于避免再次堕胎。"

促请各国政府考虑审查载有对进行了非法堕胎的妇女加以惩罚的措施的法律。

（p）促进和改进针对所有妇女，特别是少女和孕妇的综合性烟草预防和控制战略，其中包括教育、防止和戒烟方案和服务，减少人们吸入二手烟的程度，支持世界卫生组织制定烟草管制框架公约；

1.不安全堕胎是指由缺乏必要医术的人或在缺乏起码医疗标准的环境中，或由这种人在这种环境中进行终止意外怀孕的手术（根据世界卫生组织一个技术工作组的报告《不安全堕胎的预防和管理》1992 年 4 月日内瓦（WHO/MSM/92.5））。

（q）促进和改善资讯方案和措施，包括进行治疗以消除妇女和少女中日益严重的药物滥用，包括开展关于药物对健康的危害和其他后果及其对家庭的影响宣传运动。

73.（a）将性别观点纳入主要宏观经济和社会发展政策和国家发展方案的主流；

（b）酌情将性别观点纳入一切预算程序的设计、研拟、制订和执行，促进公平、有效和适当的资源分配，以适当的预算分配来支持两性平等和加强赋予妇女以权力的发展方案，研制必要的分析和方法学工具和机制来进行监测和评价；

（c）酌情增加并有效利用社会部门，特别是教育和保健的财政资源及其他资源，实现两性平等和赋予妇女权力，作为发展和消除贫穷的中心战略；

（d）通过实施着重于性别观点和赋予妇女权力、包括短期和长期目标的国家消除贫穷方案，努力消除贫穷妇女、特别是农村贫穷妇女比例过高的现象。

74.（a）采行促进可持续发展并支持和确保消除贫穷方案，特别是造福妇女的社会经济政策，除其他外，提供技能培训，平等机会获得和控制资源、资金、信贷，包括微型信贷，信息及技术和平等机会进入市场，造福所有年龄的妇女，特别是贫穷和处境不利的妇女，包括农村妇女、土著妇女和女性户主。

（b）考虑到所有贫穷妇女的具体需要、人口变化和社会变革，创立社会保护制度并确保平等享受此种制度的机会，以便提供保障，应付全球化引起的不稳定和工作条件的变化，并努力确保新的、灵活的新兴工作形式受到充分的社会保障；

（c）通过以性别观点进行的分析，继续审查、修订和执行宏观经济和社会政策和方案，除其他外包括与结构调整和外债问题有关的政策和方案，以期确保妇女有平等的机会取得资源和从享有基本社会服务。

75.除其他外，通过促进充分的社会保障，简化行政程序，酌情消除财政障碍，及其他促进创建微型企业和中小型企业的措施，例如获得风险资本、信贷计划、微型贷款和其他资金，促进女就业。

76.（a）所有各级建立新的或加强现有的体制结构，与国家机构一同，并与民间社会，特别是妇女非政府组织合作，加强对两性平等的社会支助；

（b）在最高各级采取行动，继续提高妇女地位，特别是加强旨在将性别观点纳入主流的国家机制，加快在各领域赋予妇女权力，并确保致力于两性平等政策；

（c）通过探索创新的筹资办法等手段向各种国家机制提供必要的人力和财力，以便将性别观点纳入各项政策、方案和项目的主流；

（d）考虑设立有效的委员会或其他机构来促进机会均等；

（e）加强努力，充分实施为执行《北京行动刚要》而制订的国家行动计划，并视需要调整或制订未来的国家计划；

（f）确保以对性别问题敏感的方式拟定政府各项新闻政策和战略。

77.（a）向各国统计处提供体制和财政支助，协助它们收集、汇编和传播以公众和决策人可检索的格式按性别、年龄和其他适当因素分列的数据，供进行基于性别的分析、监测和影响评价等工作，并协助在有关领域，特别是信息极其缺乏的领域，开展编制和制定统计资料和指标的工作；

（b）定期编制和公布犯罪统计资料，监测在侵犯妇女和女孩权利方面的执法工作趋势，以提高认识，制订更有效的政策；

（c）建立国家能力，由大学、国家研究/培训机构进行面向政策的与性别有关的研究和影响研究，以便能够根据所得知识制定性别问题政策。

B.国家一级应采取的进一步行动

各国政府、私营部门、非政府组织及其他民间社会行动者应采取的行动：

78.（a）鼓励拟定培训和普及法律知识方案，以建立和支助妇女组织提倡妇女和女孩的人权和基本自由的能力；

（b）删除第128（e）段中"陈规定型"之后的"传统"二字；

（c）酌情鼓励政府当局、议员和其他有关当局同妇女组织、包括非政府组织合作，确保立法不具歧视性；

（d）在处理受暴力行为之害，包括受性暴力行为之害的人，特别是妇女和女孩方面，向所有行动者，包括警察、检察官和司法人员提供对性别问题敏感的培训。

79.（a）对增进妇女整个生命周期的身心健康采行综合办法，采取进一步措施重新制订保健信息、服务和保健工作人员的培训，以期使他们对性别问题具有敏感认识，促进保健系统各个层次的性别均衡，反映妇女的观点和保障隐私、保密、自愿和知情同意的权利；

（b）加强努力确保不迟于2015年实现在整个生命周期普遍获得优质初级保健，包括性保健和生殖保健；

（c）审查和订正国家政策、方案和立法，以期执行关键行动以进一步落实大会第二十一届特别会议通过的《国际人口与发展会议行动纲领》，特别重视达成具体的目标，以减少产妇死亡率，增加由熟练助产士接生的比例，提供最广泛可以实现的安全和有效的计划生育和避孕方法，并减少青年人感染艾滋病毒/艾滋病的风险；

（d）通过促进和加强支助减少营养不良现象的方案，例如学校供餐方案、母亲子女营养方案和微营养素补充方案，同时特别重视缩小营养方面的性别差距，加强改装所有女孩和妇女营养状况的措施，在这一方面认识到种种程度营养不良产生和后果和营养造成的终生影响以及母亲和子女健康之间的联系；

（e）在妇女和监测人员充分参与的情况下，审查保健部门的改革倡议对妇女健康和她们享有人权的影响，特别重视农村和都市对生活在贫穷状况下的妇女所提供的保健服务，确保改革为所有的妇女取得充分和平等的机会，获得现有的、负担得起的和优质保健和服务，同时照顾到妇女的各种不同需求；

（f）斟酌情况在青少年的充分参与下，制订和执行各项方案，向他们不加歧视地提供教育、信息以及适当的、具体的、容易使用的和方便取得的服务，以有效解决他们的生殖健康和性健康需要，同时照顾到他们的隐私、保密、尊重和知情同意的权利，以及父母和法定监护人以符合儿童成长能力的方式提供儿童行使《儿童权利公约》[1]所承认权利的方向和指导的责任、权利和义务，并符合《消除对妇女一切形式歧视公约》，并且确保在采取所有有关儿童的行动时，以儿童的

1.大会第44/25号决议，附件。

最佳利益为首要考虑；这些方案除其他外，应培养少女的自尊，协助她们为自己的生活负责，促进两性关系以及负责任的性行为，提高她们对性传染病包括艾滋病毒/艾滋病以及性暴力和性凌虐的认识、预防和治疗；并对少女提供如何避免意外怀孕和过早怀孕方面的咨询；

（g）制订和执行各项方案，向怀孕少女和少年母亲提供社会服务和支助，特别是使她们能继续和完成其的教育；

（h）特别重视发展和改善取得改进的和新的技术以及安全和负担得起的药品和治疗的机会，以期满足妇女的健康需求，包括心肺疾病、高血压、骨质疏松症、乳癌、子宫颈癌和卵巢癌，并为妇女和男子提供计划生育和避孕方法。

80.制定和应用有关框架、准则和其他切实可行的工具和指标，包括基于性别的研究、分析工具和方法、培训、个案研究、统计数字和资料，加快将性别观点纳入主流。

81.（a）鼓励具有各种不同背景的所有年龄妇女参政和参与各级政治事务，向其提供与男子同等的机会并为其创造有利的条件；

（b）通过政党、配额或可衡量的目标或其他适当方式鼓励提名更多的女性候选人，使更多的妇女能够进入议会及其他立法机构，以使其在更大的程度上参与公共政策的制定；

（c）同包括非政府组织在内的妇女团体和社区团体结成伙伴，发展和维持协商进程和机制，以确保所有妇女充分参与，并知悉影响她们生活的决定，并特别重视在参与公共生活方面面对特殊障碍的妇女。

82.（a）促进和保护妇女劳工的权利，采取行动去除妨碍在工作方面实现两性平等的体制和法律障碍以及成规定型的观念，除其他外处理征聘方面的性别成见、工作条件、职业隔离和骚扰、社会保障福利方面的歧视、妇女的职业健康和安全、不平等的职业机会和男子没有充分分担家庭责任等问题；

（b）促进使男女能够兼顾工作和家庭责任并鼓励男子与妇女平均分担家庭和育儿责任的方案；

（c）制订或加强各项政策和方案，支持妇女承担多种角色以各种方式对家庭的福祉作出贡献，承认母性和母职、养育儿女的社会意义，父母和法定监护人在培育子女和照顾其他家庭成员的作用。这种政策和方案还应促进父母、妇女和男子及整个社会分担这方面的责任；

（d）拟定、执行和促进有利于家庭的政策，包括为儿童和其他受扶养人提供负担得起的、可获得的高质量照顾服务，育儿假及其他假期计划，并开展宣传运动，使舆论和其他有关行动者注意男女平等分担工作和家庭责任的原则；

（e）制订政策和方案，通过在各国、特别是在发展中国家，增进正规、非正规和职业培训和远距离教育等机会，包括信息和通讯技术及创业技能培训的机会，在妇女生命的不同阶段增强她们的能力，使她们较易于受雇用和得到较理想的工作；

（f）采取行动在所有部门和劳动力市场上的所有职业中扩大妇女的参与，并促使任职男女比例均衡，包括鼓励建立或扩大体制网络，以支助妇女的职业发展和妇女的晋升；

（g）制定和/或加强各项方案和政策，通过提供信息、包括职业培训的训练、新技术、网络、信贷和财政服务支助女企业家，包括开办新企业的女企业家；

（h）采取积极步骤促进同工同酬或同值工作同等报酬并缩小男女收入的差距；

（i）鼓励和支助女孩接受科学、数学、包括信息技术在内的各种新技术以及技术科目的教育，并鼓励妇女通过职业辅导等途径到高增长和高工资部门和岗位谋职；

（j）特别为男子和男孩制订政策和执行方案，改变其对性别角色和责任的态度和行为，以促进男女平等和积极的态度和行为；

（k）加强提高妇女和男子、女孩和男孩对性别问题的认识的宣传运动和两性平等的训练，以消除根深蒂固的有害的陈规定型观念；

（l）分析在经济转型和经济结构改革，包括全球化引起的就业机会形成和缩减过程中男女可能受不同影响的主要原因并采取必要的对策；

（m）除别的以外，通过工作时间的管理和传播对性别问题敏感的资讯和宣传运动，促使私营部门注意性别问题和社会责任。

83.（a）在非政府组织，特别是妇女组织的参与下，酌情加强或建立国家合作和定期汇报机制，以便监测实现性别观点的国家政策、方案和基准的执行进度；

（b）支助非政府组织和社区性组织在下列方面的：协助处境不利的妇女，特别是农村妇女，使其有机会利用金融机构创业经营和从事其他可持续的谋生活动；

（c）采取措施使所有年长妇女积极参与生活的一切方面，在社区、公共生活和决策方面发挥各种作用，并拟订和执行政策及方案，确保她们充分享受人权和生活素质，以及满足她们的需要，以期有助于实现一个不分年龄人人共享的社会；

（d）制订和执行全面解决残疾妇女和残疾女孩的特殊需要的政策和方案，以确保她们公平获得包括技术培训和职业培训在内的各级教育、适当的康复计划、保健服务和就业机会，并保护和促进她们的人权，酌情消除现存的残疾妇女和残疾男子之间的不平等现象。

C.国际一级应采取的行动

联合国系统、国际和区域组织应酌情采取的行动：

84.（a）应要求协助各国政府建立体制能力和拟订国家行动计划，或进一步执行现有的行动计划，以落实《行动纲要》；

（b）协助非政府组织，特别是妇女组织，以便建立它们宣传、执行、评价《行动纲要》以及进行后续活动的能力；

（c）向区域和国家方案划拨充裕的资源，以便在12个重大领域落实《行动纲要》；

（d）协助转型期国家政府进一步制订和执行旨在赋予妇女经济和政治权力的计划和方案；

（e）鼓励经济及社会理事会要求各区域委员会在其各自的职权和资源范围内，逐步建立一个将定期更新的数据库，其中列有联合国系统各机构或组织在其各自的区域内执行的所有方案和项目，并促进这些资料的传播，以及评价它们对通过落实《行动纲要》增强妇女能力所产生的影响。

85.（a）利用联合国系统现有的各种专门知识，继续执行、评价和监测联合国各机构的法定工作，以及经济及社会理事会各项商定结论和将性别观点纳入联合国系统各项政策、方案和规划的其他方案和倡议，包括统筹、协调一致地就联合国各次主要会议和首脑会议采取后续行动，并确保拨供充裕的资源及维持为此目的设立的有关性别问题的单位和协调中心；

（b）应要求协助各国就下列事项研订方法和汇编统计：妇女和男子对社会及经济所作的贡献，及妇女及男子的社会经济处境，特别是与贫穷有关的情况，及在所有部门的有酬和无酬工作研订方法和汇编统计；

（c）包括通过提高妇女地位国际研究训练所（提高妇女地位研训所）正在开发的性别问题信息和联网系统，特别是在发展中国家，支援各国为扩大利用新的信息技术而作的努力，作为发展合作研究、培训和信息传播工作的一部分，同时也要支助信息传播、研究和培训的传统方法；

（d）确保总部和外地，尤其是从事外地业务的所有联合国人员和官员得到培训，以便将性别观点纳入其工作的主流，包括性别影响分析和确保就这类培训采取适当的后续行动；

（e）支持妇女地位委员会在其任务规定范围内评估和推动《北京行动纲要》及其后续行动的执行；

（f）应要求协助各国政府把性别观点纳入其国家发展规划，作为发展的一个层面；

（g）应缔约国请求协助它们建立执行《消除对妇女一切形式歧视公约》的能力，并在这方面鼓励各缔约国注意委员会的结论意见和一般建议。

86.（a）应要求协助各国政府拟订对性别问题敏感的战略，适用于提供援助和酌情对武装冲突和自然灾害所引起的人道主义危机作出的反应；

（b）确保和支助妇女在各级别充分参与发展活动与和平进程方面的决策和执行活动，包括冲突的防止和解决、冲突后重建、建立和平、维持和平与建设和平，并在此方面支助妇女组织、社区性组织和非政府组织参与；

（c）鼓励妇女参与各级决策和在男女任用方面达到两性均衡，包括在充分尊重公平地域分配原则的情况下，被任命为特使和特别代表，以及特别是在与维持和平、建设和平和业务活动方面代表秘书长进行斡旋，包括担任驻地协调员；

（d）在如何处理受暴力行为之害，包括受性暴力行为之害的人，特别是妇女和女孩方面，斟酌情况向维持和平特派团内的所有行动者，提供对性别问题敏感的培训；

（e）采取进一步有效措施排除障碍，落实人民自决权利，特别是处于殖民统治和外国占领之下的人民的自决权利，因为这些障碍继续对其经济社会的发展产生不利影响。

87.（a）支助旨在消除对妇女和女孩一切形式暴力行为的活动，包括对联合国系统内的妇女网络和组织的活动提供支助；

（b）考虑就侵犯妇女的暴力行为开展一次"零容忍"国际宣传运动。

88.鼓励执行旨在在所有职位，包括在专业人员职等以上职位，特别是在其秘书处较高职等实现男女50/50均衡这项目标的措施，包括在维持和平特派团、和平谈判，以及在所有活动中实现这一目标，并酌情就此提出报告和加强管理责任机制。

89.在妇女充分参与的情况下，在各级采取措施，根据《联合国宪章》和国际法，创造有助于实现和维护世界和平和的有利环境，在充分尊重国家主权、领土完整和政治独立以及不干涉基本属于任何一国管辖范围的事务的原则的情况下，促进民主及和平解决争端，并促进和保护包括发展权利的所有人权和基本自由。

D.国家和国际一级应采取的行动：

各国政府、区域和国际组织，包括联合国系统和国际金融机构及其他行动者应酌情采取的行动：

90.采取步骤，以期避免采取和不要采取不符合国际法和《联合国宪章》的任何单方面措施，这些措施妨碍受影响国家人民特别是妇女和儿童充分实现经济和社会发展，有碍其福祉和为其充分享受人权制造障碍，其中包括人人有权享有其健康和福祉所需的生活水平以及有权获得粮食、医疗护理和必要的社会服务。确保粮食和药品不被作为施加政治压力的工具。

91. 依照国际法采取紧急有效措施，以期减轻经济制裁对妇女和儿童造成的不利影响。

92.（a）促进国际合作以支助区域和国家制订和利用与性别问题有关的分析和统计的工作，除其他外，应要求向国家统计处提供体制和财政支助，以便使它们能够应付各方索取按性别和年龄分列的数据的要求，这些数据用于供各国政府制订对性别问题敏感的统计指标，以便监测政策和进行方案影响评估，以及进行统计调查；

（b）在所有国家充分参与下就衡量对妇女暴力的指标和方式达成国际共识，并考虑建立便于利用的数据库，内载对妇女，包括移徙女工一切形式暴力的统计数字、立法、训练模式、良好做法、总结的经验和其他资源；

（c）斟酌情况在有关机构合作下推动、改善、系统化和资助收集按性别、年龄和其他适当因素开列的有关健康和获得保健服务的数据，包括关于艾滋病毒/艾滋病对于妇女在整个生命周期的影响的全面资料；

（d）在生物医学、临床和社会研究方面消除性别偏见，包括通过有由妇女参与的自愿临床试验，适当照顾到她们的人权，严格遵守国际公认的法律、道德、医学、安全和科学标准并收集、分析并向适当机构和最终使用者提供关于用药剂量、副作用以及药效的男女有别的资料，包括保护免于感染性传染病的避孕药具和方法的资料。

93.（a）发展和支助大学、全国研究和培训机构及其他有关研究所进行与性别问题有关和面向政策的研究，以便通知决策者和促进充分执行《行动纲要》及其后续工作；

（b）拟订一项南南合作方案，以期协助有关妇女问题的国家机构的能力建设，其方式为，除别的以外，交流各国机构有关下列事项的专门技能、经验和知识：增强妇女能力、性别问题和将性别问题纳入主流的方法以及对《行动纲要》

12个重大领域所采用的办法；

（c）支持政府努力拟定面向行动的方案和措施，包括时限指标和（或）可以衡量的目标和评价方法，包括在妇女充分参与下进行性别影响评估，以衡量和分析进展情况，加速《北京行动纲要》的充分执行；

（d）在其充分参与下，着手对土著妇女进行适当的数据收集和研究工作，以期促进方便采用，考虑到文化和语言因素的适当政策、方案和服务；

（e）继续研究可能会引起新的两性不平等现象的所有趋势，以便为政策行动提供基础；

94.（a）采取措施，拟订和执行对性别问题敏感的方案，旨在激起妇女的创业精神和私营部门行动，并协助妇女所拥有的企业参与特别是国际贸易、技术创新和投资并从中获益；

（b）尊重、促进和实现联合国劳工组织《关于工作中的基本原则和权利宣言》所载的各项原则和其后续工作，并认真考虑批准和充分执行国际劳工组织与确保妇女在工作中的权利特别有关的各项公约；

（c）鼓励加强现有和新建立的微额信贷机构及其能力，包括通过国际金融机构的支持，从而得以向更多生活在贫困中的人，特别是妇女提供自营职业和赚取收入活动所需的信贷和有关服务，并斟酌情况进一步开发其他微额融资工具；

（d）重申决心推动对性别问题敏感的发展所作的承诺并支助妇女在可持续和无害生态的消费和生产方式以及自然资源管理办法等方面所起的作用；

（e）采取措施，确保继续在提供粮食安全和营养方面发挥重要作用的农村妇女所从事特别是在非正式部门与农务、渔业和资源管理有关的农业生产和企业活动及家庭工作获得承认和重视，以加强她们的经济保障，增进她们取得和控制资源及信贷、服务和福利的机会，并赋予她们更多的权力；

95.（a）鼓励和执行公职人员培训课程的改革，使他们对性别问题敏感；

（b）加强和促进支助年轻妇女参与青年组织的方案，并鼓励发达国家与发展中国家青年在自己之间和彼此之间进行对话；

（c）支助国内努力，促进妇女和女孩的正规及非正规教育和导师方案，以帮助她们取得知识，培养自尊心，发展领导、倡导及解决冲突的技能；

（d）着手采取综合行动，通过国家和国际努力向各阶层的妇女和女孩提供技能培训，以便根除贫穷，特别是贫穷妇女人数日增的现象；

（e）在土著妇女的充分参与下，制订和执行尊重她们的历史、文化、精神、语言和愿望的教育和培训方案，并确保她们有机会接受各级正规和非正规教育，包括高等教育；

（f）在国际合作下继续支助和加强国家、区域和国际成人识字方案，以便在2015年年底以前将成人识字水平，特别是妇女的识字水平提高50%，并使所有成人都有平等机会接受基础教育和进修教育；

（g）继续审查某些国家的小学和中学女孩和男孩的入学率下降和辍学率上升的原因，并在国际合作下，拟订适当的国家方案来消除根源和支助妇女和女孩终身学习，以期确保实现各有关国际会议所制订关于教育的国际指标；

（h）确保妇女和女孩有平等的机会参与文化、娱乐和体育活动，以及在国家、区域和国际各级参与田径和体育活动，包括参加机会、培训、比赛、报酬和奖金；

（i）应继续作出努力，以有助于执行《行动纲要》的方式促进对文化多元性以及各种文化之中和之间的对话的尊重，目的是赋予妇女权力并充分实现所有妇女的人权和基本自由，所采取的方式必须能确保无损于两性平等和妇女充分享受所有人权；

（j）实施和支持各项有利措施，使所有妇女，特别是土著妇女有同等的机会参加能力建设和培训方案，以提高她们在所有领域和所有层级参与决策的能力。

96.（a）加强合作、政策对策、有效执行国家立法以及其他保护和预防措施，旨在消除对妇女和女孩的暴力行为，特别是一切形式的商业性性剥削，以及经济剥削，包括贩运妇女和儿童、杀害女婴、为维护名誉而犯罪、激性犯罪、以种族为动机的犯罪、绑架和贩卖儿童、与嫁妆不足有关的暴行和死亡、被浇酸液和有害的传统风俗习惯，例如切割女性生殖器、早婚和逼婚；

（b）提高人们的认识，了解《国际刑事法院罗马规约》内申明强奸、性奴役、强迫卖淫、强迫怀孕、强制节育和其他形式的性暴力构成战争罪，并在明定的情况下构成危害人类罪，以防止这类罪行发生，并采取措施，支持起诉所有应对这类罪行负责的人，以及对被害人提供补救途径；还提高人们对使用这类罪行作为战争武器的程度的认识；

（c）在联合国系统的协作下，向非政府组织，包括妇女组织和社区团体提供支助，处理对妇女和女孩一切形式的暴力行为，包括拟订方案打击基于种族和族裔理由而对妇女和女孩实施的暴力行为；

（d）酌情鼓励和支助公共宣传运动，使大众更加认识到对妇女施加暴力是不能接受的及其社会代价，并着手进行预防活动，促进基于两性平等的健康、平衡的关系。

97.（a）加强来源地国、过境国和目的地国之间的合作，预防、取缔和惩罚贩卖人口，特别是贩卖妇女和儿童的行为；

（b）支持为补充《联合国打击跨国有组织犯罪公约》[1]拟定一项预防、取缔和惩罚贩卖人口，特别是贩卖妇女和儿童行为的议定书草案而正在进行的谈判；

（c）酌情实施和支持国家、区域和国际战略，以减少妇女和女孩、包括难民妇女和流离失所妇女以及移徙女工被贩卖的危险；加强国家立法，进一步界定贩卖人口罪的的各项要素，并相应加重处罚；制定社会和经济政策和方案以及宣传和提高认识倡议，以防止和打击贩卖人口，特别是贩卖妇女和儿童的行为；起诉人口贩子；采取措施在来源地国和目的地国援助和保护被贩卖者；便利被贩卖者返回来源地国并支助他们重新融入社会；

98.（a）对于侵害妇女人权的情事，增进对可用补救办法的知识和认识；

（b）促进和保护所有移徙妇女的人权，并执行政策，并执行政策，满足持证移徙妇女的特殊需要，必要时解决男女移徙者之间现有的不平等问题以确保两性平等；

（c）鼓励尊重妇女和男子的思想、良心和宗教自由权利。承认宗教、精神和

1.见大会第54/126号决议。

信仰在千百万妇女和男子生活中的中心作用；

（d）通过媒体和其他手段，鼓励高度警觉某些影响妇女健康的传统风俗习惯所产生的有害影响，其中一些做法她们易于感染艾滋病毒/艾滋病和其他性传染病，并加紧努力消除这类做法；

（e）采取必要措施，保护从事促进和保护妇女人权工作的个人、团体和社会机构；

（f）鼓励各缔约国继续把性别观点纳入其向条约机构提出的报告；又鼓励这些机构继续在落实其任务规定时考虑到性别观点，同时考虑到有必要避免工作出现不必要的重复和重叠；又鼓励人权机制继续在其工作中考虑到性别观点；

（g）支助增强年长妇女能力的创新方案，加强她们对发展和扫贫努力的贡献，并从中获得更多利益。

99.（a）酌情同教育和人权机构、民间社会有关的行动者，尤其是非政府组织和媒体网络合作，推动综合人权教育方案，以确保广泛传播关于人权文书，特别是关于妇女和女孩人权的文书的资讯；

（b）采取措施，除其他外，通过支助和加强负责起诉侵犯人权的人的现有机制，以消除有罪不罚的现象；

（c）采取措施，消除违反国际法和《联合国宪章》的行为。这些违反行为大多对促进和保护妇女的人权有消极影响；

（d）以全面和持久的方式处理武装冲突的根本原因以及武装冲突对妇女和男子的不同影响，并在有关政策和方案中加以考虑，以便除其他以外，加强对平民，特别是妇女和儿童的保护；

（e）确保释放在武装冲突中被劫持的人质，特别是妇女和儿童，包括随后被监禁的妇女和儿童；

（f）制订并支持在冲突中的保护儿童，尤其是女孩的政策和方案，要禁止任何行动者将其强行征募入伍和利用，并促进和（或）加强协助其恢复正常生活和重新融入社会的机制，同时考虑到女孩的特殊经历和需要；

（g）改善并加强受武装冲突情况影响的妇女，包括难民妇女和流离失所妇女的能力，除其他外，让她们参与拟订和管理人道主义活动，以使她们与男子平等地从这些活动获益；

（h）请联合国难民事务高级专员办事处，联合国其他有关机构在其各自任务规定的范围内，以及其他有关人道主义组织和各国政府向收容大批难民和流离失所者的国家就其提供保护和援助的努力继续提供适当支助，特别注意难民和其他流离失所妇女和儿童的需要；

（i）特别是通过全面落实拟议的和平文化行动纲领，[1]力图确保妇女充分和平等地参与宣传和平；

（j）向妇女提供支助和增强妇女能力，她们在冲突和冲突后情况下在其家庭中发挥重要的稳定作用；

（k）加紧努力，根据联合国在裁军领域制订的优先事项，致力在严格有效的国际管制下实现全面彻底裁军，从而使腾出的资源可用于除别的以外，惠及妇女和女孩的社会和经济方案；

（l）探索发掘新的公、私财政资源的新途径，通过适当裁减过高的军事开支，包括全球军事开支，并适当削减军火贸易以及生产和购置军火的投资，同时考虑到国家安全需要，以便可能划拨更多资金促进社会和经济发展，特别是促进提高妇女地位；

（m）采取措施，确保保护难民特别是妇女和女孩，并确保他们获得和向他们提供对性别问题敏感的适当基本社会服务，包括教育和保健。

100.（a）在国家和国际各级同私营部门伙伴和媒体网络协力合作，以促进妇女和男子作为生产者和消费者享有平等的机会，特别是在信息和通信技术领域，包括以符合言论自由的方式鼓励媒体和信息产业采用或进一步拟定行为守则、专业准则和其他自律准则，消除性别陈规定型观念，促进对妇女和男子的公平报导；

（b）制订方案，特别是利用信息和通讯新技术支助妇女建立、利用促进建网

1.见大会第53/243号决议。

的能力，包括通过制订和支助方案，以建立妇女非政府组织在这方面的能力；

（c）利用新的信息技术，包括因特网，增进全球交流，相互沟通信息、研究、绩效、妇女的经验所得，包括与实现两性平等、发展与和平有关的"妇女观历史"；[1]并研究这些技术为达到上述目标可以发挥的其他作用。

101.（a）采取有效措施，迎接全球化挑战，让发展中国家进一步切实参与国际经济政策决策进程，以保证妇女、特别是发展中国家妇女能平等参与宏观经济决策进程；

（b）在妇女充分、切实参与的情况下，采取措施，以稳定、增长和平等为基础，采取新办法进行国际发展合作，让发展中国家进一步有效参与和融入不断全球化的世界经济，在实现以人民为中心的可持续发展的全盘框架内，消灭贫穷，减少基于性别的不平等；

（c）由妇女充分、切实参与制订和加强扫贫战略，减轻陷于贫穷的妇女人数日增现象，提高妇女能力，赋予妇女权力，以抵消全球化对经济和社会产生的不利影响；

（d）加紧努力执行扫贫方案，并在妇女的参与下，评估在有机会获得优质培训和教育以及身体和精神保健、就业、基本社会服务、继承权和取得并控制土地、住房、收入、微额信贷及其他财务工具及服务方面，这些方案在多大程度上对增强生活在贫穷中妇女的能力产生影响，并参照上述评估，对这类方案进行改进；

（e）认识到两性平等与消灭贫穷相辅相成，酌情与民间社会协商，拟订和执行对性别问题敏感的消灭贫穷战略，以处理社会、结构和宏观经济问题；

（f）酌情与私营金融机构合作设立"借贷窗口"并提供其他便于利用的金融服务，简化专门为满足妇女储蓄、信贷和保险需要而计划的各种程序；

（g）通过国家、区域和国际社会的努力，根据妇女充分、切实参与拟订的战略，采取全面行动，在各级为妇女和女孩提供和支持高质量的技能培训，以达到消灭贫穷，特别是消除陷于贫穷的妇女人数日增现象的商定目标。需要加强区域

---

1. "妇女观历史"是一个被广泛采用的词，意指从妇女观点描述古今事件。

合作和国际合作，以此补充各国的努力，对付各种风险，迎接挑战，确保全球化创造的机会能给妇女，特别是发展中国家的妇女带来好处；

（h）在妇女充分、切实参与的情况下，与民间社会、特别是非政府组织协商，酌情及时设立社会发展基金，以减轻结构调整方案和贸易自由化对妇女产生的不利影响以及贫穷妇女的过重负担；

（i）通过减免债务，包括采用以官方发展援助注销债务的备选方法等途径，确定和采用着眼于发展的持久解决办法，结合性别观点，处理发展中国家、包括最不发达国家的外债和债务偿还问题，以帮助它们为有关方案和项目提供资金，促进发展，包括提高妇女地位；

（j）支持科隆减免债务倡议，特别是迅速执行增加优惠的重债穷国倡议，以确保对其执行提供充裕的资金，并落实节省的经费应当用于支持照顾到性别层面的扫贫方案的规定；

（k）促进和加速执行20/20倡议纳入性别观点，充分造福妇女和女孩；

（l）呼吁继续进行国际合作，包括重申致力于尚未达成的国际商定指标：发达国家尽快以国内生产总值的0.7％用作官方发展援助，从而增加用于促进两性平等、发展与和平的资源；

（m）促进向发展中国家和转型经济国家转让适当技术，特别是现代新技术，并鼓励国际社会努力消除对这些转让的限制，以切实帮助各国努力进一步加速实现两性平等、发展与和平的目标；

（n）建议千年大会筹备委员会设法在联合国系统性别观点主流化的范围内，将性别观点纳入与千年大会和首脑会议有关的一切活动和文件，包括消除贫穷的审议工作；

（o）创造有利环境，制订和执行有关政策，促进和保护享受公民权利、文化权利、经济权利、政治权利、社会权利（包括发展权利）等所有人权和基本自由，以努力实现两性平等、发展与和平。

102.（a）根据国家法律，创造和加强有利环境，支助妇女非政府组织调动资源的能力，以确保其发展活动得以持续；

（b）鼓励各国际组织和政府间组织与非政府组织、私营部门、工会、妇女组织和其他非政府组织、通讯和媒体系统等民间社会有关行为者在所有各级建立和加强有关者多方伙伴关系/合作，以支持达到第四次妇女问题世界会议的目标；

（c）鼓励各国政府、各国际组织、特别是国际金融机构、多边组织、私营部门机构和民间社会、包括非政府组织、特别是妇女组织和以社区为基础的组织建立伙伴关系，进行合作，以支持重点放在妇女和女孩的消除贫穷倡议；

（d）通过把性别观点纳入可持续环境和资源管理机制、方案和基础设施的制定、设计和执行，确认妇女和妇女非政府组织及基于社区的组织在落实《21世纪议程》[1]方面所起的关键作用，并提供支助。

103.（a）促进强调老年妇女独立、平等、参与和有保障的健康、活跃的老年生活方案，并开展针对妇女的研究和方案，以满足老年妇女的需要；

（b）作为优先事项，尤其是在受影响最严重的国家内，同非政府组织合作，尽可能地加强教育、服务和以社区为基础的动员战略，保护各种年龄的妇女免于感染艾滋病毒和其他性传染病，包括制定安全、负担得起、有效和容易获得由女性控制的方法，包括例如杀菌剂以及保护免于感染性传染病和艾滋病毒/艾滋病的女用保险套；自愿和保密的艾滋病毒检验和咨询，并宣传负责任的性行为，包括禁欲和使用保险套；研制防治性传染病的疫苗、简易廉价诊断法和单剂治疗法；

（c）向染患性传染病或在有生命危险的疾病，包括艾滋病毒/艾滋病和结核等易连带感染疾病等威胁下生活的所有人，特别是妇女和女孩提供适当和负担得起的治疗、监测和照顾。提供其他服务，包括适当的住房和社会保障，包括在怀孕和哺乳期间提供这些服务；协助因艾滋病毒/艾滋病流行病而成为孤儿的男孩和女孩；向参与护理受重病，包括艾滋病毒/艾滋病折磨病患的妇女和其他家属提供对性别问题敏感的支助系统；

1.《联合国环境与发展会议的报告，1992年6月3日至14日，里约热内卢》，第一卷，《会议通过的决议》（联合国出版物，出售品编号C.93.I.8和更正）决议1，附件二。

（d）迅速采取有效措施，动员国际和国内舆论注意世界毒品问题各不同方面对妇女和女孩的影响，并确保为此目的提供适当资源。

104.鼓励各国政府和各非政府组织间合作执行在第四次妇女问题世界会议和联合国其他世界会议和首脑会议上所作的承诺，以便在二十一世纪促进两性平等、发展与和平。

（联合国大会：《大会第二十三届特别会议特设全体委员会的报告》，A/S-23/10/Rev.1，2000，https://undocs.org/zh/A/S-23/10/Rev.1）

联合国安理会第1325（2000）号决议

（2000年10月31日安全理事会第4213次会议通过）

安全理事会，

回顾其1999年8月25日第1261（1999）号、1999年9月17日第1265（1999）号、2000年4月19日第1296（2000）号和2000年8月11日第1314（2000）号决议以及各项有关的主席声明，又回顾主席在2000年3月8日联合国妇女权利与国际和平日（国际妇女节）向新闻界发表的声明（SC/6816），

又回顾《北京宣言和行动纲领》（A/52/231）的承诺以及题为"妇女2000：二十一世纪男女平等、发展与和平"的联合国大会第二十三届特别会议成果文件中的承诺（A/S-23/10/Rev.1），特别是有关妇女和武装冲突的承诺，

铭记《联合国宪章》的宗旨和原则以及安全理事会根据《宪章》维持国际和平与安全的首要责任，

表示关切受武装冲突不利影响，包括成为难民和国内流离失所者的人绝大多数是平民，特别是妇女和儿童，战斗人员和武装分子日益以他们为攻击目标，并认识到这种情况对持久和平与和解的影响，

重申妇女在预防和解决冲突及建设和平方面起重要作用，强调妇女平等参加和充分参与维持和促进和平与安全的一切努力至关重要，以及加强妇女在有关预防和解决冲突的决策方面的作用，

又重申必须充分执行在冲突中和冲突后保护妇女和女孩权利的国际人道主义和人权法，

强调各方必须确保排雷和防雷宣传方案考虑到妇女和女孩的特殊需要，

确认亟需将性别观点纳入维持和平行动的主流，在这方面，注意到《关于将性别观点纳入多层面和平支援行动的温得和克宣言》（S/2000/693），

又确认2000年3月8日主席向新闻界发表声明建议向所有维持和平人员提供关于冲突局势下妇女和儿童的保护、特殊需要和人权的专门训练，此项建议十分重要，

认识到了解武装冲突对妇女和女孩的影响，作出有效的体制安排保证她们得到保护并充分参与和平进程，能大大有助于维持和促进国际和平与安全，

注意到必须汇集关于武装冲突对妇女和女孩影响的数据，

1. 敦促会员国确保在预防、管理和解决冲突的国家、地区和国际机构和机制的所有决策层增加妇女人数；

2. 鼓励秘书长实施其要求增加妇女参与解决冲突与和平进程决策层人数的战略行动计划（A/49/587）；

3. 敦促秘书长任命更多妇女为特别代表和特使，代表他进行斡旋，在这方面，呼吁会员国向秘书长提供人选，供列入定期更新的中央名册；

4. 还敦促秘书长谋求扩大妇女在联合国实地行动中的作用和贡献，特别是担任军事观察员、民警、人权和人道主义工作人员；

5. 表示愿意将性别观点纳入维持和平行动，并敦促秘书长确保酌情在实地行动中设立处理妇女问题的部门；

6. 请秘书长向会员国提供有关妇女的保护、权利和特殊需要以及有关妇女参与所有维持和平和建设和平措施的重要性的培训准则和材料，请会员国将这些要素以及提高对艾滋病毒/艾滋病的认识的训练纳入本国准备部署的军事人员和民警人员的训练方案，并请秘书长确保维持和平行动文职人员得到类似培训；

7. 敦促会员国对关注性别问题的培训努力，包括对联合国妇女基金和联合国儿童基金会等有关基金和方案以及联合国难民事务高级专员办事处和其他有关机构进行的努力，提供更多的自愿财政、技术和后勤支助；

8. 呼吁所有有关行动者在谈判和执行和平协定时，采取性别观点，除其他外

包括：

（a）妇女和女孩在遣返、重新安置、复原、重返社会和冲突后重建中的特殊需要。

（b）采取措施，支持当地妇女的和平倡议和解决冲突的当地进程，并让妇女参加和平协定的所有执行机制。

（c）采取措施，确保保护和尊重妇女和女孩的人权，特别是在宪法、选举制度、警察和司法方面。

9.呼吁武装冲突各方充分尊重适用于平民、尤其是妇女和女孩的权利和保护的国际法，特别是根据1949年《日内瓦四公约》及其1977年《附加议定书》、1951年《难民公约》及其1967年《议定书》、1979年《消除对妇女一切形式歧视公约》及其1999年《任择议定书》、1989年《联合国儿童权利公约》及其2000年5月25日两项《任择议定书》规定适用于他们的义务，同时铭记《国际刑事法院罗马规约》的有关规定；

10.呼吁武装冲突各方采取特别措施，保护妇女和女孩在武装冲突局势下免受基于性别的暴力，特别是强奸和其他形式的性凌虐，以及所有其他形式的暴力；

11.强调所有国家都有责任终止有罪不罚现象，并起诉应对种族灭绝、危害人类罪和包括对妇女和女孩施加性暴力和其他暴力在内的战争罪负责者，在这方面，并强调可行时必须把此种罪行排除在大赦条款之外；

12.呼吁武装冲突各方尊重难民营和定居点的平民和人道主义性质，包括在设计难民营和定居点时考虑到妇女和女孩的特殊需要，并回顾其1998年11月19日第1208（1998）号决议和2000年4月19日第1296（2000）号决议；

13.鼓励所有参与规划解除武装、复员和重返社会工作的人员顾到男女前战斗人员的不同需要并考虑到其家属的需要；

14.重申准备在根据《联合国宪章》第四十一条采取措施时考虑到对平民可能产生的影响，铭记妇女和女孩的特殊需要，以便考虑适当的人道主义豁免规定；

15.表示愿意确保安全理事会代表团考虑到性别因素和妇女权利,包括通过与当地和国际妇女团体协商;

16.请秘书长就武装冲突对妇女和女孩的影响、妇女在建设和平中的作用以及和平进程和解决冲突的性别层面进行研究,又请他向安全理事会提出报告说明此项研究的结果,并把报告提供给联合国所有会员国;

17.请秘书长酌情在其提交安全理事会的报告中列入在所有维持和平特派团中将性别观点纳入主流以及关于妇女和女孩的所有其他方面的进展情况;

18.决定继续积极处理此案。

[联合国安理会:《第1325(2000)号决议》,S/RES/1325(2000),2000年10月31日,https://undocs.org/zh/S/RES/1325(2000)]

关于妇女在预防冲突、冲突及冲突后局势中的作用的第30号一般性建议

（2013年11月1日消除对妇女歧视委员会通过）

一 导言

1.消除对妇女歧视委员会在2010年第四十七届会议上根据《消除对妇女一切形式歧视公约》第二十一条做出决定，就妇女在预防冲突、冲突及冲突后局势中的作用通过一项一般性建议。本一般性建议的主要宗旨和目的是，向缔约国提供关于立法、政策和其他适当措施的权威指导，以期确保全面遵守《公约》规定的保护、尊重和实现妇女人权的义务。本一般性建议还借鉴了以前通过的一般性建议所述的原则。

2.在任何时候都要保护妇女的人权，在冲突前、冲突期间和冲突后都要促进实质性性别平等及确保将妇女的多种经历充分纳入所有建设和平、建立和平和重建进程，这些都是《公约》的重要目标。委员会重申，缔约国有义务在冲突或紧急状态期间在其领土或有效控制地区，甚至不在该缔约国领土范围内的有效控制地区，对公民和非公民不加区别地继续适用《公约》。委员会一再表示关切冲突对男女两性造成的不同影响及妇女被排斥在预防冲突的努力、冲突后过渡和重建进程之外；委员会还关切，缔约国的报告未就《公约》在此类局势中的适用提供足够信息。

3.本一般性建议具体指导缔约国如何就个人或实体损害《公约》所规定的权利的行为履行其尽职义务，并就非国家行为体如何对待受冲突影响地区的妇女权利提出建议。

二　一般性建议的适用范围

4.本一般性建议涵盖《公约》对预防冲突、国际及非国际武装冲突、外国占领局势，以及其他形式占领和冲突后阶段的适用。此外，本建议还涵盖其他令人关切的情况，如根据国际人道主义法不一定归类为武装冲突但导致严重侵犯妇女权利，同时令委员会特别关切的国内动乱、长期和低烈度内乱、政治纷争、族裔和种族暴力、紧急状态和镇压大规模起义、反恐战争和有组织犯罪。为本建议的目的，有时会划分冲突阶段和冲突后阶段，因为在处理妇女和女孩的人权问题时，这两个阶段可能会有不同的挑战和机遇。但是，委员会注意到从冲突过渡到冲突后往往不是线性过程，而可能会出现停止冲突而后又重新陷入冲突的情况，这种循环可能会持续很长时间。

5.这种局势与如下危机密切相关：境内流离失所、无国籍状态及难民抵抗遣返进程的斗争。在这方面，委员会重申其在第28号一般性建议里提出的意见，即缔约国继续对其影响在其领土内或在其有效控制下、甚至不在其领土内但在其有效控制下的公民和非公民、境内流离失所者、难民、寻求庇护者和无国籍人员人权的一切行为负责。

6.妇女不是一个同质群体，她们的冲突经历和在冲突后情况下的具体需求也各不相同。妇女不是消极的旁观者，也不仅是受害者或被攻击目标。妇女一直发挥并将继续发挥她们作为战士、有组织民间社会的成员、人权维护者、抵抗运动成员及作为正式和非正式建设和平和恢复进程中的积极分子的作用。缔约国必须履行其根据《公约》承担的义务的各个方面，以消除对妇女的歧视。

7.正如第28号一般性建议指出的，对妇女的歧视还因相互交叉的各种形式歧视而加剧。鉴于《公约》采用生命周期法，因此缔约国还必须满足受冲突影响女孩因基于性别的歧视造成的权利和独特需求。

三 《公约》对预防冲突、冲突及冲突后局势的适用

A.《公约》的域内和域外适用

8.委员会重申第28号一般性建议,即缔约国的义务还适用于域外在其有效控制下,即使不在其境内的人员,缔约国对其影响人权的一切行为负有责任,不管受影响者是否在其境内。

9.在冲突及冲突后局势中,缔约国在行使域内或域外管辖权时,不管是单独行使,例如,采取单边军事行动,或是作为国际或政府间组织或联盟的成员行使,例如,作为国际维持和平部队的组成部分,都必须适用《公约》及其他国际人权和人道主义法。《公约》适用于范围广泛的情况,包括一国行使管辖权的情况,如作为外国领土的占领当局和其他形式的管理当局,例如联合国的领土管理当局;作为国际维持和平或执行和平行动组成部分的国家特遣队;被一国代理人,如军方或雇佣军,在该国境外拘留的人员;在另一国内的合法或非法军事行动;为预防冲突和人道主义援助、减轻冲突或冲突后重建而进行的双边或多边捐助援助;作为第三方参与和平或谈判进程;以及与受冲突影响国家订立贸易协议。

10.《公约》还要求缔约国监管在其有效控制下在域外运营的本国非国家行为体的活动。委员会在其第28号一般性建议中重申,《公约》第二条(e)款关于消除任何公共或私营行为体的歧视的规定,"适用于在域外运营的国家公司的行为"。这将包括国家公司在受冲突影响地区的活动导致妇女权利受到侵犯的情况和要求为在冲突地区运营的私营安保公司及其他承包商建立问责制和监督机制的情况。

11.还有一些情况是,国际法规定缔约国也需承担域外国际合作的义务,如关于残疾妇女(《残疾人权利公约》第三十二条)、武装冲突中的女孩(《儿童权利公约》第二十四条第四款及其头两个任择议定书)和不加区别地享受经济、社会及文化权利(《经济、社会、文化权利国际公约》第二条第一款、第十一条第一款、第二十二条和第二十三条)的条约法。在此类情况下,《公约》的域外适用要求各国在履行这些义务时遵守《公约》。

12.委员会建议缔约国：

（a）在行使域内或域外管辖权时，不管是单独行动还是作为国际或政府间组织或联盟的成员行动，都全面适用《公约》及其他国际人权文书和人道主义法；

（b）监管在其有效控制下在域外运营的所有国内非国家行为体的活动，并确保这类行为体充分尊重《公约》；

（c）在外国占领情况下，《公约》的域外适用要求占领国尊重、保护和履行《公约》所保障的各项权利。

B.《公约》对国家和非国家行为体的适用

13.妇女在预防冲突、冲突及冲突后进程中的权利受到各个行为体的影响，包括单独行动的国家（例如其境内发生冲突的国家、卷入冲突区域层面的邻国或参与单边跨境军事行动的国家）；以及作为国际或政府间组织和联盟成员采取行动的国家（例如向国际维持和平部队提供部队或作为捐助方通过国际金融机构提供资金以支持和平进程）及非国家行为体，如武装团体、准军事部队、公司、私营军事承包商、有组织犯罪团体和治安维持者。在冲突及冲突后情况下，国家机构常常被削弱或由别国政府、政府间组织、甚至由非国家团体行使某些政府职能。委员会强调，在此类情况下，《公约》就所涉各类行为体规定了同时适用且相互补充的整套义务。

14.如果一个非国家行为体的行为或不行为按国际法可归咎于国家，此时就引起了国家在《公约》下的责任。当缔约国在预防冲突、冲突或冲突后进程中作为国际组织成员行事时，该缔约国仍要对其根据《公约》承担的域内和域外义务负责，同时还有责任采取措施，确保这些组织的政策和决定符合其根据《公约》承担的义务。

15.委员会还一再强调，《公约》要求缔约国监管承担保护责任的非国家行为体，各国必须尽职尽责，防止、调查、惩治和确保纠正个人或实体有损《公约》所规定的权利的行为。委员会在其第19号和第28号一般性建议中阐述了在保护妇女免遭暴力和歧视侵害方面的尽职义务，并强调，除了宪法和立法措施外，缔约国还必须为执行《公约》提供足够的行政和财政支助。

16.除了要求缔约国监管非国家行为体外，国际法还载有约束非国家行为体的相关义务，如武装冲突中的各方（例如叛乱分子和叛乱团体）的相关义务，例如《1949年日内瓦四公约》共同条款第三条和1949年8月12日《日内瓦四公约关于保护非国际性武装冲突受害者的附加议定书》所规定的相应义务。根据国际人权法，虽然非国家行为体不能成为《公约》缔约方，但委员会注意到，在某些情况下，特别是当一个具有可识别政治架构的武装团体对领土和人口行使明显控制时，非国家行为体有义务尊重国际人权。委员会强调，严重侵犯人权和严重违反人道主义法行为可导致产生个人包括非国家武装团体成员和领导人及私营军事承包商的刑事责任。

17.委员会建议缔约国：

（a）作为其尽职义务的一部分，确保纠正个人或实体的行为；

（b）绝不为安抚恐怖分子、个人或武装团体等非国家行为体而接受任何形式减少对妇女权利保护的做法；

（c）与非国家行为体接触，以防止其在受冲突影响地区的活动构成践踏人权行为，特别是所有形式的性别暴力；充分协助国家公司评估和解决侵犯妇女权利的高度风险，以及建立有效的问责机制；

（d）在冲突期间和之后对违法行为进行调查时采用对性别问题有敏感认识的做法（例如，雇用女警官），以确保查明并解决国家和非国家行为体的违法行为。

18.委员会还敦促非国家行为体，如武装团体：

（a）根据《公约》的规定，尊重处于冲突及冲突后局势中的妇女的权利；

（b）承诺遵守关于人权及禁止所有形式性别暴力的行为守则。

C.《公约》与国际人道主义法、难民法和刑法的互补性

19.在所有危机局势中，不管是非国际性或是国际性武装冲突、公共紧急事件或外国占领或其他令人关切的情况，例如政治动乱，妇女的权利都要得到国际法制度的保证，这种制度由《公约》及国际人道主义法、难民法和刑法规定的相互补充的保护所构成。

20.在符合非国际性或国际武装冲突的门槛定义的局势中，《公约》和国际人道主义法同时适用，它们提供的不同保护相互补充而不是相互排斥。根据国际人道主义法，受武装冲突影响的妇女有权获得同时适用于男女的一般性保护和具有一定限制的具体保护，主要防范强奸、强迫卖淫及任何其他形式的猥亵；向处于国际武装冲突中的孕妇、产妇和哺乳期妇女优先分配救济物资；被拘留时与男子分开关押并由妇女直接监管；以及保护孕妇或有受扶养子女或年幼子女的妇女免受死刑。

21. 国际人道主义法还对占领国规定了同时适用《公约》和其他国际人权法的义务。国际人道主义法还禁止一国将其部分平民迁移进其所占领的领土。根据国际人道主义法，处于占领局势中的妇女有权受到一般性保护和以下具体保护：防范强奸、强迫卖淫或任何其他形式的猥亵；向孕妇和产妇提供的必备衣服等货物自由通行；建立安全或中立区以保护平民，尤其包括孕妇和带着7岁以下儿童的妇女；以及被拘留时与男子分开关押并由妇女直接监管。被拘留女性平民必须要有卫生便利设施并由妇女负责搜身。

22. 关于禁止歧视妇女的《公约》条款增强和补充了对处于许多情况下的难民、流离失所和无国籍妇女和女孩的国际法律保护制度，尤其是在相关国际协议缺乏明确的性别平等条款时更是如此，例如1951年《关于无国籍人地位的公约》及其1967年《议定书》。

23. 《公约》规定，缔约国在防止、调查和惩治贩运及性暴力和性别暴力方面的义务因国际刑事法而得到加强，包括国际法庭和混合刑事法庭的判例及《国际刑事法院罗马规约》。根据相关判例和《罗马规约》，在贩运妇女和女孩过程中的奴役行为、强奸、性奴役、强迫卖淫、强迫怀孕、强制绝育或任何其他形式同样严重的性暴力都可能构成战争罪、危害人类罪或酷刑行为，或构成种族灭绝行为。在解释国际刑事法时，包括性别暴力的定义，特别是性暴力，还必须与《公约》和其他国际公认的人权文书保持一致，不得对性别做出不利区分。

24. 委员会建议缔约国：在履行《公约》规定的义务时，适当考虑国际人道主义法、难民法和刑法给予妇女和女孩的补充保护。

D. 《公约》与安全理事会关于妇女、和平与安全的议程

25. 委员会认识到，安全理事会的各项专题决议，特别是第1325（2000）号、第1820（2008）号、第1888（2009）号、第1889（2009）号、第1960（2010）号、第2106（2013）号和第2122（2013）号决议，以及就艾滋病毒和艾滋病对在冲突及冲突后情况下的妇女的影响提供具体指导的第1983（2011）号决议，是推动宣传妇女、和平与安全议题的关键政治框架。

26.鉴于这些决议所涉及的所有关切领域在《公约》的实质性条款中都可以找到相应的表述，其执行必须以实质性平等模式为前提并涵盖《公约》规定的所有权利。委员会重申需要采取协调和综合方法，把落实安全理事会关于妇女、和平与安全的议程置于实施《公约》及其《任择议定书》的更宽泛框架内。

27.《公约》第十八条还载有一个报告程序，要求缔约国报告其为在预防冲突、冲突及冲突后局势中落实《公约》各项条款而采取的措施情况。在该报告程序中纳入关于安全理事会承诺履行情况的资料，可能有利于巩固《公约》和安理会的议程，进而能扩大、加强和落实性别平等。

28.委员会建议缔约国：

（a）确保用于执行安全理事会第1325（2000）号决议和随后各项决议的国家行动计划和战略符合《公约》规定；并且为其执行分配了充足预算；

（b）确保在履行安全理事会承诺时反映一种实质性平等的模式并考虑到冲突及冲突后情况对《公约》规定的所有权利的影响，以及对与冲突有关的性别暴力，包括性暴力违法行为的影响；

（c）与涉及预防包括冲突预防、冲突、冲突解决及冲突后重建在内的所有冲突进程的所有联合国网络、部门、机构、基金和方案合作，以落实《公约》的各项规定；

（d）加强与参与安全理事会妇女、和平与安全议程执行工作的民间社会和非政府组织的协作。

四 《公约》与预防冲突、冲突及冲突后局势

A. 妇女与预防冲突

29.《公约》缔约国必须侧重于预防冲突和一切形式暴力行为。此类预防冲突

工作包括建立有效的预警系统，以收集和分析开源信息、预防性外交和调解，以及旨在解决冲突根源的预防性努力。另外还包括对武器贸易进行有力而有效的监管，对现有且往往是非法的常规武器包括小武器流通进行适当管制，预防将其用于实施或便利实施严重的性别暴力行为。性别暴力和歧视日益普遍与爆发冲突具有相关性。例如，性暴力事件迅速增加可作为冲突预警。因此，从长远来看，为消除性别暴力所做的努力还有助于预防冲突、其升级和冲突后阶段暴力事件的复发。

30.尽管预防冲突对保护妇女权利非常重要，但在为预防冲突做出努力时往往认为妇女的经验不能用于预测冲突而将其排除在外，因此妇女参与预防冲突的程度很低。委员会曾经指出，妇女在涉及预防性外交和全球性问题，如军费开支和核裁军的机构里的参与度很低。除了不符合《公约》规定外，这种无视性别平等的预防冲突措施不可能适当预测和预防冲突。缔约国只有把女性利益攸关方包括在内并对冲突进行性别因素的分析，才能制定出适当的应对措施。

31.《公约》要求，预防政策必须无歧视，为预防或减少冲突所做的努力既不应自动或不经意地伤及妇女，也不应造成或加剧性别不平等。中央政府或第三国在地方和平进程中采取的干预措施应尊重而不是削弱妇女在地方一级的领导力和维持和平作用。

32.委员会曾经指出，无论是在冲突局势还是在冲突后局势中，常规武器的扩散，尤其是小武器，包括从合法贸易中流出的武器，对作为与冲突有关的性别暴力受害者、家庭暴力受害者以及作为抵抗运动中的抗议者和行为者的妇女来说，它们都有直接或者间接的影响。

33.委员会建议缔约国：

（a）加强并支持妇女的正式和非正式预防冲突努力；

（b）确保妇女平等参与国家、区域和国际组织，平等参与为开展预防性外交而进行的非正式、地方或社区进程；

（c）建立预警系统和采取针对不同性别的安保措施，以预防性别暴力及其他侵犯妇女权利的行为加剧；

（d）在这类预警系统的成果管理框架中列入与性别相关的指标和基准；

（e）解决武器特别是小武器和非法武器国际转让对男女两性造成的不同影响，包括通过批准和实施《武器贸易条约》。

B. 处于冲突及冲突后情况中的妇女

1. 性别暴力（第一条至第三条和第五条（a）款）

34. 暴力侵害妇女和女孩行为是《公约》所禁止的一种歧视形式，是侵犯人权的行为。冲突加剧了现有的性别不平等，把妇女置于更易遭受由国家和非国家行为体实施的各种形式性别暴力侵害的境地。与冲突相关的暴力随处都会发生，例如，在家里、拘留设施里和安置境内流离失所妇女和难民的营地里；随时都会发生，例如，在进行类似取水、打柴、上学或上班这类日常活动时。有各种各样与冲突相关的性别暴力行为的施暴者，他们中可能有政府武装部队、准军事团体、非国家武装团体成员、维和人员和平民。无论武装冲突具有何种性质、持续时间多长或参与的行为体是谁，妇女和女孩越来越成为蓄意针对的目标，遭受各种形式的暴力和虐待，从任意杀戮、酷刑和残害、性暴力、强迫婚姻、强迫卖淫和强迫怀孕到被迫中断怀孕和被迫绝育。

35. 毋庸置疑，武装冲突对所有平民都产生不利影响，但妇女和女孩越来越成为性暴力的主要攻击对象，"包括将此作为一种战争策略，羞辱、统治、恐吓、驱散和（或）强行迁移某个社区或族裔群体的平民成员"，而且这种形式的性暴力甚至在敌对行动停止后依然持续（见安全理事会第1820（2008）号决议）。对于处在冲突后环境中的大多数妇女来说，暴力并不因正式停火或签署和平协议而停止，反而常常在冲突后环境中加剧。委员会看到许多报告证实，虽然暴力形式和发生地点有变化，这意味着也许不再有国家支持的暴力，但是所有形式的性别暴力特别是性暴力却在冲突后情况下增多了。不预防、不调查和不惩治所有形式的性别暴力行为，再加上其他因素，如在解除武装、复员和重返社会方面缺乏实效，同样可能导致在冲突后时期发生新的侵害妇女的暴力事件。

36. 在冲突期间和之后，某些特定妇女和女孩群体特别易受暴力尤其是性暴力侵害，如境内流离失所和难民妇女；妇女人权维护者；具有不同种姓、族裔、民族、宗教身份或其他少数民族的妇女，因为她们往往作为其社区的标志性代表而受到攻击；寡妇以及残疾妇女。女性战斗员和军队里的妇女同样易受来自国家和非国家武装团体和抵抗运动成员的性攻击和性骚扰。

37.性别暴力还导致多种其他侵犯人权的行为，如国家或非国家行为体对妇女权利维护者的袭击，损害了妇女在政治和公共生活中的平等和有意义参与。与冲突相关的性别暴力对妇女造成的各种生理和心理后果，如性暴力导致的伤害、残疾、感染艾滋病毒风险增高和意外怀孕风险。性别暴力与艾滋病毒之间具有很强的关联关系，包括作为战争武器通过强奸蓄意传播艾滋病毒。

38.委员会建议缔约国：

（a）禁止国家和非国家行为体实施一切形式性别暴力，包括通过立法、政策和议定书；

（b）预防、调查和惩治国家和非国家行为体实施的一切形式性别暴力，尤其是性暴力，并执行零容忍政策；

（c）确保妇女和女孩获得诉诸法律的机会；采取对性别问题有敏感认识的调查程序来解决性别暴力特别是性暴力问题；对警察和军人（包括维和人员）开展对性别问题有敏感认识的培训并通过相关行为守则和协议；建设司法部门的能力，包括在过渡司法机制的情况下，以确保其独立、公正和廉洁；

（d）收集关于在不同情况下和针对不同类型妇女的性别暴力特别是性暴力的发生率和普及性的数据并规范数据收集方法；

（e）分配充足的资源并采取有效措施，确保性别暴力特别是性暴力受害者有机会得到全面的医疗、心理保健和心理支持服务；

（f）制定并传播标准作业程序和转诊途径，以便把安保行为体与在性别暴力方面的服务提供者联系起来，包括向性暴力幸存者提供一站式住院治疗、法律和心理服务，把即刻援助与经济和社会赋权和融合联系在一起的多用途社区中心，以及流动诊所；

（g）对技术专门知识进行投资，分配资源来应对易受暴力侵害的妇女和女孩的独特需求，其中包括性暴力对其生殖健康的影响；

（h）确保在国家预防和应对措施中包含针对性别暴力和艾滋病毒的具体干预措施。

2.贩运（第六条）

39.在冲突期间和之后，由于政治、经济和社会结构崩溃，暴力行为增多且好战态度加强，贩运妇女和女孩问题加剧，而这种贩运行为构成基于性别的歧视。冲突和冲突后局势可能会造成与战争相关的对妇女性剥削、经济剥削和军事剥削的特殊需求结构。受冲突影响地区可能是贩运妇女和女孩行为的起源地、过境地和目的地，贩运形式因区域、具体经济和政治背景及所涉国家和非国家行为体的不同而不同。生活在或从境内流离失所者或难民营返回或寻求生计的妇女和女孩特别容易被贩运。

40.当第三国通过采取拦截、驱逐或拘留等措施试图限制来自受冲突影响地区的移民潮时也可能发生贩运。限制妇女和女孩逃离冲突地区机会的限制性、针对性别或歧视性移徙政策可能使她们更易被剥削和贩运。

41.委员会建议缔约国：

（a）预防、起诉和惩治发生在其管辖范围内的贩运及相关侵犯人权行为，不管实施者是公共权力机关还是私营行为体，并对妇女和女孩包括境内流离失所或难民妇女和女孩采取具体的保护措施；

（b）通过基于关于贩运及性剥削和性虐待问题的国际人权标准的零容忍政策；该政策应针对国家军队、维和部队、边防警察、移民官员和人道主义行为体等群体，并就如何确认和保护弱势妇女和女孩问题向这类群体提供对性别问题有敏感认识的培训；

（c）提供全面的对性别问题有敏感认识和基于权利的移民政策，确保来自受冲突影响地区的妇女和女孩不被贩运；

（d）通过双边或区域协议和其他形式合作，以保护被贩运妇女和女孩的权利，并为起诉犯罪者提供便利。

3.参与（第七条和第八条）

42.虽然妇女在冲突期间往往作为户主、和平缔造者、政治领袖和战斗人员发挥领导作用，但在冲突后和过渡时期以及恢复进程中她们的话语权则受到压制和边缘化，委员会对此一再表示关切。委员会重申，让一定数量的妇女参与国际谈判、维和活动、各级预防性外交；国家、区域和国际各级的调解、人道主义援助、社会和解、和平谈判和刑事司法系统，可能会产生明显效果。在国家一级，妇女平等、有意义和有效地进入不同政府部门、妇女被任命担任政府部门领导职务和妇女作为民间社会积极成员参与的能力，是创造一个持久民主、和平及性别平等社会的先决条件。

43.冲突的直接结果可能为缔约国提供了一次战略机会，借此可通过立法和政策措施消除在本国政治和公共生活领域对妇女的歧视，并确保妇女有参与冲突后新的治理结构的平等机会。但在许多情形下，在敌对行动正式停止后，促进性别平等和妇女参与决策进程不会被视为优先事项，甚至被视为与稳定目标不相容而被搁置起来。由于根深蒂固的陈规定型观念，妇女常常无法充分参与和介入正式的建立和平进程和冲突后重建及社会经济发展；这反映在，国家和非国家团体通常由男性担任领导人，而妇女除了遭受性别暴力侵害及其他形式歧视外还被排除在决策的所有方面之外。

44.缔约国要履行确保妇女平等参与政治和公共生活（第七条）及国际一级参与（第八条）的义务，就必须采取措施，包括第四条第一款规定的暂行特别措施，解决受冲突影响地区的范围广泛的性别歧视和不平等现象，以及消除阻碍实现妇女平等参与的具体和多重障碍，这些障碍与在流动性、安全、筹款、宣传运动和技能方面与冲突相关的限制有关。

45.履行这些义务尤其适用于境内发生敌对行动的缔约国和参与建立和平进程的其他缔约国，此类和平进程必须确保妇女在自己的机构里有代表，并支持当地妇女参与和平进程。履行这些义务并配合着安全理事会关于妇女、和平与安全的第1325（2000）号决议，保障了妇女有意义地参与预防、管理和解决冲突的相关进程。

46.委员会建议缔约国：

（a）确保立法、行政、管理及其他监管工具不限制妇女参与预防、管理和解决冲突；

（b）确保妇女在国家机构和机制所有决策层级的代表性，包括武装部队、警察、司法机构和负责处理冲突期间所犯罪行的过渡司法机制（司法和非司法）；

（c）确保妇女和关注妇女问题的民间社会组织及民间社会代表平等参与所有和平谈判和冲突后重建努力；

（d）向妇女提供领导力培训，以期确保其有效参与冲突后政治进程。

47.委员会建议单独或作为国际或政府间组织和联盟成员参与解决冲突进程的第三国：

（a）要有妇女代表，包括高级别代表参与谈判和调解活动；

（b）向解决冲突进程和向结束冲突的国家提供技术援助，以促进妇女有效参与。

4.获得接受教育、就业和保健服务的机会以及农村妇女（第十条至第十二条、第十四条）

48.国家公共基础设施和服务提供基础设施彻底崩溃，是武装冲突的一个主要直接后果，导致无法向民众提供必要服务。在这种局势中，妇女和女孩最先受苦，首当其冲地承受冲突的社会经济层面恶果。在受冲突影响地区，学校因不安全而关闭，被国家和非国家武装团体占领或摧毁，所有这些阻碍了女孩上学。其他阻碍女孩接受教育的因素包括非国家行为体针对她们及其教师发动的定向袭击和威胁，以及她们必须承担的照看责任和家庭责任加重。

49.同样，由于家庭生存的重担落在妇女的肩上，她们被迫寻求其他生计来源。尽管在冲突期间妇女扮演过去男子在正规就业部门担任的角色，但在冲突后环境中妇女失去正规部门的工作并返回家庭或进入非正规部门的情况也并不罕见。在冲突后环境中，产生就业机会是构建可持续冲突后经济的重中之重；但是正规部门创造就业机会的倡议往往忽略妇女，因为它们倾向于注重将经济机会给予复员男子。冲突后重建方案必须重视并支持妇女在非正规经济领域和生产领域（多数经济活动发生的领域）做出贡献。

50.在受冲突影响地区，由于基础设施不足和缺乏专业医疗服务人员、基本药品及保健用品，获得必要服务如包括性健康和生殖健康服务在内的保健服务的机会中断了。因此，妇女和女孩因与冲突相关的性暴力而意外怀孕、遭受严重性伤害和生殖伤害及感染包括艾滋病毒和艾滋病在内的性传染疾病的风险增大了。保健服务系统崩溃或遭到破坏，再加上妇女的行动和行动自由受到限制，进一步损害了第十二条第一款为妇女规定的平等保健机会。权力失衡和有害的性别规范使女孩和妇女更易受艾滋病毒感染，在冲突和冲突后环境下，这类因素就更为明显了。与艾滋病毒相关的羞辱和歧视同样很普遍，对艾滋病毒的预防、治疗、看护和支助工作造成深远影响，特别是同与性别暴力相关的耻辱联系在一起时更是如此。

51.农村妇女受得不到充足的保健和社会服务以及获取土地和自然资源不公平的影响往往过于严重。同样，她们在冲突环境中的处境给她们就业和重返社会带来了特别挑战，原因常常是服务系统崩溃导致粮食安全无保障、住房不足、财产被剥夺和缺水而处境恶化。寡妇、残疾妇女、老年妇女、无家庭支助的单身女子和女户主家庭尤其容易受到经济困难加剧的影响，这是因为她们处境不利且常常缺乏就业及经济生存所需的手段和机会。

52.委员会建议缔约国：

（a）为受冲突影响过早辍学的女孩制定方案，以便她们能尽快重返校园/大学；参与对学校基础设施的及时抢修和重建工作；采取措施阻止针对女孩及其老师的袭击和威胁事件发生；以及确保立即调查、起诉和惩治此类暴力行为的犯罪者；

（b）确保经济复苏战略促进将性别平等作为实现可持续冲突后经济的必要前提条件，并且确保这些战略针对在正规和非正规就业部门工作的妇女；制定具体的干预措施，利用对妇女进行经济赋权的机会，特别是针对农村妇女和其他弱势妇女群体；同时确保妇女参与制定这些战略和方案及参与监测其实施情况；以及有效消除阻碍妇女公平参与这些方案的一切障碍；

（c）确保性健康和生殖健康服务包括获得性健康和生殖健康及权利信息；社会心理支持；计划生育服务，包括紧急避孕；孕产妇保健服务，包括产前护理、专业接生服务、预防母婴垂直传播和产科急诊；安全流产服务；流产后护理；预防和治疗艾滋病毒/艾滋病及其他性传播感染，包括暴露后防护措施；以及治疗因性暴力造成的伤害（如瘘管病）、分娩并发症或其他生殖健康并发症等；

（d）确保妇女和女孩包括特别容易感染艾滋病毒的妇女和女孩有机会获得基本保健服务和信息，包括对艾滋病毒的预防、治理、看护和支助；

（e）协调与人道主义领域和发展领域利益攸关方的所有活动，以确保采取综合方法，在教育、就业和保健领域不做重复努力，并惠及弱势群体，包括在偏远和农村地区的弱势群体。

5.流离失所、难民和寻求庇护者（第一条至第三条和第十五条）

53.委员会曾经指出，《公约》适用于流离失所周期的每个阶段，被迫流离失所和无国籍状态对妇女的影响往往不同于对男子的影响，其中包括性别歧视和暴力。境内和境外流离失所带来了特定的性别层面问题，在流离失所周期的所有阶段、在逃亡、安置和回返受冲突影响地区期间都会发生此类问题。在受冲突影响地区，妇女和女孩特别容易遭遇被迫境内流离失所。此外，她们在逃亡和流离失所阶段以及在难民营环境内外常常遭受严重侵犯人权行为的侵害，其中包括与性暴力、贩运及将女孩招进武装部队和叛乱团体有关的风险。

54.在冲突和冲突后环境中的流离失所妇女和女孩由于无法平等获得教育、从事创收和技能培训活动、生殖保健质量低劣、被排斥在决策进程之外且这种现象因男性主导的领导结构而更趋恶化、难民营布局不合理及难民营和非难民营环境下的基础设施不良，她们往往处于岌岌可危的生活条件下。这种极端贫困和不平等状况可导致她们用性好处来换取金钱、住所、粮食或其他物品，从而使她们处于易受剥削和暴力侵害及易受艾滋病毒和其他性传染疾病感染的境地。

55.难民妇女因其作为难民的经历而与男性有不同和更多的需求。难民妇女面临同境内流离失所妇女相同的援助和保护关注，因此可依靠相同的对性别问题有敏感认识的干预措施来解决她们的需求。委员会承认这些群体中的多样性，她们可能面临的特殊挑战和她们的境内或境外流离失所处境造成的法律、社会及其他影响、向她们提供的国际援助中的差距和对她们的需求作出定向对策的必要性。

56.在为与冲突相关的流离失所问题寻找持久解决办法时经常排斥流离失所妇女的看法，这或者是因为她们依赖由不重视妇女话语权的家人或社区做出决定，或者是因为持久解决办法作为将妇女排斥在外的冲突后进程的组成部分。此外，来自受冲突影响地区的寻求庇护妇女在申请庇护时可能遇到带性别因素的障碍，原因是她们的叙述可能不符合传统的迫害模式，而传统的迫害模式大都是从男性角度阐释的。

57.委员会建议缔约国：

（a）采取必要的预防措施，确保流离失所妇女和女孩在逃离、流离失所和持久解决情况下受到防止被迫流离失所的保护以及人权保护，包括获得基本服务；

（b）解决易受多重和交叉歧视形式影响的不同的境内流离失所和难民妇女群体的具体风险和特殊需求，包括残疾妇女、老年妇女、女孩、寡妇、女户主、孕妇、感染艾滋病毒/艾滋病的妇女、农村妇女、土著妇女；在族裔、民族、性或宗教上属于少数群体的妇女及妇女人权维护者；

（c）促进境内流离失所和难民妇女有意义地融入和参与所有决策进程，包括纳入援助方案规划和实施以及难民营管理的所有方面；与选择持久解决办法相关的决定；以及与冲突后进程相关的进程；

（d）向境内流离失所和难民妇女和女孩提供保护和援助，包括保护她们免遭性别暴力包括强迫婚姻和童婚侵害；确保她们平等获得服务和保健及充分参与物资分配以及制定和实施顾及到其具体需求的援助方案；保护对土地具有特殊依赖性的土著、农村和少数民族妇女免遭流离失所之苦；以及确保提供教育及开展创收和技能培训活动；

（e）采取实际措施，保护和预防在所有流离失所环境中的性别暴力以及问责机制（无论是在难民营、安置点还是在难民营外环境）；

（f）调查并起诉所有发生在与冲突相关的流离失所周期各个阶段的性别歧视和暴力事件；

（g）向遭受性别暴力（包括性暴力）侵害的境内流离失所和难民妇女和

女孩提供免费和即时的医疗服务、法律援助和安全环境；使其有机会向女性保健工作者求诊并获得服务，如生殖保健和适当的咨询；以及确保在流离失所背景下的军事和民政当局获得关于保护挑战、人权和流离失所妇女需求的适当培训；

（h）确保以长期战略补充即时的人道主义援助需求和保护要求，从而支助境内流离失所和难民妇女的社会经济权利和生计机会，增强领导力和参与程度，从而增强妇女的权能，使她们能选择适合其需求的持久解决方案；

（i）确保充分解决包括妇女和女孩在内的难民和流离失所人口大量涌入的各种情况，并确保不能因为国际机构的任务不明确或资源约束而妨碍满足她们的保护和援助需求。

6.国籍和无国籍状态（第一条至第三条和第九条）

58.冲突除了使境内流离失所者、难民和寻求庇护者面临的风险加剧外，还可能是无国籍状态的原因和后果，使妇女和女孩在私人领域和公共领域都处于特别易受各种形式虐待的境地。当妇女的冲突经历与国籍权方面的歧视（如法律要求妇女在结婚或解除婚姻时改变国籍或拒绝给予妇女可将国籍传给子女的能力）交叉在一起时，无国籍状态就发生了。

59.妇女在下列情况下可能丧失国籍：因为没有发放身份证和出生登记证等必要文件或此类证件在冲突中遗失或毁坏而在重新发放时又没有使用她们的名字，因而无法证明自己的国籍。无国籍状态还可能造成这种情况：因具有性别歧视的国籍法，妇女被剥夺将国籍传给子女的能力。

60.无国籍妇女和女孩在冲突发生时面临的受虐待风险增高，因为她们不享受公民身份赋予的保护，包括领事协助，还因为她们当中很多人无证件和/或属于种族、宗教或语言上的少数群体。无国籍状态还导致冲突后时期出现基本人权和自由被普遍剥夺现象。例如，妇女可能被剥夺获得保健、就业和其他社会经济及文化权利的机会，因为政府在面临资源压力日益增大时会将服务仅限于提供给国民。被剥夺国籍的妇女往往被排除在政治进程之外，无法参与本国的新政府和治理工作，这与《公约》第七和第八条的规定是相违背的。

61. 委员会建议缔约国：

（a）确保为预防无国籍状态而采取的措施适用于所有妇女和女孩并惠及特别容易因冲突而成为无国籍者的群体，如境内流离失所妇女、难民、寻求庇护者和被贩运者；

（b）确保在冲突前、冲突期间和冲突后继续实施保护无国籍妇女和女孩的措施；

（c）保证受冲突影响妇女和女孩有获取为行使其合法权利而必须具备的证件的平等权利，有权拥有以其本人名字发放的证件；并确保在不附加任何无理条件（如要求流离失所妇女和女孩返回其原居住地以获取文件）的情况下及时发放或更换证件；

（d）确保向境内流离失所妇女、难民妇女、寻求庇护妇女及与家人失散和无人陪伴女孩发放个人证件，包括在冲突后移徙期间发放；以及确保及时、平等地对所有出生、结婚和离婚进行登记。

7. 婚姻和家庭关系（第十五条至第十六条）

62. 婚姻和家庭关系中的不平等影响妇女在冲突和冲突后局势中的经历。在这种情况下，妇女和女孩可能被逼结婚以安抚武装团体或因为妇女在冲突后致贫迫使她们为获得经济安全而结婚，影响了她们择偶和自由缔结婚姻的权利，而此项权利是第十六条第一款（a）项和第十六条第一款（b）项所保障的。在冲突期间，女孩特别易受强迫婚姻之害，而武装团体却越来越多地采用这种有害做法。由于贫穷和结婚可使女孩免遭强奸这一错误观念的影响，家庭还强迫女孩结婚。

63. 在冲突后局势中，第十六条第一款（h）项所保障的平等获得财产权尤其重要，因为住房和土地对经济复苏努力至关重要，对于女户主家庭里的妇女而言更是如此，而此类家庭数量在危机时期往往会因为家人分离和丈夫去世而增多。妇女获得财产的机会有限而且不平等，这种现象在冲突后局势中特别有害，因为已失去丈夫或男性近亲的流离失所妇女返回自己的家园后会发现，她们对自己的土地没有法定所有权，结果也就失去了谋生手段。

64. 对受冲突影响地区的妇女施行强迫怀孕、流产或绝育的行为侵犯了无数妇女的权利，包括第十六条第一款（e）项下的关于自由负责地决定子女人数和生育间隔的权利。

65.委员会重申其第21和第29号一般性建议，并再建议缔约国：

（a）预防、调查和惩治性别暴力行为，如对受冲突影响地区的妇女和女孩施行强迫婚姻、强迫怀孕、流产或绝育；

（b）通过对性别问题有敏感认识并认识到妇女在冲突后情况下在要回自己的继承权和土地权时面临的尤为不利因素的立法和政策，包括因为冲突而造成地契和其他文件遗失或毁坏。

8.安全部门改革以及解除武装、复员和重返社会

66.作为冲突后和过渡时期最先到位的安全举措之一，解除武装、复员和重返社会是更广泛的安全部门改革框架的组成部分。尽管如此，在拟订或实施解除武装、复员和重返社会方案时却很少与安全部门改革举措进行协调。缺乏这方面的协调往往会损害妇女的权利，例如为了让曾犯过基于性别的违法行为的前战斗人员到安全部门任职而同意赦免。由于安全部门改革和解除武装、复员和重返社会举措缺乏规划和协调，妇女还不能担任新建安全部门机构的职务。这种审查流程不足进一步阻碍了开展对性别问题有敏感认识的安全部门改革，而这种改革是建立无歧视、对性别问题有敏感认识、能满足包括弱势群体在内的妇女和女孩安全需求的安全部门机构的关键。

67.冲突结束后，身为女性前战斗人员的妇女以及作为信使、厨师、医务人员、护理人员和被强制劳动者及妻子而与武装团体有牵连的妇女和女孩会面临特殊挑战。鉴于武装团体传统上是男性结构，解除武装、复员和重返社会方案常常不会应对妇女和女孩的具体需求，也不会征求她们的意见，并且还排斥她们。将女性前战斗人员排除在解除武装、复员和重返社会名单之外并不罕见。这类方案还不认可与武装团体有牵连的女孩的地位，把她们认定为受扶养人而不是被绑架者或把不担任明显战斗角色的女孩排除在外。许多女性战斗人员遭受了性别暴力特别是性暴力的侵害，造成的结果有：因被强奸而成为母亲、性传播疾病感染率高、被家庭排斥或被羞辱及其他创伤。解除武装、复员和重返社会方案常常不顾

此类经历和她们经历的心理创伤。因此，她们无法成功地重新融入家庭和社区生活。

68. 即使妇女和女孩被纳入解除武装、复员和重返社会进程，对她们的支持也不够及带有性别陈规定型观念，并且由于提供的技术发展仅限于传统女性领域而限制了其经济赋权。解除武装、复员和重返社会方案还未能处理妇女和女孩在冲突和冲突后局势中经历的心理创伤。因此，这会导致更多的侵权行为发生，原因是妇女的社会耻辱、孤立和经济失能迫使一些妇女继续遭受剥削（如受到其捕获者的剥削），或者如果她们迫不得已从事非法活动为其自身及其受养人提供生计，则会迫使她们受到新的剥削。

69. 委员会建议缔约国：

（a）与安全部门改革协调并在其框架内制定和实施解除武装、复员和重返社会方案；

（b）开展对性别问题有敏感认识并促进性别平等的安全部门改革，以建立具有代表性的安全部门机构，处理不同妇女经历的安全问题和优先事项，与妇女及妇女组织保持联系；

（c）确保安全部门改革受到包容性监督和带惩罚的问责机制的约束，包括对前战斗人员进行审查；设立调查基于性别的违法行为的专门协议和单位；以及加强在监督安全部门方面的性别平等问题专门知识和妇女作用；

（d）确保妇女平等参与解除武装、复员和重返社会的所有阶段，从谈判和平协议和建立国家机构到设计和实施方案；

（e）确保解除武装、复员和重返社会方案专门针对女性战斗人员和与武装团体有牵连的妇女和女孩，将其作为受益者并消除阻碍她们公平参与的障碍；以及确保向她们提供社会心理援助和其他支助服务；

（f）确保解除武装、复员和重返社会进程专门满足妇女的特别需求，以提供针对不同年龄和不同性别的解除武装、复员和重返社会支助，包括解决年轻母亲及其子女具体关切的问题，但又不专门针对他们和不使他们进一步遭受羞辱。

9.宪法和选举改革（第一条至第五条（a）款、第七条和第十五条）

70.冲突后选举改革和宪法建设进程为在过渡时期及之后实现性别平等奠定基础提供了关键机会。这些改革的进程和实质可以为妇女在冲突后时期参与社会、经济和政治生活创造先例，并提供法律基础，使妇女权利倡导者能要求在过渡时期中开展对性别问题有敏感认识的其他类型的改革。安全理事会第1325（2000）号决议还强调在冲突后选举和宪法改革中必须采取性别平等视角。

71.在宪法起草进程中，妇女平等且有意义地参与，是将妇女权利纳入宪法保障的根本。缔约国必须确保，按照《公约》，新宪法规定男女平等和不歧视原则。为使妇女在与男子平等的基础上享受其人权和基本自由，她们必须获得一个平等的开端，具体方法是采取暂行特别措施加速实现事实上的平等。

72.在冲突后背景下展开的选举改革和宪法起草进程还对确保妇女的参与和促进性别平等构成了一系列独特挑战，原因是选举制度的设计不总是性别中性的。为确定哪些利益团体可派代表参加冲突后时期的宪法建设机构和其他选举机构而制定的选举规则和程序在保障妇女在公共及政治生活中的作用方面至关重要。就选择何种选举制度所做的决定对于克服损害妇女参与的传统性别偏见十分重要。如果不采取若干适当措施，包括建立对性别问题有敏感认识的选举制度、采取暂行特别措施来促进妇女作为候选人参与、确保适当的选民登记制度和确保女选民和女性政治候选人不遭受国家或私人行为体的暴力行为侵害，要在实现妇女作为候选人和选民平等参与以及举行自由而公正的选举方面取得实质性进展是不可能的。

73.委员会建议缔约国：

（a）确保妇女平等参与宪法起草进程，并为保障公众参与和为这类进程献计献策而采用对性别问题有敏感认识的机制；

（b）确保宪法改革和其他立法改革包含《公约》规定的妇女人权并按照《公约》第一条禁止对妇女的歧视，包括在公共及私人领域的直接和间接歧视，以及载入禁止对妇女的一切形式歧视的条款；

（c）确保新宪法对暂行特别措施做出规定，适用于公民和非公民，并保障妇女的人权在紧急状态下不受减损；

（d）确保选举改革进程纳入性别平等原则，并通过采取配额等暂行特别措施，包括针对弱势妇女群体，保障妇女的平等参与；采取比例代表制选举制；对政党进行监管；以及授权选举管理机构通过制裁手段确保合规；

（e）确保女选民的登记率和投票率，例如适当时允许邮寄投票，并清除一切障碍，包括确保投票站数量足够和容易到达；

（f）对损害妇女参与的一切形式暴力行为采取零容忍政策，包括国家和非国家团体针对竞选公职的妇女或行使投票权的妇女实施定向暴力行为。

10. 诉诸法律的机会（第一条至第三条、第五条（a）款和第十五条）

74. 当冲突即将结束时，社会就会面临"处理以往的问题"这一复杂任务；这涉及必须让侵犯人权者为其行为承担责任、结束有罪不罚现象、恢复法治、通过伸张正义和相应的赔偿来解决幸存者的所有需求问题。在冲突及冲突后局势中，与获得诉诸法律的机会相关的挑战尤为严重和急迫，因为正式司法系统可能已荡然无存或虽在运作但已无任何效率或实效可言。现有的司法系统往往更可能会侵犯妇女的权利而不是保护她们，这可能会阻止受害者寻求正义。妇女在冲突之前在争取获得向国家法院诉诸法律的机会时所面临的所有障碍，例如法律、程序、体制、社会和实际障碍，及根深蒂固的性别歧视在冲突期间会更趋恶化，并在冲突后时期长期存在，再加上警察和司法结构的崩溃，从而剥夺或妨碍了妇女获得诉诸法律的机会。

75. 在结束冲突后，过渡司法机制建立起来了，以解决在侵犯人权方面的遗留问题、应对冲突的根源原因、促进从冲突向民主治理过渡、使旨在保护和推进基本人权和自由的国家机制制度化、伸张正义并确保对所有违反人权和人道主义法的行为进行追责和确保这些行为不会再次发生。为实现以上多重目标，往往会建立临时司法和/或非司法机制，包括真相调查委员会和混合法院，以取代运作不良的国家司法系统或作为对这类系统的补充。

76. 发生在冲突期间的最过分和普遍的违法行为往往不被过渡司法机制惩罚，并在冲突后环境中变为"常态"。尽管作出了加强和/或补充国内司法系统的努力，但过渡司法机制却忽视并继续忽视妇女，未充分伸张正义，也未对遭受的所有伤害做出赔偿，从而使侵犯妇女人权者所享有的有罪不罚现象更趋牢固。过渡司法机制未成功地充分解决冲突对男女两性造成的不同影响和考虑到在冲突期间发生的所有侵犯人权行为的相互依存性和相互关联性。对大多数妇女而言，冲突后司法的优先事项不应局限于结束侵犯公民权利和政治权利的行为，还应包括结束侵犯包括经济、社会及文化权利在内的所有权利的行为。

77.缔约国根据《公约》承担的义务要求它们解决所有侵犯妇女权利的问题及作为这类违法行为根源的在底层结构方面的性歧视和性别歧视。除了向在冲突期间遭受基于性别的违法行为侵害的妇女提供补救外，过渡司法机制还具有确保使妇女的生活发生变革的潜力。鉴于这类机制担负着为新社会奠定基础的重要作用，这就给缔约国提供了一个独特的机会，可利用这类机制打下基础，消除妨碍妇女享受《公约》所规定的各项权利的先前就存在和根深蒂固的性歧视和性别歧视，从而实现实质性性别平等。

78.虽然国际法庭在认定和起诉基于性别的犯罪方面做出了贡献，但在确保妇女获得诉诸法律的机会方面仍存在一些挑战，许多程序、体制和社会障碍继续阻碍她们参与国际司法进程。消极默认以往暴力行为的做法加强了沉默和羞辱文化。和解进程，例如真相与和解委员会，通常向女性幸存者提供一个在安全环境中处理其以往经历的机会，并形成正式历史记录，但绝不应用这种方式来取代调查和起诉对妇女和女孩犯下侵犯人权罪的犯罪者。

79.委员会重申缔约国的义务还要求它们确保妇女的补救权，包括为其根据《公约》规定的权利受到侵犯而获得足够和有效赔偿的权利。必须对所受伤害的性别层面进行分析，以确保就冲突期间所遭受的违法行为向妇女提供足够、有效和迅速赔偿，不管这种赔偿是由国家或国际法院还是由行政赔偿方案命令提供的。赔偿措施不是要重建侵犯妇女权利之前存在的状况，而是要力求改变导致发生侵犯妇女权利行为的结构性不平等、对妇女的具体需求作出回应并预防再发生这类侵权行为。

80.在许多刚刚摆脱冲突的国家里，现有非正式司法机制是妇女可加以利用的唯一代表正义的形式，在冲突结束后，这类机制可以成为有价值的工具。但是，鉴于这类机制的程序和决定可能歧视妇女，因此必须仔细考虑其在促进向妇女提供诉诸法律的机会方面的作用，例如界定这类机制将处理的违法行为的类型和在正式司法系统里对其决定进行质疑的可能性。

81.委员会建议缔约国：

（a）确保对过渡时期司法机制采用包含司法和非司法机制的综合方法，包括对性别问题有敏感认识并促进妇女权利的真相委员会和赔偿做法；

（b）确保过渡时期司法机制在实质性方面保证妇女诉诸法律的机会，具体方法是授权各机构处理一切基于性别的违法行为，拒绝赦免基于性别的违法行为，以及确保遵守过渡时期司法机制发布的建议和/或决定；

（c）确保对和解进程的支持不会导致全盘赦免任何侵犯人权行为，尤其是对妇女和女孩的性暴力行为，并确保这类进程加强作出努力，打击对这类犯罪的有罪不罚现象；

（d）确保在重建法治和进行法律改革时禁止对妇女的一切形式歧视，酌情设立刑事、民事和纪律制裁制度，并列入旨在保护妇女免遭任何歧视行为之害的具体措施；

（e）确保使妇女参与各级过渡司法机制的设计、运作和监测工作，从而保证借鉴她们的冲突经历，满足她们的特殊需求和优先事项，处理她们所遭受的所有违法事件，并确保使她们参与设计所有赔偿方案；

（f）通过适当的机制促进和鼓励妇女同过渡时期司法机制充分协作并参与其工作，包括确保在举行公开听证会期间保护她们的身份和确保由女性专业人员记录她们的证词；

（g）针对妇女所经历的不同类型的违法行为提供有效和及时的补救，并确保提供足够和全面赔偿；处理所有基于性别的违法事件，包括侵犯性权利和生殖权利事件、家庭奴役和性奴役、强迫婚姻和强迫流离失所，以及性暴力和侵犯经济、社会及文化权利的事件；

（h）通过对性别问题有敏感认识的程序，以避免发生再次伤害和羞辱；在所有警察局建立专门保护单位和性别平等问题科室；以保密和具有敏感认识的方式开展调查；以及确保在调查和审判期间给予妇女和女孩的证词与男子的证词以同等权重；

（i）打击对侵犯妇女权利行为的有罪不罚现象，并确保适当调查、起诉和惩治一切侵犯人权的行为，将犯罪者绳之以法；

（j）增强刑事问责制，具体方法是：确保司法系统的独立、公正和廉洁；加强安全、医疗及司法人员在收集和保存与冲突及冲突后情况下的性暴力相关的法证证据的能力；以及增强与包括国际刑事法院在内的其他司法系统的协作；

（k）增强妇女获得诉诸法律的机会，具体方法是：提供法律援助；设立专门法院，例如家庭暴力和家庭法院，就难民营和安置点情况及偏远地区提供流动法院；以及确保对受害者和证人采取足够保护措施，包括不披露身份和提供住处；

（l）直接接触非正式司法机制并在必要时鼓励进行适当改革，以使这类进程符合人权和性别平等标准，并确保妇女不受歧视。

五 结论

82.除了上文所提建议之外，委员会还向缔约国提出如下建议。

A.监测和报告

83.缔约国应报告它们为确保在预防冲突、冲突期间及冲突后局势中的妇女的人权而实施的法律框架、政策和方案。缔约国应收集、分析和提供按性别分列的关于妇女、和平与安全问题的统计数据和长期趋势。缔约国的报告应述及在其国内和在其领土外但在其管辖地区内的行动，以及其单独和作为国际或政府间组织和联盟成员就妇女问题和预防冲突、冲突期间及冲突后局势所采取的行动。

84.缔约国将就安全理事会关于妇女、和平与安全的议程的执行情况，特别是第1325（2000）号、第1820（2008）号、第1888（2009）号、第1889（2009）号、第1960（2010）号、第2106（2013）号和第2122（2013）号决议的执行情况提供资料，包括就所有商定的联合国基准或作为该议程组成部分而拟订的指标的遵守情况提出具体报告。

85.委员会还欢迎参与管理外国领土的联合国相关特派团就所管理领土内与预防冲突、冲突期间及冲突后情况相关的妇女权利状况提交报告。

86.按照《公约》第二十二条的规定，委员会请各专门机构就在预防冲突、冲突期间及冲突后情况下执行《公约》的情况提交报告。

B.批准或加入条约情况

87.鼓励缔约国批准与在预防冲突、冲突期间及冲突后保护妇女权利相关的所有国际文书，包括：

（a）《消除对妇女一切形式歧视公约任择议定书》（1999年）；

（b）《关于儿童卷入武装冲突的儿童权利公约任择议定书》（2000年）；

（c）《1949年8月12日日内瓦四公约关于保护国际性武装冲突受害者的附加议定书》（1977年）；《1949年8月12日日内瓦四公约关于保护非国际性武装冲突受害者的附加议定书》（1977年）；

（d）《关于难民地位的公约》（1951年）及其《议定书》（1967年）；

（e）《关于无国籍人地位的公约》（1954年）和《减少无国籍状态公约》（1961年）；

（f）《联合国打击跨国有组织犯罪公约关于预防、禁止和惩治贩运人口特别是妇女和儿童行为的补充议定书》（2000年）；

（g）《国际刑事法院罗马规约》（1998年）；

（h）《武器贸易条约》（2013年）。

（消除对妇女歧视委员会：《关于妇女在预防冲突、冲突及冲突后局势中的作用的第30号一般性建议》，CEDAW/C/GC/30，2013，https://www.refworld.org/cgi-bin/texis/vtx/rwmain/opendocpdf.pdf?reldoc=y&docid=52d902994）

变革我们的世界：2030年可持续发展议程

（2015年9月25日，联合国第70届大会第4次全体会议决议）

序　言

本议程是为人类、地球与繁荣制订的行动计划。它还旨在加强世界和平与自由。我们认识到，消除一切形式和表现的贫困，包括消除极端贫困，是世界最大的挑战，也是实现可持续发展必不可少的要求。

所有国家和所有利益攸关方将携手合作，共同执行这一计划。我们决心让人类摆脱贫困和匮乏，让地球治愈创伤并得到保护。我们决心大胆采取迫切需要的变革步骤，让世界走上可持续且具有恢复力的道路。在踏上这一共同征途时，我们保证，绝不让任何一个人掉队。

我们今天宣布的17个可持续发展目标和169个具体目标展现了这个新全球议程的规模和雄心。这些目标寻求巩固发展千年发展目标，完成千年发展目标尚未完成的事业。它们要让所有人享有人权，实现性别平等，增强所有妇女和女童的权能。它们是整体的，不可分割的，并兼顾了可持续发展的三个方面：经济、社会和环境。

这些目标和具体目标将促使人们在今后15年内，在那些对人类和地球至关重要的领域中采取行动。

人类

我们决心消除一切形式和表现的贫困与饥饿，让所有人平等和有尊严地在一个健康的环境中充分发挥自己的潜能。

地球

我们决心阻止地球的退化，包括以可持续的方式进行消费和生产，管理地球的自然资源，在气候变化问题上立即采取行动，使地球能够满足今世后代的需求。

繁荣

我们决心让所有的人都过上繁荣和充实的生活，在与自然和谐相处的同时实现经济、社会和技术进步。

和平

我们决心推动创建没有恐惧与暴力的和平、公正和包容的社会。没有和平，就没有可持续发展；没有可持续发展，就没有和平。

伙伴关系

我们决心动用必要的手段来执行这一议程，本着加强全球团结的精神，在所有国家、所有利益攸关方和全体人民参与的情况下，恢复全球可持续发展伙伴关系的活力，尤其注重满足最贫困最脆弱群体的需求。

各项可持续发展目标是相互关联和相辅相成的，对于实现新议程的宗旨至关重要。如果能在议程述及的所有领域中实现我们的雄心，所有人的生活都会得到很大改善，我们的世界会变得更加美好。

<h2 style="text-align:center">宣　言</h2>

导言

1. 我们，在联合国成立七十周年之际于 2015 年 9 月 25 日至 27 日会聚在纽约联合国总部的各国的国家元首、政府首脑和高级别代表，于今日制定了新的全球可持续发展目标。

2. 我们代表我们为之服务的各国人民，就一套全面、意义深远和以人为中心的具有普遍性和变革性的目标和具体目标，做出了一项历史性决定。我们承诺做出不懈努力，使这一议程在 2030 年前得到全面执行。我们认识到，消除一切形式和表现的贫困，包括消除极端贫困，是世界的最大挑战，对实现可持续发展必不可少。我们决心采用统筹兼顾的方式，从经济、社会和环境这三个方面实现可持续发展。我们还将在巩固实施千年发展目标成果的基础上，争取完成它们尚未完成的事业。

3. 我们决心在现在到2030年的这一段时间内，在世界各地消除贫困与饥饿；消除各个国家内和各个国家之间的不平等；建立和平、公正和包容的社会；保护人权和促进性别平等，增强妇女和女童的权能；永久保护地球及其自然资源。我们还决心创造条件，实现可持续、包容和持久的经济增长，让所有人分享繁荣并拥有体面工作，同时顾及各国不同的发展程度和能力。

4. 在踏上这一共同征途时，我们保证，绝不让任何一个人掉队。我们认识到，人必须有自己的尊严，我们希望实现为所有国家、所有人民和所有社会阶层制定的目标和具体目标。我们将首先尽力帮助落在最后面的人。

5. 这是一个规模和意义都前所未有的议程。它顾及各国不同的国情、能力和发展程度，尊重各国的政策和优先事项，因而得到所有国家的认可，并适用于所有国家。这些目标既是普遍性的，也是具体的，涉及每一个国家，无论它是发达国家还是发展中国家。它们是整体的，不可分割的，兼顾了可持续发展的三个方面。

6. 这些目标和具体目标是在同世界各地的民间社会和其他利益攸关方进行长达两年的密集公开磋商和意见交流、尤其是倾听最贫困最弱势群体的意见后提出的。磋商也参考借鉴了联合国大会可持续发展目标开放工作组和联合国开展的重要工作。联合国秘书长于2014年12月就此提交了一份总结报告。

愿景

7. 我们通过这些目标和具体目标提出了一个雄心勃勃的变革愿景。我们要创建一个没有贫困、饥饿、疾病、匮乏并适于万物生存的世界。一个没有恐惧与暴力的世界。一个人人都识字的世界。一个人人平等享有优质大中小学教育、卫生保健和社会保障以及心身健康和社会福利的世界。一个我们重申我们对享有安全饮用水和环境卫生的人权的承诺和卫生条件得到改善的世界。一个有充足、安全、价格低廉和营养丰富的粮食的世界。一个有安全、充满活力和可持续的人类居住地的世界和一个人人可以获得价廉、可靠和可持续能源的世界。

8. 我们要创建一个普遍尊重人权和人的尊严、法治、公正、平等和非歧视，尊重种族、民族和文化多样性，尊重机会均等以充分发挥人的潜能和促进共同繁荣的世界。一个注重对儿童投资和让每个儿童在没有暴力和剥削的环境中成长的世界。一个每个妇女和女童都充分享有性别平等和一切阻碍女性权能的法律、社会和经济障碍都被消除的世界。一个公正、公平、容忍、开放、有社会包容性和最弱势群体的需求得到满足的世界。

9. 我们要创建一个每个国家都实现持久、包容和可持续的经济增长和每个人都有体面工作的世界。一个以可持续的方式进行生产、消费和使用从空气到土地、从河流、湖泊和地下含水层到海洋的各种自然资源的世界。一个有可持续发展、包括持久的包容性经济增长、社会发展、环境保护和消除贫困与饥饿所需要的民主、良政和法治，并有有利的国内和国际环境的世界。一个技术研发和应用顾及对气候的影响、维护生物多样性和有复原力的世界。一个人类与大自然和谐共处，野生动植物和其他物种得到保护的世界。

共同原则和承诺

10. 新议程依循《联合国宪章》的宗旨和原则，充分尊重国际法。它以《世界人权宣言》[1]、国际人权条约、《联合国千年宣言》[2]和2005年世界首脑会议成果文件[3]为依据，并参照了《发展权利宣言》[4]等其他文书。

11. 我们重申联合国所有重大会议和首脑会议的成果，因为它们为可持续发展奠定了坚实基础，帮助勾画这一新议程。这些会议和成果包括《关于环境与发展的里约宣言》[5]、可持续发展问题世界首脑会议、社会发展问题世界首脑会议、

---

1. 第217A（III）号决议。

2. 第55/2号决议。

3. 第60/1号决议。

4. 第41/128号决议，附件。

5. 《联合国环境与发展会议的报告，1992年6月3日至14日，里约热内卢》，第一卷，《环发会议通过的决议》（联合国出版物，出售品编号：C.93.I.8和更正），决议1，附件一。

《国际人口与发展会议行动纲领》[1]、《北京行动纲要》[2]和联合国可持续发展大会。我们还重申这些会议的后续行动，包括以下会议的成果：第四次联合国最不发达国家问题会议、第三次小岛屿发展中国家问题国际会议、第二次联合国内陆发展中国家问题会议和第三次联合国世界减少灾害风险大会。

12. 我们重申《关于环境与发展的里约宣言》的各项原则，特别是宣言原则7提出的共同但有区别的责任原则。

13. 这些重大会议和首脑会议提出的挑战和承诺是相互关联的，需要有统筹解决办法。要有新的方法来有效处理这些挑战。在实现可持续发展方面，消除一切形式和表现的贫困，消除国家内和国家间的不平等，保护地球，实现持久、包容和可持续的经济增长和促进社会包容，是相互关联和相辅相成的。

当今所处的世界

14. 我们的会议是在可持续发展面临巨大挑战之际召开的。我们有几十亿公民仍然处于贫困之中，生活缺少尊严。国家内和国家间的不平等在增加。机会、财富和权力的差异十分悬殊。性别不平等仍然是一个重大挑战。失业特别是青年失业，是一个令人担忧的重要问题。全球性疾病威胁、越来越频繁和严重的自然灾害、不断升级的冲突、暴力极端主义、恐怖主义和有关的人道主义危机以及被迫流离失所，有可能使最近数十年取得的大部分发展进展功亏一篑。自然资源的枯竭和环境退化产生的不利影响，包括荒漠化、干旱、土地退化、淡水资源缺乏和生物多样性丧失，使人类面临的各种挑战不断增加和日益严重。气候变化是当今时代的最大挑战之一，它产生的不利影响削弱了各国实现可持续发展的能力。全球升温、海平面上升、海洋酸化和其他气候变化产生的影响，严重影响到沿岸地区和低洼沿岸国家，包括许多最不发达国家和小岛屿发展中国家。许多社会和

1.《国际人口与发展会议的报告，1994年9月5日至13日，开罗》（联合国出版物，出售品编号：C.95.XIII.18），第一章，决议1，附件。

2.《第四次妇女问题世界会议的报告，1995年9月4日至15日，北京》（联合国出版物，出售品编号：C.96.IV.13），第一章，决议1，附件二。

各种维系地球的生物系统的生存受到威胁。

15. 但这也是一个充满机遇的时代。应对许多发展挑战的工作已经取得了重大进展,已有千百万人民摆脱了极端贫困。男女儿童接受教育的机会大幅度增加。信息和通信技术的传播和世界各地之间相互连接的加强在加快人类进步方面潜力巨大,消除数字鸿沟,创建知识社会,医药和能源等许多领域中的科技创新也有望起到相同的作用。

16. 千年发展目标是在近十五年前商定的。这些目标为发展确立了一个重要框架,已经在一些重要领域中取得了重大进展。但是各国的进展参差不齐,非洲、最不发达国家、内陆发展中国家和小岛屿发展中国家尤其如此,一些千年发展目标仍未实现,特别是那些涉及孕产妇、新生儿和儿童健康的目标和涉及生殖健康的目标。我们承诺全面实现所有千年发展目标,包括尚未实现的目标,特别是根据相关支助方案,重点为最不发达国家和其他特殊处境国家提供更多援助。新议程巩固发展了千年发展目标,力求完成没有完成的目标,特别是帮助最弱势群体。

17. 但是,我们今天宣布的框架远远超越了千年发展目标。除了保留消贫、保健、教育和粮食安全和营养等发展优先事项外,它还提出了各种广泛的经济、社会和环境目标。它还承诺建立更加和平、更加包容的社会。重要的是,它还提出了执行手段。新的目标和具体目标相互紧密关联,有许多贯穿不同领域的要点,体现了我们决定采用统筹做法。

新议程

18. 我们今天宣布17个可持续发展目标以及169个相关具体目标,这些目标是一个整体,不可分割。世界各国领导人此前从未承诺为如此广泛和普遍的政策议程共同采取行动和做出努力。我们正共同走上可持续发展道路,集体努力谋求全球发展,开展为世界所有国家和所有地区带来巨大好处的"双赢"合作。我们重申,每个国家永远对其财富、自然资源和经济活动充分拥有永久主权,并应该自由行使这一主权。我们将执行这一议程,全面造福今世后代所有人。在此过程中,我们重申将维护国际法,并强调,将采用信守国际法为各国规定的权利和义务的方式来执行本议程。

19. 我们重申《世界人权宣言》以及其他涉及人权和国际法的国际文书的重要性。我们强调，所有国家都有责任根据《联合国宪章》尊重、保护和促进所有人的人权和基本自由，不分其种族、肤色、性别、语言、宗教、政治或其他见解、国籍或社会出身、财产、出生、残疾或其他身份等任何区别。

20. 实现性别平等和增强妇女和女童权能将大大促进我们实现所有目标和具体目标。如果人类中有一半人仍然不能充分享有人权和机会，就无法充分发挥人的潜能和实现可持续发展。妇女和女童必须能平等地接受优质教育，获得经济资源和参政机会，并能在就业、担任各级领导和参与决策方面，享有与男子和男童相同的机会。我们将努力争取为缩小两性差距大幅增加投入，在性别平等和增强妇女权能方面，在全球、区域和国家各级进一步为各机构提供支持。将消除对妇女和女童的一切形式歧视和暴力，包括通过让男子和男童参与。在执行本议程过程中，必须有系统地顾及性别平等因素。

21. 新的目标和具体目标将在2016年1月1日生效，是我们在今后十五年内决策的指南。我们会在考虑到本国实际情况、能力和发展程度的同时，依照本国的政策和优先事项，努力在国家、区域和全球各级执行本议程。我们将在继续依循相关国际规则和承诺的同时，保留国家政策空间，以促进持久、包容和可持续的经济增长，特别是发展中国家的增长。我们同时承认区域和次区域因素、区域经济一体化和区域经济关联性在可持续发展过程中的重要性。区域和次区域框架有助于把可持续发展政策切实变为各国的具体行动。

22. 每个国家在寻求可持续发展过程中都面临具体的挑战。尤其需要关注最脆弱国家，特别是非洲国家、最不发达国家、内陆发展中国家和小岛屿发展中国家，也要关注冲突中和冲突后国家。许多中等收入国家也面临重大挑战。

23. 必须增强弱势群体的权能。其需求被列入本议程的人包括所有的儿童、青年、残疾人（他们有80%的人生活在贫困中）、艾滋病毒/艾滋病感染者、老人、土著居民、难民和境内流离失所者以及移民。我们决心根据国际法进一步采取有效措施和行动，消除障碍和取消限制，进一步提供支持，满足生活在有复杂的人道主义紧急情况地区和受恐怖主义影响地区人民的需求。

24. 我们承诺消除一切形式和表现的贫困，包括到2030年时消除极端贫困。必须让所有人的生活达到基本标准，包括通过社会保障体系做到这一点。我们决心优先消除饥饿，实现粮食安全，并决心消除一切形式的营养不良。我们为此重申世界粮食安全委员会需要各方参与并发挥重要作用，欢迎《营养问题罗马宣言》和《行动框架》[1]。我们将把资源用于发展中国家的农村地区和可持续农业与渔业，支持发展中国家、特别是最不发达国家的小户农民（特别是女性农民）、牧民和渔民。

25. 我们承诺在各级提供包容和平等的优质教育——幼儿教育、小学、中学和大学教育、技术和职业培训。所有人，特别是处境困难者，无论性别、年龄、种族、族裔为何，无论是残疾人、移民还是土著居民，无论是儿童还是青年，都应有机会终身获得教育，掌握必要知识和技能，充分融入社会。我们将努力为儿童和青年提供一个有利于成长的环境，让他们充分享有权利和发挥能力，帮助各国享受人口红利，包括保障学校安全，维护社区和家庭的和谐。

26. 为了促进身心健康，延长所有人的寿命，我们必须实现全民健康保险，让人们获得优质医疗服务，不遗漏任何人。我们承诺加快迄今在减少新生儿、儿童和孕产妇死亡率方面的进展，到2030年时将所有可以预防的死亡减至零。我们承诺让所有人获得性保健和生殖保健服务，包括计划生育服务，提供信息和教育。我们还会同样加快在消除疟疾、艾滋病毒/艾滋病、肺结核、肝炎、埃博拉和其他传染疾病和流行病方面的进展，包括处理抗生素耐药性不断增加的问题和在发展中国家肆虐的疾病得不到关注的问题。我们承诺预防和治疗非传染性疾病，包括行为、发育和神经系统疾病，因为它们是对可持续发展的一个重大挑战。

27. 我们将争取为所有国家建立坚实的经济基础。实现繁荣必须有持久、包容和可持续的经济增长。只有实现财富分享，消除收入不平等，才能有经济增长。我们将努力创建有活力、可持续、创新和以人为中心的经济，促进青年就业和增强妇

1.世界卫生组织，EB136/8号文件，附件一和二。

女经济权能，特别是让所有人都有体面工作。我们将消灭强迫劳动和人口贩卖，消灭一切形式的童工。劳工队伍身体健康，受过良好教育，拥有从事让人身心愉快的生产性工作的必要知识和技能，并充分融入社会，将会使所有国家受益。我们将加强所有最不发达国家所有行业的生产能力，包括进行结构改革。我们将采取政策提高生产能力、生产力和生产性就业；为贫困和低收入者提供资金；发展可持续农业、牧业和渔业；实现可持续工业发展；让所有人获得价廉、可靠、可持续的现代能源服务；建立可持续交通系统，建立质量高和复原能力强的基础设施。

28. 我们承诺从根本上改变我们的社会生产和消费商品及服务的方式。各国政府、国际组织、企业界和其他非国家行为体和个人必须协助改变不可持续的生产和消费模式，包括推动利用所有来源提供财务和技术援助，加强发展中国家的科学技术能力和创新能力，以便采用更可持续的生产和消费模式。我们鼓励执行《可持续消费和生产模式方案十年框架》。所有国家都要采取行动，发达国家要发挥带头作用，同时要考虑到发展中国家的发展水平和能力。

29. 我们认识到，移民对包容性增长和可持续发展做出了积极贡献。我们还认识到，跨国移民实际上涉及多种因素，对于原籍国、过境国和目的地国的发展具有重大影响，需要有统一和全面的对策。我们将在国际上开展合作，确保安全、有序的定期移民，充分尊重人权，不论移民状况如何都人道地对待移民，并人道地对待难民和流离失所者。这种合作应能加强收容难民的社区、特别是发展中国家收容社区的活力。我们强调移民有权返回自己的原籍国，并忆及各国必须以适当方式接受回返的本国国民。

30. 我们强烈敦促各国不颁布和实行任何不符合国际法和《联合国宪章》，阻碍各国、特别是发展中国家全面实现经济和社会发展的单方面经济、金融或贸易措施。

31. 我们确认《联合国气候变化框架公约》[1]是谈判确定全球气候变化对策的首要国际政府间论坛。我们决心果断应对气候变化和环境退化带来的威胁。气候变化是全球性的，要开展最广泛的国际合作来加速解决全球温室气体减排和适应问题以应

1.联合国，《条约汇编》，第1771卷，第30822号。

对气候变化的不利影响。我们非常关切地注意到，《公约》缔约方就到2020年全球每年温室气体排放量作出的减缓承诺的总体效果与可能将全球平均温升控制在比实现工业化前高2或1.5摄氏度之内而需要达到的整体排放路径相比，仍有巨大的差距。

32. 展望将于巴黎举行的第二十一次缔约方大会，我们特别指出，所有国家都承诺努力达成一项有雄心的、普遍适用的气候协定。我们重申，《公约》之下对所有缔约方适用的议定书、另一份法律文书或有某种法律约束力的议定结果，应平衡减缓、适应、资金、技术开发与转让、能力建设以及行动和支持的透明度等问题。

33. 我们确认，社会和经济发展离不开对地球自然资源的可持续管理。因此，我们决心保护和可持续利用海洋、淡水资源以及森林、山地和旱地，保护生物多样性、生态系统和野生动植物。我们还决心促进可持续旅游，解决缺水和水污染问题，加强在荒漠化、沙尘暴、土地退化和干旱问题上的合作，加强灾后恢复能力和减少灾害风险。在这方面，我们对预定2016年在墨西哥举行的生物多样性公约第十三次缔约方会议充满期待。

34. 我们确认，可持续的城市发展和管理对于我们人民的生活质量至关重要。我们将同地方当局和社区合作，规划我们的城市和人类住区，重新焕发它们的活力，以促进社区凝聚力和人身安全，推动创新和就业。我们将减少出城市活动和危害人类健康和环境的化学品所产生的不利影响，包括以对环境无害的方式管理和安全使用化学品，减少废物，回收废物和提高水和能源的使用效率。我们将努力把城市对全球气候系统的影响降到最低限度。我们还会在我们的国家、农村和城市发展战略与政策中考虑到人口趋势和人口预测。我们对即将在基多举行的第三次联合国住房与可持续城市发展会议充满期待。

35. 没有和平与安全，可持续发展无法实现；没有可持续发展，和平与安全也将面临风险。新议程确认，需要建立和平、公正和包容的社会，在这一社会中，所有人都能平等诉诸法律，人权（包括发展权）得到尊重，在各级实行有效的法治和良政，并有透明、有效和负责的机构。本议程论及各种导致暴力、不安全与不公正的因素，例如不平等、腐败、治理不善以及非法的资金和武器流动。我们必须加倍努力，解决或防止冲突，向冲突后国家提供支持，包括确保妇女在建设和平和国家建设过程中发挥作用。我们呼吁依照国际法进一步采取有效的措施和行动，消除处于殖民统治和外国占领下的人民充分行使自决权的障碍，因为这些障碍影响到他们的经济和社会发展，以及他们的环境。

36. 我们承诺促进不同文化间的理解、容忍、相互尊重，确立全球公民道德和责任共担。我们承认自然和文化多样性，认识到所有文化与文明都能推动可持续发展，是可持续发展的重要推动力。

37. 体育也是可持续发展的一个重要推动力。我们确认，体育对实现发展与和平的贡献越来越大，因为体育促进容忍和尊重，增强妇女和青年、个人和社区的权能，有助于实现健康、教育和社会包容方面的目标。

38. 我们根据《联合国宪章》重申尊重各国的领土完整和政治独立的必要性。

执行手段

39. 新议程规模宏大，雄心勃勃，因此需要恢复全球伙伴关系的活力，以确保它得到执行。我们将全力以赴。这一伙伴关系将发扬全球团结一致的精神，特别是要与最贫困的人和境况脆弱的人同舟共济。这一伙伴关系将推动全球高度参与，把各国政府、私营部门、民间社会、联合国系统和其他各方召集在一起，调动现有的一切资源，协助落实所有目标和具体目标。

40. 目标17和每一个可持续发展目标下关于执行手段的具体目标是实现我们议程的关键，它们对其他目标和具体目标也同样重要。我们可以在2015年7月13日至16日在亚的斯亚贝巴举行的第三次发展筹资国际会议成果文件提出的具体政策和行动的支持下，在重振活力的可持续发展全球伙伴关系框架内实现本议程，包括可持续发展目标。我们欢迎大会核可作为2030年可持续发展议程组成部分的《亚的斯亚贝巴行动议程》[1]。我们确认，全面执行《亚的斯亚贝巴行动议程》对于实现可持续发展目标和具体目标至关重要。

41. 我们确认各国对本国经济和社会发展负有首要责任。新议程阐述了落实各

1.大会2015年7月27日通过的《第三次发展筹资问题国际会议亚的斯亚贝巴行动议程（亚的斯亚贝巴行动议程）》（第69/313号决议，附件）。

项目标和具体目标所需要的手段。我们确认，这些手段包括调动财政资源，开展能力建设，以优惠条件向发展中国家转让对环境无害的技术，包括按照相互商定的减让和优惠条件进行转让。国内和国际公共财政将在提供基本服务和公共产品以及促进从其他来源筹资方面起关键作用。我们承认，私营部门——从微型企业、合作社到跨国公司——民间社会组织和慈善组织将在执行新议程方面发挥作用。

42. 我们支持实施相关的战略和行动方案，包括《伊斯坦布尔宣言和行动纲领》[1]、《小岛屿发展中国家快速行动方式（萨摩亚途径）》[2]、《内陆发展中国家2014—2024年十年维也纳行动纲领》[3]，重申必须支持非洲联盟2063年议程和非洲发展新伙伴关系[4]方案，因为它们都是新议程的组成部分。我们认识到，在冲突和冲突后国家实现持久和平与可持续发展面临很大挑战。

43. 我们强调，国际公共资金对各国筹集国内公共资源的努力发挥着重要补充作用，对国内资源有限的最贫困和最脆弱国家而言尤其如此。国际公共资金包括官方发展援助的一个重要用途是促进从其他公共和私人来源筹集更多的资源。官方发展援助提供方再次做出各自承诺，包括许多发达国家承诺实现对发展中国家的官方发展援助占其国民总收入的0.7%，对最不发达国家的官方发展援助占其国民总收入的0.15%至0.20%的目标。

44. 我们确认，国际金融机构必须按照其章程支持各国、特别是发展中国家享有政策空间。我们承诺扩大和加强发展中国家——包括非洲国家、最不发达国家、内陆发展中国家、小岛屿发展中国家和中等收入国家——在国际经济决策、规范制定和全球经济治理方面的话语权和参与度。

45. 我们还确认，各国议会在颁布法律、制定预算和确保有效履行承诺方面

1.《第四次联合国最不发达国家问题会议报告，2011年5月9日至13日，土耳其伊斯坦布尔》（A/CONF.219/7），第一和二章。

2.第69/15号决议，附件。

3.第69/137号决议，附件二。

4.A/57/304，附件。

发挥重要作用。各国政府和公共机构还将与区域和地方当局、次区域机构、国际机构、学术界、慈善组织、志愿团体以及其他各方密切合作，开展执行工作。

46. 我们着重指出，一个资源充足、切合实际、协调一致、高效率和高成效的联合国系统在支持实现可持续发展目标和可持续发展方面发挥着重要作用并拥有相对优势。我们强调，必须加强各国在国家一级的自主权和领导权，并支持经社理事会目前就联合国发展系统在本议程中的长期地位问题开展的对话。

后续落实和评估

47. 各国政府主要负责在今后15年内落实和评估国家、区域和全球各级落实各项目标和具体目标的进展。为了对我们的公民负责，我们将按照本议程和《亚的斯亚贝巴行动议程》的规定，系统进行各级的后续落实和评估工作。联合国大会和经社理事会主办的高级别政治论坛将在监督全球的后续落实和评估工作方面起核心作用。

48. 我们正在编制各项指标，以协助开展这项工作。我们需要优质、易获取、及时和可靠的分类数据，帮助衡量进展情况，不让任何一个人掉队。这些数据对决策至关重要。应尽可能利用现有报告机制提供的数据和资料。我们同意加紧努力，加强发展中国家，特别是非洲国家、最不发达国家、内陆发展中国家、小岛屿发展中国家和中等收入国家的统计能力。我们承诺制定更广泛的衡量进展的方法，对国内生产总值这一指标进行补充。

行动起来，变革我们的世界

49. 七十年前，老一代世界领袖齐聚一堂，创建了联合国。他们在世界四分五裂的情况下，在战争的废墟中创建了联合国，确立了本组织必须依循和平、对话和国际合作的价值观。《联合国宪章》就是这些价值观至高无上的体现。

50. 今天，我们也在做出具有重要历史意义的决定。我们决心为所有人，包括为数百万被剥夺机会而无法过上体面、有尊严、有意义的生活和无法充分发挥潜力的人，建设一个更美好的未来。我们可以成为成功消除贫困的第一代人；我们也可能是有机会拯救地球的最后一代人。如果我们能够实现我们的目标，那么世界将在2030年变得更加美好。

51. 我们今天宣布的今后十五年的全球行动议程，是二十一世纪人类和地球的章程。儿童和男女青年是变革的重要推动者，他们将在新的目标中找到一个平台，用自己无穷的活力来创造一个更美好的世界。

52. "我联合国人民"是《联合国宪章》的开篇名言。今天踏上通往2030年征途的，正是"我联合国人民"。与我们一起踏上征途的有各国政府及议会、联合国系统和其他国际机构、地方当局、土著居民、民间社会、工商业和私营部门、科学和学术界，还有全体人民。数百万人已经参加了这一议程的制订并将其视为自己的议程。这是一个民有、民治和民享的议程，我们相信它一定会取得成功。

53. 我们把握着人类和地球的未来。今天的年轻人也把握着人类和地球的未来，他们会把火炬继续传下去。我们已经绘制好可持续发展的路线，接下来要靠我们大家来圆满完成这一征程，并保证不会丧失已取得的成果。

可持续发展目标和具体目标

54. 在进行各方参与的政府间谈判后，我们根据可持续发展目标开放工作组的建议[1]（建议起首部分介绍了建议的来龙去脉），商定了下列目标和具体目标。

55. 可持续发展目标和具体目标是一个整体，不可分割，是全球性和普遍适用的，兼顾各国的国情、能力和发展水平，并尊重各国的政策和优先事项。具体目标是人们渴望达到的全球性目标，由各国政府根据国际社会的总目标，兼顾本国国情制定。各国政府还将决定如何把这些激励人心的全球目标列入本国的规划工作、政策和战略。必须认识到，可持续发展与目前在经济、社会和环境领域中开展的其他相关工作相互关联。

56. 我们在确定这些目标和具体目标时认识到，每个国家都面临实现可持续发展的具体挑战，我们特别指出最脆弱国家，尤其是非洲国家、最不发达国家、内陆发展中国家和小岛屿发展中国家面临的具体挑战，以及中等收入国家面临的具体挑战。我们还要特别关注陷入冲突的国家。

1.载于大会可持续发展目标开放工作组的报告（A/68/970和Corr.1；另见A/68/970/Add.1–3）。

57. 我们认识到，仍无法获得某些具体目标的基线数据，我们呼吁进一步协助加强会员国的数据收集和能力建设工作，以便在缺少这类数据的国家制定国家和全球基线数据。我们承诺将填补数据收集的空白，以便在掌握更多信息的情况下衡量进展，特别是衡量那些没有明确数字指标的具体目标的进展。

58. 我们鼓励各国在其他论坛不断作出努力，处理好可能对执行本议程构成挑战的重大问题；并且尊重这些进程的独立授权。我们希望议程和议程的执行工作支持而不是妨碍其他这些进程以及这些进程作出的决定。

59. 我们认识到，每一国家可根据本国国情和优先事项，采用不同的方式、愿景、模式和手段来实现可持续发展；我们重申，地球及其生态系统是我们共同的家园，"地球母亲"是许多国家和地区共同使用的表述。

可持续发展目标

目标1.在全世界消除一切形式的贫困

目标2.消除饥饿，实现粮食安全，改善营养状况和促进可持续农业

目标3.确保健康的生活方式，促进各年龄段人群的福祉

目标4.确保包容和公平的优质教育，让全民终身享有学习机会

目标5.实现性别平等，增强所有妇女和女童的权能

目标6.为所有人提供水和环境卫生并对其进行可持续管理

目标7.确保人人获得负担得起的、可靠和可持续的现代能源

目标8.促进持久、包容和可持续的经济增长，促进充分的生产性就业和人人获得体面工作

目标9.建造具备抵御灾害能力的基础设施，促进具有包容性的可持续工业化，推动创新

目标10.减少国家内部和国家之间的不平等

目标11.建设包容、安全、有抵御灾害能力和可持续的城市和人类住区

目标12.采用可持续的消费和生产模式

目标13.采取紧急行动应对气候变化及其影响

目标14.保护和可持续利用海洋和海洋资源以促进可持续发展

目标15.保护、恢复和促进可持续利用陆地生态系统，可持续管理森林，防治荒漠化，制止和扭转土地退化，遏制生物多样性的丧失

目标16.创建和平、包容的社会以促进可持续发展，让所有人都能诉诸司法，在各级建立有效、负责和包容的机构

目标17.加强执行手段，重振可持续发展全球伙伴关系

---

* 确认《联合国气候变化框架公约》是谈判确定全球气候变化对策的首要国际政府间论坛。

目标1. 在全世界消除一切形式的贫困

1.1 到2030年，在全球所有人口中消除极端贫困，极端贫困目前的衡量标准是每人每日生活费不足1.25美元

1.2 到2030年，按各国标准界定的陷入各种形式贫困的各年龄段男女和儿童至少减半

1.3 执行适合本国国情的全民社会保障制度和措施，包括最低标准，到2030年在较大程度上覆盖穷人和弱势群体

1.4 到2030年，确保所有男女，特别是穷人和弱势群体，享有平等获取经济资源的权利，享有基本服务，获得对土地和其他形式财产的所有权和控制权，继承遗产，获取自然资源、适当的新技术和包括小额信贷在内的金融服务

1.5 到2030年，增强穷人和弱势群体的抵御灾害能力，降低其遭受极端天气事件和其他经济、社会、环境冲击和灾害的概率和易受影响程度

1.a 确保从各种来源，包括通过加强发展合作充分调集资源，为发展中国家、特别是最不发达国家提供充足、可预见的手段以执行相关计划和政策，消除一切形式的贫困

1.b 根据惠及贫困人口和顾及性别平等问题的发展战略，在国家、区域和国际层面制定合理的政策框架，支持加快对消贫行动的投资

目标2. 消除饥饿，实现粮食安全，改善营养状况和促进可持续农业

2.1 到2030年，消除饥饿，确保所有人，特别是穷人和弱势群体，包括婴儿，全年都有安全、营养和充足的食物

2.2 到2030年，消除一切形式的营养不良，包括到2025年实现5岁以下儿童发育迟缓和消瘦问题相关国际目标，解决青春期少女、孕妇、哺乳期妇女和老年人的营养需求

2.3 到2030年，实现农业生产力翻倍和小规模粮食生产者，特别是妇女、土著居民、农户、牧民和渔民的收入翻番，具体做法包括确保平等获得土地、其他生产资源和要素、知识、金融服务、市场以及增值和非农就业机会

2.4 到2030年，确保建立可持续粮食生产体系并执行具有抗灾能力的农作方

法，以提高生产力和产量，帮助维护生态系统，加强适应气候变化、极端天气、干旱、洪涝和其他灾害的能力，逐步改善土地和土壤质量

2.5 到2020年，通过在国家、区域和国际层面建立管理得当、多样化的种子和植物库，保持种子、种植作物、养殖和驯养的动物及与之相关的野生物种的基因多样性；根据国际商定原则获取及公正、公平地分享利用基因资源和相关传统知识产生的惠益

2.a 通过加强国际合作等方式，增加对农村基础设施、农业研究和推广服务、技术开发、植物和牲畜基因库的投资，以增强发展中国家，特别是最不发达国家的农业生产能力

2.b 根据多哈发展回合授权，纠正和防止世界农业市场上的贸易限制和扭曲，包括同时取消一切形式的农业出口补贴和具有相同作用的所有出口措施

2.c 采取措施，确保粮食商品市场及其衍生工具正常发挥作用，确保及时获取包括粮食储备量在内的市场信息，限制粮价剧烈波动

目标3. 确保健康的生活方式，促进各年龄段人群的福祉

3.1 到2030年，全球孕产妇每10万例活产的死亡率降至70人以下

3.2 到2030年，消除新生儿和5岁以下儿童可预防的死亡，各国争取将新生儿每1000例活产的死亡率至少降至12例，5岁以下儿童每1000例活产的死亡率至少降至25例

3.3 到2030年，消除艾滋病、结核病、疟疾和被忽视的热带疾病等流行病，抗击肝炎、水传播疾病和其他传染病

3.4 到2030年，通过预防、治疗及促进身心健康，将非传染性疾病导致的过早死亡减少三分之一

3.5 加强对滥用药物包括滥用麻醉药品和有害使用酒精的预防和治疗

3.6 到2020年，全球公路交通事故造成的死伤人数减半

3.7 到2030年，确保普及性健康和生殖健康保健服务，包括计划生育、信息获取和教育，将生殖健康纳入国家战略和方案

3.8 实现全民健康保障，包括提供金融风险保护，人人享有优质的基本保健

服务，人人获得安全、有效、优质和负担得起的基本药品和疫苗

3.9 到2030年，大幅减少危险化学品以及空气、水和土壤污染导致的死亡和患病人数

3.a 酌情在所有国家加强执行《世界卫生组织烟草控制框架公约》

3.b 支持研发主要影响发展中国家的传染和非传染性疾病的疫苗和药品，根据《关于与贸易有关的知识产权协议与公共健康的多哈宣言》的规定，提供负担得起的基本药品和疫苗，《多哈宣言》确认发展中国家有权充分利用《与贸易有关的知识产权协议》中关于采用变通办法保护公众健康，尤其是让所有人获得药品的条款

3.c 大幅加强发展中国家，尤其是最不发达国家和小岛屿发展中国家的卫生筹资，增加其卫生工作者的招聘、培养、培训和留用

3.d 加强各国，特别是发展中国家早期预警、减少风险，以及管理国家和全球健康风险的能力

目标4. 确保包容和公平的优质教育，让全民终身享有学习机会

4.1 到2030年，确保所有男女童完成免费、公平和优质的中小学教育，并取得相关和有效的学习成果

4.2 到2030年，确保所有男女童获得优质幼儿发展、看护和学前教育，为他们接受初级教育做好准备

4.3 到2030年，确保所有男女平等获得负担得起的优质技术、职业和高等教育，包括大学教育

4.4 到2030年，大幅增加掌握就业、体面工作和创业所需相关技能，包括技术性和职业性技能的青年和成年人数

4.5 到2030年，消除教育中的性别差距，确保残疾人、土著居民和处境脆弱儿童等弱势群体平等获得各级教育和职业培训

4.6 到2030年，确保所有青年和大部分成年男女具有识字和计算能力

4.7 到2030年，确保所有进行学习的人都掌握可持续发展所需的知识和技能，具体做法包括开展可持续发展、可持续生活方式、人权和性别平等方面的教

育、弘扬和平和非暴力文化、提升全球公民意识，以及肯定文化多样性和文化对可持续发展的贡献

4.a 建立和改善兼顾儿童、残疾和性别平等的教育设施，为所有人提供安全、非暴力、包容和有效的学习环境

4.b 到2020年，在全球范围内大幅增加发达国家和部分发展中国家为发展中国家，特别是最不发达国家、小岛屿发展中国家和非洲国家提供的高等教育奖学金数量，包括职业培训和信息通信技术、技术、工程、科学项目的奖学金

4.c 到2030年，大幅增加合格教师人数，具体做法包括在发展中国家，特别是最不发达国家和小岛屿发展中国家开展师资培训方面的国际合作

目标5. 实现性别平等，增强所有妇女和女童的权能

5.1 在全球消除对妇女和女童一切形式的歧视

5.2 消除公共和私营部门针对妇女和女童一切形式的暴力行为，包括贩卖、性剥削及其他形式的剥削

5.3 消除童婚、早婚、逼婚及割礼等一切伤害行为

5.4 认可和尊重无偿护理和家务，各国可视本国情况提供公共服务、基础设施和社会保护政策，在家庭内部提倡责任共担

5.5 确保妇女全面有效参与各级政治、经济和公共生活的决策，并享有进入以上各级决策领导层的平等机会

5.6 根据《国际人口与发展会议行动纲领》、《北京行动纲领》及其历次审查会议的成果文件，确保普遍享有性和生殖健康以及生殖权利

5.a 根据各国法律进行改革，给予妇女平等获取经济资源的权利，以及享有对土地和其他形式财产的所有权和控制权，获取金融服务、遗产和自然资源

5.b 加强技术特别是信息和通信技术的应用，以增强妇女权能

5.c 采用和加强合理的政策和有执行力的立法，促进性别平等，在各级增强妇女和女童权能

目标6. 为所有人提供水和环境卫生并对其进行可持续管理

6.1 到2030年，人人普遍和公平获得安全和负担得起的饮用水

6.2 到2030年，人人享有适当和公平的环境卫生和个人卫生，杜绝露天排便，特别注意满足妇女、女童和弱势群体在此方面的需求

6.3 到2030年，通过以下方式改善水质：减少污染，消除倾倒废物现象，把危险化学品和材料的排放减少到最低限度，将未经处理废水比例减半，大幅增加全球废物回收和安全再利用

6.4 到2030年，所有行业大幅提高用水效率，确保可持续取用和供应淡水，以解决缺水问题，大幅减少缺水人数

6.5 到2030年，在各级进行水资源综合管理，包括酌情开展跨境合作

6.6 到2020年，保护和恢复与水有关的生态系统，包括山地、森林、湿地、河流、地下含水层和湖泊

6.a 到2030年，扩大向发展中国家提供的国际合作和能力建设支持，帮助它们开展与水和卫生有关的活动和方案，包括雨水采集、海水淡化、提高用水效率、废水处理、水回收和再利用技术

6.b 支持和加强地方社区参与改进水和环境卫生管理

目标7. 确保人人获得负担得起的、可靠和可持续的现代能源

7.1 到2030年，确保人人都能获得负担得起的、可靠的现代能源服务

7.2 到2030年，大幅增加可再生能源在全球能源结构中的比例

7.3 到2030年，全球能效改善率提高一倍

7.a 到2030年，加强国际合作，促进获取清洁能源的研究和技术，包括可再生能源、能效，以及先进和更清洁的化石燃料技术，并促进对能源基础设施和清洁能源技术的投资

7.b 到2030年，增建基础设施并进行技术升级，以便根据发展中国家，特别是最不发达国家、小岛屿发展中国家和内陆发展中国家各自的支持方案，为所有人提供可持续的现代能源服务

目标8. 促进持久、包容和可持续经济增长，促进充分的生产性就业和人人获得体面工作

8.1 根据各国国情维持人均经济增长，特别是将最不发达国家国内生产总值

年增长率至少维持在7%

8.2 通过多样化经营、技术升级和创新，包括重点发展高附加值和劳动密集型行业，实现更高水平的经济生产力

8.3 推行以发展为导向的政策，支持生产性活动、体面就业、创业精神、创造力和创新；鼓励微型和中小型企业通过获取金融服务等方式实现正规化并成长壮大

8.4 到2030年，逐步改善全球消费和生产的资源使用效率，按照《可持续消费和生产模式方案十年框架》，努力使经济增长和环境退化脱钩，发达国家应在上述工作中做出表率

8.5 到2030年，所有男女，包括青年和残疾人实现充分和生产性就业，有体面工作，并做到同工同酬

8.6 到2020年，大幅减少未就业和未受教育或培训的青年人比例

8.7 立即采取有效措施，根除强制劳动、现代奴隶制和贩卖人口，禁止和消除最恶劣形式的童工，包括招募和利用童兵，到2025年终止一切形式的童工

8.8 保护劳工权利，推动为所有工人，包括移民工人，特别是女性移民和没有稳定工作的人创造安全和有保障的工作环境

8.9 到2030年，制定和执行推广可持续旅游的政策，以创造就业机会，促进地方文化和产品

8.10 加强国内金融机构的能力，鼓励并扩大全民获得银行、保险和金融服务的机会

8.a 增加向发展中国家，特别是最不发达国家提供的促贸援助支持，包括通过《为最不发达国家提供贸易技术援助的强化综合框架》提供上述支持

8.b 到2020年，拟定和实施青年就业全球战略，并执行国际劳工组织的《全球就业契约》

目标9. 建造具备抵御灾害能力的基础设施，促进具有包容性的可持续工业化，推动创新

9.1 发展优质、可靠、可持续和有抵御灾害能力的基础设施，包括区域和跨

境基础设施，以支持经济发展和提升人类福祉，重点是人人可负担得起并公平利用上述基础设施

9.2 促进包容可持续工业化，到2030年，根据各国国情，大幅提高工业在就业和国内生产总值中的比例，使最不发达国家的这一比例翻番

9.3 增加小型工业和其他企业，特别是发展中国家的这些企业获得金融服务、包括负担得起的信贷的机会，将上述企业纳入价值链和市场

9.4 到2030年，所有国家根据自身能力采取行动，升级基础设施，改进工业以提升其可持续性，提高资源使用效率，更多采用清洁和环保技术及产业流程

9.5 在所有国家，特别是发展中国家，加强科学研究，提升工业部门的技术能力，包括到2030年，鼓励创新，大幅增加每100万人口中的研发人员数量，并增加公共和私人研发支出

9.a 向非洲国家、最不发达国家、内陆发展中国家和小岛屿发展中国家提供更多的财政、技术和技能支持，以促进其开发有抵御灾害能力的可持续基础设施

9.b 支持发展中国家的国内技术开发、研究与创新，包括提供有利的政策环境，以实现工业多样化，增加商品附加值

9.c 大幅提升信息和通信技术的普及度，力争到2020年在最不发达国家以低廉的价格普遍提供因特网服务

目标10. 减少国家内部和国家之间的不平等

10.1 到2030年，逐步实现和维持最底层40%人口的收入增长，并确保其增长率高于全国平均水平

10.2 到2030年，增强所有人的权能，促进他们融入社会、经济和政治生活，而不论其年龄、性别、残疾与否、种族、族裔、出身、宗教信仰、经济地位或其他任何区别

10.3 确保机会均等，减少结果不平等现象，包括取消歧视性法律、政策和做法，推动与上述努力相关的适当立法、政策和行动

10.4 采取政策，特别是财政、薪资和社会保障政策，逐步实现更大的平等

10.5 改善对全球金融市场和金融机构的监管和监测，并加强上述监管措施的

执行

10.6 确保发展中国家在国际经济和金融机构决策过程中有更大的代表性和发言权，以建立更加有效、可信、负责和合法的机构

10.7 促进有序、安全、正常和负责的移民和人口流动，包括执行合理规划和管理完善的移民政策

10.a 根据世界贸易组织的各项协议，落实对发展中国家、特别是最不发达国家的特殊和区别待遇原则

10.b 鼓励根据最需要帮助的国家，特别是最不发达国家、非洲国家、小岛屿发展中国家和内陆发展中国家的国家计划和方案，向其提供官方发展援助和资金，包括外国直接投资

10.c 到2030年，将移民汇款手续费减至3%以下，取消费用高于5%的侨汇渠道

目标11. 建设包容、安全、有抵御灾害能力和可持续的城市和人类住区

11.1 到2030年，确保人人获得适当、安全和负担得起的住房和基本服务，并改造贫民窟

11.2 到2030年，向所有人提供安全、负担得起的、易于利用、可持续的交通运输系统，改善道路安全，特别是扩大公共交通，要特别关注处境脆弱者、妇女、儿童、残疾人和老年人的需要

11.3 到2030年，在所有国家加强包容和可持续的城市建设，加强参与性、综合性、可持续的人类住区规划和管理能力

11.4 进一步努力保护和捍卫世界文化和自然遗产

11.5 到2030年，大幅减少包括水灾在内的各种灾害造成的死亡人数和受灾人数，大幅减少上述灾害造成的与全球国内生产总值有关的直接经济损失，重点保护穷人和处境脆弱群体

11.6 到2030年，减少城市的人均负面环境影响，包括特别关注空气质量，以及城市废物管理等

11.7 到2030年，向所有人，特别是妇女、儿童、老年人和残疾人，普遍提

供安全、包容、无障碍、绿色的公共空间

11.a 通过加强国家和区域发展规划，支持在城市、近郊和农村地区之间建立积极的经济、社会和环境联系

11.b 到2020年，大幅增加采取和实施综合政策和计划以构建包容、资源使用效率高、减缓和适应气候变化、具有抵御灾害能力的城市和人类住区数量，并根据《2015—2030年仙台减少灾害风险框架》在各级建立和实施全面的灾害风险管理

11.c 通过财政和技术援助等方式，支持最不发达国家就地取材，建造可持续的，有抵御灾害能力的建筑

目标12. 采用可持续的消费和生产模式

12.1 各国在照顾发展中国家发展水平和能力的基础上，落实《可持续消费和生产模式十年方案框架》，发达国家在此方面要做出表率

12.2 到2030年，实现自然资源的可持续管理和高效利用

12.3 到2030年，将零售和消费环节的全球人均粮食浪费减半，减少生产和供应环节的粮食损失，包括收获后的损失

12.4 到2020年，根据商定的国际框架，实现化学品和所有废物在整个存在周期的无害环境管理，并大幅减少它们排入大气以及渗漏到水和土壤的机率，尽可能降低它们对人类健康和环境造成的负面影响

12.5 到2030年，通过预防、减排、回收和再利用，大幅减少废物的产生

12.6 鼓励各个公司，特别是大公司和跨国公司，采用可持续的做法，并将可持续性信息纳入各自报告周期

12.7 根据国家政策和优先事项，推行可持续的公共采购做法

12.8 到2030年，确保各国人民都能获取关于可持续发展以及与自然和谐的生活方式的信息并具有上述意识

12.a 支持发展中国家加强科学和技术能力，采用更可持续的生产和消费模式

12.b 开发和利用各种工具，监测能创造就业机会、促进地方文化和产品的可持续旅游业对促进可持续发展产生的影响

12.c 对鼓励浪费性消费的低效化石燃料补贴进行合理化调整，为此，应根据各国国情消除市场扭曲，包括调整税收结构，逐步取消有害补贴以反映其环境影响，同时充分考虑发展中国家的特殊需求和情况，尽可能减少对其发展可能产生的不利影响并注意保护穷人和受影响社区

目标13. 采取紧急行动应对气候变化及其影响[*]

13.1 加强各国抵御和适应气候相关的灾害和自然灾害的能力

13.2 将应对气候变化的举措纳入国家政策、战略和规划

13.3 加强气候变化减缓、适应、减少影响和早期预警等方面的教育和宣传，加强人员和机构在此方面的能力

13.a 发达国家履行在《联合国气候变化框架公约》下的承诺，即到2020年每年从各种渠道共同筹资1000亿美元，满足发展中国家的需求，帮助其切实开展减缓行动，提高履约的透明度，并尽快向绿色气候基金注资，使其全面投入运行

13.b 促进在最不发达国家和小岛屿发展中国家建立增强能力的机制，帮助其进行与气候变化有关的有效规划和管理，包括重点关注妇女、青年、地方社区和边缘化社区

目标14. 保护和可持续利用海洋和海洋资源以促进可持续发展

14.1 到2025年，预防和大幅减少各类海洋污染，特别是陆上活动造成的污染，包括海洋废弃物污染和营养盐污染

14.2 到2020年，通过加强抵御灾害能力等方式，可持续管理和保护海洋和沿海生态系统，以免产生重大负面影响，并采取行动帮助它们恢复原状，使海洋保持健康，物产丰富

14.3 通过在各层级加强科学合作等方式，减少和应对海洋酸化的影响，

14.4 到2020年，有效规范捕捞活动，终止过度捕捞、非法、未报告和无管制的捕捞活动以及破坏性捕捞做法，执行科学的管理计划，以便在尽可能短的时间内使鱼群量至少恢复到其生态特征允许的能产生最高可持续产量的水平

---

[*] 确认《联合国气候变化框架公约》是谈判达成全球气候变化对策的主要国际政府间论坛。

14.5 到2020年，根据国内和国际法，并基于现有的最佳科学资料，保护至少10%的沿海和海洋区域

14.6 到2020年，禁止某些助长过剩产能和过度捕捞的渔业补贴，取消助长非法、未报告和无管制捕捞活动的补贴，避免出台新的这类补贴，同时承认给予发展中国家和最不发达国家合理、有效的特殊和差别待遇应是世界贸易组织渔业补贴谈判的一个不可或缺的组成部分[1]

14.7 到2030年，增加小岛屿发展中国家和最不发达国家通过可持续利用海洋资源获得的经济收益，包括可持续地管理渔业、水产养殖业和旅游业

14.a 根据政府间海洋学委员会《海洋技术转让标准和准则》，增加科学知识，培养研究能力和转让海洋技术，以便改善海洋的健康，增加海洋生物多样性对发展中国家，特别是小岛屿发展中国家和最不发达国家发展的贡献

14.b 向小规模个体渔民提供获取海洋资源和市场准入机会

14.c 按照《我们希望的未来》第158段所述，根据《联合国海洋法公约》所规定的保护和可持续利用海洋及其资源的国际法律框架，加强海洋和海洋资源的保护和可持续利用

目标15. 保护、恢复和促进可持续利用陆地生态系统，可持续管理森林，防治荒漠化，制止和扭转土地退化，遏制生物多样性的丧失

15.1 到2020年，根据国际协议规定的义务，保护、恢复和可持续利用陆地和内陆的淡水生态系统及其服务，特别是森林、湿地、山麓和旱地

15.2 到2020年，推动对所有类型森林进行可持续管理，停止毁林，恢复退化的森林，大幅增加全球植树造林和重新造林

15.3 到2030年，防治荒漠化，恢复退化的土地和土壤，包括受荒漠化、干旱和洪涝影响的土地，努力建立一个不再出现土地退化的世界

15.4 到2030年，保护山地生态系统，包括其生物多样性，以便加强山地生态系统的能力，使其能够带来对可持续发展必不可少的益处

1.考虑到世界贸易组织正在进行的谈判、《多哈发展议程》和香港部长级宣言规定的任务。

15.5 采取紧急重大行动来减少自然栖息地的退化，遏制生物多样性的丧失，到2020年，保护受威胁物种，防止其灭绝

15.6 根据国际共识，公正和公平地分享利用遗传资源产生的利益，促进适当获取这类资源

15.7 采取紧急行动，终止偷猎和贩卖受保护的动植物物种，处理非法野生动植物产品的供求问题

15.8 到2020年，采取措施防止引入外来入侵物种并大幅减少其对土地和水域生态系统的影响，控制或消灭其中的重点物种

15.9 到2020年，把生态系统和生物多样性价值观纳入国家和地方规划、发展进程、减贫战略和核算

15.a 从各种渠道动员并大幅增加财政资源，以保护和可持续利用生物多样性和生态系统

15.b 从各种渠道大幅动员资源，从各个层级为可持续森林管理提供资金支持，并为发展中国家推进可持续森林管理，包括保护森林和重新造林，提供充足的激励措施

15.c 在全球加大支持力度，打击偷猎和贩卖受保护物种，包括增加地方社区实现可持续生计的机会

目标16. 创建和平、包容的社会以促进可持续发展，让所有人都能诉诸司法，在各级建立有效、负责和包容的机构

16.1 在全球大幅减少一切形式的暴力和相关的死亡率

16.2 制止对儿童进行虐待、剥削、贩卖以及一切形式的暴力和酷刑

16.3 在国家和国际层面促进法治，确保所有人都有平等诉诸司法的机会

16.4 到2030年，大幅减少非法资金和武器流动，加强追赃和被盗资产返还力度，打击一切形式的有组织犯罪

16.5 大幅减少一切形式的腐败和贿赂行为

16.6 在各级建立有效、负责和透明的机构

16.7 确保各级的决策反应迅速，具有包容性、参与性和代表性

16.8 扩大和加强发展中国家对全球治理机构的参与

16.9 到2030年，为所有人提供法律身份，包括出生登记

16.10 根据国家立法和国际协议，确保公众获得各种信息，保障基本自由

16.a 通过开展国际合作等方式加强相关国家机制，在各层级提高各国尤其是发展中国家的能力建设，以预防暴力，打击恐怖主义和犯罪行为

16.b 推动和实施非歧视性法律和政策以促进可持续发展

目标17. 加强执行手段，重振可持续发展全球伙伴关系

筹资

17.1 通过向发展中国家提供国际支持等方式，以改善国内征税和提高财政收入的能力，加强筹集国内资源

17.2 发达国家全面履行官方发展援助承诺，包括许多发达国家向发展中国家提供占发达国家国民总收入0.7%的官方发展援助，以及向最不发达国家提供占比0.15%至0.2%援助的承诺；鼓励官方发展援助方设定目标，将占国民总收入至少0.2%的官方发展援助提供给最不发达国家

17.3 从多渠道筹集额外财政资源用于发展中国家

17.4 通过政策协调，酌情推动债务融资、债务减免和债务重组，以帮助发展中国家实现长期债务可持续性，处理重债穷国的外债问题以减轻其债务压力

17.5 采用和实施对最不发达国家的投资促进制度

技术

17.6 加强在科学、技术和创新领域的南北、南南、三方区域合作和国际合作，加强获取渠道，加强按相互商定的条件共享知识，包括加强现有机制间的协调，特别是在联合国层面加强协调，以及通过一个全球技术促进机制加强协调

17.7 以优惠条件，包括彼此商定的减让和特惠条件，促进发展中国家开发以及向其转让、传播和推广环境友好型的技术

17.8 促成最不发达国家的技术库和科学、技术和创新能力建设机制到2017年全面投入运行，加强促成科技特别是信息和通信技术的使用

能力建设

17.9 加强国际社会对在发展中国家开展高效的、有针对性的能力建设活动的支持力度，以支持各国落实各项可持续发展目标的国家计划，包括通过开展南北合作、南南合作和三方合作

贸易

17.10 通过完成多哈发展回合谈判等方式，推动在世界贸易组织下建立一个普遍、以规则为基础、开放、非歧视和公平的多边贸易体系

17.11 大幅增加发展中国家的出口，尤其是到2020年使最不发达国家在全球出口中的比例翻番

17.12 按照世界贸易组织的各项决定，及时实现所有最不发达国家的产品永久免关税和免配额进入市场，包括确保对从最不发达国家进口产品的原产地优惠规则是简单、透明和有利于市场准入的

系统性问题

政策和机制的一致性

17.13 加强全球宏观经济稳定，包括为此加强政策协调和政策一致性

17.14 加强可持续发展政策的一致性

17.15 尊重每个国家制定和执行消除贫困和可持续发展政策的政策空间和领导作用

多利益攸关方伙伴关系

17.16 加强全球可持续发展伙伴关系，以多利益攸关方伙伴关系作为补充，调动和分享知识、专长、技术和财政资源，以支持所有国家、尤其是发展中国家实现可持续发展目标

17.17 借鉴伙伴关系的经验和筹资战略，鼓励和推动建立有效的公共、公私和民间社会伙伴关系

数据、监测和问责

17.18 到2020年，加强向发展中国家，包括最不发达国家和小岛屿发展中国家提供的能力建设支持，大幅增加获得按收入、性别、年龄、种族、民族、移徙

情况、残疾情况、地理位置和各国国情有关的其他特征分类的高质量、及时和可靠的数据

17.19 到2030年，借鉴现有各项倡议，制定衡量可持续发展进展的计量方法，作为对国内生产总值的补充，协助发展中国家加强统计能力建设

执行手段和全球伙伴关系

60. 我们再次坚定承诺全面执行这一新议程。我们认识到，如果不加强全球伙伴关系并恢复它的活力，如果没有相对具有雄心的执行手段，就无法实现我们的宏大目标和具体目标。恢复全球伙伴关系的活力有助于让国际社会深度参与，把各国政府、民间社会、私营部门、联合国系统和其他参与者召集在一起，调动现有的一切资源，协助执行各项目标和具体目标。

61. 本议程的目标和具体目标论及实现我们的共同远大目标所需要的手段。上文提到的每个可持续发展目标下的执行手段和目标17，是实现议程的关键，和其他目标和具体目标同样重要。我们在执行工作中和在监督进展的全球指标框架中，应同样予以优先重视。

62. 可在《亚的斯亚贝巴行动议程》提出的具体政策和行动的支持下，在恢复全球可持续发展伙伴关系活力的框架内实现本议程，包括实现各项可持续发展目标。《亚的斯亚贝巴行动议程》是2030年可持续发展议程的一个组成部分，它支持和补充2030年议程的执行手段，并为其提供背景介绍。它涉及国内公共资金、国内和国际私人企业和资金、国际发展合作、促进发展的国际贸易、债务和债务可持续性、如何处理系统性问题以及科学、技术、创新、能力建设、数据、监测和后续行动等事项。

63. 我们工作的中心是制定国家主导的具有连贯性的可持续发展战略，并辅之以综合性国家筹资框架。我们重申，每个国家对本国的经济和社会发展负有主要责任，国家政策和发展战略的作用无论怎样强调都不过分。我们将尊重每个国家在遵守相关国际规则和承诺的情况下执行消贫和可持续发展政策的政策空间和领导权。与此同时，各国的发展努力需要有利的国际经济环境，包括连贯的、相

互支持的世界贸易、货币和金融体系，需要加强和改进全球经济治理。还需要在全球范围内开发和协助提供有关知识和技术，开展能力建设工作。我们致力于实现政策连贯性，在各层面为所有参与者提供一个有利于可持续发展的环境，致力于恢复全球可持续发展伙伴关系的活力。

64. 我们支持执行相关的战略和行动方案，包括《伊斯坦布尔宣言和行动纲领》、《小岛屿发展中国家快速行动方式》(萨摩亚途径)、《内陆发展中国家2014—2024年十年维也纳行动纲领》，并重申必须支持非洲联盟《2063年议程》和非洲发展新伙伴关系，因为它们都是新议程的组成部分。我们意识到在冲突和冲突后国家中实现持久和平与可持续发展有很大挑战。

65. 我们认识到，中等收入国家在实现可持续发展方面仍然面临重大挑战。为了使迄今取得的成就得以延续下去，应通过交流经验，加强协调来进一步努力应对当前挑战，联合国发展系统、国际金融机构、区域组织和其他利益攸关方也应提供更好、重点更突出的支持。

66. 我们特别指出，所有国家根据本国享有自主权的原则制定公共政策并筹集、有效使用国内资源，对于我们共同谋求可持续发展，包括实现可持续发展目标至关重要。我们认识到，国内资源首先来自经济增长，并需要在各层面有一个有利的环境。

67. 私人商业活动、投资和创新，是提高生产力、包容性经济增长和创造就业的主要动力。我们承认私营部门的多样性，包括微型企业、合作社和跨国公司。我们呼吁所有企业利用它们的创造力和创新能力来应对可持续发展的挑战。我们将扶植有活力和运作良好的企业界，同时要求《工商业与人权指导原则》[1]、劳工组织劳动标准、《儿童权利公约》[2]和主要多边环境协定等相关国际标准和协定的缔约方保护劳工权利，遵守环境和卫生标准。

68. 国际贸易是推动包容性经济增长和减贫的动力，有助于促进可持续发展。

1.A/HRC/17/31，附件。

2.联合国，《条约汇编》，第1577卷，第27531号。

我们将继续倡导在世界贸易组织框架下建立普遍、有章可循、开放、透明、可预测、包容、非歧视和公平的多边贸易体系，实现贸易自由化。我们呼吁世贸组织所有成员国加倍努力，迅速结束《多哈发展议程》[1]的谈判。我们非常重视向发展中国家，包括非洲国家、最不发达国家、内陆发展中国家、小岛屿发展中国家和中等收入国家提供与贸易有关的能力建设支持，包括促进区域经济一体化和互联互通。

69. 我们认识到，需要通过加强政策协调，酌情促进债务融资、减免、重组和有效管理，来帮助发展中国家实现债务的长期可持续性。许多国家仍然容易受到债务危机影响，而且有些国家，包括若干最不发达国家、小岛屿发展中国家和一些发达国家，正身处危机之中。我们重申，债务国和债权国必须共同努力，防止和消除债务不可持续的局面。保持可持续的债务水平是借债国的责任；但是我们承认，贷款国也有责任采用不削弱国家债务可持续性的方式发放贷款。我们将协助已经获得债务减免和使债务数额达到可持续水平的国家维持债务的可持续性。

70. 我们特此启动《亚的斯亚贝巴行动议程》设立的技术促进机制，以支持实现可持续发展目标。该技术促进机制将建立在会员国、民间社会、私营部门、科学界、联合国机构及其他利益攸关方等多个利益攸关方开展协作的基础上，由以下部分组成：联合国科学、技术、创新促进可持续发展目标跨机构任务小组；科学、技术、创新促进可持续发展目标多利益攸关方协作论坛；以及网上平台。

• 联合国科学、技术、创新促进可持续发展目标跨机构任务小组将在联合国系统内，促进科学、技术、创新事项的协调、统一与合作，加强相互配合、提高效率，特别是加强能力建设。任务小组将利用现有资源，与来自民间社会、私营部门和科学界的10名代表合作，筹备科学、技术、创新促进可持续发展目标多利益攸关方论坛会议，并组建和运行网上平台，包括就论坛和网上平台的模式提出建议。10名代表将由秘书长任命，任期两年。所有联合国机构、基金和方案以及

---

1. A/C.2/56/7，附件。

经社理事会职能委员会均可参加任务小组。任务小组最初将由目前构成技术促进非正式工作组的以下机构组成：联合国秘书处经济和社会事务部、联合国环境规划署、联合国工业发展组织、联合国教育、科学及文化组织、联合国贸易和发展会议、国际电信联盟、世界知识产权组织和世界银行。

• 网上平台负责全面汇集联合国内外现有的科学、技术、创新举措、机制和方案的信息，并进行信息流通和传输。网上平台将协助人们获取推动科学、技术、创新的举措和政策的信息、知识、经验、最佳做法和相关教训。网上平台还将协助散发世界各地可以公开获取的相关科学出版物。我们将根据独立技术评估的结果开发网上平台，有关评估会考虑到联合国内外相关举措的最佳做法和经验教训，确保这一平台补充现有的科学、技术、创新平台，为使用已有平台提供便利，并充分提供已有平台的信息，避免重叠，加强相互配合。

• 科学、技术和创新促进可持续发展目标多利益攸关方论坛将每年举行一次会议，为期两天，讨论在落实可持续发展目标的专题领域开展科学、技术和创新合作的问题，所有相关利益攸关方将会聚一堂，在各自的专业知识领域中做出积极贡献。论坛将提供一个平台，促进相互交流，牵线搭桥，在相关利益攸关方之间创建网络和建立多利益攸关方伙伴关系，以确定和审查技术需求和差距，包括在科学合作、创新和能力建设方面的需求和差距，并帮助开发、转让和传播相关技术来促进可持续发展目标。经社理事会主席将在经社理事会主持召开的高级别政治论坛开会之前，召开多利益攸关方论坛的会议，或可酌情在考虑到拟审议的主题，并同其他论坛或会议组织者合作的基础上，与其他论坛或会议一同举行。会议将由两个会员国共同主持，并由两位共同主席起草一份讨论情况总结，作为执行和评估2015年后可持续发展议程工作的一部分，提交给高级别政治论坛会议。高级别政治论坛会议将参考多利益攸关方论坛的总结。可持续发展问题高级别政治论坛将在充分吸纳任务小组专家意见的基础上，审议科学、技术和创新促进可持续发展目标多利益攸关方论坛其后各次会议的主题。

71. 我们重申，本议程、可持续发展目标和具体目标，包括执行手段，是普遍、不可分割和相互关联的。

后续落实和评估

72. 我们承诺将系统地落实和评估本议程今后15年的执行情况。一个积极、自愿、有效、普遍参与和透明的综合后续落实和评估框架将大大有助于执行工作，帮助各国最大限度地推动和跟踪本议程执行工作的进展，绝不让任何一个人掉队。

73. 该框架在国家、区域和全球各个层面开展工作，推动我们对公民负责，协助开展有效的国际合作以实现本议程，促进交流最佳做法和相互学习。它调动各方共同应对挑战，找出新问题和正在出现的问题。由于这是一个全球议程，各国之间的相互信任和理解非常重要。

74. 各级的后续落实和评估工作将遵循以下原则：

（a）自愿进行，由各国主导，兼顾各国不同的现实情况、能力和发展水平，并尊重各国的政策空间和优先事项。国家自主权是实现可持续发展的关键，全球评估将主要根据各国提供的官方数据进行，因此国家一级工作的成果将是区域和全球评估的基础。

（b）跟踪所有国家执行普遍目标和具体目标的进展，包括执行手段，同时尊重目标和具体目标的普遍性、综合性和相互关联性以及可持续发展涉及的三个方面。

（c）后续评估工作将长期进行，找出成绩、挑战、差距和重要成功因素，协助各国作出政策选择。相关工作还将协助找到必要的执行手段和伙伴关系，发现解决办法和最佳做法，促进国际发展系统的协调与成效。

（d）后续评估工作将对所有人开放，做到包容、普遍参与和透明，还将协助所有相关利益攸关方提交报告。

（e）后续评估工作以人为本，顾及性别平等问题，尊重人权，尤其重点关注最贫困、最脆弱和落在最后面的人。

（f）后续工作将以现有平台和工作（如果有的话）为基础，避免重复，顺应各国的国情、能力、需求和优先事项。相关工作还将随着时间的推移不断得到改进，并考虑到新出现的问题和新制定的方法，同时尽量减少国家行政部门提交报告的负担。

（g）后续评估工作将保持严谨细致和实事求是，并参照各国主导的评价工作结果和以下各类及时、可靠和易获取的高质量数据：收入、性别、年龄、种族、族裔、迁徙情况、残疾情况、地理位置和涉及各国国情的其它特性。

（h）后续评估工作要加强对发展中国家的能力建设支持，包括加强各国、特别是非洲国家、最不发达国家、小岛屿发展中国家和内陆发展中国家以及中等收入国家的数据系统和评价方案。

（i）后续评估工作将得到联合国系统和其他多边机构的积极支持。

75. 将采用一套全球指标来落实和评估这些目标和具体目标。这套全球指标将辅以会员国拟定的区域和国家指标，并采纳旨在为尚无国家和全球基线数据的具体目标制定基线数据而开展工作的成果。可持续发展目标的指标跨机构专家组拟定的全球指标框架将根据现有的任务规定，由联合国统计委员会在2016年3月前商定，并由经社理事会及联合国大会在其后予以通过。这一框架应做到简明严格，涵盖所有可持续发展目标和具体目标，包括执行手段，保持它们的政治平衡、整合性和雄心水平。

76. 我们将支持发展中国家，特别是非洲国家、最不发达国家、小岛屿发展中国家和内陆发展中国家加强本国统计局和数据系统的能力，以便能获得及时、可靠的优质分类数据。我们将推动以透明和负责任的方式加强有关的公私合作，利用各领域数据、包括地球观测和地理空间信息，同时确保各国在支持和跟踪进展过程中享有自主权。

77. 我们承诺充分参与在国家以下、国家、区域和全球各层面定期进行的包容性进展评估。我们将尽可能多地利用现有的后续落实和评估机构和机制。可通过国家报告来评估进展，并查明区域和全球各层面的挑战。国家报告将与区域对话及全球评估一起，为各级后续工作提出建议。

国家层面

78. 我们鼓励所有会员国尽快在可行时制定具有雄心的国家对策来全面执行本议程。这些对策有助于向可持续发展目标过渡，并可酌情借鉴现有的规划文件，例如国家发展战略和可持续发展战略。

79. 我们还鼓励会员国在国家和国家以下各级定期进行包容性进展评估，评估工作由国家来主导和推动。这种评估应借鉴参考土著居民、民间社会、私营部门和其他利益攸关方的意见，并符合各国的国情、政策和优先事项。各国议会以及其他机构也可以支持这些工作。

区域层面

80. 区域和次区域各级的后续落实和评估可酌情为包括自愿评估在内的互学互鉴、分享最佳做法和讨论共同目标提供机会。为此，我们欢迎区域、次区域委员会和组织开展合作。包容性区域进程将借鉴各国的评估结果，为全球层面（包括可持续发展问题高级别政治论坛）的后续落实和评估工作提出意见建议。

81. 我们认识到，必须巩固加强现有的区域后续落实和评估机制并留出足够的政策空间，鼓励所有会员国寻找交换意见的最恰当区域论坛。我们鼓励联合国各区域委员会继续在这方面支持会员国。

全球层面

82. 高级别政治论坛将根据现有授权，同联合国大会、经社理事会及其他相关机构和论坛携手合作，在监督全球各项后续落实和评估工作方面发挥核心作用。它将促进经验交流，包括交流成功经验、挑战和教训，并为后续工作提供政治领导、指导和建议。它将促进全系统可持续发展政策的统一和协调。它应确保本议程继续有实际意义，具有雄心水平，注重评估进展、成就及发达国家和发展中国家面临的挑战以及新问题和正在出现的问题。它将同联合国所有相关会议和进程、包括关于最不发达国家、小岛屿发展中国家和内陆发展中国家的会议和进程的后续落实和评估安排建立有效联系。

83. 高级别政治论坛的后续落实和评估工作可参考秘书长和联合国系统根据全球指标框架、各国统计机构提交的数据和各区域收集的信息合作编写的可持续发展目标年度进展情况报告。高级别政治论坛还将参考《全球可持续发展报告》，该报告将加强科学与政策的衔接，是一个帮助决策者促进消除贫困和可持续发展的强有力的、以实证为基础的工具。我们请经社理事会主席就全球报告的范围、方法和发布频率举行磋商，磋商内容还包括其与可持续发展目标进展情况报告的关系。磋商结果应反映在高级别政治论坛2016年年会的部长级宣言中。

84. 经社理事会主持的高级别政治论坛应根据大会2013年7月9日第67/290号决议定期开展评估。评估应是自愿的，鼓励提交报告，且评估应让发达和发展中国家、联合国相关机构和包括民间社会、私营部门在内的其他利益攸关方参加。评估应由国家主导，由部长级官员和其他相关的高级别人士参加。评估应为各方建立伙伴关系提供平台，包括请主要群体和其他相关利益攸关方参与。

85. 高级别政治论坛还将对可持续发展目标的进展，包括对贯穿不同领域的问题，进行专题评估。这些专题评估将借鉴经社理事会各职能委员会和其他政府间机构和论坛的评估结果，并应表明目标的整体性和它们之间的相互关联。评估将确保所有相关利益攸关方参与，并尽可能地融入和配合高级别政治论坛的周期。

86. 我们欢迎按《亚的斯亚贝巴行动议程》所述，专门就发展筹资领域成果以及可持续发展目标的所有执行手段开展后续评估，这些评估将结合本议程的落实和评估工作进行。经社理事会发展筹资年度论坛的政府间商定结论和建议将纳入高级别政治论坛评估本议程执行情况的总体工作。

87. 高级别政治论坛每四年在联合国大会主持下召开会议，为本议程及其执行工作提供高级别政治指导，查明进展情况和新出现的挑战，动员进一步采取行动以加快执行。高级别政治论坛下一次会议将在联合国大会主持下于2019年召开，会议周期自此重新设定，以便尽可能与四年度全面政策评估进程保持一致。

88. 我们还强调，必须开展全系统战略规划、执行和提交报告工作，以确保联合国发展系统为执行新议程提供协调一致的支持。相关理事机构应采取行动，评估对执行工作的支持，报告取得的进展和遇到的障碍。我们欢迎经社理事会目前就联合国发展系统的长期定位问题开展的对话，并期待酌情就这些问题采取行动。

89. 高级别政治论坛将根据第67/290号决议支持主要群体和其他利益攸关方参与落实和评估工作。我们呼吁上述各方报告它们对议程执行工作做出的贡献。

90. 我们请秘书长与会员国协商，为筹备高级别政治论坛2016年会议编写一份报告，提出在全球统一开展高效和包容的后续落实和评估工作的重要时间节点，供第七十届联合国大会审议。这份报告应有关于高级别政治论坛在经社理事会主持下开展国家主导的评估的组织安排、包括关于自愿共同提交报告准则的建议。

报告应明确各机构的职责，并就年度主题、系列专题评估和定期评估方案，为高级别政治论坛提供指导意见。

91. 我们重申，我们将坚定不移地致力于实现本议程，充分利用它来改变我们的世界，让世界到2030年时变得更美好。

题为"可持续发展目标和具体目标"的一节中提及的文书

《世界卫生组织烟草控制框架公约》（联合国，《条约汇编》，第2302卷，第41032号）

《2015—2030年仙台减少灾害风险框架》（第69/283号决议，附件二）

《联合国海洋法公约》（联合国，《条约汇编》，第1833卷，第31363号）

"我们希望的未来"（第66/288号决议，附件）

2015年9月25日

第四次全体会议

（联合国大会：《变革我们的世界：2030年可持续发展议程》，A/RES/70/1，2015年10月21日，https://undocs.org/ch/A/RES/70/1）

第二部分

联合国安理会关于妇女、和平与安全的后续决议

第1820（2008）号决议

（2008年6月19日安全理事会第5916次会议通过）

安全理事会，

重申承诺继续全面执行第1325（2000）号、第1612（2005）号和第1674（2006）号决议，并回顾安理会主席2001年10月31日（S/PRST/2001/31）、2002年10月31日（S/PRST/2002/32）、2004年10月28日（S/PRST/2004/40）、2005年10月27日（S/PRST/2005/52）、2006年11月8日（S/PRST/2006/42）、2007年3月7日（S/PRST/2007/5）和2007年10月24日（S/PRST/2007/40）的声明，

遵循《联合国宪章》的宗旨和原则，

又重申《2005年世界首脑会议成果文件》中表示决心消除针对妇女和女孩的一切形式暴力，包括消除有罪不罚现象，确保各国根据国际人道主义法和国际人权法所承担的义务，在武装冲突期间和武装冲突后保护平民，尤其是妇女和女孩，

回顾《北京宣言和行动纲要》（A/52/231）中的各项承诺以及题为"2000年妇女：二十一世纪两性平等、发展与和平"的大会第二十三届特别会议成果文件（A/S-23/10/Rev.1）中所载的承诺，尤其是同武装冲突局势中性暴力和妇女问题有关的承诺，

又重申《消除对妇女一切形式歧视公约》及其《任择议定书》和《儿童权利公约》及其《任择议定书》各缔约国所承担的各项义务，敦促尚未批准或加入这些文书的国家考虑批准或加入，

注意到受武装冲突不利影响的绝大多数是平民；妇女和女孩尤其成为性暴力的侵害对象，包括以此作为一种战争策略，羞辱、统治、恐吓、驱散和（或）强行迁移某个社群或族裔群体的平民成员；在某些情况中，以这种方式施行的性暴力可能会在敌对行动停止后依然持续，

回顾安理会曾最严厉地谴责武装冲突中针对平民、尤其是妇女和儿童的一切性暴力和其他形式暴力，

重申深感关切的是，尽管安理会一再谴责武装冲突局势中针对妇女和儿童的暴力行为，包括在武装冲突局势中实施的性暴力，尽管安理会多次要求武装冲突各方立即停止此类行为，但此类行为仍继续发生，而且在一些情况中甚至变成了有计划和广泛的做法，其凶残程度达到了骇人听闻的地步，

回顾《国际刑事法院罗马规约》和各特设国际刑事法庭规约均把各种性暴力犯罪纳入其中，

重申妇女在预防和解决冲突以及在建设和平方面起重要作用，强调必须让妇女平等参加和全面参与维持和促进和平与安全的一切努力，而且有必要加强妇女在预防和解决冲突相关决策中的作用，

又深为关切暴力、恫吓和歧视行为导致妇女参与冲突后公共生活的能力及合法性遭到削弱，由此造成妇女在参加和全面参与预防和解决冲突方面长期面临种种障碍和挑战，并确认这对持续和平、安全与和解（包括冲突后建设和平）产生消极影响，

确认按照相关国际法的规定，各国对尊重和保障其公民以及其境内所有人的人权负有主要责任，

重申武装冲突各方对采取一切可行步骤确保受影响平民得到保护负有主要责任，

欣见联合国系统正在协调各种努力，特别是实施了"联合国制止冲突中性暴力行为"的机构间倡议，目的是提高人们对武装冲突期间和冲突后局势中性暴力行为的认识，并最终消除此种暴力，

1.强调指出，性暴力一旦被作为蓄意以平民为目标的一种战争策略，或作为

大规模或有计划地对平民实施攻击的一部分，便会使武装冲突局势大为恶化，而且有可能阻碍恢复国际和平与安全，为此申明，采取有效步骤防止和对付此类性暴力行为，可大大有助于维护国际和平与安全，并表示安理会随时准备在审议其议程所列有关局势时，视必要采取适当步骤，处理大规模或有计划的性暴力问题；

2. 要求武装冲突各方立即彻底停止针对平民的一切性暴力行为；

3. 要求武装冲突各方立即采取适当措施，保护包括妇女和女孩在内的平民免受一切形式性暴力，这些措施除其他外可包括强制实行适当军事纪律措施和坚持指挥官负责原则，就杜绝一切形式针对平民的性暴力对部队进行培训，揭穿一切促发性暴力的神话说法，对武装部队和安全部队进行审查以顾及过去的强奸和其他形式性暴力行为，以及将处于性暴力直接威胁之下的妇女和儿童撤往安全地区；请秘书长酌情鼓励在联合国相关官员和冲突各方之间关于冲突解决办法的广泛讨论范围内进行对话，以处理这一问题，同时除其他外考虑到受影响地方社区妇女表达的看法；

4. 指出强奸和其他形式性暴力可构成战争罪、危害人类罪或灭绝种族罪构成行为，强调有必要在解决冲突进程中把性暴力犯罪排除于大赦规定之外，呼吁各会员国遵守其起诉此类行为责任人的义务，以确保所有性暴力受害者，特别是妇女和女孩，受到平等的法律保护，享有平等的诉诸司法权利，并强调必须消除此类行为不受惩罚的现象，以此作为谋求持久和平、正义、真相和民族和解的全面对策的一部分；

5. 申明打算在建立和延长针对具体国家的制裁制度时，考虑是否适宜针对武装冲突局势中对妇女和女孩实施强奸和其他形式性暴力的武装冲突局势当事方采取有目标且程度有别的措施；

6. 请秘书长酌情与安全理事会、维持和平行动特别委员会及其工作组和相关国家协商，为联合国在安理会授权特派任务范围内部署的所有维持和平和人道主义人员制订和实施适当的培训方案，帮助他们更好地防止、认识和应对针对平民的性暴力和其他形式暴力；

7.请秘书长继续并加强努力，对联合国维持和平行动中的性剥削和性虐待行为实行零容忍政策；敦促部队和警察派遣国采取适当预防行动，包括在部署前和在行动区内进行提高认识培训，以及采取其他行动，以确保在发生此类行为时，全面追究本国涉案人员的责任；

8.鼓励部队和警察派遣国与秘书长协商，探讨它们可采取哪些步骤来提高其参加联合国维持和平行动的人员的认识和应对能力，以保护包括妇女和儿童在内的平民，并防止在冲突局势和冲突后局势中发生针对妇女和女孩的性暴力，包括在可能时部署更高比例的女性维和人员或女警察；

9.请秘书长制订有效的准则和战略，根据相关联合国维持和平行动的授权，加强其保护包括妇女和女孩在内的平民免遭一切形式性暴力的能力，并且有系统地在他提交安理会的关于冲突局势的书面报告中，提出他关于保护妇女和女孩的意见以及这方面的建议；

10.请秘书长和联合国相关机构通过酌情与妇女组织和由妇女领导的组织进行协商等办法，制定有效机制，在联合国管理的难民营和境内流离失所者营地及其周围，以及在所有解除武装、复员和重返社会进程及联合国协助开展的司法和安全部门改革努力中，保护妇女和女孩免遭暴力、特别是性暴力之害；

11.强调建设和平委员会可以发挥重要的作用，在其有关冲突后和平建设战略的咨询意见和建议中酌情提出冲突期间和武装冲突后阶段所发生性暴力的处理办法，并确保在其国别组合中与民间妇女团体进行咨商并使其得到有效代表，以此作为建设和平委员会更广泛性别问题做法的一部分；

12.敦促秘书长及其特使邀请妇女参加关于预防和解决冲突、维护和平与安全以及冲突后建设和平的讨论，并鼓励参加此种对话的所有各方为妇女在决策一级的平等、全面参与提供便利；

13.敦促有关各方，包括各会员国、联合国各实体和各金融机构，支持建立和加强国家机构特别是司法和卫生保健系统以及地方民间社会网络的能力，以便向武装冲突和冲突后局势中的性暴力受害者提供可持续帮助；

14.敦促相关的区域和次区域机构尤其考虑制定并实施有益于武装冲突中受

性暴力影响的妇女和女孩的政策、活动和宣传工作；

15.又请秘书长借助包括国家工作队、维持和平行动和其他联合国人员在内的联合国消息来源提供的信息，至迟于2009年6月30日就安理会议程中所列局势，向安理会提交关于本决议执行情况的报告，其中除其他外提供关于平民遭受广泛、有计划性暴力的武装冲突局势的信息；对武装冲突局势中的性暴力盛行程度及其趋势作出分析；提出关于尽可能使妇女和女孩免于此种暴力侵害的战略建议；确定衡量预防和处理性暴力方面进展的基准；列述联合国各实地执行伙伴提出的适当意见；说明已订立哪些计划来促进及时收集反映武装冲突局势中性暴力情况的客观、准确和可靠信息，包括为此改进联合国实地和总部活动的协调；说明武装冲突各方为履行本决议所述的各方责任而采取的行动，特别是立即、彻底停止一切性暴力行为以及采取适当措施保护妇女和女孩免遭一切形式性暴力侵害方面的相关情况；

16.决定继续积极处理此案。

[联合国安理会：《第1820（2008）号决议》，S/RES/1820(2008)，2008年6月19日，https://undocs.org/zh/S/RES/1820(2008)]

第1888（2009）号决议

（2009年9月30日安全理事会第6195次会议通过）

安全理事会，

重申决心继续充分执行第1325（2000）号、第1612（2005）号、第1674（2006）号、第1820（2008）号和第1882（2009）号决议及其所有相关的主席声明，

欢迎秘书长2009年7月16日的报告（S/2009/362），但仍对在武装冲突局势中特别针对妇女和儿童、尤其是针对女孩的性暴力问题上没有进展深表关切，并注意到如秘书长报告所述，性暴力在世界各地武装冲突中均有发生，

再次深切关注，尽管安理会一再谴责武装冲突局势中针对妇女和儿童的暴力行为，包括一切形式的性暴力，尽管安理会多次要求武装冲突所有各方立即停止此类行为，但此类行为仍继续发生，而且在某些局势中成为有计划或广泛的做法，

回顾《北京宣言和行动纲要》（A/52/231）的各项承诺以及题为"2000年妇女：二十一世纪两性平等、发展与和平"的联合国大会第二十三届特别会议成果文件（A/S-23/10/Rev.1）所载各项承诺，特别是与妇女和武装冲突有关的承诺，

重申《消除对妇女一切形式歧视公约》及其《任择议定书》和《儿童权利公约》及其《任择议定书》缔约国的义务，并敦促尚未批准或加入的国家考虑批准或加入这些文书，

回顾国际人道主义法在武装冲突期间给予作为平民一部分的妇女和儿童一般

保护，并因其可能面临特殊危险而给予其特别保护，

回顾各国有责任制止有罪不罚现象，并起诉那些对平民犯下灭绝种族罪、危害人类罪、战争罪和其他令人发指罪行的负责者，在这方面关切地注意到，被绳之以法的性暴力行为人数目有限，同时认识到在冲突和冲突后局势中，国家司法系统可能大大削弱，

重申冲突中社会和正摆脱冲突的社会如要正视过去虐待受武装冲突影响平民的行为并防止今后发生这类侵害行为，就必须杜绝有罪不罚现象，提请注意可考虑采用的各种司法与和解机制，其中包括国家、国际和"混合"刑事法院和法庭及真相与和解委员会，注意到这些机制不仅可以促进追究个人对严重罪行的责任，而且可以促进和平、真相、和解及受害人的权利，

回顾《国际刑事法院罗马规约》和各特设国际刑事法庭规约均把各种性暴力犯罪纳入其中，

强调所有国家和非国家冲突方必须充分遵守有关国际法为其规定的义务，包括禁止一切形式性暴力，

认识到文职和军事领导人必须按照指挥责任原则展示防止性暴力、打击有罪不罚现象和实施问责制的承诺和政治意愿，并认识到不采取行动可能发出一种容忍在冲突中发生性暴力的信息，

强调必须从和平进程和调解努力一开始就处理性暴力问题，以保护危难人口和促进全面稳定，尤其是在停火前人道主义准入和人权协定、停火和停火监测、解除武装、复员和重返社会（复员方案）、安全部门改革安排、司法和赔偿、冲突后恢复和发展等方面，

关切地注意到妇女参加正规和平进程的人数不足，缺乏经过处理性暴力问题适当训练的调解员和停火监察员，也没有妇女在联合国主持的和平谈判中担任首席或主要和平调解人，

认识到提高妇女地位和增强妇女力量以及支持妇女组织和妇女网络，对巩固和平以促进妇女的平等和充分参与至为重要，鼓励会员国、捐助方和民间社会包括非政府组织在这方面提供支持，

欢迎将妇女纳入维持和平特派团，行使文职、军事和警察职能，认识到受武装冲突影响的妇女和儿童与在维持和平特派团中工作的妇女合作并向其报告受虐待情况会感到更加安全，而且女性维持和平人员的存在可能会鼓励当地妇女参加国家武装部队和安全部队，从而有助于建立一个面向所有人、特别是妇女并顺应其需要的安全部门，

欢迎维持和平行动部努力制定维持和平行动军事人员两性平等准则，以推动执行第1325（2000）号和第1820（2008）号决议，以及制定业务指南，以协助维持和平特派团文职、军事和警察部门有效执行第1820（2008）号决议，

审议了秘书长2009年7月16日的报告（S/2009/362），强调本决议不寻求对秘书长报告所述局势是否属于《日内瓦四公约》及其《附加议定书》范畴内的武装冲突作出任何法律认定，也不预先判定卷入此类局势的非国家当事方的法律地位，

回顾安理会在2009年8月4日第1882号决议（S/RES/1882）中，决定扩大秘书长关于儿童与武装冲突问题的年度报告附件所列违反国际法参与招募或使用儿童的武装冲突局势当事方清单，把武装冲突局势中违反适用的国际法、经常杀害和残害儿童以及（或）对儿童实施强奸和其他性暴力行为的武装冲突方也列入其中，

注意到目前分配给两性平等问题特别顾问办公室的职能是监测第1325号决议的执行情况，推动联合国系统内的性别平等主流化，促进增强妇女能力和两性平等，并表示必须在联合国系统内的这些领域进行有效协调，

认识到按照相关国际法的规定，各国负有尊重和保障本国公民及其境内所有人人权的主要责任，

重申武装冲突各方负有采取一切可行措施确保受影响平民得到保护的主要责任，

重申其维护国际和平与安全的主要责任，在这方面，再次表示决心继续处理武装冲突对平民的广泛影响，包括性暴力方面的影响，

1.重申，在战争中作为一种策略，有意针对平民或作为广泛或有计划地攻击

平民行为的一部分，使用性暴力，可严重加剧武装冲突，阻碍恢复国际和平与安全；为此申明，采取有效步骤防止和应对这类性暴力行为可大大有助于维护国际和平与安全；表示安理会随时准备在审议其议程所列有关局势时，视需要采取适当步骤，处理武装冲突情况下发生的广泛或有计划的性暴力行为；

2.再次要求武装冲突所有各方立即完全停止一切性暴力行为；

3.要求武装冲突所有各方立即采取适当措施保护平民，包括妇女和儿童，防止他们遭受任何形式的性暴力，措施包括强制执行适当军纪，遵守指挥责任原则，对部队进行有关坚决禁止侵害平民的一切形式性暴力行为的培训，揭穿助长性暴力的荒诞说法，对要参加国家军队和安全部队的人进行审查，确保将与包括性暴力在内的严重违反国际人道主义法和人权法行为有关联的人排除在外；

4.请联合国秘书长任命一名特别代表，进行统一战略领导，有效开展工作以加强现有的联合国协调机制，并向各国政府，其中包括军队和司法部门代表，以及武装冲突的所有各方和民间社会等方面，开展宣传工作，以便在总部和国家一级处理武装冲突中的性暴力问题，同时，主要通过"联合国制止冲突中性暴力行为"这一机构间举措，推动所有利益攸关方之间的合作与协调；

5.鼓励包括"联合国制止冲突中性暴力行为"在内的各实体以及联合国系统其他有关部门支持上述秘书长特别代表的工作，继续开展和加强所有相关利益攸关方之间的合作及信息交流，以便在总部和国家一级加强协调，避免重复，改进全系统的应对措施；

6.敦促各国根据国际法，酌情立即进行全面的法律和司法改革，以便将冲突中的性暴力行为人绳之以法，确保幸存者有机会诉诸法律，在司法程序中始终得到尊重，受到保护，并有补救措施补偿其遭受的痛苦；

7.敦促冲突所有各方确保彻底调查有关平民或军人施行性暴力的所有报道，将所有被控行为人绳之以法，并敦促高级文官和军事指挥官根据国际人道主义法使用职权和权力，防止性暴力，包括打击有罪不罚现象；

8.呼吁秘书长确定并采取适当措施，同联合国在实地的派驻人员合作，并征得东道国政府同意，迅速部署专家组处理在武装冲突中的性暴力问题方面尤其值得关注的局势，以协助国家当局加强法治，建议利用联合国系统内的现有人力资源和自愿捐助，酌情利用法治、文职和军事司法系统、调解、刑侦、安全部门改革、证人保护、公平审判标准和公众外联等领域的必要专业人员，以便除其他外：

（a）同有关国家政府文职和军事司法系统中的本国法律和司法官员和其他人员密切合作，消除有罪不罚现象，包括加强本国的能力，注意到要考虑采用的各种司法机制；

（b）查明本国应对措施的不足，鼓励以全国统筹方式处理武装冲突中的性暴力问题，包括加强刑事问责，改进对受害者的回应，提高司法能力；

（c）就协调国内和国际工作和资源提出建议，以加强政府处理武装冲突中的性暴力问题的能力；

（d）酌情与联合国特派团、国家工作队和上述秘书长特别代表合作，以便全面执行第1820（2008）号决议要求采取的措施；

9.鼓励各国、联合国相关实体和民间社会酌情与各国当局密切合作，提供援助，加强各国司法和执法系统处理在武装冲突中的性暴力问题方面尤其值得关注的局势的能力；

10.重申打算在武装冲突局势中采取或延长有针对性的制裁时，考虑在适当时列入指认强奸行为和其他形式性暴力的标准；呼吁所有维和特派团和联合国其他有关特派团和联合国机构，尤其是儿童与武装冲突问题工作组，与联合国安全理事会有关制裁委员会交流所有与性暴力有关的信息，包括通过联合国安全理事会各制裁委员会的有关监测组和专家组这样做；

11.表示打算确保设立或延长维和任务的决议酌情列入有关防止和应对性暴力的规定，并列入向安理会提交相应报告的规定；

12.决定在联合国维持和平行动的任务中酌情作出保护妇女和儿童免遭强奸和其他性暴力侵害的具体规定，包括视个案在两性平等问题顾问和保护人权单位中指定保护妇女顾问，并请秘书长确保在筹备每一个联合国维持和平行动的过程中，系统评估是否需要保护妇女顾问、需要多少保护妇女顾问和这些顾问的作用；

13.鼓励各国在国际社会的支持下，尤其是在农村地区，扩大性暴力受害者获得保健服务、心理辅导、法律协助和在社会经济方面重返社会的服务的途径；

14.表示打算更好地利用定期走访冲突地区的机会，做法是同当地妇女和妇女组织举行互动会议，讨论武装冲突地区妇女关切的问题和需要；

15.鼓励国家和地方一级的领导人，包括传统领袖和宗教领导人，发挥更加积极的作用，让社区了解性暴力问题，避免受害者边缘化，不让她们受辱，帮助她们重返社会，消除此类罪行不受惩罚的文化；

16.敦促秘书长、会员国和各区域组织首长采取措施增加妇女参加解决冲突和建设和平的调解进程和决策进程的代表人数；

17.敦促将性暴力问题纳入联合国发起的所有和平谈判议程，并敦促从和平进程一开始就将性暴力问题纳入有关局势的工作，尤其是停火前工作、人道主义准入和人权协定、停火和停火监测、复员方案及安全部门改革安排、武装部队和安全部队的审查、司法、赔偿、恢复/发展等领域的工作；

18.重申，鉴于妇女在社会重建中的重要作用，建设和平委员会可发挥作用，促进以基于性别的包容性方式降低冲突后局势中的不稳定，敦促建设和平委员会鼓励其议程所列各国所有各方在冲突后战略中列入并实施减少性暴力行为的措施；

19.鼓励会员国派更多的女军人和女警员参加联合国维持和平行动，对所有军事人员和警务人员进行充分的培训，以便他们能履行责任；

20.请秘书长确保向部队和警察派遣国提供技术支持，在军事人员和警务人员部署前和上岗培训时对他们进行处理性暴力问题的指导；

21.请秘书长继续加紧努力执行对联合国维持和平行动中性剥削和性虐待的零容忍政策，敦促部队和警察派遣国采取适当预防行动，包括部署前和在行动区的提高认识培训，并采取其他行动，确保在涉及其人员的此种行为案件中追究全部责任；

22.请秘书长继续指导联合国所有相关实体采取具体措施，确保将两性平等问题系统地纳入各机构工作主流，包括确保在所有相关部厅及在实地调拨充分的财政资源和人力资源，同时在各自任务范围内，在处理武装冲突中的性暴力问题时加强合作与协调；

23.敦促秘书长各相关特别代表和紧急救济协调员在联合国行动网络的战略支持和技术支持下，与所有相关利益攸关方协商，与会员国一起拟订政府–联合国打击性暴力行为联合综合战略，并在提交总部的标准报告中定期提供更新信息；

24.请秘书长确保在提交安理会的所有相关报告中更系统地汇报武装冲突中性暴力行为的事件趋势、新出现的攻击方式以及预警指标，并鼓励秘书长特别代表、紧急救济协调员、人权事务高级专员、暴力侵害妇女行为问题特别报告员和联合国行动的主席与上述特别代表协调，向安理会提供关于武装冲突中的性暴力问题的进一步资料和文件；

25.请秘书长在其关于各维持和平行动的定期报告中酌情列入资料，说明现已采取哪些措施来保护平民，特别是妇女和儿童，防止其遭受性暴力；

26.请秘书长考虑到其报告中所载提议和任何其他相关要素，最好在三个月内紧急拟订具体提议，说明应如何利用联合国系统的专门知识以及各国政府、区域组织、具有咨商地位的非政府组织和各民间社会行为体的贡献，确保在联合国系统内更有实效和效率地监测和报告在武装冲突和冲突后局势中防止妇女和儿童遭受强奸和其他性暴力侵害的情况，就联合国各实体应对中的不足之处提供及时、客观、准确、可靠的信息，以便在采取适当行动时予以审议；

27.请秘书长继续就第1820（2008）号决议执行情况向安理会提交年度报告，并至迟在2010年9月提交关于本决议和第1820（2008）号决议执行情况的下次报告，其中除其他外，应包括：

（a）关于以道德方式及时收集信息的详细协调和战略计划；

（b）关于联合国特派团性暴力问题协调人努力与驻地协调员/人道主义协调员和联合国国家工作队，以及酌情与上述特别代表和（或）专家组密切合作处理性暴力问题的最新情况；

（c）关于在安理会议程所列局势中确信涉嫌大肆实施强奸或其他形式性暴力行为的武装冲突当事方的信息；

28.决定考虑到大会关于联合国综合两性平等问题实体的第63/311号决议设立的进程，在两年内并在此后酌情审查执行部分第4段要求的特别代表的任务和执行部分第8段所述专家组的任务；

29.决定继续积极处理此案。

[联合国安理会：《第1888（2009）号决议》，S/RES/1888(2009)，2009年9月30日，https://undocs.org/zh/S/RES/1888(2009)]

第1889（2009）号决议

（2009年10月5日安全理事会第6196次会议通过）

安全理事会，

再次承诺以相互促进的方式继续全面执行第1325（2000）号、第1612（2005）号、第1674（2006）号、第1820（2008）号、第1882（2009）号、第1888（2009）号决议和安理会所有相关的主席声明，

以《联合国宪章》宗旨和原则为指导，铭记安全理事会根据《宪章》承担维持国际和平与安全的主要责任，

回顾2005年联合国大会《世界首脑会议成果文件》（A/RES/60/1）中表示决心消除一切形式暴力侵害妇女和女孩行为，各缔约国对《消除对妇女一切形式歧视公约》及其《任择议定书》、《儿童权利公约》及其《任择议定书》的各项义务，还回顾《北京宣言和行动纲要》以及题为"2000年妇女：二十一世纪两性平等、发展与和平"的联合国大会第二十三届特别会议的成果文件（A/S-23/10/Rev.1）中所载的承诺，特别是关于妇女与武装冲突的承诺，

审议了秘书长2009年9月16日的报告（S/2009/465），强调本决议不寻求对秘书长报告所述局势是否属于《日内瓦四公约》及其《附加议定书》范畴内的武装冲突作出任何法律认定，也不预先判定上述局势的非国家当事方的法律地位，

欢迎会员国在国家一级努力执行安理会第1325（2000）号决议，包括拟定国家行动计划，鼓励会员国继续推动上述决议的执行，

重申妇女有必要全面、平等和有效地参与和平进程的各个阶段，因为妇女在

预防冲突、解决冲突以及建设和平中发挥着重大作用，重申妇女在重建恢复中社会结构方面可发挥关键作用，强调妇女需要参与拟定和执行冲突后战略，以便考虑到她们的角度和需要，

表示深切关注妇女在和平进程的所有阶段代表人数不足，特别是在调解进程中担任正式角色的妇女人数极少，着重指出必须确保适当任命妇女担任决策层高级调解人和调解人小组成员，

仍然深切关注由于暴力和恫吓、缺乏安全和缺乏法治、文化歧视和污名化，包括对妇女的极端主义和狂热看法增加，以及包括缺乏受教育机会在内的各种社会经济因素，妇女在充分参与预防和解决冲突以及参与冲突后的公共生活方面依然面临各种障碍，在这方面，确认妇女的边缘化可推迟或破坏实现持久和平、安全与和解，

确认妇女和女孩在冲突后的特殊需要，除其他外，包括人身安全、将生殖健康和精神健康也包括在内的医疗服务、旨在确保其生计、土地和财产权、就业以及特别是在冲突后建设和平初期阶段参与决策和冲突后规划的手段，

注意到尽管取得了进展，但妨碍加强妇女参与预防冲突、解决冲突和建设和平的障碍依然存在，表示关注在冲突后妇女参与公共决策和经济复苏的能力往往得不到充分承认或资助，强调为妇女的早期恢复需求提供资金对加强妇女赋权至关重要，这可以推动有效的冲突后建设和平，

注意到在武装冲突中和冲突后妇女仍然往往被视为受害者，而没有被视为处理和解决武装冲突的行动者，着重指出必须不仅侧重于保护妇女，而且侧重于在建设和平中赋予她们权力，

确认理解武装冲突对妇女和女孩的影响，包括对成为难民和境内流离失所者的妇女和女孩的影响，对她们的特殊需要做出足够和迅速的反应，并做出有效的机构安排，以保障她们得到保护并充分参与和平进程，特别是在冲突后建设和平的初期阶段，能够大大推动维护和促进国际和平与安全，

欣见联合国采取举措，建立一个类似于联合国开发计划署最初建立的制度的制度，使决策者能够跟踪联合国发展集团多方捐助者信托基金与两性平等相关的

拨款，

欣见秘书长做出努力，任命更多的妇女在联合国担任高级职务，尤其是在外地特派团中，作为联合国在执行安理会第1325（2000）号决议方面起主导作用的一个切实步骤，

欣见即将设立一个联合国指导委员会，在联合国系统内就第1325（2000）号决议十周年的筹备工作加强宣传与协调，

鼓励相关行动者在2009-2010年间，在全球、区域和国家各级组织活动，提高人们对第1325（2000）号决议的认识，包括举行部长级活动，围绕"妇女与和平与安全"问题重新做出承诺，确定如何应对今后执行第1325（2000）号决议的新老挑战，

1. 敦促会员国、国际和区域组织进一步采取措施，让妇女进一步参与和平进程的各个阶段，尤其是参与解决冲突、冲突后规划和建设和平，包括让她们在恢复工作的初期进一步参与政治和经济决策，具体做法包括提高妇女的领导才能和能力以便参与援助的管理和规划工作，支持妇女组织，消除社会上对妇女平等参与的能力的负面态度；

2. 再次呼吁武装冲突所有各方全面遵守与妇女和女童的权利和保护有关的国际法；

3. 强烈谴责所有在武装冲突中和冲突后违反相关国际法侵害妇女和女童的行为，要求冲突所有各方立即停止这类行动，强调所有国家都有责任终止有罪不罚的现象，起诉那些要对在武装冲突中所有形式的侵害妇女和女童的行为、包括强奸和其他性暴力行为负责任的人；

4. 呼吁秘书长制定一项战略，包括进行适当培训，以便增加受命代表他进行斡旋的妇女人数，特别是担任特别代表和特使的人数，并采取措施让更多的妇女参加联合国政治特派团、建设和平特派团和维持和平特派团；

5. 请秘书长确保各国提交给安全理事会的报告都提供资料，说明武装冲突对妇女和女童的影响、她们在冲突后的特殊需求和满足这些需求遇到哪些障碍；

6. 请秘书长确保联合国相关机构与会员国和民间社会合作，收集有关妇女和

女童在冲突后的特殊需求的数据，并对其进行系统分析和评估，其中包括关于妇女和女童在冲突后的人身安全需求和参与决策和冲突后规划工作的情况的资料，以便对这些需求作出更有效的全系统反应；

7.表示打算在设立联合国特派团和延长其任务期时，做出有关在冲突后增进两性平等和增强妇女能力的规定，请秘书长继续酌情在联合国特派团任命两性平等问题顾问和/或保护妇女问题顾问，并要求他们与联合国国家工作队合作，提供技术援助，改进协调工作，以满足妇女和女童在冲突后恢复方面的需求；

8.敦促会员国确保在所有的冲突后建设和平和恢复工作和领域中考虑到两性平等问题；

9.敦促会员国、联合国机构、捐助方和民间社会确保在评估和规划冲突后的需求时，并在其后资金发放和方案活动中，考虑到提高妇女能力的问题，具体做法包括以具有透明度的方式分析和跟踪被分配用于满足妇女在冲突后的需求的款项；

10.鼓励摆脱冲突的会员国同包括妇女组织在内的民间社会协商，详细查明妇女和女童的需求和优先事项，根据其法律制度制订具体的战略来满足这些需求和优先事项，其中包括为加强人身安全和改善社会经济条件提供支助，具体做法包括提供受教育机会、开展创收活动、获取基本服务、尤其是包括性健康和生殖健康、生殖权利和心理健康在内的医疗服务、在执法时顾及两性平等因素、获得诉诸司法的机会以及提高在各级参与公共决策的能力；

11.敦促各会员国、联合国各机构和民间社会，包括非政府组织，考虑到教育在促进妇女参与冲突后决策方面的重要作用，采取一切可行措施，确保冲突后妇女和女童平等接受教育；

12.呼吁武装冲突各方尊重难民营和安置点的平民和人道主义性质，并确保居住在难民营的所有平民、特别是妇女和女童受到保护，免遭包括强奸和其他性暴力在内的一切形式的暴力侵害，并确保充分、不受阻碍和安全地为其提供人道主义援助；

13.呼吁所有参与规划解除武装、复员和重返社会方案者，考虑到与武装部队和武装团体有联系的妇女和女孩及其子女的特殊需要，并使其能充分得到这些方案的救助；

14. 鼓励建设和平委员会和建设和平支助办事处继续确保系统地关注并调动资源促进两性平等和提高妇女能力，将其作为冲突后建设和平的组成部分，并鼓励妇女全面参与这一进程；

15. 请秘书长在其改善联合国建设和平工作的行动议程中，考虑到必须从建设和平进程的最初阶段起，加强妇女在政治和经济决策中的参与；

16. 请秘书长确保负责儿童与武装冲突问题的秘书长特别代表和安理会第1888（2009）号决议要求任命的负责性暴力和武装冲突问题的秘书长特别代表之间在工作上的充分的透明度、合作和协调；

17. 请秘书长在6个月内提交一套用于全球一级监测安理会第1325（2000）号决议执行情况的指标供安全理事会审议，这套指标可作为联合国各有关机构、其他国际和区域组织以及会员国在2010年及以后报告第1325（2000）号决议执行情况的共同基础；

18. 请秘书长在S/PRST/2007/40号文件要求提交的报告中审查执行第1325（2000）号决议方面的进展情况，评估安全理事会获得和分析与第1325（2000）号决议有关的信息及采取相应行动所采用的程序，建议应如何采取进一步措施，改善整个联合国系统的协调以及与会员国和民间社会的协调，开展执行工作，并提供关于妇女参加联合国特派团情况的数据；

19. 请秘书长在12个月内向安全理事会提交一份报告，介绍如何处理妇女参与和介入冲突后建设和平和规划工作问题，同时考虑到建设和平委员会的意见，除其他外，报告应包括下列内容：

a. 分析冲突后妇女和女孩的特殊需求；

b. 说明妇女参与解决冲突和建设和平以及将性别平等观点纳入所有冲突后早期规划、筹资和恢复进程面临的挑战；

c. 说明应采取哪些措施支持各国在满足冲突后妇女和女孩需求方面的规划和筹资能力；

d.建议应如何在国际和国家层面更好满足冲突后妇女和女孩的需求，包括作出有效的财政及机构安排，以保障妇女充分、平等地参与建设和平进程；

20.决定继续积极处理此案。

[联合国安理会：《第1889（2009）号决议》，S/RES/1889(2009)，2009年10月5日，https://undocs.org/zh/S/RES/1889(2009)]

第1960（2010）号决议

（2010年12月16日安全理事会第6453次会议通过）

安全理事会，

再次承诺以相互促进的方式继续全面执行第1325（2000）号、第1612（2005）号、第1674（2006）号、第1820（2008）号、第1882（2009）号、第1888（2009）号、第1889（2009）号和第1894（2009）号决议和所有相关安理会主席声明，

欣见秘书长2010年11月24日的报告（S/2010/604），但仍然深为关注在武装冲突中性暴力、特别是针对妇女和儿童的性暴力问题上，进展缓慢，并注意到如秘书长报告所述，世界各地的武装冲突中均有性暴力发生，

再次深切关注，尽管安理会一再谴责武装冲突中针对妇女和儿童的暴力行为，包括武装冲突中的性暴力行为，尽管安理会多次要求武装冲突所有各方立即停止此类行为，但此类行为继续发生，而且在有些情况下是有计划的，或普遍发生，其残暴性骇人听闻，

重申冲突的所有国家当事方和非国家当事方都要充分遵守适用国际法为其规定的义务，包括禁止一切形式的性暴力，

重申文职和军事领导人都要按照指挥官负责的原则，表明防止性暴力、打击有罪不罚现象和实施问责制的决心和政治意愿，并重申，不采取行动即是发出容忍在冲突中发生性暴力的信息，

回顾各国有责任铲除有罪不罚现象，起诉犯有灭绝种族罪、危害人类罪、战

争罪和其他严重危害平民罪行的人,并为此关切地注意到,只有为数不多的施行性暴力的人被绳之以法,同时认识到,各国司法系统在冲突中和冲突后可能严重削弱,

欣见在根据第1888(2009)号决议部署的旨在协助各国家当局加强法治的专家组着手开展工作方面取得进展;重申,必须在出现特别值得关注的武装冲突中性暴力情况时,同联合国在实地的派驻人员合作,在征得东道国政府同意后,迅速部署专家组,并为此赞赏提供自愿捐款,支持专家组的工作,

认识到按照国际法的规定,各国负有尊重和保障本国境内和受其管辖的所有人的人权的首要责任,

重申武装冲突各方负有采取一切可行措施确保平民得到保护的首要责任,

回顾国际人道主义法规定,在武装冲突期间,作为平民的一部分,妇女和儿童一般应得到保护,由于他们面临的风险特别大,他们还应得到特别保护,

重申有冲突的社会和正在摆脱冲突的社会如要正视过去虐待身陷武装冲突的平民的行为并防止今后发生这类侵害行为,就必须杜绝有罪不罚现象,提请注意可考虑采用的各种司法与和解机制,其中包括国家、国际和"混合"刑事法院和法庭及真相与和解委员会,注意到这些机制不仅可以促进追究个人对严重罪行的责任,而且可以促进和平、真相、和解及受害人的权利,

回顾《国际刑事法院罗马规约》和各特设国际刑事法庭规约中都列有各种性暴力罪,

重申各国必须在国际社会的支持下,尤其是在农村地区,扩大性暴力受害者获得保健服务、心理辅导、法律协助和在社会经济方面重返社会的服务的途径,同时必须考虑残疾人的特殊需要,

欢迎维持和平行动特别委员会报告(A/64/19)中关于以下事项的提议、结论和建议:维持和平行动特派团需要有足够能力并有明确和适当的准则来完成为其规定所有任务,包括预防和应对性暴力;强调,必须确保特派团高级领导参加保护平民的工作,包括预防和应对武装冲突中性暴力行为的工作,以确保特派团所有部门和各级指挥链都适当了解并参与执行特派团的保护任务和它们的相关责

任；欣见秘书长在确定用于执行保护平民任务的业务工具方面取得的进展；鼓励部队和警察派遣国充分利用这些重要材料并提供反馈，

认识到秘书长已作出努力，解决正式和平进程中妇女代表人数不足、缺少接受过处理性暴力问题适当培训的调解员和停火监督员以及联合国主持的和平谈判中缺少女性首席和平调解人或女性主要和平调解人的问题；并鼓励进一步做出这些努力，

欢迎将妇女编入维持和平特派团，行使文职、军事和警察职能，认识到她们的存在可能会鼓励当地社区的妇女报告性暴力行为，

审议了秘书长2010年11月24日的报告（S/2010/604），强调本决议不寻求对秘书长报告所述局势是否属于《日内瓦四公约》及其《附加议定书》范畴内的武装冲突作出任何法律认定，也不预先判定此类局势所涉非国家当事方的法律地位，

1. 重申，性暴力，如果在战争中作为一种策略，或作为针对平民发动的广泛或有计划攻击的一部分来使用，可严重加剧武装冲突并延长其持续时间，阻碍恢复国际和平与安全；为此申明，采取有效步骤防止和应对这类性暴力行为可大大有助于维护国际和平与安全；表示安理会随时准备在审议其议程所列有关局势时，视需要采取适当步骤，处理武装冲突中发生的广泛或有计划的性暴力行为；

2. 再次要求武装冲突所有各方立即完全停止一切性暴力行为；

3. 鼓励秘书长在根据第1820（2008）号和第1888（2009）号决议提交的年度报告中提供关于确信涉嫌实施强奸或其他形式性暴力或应对此种行为负责的武装冲突当事方的详细信息，并在这些年度报告的附件中列出在安全理事会议程所列武装冲突中确信涉嫌一再实施强奸或其他形式性暴力行为或应对此种行为负责的武装冲突当事方；表示打算把该名单用作依据，由联合国与这些当事方进行重点交涉，包括酌情按有关制裁委员会的程序采取措施；

4. 请秘书长根据本决议的规定，在考虑到列名和除名标准特殊性的情况下，根据秘书长报告（A/64/742–S/2010/181）的第175、176、178和180段，对列入秘书长关于武装冲突中的性暴力问题的年度报告的当事方适用这一标准；

5.吁请武装冲突各方作出并履行打击性暴力行为的具体和有时限的承诺，承诺除其他外，应包括通过指挥系统发布禁止性暴力的明确命令，并在《行为守则》、野战手册或相应的文件中禁止性暴力；还吁请各方作出并履行关于及时调查所述侵害行为的具体承诺，以追究有侵害行为的人的责任；

6.请秘书长追踪和监测在安全理事会议程所列武装冲突中一再实施强奸或其他形式性暴力行为的当事方履行这些承诺的情况，并通过相关报告和情况通报会，定期向安理会报告最新情况；

7.重申打算在武装冲突中采取或延长定向制裁时，考虑在适当时列入指认强奸行为和其他形式性暴力的标准；呼吁所有维和特派团和联合国其他有关特派团和联合国机构，尤其是儿童与武装冲突问题工作组、负责儿童与武装冲突问题的秘书长特别代表和负责冲突中性暴力问题的秘书长特别代表，与联合国安全理事会有关制裁委员会交流所有与性暴力有关的信息，包括通过联合国安全理事会各制裁委员会的相关监测组和专家组这样做；

8.请秘书长酌情就冲突所涉性暴力问题，包括就武装冲突和冲突后以及执行第1888（2009）号决议所涉及的其他情况下的强奸行为，做出监测、分析和提交报告的安排，同时考虑到每个国家的特殊性，确保在外地一级采用协调一致的做法，并鼓励秘书长与联合国行动者、国家机构、民间社会组织、医疗服务提供者和妇女团体建立联系，以加强对强奸和其他形式的性暴力发生率、趋势和模式的数据收集和分析工作，以协助安理会考虑采取适当行动，包括采取定向和逐级加强的措施，同时充分尊重根据安理会关于儿童与武装冲突问题的第1612（2005）和第1882（2009）号决议建立的监测和报告机制的完整性和特殊性；

9.请秘书长继续确保负责儿童与武装冲突问题的秘书长特别代表和负责冲突中性暴力问题的秘书长特别代表的工作有充分的透明度、合作和协调；

10.欣见两性平等顾问开展的工作；期待依照第1888（2009）号决议为维持和平特派团任命更多的保护妇女顾问；指出这些顾问可在依照本决议执行部分第8段做出的监测、分析和提交报告安排的框架中做出贡献；

11.欣见秘书长为维和人员精心制作了打击性暴力行为的场景培训教材，并鼓励会员国将其作为筹备和部署联合国维持和平行动的参考；

12. 强调指出，特派团要完成任务，就要同当地社区进行有效的沟通；并鼓励秘书长增强特派团的沟通能力；

13. 表示打算在核准和延长任务授权时适当考虑性暴力问题，并请秘书长酌情在技术评估团中列入两性平等问题专家；

14. 鼓励组成联合国制止冲突中性暴力行为行动的各个实体以及联合国系统其他有关部分继续支持上述负责冲突中性暴力问题的秘书长特别代表的工作，并加强所有有关利益攸关者的合作和信息共享，以加强协调，避免总部和国家一级工作重叠，改进全系统的应对工作；

15. 鼓励会员国派更多的女军人和女警员参加联合国维持和平行动，为所有军事和警务人员提供有关性暴力和基于性别暴力的充分培训，以便他们除其他外，履行其责任；

16. 请秘书长继续并加紧努力，对联合国维持和平人员以及人道主义人员的性剥削和性虐待行为采取零容忍政策；还请秘书长继续提供和分发有关处理性暴力问题的指导准则，用于对军事和警务人员进行部署前培训和上岗培训，协助各特派团根据具体情况制订外地处理性暴力问题的程序，确保向部队和警察派遣国提供技术支持，在军事和警务人员部署前和上岗培训时为他们提供处理性暴力问题的指导；

17. 请负责冲突中性暴力问题的特别代表继续依照第 1888（2009）号决议提供关于性暴力问题的情况通报；

18. 请秘书长继续就第 1820（2008）号和第 1888（2009）号决议执行情况向安理会提交年度报告，并至迟在 2011 年 12 月提交关于第 1820（2008）号和第 1888（2009）号决议及本决议执行情况的下一次报告，报告除其他外，应列入：

（a）关于以道德的方式及时收集信息的详细的协调和战略计划；

（b）在做出第 8 段所述监测、分析和提交报告安排方面取得的进展的信息；

（c）关于确信涉嫌实施强奸或其他形式性暴力行为或应对这种行为负责的武装冲突当事方的详细资料，和内有关于在安理会议程所列武装冲突中确信涉嫌大肆实施强奸或其他形式性暴力行为或应对这种行为负责的当事方名单的附件；

（d）联合国特派团性暴力问题协调人努力与驻地协调员／人道主义协调员、联合国国家工作队密切合作并酌情与负责儿童与武装冲突问题的秘书长特别代表和负责冲突中性暴力问题的秘书长特别代表和／或专家组密切合作以处理性暴力问题的最新情况；

19.决定继续积极处理此案。

[联合国安理会：《第1960（2010）号决议》，S/RES/1960(2010)，2010年12月16日，https://undocs.org/zh/S/RES/1960(2010)]

第2106（2013）号决议

（2013年6月24日安全理事会第6984次会议通过）

安全理事会，

再次承诺以相互促进的方式继续全面执行第1265（1999）、第1296（2000）、第1325（2000）、第1612（2005）、第1674（2006）、第1738（2006）、第1820（2008）、第1882（2009）、第1888（2009）、第1889（2009）、第1894（2009）、第1960（2010）、第1998（2011）和第2068（2012）号决议和所有相关安理会主席声明，

感谢秘书长2013年3月12日提交报告（S/2013/149），注意到报告中的分析和建议，但仍然深为关注在执行第1960（2010）号决议的重要内容以便在武装冲突中和冲突后防止性暴力方面进展缓慢，并注意到如秘书长报告所述，世界各地的武装冲突中均有性暴力发生，

确认8国集团外长2013年4月11日在伦敦通过的《在冲突中防止性暴力的宣言》和《宣言》就此作出的承诺，

认识到不断积极起诉性暴力罪行，各国发挥主导作用和承担责任以消除武装冲突中性暴力行为的根源，并质疑武装冲突中性暴力是一种文化现象、是战争的必然结果或是一种较轻的罪行等说法，是阻止和防止性暴力的关键，

申明增强妇女的政治、社会和经济权能、实现两性平等和让男子和男孩参加打击一切形式侵害妇女暴力行为的工作，是防止武装冲突中和冲突后性暴力的长期努力的核心；强调全面执行第1325（2000）号决议的重要性，同时注意到目前

正在制订一套指标，以用于执行第1325（2000）号决议和其后有关妇女与和平与安全的各项决议，并确认妇女署在这方面的努力，

关切地注意到武装冲突中和冲突后的性暴力对妇女和女孩、对特别容易遭受此类暴力的群体或此类暴力具体针对的群体的影响尤其大，但也影响到男子和男孩以及也因被迫目睹家人遭受性暴力侵害而受到惊吓的人；强调在这种情况下，性暴力行为不仅严重阻碍妇女对社会做出重大贡献，而且阻碍实现持久和平与安全以及可持续发展，

认识到按照国际法的规定，各国负有尊重和保障本国境内和受其管辖的所有人的人权的首要责任；重申武装冲突各方负有确保平民得到保护的首要责任，

重申根据《宪章》尊重所有国家的主权、领土完整和政治独立，

回顾《国际刑事法院罗马规约》和各特设国际刑事法庭规约中都列有各类性暴力罪，

注意到《武器贸易条约》规定，出口武器的缔约方应考虑到条约涵盖的常规武器或物项有可能被用来对妇女和儿童实施或协助实施重大性别暴力或重大暴力，

还回顾国际法禁止强奸和其他形式的性暴力，

回顾《联合国向非联合国安全部队提供支持的人权尽职政策》是一个加强对国际人道主义法、人权法和难民法的遵守、包括处理武装冲突中和冲突后的性暴力问题的工具，

审议了秘书长的报告，强调本决议不寻求对秘书长报告所述局势是否属于《日内瓦四公约》及其《附加议定书》范畴内的武装冲突作出任何法律认定，也不预先判定此类局势所涉非国家当事方的法律地位，

1. 申明，性暴力，如果作为一种战争方法或策略，或作为针对平民发动的广泛或有计划攻击的一部分来使用或施行，可严重加剧武装冲突并延长其持续时间，阻碍恢复国际和平与安全；为此强调，采取有效步骤防止和应对这类性暴力行为可大大有助于维护国际和平与安全；强调任何预防和保护对策都必须有妇女的参与；

2.指出性暴力可构成危害人类罪，或是构成灭绝种族罪的行为，还回顾武装冲突中的强奸和其他形式的重大性暴力均为战争罪；呼吁会员国履行相关义务，继续通过调查和起诉受其管辖的应对这些罪行负责的人，来消除有罪不罚现象；鼓励会员国在本国刑法内列入所有各类性暴力罪行，以便起诉这些行为；认识到有效调查和记录武装冲突中的性暴力对于将暴力实施者绳之以法和为幸存者声张正义都非常重要；

3.指出，国际刑事法院、特别和混合法庭以及国家法院的特别分庭开展的工作加强了为结束国际社会关注的危害妇女和女孩的最重大罪行不受惩罚局面作出的努力；重申安理会打算继续采用适当方式，大力清除有罪不罚现象并追查责任；

4.提请注意酌情采用综合做法在武装冲突中和冲突后处理过渡司法问题、包括采取各种司法和非司法措施的重要性；

5.认识到需要在自己的工作中更加系统地监测和注意武装冲突中和冲突后的性暴力问题和其他有关妇女与和平与安全的承诺，为此表示打算酌情利用所有相关手段让妇女参加调解、冲突后恢复和建设和平工作的所有方面，其中包括维和和政治任务的制订和审查、公开发言、对各国的访问、实况调查团、国际调查委员会、与区域机构进行的协商和安全理事会各相关制裁委员会的工作；

6.认识到需要有更加及时、客观、准确和可靠的信息来进行预防和处理，请秘书长和联合国相关实体加快确立和做出安排，以便酌情监测、分析和报告武装冲突中和冲突后的性暴力（包括武装冲突中和冲突后的强奸行为）以及与执行第1888（2009）号决议有关的其他情况，同时考虑到各国的具体情况；

7.呼吁根据第1888号决议进一步部署妇女保护顾问，以协助执行安全理事会关于妇女与和平与安全的各项决议，呼吁秘书长确保在规划和审查每个联合国维和和政治特派团过程中系统评估是否需要妇女保护顾问、顾问的人数和作用，确保这些专家经过适当培训和及时进行部署；认识到联合国制止冲突中性暴力行动在促进有关维和、人道主义、人权、政治和安全行为体做出协调反应方面的作用，强调这些行为体需要加强它们之间的协调、信息共享、分析、以及应对措施的制订和执行；

8.认识到性别平等顾问发挥独特作用，确保特派团所有部门的政策、规划和执行都考虑到性别平等问题；呼吁秘书长继续在联合国相关维和和政治特派团以及人道主义行动中部署性别平等顾问，确保对所有相关维和人员和文职人员进行全面的性别平等培训；

9.确认联合国实体作出努力，确保武装冲突中和冲突后的联合国调查委员会在必要时拥有性犯罪和性别犯罪领域的专业人员，以准确记录这些罪行，并鼓励所有会员国支持这些努力；

10.再次要求武装冲突所有各方立即完全停止一切性暴力，再次呼吁它们作出并履行有具体时限的消除性暴力的承诺，这些承诺除其他外，应包括通过指挥系统发出明确命令，禁止性暴力和追究违反命令的责任，在行为守则、野战手册或相应的文件中禁止性暴力，作出并履行关于及时调查所指控侵害行为的具体承诺；还呼吁武装冲突所有相关各方根据这些承诺同监测承诺履行情况的有关联合国特派团人员合作，呼吁有关各方酌情指定高级别代表，负责确保这些承诺得到履行；

11.强调妇女、包括妇女组织在内的民间社会和社区正式和非正式领袖可发挥重要作用，在处理性暴力问题上对武装冲突各方施加影响力；

12.重申必须在适当时，在调解工作、停火和和平协议中处理武装冲突中和冲突后的性暴力问题；请秘书长、会员国和区域组织酌情确保调解人和特使在性暴力被用作战争方法或策略，或作为针对平民发动的广泛或有计划攻击的一部分时，参与处理性暴力问题，包括同妇女、民间社会（包括妇女组织和性暴力幸存者）进行接触，确保在和平协议、包括安全安排和过渡司法机制协议的具体规定中体现这些关注；敦促将性暴力列入停火所禁止的有关行为的定义中和监测停火的规定；强调在解决冲突的过程中，有关大赦的规定不得列入性暴力罪行；

13.敦促现有的各制裁委员会在符合相关指认标准时根据第1960（2010）号决议，对在冲突中实施和指示实施性暴力的人进行定向制裁；重申打算在武装冲突中采取或延长定向制裁时，考虑酌情列入指认强奸行为和其他形式重大性暴力

的标准;

14.确认联合国维和特遣队在防止性暴力方面的作用,为此要求部队和警察派遣国特遣队的部署前培训和随团培训有性暴力和性别暴力方面的培训,并考虑到儿童的不同需求;还鼓励部队和警察派遣国在维和行动中更多地招聘和部署妇女;

15.请秘书长继续并加强努力,对联合国人员的性剥削和性虐待行为采取零容忍政策;敦促有关会员国确保在本国人员有此类行为时全面追究责任,包括提起起诉;

16.请秘书长和联合国相关实体在妇女切实参与的情况下协助各国当局处理性暴力问题,特别是在以下方面:

(a)解除武装、复员和重返社会进程,包括建立在驻扎营地保护妇女和儿童的机制以及在驻扎营地附近和回返社区中保护平民的机制,为那些以前与武装团体有关联和曾经是作战人员的妇女和儿童提供医治心理创伤和重返社会的支助;

(b)安全部门改革进程和安排,包括为安全人员提供适当培训,鼓励更多妇女加入安全部门,进行有效的审查,不让实施性暴力或应对性暴力行为负责的人进入安全部门;

(c)司法部门改革举措,包括进行旨在消除性暴力的立法和政策改革;对司法和安全部门专业人员进行性暴力和性别暴力培训,让更多妇女加入这些部门的专业人员队伍;司法程序要考虑到武装冲突中和冲突后的性暴力的证人以及暴力幸存者及其家人的特殊需求和他们的保护工作;

17.认识到被强行劫持入武装团体和武装部队的妇女以及儿童尤其容易受武装冲突中和冲突后的性暴力的侵害,为此要求武装冲突各方立即在自己部队中找出这些人并让其离队;

18.鼓励有关会员国酌情利用第1888(2009)号决议所设联合国专家组的专业人员来加强法治,加强文职和军事司法系统处理武装冲突中和冲突后的性暴力的能力,以此进一步努力加强旨在消除有罪不罚的体制措施;

19.确认必须及时为性暴力幸存者提供援助,敦促联合国实体和捐助方为性暴力的幸存者提供非歧视性的综合保健服务（包括性保健和生殖保健）、心理、法律、谋生服务和其他多领域服务，同时考虑到残疾人的具体需求；要求支持各国的机构和地方民间社会网络增加资源和提高能力，为性暴力的幸存者提供上述服务；鼓励会员国和捐助方支持援助性暴力受害者的国家和国际方案，例如罗马规约和规约执行伙伴设立的被害人信托基金；请联合国相关实体增拨资源，用于协调性别暴力应对措施和提供服务；

20.注意到武装冲突中和冲突后的性暴力与艾滋病毒的感染有关联，艾滋病毒和艾滋病给妇女和女孩造成的负担尤其大，是实现性别平等的一个长期障碍和挑战；敦促联合国实体、会员国和捐助方支持培养和加强国家保健系统和民间社会网络的能力，持久为武装冲突中和冲突后感染艾滋病毒和艾滋病或受其影响的妇女和女孩提供援助；

21.强调妇女组织等民间社会组织和网络可发挥重要作用，使社区在武装冲突中和冲突后进一步保护妇女不受性暴力的侵害，协助幸存者寻求公正和赔偿；

22.请秘书长继续向安理会提交年度报告，介绍有关妇女与和平与安全的各项决议和本决议的执行情况，并在2014年3月提交下一次报告；

23.决定继续积极处理此案。

[联合国安理会：《第2106（2013）号决议》，S/RES/2106(2013)，2013年6月24日，https://undocs.org/zh/S/RES/2106(2013)]

第2122（2013）号决议

（2013年10月18日安全理事会第7044次会议通过）

安全理事会，

再次承诺以相互促进的方式继续全面执行第1325（2000）、第1820（2008）、第1888（2009）、第1889（2009）、第1960（2010）和第2106（2013）号决议和所有相关安理会主席声明，

回顾《北京宣言》和《行动纲要》的承诺，重申《消除对妇女一切形式歧视公约》及其《任择议定书》缔约国的义务，并敦促尚未批准或加入的国家考虑批准或加入这些文书，

铭记《联合国宪章》的宗旨和原则和《联合国宪章》规定安全理事会负有维护国际和平与安全的主要责任，并为此指出本决议的重点是执行妇女、和平与安全议程，

重申增强妇女和女孩的权能和实现性别平等对努力维护国际和平与安全至关重要，并强调，只有通过坚定承诺增强妇女的权能、参与和人权，通过提供统一的领导、一致的信息和行动及支持，让妇女参与各级决策，才能消除一直阻碍全面执行第1325（2000）号决议的障碍，

赞赏地注意到秘书长2013年9月4日的报告，注意到防止和保护等领域取得进展并有良好做法，监测、防止和起诉武装冲突中和冲突后暴力侵害妇女行为的政策和业务重点得到大力加强，但继续感到关切的是，妇女、和平与安全议程一直未得到全面执行，包括在以下方面：保护人权使其不受侵犯和践踏；妇女发

挥领导才能的机会；提供资源以满足妇女需求和帮助她们行使其权利；参与执行第1325号决议和其后各项决议以推进妇女的参与和保护的所有行为体的能力和承诺，

表示关切在武装冲突中和冲突后，由于缺少平等的公民权利、在适用庇护法时有性别偏见以及在许多情况下登记和获取身份证件有困难，妇女特别脆弱，尤其容易被迫流离失所，

深切关注妇女在武装冲突中和冲突后遭受各种威胁，人权受到侵犯和践踏，认识到那些处于特别脆弱或不利境况的妇女和女孩尤其可能成为侵害对象或更可能遭受暴力，并为此认识到，必须进一步开展工作，确保过渡司法措施处理各种侵犯和践踏妇女人权的行为，处理这些侵犯和践踏行为以及被迫流离失所、强迫失踪和毁坏民用基础设施对妇女和女孩产生的不同影响，

确认会员国和联合国实体必须确保人道主义援助和资金用于为受武装冲突和冲突后局势影响的妇女提供各种医疗、法律、心理和生计服务，指出需要在不带歧视的情况下提供各种性保健和生殖保健服务，包括就强奸造成怀孕提供服务，

再次强烈谴责武装冲突中和冲突后所有针对和（或）直接影响平民（包括妇女和女孩）的违反国际法的行为，包括强奸和其他形式的性暴力和性别暴力、杀害和致残、阻碍人道主义援助和大规模强迫流离失所，

认识到依国际法的规定，各国负有尊重和保障本国境内和受其管辖的所有人的人权的首要责任；重申武装冲突各方负有确保平民得到保护的首要责任，

重申，要实现可持续和平，就要在统一开展政治、安全、发展、人权（包括性别平等）和法治和司法活动的基础上采用综合性做法，并在这方面强调法治非常重要，是预防冲突、维持和平、解决冲突和建设和平的一个关键要素，

确认需要在自身的工作中更加系统地关注和履行有关妇女、和平与安全的承诺，特别是让妇女进一步参加预防冲突、解决冲突和建设和平工作，为此指出，需要及时和系统地就妇女、和平与安全问题提交报告，

注意到民间社会、包括妇女组织对预防冲突、解决冲突和建设和平做出的重大贡献，并在这方面注意到妇女不断同各国和国际决策者进行协商和开展对话的

重要性，

确认需要填补有关空白，加强联合国实地和平与安全、人权和发展领域工作的联系，以此消除武装冲突的根源，消除对妇女和女孩安全的威胁，以实现国际和平与安全，

认识到增强妇女的经济权能大大有助于摆脱武装冲突的社会实现稳定，欢迎建设和平委员会2013年9月26日关于增强妇女经济权能以建设和平的宣言（PBC/7/OC/L.1），

确认《武器贸易条约》获得通过，注意到《条约》第7（4）条规定，出口武器的缔约方应考虑到条约涵盖的常规武器或物项被用于实施或协助实施重大性别暴力或侵害妇女和儿童的严重暴力行为的风险，

期待《武器贸易条约》做出重大贡献，减少武装冲突中和冲突后针对妇女和女孩的暴力行为，

欢迎会员国做出努力，确认区域和次区域组织在区域、国家和地方各级做出努力，执行第1325（2000）号决议和其后的关于妇女、和平与安全的各项决议，包括制订行动计划和执行纲要，鼓励会员国继续开展这些执行工作，包括加强监测、评价和协调，

1. 确认需要在自身工作中不断执行第1325（2000）号决议，打算进一步重点注意妇女在解决冲突和建设和平工作中的领导作用和参与问题，包括监测执行工作的进展，处理缺少关于武装冲突对妇女和女孩的影响、妇女在建设和平中的作用以及和平进程和解决冲突涉及的性别平等问题的信息与分析以及信息与分析质量欠佳的问题；

2. 确认处理安理会议程上的局势需要有关于武装冲突对妇女和女孩的影响、妇女在建设和平中的作用以及和平进程和解决冲突涉及的性别平等问题的及时信息与分析，因此：

（a）欢迎副秘书长/妇女署执行主任和负责冲突中性暴力问题副秘书长/特别代表多定期向安理会通报涉及妇女、和平与安全问题的情况；

（b）请维持和平行动部、政治事务部和其他有关高级官员作为定期情况通报

的一部分，向安全理事会通报涉及妇女、和平与安全问题的最新情况，包括执行情况；

（c）请秘书长和秘书长派到联合国特派团的特使和特别代表，作为定期情况报告的一部分，向安理会通报邀请妇女参加关于预防和解决冲突、维护和平与安全以及冲突后建设和平的讨论的最新进展，包括同包括妇女组织在内的民间社会进行协商；

（d）请维持和平行动部和政治事务部在提交给安理会的报告中系统列入涉及妇女、和平与安全问题的信息和相关建议；

（e）请所有调查安理会议程所列局势的联合国调查委员会在其情况通报中列入关于武装冲突对妇女和女孩产生的不同影响的信息，特别强调关于在冲突中、冲突后和过渡期间推进问责、为受害者伸张正义和保护受害者的建议；

3.表示打算在安理会议程所有相关专题工作领域中，特别是在武装冲突中保护平民、冲突后建设和平、促进和加强法治以维护国际和平与安全、非洲和平与安全、恐怖主义行为对国际和平与安全造成的威胁和维护国际和平与安全等领域中，更加注意妇女、和平与安全问题；

4.重申安理会打算在设立联合国特派团和延长其任期时，对在冲突中和冲突后促进性别平等和增强妇女权能做出规定，包括酌情任命性别平等问题顾问，还表示打算规定在以下方面协助妇女全面参与和获得保护：选举筹备工作和政治进程、解除武装、复员和重返社会方案、安全部门改革和司法改革以及范围更大的冲突后重建工作（如果重建属于特派团的规定工作范围）；

5.请联合国维和特派团领导评估武装冲突中和冲突后侵犯和践踏妇女人权情况，请维和特派团根据其任务处理武装冲突中和冲突后妇女和女孩面临的安全威胁和保护问题；

6.确认包括妇女组织在内的民间社会在总部和在安理会进行实地访问时同安理会成员进行交流的重要性，承诺在定期对冲突地区进行实地访问时，在实地同当地的妇女和妇女组织开会交换意见；

7.确认仍然需要在关于预防和解决武装冲突、维护国际和平与安全和冲突后建设和平的所有相关讨论中，让妇女更多地参与处理和审议性别平等的相关问题，为此，安理会：

（a）请秘书长派到联合国特派团的特使和特别代表在进行部署时就开始定期同妇女组织和妇女领导人，包括同在社会和/或经济领域遭受排斥的妇女，进行协商；

（b）鼓励相关会员国设立专门的筹资机制，以便在执行第1325（2000）号决议方面，支持协助培养妇女的领导才能和协助她们全面参与各级决策的有关组织的工作，加强它们的能力，包括增加对地方民间社会的捐款；

（c）请秘书长向所有联合国调解小组提供性别平等专业知识和性别平等专家，增加参加和平谈判的谈判代表团和和解支助小组成员对建设和平涉及的性别平等问题的了解；还请秘书长支持任命高级职位妇女担任联合国调解人和联合国调解小组成员；呼吁参加这些和平谈判的所有各方协助妇女在决策层面全面平等地参与；

8.强调那些开展冲突后选举工作和宪法改革的会员国必须继续在联合国实体的支持下做出努力，确保妇女全面平等参加各个阶段的选举工作，指出尤其必须注意妇女在选举前和选举中的安全；

9.鼓励部队和警察派遣国增加派到联合国维和行动的女军事人员和警察的百分比，还鼓励部队和警察派遣国为所有军事和警察人员提供适当培训，以履行其职责，鼓励联合国相关实体提供适当指导或培训单元，包括以联合国部署前情况设想为基础，进行防止性暴力和性别暴力问题培训；

10.强调需要继续努力消除阻碍妇女在冲突中和冲突后诉诸司法的障碍，包括通过有利于性别平等的法律、司法和安全部门改革和其他机制；

11.敦促会员国、联合国实体和金融机构等相关各方支持各国建立和加强国家机构、特别是司法和卫生系统的能力和民间社会网络的能力，以便持久为受武装冲突和冲突后局势影响的妇女和女孩提供协助；

12.呼吁会员国履行相关义务，终止有罪不罚现象，彻底调查和起诉那些要对战争罪、灭绝种族罪、危害人类罪或其他严重违反国际人道主义法行为负责的人；还注意到，由于国际刑事法院、特设法庭和混合法庭以及各国法庭设立的专门法庭开展工作，消除国际社会关注的侵害妇女和女孩最严重罪行不受惩罚局面的斗争得到了加强；

13. 为此回顾国际法关于个人权利受到侵犯的索偿权利的适用条款；

14. 敦促会员国和联合国实体确保妇女全面切实参加打击和消除小武器和轻武器的非法转让和不当使用的行动；

15. 重申安理会打算在2015年进行一次高级别审查，以评估全球、区域和国家各级执行第1325（2000）号决议的进展，重新作出承诺，消除在执行第1325（2000）号决议过程中出现的障碍和制约因素；还关切地认识到，执行工作如没有重大转变，那么在可以预见的未来，妇女和妇女的意见在防止和解决冲突、妇女保护和建设和平过程中仍会得不到重视，因此鼓励已经制订纲要和计划以协助执行第1325（2000）号决议的会员国、相关区域组织和联合国实体着手审查现有的执行计划和目标，并鼓励会员国评估和加快进展，为提出新目标做准备，以迎接2015年的高级别审查；

16. 请秘书长为筹备高级别审查，委托进行一项第1325（2000）号决议执行情况的全球研究，重点关注良好做法、执行差距和挑战以及新趋势和行动优先事项，还请秘书长在2015年提交安全理事会的年度报告中提交这一研究的结果并提供给联合国所有会员国；

17. 表示安理会打算把执行安理会有关妇女、和平与安全的任务规定作为2015年高级别审查前的一次定期实地访问的重点；

18. 请秘书长继续向安理会提交年度报告，介绍执行第1325（2000）号决议的最新进展，并在2014年10月提交下一份报告，介绍妇女、和平与安全议程所有领域中的最新进展，重点阐述差距和挑战；

19. 决定继续积极处理此案。

[联合国安理会：《第2122（2013）号决议》，S/RES/2122(2013)，2013年10月18日，https://undocs.org/zh/S/RES/2122(2013)]

第2242（2015）号决议

（2015年10月13日安全理事会第7533次会议通过）

安全理事会，

再次承诺以相互促进的方式继续全面执行第1325（2000）、第1820（2008）、第1888（2009）、第1889（2009）、第1960（2010）、第2106（2013）和第2122（2013）号决议和所有相关的安理会主席声明，

铭记《联合国宪章》的宗旨和原则和《宪章》为安理会规定的维护国际和平与安全的首要责任，

申明会员国全面执行安全理事会关于妇女、和平与安全的各项决议的规定的首要作用以及联合国实体和区域组织的重要辅助作用，

回顾《北京宣言》和《行动纲要》的承诺并回顾宣言和纲要通过二十周年，欢迎2015年9月27日举行全球领导人促进性别平等和增强妇女权能会议，赞扬各国领导人在这次会议上作出本国的具体承诺，

重申《消除对妇女一切形式歧视公约》及其《任择议定书》为缔约国规定的义务，敦促尚未批准或加入《公约》的国家考虑批准或加入《公约》，还注意到消除对妇女一切形式歧视委员会关于妇女与预防冲突和冲突后局势的第30号一般性建议，

欢迎秘书长2015年9月17日提交第1325（2000）号决议执行情况全球调查结果的报告（S/2015/716），赞赏地看到为全球调查所做的全部工作并鼓励认真审查其各项建议，

注意到妇女切实参加防止、解决冲突和冲突后重建工作与这些工作的效力和长期持久性有密切的关系，并需要增加资源，加强问责，增加政治意愿和进一步改变态度，

注意到秘书长关于联合国和平行动的未来：和平行动问题高级别独立小组各项建议的执行情况的报告（S/2015/682）、联合国建设和平架构审查咨询专家组的报告（S/2015/490），并欢迎这些报告中关于妇女、和平与安全的建议，还敦促所有行为体考虑执行这些建议，

重申各国和武装冲突所有各方都有义务履行相关国际人道主义法和国际人权法为其规定的义务，都必须终止一切违反国际人道主义法的行为，终止一切侵犯践踏人权行为，

重申，性暴力，如果作为一种战争方法或策略，或作为针对平民发动的广泛或有计划攻击的一部分来使用或施行，可严重加剧武装冲突并延长其持续时间，阻碍恢复国际和平与安全，

欢迎最近通过的2030年可持续发展议程把重点放在实现性别平等和增强妇女和女孩的权能上，重申增强妇女和女孩的权能和实现性别平等对于防止冲突和更广泛开展维护和平与安全工作至关重要，为此指出和平行动问题高级别独立小组的报告（S/2015/446）、联合国建设和平架构审查咨询专家组的报告（S/2015/490）和全球调查报告强调，除其他外，有必要增加对预防冲突和增强妇女权能的投资，还强调，只有通过坚定承诺增强妇女的权能、参与和人权，通过提供统一的领导、一致的信息和行动以及支持以便让妇女参与各级的决策，才能消除全面持续阻碍执行第1325（2000）号决议的障碍，

重申男子和男孩以伙伴身份参与促进妇女参加预防和解决武装冲突、建设和平和冲突后工作很重要，

注意到全球和平和安全局势不断变化，尤其是可滋生恐怖主义的暴力极端主义上升，难民和境内流离失所者人数增加，气候变化的影响和流行病的全球性质，在这方面，重申安理会打算更多关注妇女、和平与安全问题，因为这一问题贯穿安理会议程的所有相关专题工作领域，包括恐怖行为对国际和平安全的

威胁，

　　认识到恐怖主义和暴力极端主义对妇女和女孩的人权，包括对她们的健康、教育和公共生活的参与，产生了不同的影响，并认识到她们经常成为恐怖团体的直接目标，深为关切，一如秘书长2015年3月23日关于冲突中性暴力问题的报告（S/2015/203）所述，性暴力和性别暴力是某些恐怖团体的战略目标和意识形态的一部分，作为一个恐怖主义策略使用，是一个通过提供资金、进行招募和毁灭社区来加强它们的力量的工具，还注意到全球反恐论坛关于妇女与打击暴力极端主义的良好做法，

　　确认第1325（2000）号决议通过15周年的重要意义和取得的进展，并确认有机会而且需要进一步落实妇女、和平与安全议程，继续深切关注妇女在许多维护国际和平与安全的正式进程和机构中没有足够的代表权，国家、区域和国际处理政治、和平与安全问题机构中担任高级别职务的妇女人数不多，人道主义对策没有充分考虑到性别平等问题和不支持妇女发挥领导作用，妇女、和平与安全方面的工作缺少资金，维护国际和平与安全工作由此受到不利影响，

　　认识到包括妇女组织在内的民间社会在过去15年执行第1325（2000）号决议的过程中发挥重要作用，

　　认识到新的妇女参与和平与安全及人道主义行动全球加速文书，除现有的补充机制外，全球加速文书可吸引资源，协调应对行动，加快执行速度，

　　1.敦促会员国根据高级别审查评估执行妇女、和平与安全议程的战略和资源，再次呼吁会员国确保妇女在预防和解决冲突的国家、区域和国际机构和机制的决策层中有更多的代表，鼓励支持和平进程的各方协助妇女切实参加出席和平谈判的各方的代表团，促请捐助国为参加和平进程的妇女提供资金和技术援助，包括提供调解、宣传和谈判所涉技术领域的培训，为调解人员和技术小组提供支持和培训，以了解妇女参与的作用和让妇女切实参与的战略，还鼓励民间社会组织酌情切实参加所有国际和区域和平与安全会议，包括捐助方会议，帮助确保政策和方案的制定、轻重缓急、协调和执行都顾及性别平等问题，鼓励这类会议的主办方适当考虑为各方面的民间社会参与者参加会议提供便利；

2. 欢迎会员国努力执行第1325（2000）号决议，包括制定国家行动计划，还欣见国家行动计划近年来有所增加，吁请会员国通过广泛进行协商，包括同民间社会协商，特别是同妇女组织协商，进一步在国家行动计划和其他规划框架中列入与妇女、和平与安全有关的议程并提供足够资源，包括履行国际人道主义法和国际人权法规定的相关义务，吁请有国家行动计划的国家在出席安全理事会关于妇女、和平与安全问题年度公开辩论时，通报它们执行和审查计划的进展情况，还欢迎各区域努力执行第1325（2000）号决议，包括制定区域框架，并鼓励区域组织进一步执行该决议；

3. 鼓励会员国在妇女、和平与安全方面提供更多的资金，包括为发生冲突地方和冲突后局势的促进性别平等和增强妇女权能的方案提供更多的援助，并支持民间社会，鼓励会员国通过能力建设等途径，支持处于武装冲突和冲突后局势的国家执行关于妇女、和平与安全的决议，要求加强与增强妇女权能和性别平等相关的国际发展合作，邀请援助提供者跟踪援助重点关注性别平等问题的情况；

4. 敦促秘书长和联合国相关实体，包括但不限于维持和平行动部、政治事务部和建设和平支助办公室，加倍做出努力，在它们的工作中，包括在所有政策的制订和规划过程中和评估工作中，以及在满足第2122（2013）号决议提出的要求时，顾及妇女的需求和性别平等因素，并弥补问责方面的不足，包括秘书长在与联合国总部和外地高层管理人员的契约中增添性别平等的具体目标，作为个人业绩的指标，高层管理人员包括秘书长特使和特别代表、驻地协调员和人道主义协调员，以便进行监测和帮助秘书长做出决策，包括有关今后职位征聘的决策，还鼓励联合国内部负责执行妇女、和平与安全议程的机构，包括妇女署和负责冲突中性暴力问题的秘书长特别代表，考虑其在妇女、和平与安全问题协调和问责方面的作用，加强它们之间的工作关系；

5. 认识到目前需要根据第2122（2013）号决议，进一步把第1325（2000）号决议列入自己的工作，包括，除了第2122（2013）号决议提出的要点外，根据既定做法和程序，需要解决与提供具体信息和关于列入安理会议程各局势所涉性别问题的建议相关的挑战，以便为安理会作出决定提供信息，帮助加强安理会决定；

（a）表示打算召集安全理事会有关专家开会，这些专家是妇女、和平与安全问题非正式专家小组的一部分，以便安理会在自己的工作中更加系统地处理妇女、和平与安全问题，加强对执行工作的监督与协调；

（b）决定，考虑到每个国家的具体情况，将妇女、和平与安全问题纳入列入安理会议程的所有具体国家的局势，表示打算根据需要，在定期举行的安全理事会具体国家局势磋商中专门讨论妇女、和平与安全的执行情况，再次表示打算确保安全理事会特派团通过与地方和国际妇女团体协商等途径，考虑性别因素和妇女权利；

（c）表示打算邀请包括妇女组织在内的民间社会向安理会通报各国的具体情况和相关专题，并请副秘书长/妇女署执行主任和负责冲突中性暴力问题的秘书长特别代表更加定期地向安理会通报各国的情况和安理会议程相关专题工作领域的情况，包括通报冲突和危机中的妇女和女孩的危急境况；

6.表示打算在通过在武装冲突中实行定向制裁或延长定向制裁时，酌情考虑指认有以下行为的人，包括恐怖团体的行为人：违反国际人道主义法以及侵犯和践踏人权、包括性暴力和性别暴力、强迫失踪和强迫流离失所，并承诺确保制裁委员会的有关专家组有必要的性别平等专业知识；

7.敦促维和部和政治部在特派团规划、任务拟定、执行、审查和特派团缩编过程中，始终有必要的性别平等分析和性别平等专业技术人员，确保在特派团任务期各个排定阶段都顾及妇女的需求和让她们参与，欢迎秘书长承诺让性别平等问题高级顾问到特别代表办公室工作，促请为性别问题高级顾问和其他性别平等干事职位编制预算，并在委派到政治特派团和多层面维和行动后迅速进行征聘，鼓励维和部、政治部和妇女署相互加强合作，以便联合国维和行动和政治特派团进一步顾及性别平等问题，包括充分利用各实体的比较优势，在实地派驻性别平等顾问和让特派团的其他地区在执行安全理事会第1325（2000）号决议和其后各项决议时获得这些实体的政策、实务和技术支持；

8.欢迎秘书长承诺考虑各区域代表性情况并按照关于行政和预算问题的现有

细则和条例，优先任命更多的妇女担任联合国领导职务，鼓励他调查有哪些障碍阻碍妇女应聘和升职，还欢迎做出努力，增加妇女在联合国维和行动军事和警察人员中的人数，促请秘书长与会员国协作，着手修订战略，以便在现有资源内，在今后5年内使联合国维和行动军事和警察特遣队中的妇女人数翻番；

9.严重关切仍有包括军事、文职和警察人员在内的联合国维和人员和非联合国部队人员进行性剥削和实施性暴力的指控，敦促警察和部队派遣国积极进行关于性剥削和性虐待的部署前培训并对其维和人员进行审查，迅速对军警人员进行彻底调查和酌情提起起诉，及时向联合国通报调查情况和结果，促请联合国在接到合作请求后酌情并及时与各国当局、包括负责调查这些指控的法院合作，请联合国部队和警察派遣国在需要时开会讨论性剥削和性虐待问题，并请联合国军事参谋团作为其定期安排的一部分，讨论这些问题；

10.欢迎秘书长继续努力执行对不当行为零容忍的政策，尤其欢迎就预防措施、落实工作和加强问责的补救行动提出的各项建议，包括秘书长承诺公开公布联合国人员的不当行为，建议随时向安理会通报秘书长关于对性剥削和性虐待零容忍政策的执行情况，并决定禁止多次列入他关于儿童与武装冲突问题报告和武装冲突中性暴力问题报告的附件的国家参加联合国维和行动，敦促目前被列入名单的部队和警察派遣国停止侵权和侵害行为，迅速执行行动计划，以避免暂停参加和平行动；还请秘书长在提交给安全理事会的关于各国情况的报告中列入一个章节，阐述行为举止和纪律问题，包括酌情阐述对性剥削和性虐待零容忍政策的遵守情况；

11.呼吁会员国和联合国进一步把妇女、和平与安全议程、反恐议程和反对可滋生恐怖主义的暴力极端主义议程综合统一起来，请反恐怖主义委员会（反恐委员会）和反恐怖主义委员会执行局（反恐执行局）把性别平等问题作为一个贯穿不同领域的问题列入各自任务规定的所有活动，包括列入国家评估和报告、对会员国的建议、对会员国的技术援助和对安理会的情况通报，鼓励反恐委员会和反恐执行局进一步同妇女及妇女组织进行协商，帮助它们开展工作，还鼓励反恐怖主义执行工作队（反恐执行队）在其任务规定内开展活动时采用相同做法；

12.敦促会员国并请联合国相关实体，包括反恐执行局，在其当前授权任务范围内与妇女署合作，开展顾及性别平等问题的研究，收集数据，以查明妇女激进化的起因和反恐战略对妇女的人权和妇女组织的影响，以便制订有针对性的循证政策和方案对策，确保联合国防止和应对可滋生恐怖主义的暴力极端主义任务的监测和评估机制及进程，包括相关制裁专家组和为进行实况调查和刑事调查设立的机构，都有必要的性别平等专业知识来完成它们的任务；

13.敦促会员国和联合国系统确保妇女和妇女组织参加反恐战略和反可滋生恐怖主义的暴力极端主义战略的制定工作并起领导作用，包括根据联合国全球反恐战略——A/RES/60/288制止煽动恐怖行为，编写反驳材料和采取其他适当措施，培养有效开展这一工作的能力，以及消除有利于恐怖主义和可滋生恐怖主义的暴力极端主义传播的条件，包括增强妇女、青年、宗教领袖和文化领袖的权能，欢迎日益注重在上游开展包容性预防工作，鼓励秘书长即将提交的防止暴力极端主义行动计划列入让妇女参与和起领导作用以及增强妇女权能的内容，并将其作为联合国战略和对策的核心，呼吁在这方面提供足够的资金，呼吁在联合国反恐和反可滋生恐怖主义的暴力极端主义的资金内，增加增强妇女权能等性别平等问题项目的资金；

14.敦促会员国，通过迅速调查、起诉和惩罚性暴力和性别暴力行为人等途径，增强冲突和冲突后局势中妇女获得司法救助的能力，酌情补偿受害人，指出，由于国际刑事法院、各特设和混合法庭以及各国法院的专门法庭开展的工作，打击国际关切的侵害妇女和女童的最严重罪行不受惩罚现象的工作得到加强，再次表示打算强力打击有罪不罚现象，通过适当手段追究责任；

15.鼓励通过能力建设等途径，酌情增强妇女权能，使其能够参与设计和开展与预防、打击和铲除非法转运、不利于稳定地积累和滥用小武器和轻武器问题相关的工作，并吁请会员国、联合国实体、政府间组织、区域组织和次区域组织适当考虑冲突和冲突后环境对妇女和女童安全、流动性、教育、经济活动和机会的具体影响，减少妇女积极参与小武器和轻武器非法转运活动的风险；

16.促请会员国、联合国和其他相关行为体确保2016年在土耳其伊斯坦布尔举行的世界人道主义首脑会议的议事进程和成果中给予妇女、和平与安全议程应有的考虑，还认识到必须在所有人道主义方案中顾及性别平等因素，包括争取让妇女在不受任何歧视的情况下受到保护和获取各种医疗、法律、社会心理和生计服务，让妇女和妇女团体切实参加人道主义行动并得到支持成为行动的领导人；敦促秘书长在各级加强关于这个问题的领导责任和政治意愿，确保就与增强妇女权能和两性平等相关的现有各个人道主义框架问责，促进执行妇女、和平与安全议程；

17.请秘书长在下一份关于第1325（2000）号决议执行情况的年度报告中提交信息，阐述落实高级别审查的进展情况，包括秘书长关于全球调查的报告指出的各项建议的进展情况、作为高级别审查一部分做出的新承诺以及为联合国系统作出的适当监测和评价安排，并将其提交给所有会员国；

18.决定继续积极处理此案。

[联合国安理会：《第2242（2015）号决议》，S/RES/2242(2015)，2015年10月13日，https://undocs.org/zh/S/RES/2242(2015)]

第2467（2019）号决议

（2019年4月23日安全理事会第8514次会议通过）

安全理事会，

重申致力于继续全面执行关于妇女与和平与安全的第1325（2000）、1820（2008）、1888（2009）、1889（2009）、1960（2010）、2106（2013）、2122（2013）和2242（2015）号决议和相关的安理会主席声明，并进一步强调，唯有专注致力于确保妇女参与以及保护和促进人权，始终如一地支持妇女更多参与各级决策，才能消除顽固存在的执行障碍，

回顾《北京宣言》和《行动纲要》的承诺，重申《消除对妇女一切形式歧视公约》及其《任择议定书》的缔约国的义务，敦促尚未批准或加入这些文书的国家考虑批准或加入，

还回顾1949年日内瓦四公约及其1977年附加议定书规定的适用于武装冲突各方的义务，

注意到消除对妇女歧视委员会关于妇女在预防冲突、冲突及冲突后局势中的作用的第30号一般性建议，

铭记《联合国宪章》的宗旨和原则及《宪章》为安全理事会规定的维护国际和平与安全的首要责任，

认识到各国根据国际法规定负有尊重和保障本国境内和受本国管辖的所有人的人权这一首要责任，重申武装冲突各方负有确保平民得到保护的首要责任，

申明会员国在全面执行安全理事会关于妇女与和平与安全各项决议的规定方

面的首要作用以及联合国实体和区域组织在此方面的重要辅助作用，

　　表示注意到秘书长 2019 年 3 月 29 日的报告（S/2019/280），仍深为关切应对和消除武装冲突局势中性暴力、特别是针对妇女和儿童的性暴力问题进展缓慢，并注意到如秘书长报告所述，在世界各地，武装冲突期间和之后均有性暴力发生，

　　确认第 1325（2000）号决议通过二十周年的重要意义，确认妇女与和平与安全议程的执行取得进展，有机会且有必要加大执行力度，仍深为关切妇女在与维护国际和平与安全有关的许多正式进程和机构中常常代表权不足，妇女在与政治、和平与安全有关的国家、区域和国际机构中担任高级职位的人数相对较少，这些机构缺乏对性别问题充分敏感的人道主义对策及对妇女领导作用的支持，对妇女与和平与安全的供资不足，由此对维护国际和平与安全产生不利影响，

　　表示深为关切妇女和女童在武装冲突及冲突后局势中遭受各种威胁及侵犯践踏人权行为，认识到妇女和女童在冲突及冲突后局势中尤为面临风险，往往成为特定目标并面临更大的暴力风险，

　　强调促进性别平等和增强妇女的政治、社会和经济权能对于预防和应对冲突及冲突后局势中性暴力问题至关重要，妇女和女童的安全和增强权能对于她们切实参与和平进程、预防冲突和重建社会具有重要意义，因此，正如以往关于妇女与和平与安全的所有决议所反映的那样，妇女的保护和参与这两者密不可分、相辅相成，

　　认识到武装冲突及冲突后局势中的性暴力对妇女和女童的影响由于妇女和女童面临的歧视、妇女在决策和领导角色中的代表权不足、歧视性法律的影响、现有法律的执行和适用存在性别偏见、有害的社会规范和做法、结构性不平等以及社会中对妇女或性别角色的歧视性看法和幸存者没有机会获得服务等因素而尤其严重，还申明必须消除针对所有妇女和女童的性暴力上述根源和其他根源，促进性别平等，以此作为预防冲突、解决冲突和建设和平的部分工作，

　　认识到冲突中性暴力是在一系列相互关联和反复发生的暴力侵害妇女和女童行为的情况下发生，并认识到冲突还加剧了其他形式的性别暴力的发生频率和残

暴程度，

认识到国家在消除武装冲突及冲突后局势中性暴力根源方面拥有自主权和负有责任，还认识到坚持大力起诉性暴力罪行对于阻遏和预防至关重要，同样至关重要的是必须驳斥这样的看法，即武装冲突中性暴力是一种文化现象或是战争的必然结果或是一种较轻的罪行，

重申文职和军事领导人需表现出防止性暴力行为和切实追究此类行为责任的决心和政治意愿，重申对于冲突及冲突后局势中性暴力罪行不作为和有罪不罚可能会发出容忍此类罪行发生这样一个信息，

回顾各国有责任消除有罪不罚现象，起诉应对针对平民实施的灭绝种族罪、危害人类罪和战争罪承担责任者，在此方面关切地注意到，只有为数非常有限的施行性暴力者被绳之以法，同时认识到，国家司法系统在冲突及冲突后局势中可能严重被削弱，

注意到联合国调查委员会和联合国实况调查团在适当和相关情况下是核查和调查侵犯践踏国际人权法和违反国际人道主义法行为、根据各自任务规定提出建议以推进问责、伸张正义和保护幸存者及根据各自任务规定及在现有资源范围内与各基金和机构合作提供专门的多部门服务的机制，

认识到在预防和应对冲突及冲突后局势中性暴力问题时需要采取以幸存者为中心的办法，还认识到性暴力幸存者需不受歧视地有机会获得尽可能充分的医疗和心理社会等服务，需免遭酷刑和残忍、不人道或有辱人格的待遇，违反关于受害者待遇的义务可能构成严重违反国际法的行为，

再次深表遗憾的是，武装冲突局势中绝大多数伤亡者仍然是平民，严重关切地回顾指出，小武器和轻武器非法转让、不利于稳定地积累和滥用助长武装冲突，在人权、人道主义、发展和社会经济方面产生有害后果，特别是对武装冲突中平民安全产生不利影响，包括尤其加剧冲突中针对妇女和女童的暴力，加剧性暴力和性别暴力，

肯定《武器贸易条约》获得通过，注意到《条约》第7（4）条规定，出口武器的缔约国应考虑到条约涵盖的常规武器或物项被用于实施或帮助实施严重的性

别暴力行为或严重的暴力侵害妇女和儿童行为的风险，

认识到冲突及冲突后局势中的性暴力与包括所谓的"冲突矿物"在内的自然资源非法贸易之间的联系，还认识到私营部门行为体需确保为生产流程购置材料所付资金不被用于资助使冲突持续和在冲突及冲突后局势中实施性暴力的武装团体，

回顾包括妇女领袖和妇女组织在内的民间社会对预防冲突、解决冲突和建设和平的重要贡献，包括预防和应对冲突中的性暴力，申明他们必须持续互动和切实参与和平进程，仍深为关切对民间社会组织的工作施加各种威胁、攻击和限制，有损他们为国际和平与安全作出贡献的能力，

重申根据《宪章》尊重所有国家的主权、领土完整和政治独立，

欢迎会员国并确认区域和次区域组织努力在区域、国家和地方各级执行第1325（2000）号决议及其后关于妇女与和平与安全的各项决议，包括制定行动计划和其他规划框架，配之以充足资源，鼓励会员国继续落实这一执行工作，包括为此加强监测、评价和协调，

1.再次要求武装冲突各方立即彻底停止一切性暴力行为，再次呼吁这些当事方作出和履行有时限和具体的打击性暴力的承诺，其中除其他外，应包括：通过指挥系统发布明确命令和制定行为守则以禁止性暴力，建立相关的实施程序，以确保对违反这些命令的行为追究责任，各个指挥官作出承诺，调查所有可信的指控，包括根据相关联合国实体报告的信息进行调查和追究责任人的责任，允许不受阻碍地进入各当事方控制下的地区进行监测及提供服务和人道主义援助；

2.欢迎秘书长、负责冲突中性暴力问题秘书长特别代表、法治和冲突中性暴力问题专家组、妇女保护顾问和联合国其他相关实体努力争取冲突各方作出有时限的承诺和制定执行计划，以防止和处理冲突及冲突后局势中一切行为和形式的性暴力，鼓励酌情指定高级别文职、军事和警察协调人，负责这些承诺的履行，并指出秘书长应在关于冲突中性暴力问题的年度报告中妥善考虑到上述承诺的持续履行情况，鼓励采取更系统的办法和加快这些努力，并欢迎负责冲突中性暴力问题秘书长特别代表定期向安全理事会通报这方面情况；

3.鼓励国家当局在这方面加强立法，加强追究性暴力行为的责任，强调指出会员国的国内调查和司法系统在防止和消除冲突中性暴力并确保追究责任人责任方面的关键作用，请包括第1888号决议所设法治和性暴力问题专家组在内的联合国相关实体支持国家当局在这方面的努力；

4.确认妇女与和平与安全问题非正式专家组的工作，如第2242号决议所表述的那样，表示打算审议其信息、分析和建议，肯定妇女署在此方面的重要作用，强调武装冲突及冲突后局势中性暴力问题及妇女与和平与安全议程的所有其他方面应继续在此论坛内予以处理；

5.重申深为关切的是，尽管安理会一再谴责武装冲突局势中针对妇女和儿童的暴力行为，包括性暴力行为，尽管安理会多次要求武装冲突各方立即停止此类行为，但此类行为仍继续发生且往往不受惩处，而且在一些情况中甚至变成了有计划和广泛的做法，其凶残程度骇人听闻；为此请秘书长在现有资源范围内并与所有合适的联合国实体以及会员国和其他相关专家密切磋商，在下次提交安理会的关于第1820（2008）、1888（2009）、1960（2010）、2106（2013）号决议和本决议执行情况的年度报告中纳入执行差距评估，并就安全理事会如何加强和监测冲突各方履行相关承诺及联合国如何更好地支持地方、国家和区域努力回应冲突中性暴力行为幸存者的需要提出建议；

6.请秘书长和相关联合国实体进一步加强第1960（2010）号决议作出的对与冲突有关性暴力问题的监测、分析和报告安排，包括对武装冲突中、冲突后局势中和与执行第1888（2009）号决议有关的其他局势中的强奸行为的监测、分析和报告，并酌情考虑确保这些安排处理把性暴力用作战术和用作恐怖主义策略的问题，以期在现有资源范围内提供关于冲突各方执行本决议第1段情况的信息；

7.重申监测、分析和报告安排需要充分尊重根据安全理事会关于儿童与武装冲突问题的各项决议落实的监测和报告机制的完整性和特殊性，再次请秘书长继续确保负责儿童与武装冲突问题秘书长特别代表与负责冲突中性暴力问题秘书长特别代表之间各项工作充分透明、合作和协调开展；

8.鼓励联合国相关授权机构酌情在设立调查委员会和独立调查实体等机构时

确保在所设机构的任务规定和职权范围中纳入处理武装冲突及冲突后局势中性暴力问题的相关考虑因素，秘书长酌情确保这些机构具有并实际可用处理这些问题的能力和相关专长，为此鼓励使用具有相关专长的现有调查员名册，并强调记录和调查冲突及冲突后局势中性暴力问题的所有工作都应考虑到幸存者的具体需要，妥为协调，尊重幸存者的安全、机密和知情同意，保持独立和公正，强调监测和调查战略应与向幸存者提供服务的专门多部门转交处理渠道衔接；

9. 鼓励继续加大力度监测和记录武装冲突及冲突后局势中的性暴力问题，呼吁采取更系统、可靠和严格且不使幸存者面临风险的办法收集关于冲突及冲突后局势中性暴力问题的准确、可靠、及时和按性别分列的信息，作为监测和记录工作的组成部分；

10. 敦促现有各制裁委员会在相关指认标准范围内并根据本决议和其他相关决议，对在冲突中实施和指示实施性暴力行为者进行定向制裁，重申打算在对武装冲突局势采取或延长定向制裁时，考虑列入与强奸和其他形式性暴力行为有关的指认标准；

11. 鼓励秘书长确保各制裁委员会的专家组和各类监测组按任务规定包含具有性暴力和性别问题方面专门能力的成员，并在这些专家组和监测组提交各委员会的报告和建议中列入关于冲突及冲突后局势中性暴力事件、模式、趋势和施暴者的信息；

12. 促请所有维持和平特派团及其他相关的联合国特派团和联合国实体，尤其是儿童与武装冲突问题工作组、负责儿童与武装冲突问题秘书长特别代表和负责冲突中性暴力问题秘书长特别代表，与联合国安全理事会有关制裁委员会分享所有与性暴力有关的信息，包括通过各制裁委员会的监测组和专家组分享信息，还促请它们加强这方面的合作和信息交流；

13. 确认有必要将预防、应对和消除冲突及冲突后局势中性暴力行为和解决其根源等内容纳入所有相关决议，包括为此而在批准和平特派团任务授权和延长任务期限时纳入业务规定；表示打算更好地利用对冲突地区的定期实地访问，组织与当地妇女和实地妇女组织的互动会议，了解武装冲突地区妇女的关切和需求；就预防和应对冲突及冲突后局势中性暴力问题酌情与国家当局互动沟通，并与受害者、受影响社区和包括妇女组织在内的民间社会进行接触；

14.促请会员国在司法部门改革的努力中，按照国际法规定的公平审判保障措施，加强关于冲突及冲突后局势中性暴力行为的立法、调查和起诉，其中可包括颁布受害者和证人保护法（如果尚未制定相关法律），酌情为幸存者提供法律援助，酌情建立负责处理此类罪行的专门警察部队和法院，消除受害者伸张正义面临的程序障碍，例如提出申诉的时限限制、歧视受害者作为证人和投诉人的确证要求、执法人员在司法和其他程序中排除或质疑受害者证词的做法以及非公开开庭设施的缺乏；鼓励有关会员国酌情利用第1888（2009）号决议所设联合国专家组在负责冲突中性暴力问题秘书长特别代表的战略领导下的专门能力来加强法治，并加强文职和军事司法系统处理武装冲突及冲突后局势中性暴力问题的能力，以此作为广泛地努力加强防止有罪不罚现象的体制保障的部分工作；

15.敦促会员国通过迅速调查、起诉和惩罚性暴力和性别暴力行为人及酌情补偿受害者等途径，增强冲突及冲突后局势中性暴力行为受害者、包括暴力行为特别针对的妇女和女童诉诸司法的能力，知悉2002年7月1日开始生效的《国际刑事法院罗马规约》将性和性别相关罪行纳入国际关切的最严重罪行之列，注意到由于国际法庭和混合法庭以及国家法院专门法庭开展的工作，打击国际关切的侵害妇女和女童的最严重罪行不受惩罚现象的工作得到加强，重申打算继续大力打击有罪不罚现象并通过适当手段追究责任；

16.鼓励会员国采取以幸存者为中心的办法预防和应对冲突及冲突后局势中性暴力，确保预防和应对举措是非歧视性和针对具体情况的，尊重权利并优先考虑幸存者、包括尤为弱势或可能成为特定目标的群体的需要，特别是卫生、教育和参与等方面的需要，为此，安理会：

a.促请所有会员国确保各自国家的冲突中性暴力和性别暴力幸存者不受任何歧视地获得其特殊需要所要求的照顾；

b.注意到武装冲突及冲突后局势中性暴力与艾滋病毒感染的联系以及艾滋病毒与艾滋病对妇女和女童的尤其严重负担，成为性别平等的持续障碍和挑战；

c.鼓励国家和地方两级领导人，酌情包括社区、宗教和传统领袖（如果有的话）发挥更积极的作用，在社区内倡导打击冲突中性暴力行为，避免幸存者及其家庭被边缘化和污名化，协助幸存者及其子女重新融入社会和经济，并应对这些罪行不受惩罚的问题；

d.鼓励有关会员国确保性暴力和性别暴力的幸存者有机会充分切实参与过渡期正义进程的所有阶段，包括参与决策，认识到妇女的领导和参与将使过渡期正义成果更有可能构成受害者所界定的有效补救办法，并对重要的关联因素作出回应；

17.回顾国际法中关于人权遭侵犯而获得有效补救的权利的适用规定，促请会员国向冲突及冲突后局势中性暴力受害者提供这种有效的补救和援助，并鼓励会员国和其他相关行为体适当考虑设立一个幸存者基金；

18.认识到因武装冲突中性暴力而怀孕的妇女和女童，包括选择成为母亲的妇女和女童，可能有不同和特殊的需求，注意到妇女、女童及因其遭受冲突中性暴力而生下的子女往往面临相互关联、特有、有时危及生命和持久的风险和伤害，包括经济和社会边缘化、身心伤害、没有国籍、遭到歧视和缺乏获得赔偿的机会；敦促各国根据《消除对妇女一切形式歧视公约》和《儿童权利公约》规定的适用义务，在国家立法中承认受武装冲突中性暴力影响的所有人的平等权利，包括妇女、女童及因其遭受冲突中性暴力而生下的子女，还请秘书长在两年内、至迟于2021年底就这些问题向安全理事会提出报告，并请负责儿童与武装冲突问题秘书长特别代表就该事项与负责冲突中性暴力问题秘书长特别代表和其他相关联合国实体合作；

19.认识到支持和促进民间社会，特别是支持和促进地方、基层和妇女领导的组织、宗教和社区领袖、女童领导和青年领导的组织，对于所有预防和应对工作的重要性；同时支持社区动员运动，以帮助将性暴力的耻辱从受害者转移到施暴者身上，并在国家安全存在薄弱的地方促进社区成员之间的团结；

20.鼓励有关会员国和相关联合国实体支持妇女领导和幸存者领导的组织的能力建设，建设民间社会团体的能力，以加强社区一级防止冲突及冲突后局势中性暴力的非正式保护机制，更多地支持妇女积极切实参与和平进程，以加强性别平等、增强妇女权能和保护妇女，将此作为预防冲突的一种手段；

21. 欢迎民间社会妇女定期通报情况，特别是在针对具体国家的会议上通报情况，使安理会了解冲突国家的状况，包括与性暴力有关的情况，促请各国谴责针对民间社会和报道冲突中性暴力行为并在改变对结构性性别不平等和歧视等性暴力根源的普遍看法方面有着重要作用的记者的歧视、骚扰和暴力侵害行为，并制定和实施保护他们和使其能够开展工作的措施；

22. 请秘书长确保及时向相关联合国和平行动部署妇女保护顾问，特别是高级别的妇女保护顾问，确保他们能够直接接触这些和平行动的高级领导，并在所有令人关切的有关局势中与联合国驻地和人道主义协调员办事处直接接触，就本决议和安全理事会关于冲突中性暴力问题的其他决议的业务规定的执行情况向联合国高级领导层提供咨询，包括与冲突各方互动以争取后者作出有时限的承诺，以及建立冲突中性暴力问题的监测、分析和报告安排并使其得以运作，表示赞赏地注意到秘书长的性别均等战略；

23. 重申打算在确定联合国特派团的任务规定和延长其任务期限时，列入关于通过酌情任命性别平等问题顾问等方式在冲突及冲突后局势中促进性别平等和增强妇女权能的规定，还表示打算列入有关规定，以促进妇女在以下方面实现充分切实的参与并得到保护：选举筹备和政治进程、解除武装，复员和重返社会方案、安全部门和司法改革，以及属于特派团规定任务的更广泛的冲突后重建进程；

24. 确认联合国维和特遣队在防止性暴力方面的作用，在这方面要求在针对部队和警察派遣国特遣队的部署前培训和特派团内培训中纳入关于性暴力和性别暴力问题的培训，并鼓励将能否做到这点纳入用于评估部队和警察的业绩和行动准备标准之中；

25. 欢迎秘书长决定禁止其关于冲突中性暴力问题以及儿童与武装冲突问题的报告附件中一再列名的所有国家行为体参与联合国维持和平行动，敦促目前被列名的部队和警察派遣国停止这类侵犯和施暴行为，并根据本决议第1段迅速执行行动计划，从而避免被中止参加和平行动；

26.促请会员国和联合国支持受影响国家在安全部门改革进程中处理冲突及冲突后局势中性暴力问题，包括加强军事架构处理和预防与性暴力有关的犯罪的能力，并通过审查落实保障措施，防止在安全部队中招募、留用或提拔确信涉嫌实施性暴力相关犯罪的个人；鼓励会员国促进妇女有平等机会担任国家警察部门和其他安全部门的各级职位；鼓励受权处理安全部门改革问题的联合国各实体将处理性暴力问题的专门能力纳入实地行动，并确保这些考虑因素反映在其方案活动的业务指导和资源配置中；

27.鼓励会员国在秘书长和相关联合国实体的协助下，确保将性别问题分析和培训纳入国家解除武装、复员和重返社会进程，包括确保曾与武装团体有关联的妇女以及前战斗人员能够获得医治心理创伤服务、参与重新融入社会和重返社会举措；在这方面重申需要为驻扎营地的妇女以及在驻扎营地附近和回返社区的平民建立保护机制；

28.强调指出，冲突中性暴力和性别暴力行为可能是被指认为恐怖主义团体的某些武装冲突当事方包括非国家武装团体的战略目标和意识形态的一部分，并被它们当作一种策略使用，因此申明被指认为恐怖主义团体的某些武装冲突当事方包括非国家武装团体实施的性暴力行为的受害者应有机会获得国家救济和赔偿方案的帮助以及保健、心理社会护理、安全住所、生计支助和法律援助，申明所提供的服务应包括向因遭受冲突中性暴力而生下子女的妇女以及可能在拘留等环境中成为冲突中性暴力受害者的男子和男童提供服务；这些服务应有助于消除与这类罪行相联系的社会文化污名，促进康复和重返社会工作；

29.请反恐怖主义委员会执行局（反恐执行局）在其现有任务范围内并在反恐怖主义委员会（反恐委员会）的政策指导下，与毒品和犯罪问题办公室、负责冲突中性暴力问题秘书长特别代表、根据第2242（2015）号决议与妇女署以及与其他有关实体密切合作，继续酌情在反恐执行局的国家评估中纳入资料，说明会员国为解决贩运人口问题所作的努力，说明贩运人口问题与恐怖主义团体作为战略目标和意识形态一部分所实施以及被指认为恐怖主义团体的某些武装冲突当事方包括非国家武装团体作为一种策略使用而实施的冲突及冲突后局势中性暴力之间的联系；

30.促请冲突各方确保停火与和平协定载有条款，规定冲突及冲突后局势中的性暴力是一种违禁行为，特别是在关于脱离接触的条款中对此作出规定，进一步确保妇女出席并切实参与政治谈判前和谈判进程；强调指出在解决冲突进程中，必须将性暴力犯罪排除在大赦和豁免规定之外；

31.确认流离失所者面临更高且更为具体的性暴力和性别暴力风险，包括武装冲突中性暴力风险，且他们在获得支助服务方面存在障碍，确认根据适用的国际难民法和国际人权法，为了确定庇护或难民地位资格，武装冲突及冲突后局势中的性暴力可能构成一种与性别有关的迫害形式；鼓励会员国考虑为幸存者提供重新安置或就地安置的支助，采取措施减轻性暴力风险，为幸存者提供服务，并向他们提供为今后的问责进程记录案情的选择；

32.注意到武装冲突及冲突后局势中的性暴力对妇女和女童的影响尤为严重，又确认男子和男童也是冲突及冲突后局势中性暴力的目标，包括在拘留环境和与武装团体有关联的环境之中；敦促会员国保护男子和男童受害者，为此加强政策，为男性幸存者提供适当的应对方案，并驳斥男性不易受此类暴力侵害的文化观念；还请与冲突有关性暴力问题的监测、分析和报告安排更加一致地注重针对受所有令人关切局势影响的所有人包括男子和男童的冲突及冲突后局势中性暴力行为的性别特殊性；

33.欢迎各区域和次区域组织努力处理和消除冲突及冲突后局势中性暴力问题，并在这方面向会员国提供支持，鼓励它们继续这些努力；

34.确认联合国制止冲突中性暴力行动作为冲突中性暴力问题特别代表主持的机构间协调论坛为解决这一问题而发挥的作用，鼓励联合国制止冲突中性暴力行动修订和继续制定创新的业务工具和指导意见；

35.促请所有会员国、联合国实体和民间社会行为体在第1325号决议通过20周年之前作出承诺，以执行安全理事会关于妇女与和平与安全的各项决议，并确保这些承诺对执行妇女与和平与安全议程产生切实影响，并便于更大力跟进执行情况，此外还鼓励会员国通过和定期更新国家行动计划并充分供资，以推进妇女与和平与安全议程；

36.请秘书长继续就第1820（2008）、1888（2009）、1960（2010）和2106（2013）号决议及本决议的执行情况向安理会提交年度报告，还请秘书长按任务规定在其冲突分析中纳入对性别问题有敏感认识的分析，并在提交安理会的报告中继续列入与妇女与和平与安全有关的各项问题的信息和相关建议，包括关于冲突及冲突后局势中性暴力问题的信息和相关建议；

37.决定继续积极处理此案。

[联合国安理会：《第2467（2019）号决议》，S/RES/2467(2019)，2019年4月23日，https://undocs.org/zh/S/RES/2467(2019)]

第2493（2019）号决议

（2019年10月29日安全理事会第8649次会议通过）

安全理事会，

重申致力于使其关于妇女与和平与安全的第1325（2000）、1820（2008）、1888（2009）、1889（2009）、1960（2010）、2106（2013）、2122（2013）、2242（2015）和2467（2019）号决议及其相关主席声明得以按互为强化的方式继续和全面地执行和落实，

铭记《联合国宪章》的宗旨和原则及《宪章》规定安全理事会承担的维护国际和平与安全的首要责任，

重申在此方面通过对话、调解、协商和政治谈判消除分歧和结束冲突、以期实现可持续和平与安全的重要性，

确认妇女与和平与安全议程的落实取得进展，有机会且有必要加大执行力度，仍深为关切第1325（2000）号决议的全面执行工作持续面临障碍，妇女在与维护国际和平与安全有关的许多正式进程和机构中的代表比例常常不足，妇女在与政治、和平与安全有关的国家、区域和国际机构中担任高级职位的人数相对较少，这些机构缺乏对性别问题充分敏感的人道主义对策及对妇女领导作用的支持，对妇女与和平与安全的供资不足，由此对维护国际和平与安全产生不利影响，

认识到，了解武装冲突对妇女和女孩的影响，作出有效的体制安排以保证她们得到保护并能充分参与和平进程，这将非常有助于维护和促进国际和平与

安全，

回顾《北京宣言》和《行动纲要》中的承诺，重申《消除对妇女一切形式歧视公约》及其《任择议定书》的缔约国的义务，敦促尚未批准或加入《公约》及其《任择议定书》的国家考虑批准或加入，注意到消除对妇女一切形式歧视委员会关于妇女在预防冲突、冲突及冲突后局势中的作用的第30号一般性建议，

重申会员国在充分执行安全理事会关于妇女与和平与安全的各项决议方面的主要作用以及联合国各实体和区域组织的重要补充作用，还确认各国负有尊重和确保本国领土内和受本国管辖的所有人根据国际法享有人权的首要责任，并重申武装冲突各方负有确保保护平民的首要责任，

确认民间社会包括妇女组织对于安全理事会关于妇女与和平与安全的各项决议全面执行工作的重要作用和贡献，

表示注意到秘书长2019年10月9日的报告及其中向联合国和会员国提出的在第1325号决议20周年之前的业务建议，并回顾秘书长2015年9月17日的报告（S/2015/716），其中提交了第1325号决议执行情况全球研究报告的建议，

欣见会员国以及区域和次区域组织努力在区域、国家和地方各级执行关于妇女与和平与安全的第1325（2000）号决议及其后各项决议，包括制定行动计划和其他互补的实施规划框架并配之以充足资源，鼓励会员国继续着力于这一执行工作，包括为此加强监测、评价和协调，

认识到2020年期间多个重要周年，特别是第1325（2000）号决议20周年、联合国75周年、《北京宣言》和《行动纲要》25周年所带来的机遇，促请所有会员国致力于在和平与安全进程中推动增强妇女和女孩的权能，并利用这些周年加强国家努力和国际合作，

1.敦促会员国充分执行安全理事会以往有关妇女与和平与安全议程的所有决议各项规定，并加大这方面工作力度，

2.还敦促会员国致力于落实妇女与和平与安全议程及其优先事项，为此确保和促进妇女充分、平等和有意义地参与和平进程所有阶段，包括为此而将性别平等视角纳入工作主流，并继续致力于增加维持和平各个层级和重要岗位上的文职

和军警妇女人数,

3.敦促为和平进程提供支持的会员国便利妇女从一开始就充分、平等和有意义地纳入和参与和平谈判,既包括参与谈判各方代表团,也包括参与为执行和监测协议而建立的机制,鼓励会员国支持相关努力,包括及时支持妇女在和平进程中加大参与力度和能力建设,以便解决妇女在和平与安全议程中代表性和参与度不平等的问题,

4.注意到建设和平委员会依据第1645(2005)号决议承担的任务及其性别战略,呼吁予以充分执行以进一步促进妇女参与建设和平工作及预防冲突,鼓励建设和平委员会继续支持妇女领导的建设和平组织参与冲突后重建和恢复的规划和实现稳定工作,

5.促请会员国增进妇女的所有各项权利,包括公民、政治和经济权利,敦促会员国增加对妇女与和平与安全方面的供资,包括为此而增加对冲突和冲突后局势中那些推进性别平等和增强妇女经济权能和安全保障的方案的援助,为此而支持民间社会,并支持武装冲突局势中和冲突后局势中的国家执行关于妇女与和平与安全的各项决议,包括为此而提供教育机会、培训和能力建设,还呼吁加强与增强妇女权能和性别平等有关的国际发展合作,并邀请援助提供方继续跟踪了解捐助的性别重点,提供进一步信息,评估这方面进展,

6.大力鼓励会员国为民间社会,包括正式和非正式的社区妇女领袖、妇女建设和平者、政治行为体以及保护和增进人权者,独立、不受无理干扰地开展工作,包括在武装冲突局势中开展工作,创造安全、有利的环境,并处理针对上述各方的威胁、骚扰、暴力和仇恨言论,

7.表示注意到第2242(2015)号决议所述的妇女与和平与安全问题非正式专家组的工作,旨在推动安理会在自身工作中对妇女与和平与安全问题采取更系统的方针,便利加强对执行工作的监督与协调,肯定妇女署在此方面的重要作用,

8.鼓励区域组织考虑在第1325(2000)号决议20周年纪念之前召集由政府、相关利益攸关方和民间社会参加的会议,审查各自区域内妇女与和平与安全议程的落实情况,还鼓励区域组织确定充分落实该议程的实际和可衡量的步骤,邀请

它们在安全理事会年度公开辩论期间报告这方面进展情况,

9.请秘书长确保妇女与和平与安全议程得以充分落实,请联合国各实体的领导人在此方面给予秘书长一切可能的支持,以期:

a.制定促进妇女参与由联合国提供支持的所有和平谈判的特定办法,其中考虑到国家具体情况,以便促进妇女充分、平等和有意义地参与和平与安全进程,确保更包容的参与,

b.继续利用联合国与区域组织的年度磋商鼓励区域组织根据区域具体情况落实妇女与和平与安全议程,还鼓励应区域和次区域组织的要求,就议程落实工作开展合作和分享最佳做法,

c.继续将性别视角纳入秘书处和联合国各机构的工作主流,包括为此而实施全系统性别均等战略,

10.请秘书长在其关于第1325(2000)号决议及其后各项决议执行情况的下一次年度报告中:

a.提供关于妇女与和平与安全议程取得的进展和仍然存在的挑战等方面进一步信息以及应对新挑战和正在出现的挑战的建议,

b.说明性别平等顾问和(或)妇女保护顾问的任命情况,说明关于促进妇女充分和有效参与选举筹备和政治进程、解除武装、复员和重返社会方案、安全部门和司法改革及属于联合国特派团规定任务范围内的冲突后重建更广泛进程并得到保护等规定的实施情况,

c.按以往决议所述评估联合国安全理事会各制裁委员会的专家组和监测小组内专职性别问题专家技术力量方面取得的进展和做出的承诺,说明这一承诺如何得以履行,

11.决定继续积极处理此案。

[联合国安理会:《第2493(2019)号决议》,S/RES/2493(2019),2019年10月29日,https://undocs.org/zh/S/RES/2493(2019)]

第2538（2020）号决议

（2020年8月28日安全理事会通过）

安全理事会，

回顾其以往有关维持和平及妇女与和平与安全问题的相关决议和主席声明，

回顾《联合国宪章》的宗旨和原则，重申安全理事会根据《联合国宪章》负有维护国际和平与安全的首要责任，

特别指出维和作为联合国在促进和维护国际和平与安全方面可采用的最有效工具之一的重要性，

重申维和基本原则，如当事方同意、中立以及非自卫和履行授权不使用武力原则，确认每个维持和平特派团的任务规定都是针对有关国家的需要和情况制订的，安全理事会期望它规定的授权任务得到充分执行，

认识到第1325（2000）号决议通过20周年及《北京宣言》和《行动纲要》通过25周年具有重要意义，会员国应借此势头致力于落实妇女与和平与安全议程及其优先事项，为此确保并促进妇女充分、平等和有意义地参与和平进程，包括为此将性别平等视角纳入工作主流，并继续致力于增加维持和平各个层级和所有职位、包括高级领导职位上的文职和军警妇女人数，

认识到妇女在提高维和行动的整体业绩和效力方面发挥不可或缺的作用，还认识到女性维和人员的存在以及维和人员中男女比例的更好平衡除其他外，有助于提高特派团在民众中的公信力、增强社区参与的实效和加强保护对策，

赞赏地注意到秘书长的努力取得进展，通过其"以行动促维和"倡议调动所

有合作伙伴和利益攸关方支持更有效的联合国维和工作，该倡议高度重视促进妇女与和平与安全议程，同时推进政治解决办法，加强对平民的保护，改善维和人员的安全保障，支持有效执行和问责，加强维和工作对建设和平和保持和平的影响，改善维持和平伙伴关系，增强维和行动和维和人员的作为，

回顾安理会第2242（2015）号决议，其中请秘书长与会员国协作实施一项战略，到2020年将联合国维和行动军事和警察特遣队中的妇女人数翻一番，并要求该战略确保妇女充分、平等和有意义地参与维持和平的所有方面，还回顾秘书长《全系统性别均等战略》和《2018—2028年军警人员性别均等战略》，强调指出需要继续努力增加妇女对维和行动的参与，

强调指出促进妇女更多地参与维和行动需要所有会员国和联合国秘书处作出集体承诺和共同努力，并应得到适当资源的支持，欢迎会员国和联合国秘书处继续作出努力和采取措施，增加妇女对维和行动的参与，包括为此向女军警人员提供平等接受教育、培训和能力建设的机会及建立联系的机会，并采取步骤更好地了解和消除妇女参与维和工作的障碍，

回顾其第2242（2015）号决议，其中确认妇女在联合国维和工作中发挥不可或缺的作用，欢迎努力激励在联合国维和行动中部署更多的女性军事、警察和文职人员，指出有必要增加担任领导职务的妇女人数，并确保通过纳入适当的性别问题技术专门知识，在任务规划和执行的所有阶段都顾及妇女的需要和参与，

特别指出安理会重视外地维和人员包括女性维和人员的安全保障，秘书长、部队和警察派遣国以及会员国需要共同努力，确保特派团资源充足、所有实地维和人员具备有效且安全地执行任务的意愿、能力和装备条件，

1.促请会员国、联合国秘书处和区域组织加强集体努力，促进女性军警和文职人员充分、有效和有意义地参与维和行动的各级工作并担任所有职务，包括高级领导职务；

2.鼓励会员国制定战略和措施，向维和行动部署更多女军警人员，为此：

（a）传播有关部署女性人员的信息并为妇女获得部署、包括担任高级职务提供机会；

（b）为女军警人员提供培训机会，并确保经过培训的女军警被部署到维和行动中；

（c）建立有意向并可供任命和部署的经过培训的女性人员国家数据库；

（d）查明并消除在征聘、部署和晋升女性军警维和人员方面存在的障碍；

（e）酌情考虑如何增加妇女在国家军队和警察中的参与；

（f）协助提高区域组织为女军警人员提供培训的能力；

（g）采取措施提供支持和激励，包括提供子女照护并满足其他相关需求；

3.促请秘书长继续落实《全系统性别均等战略》和《2018—2028年军警人员性别均等战略》，并继续监测和评估在实现这些目标方面的进展和挑战，同时考虑到会员国，特别是部队和警察派遣国以及维和行动东道国的意见、最佳做法和经验教训，还促请所有会员国继续支持这些战略，包括为此增加维和行动中的女军警人数和她们的参与；

4.鼓励会员国加强合作，支持妇女更多地参与维和行动，包括为此分享女军警人员的征聘、留用、培训和部署方面的最佳做法；

5.鼓励联合国与区域和次区域组织合作，推动妇女更多地参与维和行动并在其中发挥更大作用；

6.促请会员国和联合国秘书处确保维和行动中的妇女有一个安全、有利和对性别问题有敏感认识的工作环境，消除针对她们的威胁和暴力，敦促联合国秘书处或部队和警察派遣国酌情为特派团中的妇女提供适足的基础设施和其他设施，如住宿、卫生设备、保健和防护装备，同时考虑到她们的具体需求以及对安全和隐私的要求，还敦促会员国和联合国秘书处在这方面提供充足资源；

7.表示关切有关维和行动中的性骚扰指控，申明安理会支持秘书长对一切形式性骚扰的零容忍政策，并请秘书长与会员国密切合作和协商，加强努力，预防和处理维和行动中的性骚扰问题；

8.鼓励部队和警察派遣国为所有军事和警察人员提供在特派团中履行职责所需要的适当培训，请联合国秘书处提供和更新必要的指导和培训材料；

9.鼓励会员国和联合国秘书处加强伙伴关系，通过小型协调机制、三方伙伴关系、双边和区域框架等方式，支持为女军警人员提供有针对性的培训和能力建设方案，还鼓励会员国提名女军警人员参加此类培训活动，并推动将她们部署到维和行动中；

10.请联合国秘书处与相关利益攸关方协作，继续开展公共宣传和倡导，鼓励妇女参与维和行动；

11.鼓励会员国、联合国秘书处和维持和平特派团协助为曾经的、现役的和未来的女性维和人员创造建立联系的机会并发展可持续的关系网络，以此交流有关参与维和行动的经验和信息，并激励更多妇女参与维和行动；

12.敦促维持和平行动促进妇女充分、有效和有意义地参与总部和外地各级的所有构成部分和职能，包括为此建立男女混合接触小组，并让更多女性维和人员参与妇女任职人数不足的构成部分和职能；

13.请秘书长在第2378（2017）号决议所要求的全面年度通报中报告本决议的执行进展情况以及妇女参与维和行动的其他相关方面；

14.决定继续处理此案。

[联合国安理会：《第2538（2020）号决议》，S/RES/2538(2020)，2020年8月28日，https://undocs.org/zh/S/RES/2538(2020)]

第三部分 联合国安理会主席的声明

安全理事会主席的声明
（S/PRST/2001/31）

（2001年10月31日安全理事会第4402次会议上发表）

安全理事会主席在2001年10月31日安全理事会第4402次会议上，就安理会2000年10月31日关于题为"妇女与和平与安全"的项目的第1325（2000）号决议通过一周年，代表安理会发表声明如下：

"安全理事会重申决心执行2000年10月31日第1325（2000）号决议，并欢迎联合国、会员国、民间社会组织及其他有关行动者努力促进妇女平等参加和充分参与维持和促进和平与安全以及执行第1325（2000）号决议的规定。

"安理会还重申坚决支持加强妇女在有关预防和解决冲突的决策方面的作用，再次呼吁各国让妇女参加和平协定、宪法以及重新定居和重建的谈判和实施工作，并采取措施，支持地方妇女团体和解决冲突的当地进程。在这方面，安理会赞扬马诺河妇女和平网络在促进马诺河联盟地区和平与对话方面所做的努力。布隆迪、索马里和东帝汶妇女参加政治决策机构也使安理会受到鼓舞。

"安全理事会强调，按照安全理事会主席2000年3月8日的声明，在处理武装冲突，特别是维持和平行动时，必须推行一种积极、明显的政策，将性别观点纳入所有政策和方案的主流。

"因此安理会再次请秘书长在他提交安全理事会的报告中酌情列入在联合国所有维持和平特派团中将性别观点纳入主流以及关于妇女和女孩的其他方面的进展情况。安理会表示打算充分审议这些报告并采取适当行动。安理会还重申要求酌情在维持和平行动中设立处理妇女问题的部门。

"安全理事会重申支持顾及性别差异的有关妇女的保护、权利和特殊需要以及有关妇女参与所有维持和平和建设和平措施的重要性的培训准则和材料。安理会呼吁所有部队派遣国将这些要素纳入本国维持和平人员的培训方案。

"安理会欢迎秘书长提出的具体建议:为加强维持和平行动部的最佳做法股而在足够高的级别任命性别问题顾问。

"安理会欢迎联合国及其机构、基金、计划署和各区域机构,特别是参加行政协调委员会(行政协调会)妇女、和平与安全问题机构间工作队的各个机构,为执行第1325(2000)号决议的所有方面而已经作出的实际努力,其中包括编写补充报告,以及及时印发《裁军中的性别观点》,这一出版物明确指出让妇女充分参与的方法以及为有关各方带来的好处。

"安全理事会满意地注意到,秘书长正在根据安理会第1325(2000)号决议第16段的要求就武装冲突对妇女和女孩的影响、妇女在建设和平中的作用以及和平进程和解决冲突的性别层面进行研究,欢迎联合国以及联合国系统所有有关机构、基金和计划署提供协调、全面的投入,并期待着对研究报告进行审查。

"安全理事会感到关切的是,仍未任命任何妇女担任秘书长派往和平特派团的特别代表或特使,促请各会员国加倍努力,向秘书长提名妇女人选。安理会还促请秘书长按照他的战略行动计划(A/49/587,第2段)任命妇女担任特别代表和特使来代表他进行斡旋。

"安全理事会确认必须充分执行在冲突期间和冲突后保护包括妇女和女孩在内的平民权利的国际人道主义和人权法,吁请武装冲突各方采取特别措施保护妇女和女孩免受基于性别的暴力和一切其他形式的暴力。

"安全理事会将继续积极处理此案,并表示愿意在根据《联合国宪章》履行维持国际和平与安全的职责时酌情审议武装冲突的性别层面。"

("安全理事会主席的声明",S/PRST/2001/31,2001年10月31日,https://www.un.org/en/ga/search/view_doc.asp?symbol=S/PRST/2001/31&Lang=C)

安全理事会主席的声明
（S/PRST/2002/32*）

（2002年10月31日安全理事会第4641次会议上发表）

安全理事会主席在2002年10月31日安全理事会第4641次会议上，就安全理事会2000年10月31日第1325（2000）号决议通过两周年，代表安理会发表声明如下：

"安全理事会重申决心继续全面实施第1325（2000）号决议，并欢迎过去两年来人们越来越关注武装冲突中妇女和女孩的状况，还回顾安理会主席2001年10月31日的声明（S/PRST/2001/31）以及2002年7月25日和2002年10月28日举行的会议都表达了这一决心。

"安全理事会欢迎秘书长关于妇女、和平与安全的报告（S/2002/1154），表示打算研究其中所载的建议。安理会还欢迎联合国系统、会员国、民间社会和其他有关行动者促进妇女平等参与和平与安全的努力。

"安全理事会对任命妇女担任秘书长的特别代表和特使方面进展迟缓仍感关切，敦促秘书长增加妇女出任高级别代表的人数，以便实现性别均衡的总目标。安理会还敦促会员国继续向秘书长推荐供列入数据库的人选。

"安全理事会重申将男女平等问题纳入维和行动和冲突后重建的主流十分重要，承诺将性别观点纳入所有维和特派团的任务规定中，再次请秘书长确保在根

---

* 由于技术上的理由重新印发。

据这种任务规定提交给安全理事会的所有报告中有系统地讨论性别观点问题。安理会还请秘书长向维和行动的全体工作人员进行关于性别观点的系统培训，并将性别观点纳入维和行动的所有标准作业程序、手册和其他指导性材料中。

"安全理事会认为有必要在总部任命级别够高的性别问题顾问。安理会注意到，特别通过设立性别股和性别问题顾问，已经在特派团一级将性别观点纳入主流方面取得了一些进展，但是，为确保彻底、有效和系统地将性别问题纳入维和行动和冲突后重建的主流，还需要做更多工作。

"安全理事会承诺在其访问冲突国家和地区的代表团职权范围中纳入性别观点。为此，安理会请秘书长建立一个关于性别问题专家以及冲突国家和地区妇女团体和网络的数据库，并酌情在小组中包括性别问题专家。

"安全理事会承认妇女在促进和平，尤其在维护社会秩序和进行和平教育方面的重要作用。安理会鼓励其成员国和秘书长与当地妇女团体和网络建立经常联系，以便利用她们在武装冲突对妇女和女孩，包括作为受害者和作为前战斗人员的妇女和女孩的影响以及维和行动的影响两方面的知识，以确保这些团体积极参与重建进程，特别是在决策级别。

"安全理事会同顾其第1265（1999）、第1296（2000）、第1324（2000）和第1379（2001）号决议，鼓励会员国、联合国系统各实体、民间社会和其他有关行动者拟定关于将性别观点纳入人道主义行动、复兴和重建方案的明确战略和行动计划，包括监测机制，并列出目标和时间表，并且开展有针对性的活动，着重妇女和女孩在冲突后局势中面临的具体限制因素，诸如缺乏土地和财产权、无从得到和控制经济资源。

"安全理事会痛惜在维和行动及人道主义活动中继续发生对妇女和女孩进行性剥削、包括贩卖的情况，要求进一步拟订和全面执行行为守则和惩戒程序以防止这种剥削。安理会鼓励所有行动者，特别是部队派遣国，加强监测机制，有效调查和起诉被指控行为不当的案件。

"安全理事会谴责在武装冲突局势中侵犯妇女和女孩人权的一切行为，和施加性暴力，包括以此作为战略性和战术性战争武器的做法，除其他外，这增加了妇女和女孩感染性传播疾病和艾滋病毒／艾滋病的危险。

"安全理事会决定继续积极处理此案，并请秘书长编写一份关于第1325号决议全面实施情况的后续报告，在2004年10月提交安全理事会。"

（"安全理事会主席的声明"，S／PRST／2002／32，2002年10月31日，https://www.un.org/en/ga/search/view_doc.asp?symbol=S/PRST/2002/32&Lang=C）

安全理事会主席的声明
（S/PRST/2004/40）

（2004年10月28日安全理事会第5066次会议发表）

安全理事会主席在2004年10月28日安全理事会第5066次会议（续会）上，就安理会审议的题为"妇女及和平与安全"的项目，代表安理会发表声明如下：

"安全理事会重申承诺继续全面执行第1325（2000）号决议，并欢迎自2000年10月第1325（2000）号决议通过以来，人们日益重视武装冲突中妇女和女童的处境。安理会回顾2002年10月31日的主席声明（S/PRST/2002/32）和2003年10月29日举行的会议，认为二者都是这种承诺的可贵体现。

"安全理事会还回顾《北京宣言和行动纲领》（A/52/231）以及联合国大会第二十三届特别会议题为"2000年妇女：二十一世纪两性平等、发展与和平"的结果文件（A/S-23/10/Rev.1），特别是关于妇女与武装冲突的承诺。

"安全理事会欢迎秘书长关于妇女与和平与安全的报告（S/2004/814），并表示打算研究其中的建议。安理会欢迎联合国系统、会员国、民间社会和其他相关行为者为促进妇女平等参与建设可持续和平与安全所作出的努力。

"安全理事会强烈谴责在武装冲突局势中继续发生基于性别的暴力行为。安理会还谴责在武装冲突局势中侵犯妇女和女童人权的所有行为以及使用性剥削、性暴力和性凌虐手段的行为。安理会敦促各方立即彻底停止这种行为。安理会强调必须杜绝这种行为不受惩罚的现象，作为寻求和平、公正、真相和民族和解的全面对策的一部分。安理会欢迎联合国系统作出努力，制定和执行各种预防和报告基于社会性别的暴力行为的战略和方案，并促请秘书长推动他在这方面的努力。安理会请秘书长确保人权观察员和调查委员会成员具备基于社会性别的犯罪和调查方面的专门知识和训练，包括以注重文化特点的方式进行工作，考虑到受害者的需要、尊严和权利。安理会敦促所有专门为起诉战争罪行而设的国际法庭和国家法庭向所有工作人员提供有关社会性别的专门知识和训练，举办注重社会性别问题的受害者和证人保护方案。安理会强调迫切需要制定各种方案，为基于社会性别的暴力的辛存者提供支助。安理会还要求在今后向其提交的所有报告中适当注意基于社会性别的暴力问题。

"安全理事会重申妇女在预防冲突方面的重要作用，并支持秘书长拟制订一项全系统的综合战略和行动计划的意向，以便在预防冲突方面更加注意社会性别观点。安理会敦促所有相关行为者协力合作，包括加强与妇女组织的相互作用，确保妇女的充分参与，并把社会性别观点纳入所有预防冲突的工作。

"安全理事会还欢迎秘书长拟制订一项综合战略和行动计划，以便在所有维持和平活动和行动中使社会性别观点主流化，并把社会性别观点纳入提交安理会的每一份专题报告和国家报告。为了支持这项努力，安理会重申承诺把社会性别观点充分纳入所有维持和平特派团的任务规定。安理会确认维持和平行动部内的社会性别问题顾问为推动第1325（2000）号决议的执行工作所作的贡献，并请秘书长考虑在政治事务部内作出同样的安排，以进一步支持这方面的执行工作。

"安全理事会认为迫切需要增加妇女在预防冲突、维持和平和建设和平行动以及人道主义应急行动的所有方面的参与。为此，安理会促请秘书长加紧努力，根据《联合国宪章》第一零一条，并顾及公平的地域平衡原则，鉴定适当的妇女应聘人员，并酌情包括来自部队派遣国的妇女应聘人员。这种努力应包括执行有针对性的征聘战略，同时致力鉴定妇女人选担任高级职位，包括担任军事和民警部门的职位。

"安全理事会确认妇女在促进和平方面作出的重要贡献和她们在重建过程中发挥的作用。安理会欢迎秘书长拟制订战略，以鼓励妇女充分参与和平进程的所有阶段。安理会又请秘书长制订准则，以便在解除武装、复员和重返社会方案中更加地注意妇女和女童的需要，从而鼓励在这些方案中把社会性别主流化。安理会还请秘书长在冲突后重建方案的所有方面把社会性别观点主流化，包括加强冲突后国家的社会性别专题小组，并确保所有支助冲突后宪法、司法和法律改革的政策和方案，包括真相与和解工作和选举进程，均能促进妇女的充分参与、两性平等和妇女的人权。

"安全理事会确认民间社会对第1325（2000）号决议执行工作所作的重要贡献，并鼓励会员国继续同民间社会，尤其是地方妇女网络和妇女组织协力合作，以加强执行工作。为此目的，安理会欢迎会员国为在国家一级执行第1325（2000）号决议所作的努力，包括制订国家行动计划，并鼓励会员国继续致力于这些执行工作。

"安全理事会确认，在联合国和平与安全工作的某些领域内，第1325（2000）号决议的执行工作已经取得重大进展。安理会表示准备进一步推动这项决议的执行，特别是为此与经济及社会理事会和大会积极合作。为了进一步巩固这一进展，安理会请秘书长于2005年10月向其提交一份在整个联合国系统执行第1325（2000）号决议、开列具体时间的行动计划，以加强最高级别的承诺和问责，以便改进联合国系统内关于执行工作的问责、监测和报告进度工作。"

（"安全理事会主席的声明"，S/PRST/2004/40，2004年10月28日，https://www.un.org/en/ga/search/view_doc.asp?symbol=S/PRST/2004/40&Lang=C）

安全理事会主席的声明
（S/PRST/2005/52）

（2005年10月27日安全理事会第5294次会议上发表）

安全理事会主席在2005年10月27日安全理事会第5294次会议上，就安理会审议的题为"妇女与和平与安全"的项目，代表安理会发表声明如下：

"安全理事会重申承诺继续全面执行第1325（2000）号决议，并回顾安理会主席在2001年10月31日的声明（S/PRST/2001/31）、2002年10月31日的声明（S/PRST/2002/32）和2004年10月28日的声明（S/PRST/2004/40）中，重申了这一承诺。

"安全理事会回顾2005年世界首脑会议成果文件（大会第60/1号决议）、《北京宣言和行动纲要》（A/52/31）、会议的成果和大会题为"2000年妇女：二十一世纪两性平等、发展与和平"的第二十三届特别会议的成果以及妇女地位委员会第四十九届会议在第四次妇女问题世界会议召开十周年之际发表的《宣言》（E/CN.6/2005/1）。

"安全理事会欣见迄今取得的进展，但却强调加紧全面、有效地执行第1325（2000）号决议的重要性和迫切性。

"安全理事会重申妇女充分、平等地参与各级和平进程的重要性，并敦促会员国、区域和次区域组织及联合国系统加强妇女在所有和平进程及冲突后社会重建和复原的决策方面的作用。

"安全理事会欣见会员国、联合国实体、民间社会组织和其它相关行为体采取各种举措和行动，着重于支持妇女参与和平谈判和增加她们在和平谈判中的代表性，并将社会性别观点纳入和平协定的主流。

"安全理事会确认并欢迎妇女作为调解人、教育者、缔造和平者、建设和平者及和平倡导者所发挥的作用和作出的贡献，以及她们对和解努力及解除武装、复员和重返社会进程的积极贡献。

"安全理事会确认妇女在正式和平进程中的代表性一直不足，深为关切针对妇女的暴力、崩溃的经济体和社会结构、缺乏法治、贫穷、获得教育和资源的机会有限、各种形式的歧视和陈规定见等局面所造成的种种持续障碍和挑战。安全理事会认为必须作出进一步努力，使妇女能更多地参加谈判工作及制订和实施冲突后战略和方案，并为此作出有效贡献。

"安全理事会鼓励会员国和秘书长与地方妇女团体和网络经常保持联系，利用她们的知识、专门技能和资源，确保她们参与重建进程，尤其是在决策级别。

"安全理事会还鼓励会员国、捐助者和民间社会为妇女建设和平的举措和网络提供财政、政治和技术支助以及适当的培训。

"安全理事会欢迎秘书长关于妇女与和平与安全的报告（S/2005/636）所载的在整个联合国系统执行安全理事会第1325（2000）号决议的《全系统行动计划》，请秘书长从2006年10月起，每年对该计划的实施和统筹工作进行更新、监测和审查，并向安全理事会报告。在这方面，安全理事会敦促秘书长着手在政治事务部内任命一名社会性别问题顾问，并继续物色妇女候选人，在联合国系统内担任高级职务，包括担任特别代表。为此，安理会邀请会员国酌情向秘书长提名候选人。

"安全理事会再次吁请会员国通过制订国家行动计划或其它国家级战略等办法，继续执行第1325（2000）号决议。

"安全理事会欢迎2005年世界首脑会议关于成立建设和平委员会的决定（大会第60/1号决议），期待委员会为全面执行第1325（2000）号决议作出贡献，邀请委员会尤其注意妇女通过参与和赋权对建设和平进程所能够提供的知识和理解。

　　"安全理事会请秘书长确保联合国协助缔结的各项和平协定顾及武装冲突对妇女和女孩的具体影响以及她们在冲突后的具体需要和优先事项。在此框架内，安全理事会强调必须与民间社会各组成部分、尤其是妇女组织和团体进行广泛和包容各方的政治磋商。

　　"安全理事会再度承诺将社会性别观点纳入安全理事会的访问和特派团的职权范围，并在可能情况下，在其团队中增设社会性别问题专家。

　　"安全理事会谴责对妇女的性暴力和其他形式暴力，包括贩运人口，呼吁武装冲突各方确保全面、切实地保护妇女，并强调必须惩处应对基于性别的暴力行为负责者，杜绝有罪不罚现象。

　　"安全理事会再次最强烈地谴责联合国维持和平特派团各类人员的一切不端性行为。安理会欢迎关于联合国维持和平人员性剥削和性虐待问题的全面报告（A/59/710）。安理会还欢迎维持和平行动特别委员会续会的报告（A/59/19/Add.1）。考虑到大会第59/300号决议，安理会敦促秘书长和部队派遣国确保毫不拖延地执行特别委员会提出的在其各自责任范围内的建议。在这方面，安理会支持联合国全面实施各项行为守则和纪律程序的努力，防止和处理性剥削行为，加强监测和强制执行机制，并注意到《全系统行动计划》为全面实施这些行为守则和纪律程序而开列的战略和行动。安全理事会敦促部队派遣国采取适当的预防行动，包括进行部署前提高认识培训，并采取惩戒行动和其他行动，确保发生不端行为时，全面追究本国涉案人员的责任。"

　　（"安全理事会主席的声明"，S/PRST/2005/52，2005年10月27日，https://www.un.org/en/ga/search/view_doc.asp?symbol=S/PRST/2005/52&Lang=C）

安全理事会主席的声明
（S/PRST/2006/42*）

安全理事会主席在2006年10月26日安全理事会第5556次会议上，就安理会审议的题为"妇女与和平与安全"的项目，代表安理会发表声明如下：

"安全理事会再次承诺全面有效地执行第1325（2000）号决议，并回顾安理会主席2001年10月31日的声明（S/PRST/2001/31）、2002年10月31日的声明（S/PRST/2002/32）、2004年10月28日的声明（S/PRST/2004/40）和2005年10月27日的声明（S/PRST/2005/52）均重申了这一承诺。

"安全理事会回顾《2005年世界首脑会议成果》（A/RES/60/1）、《北京宣言和行动纲要》（A/CONF/177/20/Rev.1）、妇女会议和人会第二十三届特别会议的成果，以及妇女地位委员会第四十九届会议在第四次妇女问题世界会议十周年时发表的宣言（E/CN.6/2005/11）。

"安全理事会确认妇女在巩固和平中的关键作用和贡献。安理会欣见若干摆脱冲突国家在妇女更多地参与决策方面取得的进展，请秘书长收集和汇编良好做法及经验教训，查明依然存在的差距和挑战，以进一步推动切实有效地执行第1325号决议。

"安全理事会认识到，在巩固和平工作中必须保护妇女和增强其能力，支持妇女的网络和举措，以促进妇女的全面平等参与，加强她们的人的安全，并鼓励

---

* 由于技术原因重新印发。

会员国、捐助者以及民间社会在这方面提供支助。

"安全理事会认识到，冲突后国家在进行国家和地方各级体制改革中顾及社会性别因素十分重要。安全理事会鼓励冲突后的会员国确保体制改革顾及社会性别因素，做到改革、特别是安全部门和司法机构的改革与法制的恢复，确能保护妇女的权利和安全。安理会还请秘书长确保联合国在这方面的援助适当考虑妇女在冲突后的需要和优先事项。

"安全理事会请秘书长确保解除武装、复员和重返社会方案具体考虑到前妇女战斗人员、跟随战斗人员的妇女及其子女的情况，使他们能够全面参与这些方案。

"安全理事会欣见建设和平委员会发挥作用，在巩固和平进程中顾及社会性别因素。在这方面，安理会尤其欢迎建设和平委员会主席在2006年10月12日和13日专门讨论塞拉利昂和布隆迪问题的会议上的总结。

"安全理事会仍然严重关切武装冲突中普遍存在针对妇女的各种形式的暴力，其中包括杀戮、致残、严重性暴力、诱拐和贩卖人口。安理会再次最严厉地谴责这种行为，呼吁武装冲突各方确保妇女得到全面有效保护，并强调必须终止应对基于性别的暴力行为负责的人逍遥法外的现象。

"安全理事会再次最强烈地谴责联合国维持和平特派团各类人员的一切不当性行为。安理会敦促秘书长和出兵国确保全面落实维持和平行动特别委员会的建议（A/60/19）。在这方面，安理会表示支持联合国进一步做出努力，全面落实行为守则和惩处程序，防止和处理性剥削和性虐待行为，并根据零容忍政策，加强监测和强制执行机制。

"安全理事会请秘书长在提交安全理事会的报告中，阐述促使联合国所有维持和平特派团均顾及社会性别因素的进展，并阐述特别涉及妇女和女孩的其他问题。安理会强调需要在维持和平行动中设立社会性别部门。安理会进一步鼓励会员国和秘书长在可能时，让妇女在所有方面和所有级别更多地参加维持和平行动，包括在民事、警务和军事方面。

"安全理事会再次吁请会员国通过制订和执行国家行动计划或其它全国性战

略，继续执行第 1325（2000）号决议。

"安全理事会确认民间社会对第 1325（2000）号决议执行工作的重要贡献，鼓励会员国继续与民间社会，尤其是与地方妇女网络和妇女组织协力合作，以加强执行工作。

"安全理事会期待看到联合国全系统在发展、人道主义援助和环境领域的一致性问题高级别小组的报告，希望这将发挥作用，确保联合国采用协调一致做法处理妇女与和平与安全问题。

"安全理事会欢迎秘书长关于在整个联合国系统执行安全理事会第 1325（2000）号决议的《联合国全系统行动计划》的第一个后续报告（S/2006/770）。安理会请秘书长继续更新、监测和审查《行动计划》的执行和整合情况，按安全理事会主席 2005 年 10 月 27 日的声明（S/PRST/2005/52）的规定，向安理会提出报告。"

（"安全理事会主席的声明"，S/PRST/2006/42，2006 年 10 月 26 日，https://www.un.org/en/ga/search/view_doc.asp?symbol=S/PRST/2006/42&Lang=C）

安全理事会主席的声明
（S/PRST/2007/5）

（2007年3月7日安全理事会第5636次会议上发表）

安全理事会主席在2007年3月7日安全理事会第5636次会议上，就安理会审议的题为"妇女与和平与安全"的项目，代表安理会发表声明如下：

"安全理事会再次承诺全面有效地执行有关妇女与和平与安全问题的第1325（2000）号决议，并回顾安理会主席的相关声明均重申了这一承诺。

"安全理事会回顾《2005年世界首脑会议成果文件》（A/Res/60/1）、《北京宣言和行动纲要》（A/CONF.177/20/Rev.1）、大会题为"2000年妇女：二十一世纪两性平等、发展与和平"的第二十三届特别会议的成果文件（A/S-23/10/Rev.1）以及妇女地位委员会第四十九届会议在第四次妇女问题世界会议十周年时发表的宣言（E/CN.6/2005/11）。

"安全理事会重申妇女在预防和解决冲突及建设和平方面的重要作用，强调妇女平等参加和充分参与所有维持和促进和平与安全工作的重要性，并强调需要让她们在预防和解决冲突的决策过程中起更大的作用。

"安全理事会敦促会员国确保在预防、管理和解决冲突的国家、区域和国际机构和机制的各级决策层，增加妇女的人数。

"安全理事会敦促秘书长继续任命更多妇女担任特别代表和特使，代表他进行斡旋，为此呼吁会员国向秘书长提供人选，以列入定期更新的中央名册。

"安全理事会认识到，要巩固和平，就要保护妇女和增强其能力，支持妇女的网络和举措，以促进妇女的全面平等参与，加强她们的安全，并鼓励会员国、捐助者以及民间社会在这方面提供支助。

"安全理事会认识到，了解武装冲突对妇女和女孩的影响，做出有效的体制安排以保证她们得到保护并充分参与和平进程，会大大有助于维持和促进国际和平与安全。

"安全理事会认识到，亟需加紧努力，将社会性别观点列入维持和平行动，在这方面注意到《温得和克宣言》和《关于将社会性别观点列入多层面和平支助行动的纳米比亚行动计划》(S/2000/693)。

"安全理事会敦促秘书长在联合国实地行动中，包括在决策一级，特别是在军事观察员、民警、人权和人道主义工作人员中，扩大妇女的作用和贡献。

"安全理事会强调，维持和平行动要酌情设有处理两性平等问题的部门，欣见联合国维和行动政策按照第1325号决议的规定，增进和保护妇女权利并顾及性别因素。

"安全理事会还重申，需要充分实施国际人权和人道主义法，包括《日内瓦四公约》，在冲突期间和冲突之后保护妇女和女孩的权利。

"安全理事会仍然深感关切的是，武装冲突中普遍存在侵害妇女和女孩的各种形式暴力，其中包括杀戮、致残、重大性暴力、诱拐和贩运人口。安理会再次最严厉地谴责这些行径，呼吁武装冲突各方采取具体措施，保护妇女和女孩，使她们不遭受基于性别的暴力，特别是强奸和其他形式的性虐待，以及武装冲突过程中的所有其他形式的暴力。

"安全理事会强调，需要结束武装冲突中基于性别的暴力行为不受惩处的局面，强调所有国家都有责任终止有罪不罚的现象，起诉应对种族灭绝、危害人类罪和包括侵害妇女和女孩的性暴力和其他暴力在内的战争罪负责的人，并为此强调，需要在可行时，规定此类罪行不在大赦之列。

"安全理事会请秘书长确保解除武装、复员和重返社会方案具体考虑到跟随武装部队和武装团伙的妇女和女孩的情况及其子女的情况，让她们能全面参加这些方案。

"安全理事会再次吁请会员国通过制订和实施国家行动计划或其它的国家战略，继续执行第1325（2000）号决议。

"安全理事会确认民间社会对第1325（2000）号决议执行工作的重要贡献，鼓励会员国继续与民间社会，尤其是与地方妇女网络和妇女组织协作，以加强执行工作。

"安全理事会决定继续积极处理此案，并表示决心全面执行第1325（2000）号决议。"

（"安全理事会主席的声明"，S/PRST/2007/5，2007年3月7日，https://www.un.org/en/ga/search/view_doc.asp?symbol=S/PRST/2007/5&Lang=C）

安全理事会主席的声明
（S/PRST/2007/40*）

（2007年10月23日安全理事会第5766次会议上发表）

安全理事会主席在2007年10月23日安全理事会第5766次会议上，就安理会审议的题为"妇女与和平与安全"的项目，代表安理会发表声明如下：

"安全理事会再次承诺全面、切实地执行关于妇女与和平与安全的第1325（2000）号决议，并回顾安理会主席的相关声明均重申了这一承诺。

"安全理事会重申《联合国宪章》的宗旨和原则，并重申安全理事会根据《宪章》负有维护国际和平与安全的首要责任。

"安全理事会回顾《2005年世界首脑会议成果文件》（大会第60/1号决议）、《北京宣言和行动纲要》（A/CONF.177/20/Rev.1）、大会题为"2000年妇女：二十一世纪两性平等、发展与和平"的第二十三届特别会议的成果文件（A/S-23/10/Rev.1），尤其是这些文件中关于妇女与和平与安全的陈述以及妇女地位委员会第四十九届会议在第四次妇女问题世界会议十周年时发表的宣言（E/CN.6/2005/11）。

"安全理事会确认必须确保尊重妇女的平等权利，在这方面，重申妇女在预防和解决冲突以及在建设和平中必须发挥平等作用，并着重指出需要让她们全面、平等地参与各个级别的和平进程。安理会敦促会员国、区域和次区域组织以

---

* 由于技术原因重新印发。

及联合国系统，增强妇女在所有和平进程以及冲突后社会复兴重建的决策中的作用，这种作用对于维护并促进可持续和平与安全的一切努力至关重要。

"安全理事会关切武装冲突及其他类型的冲突在世界上许多地方持续存在，几乎对每一个区域的妇女都产生实际影响。在这方面，安理会表示深为关切平民、尤其是妇女和儿童仍然在武装冲突各方实施的暴力行为的受害者中占绝大多数，包括蓄意以其为目标、滥用和过度使用武力造成的结果。安理会谴责这些行为，并要求这些当事方立即停止此种做法。

"安全理事会在这方面重申，武装冲突各方对于采取一切可行步骤确保保护受影响平民负有主要责任，尤其要关注妇女和女孩的具体需要。

"安全理事会认识到参与正式和平进程的妇女代表一直人数不足，深为关切针对妇女的暴力、经济和社会架构崩溃、法治不彰、贫穷、受教育及获得其他资源的机会有限、各种形式的歧视以及定型观念等情况所造成的障碍和挑战持续存在。

"安全理事会依然关切被任命负责促和任务的秘书长特别代表或特使的妇女人数很少。安理会敦促秘书长考虑到公平地域代表性原则，任命更多妇女代表他进行斡旋。安理会敦促会员国加倍努力，向秘书长提名妇女人选，以供列入定期更新的中央名册。安理会还吁请秘书长提高这一程序的能见度和透明度，向会员国分发高级职位提名程序准则。此外，安理会再次要求扩大所有维持和平行动的性别主流化工作，并欣见制定了联合国维持和平行动政策，以促进和保护妇女权利，考虑到第1325（2000）号决议阐明的性别观点。

"安全理事会注意到秘书长关于妇女、和平与安全的第二次后续报告（S/2007/567），以及联合国各实体根据《联合国关于执行安全理事会第1325（2000）号决议的全系统行动计划》采取的各种举措和行动；吁请秘书长更新、监督和审视《计划》的执行和统筹工作；在2010年对2008—2009年期间执行《计划》所取得的进展进行全系统评价，并就此向安理会提出报告。

"安全理事会欣见迄今取得的进展，但认识到需要全面、更切实地执行第1325（2000）号决议。

"在这方面，安全理事会再次吁请会员国继续全面、切实地执行第1325（2000）号决议，包括酌情发展和加强国家的种种努力和能力，以及执行国家行动计划或其他相关的国家级战略。

"安全理事会吁请国际社会为各国执行第1325（2000）号决议提供所需财政和技术支持及适当培训，并吁请联合国系统、民间社会和其他相关行为体，根据会员国、尤其是受武装冲突影响的会员国在迅速制定国家行动计划方面的优先事项，进行协作和提供援助，并与负责执行该决议的国家机制密切合作，包括酌情通过联合国国家工作队进行合作。为此，请秘书长在其向安理会提交的年度报告中，说明为酌情加强相关会员国执行第1325（2000）号决议的能力而采取的措施的进展情况，包括提供有关最佳做法的信息。

"安理会强调必须加强会员国与联合国各实体和区域组织的合作，采取和推动各种区域办法，全面执行第1325（2000）号决议各方面的规定。

"安理会强烈谴责在武装冲突局势中针对妇女和女孩的所有违反国际法，包括国际人道主义法、人权法和难民法的行为，其中包括杀戮、致残、实施性暴力、性剥削和性辱虐。在这方面，安理会敦促所有各方立即彻底终止这种行为。

"安全理事会深感关切的是，尽管安理会一再谴责各种暴力行为，其中包括在武装冲突局势中杀戮、致残、实施性暴力、性剥削和性辱虐，而且尽管安理会要求武装冲突所有各方立即终止这种行为，并要求采取具体措施保护妇女和女孩免受基于性别的暴力，尤其是强奸和其他形式的性辱虐，以及其他一切形式的暴力，但这种行为依然十分普遍，而且在一些局势中甚至系统实施，达到令人发指的凶残地步。安理会强调亟须终止这种行为不受惩罚的现象，作为寻求和平、正义、真相和民族和解的全面对策的组成部分。

"为此，安理会重申第1325（2000）号决议第9段的规定，吁请冲突所有各方充分尊重适用于妇女和女孩、特别是她们作为平民的权利和保护的国际法，尤其是履行1949年《日内瓦四公约》及其1977年《附加议定书》、1951年《难民公约》及其1967年《议定书》、1979年《消除对妇女一切形式歧视公约》及其1999年《任择议定书》、1989年《联合国儿童权利公约》及其2000年5月25日两项

《任择议定书》规定对其适用的义务，同时铭记《国际刑事法院罗马规约》的相关规定。

"安全理事会请秘书长在其向安理会提交的关于武装冲突局势的报告中提供以下方面的信息：在所有联合国建设和平及维持和平特派团中将性别观点主流化的进展情况；关于武装冲突对妇女和女孩影响的资料，包括针对妇女和女孩的一切形式暴力的事件的陈述，以及武装冲突各方从事的杀戮、致残、严重性暴力、绑架和贩运人口行为；为保护妇女和女孩在武装冲突局势中免受基于性别的暴力，尤其是强奸和其他形式的性辱虐以及其他一切形式的暴力拟采取和已经采取的特别措施，以便终止有罪不罚现象，确保追究责任，坚持采取关于对妇女和女孩施加暴力的零容忍政策。

"安全理事会请秘书长编写一份关于全面执行第1325（2000）号决议的后续报告，其中包括武装冲突对安理会所审议局势中妇女和女孩的影响的信息，以及有关保护她们和加强她们在和平进程中作用的信息，于2008年10月提交安全理事会。安理会可请秘书长就编写报告的进展情况作口头通报。

"安全理事会决定继续积极处理此案。"

（"安全理事会主席的声明"，S/PRST/2007/40，2007年10月23日，https://www.un.org/en/ga/search/view_doc.asp?symbol=S/PRST/2007/40&Lang=C）

安全理事会主席的声明
（S/PRST/2008/39）

（2008年10月29日安全理事会第6005次会议上发表）

安全理事会主席在2008年10月29日安全理事会第6005次会议上，就安理会审议的题为"妇女与和平与安全"的项目，代表安理会发表声明如下：

"安全理事会再次承诺全面、有效地执行关于"妇女与和平与安全"的第1325（2000）号和第1820（2008）号决议，并回顾安理会主席的相关声明。

"安全理事会注意到秘书长关于"妇女与和平与安全"的报告（S/2008/622）。

"安全理事会仍然关切妇女在和平进程各个阶段以及在建设和平工作中任职人数不足，并且确认有必要促进妇女全面、有效地参与这些领域的工作，因为妇女在预防和解决冲突以及建设和平中发挥着关键作用。

"安全理事会敦促各会员国、国际组织、区域组织及次区域组织采取措施，让妇女更多地参与预防冲突、解决冲突及建设和平，并加强妇女作为这些领域决策者的作用。安理会呼吁秘书长任命更多妇女代表他从事斡旋工作，特别是担任特别代表和特使。

"安全理事会强烈谴责武装冲突期间及其后发生的针对妇女和女童的一切违反国际法的行为，敦促所有各方立即彻底停止这种行为，同时也敦促会员国将此种性质犯罪行为的责任人绳之以法。

"安全理事会请秘书长编写一份关于未来一年执行第1325（2000）号决议情

况的报告，于2009年10月以前提交安全理事会，报告中应说明武装冲突在安理会所审议局势中对妇女和女童产生了何种影响，以及在加强妇女对预防冲突、解决冲突及建设和平的参与方面存在着哪些障碍和挑战，并且应提出解决这些问题的建议。"

（"安全理事会主席的声明"，S/PRST/2008/39，2008年10月29日，https://www.un.org/en/ga/search/view_doc.asp?symbol=S/PRST/2008/39&Lang=C）

安全理事会主席的声明
（S/PRST/2010/8）

（2010年4月27日安全理事会第6302次会议上发表）

安全理事会主席在2010年4月27日安全理事会第6302次会议上，就安理会审议的题为"妇女与和平与安全"的项目，代表安理会发表声明如下：

"安全理事会欢迎任命玛戈·瓦尔斯特伦为负责冲突中性暴力问题的秘书长特别代表，并重申支持第1888（2009）号决议概述的她的任务规定。

"安全理事会欢迎及时按第1889（2009）号决议的要求提交秘书长报告（S/2010/173），并注意到报告中的有关指标和建议。

"安全理事会注意到，报告中的指标需要在技术和概念上加以完善后才能投入使用。

"安全理事会请秘书长在考虑到其他有关利益攸关方（包括更广泛的联合国会员国）发表的意见的情况下，继续与安全理事会协商，同时考虑到进一步完善其报告（S/2010/173）中的指标的必要性和目前同时围绕第1888（2009）号决议开展的工作，以期在定于2010年10月提交给安理会的秘书长关于第1325（2000）号决议执行情况的下一次报告中列入一整套指标，并列入一个工作方案，表明联合国系统内部与指标相对应的作用和责任以及指标投入使用的时间表。

"安全理事会请秘书长继续确保所有提交给安全理事会的国家报告都提供资料，说明武装冲突对妇女和女孩的影响、她们在冲突后的特殊需要和满足这些需要的障碍。

"安全理事会表示打算在2010年10月纪念第1325（2000）号决议通过十周年之际就一整套指标采取行动，以用于在全球跟踪第1325（2000）号决议的执行情况。

"安全理事会再次表示希望纪念第1325（2000）号决议通过十周年。"

（"安全理事会主席的声明"，S/PRST/2010/8，2010年4月27日，https://www.un.org/en/ga/search/view_doc.asp?symbol=S/PRST/2010/8&Lang=C）

安全理事会主席的声明
（S/PRST/2010/22）

（2010年10月26日安全理事会第6411次会议上发表）

安全理事会主席在2010年10月26日安全理事会第6411次会议上，就安理会审议的题为"妇女与和平与安全"的项目，代表安理会发表声明如下：

"安全理事会在第1325（2000）号决议通过十周年之际举行会议，再次承诺以相互促进的方式继续全面执行第1325（2000）号、第1612（2005）号、第1674（2006）号、第1820（2008）号、第1882（2009）号、第1888（2009）号、第1889（2009）号、第1894（2009）号决议和安理会所有相关的主席声明。

"安全理事会欣见秘书长关于妇女与和平与安全的报告（S/2010/498）和报告对执行第1325（2000）号决议进展情况的分析。

"安全理事会欢迎大会第A/RES/64/289号决议设立将于2011年1月开始全面运作的联合国促进两性平等和增强妇女权能署（妇女署）。安理会请妇女署定期协助安理会就妇女与和平与安全问题开展工作，并注意到妇女署将发挥宝贵作用，支持妇女在建设和平和在冲突中防止性暴力领域中发挥作用，包括协调和统一涉及妇女和女孩的政策和方案编制工作。安理会欢迎任命米歇尔·巴舍莱女士为妇女署署长。

"安全理事会再次强烈谴责武装冲突中和冲突后所有违反有关国际法侵害妇女和女孩的暴力行为，其中包括强奸、其他形式的性暴力和基于性别的暴力以及违反国际法的杀戮和致残行为。安理会敦促所有各方立即完全停止这类做法，并敦促会员国将要对此类罪行负责的人绳之以法。在打击有罪不罚现象的同时还必须向受害人提供援助和补救。为此，安理会重申支持负责冲突中性暴力问题和负责儿童与武装冲突问题的秘书长特别代表的任务规定，鼓励他们继续确保其工作有充分的透明度、合作和协调。

"安全理事会指出，国际刑事法院、特别法庭和混合法庭以及各国法庭的特别分庭开展工作，进一步打击国际社会所关注的侵害妇女和女孩最严重罪行未受惩罚的现象，并注意到2010年5月31日至6月11日在乌干达坎帕拉举行的罗马规约第一次审查会议对国际刑事司法现况作了评估。安理会打算进一步努力打击有罪不罚现象，以适当方式追究侵害妇女和女孩重大罪行的责任，并提请注意可考虑采用的各种司法与和解机制，包括国家、国际和混合组成的刑事法院和法庭、真相与和解委员会，以及各国的赔偿受害人方案、体制改革和传统的争端解决机制。

"安全理事会认识到持续存在的挑战，欢迎秘书长报告详细阐述的为执行第1325（2000）号决议做出的许多努力，尤其是努力让妇女民间社会团体参与解决冲突和建设和平和保护妇女和女孩免遭性暴力和基于性别的暴力行为侵害的正面例子。

"安全理事会严重关切地注意到，冲突给妇女和女孩带来的影响尤为严重，尽管妇女在预防和解决冲突及重建社会过程中发挥重大作用，但她们在和平进程各个阶段和执行和平协议过程中的参与程度仍然太低。安理会认识到，需要协助妇女全面有效地参与这些领域的工作，强调妇女的全面有效参与对于和平进程能否维持下去非常重要。

"安全理事会欣见会员国在国家一级为执行第1325（2000）号决议做出努力，包括已拟订或修订国家行动计划和战略的国家增多，并鼓励会员国继续加紧执行该决议。

"安全理事会欣见一些会员国在2010年10月26日举行的部长级公开辩论会上做出进一步努力执行第1325（2000）号决议的具体承诺，并请这些会员国和其他任何愿意这样做的会员国定期审查决议的执行情况，并酌情向安全理事会报告取得的进展。

"安全理事会支持在考虑各国具体国情的情况下，酌情采用秘书长报告（S/2010/498）提出的一套指标，作为一个初步框架，用于追踪在武装冲突中和冲突后及与执行第1325（2000）号决议有关的其他局势中执行第1325（2000）号决议的情况，包括支持联合国有关实体这样做。

"安全理事会确认有必要在自己的工作中始终如一地执行第1325（2000）号决议并监测执行进展情况。为此，安全理事会强调指出，需要及时系统地就妇女与和平与安全问题提出报告，并敦促秘书长确保涉及具体国家和相关专题的报告和情况通报酌情提供有关妇女与和平与安全问题以及运用这套指标执行第1325（2000）决议的资料。

"安全理事会鼓励会员国在执行安全理事会第1325（2000）号和其后关于妇女与和平与安全问题的各项决议时，酌情考虑到秘书长关于妇女与和平与安全的报告（S/2010/498）附件中的这套指标。

"安全理事会再次要求武装冲突各方立即完全停止一切形式侵害妇女和女孩的暴力行为，包括性暴力行为。

"安全理事会鼓励会员国派更多女军人和女警务人员参加联合国维持和平行动，为所有军事和警务人员提供适当培训，以便他们履行其职责。安理会请秘书长继续并加强努力，对联合国维持和平人员以及人道主义人员的性剥削和性虐待行为采取零容忍政策。安理会请秘书长继续提供和分发有关处理性暴力问题的指导准则，用于对军事和警务人员进行部署前培训和上岗培训，协助各特派团根据具体情况制订外地处理性暴力问题的程序，确保向部队和警察派遣国提供技术支持，以便在军事和警务人员部署前培训和上岗培训中使用有关处理性暴力问题的指导准则。安全理事会欣见为维持和平特派团任命的两性平等和保护妇女顾问所开展的工作。安理会期待着审议秘书长关于第1820（2008）号决议执行情况的年度报告。

"安全理事会请秘书长继续向安理会提交一份关于第1325（2000）号决议的执行情况的年度报告。安理会还请秘书长在下一次年度报告中提出一个战略框架，其中包括目标和指标，以便指导联合国在今后十年中执行该项决议，并注意到秘书处内的相关工作。为此，安理会请秘书长提出联合国内部进行政策和体制改革的建议，以便于改进联合国针对妇女与和平与安全问题采取的措施。

"安全理事会再次请各会员国、国际组织、区域组织和次区域组织采取措施，让妇女更多地参与预防冲突、解决冲突和建设和平，包括以任命和选举方式让妇女在冲突后治理机构中起决策作用。安理会敦促秘书长任命更多妇女担任调解人、特别代表和特使，代表他进行斡旋。

"安全理事会表示打算在5年内进行一次高级别审查，评估全球、区域和国家一级执行第1325（2000）号决议的进展，重新作出承诺，处理执行第1325（2000）号决议过程中出现的障碍和制约因素。"

（"安全理事会主席的声明"，S/PRST/2010/22，2010年10月26日，https://www.un.org/en/ga/search/view_doc.asp?symbol=S/PRST/2010/22&Lang=C）

安全理事会主席的声明
（S/PRST/2011/20）

（2011年10月28日安全理事会第6642次会议上发表）

安全理事会主席在2011年10月28日安全理事会第6642次会议上，就安理会审议的题为"妇女与和平与安全"的项目，代表安理会发表声明如下：

"安全理事会重申致力全面和有效执行关于妇女与和平与安全的第1325（2000）号、第1820（2008）号、第1888（2009）、第1889（2009）号和第1960（2010）号决议以及安理会主席的所有相关声明。

"安全理事会敦促所有各方充分履行它们根据1979年《消除对妇女一切形式歧视公约》及其1999年《任择议定书》承担的义务，大力鼓励尚未批准或加入《公约》及其《任择议定书》的国家考虑批准或加入。

"安全理事会回顾《2005年世界首脑会议成果》（A/RES/60/1）、《北京宣言》和《行动纲要》、题为"2000年妇女：二十一世纪两性平等、发展与和平"的大会第二十三届特别会议成果文件（A/S-23/10/Rev.1）和妇女地位委员会第五十四届会议的《宣言》（E/2010/27-E/CN.6/2010/11）。

"安全理事会欢迎秘书长2011年9月29日关于妇女与和平与安全的报告（S/2011/598），并注意到报告就落实关于妇女与和平与安全的承诺的进展、包括就妇女在预防和解决武装冲突以及建设和平的决策论坛、机构和机制中拥有代表和参与，提出的分析和建议。

"安全理事会欢迎会员国、区域组织和秘书长为执行安理会关于妇女与和平与安全的各项决议作出承诺和努力。但是，安全理事会仍感关切的是，一直存在严重妨碍执行第1325（2000）号决议的差距和挑战，包括预防冲突和解决冲突的正式机构中的妇女，特别是参加预防性外交和调解工作的妇女，人数仍然不多。

"安全理事会强调以下事项的重要性：在执行1325（2000）号决议过程中促进和保护妇女和女孩的人权；在武装冲突中和冲突后全面执行国际人道主义法和人权法；妇女更多地参与预防冲突和解决冲突以及建设和平；在联合国外地特派团中推动性别平等。

"安全理事会欢迎妇女署在执行有关妇女与和平与安全的决议过程中的贡献和作用。安理会表示打算欢迎副秘书长/妇女署执行主任通报情况。安理会满意地注意到，自妇女署成立以来，联合国系统内有关妇女和女孩的政策和方案拟订的协调性和连贯性得到加强。在这方面，安理会着重指出，负责冲突中性暴力问题的秘书长特别代表和负责儿童与武装冲突问题的秘书长特别代表的协助就妇女与和平与安全议程开展工作的任务十分重要。

"安全理事会再次强烈谴责武装冲突中和冲突后的所有违反有关国际法侵害妇女和女孩的行为，并敦促所有各方立即完全停止这些行为。安全理事会还敦促会员国将应对此类罪行负责的人绳之以法。

"安全理事会指出，国际刑事法院、特别法庭和混合法庭以及各国法庭的特别分庭开展工作，进一步打击了国际社会关注的最严重的侵害妇女和女孩的罪行未受惩罚的现象。安理会重申打算进一步努力打击有罪不罚现象，以适当方式追究侵害妇女和女孩重大罪行的责任，并提请注意可考虑采用的各种司法与和解机制，包括国家、国际和混合组成的刑事法院和法庭、真相与和解委员会，以及各国的赔偿受害人方案、体制改革和传统的争端解决机制。

"安全理事会欢迎会员国在国家一级为执行第1325（2000）号决议做出努力，包括已拟订或修订国家行动计划和战略的国家增多。安全理事会再次呼吁会员国继续执行第1325（2000）号决议，包括拟定国家行动计划或其他国家一级的战略。

"安全理事会回顾，关于预防性外交的主席声明（S/PRST/2011/18）除其他外，确认妇女在预防和解决冲突以及建设和平方面发挥重要作用，并再次呼吁妇女在预防性外交努力中进一步平等参加、拥有代表和全面参与。安全理事会回顾关于加强调解在和平解决争端、预防和解决冲突中的作用的大会第65/283号决议，并回顾该决议鼓励推动妇女在各级平等、全面和有效地参加所有和平解决争端、预防和解决冲突论坛，特别是在决策级别。

"安全理事会鼓励会员国、联合国秘书处、联合国外地特派团、联合国机构、基金和方案、国际金融机构以及区域和次区域组织作出努力，酌情向处理武装冲突问题或冲突后问题的相关政府机构和妇女组织提供支持，加强它们的能力。安全理事会着重指出，妇女必须参与预防和解决冲突的努力，包括参加和平协议的谈判和执行工作，以及参与支持解决冲突的国际对话、联络小组、互动会议和捐助方会议。在这方面，安全理事会重申有必要酌情支持当地妇女的和平举措、解决冲突工作和让妇女参加和平协议执行机制的举措，包括通过联合国外地特派团在当地的派驻机构这样做。

"安全理事会确认，妇女可对预防冲突和调解工作作出重大贡献，鼓励会员国、国际和区域组织采取措施，增加参加调解工作的妇女人数以及在区域和国际组织中担任代表的妇女人数。安全理事会为此强调，必须创造有利条件，使妇女能够参与和平进程的各个阶段，消除社会上对妇女全面平等参加解决冲突和调解工作的消极态度。

"安全理事会继续鼓励会员国派更多的女军人和女警员参加联合国维持和平行动，并重申为所有军事和警务人员提供适当培训，以便他们履行其职责。

"安全理事会鼓励谈判各方和调解小组在谈判和执行和平协议时，采纳性别平等观点，推动妇女在建设和平论坛中有更多的代表。为此，安理会请秘书长和联合国有关实体酌情提供协助，让妇女团体能够定期与参与冲突调解和建设和平进程的相关人员进行磋商。安全理事会又请秘书长确保定期向秘书长调解人和调解人手下的人通报情况，介绍与和平协议条款有关的性别平等问题以及阻碍妇女充分平等参政的具体障碍。

"安全理事会认识到，需要在自身的工作中更加系统地关注和履行有关妇女与和平与安全的承诺，表示愿意确保在安理会工作中，包括在有关预防性外交的工作中，推进旨在加强妇女在预防和解决冲突以及建设和平中的参与的措施。安理会欢迎预防和解决非洲冲突特设工作组打算在工作中采纳性别平等观点。

"安全理事会重申打算在2015年进行一次高级别审查，以评估全球、区域和国家一级执行第1325（2000）号决议的进展，重新作出承诺，消除在执行第1325（2000）号决议过程中出现的障碍和制约因素。

"安全理事会请秘书长在下一份关于第1325（2000）号决议的年度报告中除其他外，全面概述执行本项主席声明，特别是关于妇女参与调解工作和预防性外交的具体行动、取得的成绩和面临的挑战。"

（"安全理事会主席的声明"，S/PRST/2011/20，2011年10月28日，https://www.un.org/en/ga/search/view_doc.asp?symbol=S/PRST/2011/20&Lang=C）

安全理事会主席的声明
（S/PRST/2012/3）

（2012年2月23日安全理事会第6722次会议上发表）

安全理事会主席在2012年2月23日安全理事会第6722次会议上，就安理会审议的题为"妇女与和平与安全"的项目，代表安理会发表声明如下：

"安全理事会重申致力全面和有效执行关于妇女与和平与安全的第1325（2000）号、第1820（2008）号、第1888（2009）号、第1889（2009）号和第1960（2010）号决议以及安理会主席的所有相关声明。

"安全理事会感谢秘书长题为《与冲突有关的性暴力》的报告（S/2012/33），并注意到其中所载的分析和各项建议。

"安全理事会深切关注武装冲突和冲突后局势中的性暴力事件、趋势和模式，包括特别是出于政治动机故意针对平民施加性暴力，并将性暴力作为战争策略。安理会还关切地注意到，性暴力虽然也影响男子和男孩，但对妇女和女孩的影响格外严重。安理会强调，性暴力行为不仅严重损害妇女对社会的关键贡献，而且挑战包容各方和可持续的和平进程。

"在全面执行第1960（2010）号决议方面，安全理事会强调，必须通过与武装冲突和冲突后局势中以及涉及执行第1888（2009）号决议的其他局势中的性暴力问题有关的监测、分析和提交报告安排，继续进行及时、经过核实和准确的数据收集工作，这些数据将有助于更好地开展知情的讨论，协助安理会考虑采取适当行动，可能包括采取定向和逐级加强的措施。安理会强调，数据收集和报告方式应符合安全和道德惯例，在任何时候均维护受害者的尊严。

"安全理事会强调。必须防止性暴力被用作战争策略或作为针对平民发动的广泛或有计划攻击的一部分，并对之采取预警和有效的应对措施。

"安全理事会鼓励联合国维持和平特派团酌情采用联合国制止冲突中性暴力行动编写出版的维和惯例汇编，作为更有效预防性暴力的参考工具。

"安全理事会敦促冲突所有各方充分履行适用的国际法为其规定的义务，包括禁止一切形式的性暴力。安理会再次强烈谴责武装冲突和冲突后局势中一切违反适用的国际法，包括国际人道主义法和国际人权法的行为，尤其是性暴力行为。安理会敦促立即完全停止此种行为。安理会指出，对犯罪人有罪不罚会破坏对现有体制的信心，助长不稳定。

"安全理事会重申，国际刑事法院、特别法庭和混合法庭以及各国法庭的特别分庭开展工作，进一步打击了国际社会关注的最严重的侵害妇女和女孩的罪行未受惩罚的现象。安理会还重申打算进一步努力打击有罪不罚现象，以适当方式追究侵害妇女和女孩重大罪行的责任，并提请注意可考虑采用的各种司法与和解机制，包括国家、国际和混合组成的刑事法院和法庭、真相与和解委员会，以及各国的赔偿受害人方案、体制改革和传统的争端解决机制。

"安全理事会鼓励会员国和联合国系统继续提高对武装冲突和冲突后局势中的性暴力对受害者、家庭、社区和社会的影响的认识。安理会强调必须消除社会上对性暴力幸存者的负面态度，因为这种态度会导致他们遭受社区排斥或其他歧视性做法。

"安全理事会呼吁会员国在联合国系统和其他利益攸关方的支持下，尤其在农村地区，使性暴力受害者获得更多的医疗保健、心理支持、法律援助和重新融入社会经济生活的服务。安理会强调，必须确保可以安全地举报此类事件。

"安全理事会继续鼓励会员国派遣更多女军人和女警员参加联合国维持和平行动，并重申所有联合国军事、警务及其他人员应受到适当培训，包括关于性暴力和基于性别的暴力的培训，以便他们履行其职责。安理会确认秘书长继续努力并加大力度执行对所有联合国人员在性剥削和性虐待方面的零容忍政策。安理会期待按照第1888（2009）号、第1889（2009）号和第1960（2010）号决议的要求，向联合国特派团委派保护妇女顾问。

"安全理事会重申妇女在预防和解决冲突以及建设和平中的重要作用。安理会关切地注意到妇女在正式和平进程中仍然没有充足的代表，并承认秘书长为解决妇女代表人数不足问题所做的努力。在这方面，安理会重申在大会第66/130（2011）号决议中作出的呼吁，即应按照安全理事会第1325（2000）号决议，加强妇女在有关预防和解决冲突的决策方面的作用。

"安全理事会重申必须从和平进程、调解努力、停火以及和平协定一开始就处理性暴力问题，特别是在关于安全安排、过渡时期司法和赔偿的规定中。安理会强调，必须对调解员和停火监察员进行如何处理性暴力的适当培训。

"安全理事会强调在安全部门改革举措和安排中，必须应对武装冲突和冲突后局势中的性暴力问题，包括国家安全人员的培训、审查和能力建设。

"安全理事会赞扬负责冲突中性暴力问题的秘书长特别代表依照安全理事会的相关决议为履行其任务而开展的工作。安理会强调特别代表的任务和冲突中的性暴力问题法治专家组的任务很重要，有助于推进妇女与和平与安全议程。安理会请特别代表继续按其任务规定通报情况和信息，并请秘书长建议采取适当的行动。"

（"安全理事会主席的声明"，S/PRST/2012/3，2012年2月23日，https://www.un.org/en/ga/search/view_doc.asp?symbol=S/PRST/2012/3&Lang=C）

安全理事会主席的声明
（S/PRST/2012/23）

（2012年10月31日安全理事会第6852次会议上发表）

安全理事会主席在2012年10月31日安全理事会第6852次会议上，就安理会审议的题为"妇女与和平与安全"的项目，代表安理会发表声明如下：

"安全理事会再次承诺全面和有效执行关于妇女与和平与安全的第1325（2000）号、第1820（2008）号、第1888（2009）、第1889（2009）号和第1960（2010）号决议，并回顾，所有关于妇女与和平与安全的安理会主席声明均重申了安理会的承诺。

"安全理事会敦促所有各方充分履行它们根据1979年《消除对妇女一切形式歧视公约》及其1999年《任择议定书》承担的义务，大力鼓励尚未批准或加入《公约》及其《任择议定书》的国家考虑批准或加入。

"安全理事会着重指出，受武装冲突影响国家的政府负有在妇女与和平与安全议程框架内让妇女进一步参加预防和解决冲突及建设和平工作的首要责任。安理会还强调，联合国实体应继续酌情支持和配合各国政府为执行第1325（2000）号决议做出的努力。

"为了执行第1325（2000）号决议，安全理事会注意到秘书长关于妇女与和平与安全的报告（S/2012/732），尤其欢迎报告要求在预防和解决冲突及建设和平工作中进一步让妇女参加、拥有代表和参与，并进一步承诺处理妇女在各级参与过程中遇到的挑战。

"安全理事会欢迎妇女署发挥作用，协助执行关于妇女与和平与安全的各项决议。安理会欢迎副秘书长/妇女署执行主任通报情况。安理会满意地注意到，自妇女署成立以来，联合国系统内有关妇女和女孩的政策和方案拟订的协调性和连贯性得到加强，并欢迎在妇女署成立后做出努力，避免工作重复和重叠。

"安全理事会确认民间社会、包括妇女组织做出的贡献，包括在总部和安理会访问外地期间同安理会进行非正式接触。

"安全理事会认识到，需要在自身的工作中更加系统地关注和履行有关妇女与和平与安全的承诺，让妇女进一步参加预防和解决冲突及建设和平工作，继续在联合国相关维和特派团的任务以及其他与和平与安全相关的专题领域中，适当顾及性别平等问题。

"安全理事会欢迎性别平等问题顾问通过为维和人员提供培训和提高其认识，协助各国政府以及民间社会的能力建设活动，来协助执行关于妇女与和平与安全的各项决议。为此，安全理事会着重指出，需要继续适当定期对性别平等问题顾问进行培训。

"安全理事会再次呼吁在维和特派团部署保护妇女顾问。安理会强调，需要在联合国特派团缩编和过渡过程中，维护在保护和增进妇女和女孩权利和增加权能方面取得的进展。

"安全理事会注意到，民间社会，包括妇女组织，可在预防和解决冲突、建设和平和冲突后发挥重大作用，鼓励国际社会、区域组织和有关会员国推动它们酌情以各种方式积极参与和切实参加，以期执行第1325（2000）号决议。

"安全理事会欢迎会员国在国家一级努力执行安理会第1325（2000）号决议，包括拟定国家行动计划或其他国家层面的战略，并鼓励会员国继续推动这一决议的执行工作。

"安全理事会确认，男子和男孩以伙伴身份参与促进妇女参加预防和解决武装冲突、建设和平和冲突后工作很重要。

"安全理事会欢迎秘书长吁请他的特使和协调人以及他在联合国特派团的高级代表，定期同包括妇女组织在内的民间社会以及有关社区的妇女和女孩协商，让她们积极参加和平进程所有阶段的工作。

"安全理事会强调，必须在执行第1325（2000）号和安全理事会其他相关决议过程中增进和保护妇女和女孩的人权。安全理事会确认，妇女和女孩的人权在武装冲突期间和冲突后尤其容易受到侵犯，并注意到在其中有些情况下，负责妇女人权问题的民间社会成员可能会受到侵害。安理会敦促有关会员国尤其注意消除这些风险。

"安全理事会强调，必须协助会员国促进妇女全面平等参加冲突后的选举工作和宪法改革。安理会鼓励开展这些选举工作的有关会员国继续在联合国实体的支持下做出努力，在选举工作的所有阶段处理性别平等问题，并指出，必须在选举前和选举期间注意保障妇女的安全。

"安全理事会强调，摆脱冲突的会员国需要同包括妇女组织在内的民间社会协商，在国家战略中顾及妇女和女孩的具体需求和优先事项，以改善她们的社会经济状况，让她们进一步参加创收活动和获取基本服务。

"安全理事会强调，需要继续做出努力，通过顾及性别平等的立法、司法和安全部门改革和其他机制，消除妇女在冲突中和冲突后诉诸司法的障碍。

"安全理事会再次强烈谴责武装冲突中和冲突后的所有违反有关国际法侵害妇女和女孩、包括性暴力和基于性别的暴力和杀害及致残行为，敦促所有各方立即完全停止这些行为。安全理事会还敦促会员国将应对此类罪行负责的人绳之以法。

"安全理事会注意到，由于国际刑事法院、特设法庭和混合法庭以及各国法庭设立的专门法庭开展工作，消除国际社会关注的侵害妇女和女孩最严重罪行不受惩罚局面的斗争得到了加强。安理会重申，它打算继续全力打击有罪不罚现象，并以适当方式追究责任。

"安全理事会提请注意，必须酌情采用各种司法和非司法措施，通盘处理武装冲突中和武装冲突后的过渡司法问题。

"安全理事会请秘书长在下一份年度报告中，介绍执行第1325（2000）号决议的最新情况，其中除其他外，说明该决议以及本项安理会主席声明执行工作的成就、差距和挑战。"

（"安全理事会主席的声明"，S/PRST/2012/23，2012年10月31日，https://www.un.org/en/ga/search/view_doc.asp?symbol=S/PRST/2012/23&Lang=C）

安全理事会主席的声明
（S/PRST/2014/21）

（2014年10月28日安全理事会第7289次会议上发表）

安全理事会主席在2014年10月28日安全理事会第7289次会议上，就安理会审议的题为"妇女与和平与安全"的项目，代表安理会发表声明如下：

"安全理事会再次承诺全面和切实执行第1325（2000）、第1820（2008）、第1888（2009）、第1889（2009）、第1960（2010）、第2106（2013）和第2122（2013）号决议，并回顾安理会主席关于妇女与和平与安全问题的各项声明重申了安理会的承诺。

"安全理事会赞赏地注意到秘书长为执行第1325（2000）号决议而提交的关于妇女与和平与安全问题的报告（S/2014/693），尤其欢迎报告着重阐述了执行情况、持续进展以及把各项承诺变成更佳成果的必要性。

"安全理事会重申，增强妇女和女孩的权能和性别平等对于维护国际和平与安全至关重要，强调在全面执行第1325（2000）号决议过程中一直有障碍，只有坚定承诺加强妇女的权能、参与和人权，协调进行领导和不断提供信息和开展行动，才能消除这些障碍，确保妇女全面、平等地参与各级决策工作。

"安全理事会欢迎会员国做出努力，在国家、区域和地方各级执行第1325（2000）号决议，包括制定国家行动计划、其他的国家、次区域和区域战略和执行框架，并鼓励会员国继续开展这种执行工作。安理会还强调，联合国实体应继续支持并酌情补充会员国执行第1325（2000）号决议的努力。安理会确认民间社会、包括妇女组织对预防和解决冲突并对建设和平做出重大贡献，并为此确认妇女不断同国家和国际决策者进行协商和对话的重要性。安理会鼓励男子共同促进性别平等，结束性暴力和性别暴力。

"安全理事会欢迎为执行安全理事会第2106（2013）和2122（2013）号决议另外采取步骤，注意到联合国不断做出努力，改进以下方面的信息和分析的质量：武装冲突对妇女和女孩影响、妇女在预防和解决冲突、建立和平和建设和平各领域中的作用以及这些领域涉及的性别平等问题，并系统地在提交安理会报告和情况通报中列入涉及妇女、和平与安全问题的信息和相关建议。安理会重申，它打算加大对妇女、和平与安全问题的关注力度，将其作为一个贯穿安理会议程上的所有相关专题工作领域（包括恐怖行动对国际和平与安全的威胁）的议题。

"安全理事会确认，逃难和境内流离失所妇女和女孩更有可能遭受在流离失所不同阶段可能发生的各种侵犯和践踏人权行为、包括性暴力和性别暴力的危害。安全理事会重申，会员国对保护本国人民，包括逃难和境内流离失所的妇女和女孩负有首要责任。安理会强调，秘书长和联合国各相关机构必须除其他外，与妇女和妇女领导的组织进行协商，协助制定和加强有效的机制，防止逃难和境内流离失所的妇女和女孩受暴力、特别是性暴力和性别暴力的侵害并为其提供保护。

"安理会促请会员国采取措施，防止逃难和境内流离失所的妇女和女孩遭受暴力，加强遭受暴力的妇女诉诸司法的能力，包括及时调查、起诉和处罚性实施暴力和性别暴力的人，并酌情向受害者提供赔偿。安理会强调，国际刑事法院、特别法庭和混合法庭以及各国法庭的特别分庭开展工作，进一步打击了国际社会关注的最严重的侵害妇女和女孩的罪行未受惩罚的现象。

"安全理事会深为关切地重申，小武器和轻武器的非法转让、破坏稳定的积累和滥用助长了武装冲突，尤其增加了妇女和女孩遭受的暴力，加剧了性暴力和性别暴力。

"安全理事会敦促武装冲突的各方让逃难和境内流离失所的妇女全面和不受阻碍地获取人道主义援助和保护以及教育、保健、住房和生产性谋生手段等各种基本服务，包括生产性资产，如土地和财产，特别让那些更有可能被边缘化的逃难和境内流离的妇女和女孩这样做。安理会确认，提供人道主义援助和资金的会员国和联合国也提供各种医疗、法律、心理和谋生手段服务，并指出需要在不带歧视的情况下提供各种性保健和生殖保健服务，包括就强奸造成怀孕提供服务。安全理事会还确认，由于有歧视性的国籍法、无法进行登记和无法获得身份证件，逃难和境内流离失所的妇女和女孩更有可能成为无国籍者，敦促各国迅速和公平地为这些妇女和女孩提供所有必要的身份证件。

"安全理事会敦促各会员国、秘书长和联合国有关机构确保逃难和境内流离失所的妇女，并酌情确保少女，在流离失所的各个阶段切实参与关于逃难和境内流离失所的妇女和女孩的方案的制订、执行、监测和评价工作。安理会还呼吁所有相关行为体有系统地收集、分析和使用按性别和年龄分列的数据，因为需要通过这些数据来评估妇女的具体需要和能力，切实衡量各项恢复方案在何种程度上让妇女、男子、女孩和男孩获益。

"安全理事会深感关切的是，可能成为恐怖主义的暴力极端主义往往造成更多的人流离失所，而且常常以妇女和女孩为目标，严重侵犯和践踏她们的人权，包括谋杀、诱拐、劫持人质、绑架、奴役，将其出售和强迫她们结婚、贩卖人口、强奸、性奴役和其他形式的性暴力。安理会敦促所有会员国保护本国人民，特别是受可能成为恐怖主义的暴力极端主义影响的妇女和女孩，同时尊重所有国际法、尤其是国际人权法、难民法和国际人道主义法为其规定的义务。安理会鼓励会员国让妇女和妇女组织，包括逃难和境内流离失所的妇女和女孩，参与制定打击暴力极端主义的战略并发挥主导作用，并通过增强妇女权能来消除有助于暴力极端主义蔓延的条件。

"安全理事会重申，它打算在2015年进行一次高级别审查，以评估全球、区域和国家一级执行第1325（2000）号决议的进展，重新作出承诺，消除在执行第1325（2000）号决议过程中出现的障碍和制约因素。安全理事会鼓励已制定了支持实施第1325（2000）号决议的框架和计划的会员国、有关区域组织和联合国实体开始审查现有的执行计划和目标，加快取得进展，并着手制定新的目标，以便于进行2015年高级别审查。

"安理会欢迎秘书长为筹备高级别审查委托进行一项关于第1325（2000）号决议执行情况的全球研究，以重点阐释良好做法范例、执行工作的差距和挑战，并阐释新趋势和行动重点。安全理事会鼓励会员国、有关区域和次区域组织和联合国实体协助这一研究。安全理事会请秘书长在下次关于第1325（2000）号决议执行情况的年度报告中提交全球研究的结果，并将其提供给联合国所有会员国。"

（"安全理事会主席的声明"，S/PRST/2014/21，2014年10月28日，https://www.un.org/en/ga/search/view_doc.asp?symbol=S/PRST/2014/21&Lang=C）

安全理事会主席的声明
（S/PRST/2016/9）

（2016年6月15日安全理事会第7717次会议上发表）

安全理事会主席在2016年6月15日安全理事会第7717次会议上，就安理会审议的题为"妇女与和平与安全"的项目，代表安理会发表声明如下：

"安全理事会重申，它致力于用相辅相成的方式全面有效地执行关于妇女、和平与安全问题的第1325（2000）、1820（2008）、1888（2009）、1889（2009）、1960（2010）、2106（2013）、2122（2013）和2242（2015）号决议，作为安理会全面处理预防和调解冲突问题的一部分，并执行所有相关主席声明。

"安全理事会欢迎关于执行第1325（2000）号决议、包括非洲联盟2015-2020年性别平等、和平与安全方案的各项区域框架获得通过，表示支持非盟关于妇女、和平与安全问题特使比纳达·迪奥普女士。安全理事会还欢迎会员国为此做出努力，包括制定关于妇女、和平与安全问题的国家行动计划，但注意到，虽然有这些承诺，但由于政治意愿、资源、问责、专职性别平等专业人员人数有差异和态度改变程度不一，妇女常常无法全面有效地参与防止和解决冲突并建立和维持和平的区域和国际努力。

"安全理事会强调必须采用综合办法来维持和平，特别是预防冲突和消除其根源，为此重申妇女切实参加防止、解决冲突和冲突后重建工作与这些工作的效力和长期可持续性有重大的联系。安全理事会再次呼吁根据第1325（2000）、1820（2008）、1888（2009）、1889（2009）、2122（2013）和2242（2015）号决议，在预防性外交工作中和所有涉及消除冲突和建设和平的决策过程中让妇女进一步平等参加、享有代表权和全面参与。

"安全理事会承认增强妇女的经济权能对妇女充分参与政治决策与和平和安全努力产生积极影响，并为此促请会员国提供更好的职业技能培训和提供更多资金支持非洲妇女创业，全面改善她们的收入和生计。

"安全理事会强调，妇女和民间社会，包括妇女组织、社区正式和非正式领袖以及宗教领袖，可发挥重要作用，对武装冲突各方施加影响力。安全理事会欢迎妇女主导的在非洲各地建立妇女情况展现室等预防举措，因为这些举措通过开展观察和监测和让利益攸关方进行建设性对话和宣传和平，有助于防止暴力和延缓暴力的发生和升级。安全理事会重申，仍然需要让妇女更多地参加冲突调解和冲突后解决方案的所有阶段的工作，在所有关于预防冲突的讨论中更多地考虑到与性别平等有关的问题，以此增加预防冲突的成功率。

"安全理事会认识到恐怖主义和暴力极端主义对妇女和女孩的人权产生不同的影响，包括对她们的健康、教育和参与公共生活的影响，并认识到妇女和女孩往往是恐怖主义团体的直接施害对象，在这方面注意到秘书长提出了防止暴力极端主义行动计划，并呼吁确保保护妇女和增强妇女权能是打击恐怖主义和暴力极端主义战略的一个重要考虑因素，确保打击恐怖主义和暴力极端主义的努力不对妇女的权利产生不利影响。

"安全理事会认识到，调解是和平解决争端的一种重要手段，促请参与和平进程的区域和次区域组织促进妇女有效参与各级预防和解决冲突工作以及和平协定的执行，为此欢迎非洲联盟关于建立一个非洲大陆专职女调解员名册的倡议，供非洲联盟和联合国使用。安全理事会促请联合国调解支助股根据商定的任务规定，向联合国系统提供调解支助，以便与会员国、包括非洲联盟在内的区域组织和其他相关的行为体协作，大幅度增加它们现有调解员名册上的妇女人数，确保调解人和调解人小组接受过关于制定包容性调解战略的培训。

"安全理事会欢迎联合国根据《宪章》第八章在维持国际和平与安全事项上与区域和次区域组织及安排开展合作，重申安理会承诺促进这一合作，因为它可以加强集体安全，同时要求在合作过程中更多地考虑妇女、和平与安全议程。

"安全理事会鼓励会员国增加处理妇女、和平与安全问题的资金，包括在冲突中和冲突后为进一步促进性别平等和增强妇女权能的方案提供更多的援助以及支助民间社会。安理会认为，除现有的补充机制外，启动妇女参与和平与安全及人道主义行动全球加速融资机制，是一个吸引资源、协调应对行动和加快执行速度的渠道，鼓励会员国考虑对全球加速融资机制提供资金。

"安全理事会还欢迎建设和平基金开展的宝贵工作，基金是一个起推动作用、反应迅速、有灵活性的预先安排集合基金，为在受冲突影响的国家中开展维持和平活动提供资金，并推动联合国系统内部和联合国与国际金融机构之间的战略协调。"

（"安全理事会主席的声明"，S/PRST/2016/9，2016 年 6 月 15 日，https://www.un.org/en/ga/search/view_doc.asp? symbol=S/PRST/2016/9&Lang=C）

第四部分 秘书长的报告

妇女参与建设和平——秘书长的报告（2010）

（2010年9月7日）

一 导言

1. 安全理事会第1889（2009）号决议请秘书长在12个月内向安全理事会提交一份关于妇女参与建设和平情况的报告。我向安理会提出本报告前，与建设和平委员会、会员国、刚摆脱冲突的国家的利益攸关方、联合国系统内和系统外工作者和民间社会组织进行了协商。

2. 本报告分析了冲突后局势中妇女和儿童的需求；确认了妇女参与防止冲突、解决冲突和从冲突中恢复所面临的挑战；规定了国家和国际措施，目的是确保妇女的优先事项得到重视、充分参与的权利能够实现、在建设和平中落实两性平等观点，以及所有公共行动符合国家应尽的国际人权义务。

3. 第1889（2009）号决议是安全理事会处理妇女与和平与安全问题的四项决议中最新的一项决议。第1325（2000）号决议奠定了基础，其中呼吁妇女平等参与维持和促进和平与安全，呼吁在防止冲突、和平谈判、维持和平行动、人道主义援助和冲突后重建中纳入两性平等观点。第1820（2008）和1888（2009）号决议的重点是防止和对付与冲突有关的性暴力。安理会在第1889（2009）号决议中除其他外，要求制定用于跟踪第1325（2000）号决议执行情况的全球指标，更加关注冲突后规划和筹资工作中的性别层面。

4. 近十年来，更有力地执行第1325（2000）号决议的必要性，已成为安全理事会各项决定的一个经常性主题。由于注意到进展缓慢，安理会在第1820

（2008）号决议中敦促加强努力，为妇女在决策一级的平等、全面参与提供便利。安理会第1889（2009）号决议深表关切的是，妨碍妇女充分参与预防冲突、解决冲突和在冲突后参与公共生活的障碍依然存在。安理会在主席声明中提请注意，妇女在正式和平进程中的代表性一直不足（见S/PRST/2005/52），并关切地注意到在调解进程中起正式作用的妇女人数非常少（见S/PRST/2009/8）。

5.适逢第1325（2000）号决议通过十周年之际，可借此机会确认已取得的进展，查明为何还需要作出更大努力。我支持这一进程，将为此设立执行第1325（2000）号决议高级别指导委员会，并指示我在外地的代表参加2010年6月与妇女举办的全球开放日。会员国组织了磋商，编制了国家行动计划。民间社会为促进这些努力发挥了实质性和催化作用。对《北京行动纲要》执行情况的15周年审查和经济及社会理事会在其年度部长级审查中以两性平等问题为重点，也起到了进一步的推动作用。大会还在今年设立了联合国促进两性平等和增强妇女权能署（妇女署）。我们必须推动这一势头。在国家、国际社会、公共、私营部门和男女等所有利益攸关方提供的资源和承诺的支持下，现在该是系统地着力采取持续行动的时候了。

6.因此，为改变国家和国际行为体的做法以及改进实地成果提出的一份详细行动计划构成了本报告的核心部分。计划中所列七项承诺是为了确保：（a）妇女充分参与各项和平谈判，为和平谈判及时提供两性平等专门知识；（b）妇女应在冲突后的规划进程中，包括捐助方会议上发挥实质性作用，应利用确保全面关注两性平等问题的方法；（c）为满足妇女的特定需求、推动两性平等和增强妇女权能，而有针对性的和在主流领域提供充足的资金；（d）部署的文职人员拥有必要的专门技能，包括重建国家机构的专门知识，使妇女更易于获得这些机构的帮助；（e）妇女可作为民间行动者、当选的代表或公共机构的决策者，包括通过配额等暂行特别措施，充分参与冲突后治理；（f）法治举措鼓励妇女参与寻求纠正她们遭受的不公平待遇，以及提高安全部门防止和应对侵犯妇女权利的能力；（g）经济复苏高度重视妇女对创造就业计划、社区发展方案和提供一线服务的参与。

二 背景资料

7.确保妇女参与建设和平不只是一个涉及妇女和女孩权利的问题。妇女是支撑持久和平的三大支柱——经济复苏、社会和谐和政治合法性——的重要伙伴。近半个世纪以来，世界上增长速度最快的几个经济体都是从冲突的废墟中开始腾飞的。它们的成功部分归功于妇女在生产、贸易和企业的创办中更多地发挥了作用。[1]这包括促进女孩的教育，扩大妇女获得农业推广服务和信贷的机会。关于社会和谐，安全理事会确认妇女在重建社会结构方面的重大作用（见S/PRST/2009/23）。妇女比男子拿出更大的收入部分用于有利于家庭——其子女和大家庭亲属成员——的支出。[2]为了继续承担这项基本职能，妇女需要获得社会服务和生产性资产，以及获得能够适应女户主家庭现实的国家机构的帮助。最后，妇女以民间领袖和公共官员的身份进行参与，表明并鼓励政治和治理更具包容性。反之，任何地方只要担任公职的妇女人数不足或妇女和女孩的权利受到侵犯而不受惩罚，政治合法性就会受到动摇。[3]导致的结果是，对政府的信任度不断降低，法治恶化，集体行动在征得民众支持时困难重重——这种情况破坏了可持续和平。

8.为加强妇女参与防止冲突、解决冲突和从冲突中恢复所作的努力，与为消除冲突对妇女的影响所作的努力和对建设和平采取两性平等观点的必要性，是密不可分的。妇女的参与、性别分析的利用和对妇女在冲突后优先事项的反应，这三大要素时常陷入一种恶性循环。将妇女排除在制定和平协定和恢复框架的进程之外，说明对纠正两性不平等和处理妇女无安全保障的问题重视不够；妇女的需

1.Luchsinger，Gretchen（编辑）"权力、发言权和权利：亚洲和太平洋两性平等的转折点"（联合国开发计划署，2010年）。

2.Duflo，Esther 和 Udry Christopher R.，"Intrahousehold Resource Allocation in Cote d'Ivoire: Social Norms，Separate Accounts and Consumption Choices，"国家经济研究局第W10498号工作文件（2004年）。

3.Norris，Pippa 和 Franklin Mark，"Social Representation，"European Journal of Political Research，Vol.32，No.2(1997年)。

求因此而得不到满足，她们的能力仍然未得到充分利用。我们必须将这一恶性循环转变成良性循环，使妇女对建立和平的参与能够将两性平等观点带入冲突后的规划中，产生有利于妇女的更大成果，进一步提高参加更长期建设和平的能力。

9.这只不过是一个梗概性说明，而现实则要复杂得多。并非所有位于决策地位的妇女都将两性平等观点纳入建设和平问题，尽管在实践中她们比男子更有可能这样做，部分原因是她们往往更容易接触到其他妇女。性别分析也不足以确保政策可以成功地处理妇女的优先事项；持续供资和坚定的领导，也同样至关重要。即使公共机构减轻了妇女和女孩在冲突结束后所遭受的苦难，其他障碍也妨碍了妇女参与公共生活。社会习俗和立法中反映了根深蒂固的性别偏见，对妇女参与冲突后治理构成了严重障碍。我们认识到这些限制，但决不能因此而阻止我们采取行动。很多国家一直在以相辅相成、相互促进的方法应用性别分析、应对妇女和女孩的冲突后需求，以及妇女参与建立和平和建设和平。

10.承认妇女为可持续和平作出贡献的能力以及她们在试图这样做时遇到的障碍，就需要对建设和平采取超越恢复原状的方法。冲突后重建是一项巨大工程，但也是"重建得更好"的一次契机，并为提高妇女地位、加强国家机构的能力和提高有形基础设施的质量提供了机会。建设和平者必须处理一切形式的非正义，包括两性不平等和基于性别的歧视。这就需要承认妇女在冲突期间经常扮演的新角色——作为战斗员、为家庭提供生活来源的经济行为者和参与社区和解的活动分子。冲突结束后，无论是国家行为体还是国际行为体都不得串通一气，让妇女重扮男子认为可以接受的角色，而是必须确保《消除对妇女一切形式歧视公约》等国际人权标准得到维护，该公约重申妇女充分享有一切公民、政治、经济、社会和文化权利。

11.加强国家能力和确保国家所有权，是有效建设和平的关键要素。外部支助迄今只能使国家对可持续和平产生追求。赋予妇女能力以便为恢复和重建作出贡献，是加强一个国家持续作出建设和平努力的不可或缺的一部分。同样，如果全国有一半人口不能积极参与建设和平战略的制定和执行，就不能充分"拥有"这些战略，只有在此认识基础上，才能努力为加强妇女在决策进程中的作用提供便利。

三　妇女在冲突后的需求和她们在参与建设和平方面面临的挑战

12. 冲突后的妇女状况不是一个单一的组合，没有哪一个妇女可以完全归属于任何一个类别。女性前战斗员当寻求进入安全部队或回归平民生活时，遇到特殊障碍。寡妇需要特别援助。性暴力和基于性别的暴力的幸存者、残疾妇女和女孩或感染艾滋病毒/艾滋病的妇女和女孩受到更深一层的创伤和歧视，被进一步边缘化。流离失所妇女必须应对不同的挑战。还必须认识到阶层、地区和族裔的差别。

13. 受冲突影响的妇女就像一般民众一样具有多元化。妇女在冲突后的需求在很多方面与 2009 年秘书长关于冲突结束后立即建设和平的报告（A/63/881–S/2009/304）中概述的经常性优先事项类似：（a）安全和安保，包括司法和尊重法治；（b）通过包容性对话和冲突后选举，建立对政治进程的信心；（c）获得供水和教育等基本服务；（d）建立一个能够发挥职能的公共行政当局，以最低限度地管理政府资金和公共记录；（e）振兴经济，主要是创造就业机会和改善基础设施。

14. 为了实施这项议程，我们在采取应对措施时必须基于一项谅解，即男女的优先事项和能力有所不同。将两性平等问题推迟到建设和平稍后阶段审议，是无视它们从建立制度到分配资金用于方案执行的每一个事项上的中心位置。需要对下文所述的五个建设和平优先事项中的每一个优先事项采取促进两性平等的方法。

15. 为妇女提供安全保障需要承认她们在冲突结束后面临的特别威胁。即使在和平时期，暴力侵害妇女行为也是一个严重的问题。秘书长十分重视这一问题，他还发起了"联合起来制止暴力侵害妇女行为"运动。冲突后环境构成了进一步挑战。几乎在所有冲突中性暴力案都会增加。武装冲突中的性暴力行为，视发生的背景、范围和意图，可能构成战争罪、危害人类罪或灭绝种族行为。凡在冲突中性暴力肆虐横行的地方，这类情形在冲突后阶段依然持续存在。即使是在未普遍或系统地发生性暴力的冲突结束之后，妇女面临的威胁也始终存在。一再地践踏使将这类罪行视为文明行为所不齿的社会禁忌受到削弱。如果再加上执法不力、司法机构薄弱，不断减弱的社会指责声可以将性暴力从偶发案件——引起愤怒——变成日常生活中恐怖的一幕。

16.在脆弱的停火得以维持，国家安全部队和国际维持和平人员构成打击猖獗的性暴力案的主要堡垒的环境下，必须采取特别措施发现、防止和应对性暴力行为，才能为妇女提供安全保障。在联合国制止冲突中性暴力行为倡议的协助下，拟定了有关这方面技术的一份清单，该项倡议是一个由联合国13个实体组成的网路，现得益于负责冲突中的性暴力问题秘书长特别代表的领导。此项倡议和其他一些倡议将在秘书长根据第1888（2009）号决议编制的、将提交安全理事会的关于与冲突相关的性暴力问题的报告中得到阐述。

17.冲突结束后，妇女和女孩的安全在家庭中也受到威胁。妇女也许更会受到配偶、姻亲、手足同胞、父母或男女亲属的暴力侵害。有些亲属想对争取去世男子财产继承权的竞争对手实施恐吓，战争遗孀可能成为其目标。那些不能扮好养家活口和保护家庭的传统角色的男子在失去权威感后，也对妇女暴力相向。妇女可能被吓得不敢报告受到了虐待，一是担心被逐出家门，也害怕落入警察手中后会进一步受到虐待，对于妇女提出的家庭暴力指控，警察往往拒绝登记或采取行动。

18.执法机构、司法机构和惩教机构未能有效预防或应对妇女无安全保障处境的事实，突出说明必须以促进两性平等的方法对待推动法治的问题。在很多情况下，不存在将暴力侵害妇女行为定为刑事犯罪的立法；婚姻内的某些暴力形式，包括强奸可能不算犯罪；证明强奸的证据标准高得离谱；司法程序没有为受害者提供多少保护；土地和继承法可能对妇女构成歧视；执法和司法机构往往资源和能力不足；女囚犯的特定需求往往得不到满足。这已成为系统性问题，需要各级——从国家一级对性别问题有敏感认识的安全部门改革，到基层一级的社区维持治安举措——采取协调一致的法治对策。妇女直接和持续参与解除武装、复员和重返社会方案，是确保她们安全的另一个关键要素。此外，不仅要打击一切形式的有罪不罚现象，还要赋予妇女权能，以寻求获得补救，包括正义和赔偿，以及作为公务员、诉讼人、法官、检察官、辩护律师、警察或狱警或武装部队成员，参与体制改革。提交非正式和传统的争端解决机构审理的案件及审理程序，也必须符合国际法。

19.尊重法治与建设和平的第二个经常性优先事项密不可分：对政治进程的信心。对代表机构的公信力下降，是因为民众得出结论认为，警察不执法、法官不惩罚违法者、政府各部门不执行方案规定或法律规范，或立法者不对有缺陷的条例规则进行改革，这些都是政治施惠造成的。对于妇女来说，由从蓄意的偏见中丧失了正义的官员来实施一项歧视妇女的法律规则，表明政治秩序从根本上是不合法的。即使妇女在冲突期间的公共表现突出，当法律和习俗合起来阻止妇女在政治论坛上取得有效发言权时，这种被边缘化的感觉更加强烈。妇女被排除在公共生活之外的原因包括经济匮乏、诋毁妇女政治活跃份子受人尊敬的品质的性别定型观念、妇女的人身安全受到威胁、学历低，以及家庭责任分工不平等，在时间上受到限制。

20.妇女对政治进程的信心不断增加，要求在冲突刚结束阶段立即采取强劲措施，使更多妇女担任民选和任命的公职。妇女官员形成"必要数量"至关重要，这将鼓励妇女更实质性地参与男子主导的机构，特别是军警部门。必须在冲突结束前就开始增加妇女的政治存在。和平谈判不仅通过有关正义、权力分享和立宪问题的和平协定条款，直接勾勒出冲突后的政治格局，也通过使谈判桌上被代表者具有合法性，间接勾勒出这一政治格局。这也是贯穿于第1325（2000）号决议的重大见解。不仅妇女要坐到谈判桌前，在起草和平协议的过程中，两性平等问题也必须在公认的专门知识的协助下，得到彻底审议。

21.恢复基本服务是当前任何建设和平议程的一个关键因素。试图恢复基本服务时不考虑冲突和复苏中的性别层面，可能不能满足妇女和女孩的需要。恢复供水和环卫等服务往往被看成是向受冲突影响的民众提供"和平红利"的一种手段——这是说服他们向其领导人施加影响，以继续承诺通过谈判解决争端的一种方式。但是，为了使其产生效果，和平红利必须为所有支持者提供具体利益。如果妇女得不到服务或服务满足不了她们的需求，不仅妇女和女孩受到伤害，和平红利的回报率也将减少。

22.除其他因素外，无人身安全保障和歧视性社会规范，使妇女获得各项服务的机会受到限制。在冲突后环境中，在往返学校途中或上学期间可能受到性攻击的事实，使家长更有理由不让女孩接受教育。提供服务时必须要克服这些障碍，例如安全接送和对女孩入学予以奖励。作为粮食生产的主要贡献者和家庭粮食安全的提供者，妇女需要获得专门为她们设计的农业生计援助。不能消除妨碍获取服务的制约因素，可能对建设和平产生不利后果；粮食安全的重要性不仅在于可避免营养不良，也在于可确保社会稳定。同样，提供初级保健服务也需要利用流动诊所为妇女提供服务。服务的内容与方式同样重要，妇女的政治发言权也至关重要。可以论证的是，如果更多妇女发挥决策作用，就会有更多的生殖健康从业人员可供选择。供水站地点的选择、路灯的安置和卫生设施的设计，这些例子突出说明冲突后的规划者有必要系统应用性别分析和重视权利的方法。与妇女保持协商，可以通过她们的观点影响服务的设计和组成。

23.冲突后恢复公共行政和财政制度也需要采取两性平等观点。如果在试图重建国家机构时未采取平等权利步骤反对性别偏见，就不可能满足妇女的需要或消除阻碍她们充分参与建设和平的制约因素。促进两性平等的预算编制使决策者能够评价相互竞争的拟议预算可能对男女产生的影响，当预算项目和管理信息系统的结构能够容纳按性别分类的数据时，这一预算编制的效果就会大大提高。同理，促进两性平等的公务员制度的结构调整也可通过下列方式完成，即将两性平等目标纳入官员的职责范围和业绩标准，以及通过快速通道在政府各级征聘和晋升女公务员。

24.振兴经济是建设和平的第五个经常性优先事项。与前四个优先事项一样，无视性别差异的方法无助于妇女的参与。在以农业为主的冲突后社会中，制定政策时必须以农村妇女的需求和能力为目标——例如，从妇女小土地拥有者那里购买粮食。需要重点关注获得信贷方面的障碍，包括土地所有权得不到保障的问题。要让妇女平等参与经济复苏确实需要在早先建设和平优先领域中的每个领域采取促进两性平等的行动：便利妇女投入到市场的实物安保；妇女为打击侵犯妇女经济权利行为发挥的政治领导作用；以妇女为对象的服务；奖励促进两性平等的公共行动的国家机构。没有充分认识到妇女在经济上的贡献的决策进程和公共支出框架，使妇女的参与受到更大限制。

四 促进两性平等的建设和平行动计划

25.上文中对妇女在冲突后的需求和她们参与建设和平进程受到的限制所作的分析表明，对于国际社会共同面对的挑战务必要有一个共同的认识。然而，第1325（2000）号决议通过已有十年了，仅仅作出诊断是不够的，还必须采取补救行动。在编制本报告时，秘书长留意到安全理事会的一贯呼吁，即为遵守其关于妇女与和平与安全的各项决议的规定，作出持续和协调努力。

26.下文所述的促进两性平等的建设和平行动计划中列述了七项承诺。每一项承诺都配有一套具体措施和支助活动。根据报告中所述基本原则，联合国高级领导人需要将这些承诺变为具体方案和改进的程序。行动计划呼吁整个国际社会为确保妇女参与建设和平，采取更强劲和更连贯统一的方法，重点是联合国系统将采取的措施。秘书长正敦促并将继续敦促各会员国、区域组织、国际金融机构、民间社会组织，以及更重要的是刚摆脱冲突的国家政府和人民，采取协调行动，后者的参与至关重要。确保和平需要所有利益攸关方共同作出努力。然而，不能让其他方面不及时、不充分的响应阻碍了联合国充分而快速地履行承诺。

27.第一项承诺与解决冲突有关。制定和平协定时的核心特征是呼吁处理两性平等问题，而促进妇女更积极地参与和平进程则是第1325（2000）号决议的中心内容。联合国在这两方面取得的进展都太缓慢。自1992年以来，在参加联合国调解的和平进程的谈判代表团中，妇女的比例不到8%，参加签署和平协定的妇女人数不到3%。[1]尽管在联合国各特派团中担任最高领导职务的妇女人数不断增加，但是，尚无妇女被任命为联合国主导的建立和平进程的首席调解人。有充分

---

1. "妇女参与和平谈判：出席与影响之间的关系"（联合国妇女发展基金，2010年）。

理由认为，妇女在和平谈判中的人数不足，导致在和平协定的案文中，妇女的优先事项相对被忽视。对1990至2010年期间缔结的585项和平协定的研究结果表明，只有16%提到了妇女。[1] 很多和平协定在提到妇女——以及儿童、残疾人和难民——时仅仅将其作为一个需要提供某类特别援助的群体。另一项研究表明，在全球范围，只有8项协定将性暴力行为列为构成违反停火协议的"禁止行为"。[2] 这些统计数字确实令人失望，而那些为妇女参与冲突后治理作出规定的协定应提醒我们在和平谈判中应用性别分析所具有的价值。9项协定为妇女参与立法或行政机构提供了具体配额；5项协定支持妇女在警察中任职或参与对性别问题有敏感认识的警察改革；4项协定提到司法部门的两性平等问题；4项协定在公共部门结构调整中提到妇女或两性平等问题。

28.国家和国际行为体必须加快努力，让妇女参与和平进程，以及在和平进程中处理两性平等问题，承诺必须更加具体。为此，秘书长要求联合国各相关实体采取更系统的行动，确保妇女参与和平进程，和在和平进程中利用两性平等的专门知识。由此而需要采取四项行动。第一，秘书长将继续推行任命更多妇女担任高级职务的政策，确保妇女在联合国领导的和平进程中担任首席调解人。第二，根据2009年秘书长关于加强调解及其支助活动的报告（S/2009/189），联合国将在调解支助活动的高层级别中吸纳两性平等专门知识。将定期向谈判方通报与和平协定条款有关的两性平等问题，除其他外，涉及人道主义援助准入、司法、安全、财富分享和执行机制。第三，虽然国际社会不能就谈判方的组成说三道四，但是，我们可以投资于将更多妇女纳入其中的战略。为此，联合国相关实体将在对现行做法的分析基础上制定战略。第四，联合国将建立和利用因地制宜的机制，确保调解小组和谈判方与妇女民间社会组织进行协商。为此目的，联合

1.Bell，Christine 和 O'Rourke，Caterine，"Peace Agreements or Pieces of Paper? The Impact of UNSC Resolution 1325 on Peace Processes and their Agreements，"《国际法和比较法季刊》，第59卷（2010年10月）。

2.Jenkins，Robert 和 Goetz，Anne-Marie，"Addressing Sexual Violence in International Mediated Peace Negotiations，"《国际维持和平刊物》第17卷，第2期。

国相关实体将以能力建设活动等方式，协助成立妇女民间社会组织论坛。成立后的论坛将审议和平谈判的实质内容，这些论坛将：（a）具有包容性，代表包括流离失所妇女、少数族裔和农村地区妇女在内的跨部门妇女群体；（b）最好是在实质性谈判开始前尽早开展活动；（c）与正式谈判进程挂钩，包括为妇女民间社会组织定期提供通报情况和提供投入的机会。为了推动这些措施和使其制度化，将向调解支助小组提供专用技术援助，并建立针对具体情况的协商机制，确保妇女被系统纳入和参与某项调解进程。秘书长敦促会员国和区域组织在鼓励或协助和平进程时，将这些程序作为标准做法。

29. 和平协定为从冲突过渡到和平提供了一个框架，而国际社会与刚摆脱冲突国家进行接触的蓝图是通过一系列冲突后规划进程产生的。促使这一切更加系统地促进两性平等，是行动计划的第二项承诺。这将需要以改进的方法对待联合国参与冲突后需求评估以及拟定对冲突有敏感认识的减贫战略文件，减贫战略文件是建设和平委员会与各国商讨其议程和联合国发展援助框架和综合战略框架等内部规划产品的战略框架。虽然指导材料一般都建议规划者采取两性平等观点，但这并不足以确保评估方法照顾到妇女在冲突后优先事项的各个方面，或将对两性平等的普遍支助变成横跨各部门的可核查指标或可核算成本的活动。

30. 最近对六个冲突后国家的冲突后需求评估和联合国发展援助框架进行审查后发现，成果框架中对两性平等问题的关切显然没有在阅读了有关这一问题的情况说明后所预想的那么明显。尽管说明部门需求和方针的案文对两性平等做了适当表达，但平均只拨出4%的预算用于针对妇女需要或促进两性平等的成果和活动。[1]此外，较之安全和法治领域，在卫生和教育领域提供按性别划分的的活动、指标和相关预算的频率要高得多，这表明，关于哪些部门妇女感兴趣或需要采取有针对性的干预措施的观念已不合时宜。2010年有关安理会议程上五个国家的减贫战略文件的研究，结果类似。虽然与妇女和两性平等相关的问题在重点部门和

1.Finnoff，Kade 和 Ramamurthy，Bhargavi，《两性平等筹资：审查联合国冲突后筹资方式》（妇发基金，2010年）。

分部门分析中得到了极大的关注，但这没有转化为具体的规划承诺。平均只拨出6%的预算用于广泛针对妇女需要或促进两性平等的活动和指标。[1]

31.规划者指导材料的存在并不意味着冲突后规划方法充分处理了两性平等问题。重要的是其对规划文件内容的影响。联合国与各国政府和国际社会其他层面合作开展冲突后规划。联合国不能独自改变在这些合作过程中处理两性平等问题的方式，这并不能成为不作为的借口。因此，秘书长承诺联合国系统将更系统地在制度上保障妇女参与所有冲突后规划进程，且把两性平等分析适用于规划进程，使妇女的特殊需要和性别歧视在每个阶段得到处理。履行这一承诺需要改进方法，以便跟踪成果框架和预算内按性别分类的资源分配、受益者和影响情况。我们还需要建立更好的问责机制，以确保新办法得到系统应用且改进包容性和规划质量。

32.要求联合国有关实体全面审查现有体制安排，促进把性别问题纳入冲突后规划。除其它外，这项审查还会建议修订评估小组的职权范围、利用确定妇女需求的分析工具、作出人员安排和提供训练。审查工作将以五个原则为指导：（a）所有规划进程都应咨询当地妇女和国家两性平等专家且体现他们的观点；（b）分析需求和优先事项时必须认识到冲突对妇女和男子、男孩和女孩产生的影响不同，还应认识到现存的性别关系可能会影响到重建有效和公平机构的工作；（c）应根据竞相争夺资金对两性平等的影响的预设情况，分配资源；（d）应将与性别相关的成果指标和计算成本的活动纳入规划框架；（e）应该在整个规划过程中提供足够的社会分析和两性平等分析专业知识，以便在规定的时限内有效执行这些步骤。

33.由于捐助者会议在把需求评估转化为具体的财政承诺方面发挥了如此重要的作用，我们必须确保捐助者会议更加敏感地应对两性平等问题。通常情况下，妇女不得不在会场外要求参加会议。她们偶然能够通过正式与会者分发声明或通过举办并行活动吸引注意力。妇女不需要依赖中介或即席演说让别人听到自

1.《两性平等和冲突后规划：减贫战略文件分析》（妇发基金，2010年）。

己的声音。因此，秘书长呼吁参与组织捐助方会议的联合国实体、区域组织、国际金融机构和会员国为妇女代表提供有意义的机会，让其参与这些重要事件。必须制定标准程序，不仅确保民间社会和政界的各方妇女代表得到邀请，且使其能够接触到所有会议文件，在议程上留出位置以便提出关切的问题，以及协助召开筹备会议和编制政策文件。

34.行动计划中的第三个承诺涉及为两性平等和妇女赋权筹资。秘书长在2009年关于冲突结束后立即建设和平的报告中呼吁所有联合国管理的基金制定一个"性别标记"，协助追踪专门用于促进两性平等的资金比例。一些实体已经尝试推行性别标记，少数已开始把其制度化。这些工作产生的初步资料发人深省。一个机构只将4%的预算资金拨用于"主要目标"是两性平等的项目。在这些项目中，几乎全部预算都包括促进两性平等的活动——例如，建立性暴力幸存者庇护所或为妇女创业者提供小额赠款。该机构预算中另有31%的资金用于"极大"促进两性平等的项目。然而，这些项目的预算中有多大比例真正用于与性别相关的活动，则无从知晓。可通过为本报告开展的背景研究结果发现促进两性平等的资金缺口迹象，该项研究分析了六个冲突后国家多方捐助信托基金和联合方案的394个项目预算。在所有资源中只有5.7%拨用于与促进两性平等直接相关的活动。[1]

35.性别平等主流化可有效确保妇女和男子参与并受益于冲突后方案规划。但是，鉴于冲突后局势的实际情况，主流化必须以集中资金用于有针对性的干预措施为补充——例如，当地维和妇女的能力建设或建设致力于打击性暴力和基于性别的暴力的男子网络项目。秘书长重申所有联合国资助的项目必须证明如何惠益于妇女和男子，这是一项长期原则。

36.此外，秘书长致力于推动联合国系统和会员国之间的合作，以确保联合国管理的支助建设和平资金至少有15%专门用于主要目标（与组织任务一致）是

1.Finnoff，Kade 和 Ramamurthy，Bhargavi，《两性平等筹资：审查联合国冲突后筹资方式》（妇发基金，2010年）。

针对妇女特殊需要、促进两性平等或赋予妇女权力的项目。建设和平基金将立即启动一个实现这一目标的进程。鉴于联合国大家庭的授权、预算、报告和监督制度多种多样，需要采取各种方法和规定不同的时限。系统的某些部分可能已经达到或超越了目标；秘书长鼓励他们再接再厉，取得更大成果。其他实体将开始投入各系统，包括采用性别标记，以奠定基础，使他们能够跟踪进展情况。就联合国外地特派团而言，秘书长将努力促成对联合国授权任务的预算编制如何根据现有方案规划和预算程序支持促进两性平等和赋予妇女权力的总体目标形成一个基本了解。秘书长敦促会员国支持联合国系统各理事机构实施这些措施，且在自己的财政拨款方面努力予以配合。

37.行动计划的第四个承诺涉及可部署的文职人员能力。联合国目前正在审查国际文职人员能力。审查小组的目标之一是确定增加部署到冲突后环境中的女文职人员比例的方法。部署更多的妇女虽然重要，但这只是确保促进两性平等的一个办法。同样重要的是确定应对两性不平等所需的技能和专业知识，以及制定战略，确保把妇女纳入部署到冲突后环境中的双边和多边特遣队。

38.促进两性平等的文职专门知识可分成两种。第一种是满足妇女在冲突后的迫切需求所需的各种专门能力。除其他外，这包括生殖保健工作者以及制定和实施促进两性平等的复员方案专家。较少认识到的是，在冲突刚结束后需要有受过专门培训的法律专业人员——例如，对广泛或有系统的性暴力指控进行调查，或协助妇女求助于执法和刑事司法系统。第二类专门知识涉及从两性平等角度重整国家机构。除其他外，这包括改革选举进程、安保机构和公共支出管理系统方面的两性平等专家，还包括土地和继承权、公民身份和暴力妇女侵害行为等领域的立法改革专家。这些技能有许多涉及在行动计划的其它方面确定的措施，而且，事实上，凡拥有的文职人员能力能够更为敏感地应对两性平等问题，就更有可能针对计划中的其他六项承诺部署适当专门知识和资源。

39.秘书长因此而承诺，联合国系统将确保在已部署的文职人员能力中包括满足妇女迫切需要的专门技能和重建国家机构的专业知识，使妇女和女孩更容易获取这些技能和知识，较不容易受到基于性别的歧视。秘书长要求联合国高级领导人确保特派任务和人道主义规划人员修改其程序，以提高本组织满足冲突后妇女和女孩需求的能力，其中除其他外，应利用部署到危机和冲突后局势中的性别问题顾问的积极经验。秘书长敦促会员国以及区域组织和非政府组织征聘这方面专家，并制订此类专家的适当职权范围，将其纳入可部署人员名册，为其提供可持续参与的专用资源。负责确保提供文职人员能力的所有行为体应酌情修订技能分类系统，确保充分提供与两性平等相关的专业知识。为了确保将有关这些事项的审议纳入现有改革方案，秘书长请国际文职人员能力审查小组确定实施行动计划中的这一重要组成部分的各项建议。

40.行动计划的第五个承诺涉及在冲突后治理机构中增加女决策者比例的办法。确保增加妇女比例是安理会促进妇女参与建设和平议程的关键要素。消除阻碍妇女参政的各方面障碍是一个基本人权问题。不得阻碍妇女投票、加入协会、竞选公职或表达自己的信念。无论是国家还是非国家行为体都不得限制行使这些权利的自由。歧视性法律和政策必须予以废除；安全部队须阻止妇女受到公开恐吓。各国还必须采取积极步骤，包括消除剥夺女童接受教育的社会偏见，需要通过教育来更有意义的行使公民权利和政治权利。冲突后局势为保障这些权利带来了更多挑战，其中包括缺少资源、安全条件差和通信基础设施退化。这些也需要从两性平等的角度予以紧急关注。

41.要全面落实第1325（2000）号决议中的承诺，我们不仅须保护妇女的基本政治权利，还要确保有更多妇女通过任命和选举担任领导职务。正如保障妇女的选举权、结社权和言论自由权一样，只是消除阻碍妇女担任决策角色的公开障碍是不够的。还需要采取特别措施，特别是要克服认为妇女不适合担任政治领袖或公务员的成见。还需要采取积极步骤，消除经常阻碍历史上被边缘化群体中少数新就任成员参与议事机构的非正式体制障碍。例如，研究显示，除非妇女在一个机构的成员中至少占四分之一至三分之一，否则她们的参与极其有限。[1]国际社会的明确承诺是增加当选公职的妇女的比例——这是计量实现千年发展目标的第

---

1. Agarwal, Bina，"妇女所占比例影响其参与吗？"，《世界发展》，第38卷，第1期（2010年）。

三项目标的指标之一。确保更多妇女担任公职的一个最直接、有效的方法是制定可实施的法律条文，规定妇女在民选机构中至少持有一定比例的席位（通过对各党派提出要求或采用其他方式），而且通过任命在国家机构中担任职务。在尚未使用配额系统的冲突后国家，平均只有12%的议员是妇女。在使用配额的冲突后国家，妇女在立法机关中占34%。[1]

42.选择选举制度和指导其运作的规则是主权国家的责任。联合国的作用是提出建议和提供便利条件，而不是强制实施。但是无论如何，我们也不能放弃责任，不去提醒各国遵守国际承诺，包括有必要在民选机构和其他公共机构中增加妇女比例。此外，我们必须提供基于证据的建议，说明为确保履行这一义务所采取的各种方式可能产生的影响。国际社会可促进采取暂行特别措施，如积极行动、特惠待遇和配额制度，以促进妇女参政且增加担任公职的女性比例。这些措施的实施得到《消除对妇女一切形式歧视公约》等几个国际文书的支持，还得到了联合国妇女地位委员会的一贯支持。秘书长在其2008年关于联合国提供法治援助的方针的指导说明中强烈支持采用暂行特别措施。从事选举支助的联合国行为体在某些情况下为采用妇女配额等暂行特别措施提供了技术援助。尽管我们有理由对联合国的记录感到骄傲，但采用更为一致和系统的办法可加强在这一领域提供技术援助。选举配额等暂行特别措施只应在适当的情况下予以实施。规定妇女在非民选公共机构占有一定比例的措施也应如此。虽然与其他国家相比，特别措施可能更适用于某些国家的国情，但是我们必须确保对所有国家的技术援助要严格评估所有这些措施的潜在实用性。为了综合处理这些问题，且表明国际社会支持包容性治理，秘书长承诺联合国将确保为解决冲突进程和刚摆脱冲突国家提供的技术援助能够促进妇女通过任命和选举参与公共机构的决策，包括采用暂行特别措施，如积极行动、特惠待遇和配额制度。

43.此外，联合国提供的援助应确保性别歧视问题在政治进程的每一个阶段都得到处理。为此，联合国将支持涉及政党、公民身份、个人状况和流离失所者

1.各国议会联盟提供的资料，配额项目，见于www.quotaproject.org。

和难民身份证件的立法框架改革，支持为确保妇女在选举管理和争端解决机构中享有实质性代表权，以及所有选举进程（包括选民登记、公民教育、投票、候选人安全和媒体准入报道）没有性别歧视所作的努力，以及支持评估妇女（作为选民、政党工作者和候选人）可能遭受暴力的脆弱性勘查以及采取行动防止和应对这些威胁。

44.秘书长将要求联合国相关实体审查各自的程序，以确保连贯统一地提供这类形式的技术援助。这除其他外将涉及为调解进程提供两性平等和选举专门知识，以便尽早评估各项方法，确保有更多当选和任命的妇女在冲突后决策中发挥作用；修订评估团的职权范围，确保例行提供对强制性配额等暂行特别措施的各种选择进行的循证分析；召集各政党、民间社会团体和参加配额制度的本区域其他冲突后国家的女议员都参加的广泛的全国性协商，以评估各种相互对立的方法的可行性。支持公共行政改革也要确保充分审议包括配额和快速通道晋升计划在内的各项措施，以提高妇女在各级国家机构中的人数比例，以及加强提高其效率的能力建设。

45.行动计划中的第六项承诺是关于支持法治，这对冲突后国家至关重要，其中包括了提供安全、管理司法和确定立法框架的机构。法治出现真空无异于国家垮台。本报告第三节概述了如果法治机构无视两性平等问题，妇女就会被剥夺安全、正义和平等的情形。为应对其中每一项挑战提出一项全面方案的问题，超出了本节的范围。有些问题将在行动计划中的其它部分加以阐述：将妇女和女孩的安全需要纳入和平协定和冲突后规划框架；为妇女求助司法的活动增拨资源；征聘从两性平等角度进行司法改革的专家参加民事反应小组；让更多妇女担任领导职务，要求就上述各项实施问责制。

46.鉴于所涉问题的范围和规模，本报告仅限于扼要说明三项具体措施，它们将支持和表明联合国的承诺，即确保联合国在冲突前、冲突期间和冲突后的法治方针系统地促进妇女享有安全和正义的权利。第一项措施是，凡在联合国维和人员部署的地方，本组织将妇女和女孩的安全列为优先事项，方法是为妇女，包括为难民营和境内流离失所者营地中的妇女创建一个保护性环境，并到2014年将维持和平行动中的女警察比例提高到20%。这将赋予妇女权能和鼓励她们举报罪行，包括举报性暴力和基于性别的暴力行为。联合国打击性暴力和基于性别的暴力行为的方法也将通过系统实施为民警和军事维和人员提供的指导准则、工具和培训资源中所述措施得到改进，这些准则、工具和培训资源包括，联合国维持和平行动中警察的两性平等和维持治安标准化最佳做法工具包和联合国警察调查和防止性暴力和基于性别的暴力行为标准化培训课程。建立国家安全部门能力，包括通过对性别问题有敏感认识的安全部门改革，推广、改进和以制度保障这些最佳做法，将是这方面工作的一个整体部分。最后，将继续把速效项目用于建立信任目的，包括实施赋予妇女权能或促进保护妇女环境的项目。

47.第二项措施是，我们必须为妇女和女孩诉诸司法和寻求执法机构帮助，提供经常和直接支助。向妇女提供法律支助服务——尽早执行以及执行规模足以表明对结束有罪不罚现象和保护受害人的承诺——将成为联合国法治措施的标准组成部分。国家和国际行为体将在有创意的现行方案基础上协同工作，为律师、律师助手和警察联络助理提供培训，以便除其他外，为寻求举报和参与起诉性暴力和基于性别的暴力行为和其他罪行、登记土地和要求继承遗产、寻求子女监护和争取国家承认其公民身份的妇女提供法律咨询和后勤支助。将为此采取补充措施，以便在警察局中建立负责登记、处理和监督妇女举报的案件的专门单位和起诉性暴力和基于性别的暴力案的专案组。

48.第三项措施是，秘书长呼吁各行为体确保为真相委员会、赔偿方案和相关机构制定促进两性平等的最低标准。尽管过渡时期司法机构的设置应由谈判当事方和冲突后国家政府来决定，但是，国际社会必须清楚说明如何才能使这些机制与安全理事会有关妇女和女孩权利的各项决议和这方面的其他国际法律条款保持一致。联合国将就下列各项制定准则和示范语文：（a）过渡时期司法机关理事机构的构成，特别是将包括的妇女比例和简况；（b）其职权范围，尤其是哪些罪行和犯罪人属于其管辖范围，所涉期间和与其他司法机构的联系；（c）保护受害人和证人安全和尊严的程序，确保适当的证据标准和确定补偿形式和执行补偿的方式。联合国相关实体将在国家一级监督和报告过渡时期司法机构的运作情况，评估它们与上述标准和其他标准的一致性。

49.行动计划中的第七项也是最后一项承诺是，经济复苏。不仅妇女的经济活动极大促进可持续和平；她们更多地投身于劳动大军也往往为她们提供了参与政界所需的资源、地位和关系网，从而可以参加竞选或投身于公民活动。尽管有必要采取各种措施利用妇女的生产性潜能和确保她们的经济赋权，但是，国际社会可以作出的最大贡献也许是纠正将冲突后资源的绝大部分分配给男子的普遍存在的偏向，其信念是这样可以阻止男子实施暴力或恢复暴力行为。这种假设忽视了一个反证据，即将资源分配给妇女也可以产生为持久和平创造有利条件的同等效果。有关为被视为有可能加入反叛团体的男子实施的奖励方案的分析结果表明，男子的成本效益计算是以整个家庭的收入为基础的；无论谋生机会是直接给了这些男子还是给了女性家庭成员，都不会影响这些男子加入反叛团体的倾向性。[1]

50.因此，为了维持效率和公平，秘书长承诺联合国将确保妇女作为参与者和受益者，平等参与冲突后局势中的地方发展、创造就业机会和一线服务的提供。为了履行这项承诺，秘书长将要求联合国总部和外地的高层领导人在四个领域展开行动。第一，在地方发展和基础设施方案以参与性方法为基础的地方——这是应当积极鼓励的一个范例——就需要由妇女和妇女民间社会组织直接参与确定优先事项、查明受益者和监督实施情况。研究结果表明了这些方法的益处。[2]第二，冲突后就业方案应专门将妇女作为一个受益群体。应实施等量范围原则，确保无论男女的就业人数都不超过60%。而且就业方案还需确保女工直接收取酬劳，以及消除阻碍公平参与的障碍——例如，调整工作产出定额，在安全方面作出充分安排。联合国派驻外地的高层领导将负责修订、监督和报告联合国冲突后

1."巴基斯坦危机分析框架：了解西北边境省和联邦直辖部落地区的危机"（世界银行/联合国，2010年4月）。

2.Narayan，Deepa和Petesch，Patti（编辑），"走出贫困，第一卷：对流动的跨学科观点"（世界银行，2007年）。

创造就业机会、创收和重返社会业务准则说明中与两性平等有关的规定的遵守情况。

51.第三项措施是确保促进两性平等的经济复苏能够倡导妇女作为"一线"服务的提供者——例如在卫生、农业推广和自然资源管理领域。研究结果表明，让妇女发挥一线作用加强了对女性客户的外联、提高了妇女的自我收入、产生榜样的效果，鼓励了其他妇女追求投身于公共生活的职业。[1]秘书长要求联合国高层领导人确保在向政府机构提供的技术援助中，包括为如何增加一线服务提供者妇女的比例提供指导。

52.第四，需要采取具体措施，确保妇女平等参与解除武装、复员和重返社会方案的各个阶段——从有关和平协定的谈判和建立国家机构，到制定和执行方案。解除武装、复员和重返社会方案必须清除障碍，使女性战斗员、与武装部队和团体有关联的妇女和女孩能够参与其中；为妇女提供适当的重返社会援助，包括为重返平民生活时面对家人或社区特别歧视态度或暴力行为的妇女提供材料和心理社会支助；向为患有残疾的和长期生病的前战斗员和过去与武装部队和团体有关联的儿童提供照料的妇女提供支助；建立审查程序，将侵犯妇女权利的人清除出安全部门；向接受大批前战斗员的社区提供促进两性平等的和解和公共安全方案。作为这项工作的一部分，派驻外地的联合国高层领导将负责监督和报告联合国解除武装、复员和重返社会综合标准中两性平等部分的实施情况。

五　结论和意见

53.国际社会为采取有力行动，确保妇女充分参与建设和平，提供了前所未有的支持。上文所述分析和行动计划为履行安全理事会关于妇女与和平与安全问题的各项决议中所做的承诺，提供了坚实的基础。然而，我们不能对实施中面临的挑战存有幻想。必须进行审慎的审议后，才修订程序和制定方案。还需要追加

---

1. Tendler Judith, Good Government in the Tropics（约翰斯·霍普金斯大学出版社，1998年）。

资源，秘书长敦促会员国为挖掘妇女的安全和生产性潜能进行投资，她们可以为促进持久和平"增强战斗力"。

54.各会员国还须确保始终如一地为妇女参与建设和平提供支助。就重大问题采取的立场不能因联合国内外体制环境的不同而有所差异。除其他外，在通过独立外交倡议支持和平进程、为冲突后国家提供双边援助和在联合国政府间机构内进行参与时，都必须将加强妇女参与建设和平的能力作为优先事项。

55.联合国系统也须确保统一行动。建设和平委员会可以发挥重要作用，包括通过其国别组合发挥作用，在该委员会的创立决议中包括了处理两性平等问题的任务规定。追踪行动计划中七项承诺的履行进展情况，至关重要。应安全理事会要求编制的关于跟踪第1325（2000）号决议执行情况的全球指标将为监督工作提供便利。根据第1889（2009）号决议第15段所载的安理会指示，报告和监督此项行动计划的执行情况将是我改善联合国建设和平工作整体行动议程中的一部分。

（联合国大会、联合国安全理事会：《妇女参与建设和平——秘书长的报告》，A/65/354-S/2010/466，2010年9月7日，https://undocs.org/zh/A/65/354）

妇女与和平与安全——秘书长的报告（2020）

（2020年9月25日）

一　导言

1.已进入2020年，联合国设想使这一年成为在实现对性别平等及妇女与和平与安全的全球承诺方面取得进展的里程碑式的一年。面对冠状病毒病（COVID-19）大流行带来的前所未有的危机，履行这些承诺的决心并没有减弱，如果说有什么不同的话，那就是紧迫感增强了。

2.在关于COVID-19对妇女的影响的政策简报[1]中，联合国促进性别平等和增强妇女权能署（妇女署）警告说，在性别平等方面取得的有限进展有逆转的风险。妇女构成了第一线卫生保健工作者的大部分，承担了大部分护理负担，将受到此次危机造成的经济后果的最大影响。妇女已在遭受越来越多发的性别暴力。专家们有理由担心，用于开展促进妇女健康（包括性健康和生殖健康）的努力的资源被挪用，对女童参与教育和妇女就业的长期影响，以及以大流行病为借口，在侵犯妇女权利的行为方面向后倒退。这一大流行病将对国际和平与安全产生深远影响，包括使妇女在政治决策中被进一步边缘化，特别是在正在谈判和平协定的国家或正在进行政治转型的国家。更普遍地说，性别不平等和冲突风险之间存

1.联合国促进性别平等和增强妇女权能署（妇女署），"COVID-19对妇女的影响"，政策简报。可查阅www.unwomen.org/-/media/headquarters/attachments/sections/library/publications/2020/policy-brief-the-impact-of-covid-19-on-women-en.pdf?la=en&vs=1406。

在很强的相关性。[1]秘书长在2月份关于性别平等的施政讲话中指出，暴力侵害妇女、国内压迫和冲突之间是一条直线；每年在和平与安全上花费了数万亿美元，但我们应该询问：谁的和平？谁的安全？

3.安全理事会第2532（2020）号决议肯定妇女在冠状病毒病应对工作中发挥着重大作用，并呼吁采取切实行动，确保妇女充分、平等和有意义地参与制定和实施应对这一大流行病的适当和可持续对策。在过去20年中，安全理事会通过了10项关于妇女与和平与安全的决议，所有决议都围绕着妇女人权和妇女在预防和应对危机中发挥领导作用的重要性。在大流行病期间，许多展现领导力的最佳例子都来自妇女，但妇女领导的国家只有7%。对设有冠状病毒病工作队和委员会的30个国家进行的调查结果显示，平均只有24%的成员是妇女。[2]在受冲突影响的国家，[3]冠状病毒病工作队中的妇女比例更低，只有18%。[4]

4.妇女与和平与安全议程的核心是预防危机议程。在受冲突影响的国家，妇女组织和网络是其社区和高危群体的生命线。虽然处理突发公共卫生事件的主要责任在于国家，但事实已经证明，妇女团体是紧急情况下必不可少的领导者，在维持社会凝聚力和防止进一步的冲突和不稳定方面发挥着关键作用。妇女团体拥有社区的信任和外联能力，这对在大流行病期间管理公共卫生信息时至关重要。除非得到财政支持，否则这些组织有着停止运营的风险。

5.在过去的一年里，妇女一直站在社会运动的前列，在这些运动中，人们走上街头，要求其权利、平等、不同的社会契约和更雄心勃勃的气候行动。这些社

1.世界银行和联合国，《和平之路：预防暴力冲突的包容性办法》（华盛顿特区，世界银行，2018年）。

2.援外社国际协会，"大多数国家未能将妇女纳入冠状病毒病应急小组和计划"，新闻稿，2020年6月9日。可查阅 www.care-international.org/news/press-releases/most-countries-fail-to-include-women-in-their-covid-19-response-teams-plans。

3.就本报告而言，这包括安全理事会目前处理中的项目以及2019年1月1日至12月31日期间安理会在正式会议上审议的议程项目、2019年驻有维持和平特派团或特别政治任务的国家以及2019年从建设和平基金获得方案资金的国家。

4.妇女署对安全理事会处理中的12个局势的现有数据的分析。

会运动，包括在象阿尔及利亚、智利、哥伦比亚、海地、伊拉克、黎巴嫩和苏丹等国，其被评论最多的特征之一是各个年龄段的妇女发挥的杰出领导力。研究表明，妇女在第一线的参与同一个社会运动使用非暴力方法并取得成功的机会非常相关，即使在高度镇压的背景下也是如此。[1]

6. 充满活力的社会运动、脆弱的和平协定和全球大流行病的结合敲响了需要建设更加平等和包容各方的社会的警钟。忽视从几十年的妇女和平行动中吸取的教训以及我们自己对妇女与和平与安全的承诺，将对妇女产生长期的代际影响，并对实现可持续发展目标的集体努力产生影响。

7. 本报告特别及时，不仅因为正值安全理事会第1325（2000）号决议通过20周年之际，而且还因为我们正处在失去性别平等与和平问题上来之不易的成果和从冠状病毒病大流行中恢复得更好的十字路口。本报告参考了根据联合国系统各实体、会员国、区域组织、民间社会和全球公认数据源提供的数据和信息对进展和趋势进行的分析。主要的研究结果包括以下内容：

（a）1992年至2019年期间，在世界各地的主要和平进程中，只有13%的谈判人员、6%的调解人和6%的签字人是女性；[2]

（b）在世界范围内，1995年至2019年期间，含有性别平等条款的和平协定的比例从14%增至22%；[3]

（c）2020年5月，5.4%的联合国军事人员和15.1%的警察人员为女性，而2015年分别为3%和10%；[4]

（d）联合国核实，2015年至2019年期间，有102名妇女人权维护者、记者和工会成员在26个受冲突影响的国家被杀，这可能是低估的数字；由于为抗击大流

1.Erica Chenoweth 和其他人，"妇女的参与和非暴力运动的命运：关于妇女参与抵抗（WiRe）数据集的报告"，为一个地球未来基金会准备的文件，科罗拉多州布鲁姆菲尔德，2019年。

2. 外交关系理事会，"妇女参与和平进程"，2019年1月30日。可查阅 www.cfr.org/womens-participation-in-peace-processes。

3.数据来自爱丁堡大学、PA-X 和平协议数据库，第三版。可查阅 www.peaceagreements.org/。

4.来自和平行动部和业务支助部的数据。可查阅 https://peacekeeping.un.org/en/gender。

行病而实施的行动限制和保护措施的减少，预计这些事件将会增加；[1]

（e）妇女在国民议会中的代表人数比例从2000年的13.1%增至2020年的24.9%；在受冲突影响的国家，妇女在议会中的比例仍然较低，为18.9%；[2]

（f）在有法定配额的冲突中和冲突后国家，妇女在国家议会中的比例是没有配额的国家两倍多（分别为23%和10.8%），在有配额的地方政府机构中，妇女的比例为26%——比没有配额的地方机构中高出三倍多；[3]

（g）截至2020年7月，已有85个会员国（占联合国会员国的44%）将妇女与和平与安全议程转化为国家行动计划——比2015年的53个和2010年的19个有所增加——但只有24%的会员国在通过这些计划时列有执行这些计划的预算；16个国家通过了55项关于妇女与和平与安全的地方行动计划；[4]

（h）在第1325（2000）号决议通过后的头五年里，只有15%的安全理事会决议明确提到妇女与和平与安全问题；2017年至2019年期间，这一比例升至约70%；[5]

（i）承诺支持脆弱和受冲突影响国家的性别平等努力的双边可分配援助总额继续增加，2017年至2018年期间为每年205亿美元，而2015年至2016年期间为每年180亿美元；然而，对妇女组织的双边援助停滞不前，仅占双边援助总额的0.2%；[6]

1.联合国人权事务高级专员办事处（人权高专办）与联合国教育、科学及文化组织（教科文组织）和国际劳工组织（劳工组织）合作提供的数据。

2.截至2020年1月1日的数据。不包括尼日尔和也门。妇女署根据可持续发展目标指标5.5.1项下的报告进行的计算。

3.从联合国、秘书处统计司、全球可持续发展目标指标数据库获得的关于国家议会和地方政府中妇女比例的数据。可查阅http://unstats.un.org/sdgs/indicators/database/。从国际民主和选举援助学会、斯德哥尔摩大学和各国议会联盟（议联）、全球性别配额数据库获得的性别配额数据。可查阅www.quotaproject.org。

4.妇女署对关于妇女与和平与安全的国家和地方行动计划的分析。

5.来自相应年份的秘书长关于妇女与和平与安全的报告中的数据。

6.数据来自经济合作与发展组织，贷方报告制度。可查阅http://stats.oecd.org。

（j）2019年，历经十年来最大年度增幅之后，全球军费开支达到1.9万亿美元，[1]但只有30%的国家行动计划将裁军作为一个重点领域。

二　2020年妇女与和平与安全议程：进展、挑战和正在出现的问题

8.在上一份关于妇女与和平与安全的报告（S/2019/800）中，列入了对2015年3次和平与安全审查提出的与联合国系统有关的妇女与和平与安全方面建议的执行情况所作的评估，[2]突出强调了许多执行方面的差距。现在正是在各处做得更好的时候，从当地、非正式解决冲突到正式和平谈判、在安全理事会大厅以及在决定建设和平和恢复计划和预算的会议室，均要做得更好，并确保这些努力无缝衔接。在一个领域得到支持和倡导的东西，往往必须在另一个领域付诸实践。例如，安全理事会第2510（2020）号决议认可的关于利比亚问题的柏林会议的结论（S/2020/63，附件一）鼓励妇女进行充分、有效和有意义的参与，但在联利支助团推动的关于安全、政治和经济事项的三个利比亚内部对话轨道上，利比亚代表绝大多数是男性。[3]

9.在上一份报告中，强调了需要加快行动的六个领域：妇女有意义地参与和平进程和成果的执行；妇女的经济保障和获得资源；保护和支持妇女人权维护者与建设和平者；增加维持和平特派团和国家安全部队中妇女的人数并加强其影响力；为执行妇女与和平与安全议程提供资金；让联合国领导人对履行妇女与和平

1.斯德哥尔摩国际和平研究所，"根据斯德哥尔摩国际和平研究所的说法，2019年全球军费开支出现了十年来最大的年度增长，达到19170亿美元"，2020年4月27日。可查阅www.sipri.org/media/press-release/2020/global-military-expenditure-sees-largest-annual-increase-decade-says-sipri-reaching-1917-billion。

2.三次审查是：Radhika Coomaraswamy，预防冲突，改革司法，保障和平：关于联合国安全理事会第1325号决议执行情况的全球研究，为妇女署编制的研究报告，2015年；A/70/95–S/2015/446；和A/69/968–S/2015/490。

3.安全和经济轨道的所有代表都是男性，政治轨道的26名参与者中只有7名是女性。

与安全议程的承诺，从实现目标到改进分析和信息传递等负责。

10.本报告载有关于在妇女与和平与安全议程的这些领域和其他领域进展情况的信息，并特别注意落实上一份报告中提出的具体承诺和建议。展望未来，必须更加关注许多妇女面临的基于种族、族裔、能力、经济地位、性取向和性别认同的相互交织的各种歧视形式，以及消除结构性障碍，以增加不同群体的妇女参与预防和解决冲突以及建设和平。

11.在管理、和平与安全以及发展领域进行的相辅相成的联合国改革，为对包容性分析、规划和方案拟订进程采取协调一致的方法，包括促进性别平等的方法奠定了坚实的基础。在海地和苏丹过渡等背景下，总部和实地的综合领导和分析方面已取得一些进展。然而，必须做更多的工作，以确保妇女处于本组织发展、和平与安全、人道主义和大流行病后长期复苏计划的中心位置。秘书长性别平等战略已被纳入所有改革，该战略对参与和平行动的妇女人数产生了重大影响，这是妇女与和平与安全议程的一项关键承诺。

A.推进性别平等与妇女有意义地参与和平进程和政治过渡

12.长期以来，女性建设和平者和女权运动一直呼吁结束歧视性法律和惯例，因为这些法律和惯例剥夺或限制了妇女获得司法以及社会、政治和经济机会的概率。2019年，苏丹学生和活动家阿拉阿·萨拉赫在安全理事会关于妇女与和平与安全的年度辩论会上发言时说，如果妇女在和平谈判桌上没有代表权，如果她们在议会中没有有意义的发言权，她们的权利就得不到保障，歧视性和限制性法律将依旧不变，不稳定和暴力的循环将继续下去（见S/PV.8649）。

13.必须立即将妇女充分、平等和有意义的参与和实现妇女权利放在预防、解决冲突和恢复努力的所有办法的核心位置，不仅要揭露和解决规划和决策中的性别歧视和偏见，而且要确保为妇女的包容性参与提供坚实的基石。有足够的知识和良好做法可供借鉴，例如包容性和平进程设计方法，所有调解人都应使用和鼓励这些做法。然而，缺乏进展的主要原因是缺乏在和平进程的所有阶段充分实现妇女与和平与安全议程所载的全球承诺的政治意愿，特别是冲突各方缺乏政治意愿。随着承诺的增加，会员国、区域组织和联合国的政策和问责框架得到加强，以及采取新的会员国倡议，如芬兰和西班牙牵头的"2025年承诺"倡议，可能会发生根本性转变，不仅可以用参加谈判的数字来衡量，而且还可以在预防和解决冲突以及设计和执行和平协定方面采取包含性别平等和促进性别平等的方法来衡量。

14. 鉴于COVID-19大流行在世界各地蔓延，2020年3月23日，秘书长呼吁全球停火——立即停止世界各个角落的敌对行动，以加强外交行动，帮助为提供救生援助创造条件，并给最易受COVID-19大流行影响的地方带来希望。随后，鉴于COVID-19大流行期间令人担忧的针对妇女的暴力行为激增和相关封锁，他专门呼吁结束从战区到人们家中的所有地方的暴力行为。会员国、冲突各方、区域组织和民间社会行为体，包括许多妇女组织，迅速响应这些呼吁，为此或给予支持，或采取具体措施。安全理事会在其第2532（2020）号决议中赞同全球停火，承认脆弱的和平进程在大流行病之后可能脱轨的风险。现在支持接纳妇女比以往任何时候都更重要，因为个人与国际和平与安全之间的联系也比以往任何时候都重要，这一联系在20年前构成了该议程的核心。

15. 总体而言，在实现妇女在和平进程各个阶段平等和有意义地参与有关其国家未来的决策方面取得的全球进展仍然不够。1992年至2019年期间，在外交关系委员会追踪的全球主要和平进程中，妇女平均占谈判人员的13%、调解人的6%和签字人的6%。虽然在增加妇女参与方面取得了一些进展，但每10个和平进程中仍有约7个进程不包括女性调解人或女性签字人——后者表明，很少有妇女作为谈判人员、担保人或见证人参与领导角色。[1]实时收集和公布关于妇女参与和平进程的数据，有助于向所有行为体施加压力，以确保吸纳妇女。妇女的参与不容商量。更多的男性必须挺身而出，尽自己的一份力量，打破将妇女排斥在外的循环。

16. 作为对上一份报告和安全理事会第2493（2019）号决议的回应，政治和建设和平事务部开始举行针对具体情况的高级别战略会议，以设计和支持包容

1.外交关系理事会，"妇女参与和平进程"。

性和平进程。2020年4月，与秘书长也门问题特使办公室虚拟举行第一次此类会议，探讨了采取哪些行动，以促进将性别问题纳入也门和平进程，包括也门妇女技术咨询小组的效力和影响。与安全理事会妇女与和平与安全问题非正式专家组分享这些会议的成果，并与妇女领导人和建设和平者保持密切接触，有助于确定优先事项，包括流离失所妇女的优先事项。目前还在努力解决调解小组的性别不平衡问题。2019年，支持联合国领导和联合领导的和平进程的团队的组成人员平均有30%的妇女。

17. 在物理、公民和政治空间不断缩小的背景下，通过虚拟协商和接触，为妇女有意义地参与和平进程开辟新途径所作的努力，如秘书长叙利亚问题特使和秘书长也门问题特使所做的努力，受到欢迎。与此同时，重要的是认识到，协商，无论是在线协商还是面对面协商，都不能取代直接参与。此外，数字包容倡议需要有针对性的努力，以解决获取权力以及获取数字技术方面的性别差距和其他差距。重要的是，促进和支持和平进程的所有行为体都应扩大对包容性进程的政治支持，并投资于能够惠及所有选民并使其有意义地参与的进程和技术。

18. 战时和谈代表团是对冲突和社会权力结构的反映。当决策结构始终将妇女排除在明显的角色之外时，冲突各方更有可能认为她们未经考验，因为她们以前没有参与过，因此她们得不到承认。2018年至2019年期间，参加联合国领导和共同领导的和平进程的冲突各方代表团中有妇女的代表团的数量减少，但也有一些显著进展，例如2019年在喀土穆举行的关于中非共和国的和平谈判中，有一名妇女代表一个武装团体，直接参与和平谈判，并是该协定的签字人之一。2020年8月，苏丹政府与来自达尔富尔、南科尔多凡和青尼罗河的武装团体签署了争取达成一项全面和平协定的八项议定书，几名妇女代表这些武装团体，并成为其中四项议定书的签字人。这对苏丹来说是一个向前迈进的重要信号和步骤。2019年，日内瓦国际讨论主席启动实施关于妇女与和平与安全的联合主席战略和行动计划，并系统地与妇女民间社会团体接触。

19. 在不是由联合国牵头的谈判中，妇女代表权不足的情况也很明显。美利坚合众国和塔利班在多哈举行的双边会谈没有一次包括阿富汗妇女，2019年7月在多哈举行的由德国和卡塔尔联合主办的阿富汗内部对话，聚集了阿富汗民间社会团体、以个人身份行事的政府代表和塔利班代表。在67名参与者中，有10名是女性。她们在会谈中发挥了关键作用，有助于营造富有成效的对话环境。在9月份举行的阿富汗与塔利班之间的阿富汗内部谈判开幕式上，阿富汗谈判小组的4名女性成员中有3人参加了谈判，而塔利班代表团只由男性组成。

20.增加妇女人数、融入性别平等观点并以与女权主义者和妇女权利支持者（包括人权维护者和建设和平者）讨论为基础的多轨方法至关重要。联合国特使与整个联合国系统的合作伙伴和第三方调解组织合作，帮助设想和实施此类方法。预期调解人将促进妇女的直接参与，明确将此作为一个优先事项，而不是将此作为只有在交战各方之间实现和平之后才能解决的问题，并探讨所有可能的战略，包括提供激励措施和实施暂行特别措施。2019年，各种咨询委员会为妇女的声音提供了重要的咨询和协商空间，包括在伊拉克、阿拉伯叙利亚共和国和也门，但它们不能取代妇女的直接参与。与叙利亚妇女咨询委员会的定期协商和特使办公室的持续倡导有助于确保包括咨询委员会成员在内的妇女，在阿拉伯叙利亚共和国宪法委员会，包括其较小的起草机构中达到28%的参与率。成立由叙利亚专家、民间社会成员和其他人组成的第三集团有助于改善妇女的代表权和独立声音的存在；它为其他流程提供了一个可供参考的模型。然而，数量上的代表权只是第一步。在没有真正机会影响进程结果的情况下，象征性的、肤浅的、最后一刻的或临时的妇女代表权不能被认为是足够的或可以接受的，特别是在联合国支持的进程中，尤其是考虑到这种不充分的代表权没有让这些进程获得宝贵的观点和投入。

21.调解人必须确保那些倡导妇女与和平与安全议程核心问题的社会运动和组织的代表参加。从历史上看，妇女参与正式和平进程往往是通过妇女组织与领导人个人的共同施压发起和实现的。2019年，联合国确保在其领导或共同领导的所有四个积极和平进程中与妇女民间社会组织定期磋商。在中非共和国，这促成关于性别平等的条款出现在最终协定中。在伊拉克和黎巴嫩，联合国特派团与抗议运动的女性成员接触，并支持旨在促进和保护妇女权利的改革。在海地和伊拉

克，特派团主张追究杀害和绑架女性抗议者的责任。在刚果民主共和国，特派团
正在支持一个妇女调解人网络，以加强妇女的参与和妇女参与地方一级的社区对
话和冲突解决。

22.对1995年至2019年期间的趋势的分析显示，在全球范围内，包含性别平
等条款的和平协定的百分比[1]随着时间的推移而增加（从14%增至22%），但总体
上仍然令人失望地低（见图1）。对于部分协定，特别是停火协定，这一比例要低
得多。2015年至2019年间，只有11%的停火协定包含有关性别平等的条款，而
在其他类型的和平协定中，这一比例为26%。妇女在停火监测机制中的代表权较
低，使得这一情况更是雪上加霜。

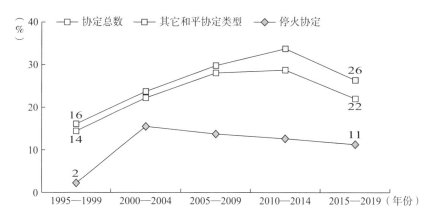

图1　1995年至2019年包含性别平等条款的和平协定百分比

资料来源：PA-X和平协定数据库。

注解：其它协定类型包括其他部分协定以及全面协定和执行协定。

23.虽然可以理解和平谈判是聚光灯的焦点，但妇女代表权不足的情况通常
会在和平协定一经签署就会在为执行这些协定而设立的委员会和机构中重复出

1.来自PA-X和平协定数据库的数据，其中和平协定的广义定义是经冲突各方讨论并由某些或所有
当事方彼此商定的处理冲突以期结束冲突的正式、可公开获得的文件。

现。在马里，在签署和平协议四年多之后，妇女在全国解除武装、复员和重返社会委员会中却仅占3%，在国家安全部门改革理事会中占6%，在真相、正义与和解委员会中占20%，在协议监测委员会各小组委员会中占4%。在其他几个委员会中，根本没有女性。与第一年相比，这些微不足道的数字仍然有所改善，当时协议监督委员会及其四个技术小组委员会的大约70名成员中只有一名女性。在南苏丹，只有两个委员会达到了《解决南苏丹共和国冲突重振协议》中规定的35%这一妇女配额。虽然20%的委员会由妇女担任主席，但妇女在这些国家机构的成员中平均只占18%；这是在2019年的数字有所改善之后的情况，这一改善要归功于妇女组织的持续倡导。在中非共和国，和平协定正式监测机制中的妇女比例在国家一级为17%，在地方一级为23%。哥伦比亚是一个罕见的例外，在那里妇女有更好的代表权，而且政府和民间社会团体实际上都在跟踪和平协定中关于性别平等的条款的执行情况。

B.促进性别平等的维持和平及和平行动

24.妇女与和平与安全是"以行动促维和"倡议的首要优先事项之一，该倡议包括关于下列方面的承诺：让妇女充分参与和平与政治进程，将妇女与和平与安全系统地纳入规划、执行、分析和报告的所有阶段，增加妇女在和平行动中的代表权。在这些领域的每一领域都取得了进展。

25.需要利用联合国和平行动的所有资源和专长，以确保妇女领导和创造政治解决办法。与当地女权主义领导人和妇女权利组织建立伙伴关系至关重要。例如，在马里北部，联合国特派团和妇女署建立了"和平之家"，将来自不同族裔群体具有共同建设和平目标的76个妇女组织聚集在一起。特派团还与联合国国家工作队、民间社会组织和政府合作，提高妇女在和平协定执行机构中的比例。在中非共和国，在2019年签署的和平协定谈判中，妇女仅占积极参与者和观察员的10%，即便这一结果，也需要非洲联盟、联合国和民间社会团体，包括非洲妇女领袖网络和非洲妇女预防和调解冲突网络的大力协调动员。在南苏丹，在联合国特派团支持或监测的地方和平谈判中，28%的参与者是妇女。这些和平行动：帮助达尔富尔妇女参与在喀土穆举行的关于政治过渡的讨论，为妇女建立一个影响朱巴和平进程的平台；就参与阿卜耶伊社区间冲突预防机制事宜与米塞里亚族和恩哥克－丁卡族妇女接触；促进马里妇女参与2020年选举，使她们在议会中的代表比例从10%增至28%，尽管COVID-9大流行带来了额外的困难。

26.为支持包容性政治过渡，安全理事会应更加一致地发布将性别观点纳入安全部门改革和解除武装、复员和重返社会进程的具体指示和任务。虽然女性战斗人员在维持和平特派团复员工作量中所占比例很小，但减少社区暴力项目的实施显示了妇女在缓解当地冲突、防止招募加入武装团体、提高重返社会的可持续性和建设社区复原力方面的积极影响。例如，在刚果民主共和国和马里，妇女占减少社区暴力项目受益者的一半。

27.实施新的问责工具和战略指导，从作为过渡规划一环的标准化性别反应冲突分析，到在高级代表契约中纳入关于妇女与和平与安全的特别目标，也取得了成果。之所以能够做到这一点，是因为和平行动中有性别问题专门知识，这是因为会员国在安全理事会授权和预算谈判中提高了这种专门知识的重要性。在海地和苏丹这两个最大的联合国维持和平特派团的后续政治特派团，在其规划和任务中系统地纳入了性别平等考虑。改进后的报告工作提高了妇女与和平与安全问题的可见度，也能带来更积极和持久的成果。例如，在刚果民主共和国，女性惩戒干事的比例增至25%，特派团参照促进性别平等的安全地图，加强了妇女特别需要保护的18个地点的巡逻和监视。在黎巴嫩，特派团区指挥官和营指挥官必须达到关于妇女与和平与安全的具体业绩基准。

28.联合国在22个和平行动中共有82000多名军警人员。自从第1325（2000）号决议通过15周年以来，妇女人数在经历几年停滞之后，开始缓慢上升。2020年5月，在维持和平行动中，5.4%的军事人员和15.1%的警务人员为女性，而2015年分别为3.3%和10.2%（见图2）。

29.2019年10月，常务副秘书长会同非洲联盟派驻非洲之角各位代表开展了一次高级别声援访问，会见了女性维和人员；她们向访问团通报了她们面临的一系列挑战，包括性骚扰、设施不足或不适当以及无法获得卫生巾等基本个人卫生用品。她们还表示感到受挫的是，尽管具备资格，但许多人仍主要被指派负责行政管理任务。包括各特派团和发展机构在内的派驻各国团队正与会员国合作，寻求应对这些挑战的办法。

30.传统上由男性主导的维持和平支助部门出现积极趋势，值得欢迎。地雷行动中担任技术职务的妇女人数从2017年的3%增至2020年的19%。作为政府提供人员部署的女性惩戒干事和司法官员的百分比从2018年的25%增至2019年的29%，超过了既定目标。安全理事会通过了第2538（2020）号决议——这是第一项专门讨论妇女代表权问题的维和决议——表明了这一问题的重要性。由加拿大牵头的埃尔西倡议以及所有加入该倡议或支持埃尔西倡议基金的国家，都值得称赞。其目的是根据2015年进行的全球研究的建议，支持和激励提高女性军警有意义地参与联合国和平行动的努力。[1]

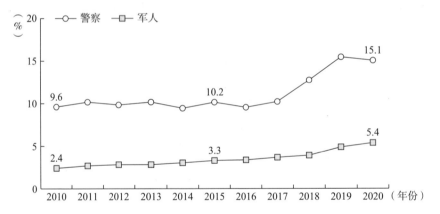

图2　2010年至2020年联合国维持和平特派团中女性军事和警务人员比例

资料来源：和平行动部和业务支助部。可查阅https://peacekeeping.un.org/en/gender。

31.尽管这些努力是在正确轨道上的努力，但仍路途遥远。与民间社会组织的对话有时是临时性质的，与一次性活动和表演一起举办，而非定期的、参与性的和有意义的。根据秘书长的人权行动呼吁，与妇女民间社会组织和妇女人权维

1.Radhika Coomaraswamy，预防冲突。

护者的实质性接触需要采取进一步行动，以便成为所有联合国特派团的核心业务框架。除数字之外，联合国的报告工作还将进一步加强，纳入对联合国特派团在该工作领域的参与情况的政治分析，包括任何反弹或报复迹象，以及对有害的性别规范和冲突动态之间的联系的分析。还需要投资于数据驱动的通信，更好地传达妇女领袖和网络在推进政治解决方案和巩固维持和平背景下的和平方面的重要作用，以及联合国维持和平努力可以对妇女生活产生的积极影响。例如，最近研究认为，部署维和行动的地点改善了孕产妇健康状况、获得疫苗接种的机会和女童入学率。[1]

C.在冲突环境和人道主义紧急情况下保护和促进妇女和女童的人权

32.2019年底，妇女权利活动积极分子和援助工作者阿尔玛斯·埃尔曼在摩加迪沙被枪杀，这发生在她在社交媒体上发布了她妹妹在联合国关于和解重要性的讲话的数小时之后。她像父母和两个妹妹一样，投身于为他人服务，为改善索马里做出奉献。2019年6月，同样返回阿富汗帮助他人的24岁人权工作者法蒂玛（"娜塔莎"）·哈利勒和她的司机在喀布尔的一次爆炸中丧生。她曾是一名难民，直言不讳倡导妇女权利，回到喀布尔后是要加入阿富汗独立人权委员会。

33.在26个受冲突影响的国家，联合国核实了2015年至2019年期间发生的102起杀害妇女人权维护者、记者和工会成员的事件，这可能是低估的数字。[2]在哥伦比亚，监察员办公室报告了2019年480起针对女性领导人和女性人权维护者的威胁，包括仇女的侮辱性言论和性暴力威胁。其中至少有12人被杀，比前一年增加了50%。2020年，就在应对COVID-19大流行的封闭在哥伦比亚刚生效之时，一名妇女权利活动者在家外面被杀，这是针对一名争取男女同性恋、双性恋、变性人、同性恋和双性人权利的活动者的暗杀。此后几天，更多的人被杀

1.Theodora Ismene Gizelis 和 Xun Cao，"安全红利：维持和平和孕产妇健康成果和获得机会"，《和平研究杂志》，2019年7月。

2.人权高专办与教科文组织和劳工组织的合作提供的数据。公民社会和第一线卫士等组织报告的数字更高。

害，因为女领导人留在家里很容易成为目标，而治安人员则被转用于执行隔离。妇女权利组织也是受缩小公民空间的法律影响最大的组织。除反恐法律在一些国家带来的审查和限制之外，当局还可能利用对非政府组织的各种其他措施，来限制在其社区倡导妇女和女童利益的民间社会行为者。

34.必须开展多得多的工作，以支持妇女和妇女权利组织及其捍卫人权的努力，包括当即谴责，还有大力落实。在妇女人权维护者遭谋杀的绝大多数案件中，受害者以前曾受到过威胁，但从报告受到威胁到被谋杀期间，都没有得到国家当局的必要保护和支持。现有数据表明，其中许多人从事性健康和生殖健康及权利、土著权利和环境问题方面的工作。[1] 国际社会要持续资助向处境危险的妇女人权维护者提供紧急资金的各组织。保护妇女人权维护者的国家战略和网络激增，国家人权机构不懈努力，都受到欢迎。[2]

35.秘书长在其关于与冲突有关的性暴力报告（S/2020/487）中提供了令人沉痛的记录，2019年录得经联合国核实的2838起与冲突有关的性暴力案件；在96%的案件中，暴力对象是妇女和女童，这违反了安全理事会自2008年以来就这一主题通过的相关决议。尽管由于根深蒂固的性别不平等、恐惧、污名化及缺乏获得服务和司法机制的机会，导致长期报案率偏低，这一信息并没有反映出这些罪行的全部规模和普遍程度，但这也说明了问题的严重性。与冲突有关的性暴力的影响可能会延续几代人，因为在一些国家，因强奸而出生的儿童有可能成为无国籍者，可能无法获得保健、教育和基本服务。这是秘书长第九次在此类报告中可信地列出涉嫌在安全理事会处理的国家和局势中实施强奸和其他形式的性暴力或对此负责的各方。过去十年，11个国家的65个当事方被列名，只有一个当事方在采

1.第一线捍卫者，"2019年全球分析"，2020年1月11日。可查阅 www.frontlinedefenders.org/en/resource-publication/global-analysis-2019。

2.为撰写本报告而审查的三分之二受冲突影响的国家（45个国家中的29个）的国家人权机构完全或部分符合《关于促进和保护人权的国家机构的地位的原则》（《巴黎原则》）；仍有14个国家没有经认证的国家人权机构。三分之一的国家人权机构由妇女领导，担任委员会类型的人权机构的主席或监察员类型的机构的负责人。

取必要行动后被除名。秘书长呼吁加强监测和大力执行合规情况，因为其中42个当事方没有做出任何承诺来解决这些严重侵犯人权的行为，而且制裁委员会也没有专门针对性暴力对个人或实体实施制裁，尽管其中8个委员会明确将这些罪行列为指认标准。[1]最近的研究证实，与非冲突环境相比，受冲突影响国家的非伴侣性暴力发生率非常高。[2]

36.5月份对喀布尔Sad Bistar医院产科病房丧尽天良的袭击造成24名平民死亡，其中包括16名妇女和新生儿；这一事件清楚地提醒人们，在受冲突影响的国家，妇女和女童的生命受到多种方式的攻击。在报告严重偏低的阿富汗，联合国阿富汗援助团记录了27起与冲突有关的性暴力案件（S/2020/487，第17段）。援助团还记录了204起其他针对妇女的严重暴力犯罪案件，包括96起所谓的"名誉杀人"案件、45起强迫婚姻和童婚案件，以及6起威胁女性人权维护者的案件。在也门，正如安全理事会第2140（2014）号决议所设也门问题专家小组所详述的那样，自2017年以来，妇女政界领导人和活动家一直是胡塞派系统性针对的目标，该小组将问题指向了萨那刑事调查司司长领导的一个网络（见S/2020/313）。在世界为应对COVID-19大流行而进入前所未有的封闭状态，也门女权团体也加入了全球停火的呼吁之时，据称，胡塞派袭击了塔伊兹中央监狱的女囚牢房，杀害了7名妇女和一名与被拘留母亲生活在一起的儿童，打伤了26名其他妇女。

37.2020年初，阿拉伯叙利亚共和国西北部局势升级，导致100万人在两个月内逃离，这是自九年前战争开始以来最大的大规模流离失所事件。一些叙利亚儿童受到严重创伤，不再说话；早产、流产和低体重分娩数量正在增加。除了广泛记录的性别暴力、绑架和贩运案件之外，叙利亚妇女还因丈夫或男性亲属失踪或被拘留而痛苦；也因为她们在不知道丈夫或男性亲属下落或没有死亡证明的情况

1.中非共和国、刚果民主共和国、利比亚和南苏丹的22名个人和4个实体在其案件侵犯行为简述中列有性暴力罪行，尽管他们主要是基于其他理由而被指认的。

2.Maureen Murphy和其他人，"什么能有效防止冲突和人道主义危机中的暴力侵害妇女和女童行为"，为什么能有效防止暴力编写的综合简报第8页。可查阅www.whatworks.co.za/documents/publications/355-p868-irc-synthesis-brief-report-lr-26092019/file。

下，面临失去住房和土地合法权利的风险。在世界各地的冲突中，女户主家庭尤其面临风险。在乌克兰，对峙线两侧近70%的家庭是女户主，她们往往无法获得社会福利，获得收入或保护的机会有限。在也门，妇女为户主的家庭，特别是在流离失所的情况下，被驱逐的风险更高，还有报告说其精神和情感极为苦痛。

38.即使在冲突和人道主义危机时期，妇女和女童遭受的亲密伴侣暴力也比非伴侣性暴力更为普遍。在南苏丹三个受冲突影响地区进行的跨部门调查结果显示，多达三分之一的妇女和女童一生中经历过非伴侣的性侵犯；然而，亲密伴侣暴力发生率更高，从54%到73%不等。[1]在隔离环境中，亲密伴侣的暴力行为在频率和严重程度方面有惊人的增长。专家们确信，在受冲突影响的环境中，COVID-19大流行的累加影响将增加童婚、性剥削和性虐待以及贩运人口的比率。在这方面，难民和流离失所妇女和童孩尤其面临风险。2018年，在全球发现的45000多名受害者中，妇女和女童约占65%，但对贩运者的起诉却在下降。[2]令人关切的是，COVID-19大流行正在增加性剥削和性虐待的风险，原因是消极应对战略、隔离措施、缺乏问责制、男子和男童实施的暴力行为正常化、获得信息、服务和报告渠道的机会有限，以及获得食物和保健用品的机会不平等。

39.残疾妇女和女童占全世界所有残疾人的一半以上，占全世界所有妇女的近五分之一。在冲突环境中，残疾妇女和女童人数也不成比例。例如，根据2019年12月在阿拉伯叙利亚共和国进行的人道主义需求评估，阿拉伯叙利亚共和国所有流离失所妇女中有28%是残疾妇女。她们不太可能被人道主义应急工作列为优先援助对象，也不太可能被纳入建设和平之中。安全理事会第2475（2019）号决议授权满足残疾妇女权利。

40.安全理事会在其第7044次会议一致通过的第2122（2013）号决议中指出需要要在不带歧视的情况下提供各种性健康和生殖健康服务，包括就强奸造成怀

1.Maureen Murphy 和其他人，"什么可以有效防止暴力侵害妇女和女童行为"，第8页。

2.联合国毒品和犯罪问题办公室（毒品和犯罪问题办公室），《2020年全球人口贩运问题报告》（即将印发）。

孕提供服务。2019年11月，在纪念国际人口与发展会议二十五周年之际，展示了再次对性健康和生殖健康及权利作出的承诺。然而，COVID–19大流行对妇女健康构成了严峻挑战（见图3）。联合国人口基金（人口基金）警告，这一流行病可能导致近5000万名妇女的避孕需求得不到满足，原因包括供应链中断、出行限制以及妇女保健资源转用于其他服务等。此外，2019年，已经发生1000多起影响保健设施的安全事件，比2018年的795起大幅增加。[1]在某些受冲突影响或脆弱的国家，孕产妇死亡率高得惊人，尽管自2000年以来，全球孕产妇死亡率下降了38%（从每10万例活产中342例孕产妇死亡，降至211例）。令人关切的是，近年来，缅甸、南苏丹、阿拉伯叙利亚共和国和委内瑞拉玻利瓦尔共和国的孕产妇死亡率有所上升。通过在产前、产中和产后提供高质量的护理，确保非歧视性的全面性健康和生殖健康服务，大多数孕产妇死亡是可以预防的。

图例：
■ 远落后于世界平均值（低于50%）
■ 略落后于世界平均值（大于50%但小于73%）
▢ 达到或超过世界平均值（73%或以上）

图3　2019年在受冲突影响或脆弱国家国家法律法规在多大程度上保障充分和平等获得性保健和生殖保健、信息和教育

资料来源：联合国，秘书处统计司，全球可持续发展目标指标数据库，指标5.6.2。可查阅 https://unstats.un.org/sdgs/indicators/database。

1.S/2020/366；世界卫生组织卫生保健部门受攻击情况监测系统。可查阅 https://extranet.who.int/ssa/Index.aspx。

41. 许多利益攸关方正在加大努力应对这些挑战，向受冲突影响国家的数以百万计的妇女和女童提供20年前几乎不存在的服务。在2019年于奥斯陆举行的结束人道主义危机中性暴力和性别暴力会议上，21个捐助方为2019年和2020年的方案认捐了3.63亿美元。欧洲联盟－联合国联合聚光灯倡议正在向全世界5000万受益者施以援手，包括在许多人道主义紧急情况下和受冲突影响的国家中施以援手。面向预防的干预措施是有效的，特别是在由妇女领导、针对社会规范并让整个社区参与的情况下。当有足够资源和专业知识可供利用时，态度可以相对快速地改变。刚果民主共和国的一个此类方案仅在几年内就使亲密伴侣暴力从69%降至29%，非伴侣性暴力从21%降至4%。[1]

42. 和平行动中的联合国妇女保护顾问和人权事务干事发挥着至关重要的作用。联合国刚果民主共和国特派团启动了一项行动计划，防止和解决玛伊－玛伊愤怒公民组织派别实施的与冲突有关的性暴力；该派别对前一年记录在案的事件中的最多数量负有责任。自2018年以来，该计划已使该区域报告的与冲突有关的性暴力减少了近72%。也导致了对该派别领导人的审判，其因包括强奸和性奴役在内的危害人类罪被判处终身监禁。在南苏丹，联合国一直与武装团体接触，以争取释放在西赤道州被绑架的数百名妇女和女童。许多人仍关押在军营。在全球范围内，必须加倍努力释放其他被绑架的妇女和女童，如仍被关押的许多雅兹迪妇女和女童。

43. 2019年12月，有1.676亿人需要人道主义援助[2]——这是几十年来报告的最高数字。经历严重饥饿的人数从2018年的1.13亿增至2019年的1.35亿，这只是长期饥饿人数中的一小部分。[3]近60%经历严重饥饿的人生活在受冲突影响的国

1.Rachel Jewkes，Erin Stern 和 Leane Ramsoomar，"防止暴力侵害妇女和女孩行为：改变有害的性别态度、角色和社会规范的社区行动主义方法"，为什么能有效防止暴力编写的证据审查，第5页。可查阅 www.whatworks.co.za/documents/publications/357–social–norms–briefweb–28092019/file。

2.联合国人道主义事务协调厅，"2020年全球人道主义状况概览"。可查阅 www.unocha.org/sites/unocha/files/GHO–2020_v9.1.pdf。

3.世界粮食计划署，"2020年全球粮食危机报告"。可查阅 https://docs.wfp.org/api/documents/WFP–0000114546/download/?_ga=2.103660224.1556261707.1598964667–1440025491.1593782226。

家。南苏丹、也门和萨赫勒是最令人担忧的地区。全球大流行病预计将带来全球经济危机、粮食不安全加剧、汇款大幅下降、石油价格暴跌和拯救生命的外援减少，所有这些都将对妇女和女童产生深远影响，从粮食不安全和饥饿到失去教育，还有性别暴力、性剥削和性虐待事件不断增加。

44. 显然，为在人道主义行动中产生可持续和有效的影响，对受危机影响的妇女和女童的保护和让其发挥领导作用至关重要。虽然在规范和政策框架方面取得了明显进展，但仍有待于将其系统转化为需要人道主义援助的妇女和女童生活中的行动。2019年，机构间常设委员会性别与人道主义行动问题咨询小组发表了关于性别平等政策问责框架的第一份报告，其中首次集中报告了联合国在人道主义援助背景下履行性别平等方面的承诺、标准、作用和责任的情况。报告将每年编写一次，鼓励所有人道主义组织执行该常设委员会的建议。[1]用于促进人道主义行动中性别平等的资金仍然很少。妇女署和人口基金对孟加拉国、约旦、尼日利亚和索马里进行了一项联合研究，结果显示，为满足受危机影响的妇女和女童需求而要求提供的资金总额中，只有不到51%得到了满足；针对妇女和女童和（或）为其量身定制的方案资金不成比例地短缺。[2]紧急救济协调员已将性别暴力确定为资金分配的四个战略优先事项之一。对性别平等相关问题的分析和专门知识将为联合国人道主义工作提供信息，包括在应对全球大流行病及其后果时。迄今为止，为应对作为《2019冠状病毒病全球人道主义应对计划》的一部分的性别暴力，其所需资金只收到不到10%。

---

1. 机构间常设委员会和妇女署，"性别平等问责框架报告：2018年"。可查阅 https://interagencystandingcommittee.org/system/files/iasc_af_gender_report_2018.pdf。

2. 妇女署，"在人道主义方案拟订中为性别平等和增强妇女和女童权能提供资金"。可查阅 www.unwomen.org/en/digital-library/publications/2020/06/funding-for-gender-equality-and-the-empowerment-of-women-and-girls-in-humanitarian-programming。

三 建设和维持和平：将妇女与和平与安全议程与实现《2030年可持续发展议程》的努力联系起来

45.预防冲突和维持和平取决于消除造成不稳定的根源和结构性原因，如排斥、不公正、不平等和武器扩散。本节介绍关于对实现可持续发展目标至关重要和对实现妇女与和平与安全议程至关重要的领域，如裁军、确保妇女政治权利、公平的经济制度和法治；以及新出现的问题，如暴力极端主义和气候危机，因为在这些问题上迫切需要妇女的领导力、影响和视角。

46.2020年对联合国建设和平架构的审查结果显示，[1]许多国家和地方行为体，特别是妇女，仍然并不总是以有意义的方式参与国家建设和平优先事项的制定和推进。尽管建设和平委员会等机构在将性别平等纳入其工作方案方面取得了进展，建设和平基金在为性别平等提供财政支持方面也取得了进展，但必须做更多工作，将妇女与和平与安全视为和平进程和建设和平努力的一个基本部分，消除阻碍妇女有意义地参与这些进程的结构性障碍。

A.裁军和军备控制

47.裁军是最初设想的妇女与和平与安全议程的核心。在《北京宣言》和《行动纲要》关于妇女与武装冲突的一节中，在减少过度军事开支和控制军备供应的战略目标和相关承诺下，它也得到突出的重点介绍。然而，裁军议程与妇女与和平与安全议程之间的联系仍有待充分探索。只有30%的关于妇女与和平与安全的国家行动计划将裁军列为一个重点领域。

48.欢迎裁军事务高级代表办公室和各会员国努力在各种裁军论坛上更多关注妇女与和平与安全方面的承诺。2019年在纳米比亚温得和克举行的会议上，妇女与和平与安全问题国家协调人网络将裁军和军备控制问题，包括需要解决全球流通的约10亿件小武器给不同性别造成的威胁和伤害，置于关于执行妇女与和平与安全议程的讨论中心，也受到欢迎。在最近一份关于武器转让对人权的影响的

---

1. 见 www.un.org/peacebuilding/content/2020-review-un-peacebuilding-architecture。

报告（A/HRC/44/29）中，联合国人权事务高级专员指出，武器的拥有和使用与会助长对妇女和女童的性别歧视的男子特性、权力、控制等具体表现密切相关，也助长性别歧视和暴力侵害妇女和女童行为。

49.联合国毒品和犯罪问题办公室（毒品和犯罪问题办公室）正在收集关于因非法贩运枪支罪而被逮捕、起诉和判决的个人的性别层面问题的全球数据。[1]4月，裁军事务厅启动了一个多年项目，在打击小武器贩运和滥用的工作中推进将性别观点纳入主流的政策、方案和行动。充分执行相关条约和文书仍然是紧迫的优先事项。倡导妇女与和平与安全议程的国家应该以身作则，在与武器贸易和转让有关的问题上采取坚定立场，包括停止全球武器出口，因为这是受冲突影响国家特别迫切需要的措施。所有国家都必须遵守安全理事会的武器禁运和制裁，包括利比亚和南苏丹等情况。区域倡议，如非洲联盟的"到2020年平息枪炮声"运动，尤其值得注意。

50.令人深感关切的是核武器带来的新威胁，核大国之间的紧张关系日益加剧，核裁军制度正在受到侵蚀。在纪念《不扩散核武器条约》生效五十周年之际，各国必须再次坚定承诺消除大规模毁灭性武器，继续努力促进将性别观点纳入核裁军和不扩散工作之中。鼓励在多边论坛上进一步研究和讨论其他大规模毁灭性武器与性别之间的联系，因为这些领域落后于核武器领域取得的进展。在这方面，联合国裁军研究所2019年发布的一份研究报告提出了在《关于禁止发展、生产、储存和使用化学武器及销毁此种武器的公约》和《关于禁止发展、生产和储存细菌（生物）及毒素武器和销毁此种武器的公约》的监测制度范围内推动促进性别平等的援助的想法。

51.新技术和创新可以为促进性别平等提供机会。然而，妇女与和平与安全倡导者也对相关风险提出了警告，例如自主武器可能被用来实施性别暴力。拥有超越人类控制的杀人能力和判断力的机器在政治上是不可接受的，在道德上也令

1.见毒品和犯罪问题办公室和联合国裁军事务厅，非法武器流动调查表，全球数据收集工具。可查阅www.unodc.org/unodc/en/data-and-analysis/statistics/crime/iafq.html。

人厌恶。一些会员国对此类武器技术的投资日益增加，令人尤为关切。

52.妇女在处理军备控制、不扩散和裁军问题的多边论坛中的代表权长期不足。在多边裁军会议中，只有三分之一的与会者可能是妇女，女代表团团长的比例甚至更低。[1]为解决这些不平衡问题，2019年2月决定，未来的裁军政府专家组将根据大会决议和《裁军议程》，致力于实现妇女充分平等地参与所有此类机构。加强妇女在决策中的作用和促进多样化的声音是实现裁军、不扩散和军备控制的集体目标的关键步骤。创造更加包容、有效和可持续的成果还需要超越数字，积极将性别观点纳入政策和方案；这需要在性别分析、专门知识和研究方面持续投资。

B.政治参与和代表权

53.在世界范围内，参与政治决策的男子人数远远超过女子。男子拥有世界四分之三以上的立法权，女子仅占国家议员的24.9%。[2]2000年，这一比例为13.1%。在冲突和冲突后国家，妇女的比例甚至更低，为18.9%。在国家以下各级，全球地方政府中的妇女比例为36%，在受冲突影响的国家中为21%。[3]30岁以下的妇女仅占世界议员的0.9%。年轻女性普遍遭受过厌恶女性的经历，她们的参与受到歧视性社会规范和法律的阻碍。只有23个国家的国家元首或政府首脑由女性担任。

54.COVID-19大流行使妇女的领导力成为焦点。许多分析人士注意到，世界各地女领导人如何在包容和循证领导的基础上成功应对这一流行病。女议员倡导促进性别平等的COVID-19对策。塞拉利昂议会妇女核心小组吸取埃博拉病毒病危机的经验教训，在联合国开发计划署（开发署）的支持下，与国家机构、传统领导人和边境当局合作，减轻这一流行病对妇女和女童的风险，确保做出促进性别平等的应对努力。敦促更多的议会进一步确定如何促进妇女在未来COVID-19

1.Renata Hessmann Dalaqua，Kjølv Egeland 和 Torbjørn Graff Hugo，《仍然落后于曲线》，为联合国裁军研究所编写的报告，日内瓦，2019年。

2.截至2020年1月各国女议员数据（来自各国议会联盟）。可查阅 https://data.ipu.org/women-ranking?month=1&year=2020。

3.截至2020年1月1日的数据。不包括尼日尔和也门。妇女署数据来自关于可持续发展目标指标5.5.1的报告。

应对和复苏中的领导作用和参与。

55.性别配额与其他暂行特别措施相结合，仍然是缩小妇女政治代表权差距的有效手段，使妇女能够实现平等代表权的权利，并使社会受益于更大包容带来的决策效力的提高。这正是它成为联合国系统共同落实人权行动呼吁的重点领域之一的原因。一个令人鼓舞的趋势是，在为撰写本报告而审查的大多数冲突和冲突后国家，对国家议会（64%）和地方政府（61%）使用了法定配额。与以前报告相一致的是，在有法定配额的冲突和冲突后国家，妇女在议会中的比例是没有法定配额国家的两倍多（有配额的为22.9%，没有配额的为10.8%）（见图4）。妇女在地方政府中的比例有类似趋势。在有配额的国家，妇女在地方政府中的平均比例为26%，而在没有配额的国家，为8%。[1]最近的研究表明，与任何其他旨在促进性别平等的条款相比，在和平协定中纳入配额条款，更能预测妇女在冲突后政治环境中的代表权及其劳动力参与情况。[2]最近在中非共和国、科特迪瓦、尼日尔和乌克兰实行改革，旨在促进性别均衡的暂行特别措施，令人鼓舞。为了加强进展，敦促会员国考虑采取和执行配额和其他暂行特别措施，在各级民选和任命的决策职位上实现性别均衡。然而，并非所有暂行特别措施都同样有效。在阿富汗，25%的省议会席位为妇女保留。然而，34个省议会的领导绝大多数由男子担任，他们担任其中33个议会的议长。

56.妇女在内阁和政府其他机构中任职人数不足的情况仍然很普遍，尽管有一些变化的实例。在黎巴嫩，提高性别平等和消除对妇女和女童歧视，是民众抗议中提出的两个最具凝聚力的诉求。在新内阁中，女部长人数空前（30%），包括国防部长，这在阿拉伯地区尚属首次。在伊拉克，联合国持续倡导帮助将宪法审查委员会中的妇女人数从1名增至5名。在苏丹，22%的部长职位由妇女担任，包括首位女外交部长，主权委员会成员中有18%是妇女。2019年任命了苏丹第一位女首席大法官。

1.不包括也门。妇女署数据。

2.见 https://gnwp.org/nyu-research-2020。

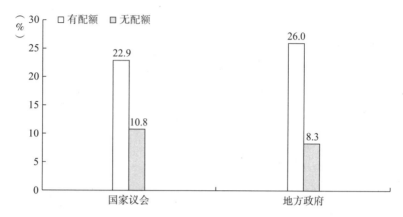

图4 2019年受冲突影响和冲突后国家的国家议会和地方政府中的妇女比例

资料来源：联合国，秘书处统计司、全球可持续发展目标指标数据库、国际民主和选举援助学会、斯德哥尔摩大学和各国议会联盟、全球性别配额数据库。

注：如无2019年数据，则使用现有最新年份数据。

57.妇女的政治领导作用和妇女的参与是有效的国家和地方治理和改革的重要组成部分，但在实现这些组成部分的道路上，仍然存在重大持续障碍。在政治和选举中，对妇女的暴力仍然是普遍的侵犯人权行为。女性领导人和公职人员在社会中和网络上都面临骚扰、威胁和虐待。为了让妇女充分参与公共生活，政治机构必须睡弃性别歧视和性别暴力。利比亚国会议员西汉姆·塞尔吉瓦在班加西家中被绑架已有一年，利比亚妇女表达意见的公共空间继续缩小。会员国有责任防止、调查和惩罚暴力侵害妇女行为，采取行动，对恐吓、性骚扰和任何其他形式的性别暴力零容忍，并将其制度化，通过相关立法和政策，提供必要资源，促进和使妇女能够充分和有意义地参与政治和公共领域。解决这些问题仍然是联合国系统的一个高度优先事项。

C.经济复苏和获得资源

58.正如以前的各份报告所强调的那样，解决经济不平等问题是一项预防危机战略。妇女更有可能将其收入用于满足家庭需求，包括医疗保健和教育，从而为复苏做出更大贡献。然而，性别规范和歧视使妇女远离土地、财产、继承、信贷、技术和银行业务等资产和生产性资源。相反，国际社会对妇女的支持侧重于微型企业和小额信贷，而冲突后的大规模重建则由男性主导并主要惠及男性。

59.虽然重建及和平协定执行中与性别有关的优先事项的融资情况仍然鲜为人知，但研究表明资金严重不足。最近重点关注哥伦比亚和菲律宾和平协定执行情况以及伊拉克重建情况的研究表明，目前只有不到2%的官方发展援助将性别平等作为一项主要目标。[1]在哥伦比亚和菲律宾，妇女对和平进程的参与高于平均水平，虽然在签署和平协定后的第二年，对性别平等事项的供资确实有所增加，但其后却大幅减少。在菲律宾，《邦萨摩洛全面协议》列入了一条罕见的规定，将发展资金的5%专门用于支持妇女开展复苏工作和参与政治生活、保护妇女免受暴力侵害，但棉兰老岛重建和发展信托基金2013至2017年资助的方案中没有一个方案报告说将资金分配给了造福妇女的项目和活动。

60.在促进性别平等的经济重建方面，良好做法的实例太少。2013年，开发署开始跟踪冲突和冲突后环境中临时就业和生产性生计项目支付给妇女的款项。2019年，34%的妇女从这些方案中受益，比前一年的31%有所增加。

61.通常，试点方案即使证明有益，也不会以实质性的更大规模地加以复制。例如，在加沙地带，妇女署让250名妇女参加工作换现金方案；她们的家庭收入增加了345%。这250名妇女中，有71%的人报告家庭紧张关系缓和，55%的人表示，新的处境使她们能够参与家庭决策。在约旦，联合国使用创新区块链现金支付办法，在为防止COVID-19传播而采取的封锁措施到位后，立即将针对难民营中叙利亚难民的现金换工作方案转换为直接现金援助。在提供与生计和就业相关的支持时，无论是对性别平等还是对和平红利而言，促进体面工作和确保女工权利得到尊重都至关重要。[2]

62.COVID-19大流行和全球范围内的封锁突显了无偿护理和家务工作对经济的巨大价值，并反映出这一负担大部分是由妇女承担的。在几个受冲突影响国

1.Jacqui True 和 Sara Davies 即将提出的研究报告（2020年）。

2.见劳工组织2017年《关于就业和体面劳动促进和平与复原的建议书》（第205号）。

家，妇女从事的无偿护理和家务劳动是男性的三到七倍。[1]这严重影响了妇女的有偿就业。全球经济萎缩预计将加剧妇女有偿就业问题。例如，据估计，甚至在贝鲁特港口遭毁坏之前，经济萎缩就已经使黎巴嫩妇女的就业减少了14%至19%。[2]在有关复苏和重建的决策中优先考虑照护工作，投资于社会保障工具，包括基本收入倡议，以及保障教育和卫生支出，比以往任何时候都更加紧迫和具有相关性。改革债务结构以缓解沉重的债务，纠正不成比例地影响妇女的紧缩政策，对于创造财政空间，将投资转向社会保障和护理经济，也至关重要。

D.法治以及妇女诉诸司法的机会

63.2019年末，一名在波斯尼亚和黑塞哥维那为战争受害者争取权利的年轻妇女告知安全理事会，司法努力正在危险地放缓。她报告说，一些公共场所（如街道、纪念馆和纪念碑）以被判有罪的战犯的名字命名，但几乎没有专门为战争受害者设立的公共场所。此外，与退伍军人不同，平民受害者，特别是性暴力的女性幸存者，在武装冲突结束四分之一个世纪后，仍然不得不为自己的权利而战（见S/PV.8658）。

64.这严酷地提醒人们，谋求正义的努力会持续数十年，受害者将同否认或推迟他们正当诉求的行为作斗争，并坚持挑战施害者手握权力、逍遥法外并被美化的情况。在不同的历史性决定中，禁止酷刑委员会和消除对妇女歧视委员会都要求波斯尼亚和黑塞哥维那为与冲突有关的性暴力幸存者建立全面赔偿制度。[3]危地马拉是国内法院对武装冲突期间的性奴役定罪的第一个国家，联合国正在支持危地马拉受害者获得塞普尔·扎尔科案历史性判决中判给他们的赔偿。联合国还在监测另一起重要案件的司法程序，即近40年前准军事人员对玛雅阿奇人实施性

1.联合国，全球可持续发展目标指标数据库，指标5.4.1。

2.妇女署，"黎巴嫩促进性别平等的复苏：关于财政、社会和劳工政策改革的建议"。可查阅：https://www2.unwomen.org/-/media/field%20office%20arab%20states/attachments/publications/2020/06/macro%20economic%20policy%20recommendations%20_final%20english%20design.pdf?la=en&vs=5558。

3.A诉波斯尼亚和黑塞哥维那案（CAT/C/67/D/854/2017）和S.H.诉波斯尼亚和黑塞哥维那案（CEDAW/C/76/D/116/2017）。

暴力的案件。

65. 这名来自波斯尼亚和黑塞哥维那的妇女的证词也是重要的提醒：在我们这个时代最具破坏性的冲突中，从缅甸到阿拉伯叙利亚共和国，从阿富汗和南苏丹到也门，面对有罪不罚现象的肆虐，不要放弃，也不要屈服。秘书长在其关于与冲突有关性暴力的最新报告（S/2020/487）中指出，在马里，没有任何一起与冲突有关的性暴力案件受到审判。在尼日利亚，尽管博科圣地组织及其对妇女和女童的暴行引起了公众关注，但直到2019年才在一起与冲突有关的性暴力案件中，首次报告对施害者定罪——一名士兵因强奸一名14岁流离失所的女童而被军事法庭判刑。在科特迪瓦2010—2011年危机期间发生的性暴力案件没有一起进入审判阶段，没有任何幸存者得到赔偿。在南苏丹，仍然没有审判性暴力和性别暴力案件的混合法庭或专门法庭，政府对2018年本提乌大规模强奸案的调查只承认16起强奸事件，并将这些事件定性为孤立的犯罪行为。尽管有大量关于阿拉伯叙利亚共和国境内与冲突有关性暴力事件的记录，但没有一名犯罪人面临当面起诉，直到在冲突持续9年后德国提出第一起案件。

66. 尽管如此，幸存者和他们的捍卫者仍然找到其他方式争取正义。倡导者们通过不同途径，如大会和人权理事会创建的机制，分别调查缅甸和阿拉伯叙利亚共和国境内发生的最严重的国际罪行。安全理事会请秘书长设立促进对达伊沙/伊拉克和黎凡特伊斯兰国所犯罪行追究责任的联合国调查组（联合国调查组），以支持国内努力，追究伊拉克和黎凡特伊斯兰国（伊黎伊斯兰国/达伊沙）对在伊拉克所实施的行为的责任。联合国调查组把对性暴力和性别暴力行为的调查作为优先事项，并在其100多名工作人员和领导团队中实现了性别均等。广泛利用国际调查委员会开展工作，也将过去讳莫如深的针对妇女和女童的暴行写进历史中，为正义之路的最终打开提供了详细的事实说明。在许多受冲突影响的国家，这些记录工作将与冲突有关的性暴力与侵犯妇女的社会和经济权利行为以及更广泛的性别不平等联系起来，表明性别不平等是不稳定和冲突的一个驱动因素，必须作为一个根本原因加以解决。

67. 以不安全、暴力和缺乏法律和司法保护为标志的冲突后环境，是妇女参与建设和平与发展的障碍。在过去二十年里，在加强法律、司法和保障系统，为妇女和女童创造更安全的环境并保护她们的权利方面取得了相当大的进展。最近开展的工作包括，除其他外，就加强性别均等和选举法拟订的立法和规范框架，特别是在公共团体中的代表权方面。例如，在中非共和国和科特迪瓦就进行了这些工作。中非共和国的一个女律师网络获得财政支助，从而能够为大约13500名妇女提供法律服务及诉诸司法的途径。在冲突后国家，通过宪法和立法改革等方式推进法治，有助于解决妇女经常面临的跨部门不平等问题，并有助于减轻妇女在冲突后日常将继续面临的家庭、身份和国籍、财产、保健、继承和就业等社会经济不公正问题。

68.其他进展令人鼓舞。在哥伦比亚，和平特别司法管辖机制55%的成员和真相委员会45%的成员是妇女，三分之一以上登记在册的性暴力受害者得到了赔偿。刚果民主共和国、几内亚、伊拉克和斯里兰卡正在大力扩展妇女获得赔偿的机会，包括在全球幸存者基金的支持下开展这项工作。突尼斯列入独立预算项目，以推动妇女和女童参加真相和尊严委员会。其他国家可以效仿突尼斯的做法。在马里，真相、正义与和解委员会已收到16000多份证词，其中60%来自妇女。全球法治协调中心、法治与冲突中性暴力问题专家组等机制继续向受冲突影响国家的国家当局提供协助。在刚果民主共和国，自2013年以来，已有1000多人因与冲突有关的性暴力而被起诉，目前正在进行几起标志性的审判。2019年12月，中非共和国在班吉就20多起与冲突有关的性暴力案件举行专门的刑事法庭庭审。这是朝着开始弥合有罪不罚差距迈出的积极的一步。在南苏丹，维和特派团支持下的流动法院审理了260起案件，其中许多案件与性暴力有关，截至2019年底，共有136人定罪。2020年7月，国际刑事法院开始对一名马里被告进行审判，这将是该法庭对基于性别迫害的反人类罪行做出裁决的第一起案件。

69.除非妇女在司法程序中得到公平的代表权，并且历史性创举和良好范例成为普遍做法，否则这些步骤将无法成功缩小司法差距。现在已有以COVID-19大流行为借口，推迟审判和调查的例子。允许放慢追求性别公正的脚步，是不可接受的。

E. 防止和打击恐怖主义和暴力极端主义

70. 厌恶女性及让妇女和女童屈服是大多数极端主义和恐怖组织的共同特征，无论其意识形态如何。这不是巧合。对性别规范和定型观念的战略性操纵是他们宣传和招募策略的一部分。控制妇女和女童的生活不仅是他们的所作所为的副产品，也是他们目标的基础。

71. 安全理事会在第2242（2015）号决议中敦促会员国和联合国系统确保妇女和妇女组织参加反恐战略和反暴力极端主义战略的制定工作并起领导作用，并请反恐怖主义委员会和反恐怖主义委员会执行局把性别平等问题作为一个贯穿不同领域的问题列入各自任务规定的所有活动。自那以后，联合国在其机构架构、政策框架和指导以及方案干预方面都取得了进展。反恐怖主义办公室采用了性别平等标码，并开始建立财务跟踪系统，以便遵守将15%的资金分配给性别平等和妇女赋权项目的指示。2019年，反恐怖主义委员会执行局对会员国工作的评估包含60多项与性别问题有关的建议。妇女署、开发署、毒品和犯罪问题办公室和国际移民组织牵头开展工作，支持以前与极端主义团体有关联的妇女的康复，并在印度尼西亚、肯尼亚、利比亚、莫桑比克、尼日利亚、菲律宾、斯里兰卡和苏丹等国，支持妇女领导的组织参与起草和监测打击暴力极端主义的国家行动计划，并支持这些组织参与社区预警和预防倡议。然而，还需要做更多工作来确保妇女领导的民间社会组织和性别平等活动家积极有效的参与。

72. 知识也得到了扩展。2019年，莫纳什大学和妇女署公布了他们在孟加拉国、印度尼西亚、利比亚和菲律宾的研究中值得注意的成果。[1]在所有四个国家的定量调查都显示，与宗教信仰、年龄、性别、教育水平、就业或所处地点相比，厌恶女性心理与支持暴力极端主义的关联更为紧密。研究还表明，妇女得到的康

---

1. Melissa Johnston 和 Jacqui True，"对女性的厌恶与暴力极端主义：预防暴力极端主义的影响"，莫纳什大学和妇女署，2019年。可查阅：https://arts.monash.edu/__data/assets/pdf_file/0007/2003389/Policy-Brief_VE_and_VAW_V7t.pdf。

复和重返社会支助往往比男性少，而且这种支助往往没有充分兼顾她们的性别具体需要。[1] 涉嫌与来自伊拉克和阿拉伯叙利亚共和国的伊黎伊斯兰国成员有家庭联系的妇女的返回率比男子和儿童的返回率慢得多。

73.反恐法律和行动仍然或有意或无意地损害妇女团体的权利和建设和平宣传。与妇女组织持续对话的机制仍然不足，许多国家根本没有这种机制。妇女在专门反恐的决策机构和执法机构中代表权严重不足。迫切需要加强对受害者的外联和支持。尽管对解决包括伊黎伊斯兰国和博科圣地组织在内的广泛实施性奴役和性暴力制度的团体的问题给予了极多关注和资源，但这些团体的许多受害者却没有能够伸张正义或得到足够的支持（S/2020/487）。

F.气候变化及其对和平和安全的影响

74.各国在努力预防和应对当代众多安全挑战的过程中，不能忽视当今的生存风险——气候变化。气候变化和环境退化的影响已经在全球范围内使复杂的危机进一步恶化。

75.越来越多证据表明，性别规范和权力结构在确定与气候有关的安全风险对男女的影响方面发挥着关键作用。然而，需要做出更加协调一致的努力，在决策中整合和处理性别、气候和安全之间的联系，并优先考虑妇女参与应对和预防机制。在目前关于妇女与和平与安全的国家行动计划中，甚至只有17个计划提及气候变化，而在关于气候变化和安全的政策辩论中，基本上没有涉及性别问题。

76.联合国环境规划署（环境署）、妇女署、政治和建设和平事务部建设和平支助办公室和开发署最近的一份报告令人信服地证明，性别规范和权力结构以各种方式决定着不同背景的男女如何应对和管理与气候有关的安全风险。[2]

1.反恐怖主义委员会执行局，"回返外国恐怖主义作战人员应对工作的性别层面：研究视角"，2019年2月。可查阅：www.un.org/sc/ctc/wp-content/uploads/2019/02/Feb_2019_CTED_Trends_Report.pdf；"反恐执行局分析简报：遣返与伊黎伊斯兰国有关联的妇女"，2019年9月。

2.环境署、妇女署、政治和建设和平事务部和开发署，"性别、气候与安全：在气候变化第一线维持包容性和平"，2020年6月11日。可查阅：https://gender-nr-peace.org/gender-climate-security/。

77.妇女留守在气候变化和不安全的第一线，在不断退化的环境中背负着新的经济责任。例如，在整个萨赫勒地区，气温升高和不可预测的降雨对生计的影响正在加剧族群间暴力，移民模式在发生转变。在苏丹的许多社区，如北科尔多凡州的社区，越来越多男子离开村庄，寻找务农之外的替代生计，而牧民在越来越不安全的环境中寻找牧场时，把妇女留在后面。在尼日利亚北部，性别规范和权力动态促使一些年轻妇女和年轻男子决定加入武装反对派团体。一些男子的动机是经济机会，他们试图逃离失败的生计，而一些妇女加入武装团体，是为了获得受教育和其他增强权能的机会。在拉丁美洲，气候变化、冲突和安全挑战以及性别不平等的影响在许多情况下交织在一起，造成复杂的粮食安全风险。在中美洲的干旱走廊，气候变化和迁移增加了妇女的负担，包括需要长途跋涉才能获得水。

78.尽管存在这些挑战，但联合国各实体成功的试点方案编制表明，适应气候变化和包容性自然资源治理为加强妇女在预防冲突和解决争端方面的领导力提供了重要切入点。建设和平基金正在投资扩大这些做法，包括在跨界地区实行这些做法。主要伙伴关系（如环境署、妇女署、开发署和政治和建设和平事务部的伙伴关系）以及政治和建设和平事务部、开发署和环境署的联合气候安全机制，指导着政策、投资和方案设计，以支持妇女领导建设有复原力、包容性与和平的社会。在强调预防冲突的中心地位的同时，必须认识到通过集资和其他手段将资源导向处于气候变化第一线的当地妇女团体的重要性，并支持妇女发挥领导作用解决这些相互关联的危机。

四 承诺为未来十年采取行动[*]

A.在国家和区域两级规划行动并监测结果

79.在政策层面，支持妇女与和平与安全议程的国家和区域承诺继续增加。

---

[*] 此序号在秘书长报告中文版中为"三"，后两个序号依次为"四"、"五"。参考该报告英文版，特调整为"四"，后两个序号依次为"五"、"六"。——本文件汇编编者注

自2005年丹麦通过第一个国家行动计划以来，到2020年6月，43%的联合国会员国和观察员通过了国家行动计划。在拥有国家行动计划的85个会员国和领土中，超过一半的国家和领土通过了两次或两次以上的计划迭代，以应对不断变化的背景和优先事项。约70%的欧洲联盟成员国和45%的非洲联盟成员国通过了国家行动计划。加拿大和爱尔兰等拥有外向型国家行动计划的国家越来越认识到，必须处理与和平与安全有关的国内优先事项，包括土著、难民、流离失所者、回返者和少数群体的地位问题。在国家行动计划中纳入与COVID-19对策相关的具体行动和优先事项，将有助于解决特定妇女群体在其境内外如何面临不同的、往往是结构性和交叉形式的排斥、歧视和不平等的问题。

80.2020年1月，墨西哥成为继瑞典之后第二个公布女权主义外交政策的国家，加拿大和法国也宣布了女权主义外交和（或）发展政策。性别平等机制与侧重于外交、安全部门和金融的机制之间加强协调，将促使对妇女与和平与安全议程采取全面、精简的整体政府做法。加强联合国与区域组织之间的伙伴关系至关重要。东南亚国家联盟（东盟）承诺更加重视该议程，值得欢迎。

81.2019年4月，64个会员国、8个联合国实体和3个区域组织在安理会第1325（2000）号决议通过20周年前夕作出400多项具体承诺，支持全面实施妇女与和平与安全议程。在2020年初的一次中期评估活动中，作出承诺的半数以上的会员国、近三分之二的联合国实体和三分之一的区域组织报告了为履行这些承诺而采取的具体行动。此外，目前有10个会员国宣布自己是以行动促维和妇女与和平与安全倡导者。鼓励其他会员国加入该小组，并敦促所有利益攸关方兑现承诺，缩小仍然存在的执行方面的差距。

82.人权理事会的普遍定期审议进程为促进对妇女与和平与安全的问责提供了宝贵的论坛。然而，对这一重要机制的利用仍然不足。对11个受冲突影响国家过去两个普遍定期审议周期的审查显示，在各国提出的3747项建议中，只有189项被认为与妇女与和平与安全议程相关。尽管如此，713项建议的确谈到了性别平等和实现妇女权利的问题。一个协同增效方面的良好做法是，自2010年以来，明显有更多关于《消除对妇女一切形式歧视公约》执行情况的缔约国报告提及和报告妇女与和平与安全的执行情况。由于消除对妇女歧视委员会通过了关于妇女在预防冲突、冲突及冲突后局势中的作用的第30号一般性建议（2013年），这一趋势可能已经加速。[1]

83.会员国越来越多地动员起来，组成全球联盟，加强该议程。2020年5月，妇女与和平与安全问题协调人网络召开特别会议，讨论如何在COVID-19大流行的背景下推进妇女与和平与安全议程。例如，黎巴嫩利用其国家行动计划，颁布了一项法令，为幸存者设立一个特别基金和服务，以解决日益严重的性别暴力问题。鼓励更多的会员国和区域组织加入该网络。在第1325（2000）号决议通过二十周年之际，作为平等一代论坛的一部分，将发起一项创新的妇女与和平与安全与人道主义行动契约。[2]该契约将把会员国、国际和区域组织、民间社会、私营部门和其他利益攸关方汇集在一起，推动履行议程中现有的财政和政治承诺与责任。同样重要的是，确保6个平等一代专题行动联盟也将和平、安全和人道主义重点分析纳入其工作之中。

B.联合国内部的领导力、协调和问责

84.以前的各次报告强调，迫切需要领导力、问责和财政支助，以加快在履行现有妇女与和平与安全承诺方面取得进展。对2015年3次和平与安全审查提出的各项建议执行情况的独立评估表明，尽管做出了许多努力并取得了积极进展，但仍有大量工作要做。为进一步缩小执行方面的差距，这些报告概述了联合国各实体商定的10项有时限的循证承诺。一年过去了，联合国各实体显然认真做出了努力，加强针对实体和针对性别的政策和进程，以便在履行这些承诺方面取得进展。

85.在联合国系统内和在维和中实现性别均等，是全面履行妇女与和平与安

1.见 Agnieszka Fal-Dutra Santos 和 Kelly Yzique-Zea，"加强消除对妇女歧视公约与妇女、和平与安全决议之间的协同作用"，政策简报（妇女和平建设者全球网络，2018年）。可查阅：https://gnwp.org/strengthening-synergies-between-cedaw-and-women-peace-and-security-resolutions/。

2.见 https://forum.generationequality.org/。

全条款的一个显著优先事项。它并不是将性别观点纳入各实体工作的替代。秘书处高级领导层先于目标日期实现了性别均等。自2016年以来，在缩小特别政治任务和维持和平行动特派团高级领导层的性别差距方面也取得了重大进展。2017年，特派团高级领导层中女性占21%，但到2020年8月，这一比例上升至41%。秘书长仍然坚定致力于在整个组织实现性别均等，并正在与会员国合作，确保这一目标不仅实现而且得以保持。总体而言，担任联合国系统高级职位（P-5及以上）的妇女比例呈上升趋势，2007至2019年期间，从29%增至39%。至于驻地协调员，在全球范围内保持了性别均等，而且在受冲突影响国家也首次实现了性别均等。

86. 继续努力加强整个组织的性别架构（见E/2020/50）。在目前的维持和平特派团中，有10个特派团设有性别平等股，其中7个按照2015年全球研究报告的建议，设在特派团团长办公室内。2019年，特派团所有性别平等问题高级顾问和性别平等事务干事员额都是通过经常分摊预算供资的。在中非共和国和马里等环境中，特派团还得到了预算外技术人员的支持，以协助执行特派团任务规定中概述的针对妇女与和平与安全议程的优先任务。截至2019年底，特别政治任务中有27名性别平等问题顾问，这是历史新高。5个特派团由性别平等问题高级顾问（P-5或以上）提供服务，9个特派团由P-4级性别平等问题顾问提供服务。[1] 7个特派团没有性别平等问题顾问，其中3个特派团的专业工作人员不足10人。[2] 特别政治任务中大多数性别平等问题员额和活动都是通过预算外资源供资的，因而专门知识的提供是暂时性的，并依赖于项目筹资情况。此外，7个维持

---

1. 所有特派团都由性别平等问题顾问或性别平等问题协调人提供服务。一些顾问为不止一个特派团提供服务（即：联合国驻非洲联盟办事处的性别平等问题顾问也为秘书长非洲之角问题特使办公室提供服务，联合国驻塞浦路斯维持和平部队的性别平等问题顾问也为秘书长塞浦路斯问题特别顾问办公室提供服务）。

2. 秘书长布隆迪问题特使办公室、联合国黎巴嫩问题特别协调员办事处/执行安全理事会第1559（2004）号决议秘书长特使办公室、联合国中东和平进程特别协调员办公室、联合国支助荷台达协议特派团、联合国中亚地区预防外交中心、秘书长缅甸问题特使办公室以及参加日内瓦国际讨论的联合国代表。后面三个机构的专业工作人员均不足10人。

和平行动和特别政治任务设有妇女保护顾问。在冲突环境中，很少有驻地协调员在其办公室内设有专门的性别问题专家，如果妇女署在这些国家没有派驻人员，这就特别成问题。在过渡环境中，例如在苏丹，专职能力至关重要，以便在派驻当地各实体的工作中，将性别平等同妇女与和平与安全承诺联系起来，并将其作为优先事项。

87.在人道主义环境中，为帮助缓解性别平等能力方面的不足，部署了短期性别平等和保护问题高级顾问（性别平等备用能力和保护备用能力）。2019年，向21个出现人道主义危机的国家部署了这些跨机构性别平等问题高级顾问。这种部署是权宜之计；仍然需要对能够帮助调停人道主义、和平与发展鸿沟的技术性性别平等专门知识进行长期投资，以有效实现妇女与和平与安全议程。

88.联合国及其高级管理人员仍然充分致力于加强联合国系统各实体在执行妇女与和平与安全议程方面的问责。秘书长在其上一份报告中承诺更新高级管理人员的契约、职权范围和指令，以反映对妇女与和平与安全议程和将性别问题纳入主流的承诺的履行情况。通过其契约，预计维持和平行动和特别政治任务的所有高级领导人现在都会促进和监测妇女与和平与安全决议的执行，并将性别观点纳入所有活动。现在特使的职权范围中也有一条类似的规定。

89.秘书长还承诺将性别平等和妇女与和平与安全纳入联合国战略规划文书，并通过加强监测框架强化问责。对联合国各实体进行的一项调查显示，许多实体将性别平等考虑作为一个贯穿各领域的主题纳入其战略规划框架，但只有少数几个实体报告将性别平等或妇女与和平与安全作为单独的目标。在针对性别的指标方面取得了进展，这些指标越来越多地用于加强问责。例如，2019年，10个维持和平特派团首次报告了一套针对妇女与和平与安全的15项指标。此外，4个维持和平特派团将针对具体特派团的妇女与和平与安全指标纳入新的全面业绩问责制度框架。政治和建设和平事务部正在更新其妇女与和平与安全指标。联合国人权事务高级专员办事处（人权高专办）性别问题能力认证方案将人权高专办对性别平等、多样性和包容性的承诺转化为具体行动，联合国难民事务高级专员公署最新的"年龄、性别和多样性政策"规定了高级管理层和工作人员的具体责任。改革联合国系统，使其更加促进性别平等，需要持续进行评估。2020年关于性别平等和增强妇女和女童权能的机构间人道主义评估即将提出的建议，即是一个例子。

90.为响应秘书长关于加强与民间社会和广大地方社区接触的呼吁，联合国－民间社会工作组制定了全系统社区接触导则，以支持关于建设和保持和平的特定国家和地方一级社区接触战略。[1]导则包括具体建议，鼓励不同的妇女民间社会行为者有效参与建设和平的所有方面，包括谈判和执行和平协定和进程，并有更多机会受益于长期、灵活的筹资模式。导则还包括确保受限环境中的民间社会行为者的安全和保护以及促进和保护公民空间的建议。联合国将利用这些导则确保与妇女民间社会组织的所有接触都具有意义和实效，包括寻找办法，让当地女性建设和平者参与以人为本的COVID-19应对措施。

C.妇女与和平与安全议程的资金筹措

91.虽然为执行妇女与和平与安全议程筹措的资金增加，尤其是在过去五年，但资金不足、不可预测仍是一个主要障碍。承诺经常不与预算挂钩，规划没有以性别分析作为参考，妇女领导和妇女组织的建议在最后决定中要么不被采纳、要么不受重视。需要迈出更大、更勇敢的步伐，才能让20年前妇女建设和平者在设计妇女与和平与安全议程的构成要素时确立的、以积极和平与人类安全为基础的女权主义和平愿景转化为现实。

92.在受冲突影响环境和人道主义环境中，COVID-19带来的冲击可能具有毁灭性，会加剧被剥夺、不平等和贫困女性化现象。国际社会如何坚守性别平等承诺，将影响国家重建经济和社会、防止暴力升级的能力。妇女在当前制定重大计划、一揽子财政方案和应对措施的许多场合与进程中缺位、受到排斥，这种情况令人关切。近期一份报告发现，30个样本国家中，有25%未在应对COVID-19的对策中承诺划拨资金或出台政策，解决性别暴力、性健康和生殖健康问题，或向

1.见 www.un.org/peacebuilding/sites/www.un.org.peacebuilding/files/documents/un_community-engagement_guidelines.august_2020.pdf。

妇女提供经济援助。[1]

93.进行持久、富有革新意义的转变，也需要重新审视全球政治经济。现有的经济结构和权力动态不可持续，因为它们会继续耗竭自然资源、阻止和平扎根。COVID-19危机把系统性不平等和扭曲的支出模式置于放大镜下。特别是，一方面，军费开支增长速度急剧上升，另一方面，社会保障制度捉襟见肘，两者迥异。2019年，全球军费开支历经10年来最大额年度增幅，达到1.9万亿美元。[2]与此同时，现有的社会保障制度失灵，教育系统在大流行病期间学习调整过程中暴露出的不平等问题更加明显；收容所无力应付封锁期间激增的需求；医疗设备和口罩即使在最富裕的国家也供应不足；对必要医疗卫生服务作出的越来越多的限制给妇女和女童带来的影响特别严重。

94.专门用于支持脆弱和受冲突影响国家性别平等事业的双边援助总额继续增加，2017—2018年度达到每年205亿美元（见图5）。然而，指定用于以改善性别平等状况和妇女权利为主要目标的方案或项目的那部分援助所占比例降至4.5%。此外，对脆弱或受冲突影响国家妇女组织的双边援助陷入停滞，在双边援助总额中所占比例一直是0.2%（平均每年9600万美元）。在标志性别平等与和平事业的历史里程碑的这一年，必须优先采取协调一致的行动，扭转趋势，扩大支持性别平等举措的捐助方群体并使之多样化，确保在脆弱环境中为和平而奋斗的妇女领袖和组织能获得可持续的资金。

95.筹集的资金有限，继续对全面执行国家行动计划构成挑战。此类计划很少有专门预算或专项集中管理资金。截至2020年6月，只有20个国家行动计划（24%）在通过时列有预算。如计划的资金未集中管理，分散给政府部委、部门和机构，则通常没有充足的信息来跟踪资金分配和支出情况，也没有充足的信息来

1.援外社国际协会，"女性在哪里？冠状病毒病应急小组和计划中明显缺乏女性，我们为什么需要她们"。可查阅：https://insights.careinternational.org.uk/media/k2/attachments/CARE_COVID-19-womens-leadership-report_June-2020.pdf。

2.见 www.sipri.org/media/press-release/2020/global-military-expenditure-sees-largest-annual-increase-decade-says-sipri-reaching-1917-billion。

适当评估专门用于整体实施工作的总额。加拿大、冰岛、挪威和瑞典等国已采取步骤，更加全面地跟踪国家行动计划相关支出。促请会员国在中央预算和部门预算中为国家行动计划分配专项资金，并且每年跟踪用于实施计划的支出。

图5 2010—2018年针对脆弱或受冲突影响局势中的性别平等和
增强妇女权能事业提供的双边援助，年平均值

资料来源：经合组织，为促进性别平等和增强妇女权能开展的援助项目，贷方报告制度数据。可查阅：http://stats.oecd.org。

注：数据为年平均值。

96. 财政资源的跟踪和分配对联合国来说，也仍然是需要改进的领域。2019年12月，性别平等经费筹措问题高级别工作队得出结论认为，整个联合国为性别平等事业筹措的资金仍然不足，并建议在实体和国家工作队层面上采用性别平等自动标识系统。越来越多的实体正在采纳筹资目标，推出性别平等事业拨款跟踪系统。2020年，政治和建设和平事务部正式把修订后的性别平等标识作为一种制度，以确保更加一致地将妇女与和平与安全方面的考量纳入预算外项目制定和规划的所有阶段。此外，政治建和部决心从年度多年呼吁预算中拿出至少17%，用于那些认可并帮助促进妇女在预防冲突与保持和平方面所起关键作用的举措和方案。在已建立拨款跟踪系统的实体中，呈现出一些积极趋势。例如，开发署与联合国儿童基金会（儿基会）把全球方案资金的一半以上用于以某种形式解决性别平等问题。在联合国国家工作队中，只有少数几个达到目标——为性别平等和增强妇女权能事业设定最低方案基准，在所有支出领域加强性别平等主流化。联合国各实体应确保落实性别平等经费筹措问题高级别工作队所提建议的执行计划，将其纳入具体实体的行动中。

97.2020年也是妇女署成立10周年。在妇女署作为联合国一个新实体成立的头十年中，对其提供的全球和平、安全和人道主义方案拟订和协调支持的需求急剧上升。2019年，妇女署花在和平与安全方案拟订和人道主义干预措施的支出总额从2018年的8 944万美元增至1.1053亿美元，方案拟订的覆盖面从55个国家和地区增加到65个。

98.建设和平基金表明，系统地纳入妇女和青年并且动员其参与，以及实施性别分析，是有效建设和平的基础。2019年，该基金批准在34个国家投资1.91亿美元。该基金所有投资中约有40%用于支持开展能促进性别平等的建设和平工作，其中，专门把促进性别平等和增强妇女权能作为主要目标的投资占14%，比2018年的12%要高。该基金在提倡以促进性别平等的方式拟订方案上积累的经验教训，可以为联合国冠状病毒病应对和恢复基金等其他集合基金所效仿。作为对秘书长2019年关于妇女与和平与安全的报告的回应，建设和平基金2020年的性别平等与青年促进倡议将妇女与和平与安全方面的两个优先事项定为专题重点：(a)妇女参与并引领和平进程、建设和平工作和领导队伍；(b)为解决在妇女与和平与安全议程中找出的差距，保护妇女人权维护者与建设和平者。

99.欢迎其他多捐助方举措向前推进。在缅甸，联合和平基金把预算的15%专门用于性别平等事业，还开设了一个单独的妇女与和平与安全窗口。在哥伦比亚，多伙伴信托基金在2019年把专项预算从原来的15%提高到30%。

100.秘书长在上一次关于妇女与和平与安全的报告中强调，必须为妇女民间社会团体提供直接、专门和灵活的资金，并呼吁会员国支持妇女和平与人道主义基金在2020年底前实现筹资4000万美元的目标。这一目标不仅已经超额完成，而且由于支持力度加大，妇女和平与人道主义基金资助的基层民间社会组织数量翻了四倍。迄今为止，该基金已为受冲突影响国家和人道主义环境中的200多个组织提供了资金。

101.COVID-19全球大流行对在危机第一线奔忙的地方民间社会组织的重要工作和自身生存构成了新的严重威胁。妇女和平与人道主义基金开展的一项调查显示，30%的地方民间社会合作伙伴报告说，由于大流行病及其造成的影响，其组织的生存岌岌可危。值得注意的是，许多地方妇女组织自认为在预防和应对大流行病方面处于特别有利的地位。然而，所作工作经常得不到承认，也拿不到资金。为此，妇女和平与人道主义基金开辟了一个新的COVID-19应急窗口，为第一线抗疫的妇女组织开展项目提供支持，为从事妇女与和平与安全工作的组织提供机构资金，帮助它们撑过危机。提案征集活动在25个国家启动后，收到了当地民间社会组织发来的近5000份提案。秘书长在其关于COVID-19社会经济影响的报告中建议扩大妇女和平与人道主义基金并实行资本化，以此在大流行病期间加大对妇女组织的扶持，并且敦促会员国效仿。

102.按照2019年的要求，妇女和平与人道主义基金新开辟了一个关于妇女参与和平进程和执行和平协定的快速反应窗口。该窗口将通过为差旅、签证、育儿以及后勤和技术支持提供资金等方式，直接促进妇女更多地参与和平进程，

D.跟踪进展和监测结果

103.现有的监测和问责框架脱胎于为衡量第1325（2000）号决议的执行进展而设置的指标（S/2010/498，附件），方便了整个联合国系统的循证规划和方案拟订，推动了妇女与和平与安全议程的实施。时间已经过去10年，必须加以更新。在当前的和平与安全背景下，诸如气候危机、大流行病、厌女极端主义、私营公司势力不断增长的现象以及新技术的作用等问题的相关性很明显。自2010年以来，安全理事会又通过了6项这方面的决议。必须确保监测框架与2010年之后形成的政策框架相一致，包括《2030年可持续发展议程》、维持和平相关决议、青年与和平与安全议程、裁军议程、《武器贸易条约》、《2015—2030年仙台减少灾害风险框架》以及2016年世界人道主义峰会成果。在政治和

建设和平事务部与妇女署牵头修订关于促进性别平等的建设和平七点行动计划（A/65/354–S/2010/466）时，这点也很重要。妇女与和平与安全常设委员会下面设立了一个专门的工作队，以促进协调一致和加强现有监测框架。

五　安全理事会的工作

104. 在第1325（2000）号决议通过后的头五年，安全理事会决议中只有15%明确提及妇女与和平与安全问题。2017年到2019年，这一比例上升至70%左右。

105. 安理会也在其他方面发生了变化。自2016年12月以来，安理会邀请了50多名来自民间社会的妇女，在正式会议上向安理会通报具体国家的情况。除民间社会外，在安理会发表演讲的妇女比例总体稳步增长，一个原因就是更多妇女获任联合国高级领导职务。2019年，在接到根据规则第39条发出的邀请而向安理会通报情况的387名发言者中，有38.8%是妇女，打破了之前于2018年和2017年创下的记录（分别为30%和24%）。[1] 联合国高级领导通过妇女与和平与安全问题非正式专家组，就安理会议程上的有关局势提供更详细的信息和分析。该专家组自2016年开始举行会议以来，平均每年举行8次会议。[2]

106. 然而，在这些积极的发展之外，也有一些不那么均衡的变化。2019年通过了两项关于妇女与和平与安全的决议，谈判都很艰难。安全理事会成员在2019年举行了四次关于妇女与和平与安全的"阿里亚办法"会议，数量创下纪录。然而，安全理事会提及妇女与和平与安全问题的决定所占比例低于前两年。[3] 来自民间社会的通报人数量于2019年达到新高，但2020年上半年，在安理会迫

---

1. 见《2019年安全理事会惯例摘要》。可查阅：www.un.org/securitycouncil/content/highlights–2019。安全理事会事务司每年都会公布此类摘要。

2. 2019年，非正式专家组由德国和秘鲁在大不列颠及北爱尔兰联合王国的协助下共同主持工作。专家组举行了两次关于南苏丹的会议，就阿富汗、刚果民主共和国、利比亚、缅甸、苏丹和也门的局势举行了一次会议。

3. 2019年，安全理事会通过的决议中有67%包含关于妇女与和平与安全的规定，比2018年的72%略有下降。主席声明中提及妇女与和平与安全的比例大幅减少到40%，相比之下，2018年为85%。

于COVID-19大流行暂停定期会议后，数量骤减。这些通报人的建议虽然经常受到欢迎和表扬，但鲜有后续采取强有力行动的情况。[1]关于制裁问题，安理会多次要求专家组和监测组配备足够的资源，掌握性别平等、性暴力和性别暴力方面的专门知识；联合国将继续与会员国一道，确保这些能落到实处。

107. 秘书长上一次关于妇女与和平与安全的报告载有向安理会成员提出的若干建议，包括确保特派团的任务规定包含具体的语句，要求让妇女有意义地参与负责执行和监测和平协议的后续机制。2019年通过的几项决议就包含此类语句，树立了范例。安理会欢迎有关方面承诺为妇女在《解决南苏丹共和国冲突重振协议》的执行机构中所占比例设置35%这一配额。安理会还呼吁马里各方达到为妇女在依照和平协议设立的机制中设置的30%这一配额，并敦促马里各方举行一次高级别研讨会，确定达到这一配额的方式和商定时间表。[2]

108. 继上次报告建议安理会成员要求改善对于妇女与和平与安全问题的报告[3]之后，关于延长驻刚果民主共和国、黎巴嫩、马里和南苏丹的维持和平特派团的任务期限的几次报告，为满足这一报告要求作出了榜样。尽管如此，非政府组织妇女与和平与安全问题工作组的独立分析表明，大多数报告仍然缺乏对这些事务的有力分析。[4]许多安理会成员在发言中，更系统地提出了有关妇女与和平与安全问题。他们坚持认为，凡是秘书长也门问题特使举办的会议，妇女代表占比最低都要达到30%，并且强调索马里即将举行的选举必须保障给妇女30%的配额。

109. 经常发表公开讲话承认人权维护者、建设和平者和民间社会的正当性和

---

1. 见非政府组织妇女与和平与安全问题工作组的分析：www.womenpeacesecurity.org/resource/mapping-women-peace-and-security-in-the-un-security-council-2019/ 和 www.womenpeacesecurity.org/support-civil-society-security-council/。

2. 安全理事会第2514（2020）号决议第31段、第2480（2019）号决议第4-5段和第2531（2020）号决议第4段。

3. 2019年，和平行动部90%的报告（39份报告中有35份）、政治和建设和平事务部96%的报告（24份报告中有23份）提到妇女与和平与安全问题和（或）关于侵犯妇女和女童行为的信息。

4. 见 www.womenpeacesecurity.org/roadmap-2020/。

价值，谴责对他们的一切攻击，仍然必不可少。当个人因与联合国、包括安全理事会接触而受到骚扰或威胁时，安理会成员或联合国机构制定对策时必须与面临风险的维护者和支持他们的民间社会组织协商。必须保护民间社会专门、独立的参与空间和渠道，鼓励安理会成员继续就此与非政府组织妇女与和平与安全问题工作组合作。

六　结论和建议

110. 本报告陈述了去年取得的进展和持续存在的挑战，回顾了安全理事会第1325（2000）号决议过去20年的执行情况。20年来，我们的影响不仅限于声明和决议。相反，我们看到联合国在国际和平与安全方面的工作方式、投入的资源以及利用的专门知识发生了重要变化。一路走来，取得了显著的成就，妇女运动及其在国家政府和国际机构中的支持者改变了歧视性法律，在政治代表权和国际判例上达到了里程碑，在和平进程中产生了影响。然而，进展速度太慢、涉及面太窄，中间有过挫折，进步容易被逆转。

111. 对已经因为民族主义抬头、多边主义和全球规范受攻击而面临挑战的国际社会来说，COVID-19大流行是一记警钟。我们迫切需要建立更加平等、更具包容性的社会。要么失去在妇女权利、可持续发展目标和国际安全方面来之不易的成果，要么摆脱大流行病，此后变得更加平等、具有更强的抗灾能力，走上持久、包容性和平之路。在跨国女权运动成功催生出第1325（2000）号决议20年后，现在是时候了，要让富有革新意义的愿景成为现实，以支撑经济、政治制度与和平进程的包容各方的权力结构为基础，给所有人带来公正、可持续的和平。

112. 我坚信，多边体系能够应对这一挑战。2019年，在筹备此次周年纪念活动时，我向联合国各机构、各部门发出了指示，也向会员国和安全理事会提出了建议（S/2019/800，第34-38段）。如今，它们仍像一年前一样，具有现实意义。执行委员会每年都要跟踪建议的落实情况。我还希望国际社会在国际和平与安全工作的开展方式上做出更加深刻的改变。《2030年议程》为可持续和平、安全与发展提供了一张全球蓝图，让我们围绕包容各方且能促进性别平等的建设和平和制定政策这一愿景，齐心协力。

113. 在下一个十年，让我们：

（a）推动在妇女切实参与促成和平、维持和平、建设和平方面发生根本性转变，确保让妇女作为和平事业中平等的合作伙伴，从最初阶段就充分参与联合国支持的各个和平进程、政治进程。正如我在"以行动促维和"倡议中所说的，妇女充分、平等、切实参与，是联合国的政治优先事项，这点不容商量。在2019年关于妇女与和平与安全的报告中，我就呼吁在每个调解进程开始时、在随后每年持续开展的工作中，视具体情况举行高级别战略会议，讨论如何设计和支持兼顾各方的进程。此项工作需要大量投入，开辟妇女参与的新途径，包括为此使用数字技术，扩大与各种妇女网络结成的伙伴关系，以及加强数据收集并使之现代化，从而实时公布妇女参与和平进程的数据。我期望这些配套措施在今后5至10年能展现出实实在在的成果；

（b）把无条件捍卫妇女权利变成联合国和平与安全工作可见度最高、辨识度最强的标识。我已要求所有高级官员推进"人权行动呼吁"，确保在公开信息和声明中、在与所有利益攸关方进行的其他形式的接触中，都要凸显实现妇女全方位人权的重要性、凸显妇女人权维护者与建设和平者工作的正当性和价值。此外，我要求维持和平特派团和政治任务利用定期报告，就任何打击或报复的迹象作出警示，并且改进对威胁和暴力侵害妇女人权维护者等活动人士的行为的监测和报告。我重申，自己期待的不止是对于当前风险的笼统提及，还需要具体的数据和分析，说明谁因做了哪些工作而成为目标，以及政府和国际行为体如何应对。我们对妇女权利的承诺在每种情况下都以促进性别平等的冲突分析为参考，必须融入全球、区域和国家各级的政治宣传、伙伴关系和战略规划；

（c）扭转全球军费开支上升的趋势，以期鼓励加大对人类安全有益的社会基础设施和服务的投资。我请求会员国批准《武器贸易条约》，控制军备供应；促进妇女参与所有关于军备控制和裁军的进程和论坛；减少过度的军事开支。从眼下情况来看，需要重新努力控制军费开支，这一直是妇女和平运动的一项主要战略目标。我呼吁妇女与和平与安全行为体和裁军行为体合力实施审查，拉低目前的军费开支水平，包括为此形成能把军费开支方面的节约与经济社会发展投资关联起来的循证分析、政策建议和政策宣传；

（d）激励捐助界支持普遍落实以下目标：在向受冲突影响国家提供的官方发展援助中，至少分配15%用于促进性别平等，其余85%要纳入性别考虑因素，包括使给妇女组织的直接援助提高4倍（当前为0.2%）。这说明不仅要争取增加拨款，而且把某些捐助方与联合国实体（例如建设和平基金）作为榜样加以效仿，指定并跟踪用于支持妇女与和平与安全事业的资源。我期望所有相关的联合国实体与国家工作队按照我在2019年报告中的指令，遵循性别平等经费筹措问题高级别工作队的建议设定基准，以达到至少把方案预算的15%分配给性别平等工作的目标，并在所有支出领域加强性别平等主流化。对于此项指令的执行情况，要每年跟踪，并同执行委员会讨论；

（e）在我的数据战略的基础上，围绕妇女与和平与安全议程，发起一场性别数据革命，藉此接触广大公众，重点缩小数据差距，增进对当今最迫切问题的了解。在过去二十年执行这一议程的过程中，我们每年都向安全理事会提交报告，详细介绍国际性法院与和平谈判的情况、妇女在政治和安全部门所占比例、记录的暴力侵害妇女和女童行为、国家行动计划的复杂特点、国际机构专业化发展和规范制定工作的标识。虽然我们对这些问题的了解稳步增加，但仍有重大差距。显然，必须拓展在数据制作和使用方面的合作伙伴关系，加大投入，使掌握的情况对政策制定者和公众有用、与当前的和平与安全局面以及新出现的挑战和趋势相关。

114. 现在比以往任何时候都更需要夯实在妇女与和平与安全议程上逐步取得的进展，把执行工作从循序渐进切换到全面铺开，以昂扬的斗志、坚定的决心，全力以赴攻克剩余的挑战。

（联合国安全理事会：《妇女与和平与安全——秘书长的报告》，S/2020/946，2020年9月25日，https://www.un.org/en/ga/search/view_doc.asp? symbol=S/2020/946&Lang=C）

第五部分 其他重要文件

消除对妇女一切形式歧视公约任择议定书

（1999年10月6日第54届联合国大会第28次全体会议通过）

大会，

重申《维也纳宣言和行动纲领》[1]和《北京宣言》[2]及《行动纲要》[3]，

回顾《北京行动纲要》，根据《维也纳宣言和行动纲领》，支持妇女地位委员会推动的进程，以便就请愿权程序拟订一项可尽快生效的《消除对妇女一切形式歧视公约》[4]任择议定书，

注意到《北京行动纲要》还吁请尚未批准或加入公约的国家尽快批准或加入，以期到2000年使公约能获普遍批准，

1.通过公约《任择议定书》并开放其以供签署、批准和加入，议定书案文见本决议附件；

2.吁请已签署、批准或加入公约的各国尽快签署、批准或加入议定书；

3.强调议定书缔约国应当承诺尊重议定书确定的权利和程序，在消除对妇女歧视委员会根据议定书的规定进行的议事工作的各个阶段与其合作；

4.又强调委员会在根据议定书履行任务和行使职能时，应继续依循一视同

1.A/CONF.157/24（Part I），第三章。

2.《第四次妇女问题世界会议的报告，1995年9月4日至15日，北京》（联合国出版物，出售品编号：C.96.IV.13），第一章，决议1，附件一。

3.同上，附件二。

4.第34/180号决议，附件。

仁、不偏不倚和客观的原则；

5.请委员会除了根据公约第20条举行会议之外，还在议定书生效后举行会议，以行使议定书为其规定的职能；这些会议的会期应由议定书缔约国会议决定，必要时可由其复核修改，但须经大会核准；

6.请秘书长提供必要的人员和设施，使委员会在议定书生效后切实履行议定书为其规定的职能；

7.又请秘书长在其向大会提交的关于公约现况的定期报告中列入有关议定书现况的资料。

1999年10月6日

第28次全体会议

本议定书缔约国，

注意到《联合国宪章》重申对基本人权、人的尊严和价值以及男女权利平等的信念，

又注意到《世界人权宣言》[1]宣布，人人生而自由，在尊严和权利上一律平等，人人有资格享受该宣言所载一切权利和自由，不得有任何区别，包括男女的区分，

回顾国际人权盟约[2]以及其他国际人权文书禁止基于性别的歧视，

又回顾《消除对妇女一切形式歧视公约》[3]（"公约"），其中各缔约国谴责对妇女一切形式的歧视，商定毫不拖延地采取一切适当措施，执行消除对妇女歧视

1.第217 A（III）号决议。

2.第2200 A（XXI）号决议，附件。

3.第34/180号决议，附件。

的政策，

重申他们决心确保妇女充分和平等地享有所有人权和基本自由，并采取有效的行动，防止侵犯这些权利和自由，

兹商定如下：

第1条

本议定书缔约国（"缔约国"）承认消除对妇女歧视委员会（"委员会"）有权接受和审议根据第2条提出的来文。

第2条

来文可由声称因为一缔约国违反公约所规定的任何权利而受到伤害的该缔约国管辖下的个人或个人联名或其代表提出。如果代表个人或联名的个人提出来文，应征得该个人或联名的个人同意，除非撰文者能说明有理由在未征得这种同意时，可由其代表他们行事。

第3条

来文应以书面提出，不得匿名。委员会不应收受涉及非本议定书缔约方之公约缔约国的来文。

第4条

1.委员会受理一项来文之前，必须确定所有可用的国内补救办法已经用尽，或是补救办法的应用被不合理地拖延或不大可能带来有效的补救，否则不得审议。

2.在下列情况下，委员会应宣布一项来文不予受理：

（a）同一事项业经委员会审查或已由或正由另外一项国际调查或解决程序加以审查；

（b）来文不符合公约的规定；

（c）来文明显没有根据或证据不足；

（d）来文滥用提出来文的权利；

（e）来文所述的事实发生在本议定书对有关缔约国生效之前，除非这些事实在该日期之后仍继续存在。

第5条

1.在收到来文后并在确定是非曲直之前，委员会可随时向有关缔约国转送一项要求，请该国紧急考虑采取必要的临时措施，以避免对声称被侵权的受害者造成可能无法弥补的损害。

2.委员会根据本条第1款行使斟酌决定权并不意味来文的是否可予受理问题或是非曲直业已确定。

第6条

1.除非委员会认为一项来文不可受理而不必通知有关缔约国，否则委员会应在所涉个人同意向该缔约国透露其身份的情况下，以机密方式提请有关缔约国注意根据本议定书向委员会提出的任何来文。

2.在六个月内，接到要求的缔约国应向委员会提出书面解释或声明，澄清有关事项并说明该缔约国可能已提供的任何补救办法。

第7条

1.委员会应根据个人或联名的个人或其代表提供的和有关缔约国提供的一切资料审议根据本议定书收到的来文，条件是这些资料须转送有关各方。

2.委员会在审查根据本议定书提出的来文时，应举行非公开会议。

3.审查来文后，委员会应将关于来文的意见和可能有的建议转送有关各方。

4.缔约国应适当考虑委员会的意见及其可能有的建议，并在六个月内向委员会提出书面答复，包括说明根据委员会意见和建议采取的任何行动。

5.委员会可邀请缔约国就其依据委员会的意见或可能有的建议采取的任何措施提供进一步资料，包括如委员会认为适当的话，在缔约国此后根据公约第18条提交的报告中提供更多的资料。

第8条

1.如果委员会收到可靠资料表明缔约国严重地或系统地侵犯公约所规定的权利，委员会应邀请该缔约国合作审查这些资料，并为此目的就有关资料提出意见。

2.在考虑了有关缔约国可能已提出的任何意见以及委员会所获得的任何其他可靠资料后，委员会可指派一个或多个成员进行调查，并赶紧向委员会报告。如有正当理由并征得缔约国同意，此项调查可包括前往该缔约国领土进行访问。

3.在审查这项调查的结果之后，委员会应将这些结果连同任何评论和建议一并转送有关缔约国。

4.有关缔约国应在收到委员会转送的调查结果、评论和建议六个月内，向委员会提出意见。

5.此项调查应以机密方式进行，在该程序的各个阶段均应争取缔约国的合作。

第9条

1.委员会可邀请有关缔约国在其根据公约第18条提交的报告中包括为响应根据本议定书第8条进行的调查所采取任何措施的细节。

2.委员会于必要时可在第8条第4款所述六个月期间结束后邀请有关缔约国向它通告为响应此项调查而采取的措施。

第10条

1.每一缔约国可在签署或批准或加入本议定书时声明不承认第8和9条给予委员会的管辖权。

2.根据本条第1款作出声明的任一缔约国可随时通知秘书长，撤消这项声明。

第11条

缔约国应采取一切适当步骤确保在其管辖下的个人不会因为根据本议定书同委员会通信而受到虐待或恐吓。

第12条

委员会应在其根据公约第21条提出的年度报告中包括它根据本议定书进行的活动的纪要。

第13条

每一缔约国承诺广为传播并宣传公约及本议定书，便利人们查阅关于委员会意见和建议的资料，特别是涉及该缔约国的事项。

第14条

委员会应制订自己的议事规则，以便在履行本议定书所赋予的职能时予以遵循。

第15条

1.本议定书开放给已签署、批准或加入公约的任何国家签字。

2.本议定书须经已批准或加入公约的任何国家批准。批准书应交存联合国秘书长。

3.本议定书应开放给已批准或加入公约的任何国家加入。

4.凡向联合国秘书长交存加入书，加入即行生效。

第16条

1.本议定书自第十份批准书或加入书交存联合国秘书长之日后三个月开始生效。

2.在本议定书生效后批准或加入本议定书的每一个国家，本议定书自该国交存其批准书或加入书之日后三个月开始生效。

第17条

不允许对本议定书提出保留。

第18条

1.任何缔约国可对本议定书提出修正案并将修正案送交联合国秘书长备案。秘书长应立即将任何提议的修正案通报缔约国，请它们向秘书长表示是否赞成举行缔约国会议以便就该提案进行审议和表决。如有至少三分之一缔约国赞成举行会议，则秘书长应在联合国主持下召开这一会议。经出席会议并参加表决的多数缔约国通过的任何修正案须提交联合国大会核准。

2.各项修正案经联合国大会核准并经本议定书缔约国三分之二多数依其本国宪法程序接受即行生效。

3.各项修正案一生效，即应对已接受修正案的缔约国具有约束力，其他缔约国则仍受本议定书的规定以及它们已接受的先前任何修正案的约束。

第19条

1.任何缔约国可随时以书面形式通知联合国秘书长，宣告退出本议定书。退约应于秘书长收到通知之日后六个月开始生效。

2.退约不妨碍本议定书的规定继续适用于在退约生效日之前根据第2条提出的任何来文或根据第8条所发起的任何调查。

第20条

联合国秘书长应通知所有国家：

（a）根据本议定书的签署、批准和加入；

（b）本议定书以及根据第18条提出的任何修正案开始生效的日期；

（c）根据第19条宣告的任何退约。

第21条

1.本议定书的阿拉伯文、中文、英文、法文、俄文和西班牙文文本具有同等效力，均应交存联合国档库。

2.联合国秘书长应将本议定书业经核准无误的副本转送公约第25条所指的所有国家。

（联合国大会：《消除对妇女一切形式歧视公约任择议定书》，A/RES/54/4，1999年10月6日，https://undocs.org/zh/A/RES/54/4）

防止性剥削和性虐待的特别保护措施

（2003年10月9日联合国秘书长颁布）

为了防止以及处理性剥削和性虐待事件，并且考虑到大会2003年4月15日题为"关于西非援助人员对难民的性剥削的调查"的第57/306号决议，在与各单独管理联合国机构和方案行政首长协商后，秘书长兹颁布如下：

第1节　定　义

就适用本公报而言，"性剥削"一词是指为了达到性目的，实际滥用或企图滥用弱势地位、权力差别或信任，包括但不限于对他人进行性剥削，获得金钱、社会或政治利益。同样，"性虐待"一词是指强行或在不平等或胁迫情况下实际或威胁对身体进行性侵犯。

第2节　适用范围

2.1本公报适用于所有联合国工作人员，包括各单独管理联合国机关和方案工作人员。

2.2在联合国指挥和控制下执行任务的联合国部队不得实施性剥削和性虐待行为，而且根据题为"关于联合国部队遵守国际人道主义法的公告"的ST/SGB/1999/13号秘书长公报第7节的规定，这些部队具有照顾妇女和女童的特别责任。

2.3题为"在秘书处促进男女待遇平等和防止性骚扰"的ST/SGB/253号秘书

长公报和相关行政指示[1]规定了处理联合国秘书处内性骚扰事件的政策和程序。各单独管理联合国机关和方案颁布了类似政策和程序。

第3节　禁止性剥削和性虐待

3.1 性剥削和性虐待违反普世公认的国际法律规范和标准，对联合国工作人员而言，从来都是不可接受而且被禁止的行为。《联合国工作人员条例和工作人员细则》禁止这种行为。

3.2 为了进一步保护最易受害群体，特别是妇女和儿童，现颁布以下具体标准，重申《联合国工作人员条例和工作人员细则》规定的现行一般义务：

（a）性剥削和性虐待是严重不当行为，因此可以构成采取纪律措施，包括立即开除的理由；

（b）无论当地如何界定法定成年年龄或同意年龄，禁止与儿童（不满18岁的人）进行性活动。错误判断儿童年龄不得成为辩护理由；

（c）禁止以金钱、就业、商品或服务换取性，包括性好处或其他形式的侮辱性、有辱人格或剥削性行为。这包括交换应向援助受益人提供的援助；

（d）联合国工作人员与援助受益人之间的性关系必然建立在不平等的权力基础上，有损联合国工作的信誉和纯洁性，因此极力劝阻建立这种关系；

（e）如果联合国工作人员对同事产生了涉及性剥削或性虐待行为的关切或怀疑，无论该同事是否属于同一机构以及无论该同事是否属于联合国系统，都应通过既定的报告机制，报告这种关切；

（f）联合国工作人员有义务创造并维持防止性剥削和性虐待的环境。各级管理人员尤其有责任支持和建立维持这种环境的制度。

3.3 上述标准并不是穷举性的清单。其他形式的性剥削或性虐待行为也可以构成根据《联合国工作人员条例和工作人员细则》采取行政行动或纪律措施，包括立即开除的理由。

1.现行版本是题为"性骚扰处理程序"的ST/AI/379。

第 4 节　各部、厅和特派团首长的责任

4.1 部、厅或特派团首长应负责创造并维持防止性剥削和性虐待的环境，并且应为此采取适当措施。部、厅或特派团首长尤应使其工作人员了解本公报内容，确定工作人员人手一份。

4.2 如果有理由认为发生了违反上文第 3.2 节所列任何标准的行为，或者发生了上文第 3.3 节所指任何行为，部、厅或特派团首长应负责采取适当行动。应依照处理工作人员不当行为的既定规则和程序采取这种行动。

4.3 部、厅或特派团首长应任命一名较高级别的官员为协调人，负责接收关于性剥削和性虐待事件的报告。就特派团而言，应适当通告特派团工作人员和当地群众，使他们认识协调人的存在和作用，知道如何与协调人联系。应以保密的方式处理所有性剥削和性虐待报告，以保护所有关系人的权利。但是，根据上文第 4.2 节规定采取的行动，可以酌情采用这些报告。

4.4 对于已经与不满 18 岁的另一人合法结婚的工作人员，如果该另一人的年龄超过其国籍国法定成年年龄或同意年龄，部、厅或特派团首长不得适用第 3.2（b）节规定的标准。

4.5 如果援助受益人的年龄超过 18 岁，而且事件情节显示理应例外处理，部、厅或特派团首长可以斟酌适用第 3.2（d）节规定的标准。

4.6 部、厅或特派团首长应从速向管理事务部通报对性剥削和性虐待事件的调查情况和根据调查结果采取的行动。

第 5 节　提交国家当局

在适当调查后，如果发现有证据支持关于性剥削或性虐待的指控，在征求法律事务厅的意见后，可以将有关事件提交国家当局进行刑事起诉。

第 6 节　与非联合国实体或个人的合作安排

6.1 在与非联合国实体或个人作出合作安排时，相关联合国官员应将第 3 节所

列行为标准告知这些实体或个人，并且应获得这些实体或个人关于接受这些标准的书面承诺。

6.2 上述实体或个人不采取措施防止性剥削或性虐待行为，不调查关于性剥削或性虐待的指控，或在发生性剥削或性虐待行为后不采取矫正行动，均构成终止与联合国的任何合作安排的理由。

第 7 节 生 效

本公报于 2003 年 10 月 15 日生效。

秘书长

科菲·安南

（联合国秘书处：《秘书长公报——防止性剥削和性虐待的特别保护措施》，ST/SGB/2003/13，2003 年 10 月 9 日，https://undocs.org/zh/ST/SGB/2003/13）

在联合国维持和平行动中消除性剥削和性虐待的综合战略

（2005 年 3 月 24 日向联合国大会第 59 届会议提交）

一　问题的背景

1.联合国成立后不久，为了对停火及和平协定进行监测，提出了联合国维持和平的设想。首先是部署不携带武器的观察员，后来（1956 年）又增加了以营为单位的携带武器部队。到 1960 年时，随着联合国刚果行动的启动，联合国维持和平行动有了很大的发展，由监测发展到向一个迫切需要支持的政府大量提供技术援助。这种形式的涉及多个方面的维持和平行动对联合国来说也是第一次。但是，联合国在刚果作出的努力是如此之大，以至于到 1989 年在纳米比亚设立联合国过渡时期援助团时，它才再次采用这种维持和平方式。从那时开始，由安全理事会授权进行的大多数联合国维持和平行动都承担了各种超越监测范畴的任务。

2.自联合国成立以来一直在讨论的一个议题是维和人员常常为那些似乎平安无事的日常环境所迷惑，看不到他们面临的危险。换句话说，联合国维和人员常常把那些远非正常的情况看成是正常情况。本报告提到的许多问题，其根源就在于许多维和人员不能看到有关社会已经遭到重创，境况岌岌可危。维持和平现在是，而且今后永远是，一项危险、艰巨和特殊的工作，任何参加维持和平的人都不应将它视为"例行公事"。

3.联合国维持和平行动有帮助许多国家和民族摆脱冲突以寻求更加美好未来的辉煌历史。许多维和人员为实现这一目标献出了生命，不应忘记这些成就和牺性。但是，尽管联合国维和人员在过去五十年中发挥了重大作用，令人遗憾的是，他们当中总会有一些违反行为守则的人，令众多为维护和平献身的人蒙受耻辱。军事、民警和文职维和人员发生性剥削和性虐待行为并不是什么新情况。这类行为有许多种不同的表现，包括违反联合国的行为标准，例如，招成年妓女（这在某些国家中是合法的），和一些在任何国家管辖范围内都是刑事犯罪的行为，例如，强奸和恋童癖。除联合国外，新闻媒体和人权组织尤其记录了有维和人员参与的性剥削和性虐待事件，有关维持和平行动包括1990年代初在波斯尼亚和黑塞哥维那以及科索沃的维持和平行动，1990年代初和1990年代末在柬埔寨和东帝汶的维持和平行动，2002年在西非和2004年在刚果民主共和国的维持和平行动。

4.2003年4月15日，大会在审议了内部监督事务厅关于西非发生性剥削和性虐待事件的指控的报告（A/57/465）后，通过了第57/306号决议，其中要求秘书长采取措施，防止在人道主义和维持和平行动中发生性剥削和性虐待。决议还要求秘书长和部队派遣国追究那些有此类行为的人的责任。2003年10月15日，秘书长颁发了所有联合国工作人员，不论他们属于哪一类任用，都必须遵守的禁止性剥削和性虐待的细则（ST/SGB/2003/13）。

5.该公报第1条规定，"性剥削"指的是："任何为色情目的的实际滥用或试图滥用他人弱势地位、权力差别或信赖的行为，其中包括，但不限于，通过对他人进行性剥削来谋取金钱、社会或政治利益"。"性虐待"指的是："进行或威胁进行性方面的人身侵犯，无论这种侵犯是通过暴力还是在不平等或胁迫的情况下进行"。

6.许多人对维持和平背景下出现的卖淫和其他性剥削现象深感不安，因为联合国进入一个四分五裂社会的任务是帮助这个社会，而不是滥用当地居民对它的信任。此外，在任何情况下，联合国都不应增加当地居民中弱势群体的苦难，因为战争或内部冲突常常已经使他们痛苦不堪。例如，在刚果民主共和国，性剥削和性虐待似乎主要涉及用性行为换取金钱（平均每次1至3美元）、食物（立即食用或以后进行实物交换），或工作（尤其涉及日工）。在刚果民主共和国，和我交谈的一些女孩谈到"貌似卖淫的强奸":她们说有人在强奸她们后给她们钱或食物,以使强奸看起来像是一笔双方同意的交易。女孩一旦陷入这种境地,就会产生一种依赖,而这种依赖会使她们越陷越深,再次去卖淫,随之而来的是暴力、绝望、疾病和更大的依赖性。性剥削和性虐待的后果之一是出现被遗弃的"维和婴儿",即生父为维和人员但遭到遗弃的的婴儿。如果缺少一个正常运作的法律制度,则大多数国家的公民享有的用于防止这类滥用权力行为的保护措施就不复存在。考虑到所有这些因素,维和人员更有责任依照《联合国宪章》第一百零一条第三项所述的完整人格最高标准行事,把它们作为联合国职员必须遵守的行为标准。

7.维持和平行动部报告说,2003年,它对针对5名工作人员和19名军事人员的性剥削和性虐待指控进行了调查(A/58/777,第3段)。秘书长指出,秘书处意识到,收集到的关于联合国下属人员所犯性剥削和性虐待案件的资料也许并未真正反映出这些可悲事件的程度,举报程序和受害者支助机制仍然不能满足需要,必须再作出更多努力,以建立一项制度,对此类不端行为进行系统报告和有效采取后续行动(同上,第4段)。

8.在改进联合国投诉机制后,收到的针对维和人员的指控大幅度增加。2004年5月至9月,联合国组织刚果民主共和国特派团(联刚特派团)收到72项性剥削和性虐待指控(68项针对军事人员,4项针对文职人员),内部监督事务厅后来对其进行了调查。[1]鉴于案件数目大大增加,秘书长请我协助他确定维和特派行动中性剥削和性虐待问题的性质和涉及范围。2004年10月,我访问了刚果民主共和国,尤其是访问了布尼亚,感到性剥削和性虐待行为很普遍,既涉及文职人员,也涉及军事人员。性剥削和性虐待似乎仍在继续发生,表明用于解决维持和

1.2005年1月5日,内部监督事务厅报告说(见A/59/661),由于无法找到受害者或证人,它对44项指控作了结案处理。它提到涉及51名军事人员的20个案件,其中1个案件最初认为涉及文职人员,但后来认为涉及军事人员。内部监督事务厅认为,有7个案件的案情完全得到证实。就剩余的案件而言,监督厅认为,有2个案件有令人信服的证据,其他11个案件有性剥削和性虐待的证据,但未得到证实。在所有案件中,没有一个特遣队成员承认有性接触。

平行动中这一问题的现有措施不力。

9.2004年，维持和平行动部共收到105项指控，其中16项指控针对文职人员，9项针对民警，80项针对军事人员。大多数指控涉及与年龄不到18岁的人发生性行为（45%），以及与成年卖淫女发生性行为（31%）。强奸和性攻击的指控各占13%和5%。剩余6%的指控涉及2003年秘书长公报所列其他形式的性剥削和性虐待。

10.性剥削和性虐待有损维持和平行动的形象和信誉，而且有损维持和平行动在当地居民心目中的公正性。性剥削和性虐待引起的纪律涣散还会降低维持和平行动的效力，尤其是在发生危机时。此外，性剥削和性虐待行为可能违反国际人道主义法或违反国际人权法，或两者兼而有之。[1]事实上，如果一个维持和平行动自己的维和人员在进行性剥削和性虐待，其中包括实施强奸等罪行，那么它就不具有在遵守国际人权标准和进行立法和司法改革问题上，向有关国家的政府提供咨询的合法地位。由于维和人员性行为失检，他们自己和特派团还可能遭受敲诈勒索和暴力报复，尤其是在国家法治崩溃的情况下。此外，这种行为失检还增加疾病的发病率，其中包括感染和传播性传播疾病和艾滋病毒/艾滋病的风险。而受害者则常常因有关经历而遭受心理创伤。受害者和被遗弃的维和婴儿可能被自己的家人和社区看不起，因而丧失所有（经济、社会、感情等方面的）支持。这又使受害者为了自己和孩子的生存，更深地陷入与维和人员和其他人建立的被剥削关系。

11.目前，各维持和平行动正在作出许多重大努力，解决性剥削和性虐待问题。但是，这些努力是临时性的，不足以解决问题。维持和平行动用于处理这一问题的方法现在需要有重大改变。本报告既提出了秘书长和会员国可以马上采取的措施，以便更好地防止、查明和处理这种严重侵犯当地居民人权的行为，也提出了长期改革的措施。

1.见《妇女、和平与安全：秘书长依照安全理事会第1325（2000）号决议提出的研究报告》，第四章（联合国出版物，出售品编号：E.03.IV.1）。

12.内部监督事务厅关于西非和布尼亚的报告表明了在查明有关行为人方面的困难，因为受害者通常是受到惊吓而且受教育程度不高的少女和儿童，很难指认出侵犯她们的外国人。此外，在涉及卖淫的案件中，举报在经济上没有任何好处。因此，尽管联合国必须对有关行为人采取行动，但重点一定要放在预防措施上。

13.在我访问刚果民主共和国期间，各妇女组织提请我注意一些它们认为促成妇女和儿童遭到性剥削和性虐待的因素，其中包括一些特派团之外的因素，例如冲突削弱了社会结构，因此出现了许多基本或完全没有家人照料的儿童；赤贫现象普遍；缺少赚钱的机会；国内冲突期间针对妇女和儿童的性暴力行为普遍，加之对妇女和女孩的歧视，致使针对她们的暴力和/或剥削行为在某种程度上为当地居民所接受；缺少行之有效的法律和司法制度，形成有罪不罚的实际现状。在其他许多维持和平地区，这些因素在某种程度上也同样存在。另一方面，在联刚特派团内部，人们似乎都认为没有采取什么行动来切实处理这一问题。人们觉得告发者不会受到保护。对联合国的行为标准，人们知之甚少，特遣队成员缺少娱乐设施，长期与家人和社区分离。我在提出下列建议时考虑到了这些情况，并同那些提供大多数军事人员和警察的国家的代表以及秘书处成员进行了广泛磋商。

二 有关细则

问题所在

14.联合国维持和平行动可能会有一个文职部门、一个军事部门和一个民警部门。这些部门要遵循不同的细则和纪律程序，因为它们各有不同的法律地位。2003年秘书长公报本身并不适用于所有类别的人员。这是一个重大缺陷。附件一详细论述了这些技术问题。以下是一个简明的概要。

维和人员的身份和行为守则概要

15.联合国工作人员享有《联合国特权及豁免公约》（公约）为联合国职员规定的身份与特权和豁免。公约还规定了秘书长可以放弃这些工作人员的豁免的条件。工作人员要遵守《工作人员条例和细则》以及在条例和细则下颁发的有关行政规定——例如秘书长的公报和行政指示——中的各项行为标准。这些标准通过联合国的纪律程序来执行。

16. 维持和平特派团也聘用联合国志愿人员。最近签署的部队地位协定[1]也让他们享受《公约》为职员规定的特权和豁免。联合国志愿人员必须遵守《联合国志愿人员行为守则》，并受纪律程序的约束。

17. 维持和平特派团还聘用独立订约人和顾问。他们要遵守当地的法律，并受联合国独立订约人和顾问标准合同条件所规定的标准的约束。

18. 民警和军事观察员享有《公约》为特派专家规定的身份与特权和豁免（军事联络官和参谋人员也被视为特派专家）。《公约》规定了秘书长在何种条件下可以放弃这一豁免。民警和军事观察员签署一项保证书，表示他们同意遵守"特派团的所有标准业务和行政程序、政策、指令和其他通告"。特派专家还要遵守大会2002年3月27日第56/280号决议中颁发的《关于秘书处官员和特派专家以外人员的地位、基本权利和义务的条例》。身为联合国民警的这些专家也要遵守警务专员下达的因具体任务而异的指令。提供给民警派遣国的维持和平行动部《民警准则》后面附有有关指令。提供给部队派遣国的《军事观察员准则》中列有军事观察员的行为标准。维和部《关于民警和军事观察员风纪问题的指令》规定了民警和军事观察员的行为标准。民警和军事观察员同意遵守这些标准。

19. 各国特遣队的军事人员享有部队地位协定具体规定的特权和豁免，在没有签署部队地位协定时，则享有部队地位示范协定规定的特权和豁免。安全理事会规定，在同东道国缔结部队地位协定之前，有关维持和平行动应适用部队地位示范协定。部队地位示范协定规定，部队派遣国对特遣队的军事人员行使刑事和纪律管辖权（A/45/594，附件，第47（b）段）。但是，作为一项行政措施，秘书长可以下令遣返经特派团调查确有行为严重失检的任何特遣队军事人员。多年来，题为《蓝盔部队个人行为守则十条》和《我们是联合国维持和平者》的出版

---

1. 关于对部队地位示范协定相关要点的简述，见附件第A.2至A.7段。

物中规定的一般行为标准已为部队派遣国普遍认可。因此，通过实践，这些一般标准适用于特遣队成员。提供给部队派遣国的维持和平行动部《关于各国特遣队成员风纪问题的指令》规定了特派团对针对特遣队军事人员的指控进行调查的程序。

20.同样提供给部队派遣国的因具体任务而异的《派驻军事单位的部队派遣国准则》已开始列入2003年秘书长公报中禁止性剥削和性虐待行为的有关规定。联合国同每个部队派遣国签署的因具体任务而异的谅解备忘录附有这些准则。联合国同部队派遣国之间的谅解备忘录的条款具有约束力。但是，附在备忘录后面的、列有2003年公报详细细则的部队派遣国准则，却被明确视为仅载列一般性行政和财务安排。从法律角度来说，"准则"可以完全不同于"细则"。准则是一个可以根据情况依循或不依循的一般模式；而细则规定了必须依循的标准。行为守则，尤其是禁止性剥削和性虐待的详细规定，必须是具有约束力的细则，而不能仅仅是"准则"。

21.《工作人员条例和细则》、《十条》和《我们是联合国维持和平者》中规定的各类维和人员都要信守的基本行为标准和人格完整是相同的，因为它们均源于《宪章》第一百零一条第三项规定的原则。该项规定联合国职员的人格完整性要达到最高标准。但是这些文件都是泛泛而谈，没有具体指明究竟哪些行为构成性剥削和性虐待，是不允许的。2003年公报详细列出了被禁行为，填补了这一空白。维持和平行动特别委员会（特别委员会）[1]和2004年7月1日大会第58/315号决议对2003年公报表示欢迎。但是必须指出，2003年公报本身只适用于联合国工作人员。

22.因此，已经有许多针对性剥削和性虐待的规定，它们是在不同的时期拟订的，具有不同程度的法律效力，适用于不同类别的维和人员。如上所述，惟有联合国工作人员无疑要遵守2003年秘书长公报中的禁令。民警和军事观察员同意接受有关指令的约束，而指令大约在2004年年中才概列了这些禁令。特遣队军事

1.《大会正式记录，第五十八届会议，补编第19号》(A/58/19)，第115段。

人员的情况并不十分明了。只有得到有关部队派遣国同意并经其采取行动，有关细则才能对特遣队军事人员产生约束力。

建议

具有约束力的统一标准

23. 2003年秘书长公报中规定的有关性剥削和性虐待的禁令应适用于所有各类维和人员。

24. 建议特别委员会向大会提出建议，使联合国任命或订约聘用的所有文职人员和军事人员都必须遵守2003年公报中规定的标准，秘书长任命的所有维和人员都必须遵守其合同或聘用书中的有关规定。应修订每一民警和军事观察员均要签署的"保证书"，以便明确列入2003年公报中的标准，并要求遵守这些标准。联合国志愿人员的雇用条件应体现这些标准，并应要求所有联合国志愿人员在前往特派团任职时都要签署一份声明，保证他们将遵守作为任用条件之一的这些标准。所有上述各类人员都必须书面确认他们知道，如果违反了这些禁令，联合国将立即终止对他们的委派。

25. 就特遣队军事人员而言，建议特别委员会建议大会通过2003年公报中规定的标准，作为参加维持和平行动的各国特遣队全体军事人员的统一行为标准。建议大会作出决定，把这些标准列入联合国与部队派遣国签署的部队地位示范协定，且示范协定要规定由部队派遣国采用对特遣队成员具有约束力的方式，颁发这些标准。建议维持和平行动部争取修订现有的所有谅解备忘录，以列入这些规定。

采用简便方式印发标准

26. 防止性剥削和性虐待战略若想行之有效，则那些具有约束力的各项细则的实质性内容不仅要明确无误，清楚易懂，而且细则要便于所有维和人员查阅。联合国把《十条》和《我们是联合国维持和平者》文件印成卡片分发，但只有联合国正式语文的卡片。建议秘书长也把2003年公报的标准印成卡片。还建议特别委员会请秘书长同部队派遣国合作，用特遣队成员本国的语言印发这些标准以及禁止性剥削和性虐待的具体规定。建议部队派遣国提供特遣队所用语言的译文，由联合国安排印制卡片，费用由有关特派团承担。

建议概要

27. 大会应重申它赞同2003年公报中规定的标准，并使这些标准无一例外地适用于各类维和人员。大会应请秘书长确保所有文职人员都受其约束。此外，大会应作出决定，把这些标准和《十条》和《我们是联合国维持和平者》中的标准列入部队地位示范协定，同时由部队派遣国承诺以对其人员具有约束力的方式颁发这些标准。秘书长和部队派遣国应进行合作，以便于查阅的卡片形式，用特遣队使用的语言印发2003年公报中规定的标准以及《十条》和《我们是联合国维持和平者》中的标准。译文由部队派遣国提供，特派团安排印制卡片，费用由特派团承担。

三　调查

问题所在

28. 应惩罚那些违反联合国标准的人。但是，同样重要的是，要铭记提出指控并不能确定有罪。部队派遣国经常抱怨说，维持和平行动部现行的调查机制（作为特派团接到行为失检举报后第一个反应的"初步调查"和其后设立的调查委员会）并未强调指出，一定要假定接受调查的有关部队的行动并无不当。此外，部队派遣国常常抱怨说，特派团调查委员会和先期初步调查收集到的证据，要么按其本国法律不足以在今后提起司法起诉或进行军法审判，要么采集证据的方法不符合其法律的规定。部队派遣国甚至常常得不到调查委员会的整个卷宗，因为联合国的政策是，可被第三方用来向联合国索赔的卷宗不予放行。因此，部队派遣国常常不愿意根据联合国的程序采取行动，这丝毫不奇怪。此外，维和特派团没有日常的专家人员来协助进行调查，也得不到有关部队派遣国专家检察官的协助，而后者可以说明对今后采取行动一事有哪些要求。

29. 特派团的初步调查和调查委员会似乎有某种程度的重叠，从而进一步增加了这些困难。正如《关于民警和军事观察员风纪问题的指令》所指出，进行初步调查的目的是确定事实。如果初步调查似乎表明有关行为严重失检的举报有充足的理由，则特派团团长应设立一个调查委员会。调查委员会应确定事实，并确定被调查事件的起因和责任，还可为适当采取行政行动提出建议，包括建议遣返回国。有关指令还指出，调查委员会是一个协助特派团团长履行其职责的管理工具。对民警和军事观察员采用相同的程序。

30. 初步调查也适用于联合国工作人员。题为"经订正的纪律措施和程序"的行政指示规定，如果初步调查似乎表明有关行为严重失检的举报有充足的理由，问题将提交给主管人力资源管理的助理秘书长，由他决定是否控告有关工作人员行为失检。因此，第一次调查的质量对工作人员风纪案件来说，显然也非常重要。

建议

专业调查机制

31. 在特派团一级似乎没有什么理由需要进行两次调查来确定事实。关键在于由专业人员进行调查，因为他们在有关案件中，尤其是在有迹象表明有刑事罪行时，能够采用科学方法查验身份，例如打指模、纤维分析、血液和DNA检测。采用这些技术可以降低成本，并有助于揭穿虚假指控和确定何人有罪。特派团团长可以根据专业报告得出必要的管理层结论，并可能在保密情况下对以专业方式收集到的证据进行评估，这些证据在程序的下一阶段，不管是风纪惩戒，还是军法或刑事审判，也更有用处。当然，在不复杂的案件中，例如，有人认罪或罪行被一些独立证人证实，调查仍然可以由特派团有关人员进行。

32. 因此，为处理性剥削和性虐待案件，并为处理性质同样严重的其他行为失检案件或需要采用复杂调查手段的案件，建议秘书长设立一个常设专业调查单位。它可共用维持和平行动部的一些行政机构，但完全独立于维和部和特派团的指挥结构。这一维持和平行动部调查单位将取代初步调查和调查委员会。虽然这一调查机制独立于特派团，但它必须有权在任务区优先履行其任务。换句话说，特派团必须充分配合调查人员并为其提供方便，以便调查单位能有效地开展工作。可以按区域派设这一机制，因为在每个特派团设立该机制费用太高，而且无法做到。为了确保调查机制独立于调查对象，它应该向秘书长或副秘书长提交报告，并将每一报告的副本同时抄送主管维持和平行动副秘书长和有关特派团团长，供其参考。调查机制必须能够使用在调查性犯罪、尤其是涉及儿童的性犯罪方面拥有经验的专业人员。它必须能够请教那些能就下一阶段需要提供的证据和证据的标准提出咨询意见的专家，不管受到调查的人是工作人员、民警、军事观察员，还是军事特遣队成员。如果通过传统方法无法肯定地指认出被告人，该机制必须能使用现代法医鉴别手段。这一改革将有助于确保那些无端被控的被告找回清白，那些有罪在身的被告被定罪。它还将确保，对性剥削和性虐待指控的复杂和敏感的调查不是由一些"热心的业余人士"进行的。维持和平行动部的调查适用于所有类别人员。

33. 在有人指控其特遣队成员参与性剥削和性虐待或类似的严重违法行为时，部队派遣国参加对指控进行的调查至关重要。参加调查可确保部队派遣国能够查阅所有卷宗和证据。这反过来又能确保调查程序对有关部队派遣国来说是透明的。它将使人相信，指控得到了正确的审理。最重要的是，部队派遣国通过派专家参加调查，帮助确保证据的采集符合本国的法律，因而该国以后能够利用这些证据对有关特遣队成员采取行动。所以，部队派遣国参与调查至关重要，具体做法是派遣一名军事律师，最好是一名军事检察官；他熟知本国军法条款，知道今后采取行动需要有哪些材料，他还可以确保调查将有助于而不是阻碍今后根据本国法律采取行动。因此，建议特别委员会向大会提出建议，要求示范谅解备忘录规定每一部队派遣国提出军事检察官人选。有关人选能够在接到通知后很快动身，参加维持和平行动部对其本国特遣队成员有性剥削和性虐待和类似重大违法行为的指控进行的任何调查，旅费由特派团支付。

34. 还建议示范谅解备忘录规定部队派遣国同维持和平行动部调查单位分享特遣队本身对有关事件的调查获得的任何资料。特遣队和特派团必须进行合作才能消除性剥削和性虐待。

进行实地军法审判的可能性

35. 审理具有刑事性质的重大违法案件的实地军事法庭可以马上在特派任务地区接触证人和获得证据。实地军法审判会向当地社区表明，军事特遣队成员的性剥削和性虐待行为不会不受惩处。当然，在东道国进行军法审判要得到东道国的同意，但部队地位示范协定第47（b）段规定，联合国维持和平行动军事部门的军事人员在东道国内如犯任何刑事罪行，应由该人员所属的参加国行使其专属管辖权，这其实已默许了这种做法。因此，所有部队派遣国应进行实地军法审判。那些决心继续参加维持和平行动但本国的法律不允许进行实地军法审判的国家，应考虑修改有关立法。[1]

建议概要

36.建议大会授权建立专业调查能力，对针对所有类别维和人员提出的性剥削和性虐待和性质同样严重的行为失检指控进行调查。有关调查机构必须配置在调查性犯罪、尤其是涉及儿童的性犯罪方面拥有经验的专家。它必须能使用现代法医鉴别手段。此外，它必须独立于特派团，可按区域设置。建议部队派遣国在案件涉及其部队时，作为调查机构的成员参加调查。参加形式是派一名军法专家，最好是谅解备忘录中指定的军事检察官，由联合国出钱乘飞机前往调查地点，以便确保收集证据的方式使证据今后能在军法审判或在本国司法程序中得到使用。建议部队派遣国进行实地军法审判，并建议那些本国立法不允许进行实地军法审判的国家考虑修改其立法。

四 联合国、主管人员和指挥官的责任

问题所在

37.有一种看法，即既没有要求联合国，也没有要求联合国的文职主管人员和军事指挥官承担责任，作出真诚努力以解决维持和平行动中的性剥削和性虐待问题。这种看法不无道理，但这种情况必须改变。

建议

联合国的责任

38.联合国最终要对它的维持和平行动负责。因此，联合国有责任争取把维

1.大约五十年前，秘书长就在其题为《联合国紧急部队：关于部队的建立和行动的经验研究总结》（A/3943，1958年10月9日）提到了无法进行"实地"军法审判的不利之处。

持和平行动中的性剥削和性虐待事件减少到最低限度。

基本措施

39.首先，主管人员和指挥官必须通过以身作则和开展宣传，确保他们的所有下属人员都认识到，2003年秘书长公报所列性剥削和性虐待行为是对当地居民的侵害，是不能接受的，联合国不会容忍这些行为。但是，光靠以身作则和宣传还不够。维持和平行动部必须在维和人员抵达时和执行任务期间，安排对其进行集中培训，培训内容为规定的行为标准，尤其是2003年公报中规定的详细禁令。主管人员和指挥官应在培训班开课时到场，强调联合国非常重视消除性剥削和性虐待。谅解备忘录应规定部队派遣国有义务确保特遣队指挥官明白他们有责任保证特遣队在部署之前参加和接受这种培训。

40.第二个基本要求是，与当地社区建立有效的外联方案，向社区解说联合国反对性剥削和性虐待的政策，并提供使个人能够在保密情况下进行举报的有效机制。这一外联方案必须明确表明，不会容忍对举报者进行报复的行为。维持和平行动部已向各特派团发送了如何制订这一方案的基本资料。应为各特派团规定一个时限，例如6个月，用于制订和执行该方案。

41.三是维持和平行动部必须建立并要求各特派团采用一个数据收集和管理系统。该系统不仅跟踪提出的指控，而且跟踪特派团对这些指控作出的反应。维和部的高级管理人员必须能够随时了解所有特派团的情况，既知道性剥削和性虐待指控的数目，也知道对这些指控进行调查的状况，包括在某一时刻已经采取的后续行动的确切情况。该数据库也是一个有用的管理工具，确保不再聘用有前科的人。秘书长应指示维持和平行动部在6个月内建立该系统。

42.第四个基本要求是，在总部和各个维持和平特派团有一些克尽职守的人来执行上述措施。我注意到维持和平行动部在布隆迪、科特迪瓦、刚果民主共和国和海地的维持和平行动中设立了全职个人行为干事的职位。我鼓励这样做。我还建议在总部设立一个专职单位，处理行为失检案件，其中包括涉及军事人员、民警和文职人员的性剥削和性虐待行为，为特派团提供快速咨询，确保采用统一的惩处措施，为各类文职和军事人员提供指导和咨询，并根据取得的经验提出政策改革建议。

43. 第五个基本要求是，增加女性维和人员的比例。这将有助于特派团同当地社区的弱势群体和非政府组织切实进行接触，努力消除性剥削和性虐待。[1]受害者及其代言人通常是女性，如与其交谈者同为女性，尤其是担任高级职务的女性，会有助于鼓励她们举报受到虐待，而举报是消除虐待的第一步。最后，特派团人员中有更多的妇女，特别是担任高级职务的妇女，有助于形成一个遏制性剥削和性虐待，特别是遏制对当地居民进行性剥削和性虐待的环境。

44. 联合国的行为标准禁止同妓女发生性行为。招妓是特遣队成员最容易进行的性活动。[2]与此同时，为士兵提供安全套，或作为维持和平行动部和联合国艾滋病毒/艾滋病联合规划署联合方案的一部分，士兵可以取用安全套。这可能使人们，至少是在一些维和人员心中，产生一种印象，即在官方政策是"零容忍"的同时，还有一个与之背道而驰的非官方政策。为了避免发出自相矛盾的信息，我建议在进行培训、提高对艾滋病毒/艾滋病的认识时，要明确说明2003年公报禁止的行为，并强调指出，任何违禁行为都会受到严厉惩罚。可在培训中说明，发放安全套是防止艾滋病毒/艾滋病蔓延的一个拯救生命的措施。

45. 主管人员必须认识到，不能忽略未具体指明人或事的性剥削和性虐待指控。这种指控可能是真实侵犯行为的早期警报。必须记录并审查这些指控。虽然没有理由光凭这种指控对某个人采取行动，但指控可能表明存在问题，需要管理层作出反应；例如对某些类别的人进行再培训，或发出不得违反2003年公报规定的警告。

46. 最后，应鼓励部队派遣国为维和特派团调派建制部队，而不是派出由本

---

1. 《在维持和平行动中处理社会性别问题资料手册》（联合国出版物，出售品编号：E.04/IV.6）指出，截至2004年3月，高级文职维和人员（D-1及D-1以上职等）中有16%为女性，维和专业人员中有26%为女性，维和一般事务人员中有24%为女性；截至2003年10月，1.5%的军事人员为女性，截至2003年9月，4%的民警为女性。

2. 执行特派任务的联合国工作人员和专家往往住在私人住房中，与当地居民发生的不当性关系通常不那么显而易见。

国现有各部队混编而成的部队。建制部队的纪律和凝聚力强于混编部队,指挥官和部队的军官可能更了解人员的长处和弱点,因而维持严明纪律的能力也更强。

因特派团而异的措施

47.每个特派团都必须采取适用于它的具体情况的措施,尤其是如果性剥削和性虐待的指控很多。例如,有些特派团可能需要实行宵禁并规定外人不得出入的禁区,并在这些地区巡逻,以确保平民未经许可不得进入军营。其他一些特派团可能需要用流动巡逻来取代设在居民区的固定岗哨。在有些地方,可能有必要规定士兵必须始终身着军服,或规定不执勤时不得离开营地。应要求特遣队指挥官确保部队营房有围障,严格控制出入口。违反这些规定者必须受到惩处。

48.在有些情况下,监管特遣队的特派团宪兵队最好是来自另一个部队派遣国,以确保他们在履行职务时能做到不偏不倚。在任何情况下,宪兵队都不应同其监管的特遣队同住一地。

49.在高风险地区,特派团团长甚至需要请秘书长授权采用比2003年公报更为严格的标准,例如在整个任务区或部分任务区禁止同当地居民发生任何性关系。可将此视为另一个保护措施,以保护特派团的声望与信誉,确保它能采用当地居民认为不偏不倚的方式有效执行任务,并保护非常容易受到剥削和虐待的当地居民。

改善服务条件的措施

50.在一个压力很大的地方工作而没有什么机会休假娱乐放松一下,可能促成行为失常。要考虑到这些因素。例如,关于工作人员利用休息时间和休整期离开任务地区的现有严格规定需要有一定的灵活性。在一些被定为不带家属工作地点的维和地区,有些基金和规划署允许带家属。规定特派团不能带家属有时似乎与财政因素更为有关,而不是与安全考虑有关。如果规定一些地方的特派团可带家属涉及的费用太高,可考虑至少让家属到最近的安全地点探亲。此外,各特派团应让福利干事和工作人员顾问帮助工作人员适应特派团生活。

51.特遣队指挥官确保遵纪守法的一个重要战略,是让特遣队成员不执勤时也有事情做。目前部队派遣国每个月有每人8美元的"部队福利费"。但是这笔福利费由特遣队酌处使用，我在走访联刚特派团期间发现，该福利费并不总是用在实地的特遣队成员的福利上。因此，我建议联合国在任务区内或在附近设立固定的娱乐场所，让特遣队成员在执行任务期间有休息和休整的机会。这些娱乐场所可以是一些低成本建筑物，例如帐篷，内有娱乐设施，例如体育场、免费上网和补贴电话，以便于特遣队成员与亲友联系。在条件特别艰苦、无法提供这些设施的地区，可利用特派团的运输工具（如飞机），把特遣队成员运送到这些娱乐场所。特遣队成员在娱乐场所时仍然在军官的指挥和控制下。我建议批准这些低成本措施，至少给一个试用期，有关费用列为特派团开支，由联合国承担。如果费用高于预计的数额，可对目前支付给部队派遣国的福利费作一些调整，以考虑到特派团提供娱乐设施的费用。

援助受害者

52.维持和平行动一般既没有资源也没有授权，来为性剥削和性虐待的受害者提供全面援助。但是，有很多事只需花很少的钱就能做到。联合国在道义上有义务为那些对联合国维和人员提出指控的受害者提供某些应急实际援助。应将这种援助视为联合国全面负责维持和平行动的附带费用。

53.需要对声称受害者进行基本的急救医治，或介绍她们到其他人道主义组织接受这种医治。在进行这种基本医治时，可以尝试获取法医证据，以查明有关行为人并追究其责任。

54.需要加强同各救济机构的协调，确保声称受害者继续得到人道主义组织的援助，包括心理-社会援助。儿童受害者尤其需要这种援助。建议每个维持和平特派团同能够提供这种援助的救济机构正式建立联系。此外，还需要为声称受害者提供基本咨询。例如，如果法律制度仍在运作，维持和平行动应介绍受害者去找那些能协助受害者要求有关行为人给予民事或刑事补偿的组织。

55.还必须向那些向特派团提出举报的声称受害者反馈其举报审理情况。在特派团结束调查后，应向声称受害者作一般性通报，说明因举报采取的行动和特派团的调查结果。这种信息将使受害者和东道国居民相信，无论联合国还是部队派遣国和警察派遣国，都不容忍性剥削和性虐待行为，它们会认真对待举报，对此进行调查，并对被指称的有关行为人采取行动。

56.联合国应设立一个受害者自愿信托基金，为联合国维和人员性剥削和性虐待行为的受害者提供援助。可鼓励工作人员每年为该基金捐款。但受害者信托基金必须手续简便，以便能够迅速进行支付。

主管人员和指挥人员的责任

57.秘书长2003年公报第4.1条确认主管人员作用重大，负责建立并维持一个预防性剥削和性虐待的环境。2003年公报还规定在有理由认为有人违反公报规定的标准时，他们有责任对行为人采取适当行动。主管人员奠定基调，是下属的榜样。众所周知，在军队中，兵如其将。因此，主管人员，无论是文职主管人员，还是民警或军队主管人员，必须率先努力打击性剥削和性虐待。他们必须严格负责起到这一作用。

58.不能从消极的角度来看待责任。责任是管理和指挥的一个组成部分。必须在用于评估主管人员是否适于提升的考绩机制中为那些真心努力处理性剥削和性虐待问题的主管人员留下适当纪录，以资鼓励。但在处理性剥削和性虐待方面的好业绩不能同上报的指控数目联系起来，因为我在上文建议设立的举报和外联机制可能致使举报的虐待事件数目在短期内有所增加，原因是受害者意识到她们可以前来举报而没有任何危险。

59.可根据各项明确规定措施的实施情况，例如本报告建议采用的措施的实施情况，对主管人员处理性剥削和行虐待问题的情况进行考绩。一个主管人员必须采取的具体措施应是他或她在报告所述期间的目标。如果所有目标或部分目标未能实现，这在该主管人员的考绩中就应该有所体现。如果管理目标多次实现不了，则应将有关人员调离原职，不再担任管理职务。

60.就军队而言，主管维持和平行动副秘书长应明确规定，部队指挥官的任务，是确保特遣队指挥官和高级军事人员都了解联合国对性剥削和性虐待的零容忍政策。应明确表明，如下一段所述，将根据特遣队指挥官和和高级军事人员执行这一政策的情况，来对他们进行考绩。必须告诉他们，他们要严格负责采用旨在防止这类虐待行为的措施。他们还要负责确保他们手下违反有关细则的人受到惩罚。完成了这些任务的指挥官应受到特别嘉奖，或者，可授予勋章。

61. 当然，不时会有人违反禁止性剥削和性虐待的禁令。这不会损害一个努力处理这一问题并对违禁者采取行动的特遣队的声誉。但是，如果特遣队指挥官不配合维持和平行动部的调查，或更有甚者，试图通过不与之适当配合而阻碍调查的进行，则是不可宽恕的。建议秘书长指示各特派团团长提出建议，把任何不配合维持和平行动部的调查或未履行协助特派团消除性剥削和性虐待的职责的特遣队指挥官立即遣返回国。建议秘书长致函部队派遣国国家元首，解释他不得不采取这一行动的原因。示范谅解备忘录应对特遣队指挥官的这些义务作出明确规定，并应规定部队派遣国有义务对被解职的特遣队指挥官进行惩处。还建议示范谅解备忘录明确规定，任何特遣队指挥官如经查证未配合维持和平行动部对性剥削和性虐待指控进行的调查，联合国会追回已经支付给他的款项。追回的款项应存入受害者信托基金（见上文第56段）。同样，如果特遣队指挥官采取行动整肃特遣队成员的风纪，并充分配合维持和平行动部的调查，使那些违反2003年公报标准的人受到惩罚，秘书长应致函有关国家元首和政府首脑，特别予以表扬。

建议概要

62. 本报告提出了若干基本措施，它们是开展维持和平行动要承担的有关责任的一部分，联合国必须执行这些措施，争取消除性剥削和性虐待。联合国必须要求其主管人员以身作则，并确保在进行部署前和派往特派团执行任务期间，安排对各类人员进行培训。联合国必须设立同当地社区建立联系的外联方案，使声称受害者能够进行举报。联合国必须建立数据追踪机制，使高级管理层能够了解指控的数目、类别以及对这些指控进行后续调查的情况，确保不再任用那些经查证犯有这些罪行的人。为了对性剥削和性虐待行为作出有效反应，需要在总部和外地设立一些关键职位，并应增加女性维和人员的人数。在向部队分发安全套时应明确表明，这样做是为了防止艾滋病毒／艾滋病的传播。联合国应适当注意未具体指明人或事的指控，因为它们往往是纪律松散和可能有行为失检的先兆。联合国应鼓励部队派遣国派遣建制部队参加维持和平行动，因为同专门为维持和平行动从现有部队抽调出来的营队组成的混成部队相比，建制部队通常管理更有方，纪律更严明。

63.应根据特派团的具体情况采取措施，处理性剥削和性虐待问题，例如实行宵禁和设立禁区，以及酌情以流动巡逻取代固定哨所。如有可能，特派团的宪兵股应来自一个不受其监管的特遣队。报告指出，在某些高风险地区，特派团可能有必要制订比2003年公报中所载规定更加严格的规定。

64.应采取某些措施改善特派团的生活条件，例如为部队提供娱乐设施，提供免费上网并补贴电话费用，以方便与亲友联系。还应采取措施帮助声称受害者，包括提供紧急医疗服务和心理咨询，以及如何向被指控的行为人提出索赔的咨询。应设立一个受害者信托基金，特派团应向声称受害者提供反馈，说明对受害者举报的调查结果。

65.必须具体规定文职主管人员和军事指挥官的任务之一是执行联合国消除性剥削和性虐待的方案和政策。应根据他们执行这些政策的情况对其进行考绩。应奖励那些执行方案的人，并解除未执行者的管理和指挥职务。示范谅解备忘录应规定，那些在维和部调查针对本特遣队成员的指控时予以配合的特遣队指挥官将受到表扬，那些不配合或阻碍调查的指挥官将被遣返回国。秘书长应致函有关国家的领导人，解释为何遣返该指挥官。在这种情况下，建议联合国追回支付给该指挥官的所有款项，并把这些款项交给受害者信托基金。秘书长应在给国家或政府领导人的信函中特别表扬那些采取行动处罚本特遣队成员的指挥官，和那些充分配合维和部的调查、从而使违反2003年公报标准的人受到惩罚的指挥官。

五 个人的纪律、财务和刑事责任

问题所在

66.人们普遍认为，有性剥削和性虐待行为的维和人员，无论是军人还是文职人员，很少因这种行为受到纪律指控，至多只会面对行政方面的后果。也没有要他们为受害者受到的伤害承担财务责任。人们也同样认为，那些有按照公认标准即为犯罪的性剥削和性虐待行为（例如强奸和与幼儿发生性关系）的维和人员，通常没有遭受刑事起诉，不管是在军事法庭上，还是在各国的刑事法庭上。他们的这些行为如果发生在本国，那么这种刑事起诉是不可避免的。这些看法并非没有根据。

67.本报告前几部分谈到部队派遣国在根据它们认为有缺陷的初步调查和调查委员会的报告采取行动时遇到的一些困难。还谈到维和部在调查性剥削和性虐待指控时遇到的困难，因为很难，如果说不是不可能的话，采用由证人进行指认的传统办法。隐藏在这些调查技术问题背后的，是两个更难解决的根本问题：

（a）就各国特遣队的军事人员而言，一些部队派遣国通常不愿公开承认过失行为，因而缺少把被指控的罪犯送上军事法庭的意愿；

（b）就工作人员和特派专家而言，一些维持和平地区没有符合最低国际人权标准的法律制度，因此秘书长要放弃被指控在特派任务地区犯有严重罪行的工作人员的豁免有困难。

建议

个人的纪律和财务责任

纪律责任

68.违反2003年秘书长公报规定的标准的人应受到纪律惩戒，除非违禁者为工作人员或特派专家，且秘书长同意他们立即辞职，并在其个人档案中注明联合国永不再雇用，以代替纪律惩戒。

69.秘书长2003年公报规定，违反公报的标准即为《工作人员条例和细则》所指的"行为严重失检"。"行为严重失检"的定义是，行为失检的性质严重，因而有理由立即开除秘书长认定要对这种行为失检负责的工作人员。为了向工作人员强调会员国和秘书长对性剥削和性虐待行为的"零容忍"态度，建议大会修正《工作人员条例》，明确规定性剥削和性虐待行为构成"行为严重失检"。还建议大会请秘书长颁发加快处理性剥削和性虐待案件的程序，包括适当时停薪停职。这将确保严厉处罚那些经查证有这种行为的人，包括立即予以开除。

70.此外，还建议大会表明，应停止对被查明违反2003年公报标准的民警和军事观察员的任用，以及终止违反这些标准的所有其他文职人员（联合国志愿人员和独立顾问／订约人）的合同。

71.建议修订示范谅解备忘录，规定部队派遣国保证按上文第二部分提出的建议进行调查，以便惩处被查明违反2003年公报标准的本国特遣队的军事人员。

财务责任

72.许多受害者，尤其是生下"维和婴儿"又被婴儿的父亲抛弃的人，都在经济上处于绝境。有必要争取让那些通过验血或DNA检测或许可验明他们是生父的人，为其行为承担某些财务责任。

73.《联合国工作人员细则》允许对行为失检的工作人员处以罚款（罚款要么单独进行，要么结合其他处罚进行）。建议秘书长宣布，除了开除违反2003年公报中规定标准的工作人员外，他还会处以罚款并将这些罚款送交受害者信托基金（见上文第56段）。

74.应考虑修订《警察风纪指令》和《军事观察员准则》，以便能够对经查证违反了2003年公报标准的民警和军事观察员采取类似的行动。

75.还建议修订《各国特遣队风纪指令》，以便用在今后支付给部队派遣国的款额中进行追扣的方式，将经查证有性剥削和性虐待行为的士兵的每日津贴交付给信托基金。部队派遣国拥有惩戒其特遣队成员的权力，可以采取行动从有关士兵处追还这笔钱。

76.或许还有办法，至少在指称的父亲是工作人员的情况下，帮助"维和婴儿"的母亲获得一些子女抚养费。秘书长题为"工作人员抚养家庭和子女的义务"的公报（ST/SGB/1999/4），使联合国能够执行要联合国工作人员支付家庭抚养费的法庭指令。如有正常运作的法律制度，应鼓励有可靠证据证明父亲身份的受害者争取由法庭下令支付抚养费。即便没有正常运作的法律制度，如果"维和婴儿"的母亲能够可信地指认一位工作人员是孩子的父亲，大会似乎可通过一项决议，请秘书长颁布规则，从而使秘书长能够提出对孩子进行DNA检测。有关工作人员要么承认声称属实，要么接受DNA检测，证明该指称没有根据。如果确定有关工作人员为生父，联合国在对它的细则作微小改动后，可从他的薪资中扣除一笔金额，如果该工作人员因违反2003年公报规定的标准被开除，则从其最后薪酬中予以扣除，例如，有关金额可为特派团地区当地雇员一年的工资。这至少可以向孩子的母亲提供某些子女抚养费。如果父亲身份不明，可由受害者信托基金提供某些援助。秘书长可对其他职类的工作人员实行类似的规定。

77.如果这种指称针对的是各国特遣队成员，联合国应协助母亲提出指称，以便转交部队派遣国审议。示范谅解备忘录可载有部队派遣国藉此同意依照本国法律审理这种指称的规定。

个人刑事责任

特遣队军事人员

78.依照部队地位示范协定，有关部队派遣国对军事人员享有刑事管辖权。由于各国特遣队的军事人员不接受东道国的刑事管辖，已获安全理事会多次认可的部队地位示范协定的具体设想是，秘书长从有关部队派遣国处获得正式保证，保证它将对其部队可能在任务地区犯下的罪行行使管辖权（见部队地位示范协定第48段）。该项规定的脚注指出，将在因部队派遣国而异的谅解备忘录中列入这些正式保证。联合国现在不按这一设想做。[1]但它应该这样做。因此，特别委员会应建议大会请秘书长无一例外地要求部队派遣国作出正式保证，确保其特遣队成员尊重当地法律，如果维和部按照上文第二部分提出的建议进行的调查断定对其特遣队军事人员提出的指控有充分的理由，部队派遣国将行使管辖权。

79.因此建议示范谅解备忘录载列一条款，表明如果维和部在部队派遣国参与下以上述方式进行的调查断定指控有充分的理由，部队派遣国有义务把该案件转交给本国的有关当局，以便考虑是否提出起诉。示范谅解备忘录应进一步规定，有关当局作出决定的方式，应与它按照本国法律对性质同样严重的罪行作出决定的方式相同。示范谅解备忘录还应规定，如果有关当局断定不宜提出起诉，部队派遣国将向秘书长提交报告，说明为何不宜提出起诉。示范谅解备忘录还应要求部队派遣国同意在一案件转交给它后120天内通报秘书长，说明它根据本国法律采取的措施，并在此后每隔120天向秘书长通报进展情况，直到结案为止。

1.早年的维持和平行动遵循了这一做法。例如，在1957年6月21日和27日秘书长与芬兰的换文中，芬兰正式保证将对其派往联合国紧急部队（紧急部队）的特遣队中任何在维持和平地区犯下罪行的特遣队行使管辖权（《联合国条约汇编》，第271卷，第135页）。

80.必须强调指出，上述这些规定并没有使部队派遣国承担起提出起诉的义务。决定起诉与否是一个主权行为。然而，这些规定将要求部队派遣国把案件提交给适当的当局，而后者则必须决定是否采用依本国法律起诉在它管辖范围内的性质同样严重的罪行的方式，提出起诉。提议的规定还使部队派遣国承担义务，报告在其管辖权范围内的有关案件的结果。

81.建议大会要求把这一程序作为接受部队派遣国为联合国提供部队的提议的一个必不可少的条件。当然，考虑到部队的部署可能在谅解备忘录签署之前进行，因此建议安全理事会在其授权维持和平行动的决议中规定，在部队派遣国签署谅解备忘录之前，应以示范谅解备忘录为准，部队地位示范协定也是这样。这样在与部队派遣国签署部队地位协定和各种备忘录之前，就已经有一个涉及维持和平行动的完整法律制度。

82.秘书长应在给特别委员会的年度报告中，大致说明部队派遣国针对转交给它们的案件采取的行动。秘书长应在该报告中单独用一个章节，详细列出部队派遣国没有向他通报它们根据特派团调查采取的行动的案件。在这种情况下，报告应指出部队派遣国的国名，并提供被指控行为的细节，但当然不披露被指控有这些行为的特遣队成员的身份。换言之，现在应该建立一个汇报程序了，但应该指出，只有在部队派遣国屡次不履行谅解备忘录规定的汇报义务时，才会这样做。

83.上述改革将确保国际社会认识到联合国和部队派遣国不容忍特遣队军事人员性剥削和性虐待行为的决心。

联合国工作人员和特派专家

84.1945年联合国国际组织会议决定，联合国人员对国家管辖权的豁免仅"涉及其以官方身份履行的行为，除非联合国放弃这一豁免"。[1]这一决定体现于

1.联合国国际组织会议，第六委员会，司法组织（第228号文件(IV/2/20)，第1页）。联合国筹备委员会给大会的报告第七章涉及特权和豁免。它强调特权和豁免是为联合国的利益而非职员本身的利益。它说秘书长将放弃豁免，"只要这一程序符合联合国的利益"（PC/20，第61页）。

《宪章》第一百零五条第二项，它规定职员"应同样享受于其独立行使关于联合国之职务所必需之特权及豁免"。第三项授权大会就这种特权及豁免的细节提出建议，或为此目的向会员国建议签署一项公约。大会选择了后者，制订了《公约》，该公约于1946年9月17日生效，目前有141个国家加入。

85.《公约》界定了联合国及其工作人员所享有的特权和豁免。它遵循《宪章》第一百零五条规定的履行职务这一基本原则。除了在履行公务时享有的特权和豁免外，最高级官员还享有给予外交使节的特权和豁免。但所有职员，无论是否享有外交或公务豁免，均要遵守《公约》第二十节和二十一节的规定。第二十节规定，"给予职员特权和豁免是为了联合国的利益，而非职员本身的私人利益"。它进一步规定，"秘书长如认为任何职员的豁免将妨碍司法的进行，而放弃豁免并不损害联合国的利益，则有权利和责任放弃该项豁免"。第二十一节规定，秘书长应随时与会员国主管当局合作，以确保司法的适当进行，并防止发生与这些特权和豁免有关的任何滥用行为。第二十三节涉及特派专家，与第二十条的规定类似。尽管工作人员和专家的特权和豁免在细节上不尽相同，但所有特权和豁免都与职员或专家正在执行的公务有关。

86.秘书长在执行这一规定方面的做法很明确。如果工作人员或特派专家在工作地点有犯罪行为，东道国要起诉，秘书长将首先确定有关行为是否是在履行公务期间发生的。如果不是在履行公务期间发生的，秘书长将通知地方当局不存在公务豁免。部队地位示范协定广泛体现了在维持和平行动方面的这一做法（见A/45/594，附件第47和49段）。如果有关行为与公务有某种联系，例如醉酒驾驶联合国车辆，或如果该职员享有外交使节豁免，而东道国要起诉，则秘书长必须在《公约》第二十节和第二十三节规定的条件得到满足后，放弃豁免。有关条件是，豁免的继续存在将妨碍司法的进行，而放弃豁免并不损害联合国的利益。在维持和平行动中，对依东道国法律为犯罪行为的性剥削和性虐待行为，当然要积极采用这一政策。但是必须牢记，并非2003年公报列出的所有性剥削和性虐待行为，依各国的法律，均为犯罪行为，例如，在许多管辖区中，向18岁以上的妓女购买性服务，不是犯罪。

87.很显然，公约规定的条件适用绝大多数案件。而在起草《公约》时没有预料到的是，联合国有时会在没有法律制度或法律制度因冲突受到严重破坏，而无法再达到国际人权最低标准的地区采取行动。在这种情况下，放弃豁免不符合联合国的利益，因为《联合国宪章》要求其提倡、促进和尊重人权。换言之，秘书长若允许工作人员接受不尊重基本国际人权标准的司法程序的管辖，是不符合联合国的利益的。

88.在这种情况下，追究联合国人员的刑事责任将取决于另外一个国家是否有根据其法律提出起诉的管辖权。一些国家声称它们享有对本国国民的司法管辖权。但能否提出有效起诉，取决于依起诉国的法律，该违禁行为是否属于犯罪，是否可获得足够的证据，按适用的实体法和程序法提出起诉，以及起诉国能否对被告进行拘押。把这些因素综合起来，是否就能提出起诉，有很大的偶然性。这一点不能令人满意。联合国创始人追究联合国人员行为失检的刑事责任的原意可能无法实现。

89.找到解决办法并非易事。或许可以制订一项国际公约，使联合国人员在犯下特定罪行时接受缔约国的管辖（《联合国人员和有关人员安全公约》对针对联合国人员的特定罪行就是这样规定的）。这一可供选择办法的难处是，它只适用于公约缔约国。还有另一种可能，至少对那些安全理事会交给的任务是恢复法治的维持和平行动是这样，即在谈判部队地位协定时，可争取与东道国达成协议，由联合国向东道国提供协助，以确保针对联合国人员的刑事诉讼符合国际人权标准。这一可供选择办法的难处是，它可能被视为采用双重司法标准：对当地居民是一个标准，对国际职员是另一个标准。这不是一个有吸引力的提议。但是，在职员和特派专家有依当地法律是犯罪的性剥削和性虐待行为时，至少可以追究其刑事责任。

90.这是一些技术性很强而且很复杂的法律问题。但是，需要认真作出努力，消除责任制方面的这些缺陷，因为《联合国宪章》的原意是履行公务享有豁免，而性剥削和性虐待的犯罪行为并不在任何工作人员或特派专家的公务范围之内。因此建议大会请秘书长任命一个专家组，就如何以最佳方式确保实现《宪章》的最初宗旨提出建议，这一最初宗旨为，联合国工作人员和特派专家决不能逃避掉他们在工作地点犯下罪行的后果。建议这一小组配备刑法、引渡、刑事事项互助、国际人权和联合国特权及豁免方面的专家。小组随时可请维和部和法律事务厅（法律厅）的代表出席也很重要，以确保该小组适当考虑到联合国在维持和平和法律方面的惯例。如果该小组提出，草拟一份国际文件是可行的，大会可将这一事项转交第六委员会，或大会为此目的专门设立的特设委员会。

建议摘要

91. 报告建议对违反2003年公报中标准的人员进行惩处。建议大会规定，违反2003年公报的行为即是《工作人员条例》所指的"行为严重失检"。应终止任用任何经查明有性剥削和性虐待行为的工作人员、民警或军事观察员。此外，应对工作人员另外处以罚款，所得的款额交付受害者信托基金。应修订《警察风纪指令》和《军事观察员风纪指令》，以便可以对这些职类的人员采取相同的行动。应修订示范谅解备忘录，使联合国能够从今后支付给部队派遣国的款项中扣除支付给经查证应对性剥削和性虐待负责的士兵的每日津贴，将所得款项交付给受害者信托基金，并审理受害者按照部队派遣国法律提出的索取子女抚养费的要求。应修订规则，以迫使工作人员和特派专家支付子女抚养费。

92. 谅解备忘录应明确规定，部队派遣国必须要求特遣队成员尊重当地法律。如果维持和平特派团军事人员的性剥削和性虐待行为构成犯罪，就应依部队派遣国的法律提出起诉。示范谅解备忘录应载列一项条款，规定如维和部进行了调查，且调查断定提出的指控有充分的理由，则部队派遣国有义务将案件转交给本国的有关当局，以便考虑依本国法律提出起诉。此外，谅解备忘录还应规定，有关当局将采用与审理部队派遣国法律范畴内的性质同样严重的罪行相同的方式，作出决定，并向秘书长报告起诉的结果。还应规定如果有关当局断定不宜提出起诉，部队派遣国同意向秘书长提交报告，解释其作出这一决定的理由。

93. 联合国的创始人并不想让豁免在工作人员和特派专家在东道国犯罪时，成为他们在该国免于起诉的挡箭牌。但是某些维持和平地点没有正常运作的司法制度，需要进行长期的国际合作才能确保也可以对联合国工作人员和特派专家提出刑事起诉。建议秘书长成立一个专家小组来研究这一问题，并就以下问题向大会提出建议：是否可以拟订一项国际公约或采用其他办法，确保追究在维持和平地区犯有明确规定罪行的联合国工作人员和特派专家的刑事责任。

六 结论

94.本报告提出了在四大方面采取行动的建议。必须统一适用于所有职类的维和人员禁止性剥削和性暴力的细则。必须建立一个专业调查程序，利用现代科学鉴别方法。必须采取一系列组织、管理和指挥措施，来处理性剥削和性虐待问题。提出了若干建议，以确保通过适当的惩处来追究有性剥削和性虐待行为的维和人员的个人责任；确保他们在财务上要对受害者遭到的伤害负责；如果依照适用的法律，他们的行为构成犯罪，则追究他们的刑事责任。

95.正如本报告开篇所述，联合国维持和平行动和联合国维和人员有辉煌的记录，许多人员为和平事业献出了生命。但是总有一些不遵守既定行为标准的人；采用这些建议将大大有助于消灭维持和平特派团中的性剥削和性虐待行为。

（联合国大会：《在联合国维持和平行动中消除性剥削和性虐待的综合战略》，A/59/710，2005年3月24日，https://undocs.org/zh/A/59/710）

增强妇女经济权能促进建设和平宣言

（2013年9月26日联合国建设和平委员会通过）

我们联合国建设和平委员会成员于2013年9月26日在克罗地亚共和国第一副总理兼外交和欧洲事务部长韦斯娜·皮习克阁下主持下在纽约联合国总部举行会议，重申安全理事会关于妇女、和平和安全的第1325（2000）号决议所述妇女在预防和解决冲突和建设和平方面所发挥的重要作用，并申明我们决心增强妇女经济权能促进建设和平。为此，我们：

1. 重申国家当局在确定本国冲突后建设和平的优先事项和战略方面负有主要责任，在这方面，强调国家自主、责任和政治意愿以及各国政府和国际社会携手努力对于建设可持续和平、包括通过支持妇女参与预防冲突、解决冲突和建设和平建设可持续和平至关重要；

2. 强调保持当前建设和平进程的政治势头、促进性别平等以及促进和保护妇女人权的重要性；

3. 着重指出妇女在预防冲突以及支持、参与和开展建设和平举措和冲突后重建方面，并在积极致力于冲突后经济复苏方面发挥至关重要的作用；

4. 确认增强妇女经济权能大大有助于提高冲突后经济活动和经济增长的实效，也可提高经济复苏措施和政策及可持续发展的质量和社会成果；并特别指出，必须在开展冲突后经济活动时适当纳入性别平等视角；

5. 强调社会和经济机会的不平等以及歧视妇女和女孩行为可以成为阻碍有效建设和平和冲突后复原的障碍。在这方面，我们承认冲突后局势中妇女和女孩的特殊需要，除其他外，包括人身安全、保健服务（包括性健康和生殖健康）、土地和财产权、营养和教育；

6.关切地注意到，武装冲突和冲突后局势中的性暴力对妇女和女童造成过于严重的影响；并强调在这种情况下性暴力行为不仅严重阻碍妇女对社会做出重大贡献，也妨碍持久和平与安全，拖累可持续发展；

7.申明需要有联合国支持的冲突后恢复举措和方案，包括由建设和平委员会牵头的举措和方案，促进增强妇女经济权能，以及她们与男人一起平等参与冲突后经济复苏。我们还强调，联合国有关实体必须按照各自的任务，加紧努力将性别平等视角纳入其相关活动的主流。我们肯定秘书长在这方面发挥的作用和做出的努力，我们重申联合国促进性别平等和增强妇女权能署（妇女署）在领导、协调和促进联合国系统努力实现两性平等和增强妇女权能方面所发挥的重要作用。我们还强调，必须加强调集资源以开展各项举措，应对妇女在建设和平方面的需求，促进性别平等，并在建设和平过程中增强妇女权能，鼓励会员国和其他伙伴提供支持；

8.敦促会员国、国际组织和区域组织采取进一步措施，提高妇女对和平进程的各个阶段、特别是对解决冲突、冲突后规划和建设和平的参与，包括提高她们对恢复进程早期阶段政治和经济决策的参与；为此，除其他外，提高妇女的领导能力、增强她们参与援助管理和规划的能力、支持妇女组织并克服对妇女平等参与能力所持有的负面社会态度；

9.强调必须支持各国政府在设计和执行国家建设和平战略方面开展能力建设，应对妇女在冲突后局势中的经济需要和优先事项，在这方面，确认民间社会对各国努力保护冲突后社会中妇女的权利、促进妇女获得法律服务以及妇女创业机会做出的贡献；

10.促请会员国采取措施，促进冲突后社会中由妇女尤其是寡妇当家的家庭可持续生计，包括提出财政支持，便利获得生产资源和开展可持续创收活动。在这方面，我们强调必须协助冲突后国家创造有利的条件，可为妇女创造体面工作，培养她们的工作技能，鼓励她们加入劳动力队伍，并为正规和非正规部门的妇女提供她们所需要的金融服务；

11.确认必须提高冲突后情况下农村地区妇女对金融的认识，包括在国家建设和平战略中列入农村地区妇女金融知识普及计划，以使增强妇女经济权能方案得到有效执行，现有金融资源得到有效利用。我们还强调，需要为冲突后情况下农村地区妇女提供特别支助，除其他外，包括提供职业培训、创收活动培训、土地利用、长期和短期信贷服务、生产资源和其他业务支助服务，包括农业推广服务；

12.促请联合国相关实体和有关会员国加强对妇女和建设和平相关活动的沟通与合作，以便最大限度地提高其实效性和互补性；

13.邀请会员国继续促进并适当顾及增强妇女经济权能促进建设和平。

（联合国大会、安全理事会：《增强妇女经济权能促进建设和平宣言》，PBC/7/OC/3，2013年9月26日，https://undocs.org/zh/PBC/7/OC/3）

致力于终止冲突中性暴力行为宣言

（2013年9月24日由英国外交大臣威廉·黑格与联合国秘书长负责冲突中性暴力问题的特别代表扎伊娜卜·哈瓦·班古拉共同发布，2013年12月3日作为联合国大会题为"提高妇女地位"的议程项目28下的文件分发）

世界各地武装冲突中普遍存在的强奸和其他形式的性暴力行为是最严重、最顽固和最容易被忽视的不公正行为之一。冲突中的性暴力行为给人造成了难以想象的痛苦。这一行为足以毁掉个人、家庭和社区。因此，冲突中的性暴力行为助长了冲突和不稳定，往往影响几代人。但性暴力行为并不是战争的必然产物。我们赞扬联合国、其他多边组织和民间社会为终止这一人类悲剧所做的所有努力。我们承诺完全支持这些努力。但这些罪行的犯罪人以及宽恕这些犯罪人的上级人员却一直逍遥法外。作为国际社会，我们可以，也必须更加努力地去防止和应对这些野蛮行为。

国际人道主义法长期禁止武装冲突中的性暴力行为。性暴力行为也是侵犯或违反个人人权的最严重形式之一。正如联合国安全理事会许多相关决议，包括关于妇女、和平与安全、儿童与武装冲突以及在武装冲突中保护平民的决议所述，冲突中的性暴力行为会使武装冲突局势严重恶化，而且可能会阻碍国际和平与安全的恢复。我们表示严重、持续关切非法武器在施行或协助基于性别的严重暴力行为或严重侵害妇女和儿童的暴力行为中发挥的作用。防止和应对性暴力是解决冲突、推动发展、建设可持续和平的关键。我们必须解决造成冲突中性暴力行为的一系列因素，并以符合适用的国际法方式进行全面的业务安保和司法应对。

冲突中的性暴力行为不能被视为轻罪。绝大多数的受害者遭受了痛苦却不能伸张正义，也没有得到必要的援助和支持。作为预防工作的关键一步，我们必须打破这些罪行的犯罪人可以逍遥法外的文化，将犯罪人绳之以法。犯罪人应该无处藏身。我们强调特设和混合国际刑事法庭、国际刑事法院和国家法庭分庭确保问责和惩罚冲突中性暴力犯罪人，为结束有罪不罚现象做出的重要贡献。我们忆及，武装冲突中的强奸和其他形式的严重性暴力行为属战争罪，严重违反《日内瓦四公约》及《公约》的第一议定书。

终止冲突中性暴力行为的关键是确保妇女和女孩充分享有人权和基本自由，使妇女能够积极、充分、平等地参与政治、社会和经济活动，包括参与所有的预防和解决冲突、司法和安保领域的各项进程，以及更广泛的发展活动。但我们还必须认识到，男子和男孩因被迫目睹或施行对他们家人或社区成员的这一暴行，因此，他们也是这一罪行的受害者。我们还需努力使施行、指挥和容忍这些罪行的人感到耻辱，而不是让这些罪行的受害者感到羞耻。

因此，我们承诺更加努力，提高对这些犯罪行为的认识，挑战现今有罪不罚现象，将犯罪人绳之以法，为受害者提供更多支持，以及支持国家和国际社会提高预防和应对冲突中性暴力行为的能力。我们决心：

• 确保将性暴力预防和应对工作列为优先事项，并为冲突和人道主义紧急情况的第一阶段以及整个应对过程提供适当资金。

• 提供更好、更及时、更全面的援助和护理，包括保健护理和心理社会护理，解决冲突中性暴力行为给女性、男性和儿童受害者及其家人，包括因性暴力行为出生的儿童造成的长期影响。

• 确保所有的和平、安全和冲突调解过程都明确认识到，必须预防、应对和减少冲突中的性暴力罪行，并强调必须将此类罪行排除在大赦条款之外。

• 促进妇女充分参与所有的政治、治理和安全结构，以及所有的决策进程，包括和平谈判、建设和平、预防和问责工作，同时认识到关于联合国安全理事会第1325（2000）号决议的国家行动计划在此方面可以做出的重要贡献，并确保此类进程也充分考虑到妇女和儿童的需求和权利。

• 加强联合国在解决冲突中性暴力行为方面的努力，并向担任联合国制止冲突中性暴力行动主席的负责冲突中性暴力问题秘书长特别代表提供进一步支持。

• 加强和支持区域组织在建立和平、维持和平和建设和平举措中为预防和应对冲突中的性暴力行为所做的努力。

• 支持受冲突影响国家加强预防和应对冲突中性暴力行为的能力，制订和落实国家安保行业和司法改革方案，并在这些方案中充分考虑妇女和儿童的需求和权利。

• 应东道国政府、联合国和其他国际组织的请求，支持部署国家和国际专长，提高国家能力，将犯罪人绳之以法，加强应对和支持受害者，使他们能够伸张正义。

• 确保我们的国家军事和警察教义和培训符合国际法，以便能够更有效地预防和应对冲突中的性暴力行为。

• 鼓励和完善以安全、道德方式收集与冲突中性暴力行为有关的数据和证据，为国家和国际应对提供资料。

• 鼓励、支持和保护民间社会组织，包括妇女团体和人权卫士所做的努力，以便加强在不用担心遭到报复的情况下监测和记录冲突中的性暴力案件，赋权受害者诉诸司法的途径。

• 支持和鼓励制订关于汇编和调查国家、区域和国际层面冲突中性暴力行为的国际议定书，计划于2014年制订完成。

通过共同努力，共享我们的知识和经验，筹集资源，做出全球政治承诺，我们决心终止将强奸和其他形式的性暴力行为作为战争武器。绝不能再允许这一罪行继续存在。采取行动，当在此时。

以下国家赞同这一《宣言》：

1. 阿富汗

2. 阿尔巴尼亚

3. 阿尔及利亚

4. 安道尔

5. 安哥拉

6. 阿根廷

7. 亚美尼亚

8. 澳大利亚

9. 奥地利

10. 阿塞拜疆

11. 巴林

12. 巴巴多斯

13. 比利时

14. 伯利兹

15. 玻利维亚（多民族国）

16. 波斯尼亚和黑塞哥维那

17. 博茨瓦纳

18. 巴西

19. 文莱达鲁萨兰国

20. 保加利亚

21. 布隆迪

22. 柬埔寨

23. 加拿大

24. 佛得角

25. 智利

26. 哥伦比亚

27. 哥斯达黎加

28. 克罗地亚

29. 塞浦路斯

30. 捷克共和国

31. 丹麦

32. 刚果民主共和国

33. 多米尼加共和国

34. 埃及

35. 萨尔瓦多

36. 爱沙尼亚

37. 埃塞俄比亚

38. 斐济

39. 芬兰

40. 法国

41. 加蓬

42. 冈比亚

43. 格鲁吉亚

44. 德国

45. 加纳

46. 希腊

47. 格林纳达

48. 危地马拉

49. 几内亚

50. 圭亚那

51. 海地

52. 洪都拉斯

53. 匈牙利

54. 冰岛

55. 印度尼西亚

56. 伊拉克

57. 爱尔兰

58. 以色列

59. 意大利

60. 牙买加

61. 日本

62. 约旦

63. 科威特

64. 拉脱维亚

65. 黎巴嫩

66. 利比里亚

67. 利比亚

68. 列支敦士登

69. 立陶宛

70. 卢森堡

71. 马拉维

72. 马来西亚

73. 马尔代夫

74. 马耳他

75. 墨西哥

76. 摩纳哥

77. 蒙古

78. 黑山

79. 摩洛哥

80. 莫桑比克

81. 纳米比亚

82. 瑙鲁

83. 尼泊尔

84. 荷兰

85. 新西兰

86. 挪威

87. 阿曼

88. 帕劳

89. 巴拿马

90. 巴布亚新几内亚

91. 巴拉圭

92. 秘鲁

93. 菲律宾

94. 波兰

95. 葡萄牙

96. 卡塔尔

97. 刚果共和国

98. 大韩民国

99. 摩尔多瓦共和国

100. 罗马尼亚

101. 卢旺达

102. 圣基茨和尼维斯

103. 萨摩亚

104. 圣马力诺

105. 圣多美和普林西比

106. 沙特阿拉伯

107. 塞内加尔

108. 塞尔维亚

109. 塞舌尔

110. 塞拉利昂

111. 新加坡

112. 斯洛伐克

113. 斯洛文尼亚

114. 南非

115. 南苏丹

116. 索马里

117. 西班牙

118. 瑞典

119. 瑞士

120. 泰国

121. 前南斯拉夫的马其顿共和国

122. 东帝汶

123. 多哥

124. 突尼斯

125. 土耳其

126. 阿拉伯联合酋长国

127. 联合王国

128. 坦桑尼亚联合共和国

129. 美利坚合众国

130. 乌干达

131. 乌克兰

132. 乌拉圭

133. 越南

134. 也门

135. 赞比亚

（联合国大会：《致力于终止冲突中性暴力行为宣言》，2013 年 12 月 3 日，
A/68/633，https://undocs.org/zh/A/68/633）

第六部分 国家报告编写指南

2015年第四次妇女问题世界会议和《北京宣言》和《行动纲要》通过二十周年背景下《北京宣言》和《行动纲要》（1995年）和大会第二十三届特别会议（2000年）成果文件的执行情况国家审查报告编写指导说明

（联合国妇女署）

一　背景和导言

2015年，联合国妇女地位委员会将审查和评价第四次妇女问题世界会议（1995年，北京）通过的《北京宣言》和《行动纲要》以及大会第二十三届特别会议（2000年）的成果文件的执行情况。

在第E/RES/2013/18号决议中，联合国经济及社会理事会呼吁所有国家在国家一级全面审查在执行《北京宣言》和《行动纲要》和大会第二十三届特别会议的成果文件中所取得的进展和遇到的挑战。该决议第3段至第5段内容如下：

"决定妇女地位委员会2015年的第五十九届会议将审查和评价《北京宣言》和《行动纲要》以及大会第二十三届特别会议成果文件的执行情况，其中包括当前影响到执行《行动纲要》和实现性别平等以及增强妇女权能的挑战，以及通过将性别平等观点纳入2015年后发展议程而加强性别平等和妇女赋权的机会；

呼吁所有国家在国家一级全面审查在执行《北京宣言》和《行动纲要》和大会第二十三届特别会议的成果文件过程中所取得的进展和遇到的挑战，并鼓励各区域委员会进行区域审查，以将区域政府间进程的成果纳入2015年的审查；

大力鼓励各国政府继续支持民间社会，特别是非政府组织和妇女组织在执行《北京宣言》和《行动纲要》和大会第二十三届特别会议成果文件上的作用和贡献，并在这方面，呼吁各国政府在编写2015年审查报告的各个阶段与相关利益攸关方进行协作，以便汲取其经验教训和专门知识；"

除了审查和评价在执行《北京宣言》和《行动纲要》以及大会第二十三届特别会议成果文件上的进展之外，本次审查也是一次协商和提高认识的机会。因此，鼓励各成员国在编写国家审查报告中与政府内外广泛的利益攸关方进行协商。

妇女署和联合国五个区域委员会正在就审查和评价进程开展合作。各区域委员会将利用国家审查报告来编写区域评估报告，并在2014年期间提交给区域政府间进程。所有国家审查报告将在妇女署的网站上公布，并链接到各自区域委员会网站。它们也将为全球审查和评价做出贡献。全球审查和评价报告由妇女署与各有关利益攸关方协商编写，提交给妇女地位委员会第五十九届会议。

本指导说明旨在协助和促进这些国家审查报告的编写。

二　国家审查报告内容指导

国家审查报告应当强调执行情况，并载有关于所采取行动和所取得成果的影响的具体的、循证的评估，另外以评价、研究出版物、报告以及质量和数量数据作为补充。鼓励各国讨论所取得的进展和成就以及遇到的挫折和挑战。审查报告还应当讨论实现性别平等和妇女赋权的未来计划和举措。

国家审查报告应当在第一节介绍自《北京宣言》和《行动纲要》通过以来的时期的情况。它们应当参考此前历次进展审查的信息：即2000年、2005年和2010年进行的审查的信息。另外可以利用各种其他信息来源，包括国家的千年发展目标报告、为2014年国际人口与发展会议（人发会议）行动纲领审查编写的调查报告、缔约国根据《消除对妇女一切形式歧视公约》提交的报告、联合国区域委员会执行并于2013年2月提交给联合国统计委员会的国别性别统计方案全球审查报告，[1]以及其他国家评估报告。国家审查报告无需复制这些报告的结论，而是利用它们进行综合及全面的分析，以反映长期趋势、机遇和挑战，以及利用自《北京宣言》和《行动纲要》以及大会第二十三届特别会议成果文件通过以来所取得的成果。

国家审查报告第二节应当讨论《行动纲要》的十二个重大关切领域，其中将重点放在自2009年以来的各年度上。

第三节应当讨论与数据和统计有关的问题。它应当为2013年2月提交给联合国统计委员会的各国性别统计方案全球审查的成果提供补充。

第四节应当讨论在执行《行动纲领》和有关优先事项——包括当前关于可持续发展目标及2015年后发展议程的讨论中有关加强性别平等和妇女赋权的建议——中的机遇和挑战方面新出现的重大问题。

尽可能提供关于农村妇女、老年妇女、残疾妇女、土著妇女和感染艾滋病毒和艾滋病妇女等特殊妇女群体以及可能面临多种形式歧视和处于不利境地的任何其他妇女群体的信息。鼓励各国提供信息说明国家一级和地方一级用来监测性别平等和妇女赋权状况的指标。

国家审查报告的结构和内容

国家审查报告应当按照以下各节要求布局并讨论下述指导问题：

第一节：自1995年以来的成就的概况分析（建议篇幅：10页）

a）国家自《北京宣言》和《行动纲要》获得通过以及自大会第二十三届特别会议以来在促进性别平等和妇女赋权方面的三至五项重大成就是什么？

1.全面审查是对国家统计系统的性别统计的全面评估，由联合国统计司通过与各区域委员会协商推出，并由性别统计问题机构间专家小组的一个工作队敲定。它由各自区域的区域委员会管理，载有30个与性别统计数据的规划、制作和使用有关的问题。其成果见http://undocs.org/E/CN.3/2013/10。

这些成就为何被认为是重大成就？请提供支持这一评估的证据。

什么对这种成功做出了贡献？介绍为维持和巩固这种成功在政策和机制上采取的措施。

b）国家自《北京宣言》和《行动纲要》获得通过以及自大会第二十三届特别会议以来在实现性别平等和妇女赋权方面的三至五项重大挑战是什么？这些挑战为何被认为是重大挑战？

介绍已经制定的解决这些挑战的战略？

c）自《北京宣言》和《行动纲要》获得通过以及自大会第二十三届特别会议以来在向性别平等和妇女赋权目标推进过程中遇到什么挫折/逆转（如果不同于在b中已经确定的挑战）？

造成挫折的主要原因是什么？

为应对这些挫折采取了哪些缓解措施或其他行动（如有）？

d）在促进性别平等和妇女赋权方面主要的宪法、立法和/或法律发展动态是什么？

什么法律和/或条例对促进国家的性别平等和妇女赋权有负面影响却仍然有效（或已经出台）？

e）国家预算所投入促进性别平等和妇女赋权领域的大概份额是多少？

介绍国家、地区/省和地方各级在编制发展计划和预算中增加和跟踪与实现性别平等和妇女赋权有关的规划和预算分配的努力。

f）为政府和民间社会之间的定期对话建立了什么机制？如果有机制，简要介绍它们。

包括民间社会组织、妇女组织、学术界、信仰组织、私营部门和其他行动者在内的非政府组织是否正式参与为监测《北京宣言》和《行动纲要》的执行而建立的机制？

如否，阻碍建立这类机制的障碍是什么？

g）国家参与了什么主要的国内、双边、次区域和/或区域合作以支持在监测和执行《北京宣言》和《行动纲要》和大会第二十三届特别会议成果中的知识和经验共享？

通过这种努力取得了什么成果以及获得了什么经验教训？

合作的感知价值是什么？

合作可以何种方式加强在执行《北京宣言》和《行动纲要》中的知识和
经验共享？

h）然而，千年发展目标整体上，以及特别是与性别问题有关的千年发展目
标，在何种程度上促进或加强了《北京宣言》和《行动纲要》的执行？

**第二节：自2009年以来在执行《行动纲要》重大关切领域方面取得的进展
（建议篇幅：25页）**

a）十二个重大关切领域中的每个领域以及它们的战略目标以及大会第
二十三届特别会议成果有关章节的进展情况如何？请提供具体的支持性
证据，包括统计数据及其他相关来源。

其中是否有哪个领域获得自2009年以来制定和执行的法律措施、国家政
策、战略、计划、方案和/或项目的支持？请举例说明这类措施。

有无在相关领域对这些措施进行监测？请提供关于通过这些措施取得的
成果的统计数据和评估。

b）介绍自2009年以来在执行各重大关切领域方面的障碍、差距和挑战。

贵国自2009年以来是否曾出台什么反周期措施以减缓全球经济和金融危
机的后果？

如是，这些措施是否将性别平等观点纳入其中和/或将妇女问题列为一个
目标群体？

c）贵国在2007/2008年金融危机爆发后是否曾出台紧缩政策/措施，比如增
加税收、削减公共支出或公共部门裁员？

如是，它们在何种程度上影响到上述重大关切领域？请介绍这些措施对
包括教育、培训、参与劳动市场、无偿工作、社会保护的获得、信贷的
获得或妇女参与或创业在内的妇女及男子参与社会和经济活动状况等主
要指标的影响。

第三节：数据和统计（建议篇幅：5页）

a）有无制定一套核心的国家指标，用来监测性别平等方面的进展情况？如有，请在附件中列出这些指标。

收集数据的责任归属于哪个机构？

如果尚未制定国家指标，原因何在？

b）关于联合国统计委员会2013年商定的最基本的一套性别公平敏感指标的数据收集和汇编工作是否已经开始？（指标清单链接列于第三部分）

如是，数据收集和汇编现况如何？请介绍国家一级为改善性别问题相关数据收集和汇编工作已经制定的计划。

如否，国家一级有无计划启动基于最基本指标的工作？请简要介绍。

c）关于联合国统计委员会2013年商定的关于暴力侵害妇女行为九项指标的数据收集和汇编工作是否已经开始？（指标清单列于第三部分）

如是，数据收集和汇编现况如何？请介绍国家一级为产生这些指标已经制定的计划。

如否，国家一级有无计划启动基于这些指标的工作？请简要介绍。

d）为收集关于农村妇女、老年妇女、残疾妇女、土著妇女、感染艾滋病毒和艾滋病妇女等特定妇女群体或其他群体的状况的数据开展了什么工作？请简要介绍。

第四节：新出现的优先事项（建议篇幅：2页）

a）今后三至五年旨在加速执行《北京宣言》和《行动纲要》和大会第二十三届特别会议成果以及后来的关于在国家一级实现性别平等和妇女赋权的政府间协议的行动中，主要优先事项有哪些？

b）在当前关于可持续发展和2015年后发展议程的讨论中，贵国在加强性别平等和妇女赋权方面的优先事项和建议是什么？

国家审查报告的附件

除了别处未涵盖的相关信息之外，国家报告的附件应当载有以下信息：

- 关于国家审查报告编写程序的信息，包括说明参与的政府部门和机构以及与各利益攸关方进行的协商
- 关于第一节所讨论的总体趋势以及关于第二节讨论的所有重大关切领域的详细统计信息（如有可能）
- 关于别处未列有的在任何重大关切领域执行的政策和举措的案例研究／良好做法范例
- 政策、战略、行动计划和出版物列表，并附上其地址（电子版）链接。

三 国家报告的提交

邀请各国最迟于 2014 年 5 月 1 日以联合国六种正式语文之一通过打印文本及电子形式将其国家报告发送给有关区域委员会和妇女署。

妇女署

政府间支助司

220 East 42ⁿᵈ Street, Room 18–43

New York, NY 10017

联系人：Patience Stephens，政府间支助司司长

电子邮箱：igsd.beijing20@unwomen.org

传真：+ 1 646 781 4496

非洲经济委员会（非洲经委会）

P.O. Box 3001

Menelik Avenue

Addis Ababa, Ethiopia

联系人：Thokozile（Thoko）Ruzvidzo，非洲性别平等与社会发展中心主任

电子邮箱：truzvidz@uneca.org

传真：+25111 5 51 27 85

欧洲经济委员会（欧洲经委会）

执行秘书办公室

Palais des Nations, CH-1211 Geneva, Switzerland

联系人：Malinka Koparanova，高级社会事务干事

电子邮箱：gender@unece.org

传真：+41 22 917 0036

拉丁美洲和加勒比经济委员会（拉加经委会）

Casilla 179-D

Santiago de Chile, 7630412, Chile

联系人：Sonia Montaño，性别平等事务司司长

电子邮箱：sonia.montano@cepal.org

传真：+56 2 208 0252

亚洲及太平洋经济社会委员会（亚太经社会）

社会发展司

联合国大厦

Rajadamnern Nok Avenue, Bangkok 10200, Thailand

联系人：Cai Cai，性别平等和妇女赋权问题负责人

电子邮箱：escap-sdd@un.org

传真：+66 2 288 1030

西亚经济社会委员会（西亚经社会）

P.O.Box 11-8575

Riad El-Solh Square, Beirut, Lebanon

联系人：Samira Atallah，西亚经社会妇女中心主任

电子邮箱：beijing20review@un.org

传真：+961 1 981 510

有关网站和链接

关于既往审查和评价进程的信息可打开下列链接查阅。它们包括各成员国在第四次妇女问题世界会议（1995 年）之前提交以及为五年（2000 年）、十年（2005 年）和十五年（2010 年）审查和评价进程提交给联合国秘书处的报告。

妇女署：http://www.un.org/womenwatch/daw/beijing/index.html

非洲经委会：http://www.uneca.org/beijing15

欧洲经委会：http://www.unece.org/gender/beijing_process.html

拉加经委会：http://www.eclac.cl/cgi-bin/getprod.asp?xml=/mujer/noticias/paginas/8/36338/P36338.xml&xsl=/mujer/tpl/p18f.xsl&base=/mujer/tpl/top-bottom.xsl

亚太经社会：http://www.unescapsdd.org/gender/publication/bangkok-declaration-beijing15http://www.unescap.org/EDC/English/IntergovMeetings/BPA/BPA_Rep.pdf

西亚经社会：http://www.escwa.un.org/information/meetingdetails.asp?referenceNum=1065E

关于2015年审查和评价进程的信息将在下列网站公布，包括各国的国家审查报告。

妇女署：http://www.unwomen.org/en/csw/csw59-2015

非洲经委会：待定

欧洲经委会：http://www.unece.org/gender/beijing_process.html

拉加经委会：待定

亚太经社会：http://www.unescapsdd.org/beijing20

西亚经社会：待定

《消除对妇女一切形式歧视公约》各缔约国提交的报告可登陆联合国人权事务高级专员办事处的网站http://tb.ohchr.org/default.aspx查阅条约机构数据库。

最基本的一套性别公平敏感指标

最基本的一套性别公平敏感指标可访问以下报告（附件二）查阅：http://undocs.org/E/CN.3/2013/10

关于暴力侵害妇女行为的指标

以下是九项暴力侵害妇女行为指标：

1. 按暴力行为严重性、与犯罪人的关系和发生频率，列出妇女在过去12个月内遭受人身暴力侵害的总比率以及年龄别比率

2. 按暴力行为严重性、与犯罪人的关系和发生频率，列出妇女在一生中遭受人身暴力侵害的总比率以及年龄别比率

3. 按暴力行为严重性、与犯罪人的关系和发生频率，列出妇女在过去12个月内遭受性暴力侵害的总比率以及年龄别比率

4. 按暴力行为严重性、与犯罪人的关系和发生频率，列出妇女在一生中遭受性暴力侵害的总比率以及年龄别比率

5. 按发生频率列出的曾经有过伴侣的妇女在过去12个月遭受目前或先前亲密伴侣性暴力和/或人身暴力侵害的总比率和年龄别比率

6. 按发生频率列出的曾经有过伴侣的妇女在一生中遭受目前或先前亲密伴侣性暴力和/或人身暴力侵害的总比率和年龄别比率

7. 曾经有过伴侣的妇女在过去12个月遭受到亲密伴侣心理暴力行为的总比率和年龄别比率

8. 曾经有过伴侣的妇女在过去12个月遭受到亲密伴侣经济暴力行为的总比率和年龄别比率

9. 经历过切割女性生殖器官行为的妇女总比率和年龄别比率

这些指标可访问下列报告查阅：http://unstats.un.org/unsd/demographic/meetings/vaw/docs/finalreport.pdf.

《北京宣言》和《行动纲要》——重大关切领域和战略目标

A. 妇女与财产

• 战略目标A.1.审查、采取和坚持述及贫穷妇女需要和努力的宏观政策和发展战略。

• 战略目标A.2.审查法律和行政做法，以确保妇女享有平等权利和机会获得经济资源。

• 战略目标A.3.向妇女提供利用储蓄和信贷机制和机构的机会。

• 战略目标A.4.制定以性别为基础的方法，并进行研究以解决妇女贫穷问题。

B. 妇女的教育和培训

• 战略目标B.1.确保接受教育的平等机会。

- 战略目标B.2.消灭妇女文盲现象。

- 战略目标B.3.改善妇女获得职业培训、科学技术和继续教育的机会。

- 战略目标B.4.发展非歧视性教育和培训。

- 战略目标B.5.为教育改革分配充足的资源并监测教育改革的实施。

- 战略目标B.6.促进女孩和妇女的终身教育和培训。

C.妇女与保健

- 战略目标C.1.增加妇女在整个生命周期内获得适当、负担得起的和优质的保健、信息和有关服务。

- 战略目标C.2.加强促进妇女健康的预防性方案。

- 战略目标C.3.采取对性别问题敏感的举措，以解决性传播疾病、艾滋病毒/艾滋病以及性健康和生殖健康问题。

- 战略目标C.4.促进关于妇女健康问题的研究并传播有关信息。

- 战略目标C.5.增加资源促进妇女健康并监测其后续行动。

D.对妇女的暴力行为

- 战略目标D.1.采取综合措施预防和消除对妇女的暴力行为。

- 战略目标D.2.研究对妇女的暴力行为的原因和后果以及各种预防措施的效力。

- 战略目标D.3.消除贩运妇女活动并援助卖淫和贩运所造成的暴力受害者。

E.妇女与冲突

- 战略目标E.1.增进妇女在决策层参与解决冲突并保护生活在武装冲突和其他冲突状态下或外国占领下的妇女。

- 战略目标E.2.减少过度的军事开支并控制军备供应。

- 战略目标E.3.推动以非暴力方式解决冲突并减少冲突状态下侵犯人权事件。

- 战略目标E.4.促进妇女对培养和平文化的贡献。

- 战略目标E.5.向难民妇女、其他需要国际保护的流离失所妇女以及国内流离失所妇女提供保护、援助和培训。

- 战略目标E.6.向殖民地和非自治领土的妇女提供援助。

F.妇女与经济

• 战略目标 F.1.促进妇女的经济权利和经济独立，包括就业、获得适当工作条件和控制经济资源。

• 战略目标 F.2.促进妇女平等获得资源、就业、市场和贸易的机会。

• 战略目标 F.3.特别向低收入妇女提供商业服务、培训和进入市场、了解信息及获得技术的机会。

• 战略目标 F.4.增强妇女的经济能力和商业网络。

• 战略目标 F.5.消除职业隔离和一切形式的就业歧视。

• 战略目标 F.6.促进男女在家庭工作和责任上的协调。

G.妇女参与权力和决策

• 战略目标 G.1.采取措施确保妇女平等进入和充分参与权力机构和决策。

• 战略目标 G.2.增强妇女参与决策和领导的能力。

H.提高妇女地位的体制机制

• 战略目标 H.1.设立或加强国家机构及其他政府机构。

• 战略目标 H.2.将性别平等观点纳入立法、公共政策、方案和项目。

• 战略目标 H.3.制作并传播按性别分列的数据和信息以便用于规划和评价。

I.妇女的人权

• 战略目标 I.1.通过充分执行所有人权文件，尤其是执行《消除对妇女一切形式歧视公约》，促进和保护妇女的人权。

• 战略目标 I.2.确保法律面前和实际上人人平等和不受歧视。

• 战略目标 I.3.普及法律知识。

J.妇女与媒体

• 战略目标 J.1.促进妇女在媒体和新传播技术上以及通过媒体和新传播技术参与表达意见和做出决定以及自行表达意见和做出决定。

• 战略目标 J.2.促进媒体对妇女做出平衡和非陈规定型的描绘。

K.妇女与环境

• 战略目标 K.1.积极吸收妇女参与各级环境决策。

• 战略目标K.2.将性别平等关切和观点纳入可持续发展政策和方案。

• 战略目标K.3.在国家、机遇和国际各级加强或建立机制，发展和环境政策对妇女的影响。

L.女童

• 战略目标L.1.消除对女童的一切形式歧视。

• 战略目标L.2.消除不利于女童的负面文化态度和做法。

• 战略目标L.3.促进和保护女童的权利并提高对女童的需要和潜力的认识。

• 战略目标L.4.消除在教育、技能发展和培训方面对女童的歧视。

• 战略目标L.5.消除在保健和营养方面对女童的歧视。

• 战略目标L.6.消除对童工的经济剥削并保护工作的少女。

• 战略目标L.7.消除对女童的暴力。

• 战略目标L.8.促进女童了解并参与社会、经济和政策生活。

• 战略目标L.9.加强家庭在提高女童地位方面的作用。

[联合国妇女署：《2015年第四次妇女问题世界会议和〈北京宣言〉和〈行动纲要〉通过二十周年背景下〈北京宣言〉和〈行动纲要〉（1995年）和大会第二十三届特别会议（2000年）成果文件的执行情况国家审查报告编写指导说明》，https://www.unwomen.org/-/media/headquarters/attachments/sections/csw/59/beijingplus20-guidancenote-zh.pdf?la=en&vs=731]

第四次世界妇女大会暨《北京宣言》
与《行动纲领》通过（1995年）二十五周年
国家级综合审查指导说明

（联合国妇女署）

导言

2020年将是加速实现性别平等和增强妇女与女童权能的关键一年。随着国际社会庆祝第四次世界妇女大会暨《北京宣言》与《行动纲领》通过（1995年）[1]二十五周年，以及《2030年可持续发展议程》[2]及其可持续发展目标制定五周年，现在正是世界各地在实现对所有妇女和女童的普遍承诺方面取得不可逆转和可衡量进展的适当时机。

在二十五周年纪念日之前，应开展涉及所有利益攸关方的国家级综合审查。在国家元首/政府首脑的领导下，应动员所有政府部门和各级政府、民间社会组织、私营部门、联合国系统各实体以及区域和国际组织、学术界、媒体和其他利益攸关方参与审查。审查应特别动员各年龄段的所有女性和男性，围绕新的和重新的对话以实现变革和采取行动防止和消除针对所有妇女和女童的一切形式的歧视和暴力。

1.参见《第四次世界妇女大会报告》，北京，1995年9月4—15日，第一章，第1项决议，附件一和二。

2.参见联合国大会第70/1号决议。

应利用这一纪念日，让年轻一代的性别平等倡导者和那些仍然处于边缘状态的人成为整个政府和社会努力的中心。通过联合行动，政府与社会形成合力，以克服和消除性别不平等的根源，并为实现真正的、实质性的平等铺平道路，为妇女和女童提供平等的权利和机会。

这一纪念也是加强促进性别平等的行动和执行其他全球承诺的机会，例如安全理事会第1325号决议（2000年）及关于妇女及和平与安全的后续决议；第三次发展筹资问题国际会议的《亚的斯亚贝巴行动议程》（2015年）；《巴黎气候变化协定》（2015年）等。

在《北京宣言》和《行动纲领》提出二十五周年之际，联合国妇女地位委员会将在2020年3月对执行进展情况进行审查和评估。[1]

因此，呼吁所有国家对实施《北京宣言》和《行动纲领》取得的进展和遇到的挑战以及2000年举行的联合国大会第二十三届特别会议成果开展国家级综合审查。[2]呼吁各国政府在各级与利益攸关方就2020年审查的筹备工作开展合作，以便从他们的经验和专业知识中受益。邀请联合国各区域委员会进行区域审查，以便将区域层面的政府间进程的成果纳入委员会的2020年审查。

最后，2020年9月，大会将有望召开为期一天的高级别会议[3]，庆祝二十五周年纪念日，并加速实现性别平等和增强妇女与女童权能。

妇女署与以下五个区域委员会合作编写了本"国家级综合审查指导说明"：联合国非洲经济委员会（ECA），联合国亚洲及太平洋经济社会委员会（UNESCAP），联合国欧洲经济委员会（UNECE），联合国拉丁美洲和加勒比经济委员会（ECLAC）以及联合国西亚经济社会委员会（UNESCWA）。编写本指导说明的目的是支持各国和其他利益攸关方开展国家级综合审查。

在第一部分中，"指导说明"就流程提出建议（涵盖机构设置、多利益攸关

---

1. 经社理事会第2018/8号决议。

2. 第S-23/2号决议，附件，以及第S-23/3号决议，附件。

3. 经社理事会第2018/9号决议。

方参与和国家报告的编制，包括时间表和可能的信息来源）。在第二部分中，"指导说明"提供了详细的建议和问题，以支持国家报告的编制。

第一部分　国家级综合审查

a.目标

国家级综合审查应评估实施过程中取得的进展并指出遇到的挑战。审查应该盘点所取得的成就，找出差距和挫折，并概述解决这些差距和挑战的策略。应该通过审查重申承诺和明确的优先行动，并为行动的实施确定时间表、行动者和资源。审查应与《2030年可持续发展议程》的工作保持一致并建立协同作用，并推动其促进性别平等工作的实施。所有利益攸关方均应参与到审查中来。

b.机构设置和沟通

领导权：国家级综合审查应采用全政府方法。为此，建议将国家级审查的总体领导权授予国家元首/政府首脑以及促进性别平等和增强妇女权能国家机制负责人，最好是履行协调职责的部长级领导人。

全政府方法和协调：由促进性别平等和增强妇女权能国家机制负责人担任主席，并由所有部委和政府机构参与的部际委员会或工作组可作为全政府审查方法的渠道，从而确认所有部委和政府机构都在实现性别平等和增强妇女与女童权能方面做出贡献和参与其中。地方和市级政府机构也可以做出重要贡献。已有部际委员会的可为此加强职能履行。此外，建议由国家元首/政府首脑内阁针对审查开展至少一次讨论。还应寻求与其他现有机构安排的合作与协调，特别是那些负责实施《2030年可持续发展议程》或根据国家加入的国际人权条约编写报告的机构。

访问数据：高质量的最新分类数据应为国家级综合审查提供信息。审查也可以作为额外收集按性别、年龄和其他因素分类的数据以及性别统计的推动力。国家统计局的作用以及与其开展的合作至关重要。

全社会方法和协调：除了确保采用全政府方法的机构设置外，还应落实与其他利益攸关方的合作和协商安排。应由促进性别平等和增强妇女权能国家机制负责人召集国家指导委员会或类似安排，以便与利益攸关方进行定期交流，从利益攸关方处获取意见和建议。这些利益攸关方包括但不限于民间社会组织（特别是妇女组织和基于社区的组织）、女权组织、妇女人权维护者、女童和青年领导的组织、工会、专业组织、私营部门、学术界，以及他们所在的国家人权机构。

信息传递：应充分宣传国家级综合审查，并通过传统媒体和包括社交媒体在内的新媒体定期更新所提供的活动。

c.多利益攸关方参与和贡献

利益攸关方：在全球范围内实现性别平等和增强所有妇女和女童权能是一项社会责任——这在《北京宣言》和《行动纲领》关注的所有关切领域中、在2000年首次审查的成果以及后续成果中得到了充分证实，这些成果要求利益攸关方为实施做出贡献。因此，对于国家级审查，全社会方法应对全政府方法予以补充。这些工作的关键特别是在于：民间社会组织（特别是妇女组织）、妇女人权维护者、他们所在的国家人权机构、代表遭受多种交叉形式的歧视的妇女和女童的组织，以及其他代表组织，如工会、妇女自助组织、青年团体、基于信仰的组织和专业组织，以及私营部门（包括雇主组织）。主动联络学术界并与之合作也很重要。也应把媒体包括进来。

参与：实现性别平等和增强所有妇女和女童权能需要在各个层面进行变革，包括在个人层面。国家级审查提供了一项机会，让公众（女性和男性，女童和男童）参与到关于这个问题的全国性讨论中来。可以利用宣传活动，包括通过社交媒体，国家、次国家和地方论坛，市政厅式会议和其他适当平台，确保广泛的外联和包容性参与。

贡献：广泛的利益攸关方参与一项进程可以提升主人翁意识。国家级综合审查应确保所有利益攸关方参与这一进程，并为加速实施现有的促进性别平等和增强妇女与女童权能的承诺做出贡献。可以实施一项多利益攸关方参与策略，以便系统地与所有主要利益攸关方进行接触和吸引他们参与进程，并让他们为审查进程提供动员和做出具体贡献。个别利益攸关方，例如私营部门、教育机构、学术界等，可以通过其自身的行动直接为实现性别平等做出贡献。

活动：应维护一份活动日历，汇编和公布所有利益攸关方的贡献，包括他们对具体行动的承诺。

联合国系统的角色：应邀请联合国系统各实体为这些进程提供支持，特别是联合国妇女署，包括驻地协调员，联合国国家工作队和性别主题组。这些支持可能包括技术投入和支持，作为利益攸关方合作和参与的召集者，以及对数据收集和分析提供支持。

联合国各区域委员会的角色：鼓励各区域委员会进行区域审查，以便将区域层面的政府间进程的成果纳入委员会的2020年审查。区域委员会也将视情况支持其各自的成员国开展国家筹备工作。区域审查会议预计将于2019年深秋和2020年初举行。

d.国家级综合审查、编写国家报告及向联合国各区域委员会和妇女署提交报告的时间表

应以高度可见的方式尽快启动国家级综合审查，并提供与利益攸关方进行磋商的时间表，以及成就、指出实施中的挑战和所有利益攸关方在各层面采取具体行动的承诺。

部际委员会或工作组可以监督国家报告的编写过程。

国家报告应综合提供过去五年的进展情况（大约为2014年至2019年，或自完成关于《北京行动纲领》20周年的国家报告以来），妇女和女童面临的持续挑战，以及根据本"指导说明"第二部分提供的调查问卷确定的前进方向。它们是国家级综合审查的一项切实成果。

完成后，应以高度可见的方式发布国家报告，最好由国家元首/政府首脑发布，并广泛传播。它们应以电子方式提交给妇女署和各自的区域委员会。区域委员会将为各自的区域政府间审查编制区域综合报告，国家报告将被纳入各区域综合报告。国家报告还将纳入妇女署的一份全球综合报告，这份全球综合报告将在2020年3月举行的妇女地位委员会第六十四届会议上提交。

提议的国家级综合审查时间表如下所示：

• 2018 年 9 月：妇女署和联合国区域委员会发布本"国家级综合审查指导说明"

• 2018 年 9 月至 12 月：启动政府内部规划流程，包括建立委员会和工作组，以及与利益攸关方的初步外联；利益攸关方启动规划流程

• 2019 年 1 月至 5 月：在国家元首 / 政府首脑正式启动国家级综合审查进程之后，在编写国家报告的同时进行磋商和开展利益攸关方活动

• 2019 年 5 月 1 日：向各自的联合国区域委员会和妇女署提交国家报告

• 2019 年 4 月至 9 月：区域委员会与各利益攸关方组织区域磋商

• 2019 年 5 月至 10 月：在国家层面对国家报告进行高可见性的介绍，随后开展实施活动。（此外，在适当情况下：完成所有已发起的国家报告并提交给区域委员会和妇女署）

• 2019 年 10 月 /11 月 /2020 年 2 月：区域政府间会议

• 2020 年 3 月：妇女地位委员会第六十四届会议

• 2020 年 9 月：有关《北京宣言》达成 25 周年纪念的大会高级别会议，由国家元首 / 政府首脑参加

在 2019 年 5 月 1 日之前，请各国政府采用联合国六种官方语言的其中之一，以电子版和纸质版向各自的区域委员会和妇女署发送国家报告，地址如下：

联合国妇女署

政府间支助司

220 East 42nd Street，Room 18–43

New York，NY 10017

联系人：Christine Brautigam 女士

政府间支助司司长

电子邮箱：Beijing25nationalreviews@unwomen.org

非洲经济委员会（ECA）

联系人：Ngoné Diop 女士

促进性别平等和增强妇女权能科科长

电子邮箱：diopn@un.org（关于：《北京宣言》达成 25 周年）

亚洲及太平洋经济社会委员会（ESCAP）

联系人：Cai Cai 女士

促进性别平等和社会包容科科长

电子邮箱：escap-sdd@un.org（关于：《北京宣言》达成 25 周年）

欧洲经济委员会（ECE）

联系人：Malinka Koparanova 女士

高级社会事务干事和性别问题协调人

电子邮箱：ECE-Beijing+25@un.org

拉丁美洲和加勒比经济委员会（ECLAC）

联系人：Lucia Scuro 女士

性别事务司社会事务干事

电子邮箱：Lucia.scuro@un.org；dag@cepal.org（关于：《北京宣言》达成 25 周年）

西亚经济社会委员会（ESCWA）

联系人：Mehrinaz El Awady 女士

ESCWA 妇女中心主任

电子邮箱：escwa-ecw@un.org（关于：《北京宣言》达成 25 周年）

妇女署将不翻译报告，而是将它们以收到的语言发布在网站上。

e. 信息来源

国家报告应依赖并借鉴国家协商进程中提出的意见和建议。报告还应该利用现有的信息来源。信息来源包括：

- 提交给国际人权条约监测机构的报告，特别是消除对妇女歧视委员会（参见 http://tb.ohchr.org/default.aspx，查看缔约国报告）；提交给区域监测机构的报告，例如根据《伊斯坦布尔公约》（https://www.coe.int/en/web/istanbul-convention/country-monitoring-work）和《贝伦杜帕拉公约》（http://www.oas.org/es/mesecvi/nosotros.asp）建立的机构

- 根据国际审查进程提交的报告，例如普遍定期审议（在人权理事会下）或

自愿国家审查（在《2030 年可持续发展议程》下）

- 根据区域审查进程提交的报告，例如在区域政府间机构主持下开展的审查。

关于《北京宣言》和《行动纲领》过往审查和评估进程的信息可通过以下链接获取，包括成员国在第四次世界妇女大会（1995 年）之前向联合国秘书处提交的报告，以及关于会后五年（2000 年）、十年（2005 年）、十五年（2010 年）（http://www.un.org/womenwatch/daw/beijing/index.html）和二十年（2015 年）审查和评估进程（http://beijing20.unwomen.org/en）的信息。

相关信息也可在以下出版物和网站中找到：

- "践行承诺：2030 年可持续发展议程中的性别平等"。这份报告由妇女署于 2018 年编制，从性别角度对可持续发展目标的实施进展、差距和挑战进行了全面和权威的评估：http://www.unwomen.org/en/digital-library/publications/2018/2/gender-equality-in-the-2030-agenda-for-sustainable-development-2018#view

- "预防冲突，变革司法，确保和平：关于执行联合国安全理事会第1325号决议的全球研究报告"。这项研究报告针对安全理事会第1325号决议十五周年而编写，提供了进展评估和对未来发展的建议：https://www.unwomen.org/~/media/files/un%20women/wps/highlights/unw-global-study-1325-2015.pdf

- "经社理事会发展筹资论坛"。这是一个普遍参与的政府间进程，其任务是审查《亚的斯亚贝巴行动议程》（亚的斯议程）和其他发展筹资成果以及可持续发展目标（SDG）的实施方法：http://www.un.org/esa/ffd/ffdforum/。年度报告概述了进展和前景：https://developmentfinance.un.org/

- 联合国气候变化网站：https://unfccc.int/

- 《新城市议程》网站：http://habitat3.org/wp-content/uploads/NUA-English.pdf

各区域委员会的网站也提供可支持国家级审查的出版物和信息来源。

有关 25 年审查和评估进程的信息，包括国家报告，将在以下网站发布：http://www.unwomen.org/en/csw/csw64-2020

第二部分 关于北京加 25 国家报告内容的调查问卷

本指导说明提供了指导国家审查和报告的问题，涵盖了《北京行动纲领》（下文简称为"BPfA"）的 12 个关切领域。2020 年将首次在《2030 年可持续发展议程》（下文简称《2030 年议程》）的背景下来审查《北京宣言》和《行动纲领》的执行情况。为了切合实际，12 个关切领域被集中为六个总体方面，突出了两个框架的一致性。

《2030 年议程》包括一个致力于促进性别平等和增强所有妇女和女童权能的目标（SDG 5，实现性别平等和增强所有妇女和女童权能），其具体目标与 BPfA 产生强烈共鸣（见下表中的两栏）。它还强调，将性别观点系统地纳入议程实施的主流是至关重要的。作为一个跨越其他可持续发展目标（SDG）的问题，该议程包括一系列与性别相关的涉及 BPfA 关注的关切领域的目标，从妇女贫困到环境中的妇女（见下表中的底行）。

《北京行动纲领》（12 个关切领域）	《2030 年可持续发展议程》（SDG 5 下的目标）①
A. 妇女与贫困	5.1 在全球消除对所有妇女和女童一切形式的歧视
B. 妇女的教育和培训	
C. 妇女与健康	
D. 针对妇女的暴力行为	5.2 消除针对妇女和女童一切形式的暴力行为
E. 妇女与武装冲突	5.3 消除所有有害做法
F. 妇女与经济	5.4 认可和尊重无偿护理和家务
G. 妇女参与权力与决策	5.5 确保妇女全面有效参与，并享有进入各级决策领导层的平等机会
H. 提高妇女地位的体制机制	5.6 确保普遍享有性和生殖健康以及生殖权利
I. 妇女的人权	5a 进行改革，给予妇女平等获取经济资源的权利
J. 妇女与媒体	5b 加强技术特别是信息和通信技术的应用，以增强妇女权能
K. 妇女与环境	5c 采用和加强合理的政策和有执行力的立法，促进性别平等
L. 女童	

续表

《2030年可持续发展议程》
（其他可持续发展目标下针对性别的具体目标）[②]

无贫困（1.1，1.2，1.3，1.4，1b）	减少不平等（10.2）
零饥饿（2.3）	可持续发展的城市（11.7）
良好的健康和福祉（3.7，3.8）	气候行动（13b）
优质教育（4.1，4.2，4.3，4.5，4.6，4.7，4a）	和平、正义和强大的机构（16.1，16.2，16.7）
体面工作（8.3，8.5，8.7，8.8，8.9）	促进目标实现的伙伴关系（17.18）

注解：① 采用官方目标的缩写版以便于交流。②此列表是说明性的，并不全面。只有在相关指标明确要求按性别分列和/或将性别平等作为基本目的时，才会纳入该具体目标。如需了解更多信息，请参阅妇女署报告（2018年，纽约）"践行承诺：2030年可持续发展议程中的性别平等"第2章。

第四次世界妇女大会二十周年之际发表的《政治宣言》[1]强调了充分、有效和加速执行《北京宣言》和《行动纲领》的若干执行战略。因此，国家报告应审查有关法律、政策和战略的进展情况；促进性别平等的体制机制；歧视性规范和性别陈规定型观念的转变；投资以缩小资源缺口；针对现有承诺和能力建设、数据收集、监测和评估的问责制。鼓励各国对这些领域的成就以及挫折和挑战进行基于证据的评估，并将重点放在2014年之后。

第一节应对优先事项、成就、挑战和挫折进行宏观分析，重点关注过去五年（即2014年至2019年，或自上次报告完成后的五年）以及未来新的和新出现的优先事项。

第二节应更详细地分析为在BPfA的十二个关切领域推动性别平等而采取的措施，重点关注过去五年（即自2014年或上次报告完成以来的五年）。鼓励使用专题组和指导性问题，以反思如何以相辅相成的方式实施BPfA和《2030年议程》，从而加速所有妇女和女童的进展。对于每个领域，应特别注意详细说明所采取措

---

1. E/2015/27，第59/1号决议。

施的具体实例、遇到的挑战和取得的成就，并在可能的情况下使用数据进行记录。

第三节应涵盖国家进程和机制，将与《北京宣言》和《行动纲领》的执行和监测有关的进程和机制与和《2030年可持续发展议程》有关的进程和机制关联起来。

第四节应强调在按性别分列的数据和性别统计的可用性方面取得的进展，将《北京宣言》和《行动纲领》的执行情况监测与以促进性别平等的方式实施《2030年可持续发展议程》联系起来。

鉴于《2030年议程》做出的"不让任何人掉队"的承诺，有关面临多重和交叉形式歧视的妇女和女童的情况的指导性问题已被整合进各节。此外，请各国尽可能提供有关他们为处境不利的妇女和女童群体，特别是问题3中列出的群体实施的针对性措施的信息。同样，鼓励各国在各节和各个维度考虑妇女的人权（关切领域I.）和各年龄段的妇女和女童，包括女童（关切领域L.）。

第一节：优先事项、成就、挑战和挫折

1.在过去五年中，在促进性别平等和增强妇女权能过程中取得的最重要的成就以及面临的最重要的挑战和挫折是什么？

在回答这个问题时，请解释为什么贵国认为这些重要，它是如何解决这些问题的，遇到的挑战以及在每种情况下导致进展或导致挫折的因素（3—5页）。

2.在过去五年中，以下哪些是贵国通过法律、政策和/或方案加快针对妇女和女童的进展的五大优先事项？（请勾选相关类别）

- 法律规定的平等和非歧视以及诉诸司法的机会
- 为妇女和女童提供优质教育、培训和终身学习机会
- 消除贫困，提高农业生产力和加强粮食安全
- 消除针对妇女和女童的暴力行为
- 获得医疗保健服务，包括性健康和生殖健康，以及生殖权利
- 政治参与和代表
- 工作权和工作中的权利（例如性别工资差距、职业隔离、职业发展）
- 妇女创业和妇女的企业

- 无偿护理和家务／工作－家庭协调（例如带薪产假或育儿假，护理服务）

- 促进性别平等的社会保障（例如全民医疗覆盖、现金转移支付、养老金）

- 基本服务和基础设施（水、卫生、能源、运输等）

- 加强妇女在确保环境可持续性方面的参与

- 促进性别平等的预算编制

- 妇女的数字和金融包容性

- 促进性别平等的减少灾害风险和提高复原力

- 改变负面社会规范和性别陈规定型观念

- 其他

请简要回顾贵国是如何处理这些优先事项的（3—5页）。

3. 在过去五年中，你们是否已采取具体措施，防止歧视并促进遭受多重和交叉形式歧视的妇女和女童的权利？（请勾选相关类别）

- 生活在偏远和农村地区的妇女

- 土著妇女

- 种族、民族或宗教少数群体中的妇女

- 残疾妇女

- 感染艾滋病毒／患有艾滋病的妇女

- 具有不同性取向和性别认同的妇女

- 年轻妇女

- 年老妇女

- 移民妇女

- 难民和在国内流离失所的妇女

- 处于人道主义环境中的妇女

- 其他

请提供最多三个具体实例的详细信息，包括所采取措施的目标和范围、目标人群、预算、影响评估、吸取的经验教训以及进一步信息的链接。如果相关且可能，请提供数据以支持你们的回答（最多2页）。

4.由冲突、极端天气或其他事件引起的越来越多的人道主义危机是否影响了贵国对BPfA的实施？

是/否

如果是，请提供具体实例，说明人道主义危机对贵国在妇女和女童方面的进展产生了哪些影响，以及采取了哪些措施以促进性别平等的方式预防和应对人道主义危机（最多1页）。

5.贵国认为，在未来五年中以下哪些是贵国通过法律、政策和方案加快妇女和女童的进展的五大优先事项？（请勾选相关类别）

• 法律规定的平等和非歧视以及诉诸司法的机会

• 为妇女和女童提供优质教育、培训和终身学习机会

• 消除贫困，提高农业生产力和加强粮食安全

• 消除针对妇女和女童的暴力行为

• 获得经济实惠的优质医疗保健服务，包括性健康和生殖健康，以及生殖权利

• 政治参与和代表

• 工作权和工作中的权利（例如性别工资差距、职业隔离、职业发展）

• 妇女创业和妇女的企业

• 无偿护理和家务/工作–家庭协调（例如带薪产假或育儿假，护理服务）

• 促进性别平等的社会保障（例如全民医疗覆盖、现金转移支付、养老金）

• 基本服务和基础设施（水、卫生、保健、能源、运输、通讯等）

• 加强妇女在确保环境可持续性方面的参与

• 促进性别平等的预算编制

• 妇女的数字和金融包容性

• 促进性别平等的预防和减少灾害风险以及提高复原力

• 改变负面社会规范和性别陈规定型观念

• 其他

请简要回顾你们计划如何处理这些优先事项（3—5页）。

第二节：12个关切领域取得的进展

本节介绍《北京行动纲领》的12个关切领域取得的进展情况。为便于分析，12个关切领域被集中为六个总体方面，突出了BPfA和《2030年议程》的一致性。这种方法旨在以相辅相成的方式促进对两个框架的实施的反思，以加速针对所有妇女和女童的进展。

包容性发展，共同繁荣和体面工作

关切领域：

A.妇女与贫困

F.妇女与经济

I.妇女的人权

L.女童

6.贵国在过去五年中采取了哪些行动来促进妇女在有偿工作和就业中的角色方面的性别 平等？

• 加强/执行法律和工作场所政策和做法，禁止在公共和私营部门的招聘、留任和晋升方面歧视妇女，并加强同工同酬立法

• 引入/加强促进性别平等的积极劳动力市场政策（例如教育和培训、技能、补贴）

• 采取措施防止性骚扰，包括工作场所性骚扰

• 加强土地权和土地产权稳定性

• 改善金融普惠和增加获得信贷的机会，包括针对从事个体经营的妇女

• 增加获取现代技术（包括气候智能技术）、基础设施和服务（包括农业推广）的机会

• 支持从非正式就业到正式工作的过渡，包括通过法律和政策措施使妇女在非正式就业方面受益

• 为妇女平等参与经济决策机构（例如贸易和金融部委、中央银行、国家经济委员会）设立机制

• 其他

请提供所采取措施的最多三个具体实例的详细信息，包括所采取措施的目标和范围、目标人群、预算、影响评估、吸取的经验教训以及进一步信息的链接。另请提供有关针对特定妇女和女童群体的行动的信息，例如问题3中列出的群体。如果相关且可能，请提供数据以支持你们的回答。（最多2页）

7.贵国在过去五年采取了哪些行动来认可、减少和/或重新分配无偿护理和家务并促进工作与家庭的协调？

• 在国家统计和会计中纳入无偿护理和家务（例如时间使用调查、估值做法、附属账户）

• 扩大儿童照管服务或使现有服务更加实惠

• 扩大对体弱老人和其他需要密切护理的人群的支持

• 引入或加强产假/陪产假/育儿假或其他类型的家事假

• 投资于节省时间和劳动力的基础设施，如公共交通、电力、水和卫生设施，以减轻妇女在无偿护理和家务方面的负担

• 促进有偿护工（包括外来工）的体面工作

• 开展宣传活动或意识提升活动，鼓励男性和男童参与无偿护理和家务

• 引入有关离婚后婚姻资产或养老金权益分配的法律变更，承认妇女在婚姻期间对家庭的无偿贡献

• 其他

请提供所采取措施的最多三个具体实例的详细信息，包括所采取措施的目标和范围、目标人群、预算、影响评估、吸取的经验教训以及进一步信息的链接。另请提供有关针对特定妇女和女童群体的行动的信息，例如问题3中列出的群体。如果相关且可能，请提供数据以支持你们的回答。（最多2页）

8.在过去五年中，贵国是否已引入经济紧缩/财政整顿措施，例如削减公共开支或缩减公共部门规模？

是/否

如果是，是否分别评估了这些措施对女性和男性的影响？

• 是，在采取措施之前估计了它们对女性/男性的影响。

- 是，在采取措施之后评估了它们对女性/男性的影响。

- 否，尚未评估这些措施对女性/男性的影响。

如果是，请对结果进行描述（1—2页）。

消除贫困，社会保障和社会服务

关切领域：

A.妇女与贫困

B.妇女的教育和培训

C.妇女与保健

I.妇女的人权

L.女童

9.贵国在过去五年中采取了哪些行动来减少/消除妇女和女童的贫困？

- 通过积极的劳动力市场政策（例如职业培训、技能、就业补贴等）和有针对性的措施，增加贫困妇女获得体面工作的机会

- 扩大获得土地、住房、金融、技术和/或农业推广服务的机会

- 支持妇女的创业和业务发展活动

- 为妇女和女童引入或加强社会保障计划（例如，针对有子女妇女的现金转移支付，针对劳动适龄妇女的公共工作/就业保障计划，针对老年妇女的养老金）

- 为生活贫困的妇女提供/加强低成本法律服务

- 其他

请提供所采取措施的最多三个具体实例的详细信息，包括所采取措施的目标和范围、目标人群、预算、影响评估、吸取的经验教训以及进一步信息的链接。另请提供有关针对特定妇女和女童群体的行动的信息，例如问题3中列出的群体。如果相关且可能，请提供数据以支持你们的回答。（最多2页）

10.贵国在过去五年中采取了哪些行动来改善妇女和女童对社会保障的获得？

- 为失业妇女引入或加强社会保护（例如失业津贴、公共工作计划、社会援助）

• 引入或加强有条件的现金转移支付

• 引入或加强无条件的现金转移支付

• 引入或加强非缴费型社会养老金

• 改革缴费型社会保护方案，以加强妇女获得社会保障和提高福利水平

• 改善特定人群（例如非正式就业的妇女，包括家政工人、外来务工妇女和难民妇女、处于人道主义环境中的妇女）获取上述利益的机会

• 其他

请提供所采取措施的最多三个具体实例的详细信息，包括所采取措施的目标和范围、目标人群、预算、影响评估、吸取的经验教训以及进一步信息的链接。另请提供有关针对特定妇女和女童群体的行动的信息，例如问题3中列出的群体。如果相关且可能，请提供数据以支持你们的回答。（最多2页）

11. 贵国在过去五年中采取了哪些行动来改善妇女和女童的健康结果？

• 通过扩展全民医疗覆盖或公共健康服务，增加妇女获取健康服务的机会

• 扩大针对妇女和女童的特定健康服务，包括性健康和生殖健康服务、精神、孕产妇保健和艾滋病毒服务

• 开展针对性别的公众意识/健康宣传活动

• 为医疗服务提供者提供促进性别平等的培训

• 在学校或通过社区方案加强全面的性教育

• 为难民妇女和女童以及处于人道主义环境中的妇女和女童提供获取性健康和生殖健康服务的机会

• 其他

请提供所采取措施的最多三个具体实例的详细信息，包括所采取措施的目标和范围、目标人群、预算、影响评估、吸取的经验教训以及进一步信息的链接。另请提供有关针对特定妇女和女童群体的行动的信息，例如问题3中列出的群体。如果相关且可能，请提供数据以支持你们的回答。（最多2页）

12. 贵国在过去五年中采取了哪些行动来改善妇女和女童的教育成果和技能？

• 采取措施增加女童获取、保留和完成教育、技术和职业教育与培训（TVET）和技能发展计划的机会

• 在各级教育中强化教育课程，以提高对性别平等问题的敏感度并消除偏见

• 为教师和其他教育专业人员提供促进性别平等和人权培训

• 为妇女和女童提供安全、无骚扰和包容的教育环境

• 增加获取新的和新兴领域（特别是STEM，即科学、技术、工程和数学）的技能和培训的机会，以及有关数字技术知识和熟练应用的培训机会

• 确保获得安全的水和卫生服务，并促进经期卫生管理，特别是在学校和其他教育/培训环境中

• 加强措施防止青少年怀孕，并使少女能够在怀孕和/或生育的情况下继续接受教育

• 其他

请提供所采取措施的最多三个具体实例的详细信息，包括所采取措施的目标和范围、目标人群、预算、影响评估、吸取的经验教训以及进一步信息的链接。另请提供有关针对特定妇女和女童群体的行动的信息，例如问题3中列出的群体。如果相关且可能，请提供数据以支持你们的回答。（最多2页）

摈弃暴力、羞辱和定型观念

关切领域：

D.针对妇女的暴力行为

I.妇女的人权

J.妇女与媒体

L.女童

13.在过去五年中，你们针对哪些形式的妇女和女童暴力侵害，以及在哪些具体背景或环境中优先采取了行动？

• 亲密伴侣暴力/家庭暴力，包括性暴力和婚内强奸

• 公共场所、教育场所和就业中的性骚扰和暴力

• 技术促进针对妇女和女童的暴力行为（例如网络暴力、在线跟踪）

- 杀害妇女／性别灭绝

- 政治中针对妇女的暴力行为

- 童婚、早婚和强迫婚姻

- 切割女性生殖器

- 其他有害做法

- 贩卖妇女和女童

- 其他

请提供所采取措施的最多三个具体实例的详细信息，包括所采取措施的目标和范围、目标人群、预算、影响评估、吸取的经验教训以及进一步信息的链接。另请提供有关针对特定妇女和女童群体的行动的信息，例如问题3中列出的群体。如果相关且可能，请提供数据以支持你们的回答。（最多2页）

14.贵国在过去五年中优先采取了哪些行动来处理针对妇女和女童的暴力行为？

- 引入或加强针对妇女的暴力行为的法律及其执行和实施

- 引入、更新或扩大关于终止针对妇女和女童的暴力行为的国家行动计划

- 引入或加强措施，增加妇女诉诸司法的机会（例如设立专门法庭、对法官和警察开展培训、保护令、补救和赔偿，包括针对杀害妇女案件的此等措施）

- 引入或加强针对暴力侵害幸存者的服务（例如庇护所、帮助热线、专门的健康服务、法律、司法服务、咨询、住房）

- 引入或加强相关战略，预防针对妇女和女童的暴力行为（例如在教育部门和媒体中引入或加强，社区动员，与男子和男童合作开展相关举措）

- 监测和评估影响，包括证据生成和数据收集，包括有关特定妇女和女童群体的数据收集

- 引入或加强措施，提高负责执行消除对妇女和女童暴力行为的措施的人员对暴力侵害妇女行为的原因和后果的理解

- 其他

请提供最多三个具体实例的详细信息，包括所采取措施的目标和范围、目标

人群、预算、影响评估、吸取的经验教训以及进一步信息的链接。另请提供有关针对特定妇女和女童群体的行动的信息，例如问题3中列出的群体。如果相关且可能，请提供数据以支持你们的回答。（最多2页）

15. 贵国在过去五年中采取了哪些策略来防止针对妇女和女童的暴力行为？

- 提高公众意识，改变态度和行为
- 开展相关的小学和中学教育，包括全面的性教育
- 基层和社区层面动员
- 改变妇女和女童的媒体形象
- 与男性和男童开展合作
- 施害者计划
- 其他

请提供最多三个具体实例的详细信息，包括所采取措施的目标和范围、目标人群、预算、影响评估、吸取的经验教训以及进一步信息的链接。另请提供有关针对特定妇女和女童群体的行动的信息，例如问题3中列出的群体。如果相关且可能，请提供数据以支持你们的回答。（最多2页）

16. 贵国在过去五年采取了哪些行动来预防和应对由技术促进的针对妇女和女童的暴力行为（网上性骚扰、网上跟踪、非自愿分享私密照片）？

- 引入或加强法律和监管规定
- 在教育环境中针对一般公众和青年男女开展提升意识的举措
- 与技术提供商合作，制定并遵守良好的商业惯例
- 其他

请提供最多三个具体实例的详细信息，包括所采取措施的目标和范围、目标人群、预算、影响评估、吸取的经验教训以及进一步信息的链接。另请提供有关针对特定妇女和女童群体的行动的信息，例如问题3中列出的群体。如果相关且可能，请提供数据以支持你们的回答。（最多2页）

17. 贵国在过去五年中采取了哪些行动来解决媒体中针对妇女和女童的描述、歧视和/或性别偏见？

- 制定、加强和实施法律改革，以抑制媒体中的歧视和/或性别偏见
- 引入针对媒体（包括广告）的具有约束性的规定
- 支持媒体行业制定自愿行为准则
- 为媒体专业人员提供培训，鼓励其在媒体中创建和使用非性别成见、平衡和多样化的妇女和女童形象
- 促进妇女在媒体行业的参与和领导
- 建立或加强消费者保护服务，以接收和审查有关媒体内容或媒体中基于性别的歧视/偏见的投诉
- 其他

请提供最多三个具体实例的详细信息，包括所采取措施的目标和范围、目标人群、预算、影响评估、吸取的经验教训以及进一步信息的链接。另请提供有关针对特定妇女和女童群体的行动的信息，例如问题3中列出的群体。如果相关且可能，请提供数据以支持你们的回答。（最多2页）

18.贵国在过去五年是否采取任何行动，以专门解决针对面临多种形式歧视的特定妇女群体的暴力行为？

是/否

如果是，请将其列出并提供所采取措施的最多三个具体实例，包括所采取措施的目标和范围、目标人群、预算、影响评估、吸取的经验教训以及进一步信息的链接。另请提供有关针对特定妇女和女童群体的行动的信息，例如问题3中列出的群体。如果相关且可能，请提供数据以支持你们的回答。（最多2页）

参与、问责制和促进性别平等的制度

关切领域：

G.妇女参与权力与决策

H.提高妇女地位的体制机制

I.妇女的人权

J.妇女与媒体

L.女童

19.贵国在过去五年采取了哪些行动和措施来促进妇女参与公共生活和决策?

• 改革宪法、法律和法规,促进妇女参与政治,特别是在决策层面,包括选举制度改革和采取临时特别措施,如配额、保留席位、基准和目标

• 实施能力建设、技能开发和其他措施

• 鼓励少数民族妇女和年轻妇女参与,包括通过宣传和导师计划

• 提供有关导师、领导力培训、决策、公开演讲、自我肯定、政治竞选的机会

• 采取措施,以预防、调查、起诉和惩罚政治中针对妇女的暴力行为

• 收集和分析有关妇女政治参与的数据,包括任命和当选职位

• 其他

请提供所采取措施的最多三个具体实例的详细信息,包括所采取措施的目标和范围、目标人群、预算、影响评估、吸取的经验教训以及进一步信息的链接。另请提供有关针对特定妇女和女童群体的行动的信息,例如问题3中列出的群体。如果相关且可能,请提供数据以支持你们的回答。(最多2页)

20.贵国在过去五年采取了哪些行动,以增加妇女在媒体中表达意见和参与决策的机会,包括通过信息和通信技术(ICT)?

• 加强在媒体和 ICT 领域提供正式和技术职业教育与培训(TVET),包括在管理和领导方面

• 采取措施增加妇女和女童对信息通信技术的可及性、可负担性和使用(例如免费 wifi 中心、社区技术中心)

• 引入促进妇女在媒体和 ICT 领域同工同酬、留任和职业发展的法规

• 与媒体和 ICT 领域的雇主合作,在自愿基础上改进内部政策和雇用惯例

• 为妇女的媒体网络和组织提供支持

• 其他

请提供所采取措施的最多三个具体实例的详细信息,包括所采取措施的目标和范围、目标人群、预算、影响评估、吸取的经验教训以及进一步信息的链接。另请提供有关针对特定妇女和女童群体的行动的信息,例如问题3中列出的群体。

如果相关且可能，请提供数据以支持你们的回答。（最多2页）

21.你们是否跟踪为促进性别平等和增强妇女权能而投入的国家预算的比例（促进性别平等的预算编制）？

是／否

如果是，为促进性别平等和增强妇女权能而投入的国家预算的比例大致是多少？

请提供有关这些资源投入的具体领域的信息，以及对使预算促进性别平等所取得的成就和遇到的挑战的反思。

22.作为捐赠国，贵国是否跟踪为促进性别平等和增强妇女权能而投入的官方发展援助（ODA）的比例（促进性别平等的预算编制）？

是／否

不适用

如果是，请提供有关方法、跟踪范围、过去趋势和当前投资比例的进一步信息。

23.贵国是否制定了有关性别平等的有效国家战略或行动计划？

是／否

如果是，请列出计划的名称和涵盖的时期、计划的优先事项、资金以及与《2030年可持续发展议程》（包括SDG 5下的目标）的一致性。

如果是，是否已对国家行动计划进行了成本计算，且为其在当前预算中的成就分配了充足的资源？

24.贵国是否制定有执行消除对妇女歧视委员会（如果是缔约国）或普遍定期审议或处理针对妇女的性别不平等／歧视的其他联合国人权机制的建议的行动计划和时间表？

是／否

如果是，请提供行动计划和实施时间表的一些要点。

25.贵国是否设立有国家人权机构？

是／否

如果是，它是否有专注于性别平等或基于生理/社会性别歧视的任务授权？

如果是，请提供国家人权机构如何促进性别平等的最多三个例子。（最多2页）

和平、包容的社会

关切领域：

E.妇女与武装冲突

I.妇女的人权

L.女童

26.贵国在过去五年采取了哪些行动来建立和维护和平，促进和平与包容的社会，以实现可持续发展并实施妇女、和平与安全议程？

- 通过和/或实施有关妇女、和平与安全的国家行动计划
- 将妇女、和平与安全承诺整合进关键的国家和部际政策、规划和监测框架
- 利用包括社交媒体在内的传播战略，提高有关妇女、和平与安全议程的认知
- 增加用于执行妇女、和平与安全议程的预算拨款
- 采取措施减少过多的军事开支和/或控制军备的可用性
- 从军事支出中重新分配资金用于社会和经济发展，包括促进性别平等和增强妇女权能
- 支持包容性和性别敏感的冲突分析、早期预警和预防机制
- 其他

请提供所采取措施的最多三个具体实例的详细信息，包括所采取措施的目标和范围、目标人群、预算、影响评估、吸取的经验教训以及进一步信息的链接。另请提供有关针对特定妇女和女童群体的行动的信息，例如问题3中列出的群体。如果相关且可能，请提供数据以支持你们的回答。（最多2页）

27.贵国在过去五年采取了哪些行动来增加妇女在武装冲突和其他冲突局势中以及在脆弱或危机环境中，在预防冲突、解决冲突、建设和平、人道主义行动和危机应对方面在决策层面的领导、代表和参与？

- 促进和支持妇女有意义地参与和平进程和执行和平协定

- 促进妇女在各个层面平等参与人道主义和危机应对活动，特别是在决策层面
- 将性别视角整合到预防和解决武装冲突或其他冲突的过程中
- 将性别视角整合到人道主义行动和危机应对中
- 保护民间社会空间和妇女人权维权者
- 其他

请提供所采取措施的最多三个具体实例的详细信息，包括所采取措施的目标和范围、目标人群、预算、影响评估、吸取的经验教训以及进一步信息的链接。另请提供有关针对特定妇女和女童群体的行动的信息，例如问题3中列出的群体。如果相关且可能，请提供数据以支持你们的回答。（最多2页）

28.贵国在过去五年采取了哪些行动，以加强在武装冲突和其他冲突或人道主义行动和危机应对中对违反国际人道主义法和侵害妇女和女童人权的行为的司法和非司法问责？

- 实施法律和政策改革，以纠正和防止侵害妇女和女童权利的行为
- 在冲突和危机应对期间加强体制能力，包括司法系统和过渡司法机制（如适用）
- 加强公共安全部门机构在人权和预防性暴力和基于性别的暴力以及性剥削和性虐待方面的能力
- 使受冲突影响的妇女、难民妇女或流离失所的妇女更容易获得暴力预防和保护服务
- 采取措施打击非法武器贩运
- 采取措施打击非法药物的生产、使用和贩运
- 采取措施打击拐卖妇女和儿童的行为
- 其他

请提供所采取措施的最多三个具体实例的详细信息，包括所采取措施的目标和范围、目标人群、预算、影响评估、吸取的经验教训以及进一步信息的链接。另请提供有关针对特定妇女和女童群体的行动的信息，例如问题3中列出的群体。如果相关且可能，请提供数据以支持你们的回答。（最多2页）

29.贵国在过去五年中采取了哪些行动来消除对女童的歧视及其权利侵犯?

• 采取措施打击负面的社会规范和做法,提高对女童对其需求和潜力的认识

• 加强女童获得优质教育、技能发展和培训的机会

• 解决由于营养不良、早育导致的健康结果(例如贫血)以及因接触艾滋病毒/艾滋病和其他性传播疾病导致的健康结果的不利因素

• 实施减少和消除童婚、早婚和强迫婚姻的政策和方案

• 实施政策和方案,以消除针对女童的暴力行为,包括身体暴力和性暴力以及有害习俗

• 实施消除童工以及女童承担过度无偿护理和家务的政策和方案

• 提高女童对社会、经济和政治生活的认识和参与

• 其他

请提供所采取措施的最多三个具体实例的详细信息,包括所采取措施的目标和范围、目标人群、预算、影响评估、吸取的经验教训以及进一步信息的链接。另请提供有关针对特定妇女和女童群体的行动的信息,例如问题3中列出的群体。如果相关且可能,请提供数据以支持你们的回答。(最多2页)

环境养护、保护和复原

关切领域:

I.妇女的人权

K.妇女与环境

L.女童

30.贵国在过去五年中采取了哪些行动将性别视角和关切纳入环境政策?

• 支持妇女在环境和自然资源管理与治理方面的参与和领导

• 加强有关性别特定的环境和健康危害(例如消费品、技术、工业污染)的证据和/或提高对此方面的认识

• 增加妇女获得和控制土地、水、能源和其他自然资源的机会

• 促进妇女和女童在与自然环境有关的科学、工程、技术和其他学科方面的教育

• 增加妇女获得可持续的、省时省力的基础设施（例如获得清洁水和能源）以及气候智能农业技术的机会

• 采取措施保护和保留与传统药物、生物多样性和养护技术有关的土著和地方社区中妇女的知识和做法

• 采取措施确保妇女平等地受益于绿色经济中的体面工作

• 监测和评估环境政策和可持续基础设施项目对妇女和女童的影响

• 其他

请提供所采取措施的最多三个具体实例的详细信息，包括所采取措施的目标和范围、目标人群、预算、影响评估、吸取的经验教训以及进一步信息的链接。另请提供有关针对特定妇女和女童群体的行动的信息，例如问题3中列出的群体。如果相关且可能，请提供数据以支持你们的回答。（最多2页）

31. 贵国在过去五年中采取了哪些行动，在减少灾害风险、气候适应性和减缓气候变化的政策和方案中纳入性别视角？

• 支持妇女（包括受灾害影响的妇女）参与和领导减少灾害风险、气候适应性和减缓气候变化的政策、方案和项目

• 加强证据基础，提高对妇女和女童在环境退化和灾害影响方面不成比例的脆弱性的认识

• 促进妇女在灾害情形下获得救济金、灾害保险和补偿等服务

• 引入或加强和实施与减少灾害风险、气候适应性和减缓气候变化有关的促进性别平等的法律和政策（例如，解决妇女在灾害中的脆弱性的灾害法律）

请提供所采取措施的最多三个具体实例的详细信息，包括所采取措施的目标和范围、目标人群、预算、影响评估、吸取的经验教训以及进一步信息的链接。另请提供有关针对特定妇女和女童群体的行动的信息，例如问题3中列出的群体。如果相关且可能，请提供数据以支持你们的回答。（最多2页）

第三节：国家机构和程序

32. 贵国目前关于促进性别平等和增强妇女权能的国家机构是什么？请指出其名称并描述其在政府中的位置。

33.国家机构负责人是否是可持续发展目标实施机构程序的成员（例如，部际协调办公室或委员会）？

是/否

没有关于实施可持续发展目标的国家程序

如果是，请提供进一步信息

34.是否落实了正式机制，让不同的利益攸关方参与《北京宣言》和《行动纲领》以及《2030年可持续发展议程》的实施和监测？

是/否

如果是，

a）以下哪些利益攸关方正式参与了为促进执行《北京宣言》和《行动纲领》以及《2030年可持续发展议程》而建立的国家协调机制？

《北京宣言》和《行动纲领》	《2030年可持续发展议程》
• 民间社会组织 • 妇女权利组织 • 学术界和智库 • 基于信仰的组织 • 议会/议会委员会 • 私营部门 • 联合国系统 • 其他行动者，请具体说明……	• 民间社会组织 • 妇女权利组织 • 学术界和智库 • 基于信仰的组织 • 议会/议会委员会 • 私营部门 • 联合国系统 • 其他行动者，请具体说明……

b）你们是否落实了相关机制以确保来自边缘化群体的妇女和女童能够参与其中并且在这些程序中反映她们的关切？

是/否

请提供有关所使用机制的更多详细信息。（最多2页）

c）请说明利益攸关方如何为编写本国家报告做出贡献。

35.是否将促进性别平等和增强所有妇女和女童权能列为实施可持续发展目标的国家计划/战略的关键优先事项？

- 是

- 否

- 没有实施可持续发展目标的国家计划/战略

请解释。

第四节：数据和统计

36.在国家层面的性别统计方面，贵国在过去五年中取得最大进展的前三个领域是什么？

- 颁布规定性别统计发展的法律、法规或统计方案/战略

- 建立关于性别统计的机构间协调机制（例如技术工作组、机构间委员会）

- 在制定政策和实施方案与项目时使用更多性别敏感的数据

- 重新处理现有数据（例如人口普查和调查），以产生更多分类的和/或新的性别统计数据

- 开展新的调查，以生成关于专门主题的国家基线信息（例如，时间使用、基于性别的暴力、资产所有权、贫困、残疾）

- 改进基于行政的数据来源或其替代数据来源，以缩小性别数据差距

- 创作关于性别统计的知识产品（例如，易于理解的报告、政策简报、研究论文）

- 开发关于性别统计的基于网络的集中式数据库和/或看板

- 开展能力建设以加强性别统计的使用（例如，培训、统计理解研讨会）

- 其他

请提供所采取措施的最多三个具体实例的详细信息，包括所采取措施的目标和范围、预算、影响评估、吸取的经验教训以及进一步信息的链接。另请提供有关针对特定妇女和女童群体的行动的信息，例如问题3中列出的群体。如果相关且可能，请提供数据以支持你们的回答。（最多2页）

37.以下哪些是贵国未来五年加强国家性别统计的三大优先事项？

- 制定促进性别统计发展的法律、法规或统计方案/战略

- 建立关于性别统计的机构间协调机制（例如技术工作组、机构间委员会）

- 在制定政策和实施方案与项目时使用更多性别敏感的数据

- 重新处理现有数据（例如人口普查和调查），以产生更多分类的和/或新的性别统计数据

- 开展新的调查，以生成关于专门主题的国家基线信息（例如，时间使用、基于性别的暴力、资产所有权、贫困、残疾）

- 更好地利用和/或改进基于行政的数据来源或其替代数据来源，以缩小性别数据差距

- 创作关于性别统计的知识产品（例如，易于理解的报告、政策简报、研究论文）

- 开发关于性别统计的基于网络的集中式数据库和/或看板

- 让用户–生产者之间的对话机制实现制度化

- 用户统计能力建设，以增加对性别统计的统计理解和使用（例如，培训、统计理解研讨会）

- 其他

请提供有关你们计划的简要说明和示例（最多2页）。

38.你们是否制定了一套监测可持续发展目标进展情况的国家指标？

- 是

- 否

如果是，它包括多少指标，其中有多少是性别指标[1]？

如果是，有多少性别指标是额外的国家指标（即，不是全球可持续发展目标监测和指标框架的一部分）？

请在附件中提供指标

如果否，贵国可以使用多少全球性别可持续发展目标指标（列表在附件1中

---

1. "性别指标"一词是指明确要求按性别分列和/或将性别平等作为基本目标的指标。例如，SDG指标5.c.1抓取的是有系统跟踪公共拨款的国家百分比，这些系统针对促进性别平等的政策和方案，其基本目标是促进性别平等。该术语还指的是将妇女和女童指定为目标人群的指标（参见联合国妇女署，2018. "践行承诺：2030年可持续发展议程中的性别平等"，纽约）。

提供)？

请在附件中提供指标

39.是否已开始对可持续发展目标5的指标和其他可持续发展目标下的性别指标进行数据 收集和整理?

- 是

- 否

如果是，请说明优先针对哪些指标进行数据收集和汇编

如果否，请解释收集和汇编有关这些指标的数据面临的主要挑战

40.贵国的主要调查[1]通常包括以下哪些分类?

- 地理位置

- 收入

- 性别

- 年龄

- 教育

- 婚姻状况

- 种族/民族

- 移民状态

- 残障

- 与国家背景相关的其他特征

[联合国妇女署:《第四次世界妇女大会暨〈北京宣言〉与〈行动纲领〉通过（1995年）二十五周年国家级综合审查指导说明》, https://www.unwomen.org/-/media/headquarters/attachments/sections/csw/64/national-reviews/csw64-guidance-note-for-comprehensive-national-level%20reviews-zh.pdf?la=en&vs=5703]

1.按照 A/RES/70/1 的规定，增加了教育和婚姻状况。

图书在版编目（CIP）数据

妇女、和平与安全文件汇编：全二卷 / 李英桃，张

瀚之主编 . -- 北京：社会科学文献出版社，2021.11

（"妇女、和平与安全"研究丛书）

ISBN 978-7-5201-8965-1

Ⅰ. ①妇…　Ⅱ. ①李…　②张…　Ⅲ. ①妇女儿童权益

保护－文件－汇编－世界　Ⅳ. ① D912.709

中国版本图书馆 CIP 数据核字（2021）第 175506 号

"妇女、和平与安全"研究丛书

妇女、和平与安全文件汇编（联合国卷）

主　　编 / 李英桃　张瀚之

出 版 人 / 王利民
责任编辑 / 赵怀英
责任印制 / 王京美

出　　版 / 社会科学文献出版社·联合出版中心（010）59366446
　　　　　　地址：北京市北三环中路甲 29 号院华龙大厦　邮编：100029
　　　　　　网址：www.ssap.com.cn
发　　行 / 市场营销中心（010）59367081　59367083
印　　装 / 三河市尚艺印装有限公司

规　　格 / 开　本：787mm × 1092mm　1/16
　　　　　　印　张：29　字　数：441 千字
版　　次 / 2021 年 11 月第 1 版　2021 年 11 月第 1 次印刷
书　　号 / ISBN 978-7-5201-8965-1
定　　价 / 196.00 元（全二卷）

北京外国语大学"双一流"建设重大标志性科研项目（2020）成果

"妇女、和平与安全"研究丛书

李英桃　主编

DOCUMENT COMPILATION ON WOMEN,
PEACE AND SECURITY
China Volume

妇女、和平与安全文件汇编

（中国卷）

李英桃　张瀚之　主编

社会科学文献出版社
SOCIAL SCIENCES ACADEMIC PRESS (CHINA)

"妇女、和平与安全"研究丛书序言（一）

袁　明*

每一个人，都在参与自己所处时代的实践，在这一点上，古人和今人没有什么区别。但是带着性别意识并自觉投身于和平与安全的实践，让世界更美好，则是今人不同于古人的地方，这在女性身上体现得更为突出。我们说起"现代性"时，女性议题是绕不过去的。女性议题一定是一个未来议题。

我在担任联合国基金会中国理事期间，接触到大量关于女性问题的计划、报告和项目，其覆盖面相当广阔，包括健康、教育、反暴力，甚至清洁炉灶等等。参与并领导这些活动的，也大多为女性。我至今仍记得，联合国秘书长古特雷斯履新之后，很快任命了一批助手，其中有一位女性"青年联络者"，她来自斯里兰卡，目光坚定而自信。我们了解到，在不到两周的时间里，她已经在网络上组织起几百万名志愿者，一问她的年龄，得知才26岁。这样的例子还有很多，可见世界的进步。

生活是最好的教科书。当下肆虐世界的新冠肺炎疫情，提醒我们必须注意人类进步途中的艰险和困难。在联合国大会纪念北京世界妇女大会25周年高级别会议上，习近平主席有这样一段特别表述："妇女是人类文明的开创者、社会进步的推动者，在各行各业书写着不平凡的成就。我们正在抗击新冠肺炎疫情，广大

---

* 袁明，1945年生，北京大学燕京学堂院长，北京大学国际关系学院教授，博士生导师。

女性医务人员、疾控人员、科技人员、社区工作者、志愿者等不畏艰险、日夜奋战，坚守在疫情防控第一线，用勤劳和智慧书写着保护生命、拯救生命的壮丽诗篇。……正是成千上万这样的中国女性，白衣执甲，逆行而上，以勇气和辛劳诠释了医者仁心，用担当和奉献换来了山河无恙。"[1] 这一伟大的当代实践，值得研究并大书特书，这也是中国女性研究者的时代责任。

这个未来议题，应当是跨学科的。未来的女性研究若只在政治学单一领域内开展，发展的空间会很有限。只有突破学科樊篱，从多个视角来观察和推动，才能真正把女性研究这个大题目做出世界水平和中国味道来。我想这也正是这套丛书的意义所在。

是为序。

2020 年 11 月 2 日

1.《习近平在联合国成立 75 周年系列高级别会议上的讲话》，人民出版社，2020，第 19～20 页。

"妇女、和平与安全"研究丛书序言(二)

裴援平[*]

人类社会已经进入全球化时代,各国相互依存、利益交融的"地球村"形成,国际社会生态链、产业链、供应链连为一体,世界呈现一损俱损、一荣俱荣的局面。全球化时代的和平与安全问题,越来越具有全球性和普遍性,即便是原有的传统安全问题,也须用全球化思维寻求解决之道。

我们看到,领土主权和海洋权益争端仍然是最敏感的安全问题,全球和区域大国的战略角逐仍在持续,各类矛盾引发的局部冲突和产生的热点问题不断,意识形态和政治制度偏见挥之不去,集团对峙、军事结盟和冷战热战等旧时代的痼疾仍然存在。与此同时,国家群体乃至整个人类共同面临的非传统安全问题大量产生,越来越成为各国和国际安全的核心问题。21世纪以来发生的几次世界性危机,涉及人类公共卫生健康、国际经济金融安全和大规模杀伤性武器扩散,再加上气候变化、自然灾害、饥饿贫困、跨国犯罪、恐怖主义、网络安全、人口激增和大量迁徙以及能源资源和粮食安全等问题,对人类社会构成前所未有的威胁和挑战。而应对这些挑战的全球治理及相关机制,已然滞后于时代的发展变化,也受到旧安全观的限制。国际社会正是在应对共同挑战的过程中,积蓄着全球治理

* 裴援平,1953年生,法学博士,博士生导师,现任全国政协常委、港澳台侨委员会副主任,曾任国务院侨务办公室主任、中央外事办公室常务副主任等职务。

和国际合作的力量，凝聚着对构建人类命运共同体的共识。

　　妇女是人类社会的创造者、世界文明的开创者、全球进步的推动者，是捍卫国际和平与安全、推动世界经济发展的重要力量。妇女自身和妇女事业的发展，离不开和平安宁的国际环境。2000年联合国安理会通过的第1325（2000）号决议及其后续决议，关注那些受武装冲突不利影响的人，包括难民和各国的流离失所者，特别是妇女和儿童；指出妇女在预防和解决冲突及建设和平方面有着重要作用，亟须将性别观念纳入维护和平行动的主流。当前，在不稳定和不确定的国际形势下，第1325（2000）号决议的重要性更加凸显，将决议及其后续决议的承诺变成现实，仍是联合国和世界各国的重要任务之一。

　　2020年，正值联合国第四次世界妇女大会《北京宣言》和《行动纲领》通过25周年、第1325（2000）号决议通过20周年，中国国家主席习近平在联合国大会纪念北京世界妇女大会25周年高级别会议上的讲话中强调，保障妇女权益必须上升为国家意志，加强全球妇女事业合作。[1]在2020年10月联合国举行的妇女、和平与安全问题公开辩论会上，中国常驻联合国代表也强调，应该继续支持妇女在和平与安全领域发挥重要作用，呼吁为"妇女、和平与安全"议程注入新动力。妇女、和平与安全研究要为此做出应有的贡献。

　　作为北京外国语大学"双一流"建设重大标志性科研项目成果，"妇女、和平与安全"研究丛书是中国第一套"妇女、和平与安全"议程研究丛书。丛书内容涵盖联合国，中、俄、英、法等联合国安理会常任理事国，以及欧洲、亚洲和非洲各类国际关系行为体在人类追求和平与安全的历史进程中，推动妇女、和平与安全的努力，落实第1325（2000）号决议、推动性别平等的具体实践。

　　丛书的出版在三个方面对中国国际关系研究做出贡献：第一，深化中国妇女、和平与安全理论研究；第二，丰富中国的联合国和区域国别研究；第三，为中国落实"妇女、和平与安全"议程提供决策参考和对策建议。丛书的出版也展现出北京外国语大学在该领域的研究优势。

1.《习近平在联合国成立75周年系列高级别会议上的讲话》，人民出版社，2020，第21页、22页。

在祝贺丛书出版的同时，期待北京外国语大学的研究团队在妇女、和平与安全研究领域取得更优异的成绩，为中国国际关系研究做出更大贡献，为中国落实"妇女、和平与安全"议程提供有价值的国际经验和切实的对策建议。

2020 年 12 月 4 日

"妇女、和平与安全"研究丛书总论

和平与安全是全人类孜孜以求的共同目标，妇女解放与性别平等是各国妇女运动持续奋斗的方向。冷战结束后，国际社会推进全球性别平等、实现和平与安全的历史进程中有两个具有里程碑意义的事件。一是1995年9月4～15日，中国北京承办的联合国第四次世界妇女大会（以下简称北京"世妇会"）通过了全球妇女运动的未来发展蓝图——《北京宣言》和《行动纲领》，"妇女与武装冲突"被列为《行动纲领》的第五个重大关切领域；二是2000年10月31日，联合国安全理事会第4213次会议通过关于妇女、和平与安全的第1325（2000）号决议[以下简称"第1325（2000）号决议"]。从2000年至2019年，联合国安理会已经先后通过10个相关决议，形成以第1325（2000）号决议为基石的"妇女、和平与安全"议程（Women, Peace and Security Agenda, WPS Agenda）。该议程已成为一个重要的国际规范框架。目前，落实"妇女、和平与安全"议程已成为以联合国为代表的国际社会的共识和各国政府对国际社会的郑重承诺。

"妇女、和平与安全"研究丛书，是一套以"妇女、和平与安全"议程为切入点的学术研究丛书，它是中国学者以学术研究参与落实"妇女、和平与安全"议程、致力于建构人类命运共同体的行动的组成部分，具有较强的学术价值和实践意义。

一 "妇女、和平与安全"议程的发展历程

北京《行动纲领》第五个重大关切领域"妇女与武装冲突"有六个具体战略

目标（见表总-1），包括妇女参与和保护、以非暴力方式解决冲突、和平文化、裁军等核心内容。

表总-1   北京《行动纲领》重大关切领域 E "妇女与武装冲突"

战略目标 E.1.	增进妇女在决策阶层参与解决冲突并保护生活在武装冲突和其他冲突状态或外国占领下的妇女
战略目标 E.2.	裁减过分的军事开支并控制军备供应
战略目标 E.3.	推动以非暴力方式解决冲突并减少冲突状态下侵犯人权情事
战略目标 E.4.	促进妇女对培养和平文化的贡献
战略目标 E.5.	保护、援助和培训难民妇女、其他需要国际保护的流离失所妇女和国内流离失所妇女
战略目标 E.6.	援助殖民地和非自治领土的妇女

资料来源：笔者根据《行动纲领》内容整理。详见第四次世界妇女大会、'95北京非政府组织妇女论坛丛书编委会编《第四次世界妇女大会重要文献汇编》，中国妇女出版社，1998，第230~242页。

第1325（2000）号决议则有四个支柱，即参与（participation）、保护（protection）、预防（prevention）和救济与恢复（relief and recovery）。该决议及其后续决议的内容逐步集中在"参与"和"性暴力"两个主要方面（见表总-2）。前者强调促进妇女积极有效地参与和平缔造与和平建设，其中作为基础的第1325（2000）号决议承认冲突对妇女的影响以及她们在预防和解决冲突方面的作用，并呼吁妇女平等参与和平缔造工作；后者则以2008年通过的安理会第1820（2008）号决议为代表，目的是防止并解决与冲突有关的性暴力，特别是针对妇女的性暴力问题。

表总-2   "妇女、和平与安全"议程中十个决议的主题分类（2000~2019）

参与	第1325（2000）号决议、第1889（2009）号决议、第2122（2013）号决议、第2242（2015）号决议、第2493（2019）号决议
性暴力	第1820（2008）号决议、第1888（2009）号决议、第1960（2010）号决议、第2106（2013）号决议、第2467（2019）号决议

资料来源：笔者自制。

2013年，联合国消除对妇女歧视委员会（The United Nations Committee on the Elimination of Discrimination against Women）通过《关于妇女在预防冲突、冲突及冲突后局势中的作用的第30号一般性建议》（以下简称《第30号一般性建议》）。[1]《第30号一般性建议》的提出标志着"妇女、和平与安全"议程成为《消除对妇女一切形式歧视公约》（The Convention on the Elimination of All Forms of Discrimination against Women, CEDAW，以下简称《消歧公约》）这一保护妇女人权的国际公约的组成部分。与2000年10月31日通过的第1325（2000）号决议所实现的"人权问题安全化"相对应，该决议在13年之后经历了"安全问题人权化"的螺旋式上升过程。安理会决议具体且有针对性，安理会每年可能通过多项决议，有的决议甚至相互矛盾；而公约则是普遍、稳定、长期的国际法，具有更精准、更规范的特点。《第30号一般性建议》使关于妇女、和平与安全的第1325（2000）号决议通过《消歧公约》固定下来。[2]

2015年9月25日，联合国大会通过《改变我们的世界：2030年可持续发展议程》（Transforming Our World: The 2030 Agenda for Sustainable Development，以下简称《2030议程》），确定了17个可持续发展目标。目标16为"创建和平、包容的社会以促进可持续发展，让所有人都能诉诸司法，在各级建立有效、负责和包容的机构"，包括12个具体目标。[3]目标16不仅针对妇女，它在涵盖"妇女、和平与安全"议程的具体内容的同时，所涉及人群更广、范围更大，除了消除一切形式的暴力，还包括一系列国家治理问题。从1995年《行动纲领》的重大关切领域"妇女与武装冲突"发展到《2030议程》的"创建和平、包容的社会"目标，

---

1. 消除对妇女歧视委员会：《关于妇女在预防冲突、冲突及冲突后局势中的作用的第30号一般性建议》，2013年11月1日，http://docstore.ohchr.org/SelfServices/FilesHandler.ashx?enc=6QkG1d%2fPPRiCAqhKb7yhsldCrOlUTvLRFDjh6%2fx1pWCVoI%2fbcjImPBg0gA%2fHq5Tl4Q7URju9YH%2f2f2xuJ0WgKghff98wYIvWK3cAe9YKwpHXdmnqMDPpxmJrYrFP10VJY，最后访问日期：2021年2月17日。

2. 李英桃、金岳嵘：《妇女、和平与安全议程——联合国安理会第1325号决议的发展与执行》，《世界经济与政治》2016年第2期。

3. 联合国大会：《改变我们的世界：2030年可持续发展议程》，2015年10月21日，https://www.unfpa.org/sites/default/files/resource-pdf/Resolution_A_RES_70_1_CH.pdf，最后访问日期：2021年2月17日。

妇女、和平与安全议题始终处于中心位置。

2020年8月28日，安理会在"联合国维和行动"主题下，通过了第2538（2020）号决议。[1]这是"妇女、和平与安全"议程的最新发展。

二 落实"妇女、和平与安全"议程与构建"人类命运共同体"

2013年3月，中国国家主席习近平首次在国际场合向世界阐释："人类生活在同一个地球村里，生活在历史和现实交汇的同一个时空里，越来越成为你中有我、我中有你的命运共同体。"[2]2013年9月7日，习近平在哈萨克斯坦纳扎尔巴耶夫大学首次提出共建"丝绸之路经济带"的构想。他在《弘扬人民友谊 共创美好未来》的重要演讲中指出："为了使我们欧亚各国经济联系更加紧密、相互合作更加深入、发展空间更加广阔，我们可以用创新的合作模式，共同建设'丝绸之路经济带'。这是一项造福沿途各国人民的大事业。"[3]

2013年10月，习近平应邀在印度尼西亚国会发表重要演讲。他指出："东南亚地区自古以来就是'海上丝绸之路'的重要枢纽，中国愿同东盟国家加强海上合作，使用好中国政府设立的中国—东盟海上合作基金，发展好海洋合作伙伴关系，共同建设21世纪'海上丝绸之路'。中国愿通过扩大同东盟国家各领域务实合作，互通有无、优势互补，同东盟国家共享机遇、共迎挑战，实现共同发展、共同繁荣。"[4]构建"人类命运共同体"是中国为人类未来发展提供的全球治理的中国方案，共建"丝绸之路经济带"和21世纪"海上丝绸之路"的"一带一路"

---

1. 联合国安理会：《第2538（2020）号决议》，S/RES/2538(2020)，2020年8月28日，http://undocs. org/zh/S/RES/2538(2020)，最后访问日期：2021年2月17日。

2. 习近平：《顺应时代前进潮流 促进世界和平发展——在莫斯科国际关系学院的演讲》，《人民日报》（海外版）2013年3月25日，第2版。

3. 习近平：《弘扬人民友谊 共创美好未来——在纳扎尔巴耶夫大学的演讲》，《习近平谈治国理政》，外文出版社，2014，第289页。

4. 习近平：《中国愿同东盟国家共建21世纪"海上丝绸之路"》，《习近平谈治国理政》，外文出版社，2014，第293页。

倡议是推动构建"人类命运共同体"的重要途径，其核心理念是"和平、发展、合作、共赢"，打造政治互信、经济融合、文化包容的利益共同体、命运共同体和责任共同体，为实现和平与安全提供了有力支撑和保障。

"人类命运共同体"的提出是对马克思和恩格斯"自由人联合体"思想的继承和发展，是对中国优秀传统文化、新中国外交理论和实践的总结和升华，是人类走向共同繁荣的伟大事业，也是人类实现性别平等的必由之路。其中，性别平等是构建"人类命运共同体"的核心原则。[1]实现性别平等同样在中国的对内、对外政策和未来构想中占有重要地位。

2015年9月27日，国家主席习近平在纽约联合国总部出席全球妇女峰会，并发表题为《促进妇女全面发展　共建共享美好世界——在全球妇女峰会上的讲话》的重要讲话。他在讲话中指出："环顾世界，各国各地区妇女发展水平仍然不平衡，男女权利、机会、资源分配仍然不平等，社会对妇女潜能、才干、贡献的认识仍然不充分。现在全球8亿贫困人口中，一半以上是妇女。每当战乱和疫病来袭，妇女往往首当其冲。面对恐怖和暴力肆虐，妇女也深受其害。时至今日，针对妇女的各种形式歧视依然存在，虐待甚至摧残妇女的事情时有发生。"习近平特别指出，要"创造有利于妇女发展的国际环境。妇女和儿童是一切不和平不安宁因素的最大受害者。我们要坚定和平发展和合作共赢理念，倍加珍惜和平，积极维护和平，让每个妇女和儿童都沐浴在幸福安宁的阳光里"。[2]

2020年以来，人类应对新冠肺炎疫情的努力昭示着，一个健康稳定的世界是维护和平与安全的重要基础，而妇女在其中扮演着重要角色。2020年10月1日，习近平在联合国大会纪念北京世界妇女大会25周年高级别会议上发表演讲。他强调了妇女在维护世界和平与安全中的重要作用："妇女是人类文明的开创者、社会进步的推动者，在各行各业书写着不平凡的成就。我们正在抗击新冠肺炎疫

---

1. 李英桃：《构建性别平等的人类命运共同体：关于原则与路径的思考》，《妇女研究论丛》2018年第2期。

2.《习近平在联合国成立70周年系列峰会上的讲话》，人民出版社，2015，第9页、第11页。

情，广大女性医务人员、疾控人员、科技人员、社区工作者、志愿者等不畏艰险、日夜奋战，坚守在疫情防控第一线，用勤劳和智慧书写着保护生命、拯救生命的壮丽诗篇。……正是成千上万这样的中国女性，白衣执甲，逆行而上，以勇气和辛劳诠释了医者仁心，用担当和奉献换来了山河无恙。"[1]

在此背景下推动落实"妇女、和平与安全"议程，完全符合时代发展趋势，充分体现了中国对国际社会的郑重承诺，是构建"人类命运共同体"的题中应有之义和重要组成部分。

三 "妇女、和平与安全"议程研究的关键问题与核心概念

本研究丛书是以"妇女、和平与安全"议程为切入点，进行更为广泛、深入的探讨，而并非仅关注"妇女、和平与安全"议程本身。

奠定"妇女、和平与安全"议程基础的安理会第1325（2000）号决议回顾和重申了大量联合国文件，较早的《联合国宪章》第四十一条"如采取措施时考虑到对平民可能产生的影响，铭记妇女和女孩的特殊需要，以便考虑适当的人道主义豁免规定"；1949年的《关于战时保护平民的日内瓦公约》及其1977年的《附加议定书》、1951年的《关于难民地位公约》及其1967年的《议定书》、1979年的《消歧公约》及其1999年的《任择议定书》、1989年的《联合国儿童权利公约》及其2000年5月25日的《任择议定书》；还有《国际刑事法院罗马规约》的有关规定，以及《北京宣言》和《行动纲领》的承诺和题为"2000年妇女：二十一世纪两性平等、发展与和平"的联合国大会第二十三届特别会议成果文件中的承诺，特别是有关妇女和武装冲突的承诺[2]等。对这些国际法基础的溯源表明，尽管妇女、和平与安全问题于2000年才被纳入安理会决议，但其源头却远在2000年之前，有着更为深远的历史背景。

1.《习近平在联合国成立75周年系列高级别会议上的讲话》，人民出版社，2020，第19~20页。

2.联合国安理会：《第1325（2000）号决议》，S/RES/1325(2000)，2000年10月31日，https://undocs.org/zh/S/RES/1325(2000)，最后访问日期：2021年2月17日。

（一）关于妇女与性别平等

"妇女、和平与安全"议程除了关注妇女和女童，还关注男童及其他在武装冲突中受到不利影响的人群，如难民和其他流离失所者。联合国文书在历史演进过程中逐步形成了稳定的"平等"定义。1975年第一次世界妇女大会通过的《关于妇女的平等地位和她们对发展与和平的贡献的宣言》（以下简称《墨西哥宣言》）指出："男女平等是指男女的尊严和价值的平等以及男女权利、机会和责任的平等。"[1] 1985年第三次世界妇女大会通过的《提高妇女地位内罗毕前瞻性战略》（以下简称《内罗毕战略》）指出："平等不仅指法律平等和消除法律上的歧视，而且还指妇女作为受益者和积极推动者参加发展的平等权利、责任和机会平等。"[2] 联合国大会于1979年通过的《消歧公约》阐述了平等、发展与和平的关系："确信一国的充分和完全的发展，世界人民的福利以及和平的事业，需要妇女与男子平等充分参加所有各方面的工作。"[3]

（二）和平的界定

在国际关系研究和社会生活中，人们对和平的理解往往是"没有战争"。杰夫·贝里奇（Geoff Berridge）等在《外交辞典》中指出，和平"在国际法术语中指没有战争或武装冲突的状态"。[4] 雷蒙·阿隆（Raymond Aron）的观点是：国际政治与国内政治有本质的区别，战争与和平的交替是国际关系的核心问题，和平是"敌对政治单元之间暴力持续中断"的状况。[5]《女性主义和平学》一书梳理了传统国际关系研究对和平的理解：这就意味着只要战争和其他有组织的直接暴力

1.《一九七五年关于妇女的平等地位和她们对发展与和平的贡献的墨西哥宣言》，E/CONF.66/34，载联合国新闻部编《联合国与提高妇女地位（1945—1995）》，联合国新闻部，1995，第229页。

2.《提高妇女地位内罗毕前瞻性战略》，A/CONF.116/28/Rev.1(85.IV.10)，载联合国新闻部编《联合国与提高妇女地位（1945—1995）》，联合国新闻部，1995，第349页。

3. 联合国：《消除对妇女一切形式歧视公约》，A/RES/34/180，1979年12月18日，https://www.un.org/zh/documents/view_doc.asp?symbol=A/RES/34/180，最后访问日期：2021年2月17日。

4.〔英〕杰夫·贝里奇、艾伦·詹姆斯：《外交辞典》，高飞译，北京大学出版社，2008，第213页。

5. Raymond Aron, *Peace and War: A Theory of International Relations*, Garden City: Doubleday & Company, 1966, p. 151.

不存在，和平就建立了。[1]《内罗毕战略》对和平的界定为："和平不仅指国家和在国际上没有战争、暴力和敌对行动，而且还要在社会上享有经济和社会正义、平等、所有各项人权和基本自由。""和平还包括一整套活动，反映出人们对安全的关注以及国家、社会团体和个人之间互相信任的默契。和平既保卫自由、人权和民族和个人的尊严，又体现对他人的善意和鼓励对生命的尊重。"[2]在借鉴约翰·加尔通（Johan Galtung）、刘成等学者的研究成果的基础上，《女性主义和平学》将和平分为消极和平和积极和平两个部分，使其呈现出既包括"没有战争"的传统和平界定，又能体现其逐步深化和不断扩展的过程性，基于中国历史与国情提出一个理解和平概念的框架（见表总–3）。

表总–3　一个中国女性主义学者的和平定义

消极和平		积极和平	
传统和平概念→	传统和平概念的拓展→	传统和平概念的进一步拓展	
没有有组织的直接暴力	没有无组织的直接暴力	没有阻碍实现人的最大潜能和福祉的结构暴力	没有使直接暴力和间接暴力合法化的文化暴力
没有国际、国内战争与暴力冲突 深↓化 以及与之相伴的强奸、性暴力等行为	没有杀害、伤害、强奸、殴打和源自传统文化、习俗等的其他暴力	让每个人都充分享有政治、社会、经济、文化、生态、健康与发展权等基本权利，消除基于性别、族群、财富、身体状况、年龄、相貌等的社会不公正。倡导并逐渐建立社会性别平等的和平文化，充分发挥教育、大众传媒和网络媒体的作用	

资料来源：李英桃著《女性主义和平学》，上海人民出版社，2012，第402页。

　　这一框架一方面超越了内政与外交的边界，更多的是以人为中心考虑和平问题，尤其关注妇女、儿童和各类弱势群体在日常生活中的切身问题；另一方面，

1. 李英桃：《女性主义和平学》，上海人民出版社，2012，第15页。
2.《提高妇女地位内罗毕前瞻性战略》，A/CONF.116/28/Rev.1(85.IV.10)，载联合国新闻部编《联合国与提高妇女地位（1945—1995）》，联合国新闻部，1995，第348~349页。

将个人与集体的关系纳入此概念框架，充分考虑到中国等发展中国家在国家与个人关系上的不同见解，重视识别国家与国家之间的差异性。

（三）对安全的理解

安全是与人类生存密不可分的大问题，与人们的日常生活联系极为密切。关于安全的论述可见于亚伯拉罕·马斯洛（Abraham Harold Maslow）对于安全需求（safty needs）的诠释。安全需求包括安全（security）、稳定、依赖、保护、免于恐惧、免于焦虑和混乱，以及对结构、秩序、法律和界限的需求，对保护者的要求等。[1]

安全虽为政治学的核心概念，但学术界对其并无统一界定，其中最常见的是美国学者阿诺德·沃尔弗斯（Arnold Wolfers）的观点，在其1962年出版的《纷争与协作：国际政治论集》中专门设有讨论国家安全问题的部分。沃尔弗斯指出：安全是一种价值，一个国家可以或多或少地拥有安全，用或高或低的手段来追求安全。这种价值与权力、财富这两个在国际事务中极为重要的价值有共通之处。财富用以衡量一个国家所拥有物质的数量，权力用以衡量一个国家对其他国家行为的控制能力，而安全则在客观上用以衡量已获得价值免受威胁的程度，在主观上用以衡量没有对这一价值受攻击的恐惧的程度。[2]此观点即"客观无威胁、主观无恐惧"。

联合国开发计划署在1994年发布的《人类发展报告》中提出了"人的安全"（human security）概念，指出对普通人来说，安全象征着保护他们免受疾病、饥饿、失业、犯罪、社会冲突、政治迫害和环境危机的威胁。[3]基于前人的研究，中国非传统安全研究学者余潇枫认为，安全的"完整表述是：身体无伤害，心理无

---

1. Abraham H. Maslow, *Motivatiion and Personality*, Harper & Row, 1970, p. 39.

2. Arnold Wolfers, *Discord and Collaboration: Essays on International Politics*, Baltimore: The Johns Hopkins Press, 1962, p.150.〔美〕阿诺德·沃尔弗斯：《纷争与协作：国际政治论集》，于铁军译，世界知识出版社，2006，第133页。

3. UNDP, *Human Development Report 1994*, http://hdr.undp.org/sites/default/files/reports/255/hdr_1994_en_complete_nostats.pdf，最后访问日期：2021年2月17日。

损害，财产无侵害，社会关系无迫害，生存环境无灾害"。[1] 女性主义[2]学者提出了内容丰富、主体多样、领域宽广、层次复杂的安全概念。从安全的主体来说，既有传统的主权国家，也有包括男子和妇女在内的个人，既要关注国家安全、个人安全，也要考虑全人类的共同安全；从涉及领域来说，既不能忽视国家的军事安全，也要考虑到经济、环境安全以及个人安全；从行为主体之间的相互关系来看，既要加强合作，也不可能用合作完全代替竞争。可以说，传统安全和非传统安全是相辅相成、相互补充的有机整体，它们不应该被视为割裂的甚至是对立的部分。[3]

与对和平的理解一致，这种对安全的理解也超越了内政与外交的范畴，是一种以人为中心来考虑安全问题的路径。在讨论和平与安全概念的关系时可发现，在传统的和平定义之中，没有战争即和平，但和平不一定意味着安全；随着和平概念的扩展，没有战争并不意味着实现了和平，积极和平是一个逐步接近的目标；安全也是如此。两者相互渗透、相互交织，在"妇女、和平与安全"议程中这两者紧密地联系在一起。

（四）评估"妇女、和平与安全"议程落实情况的指标体系

第1325（2000）号决议通过后，安理会于2004年10月28日通过主席声明，表示"欢迎会员国为在国家一级执行第1325（2000）号决议所作的努力，包括制订国家行动计划（National Action Plan, NAP），并鼓励会员国继续致力于这些执行工作"。[4] 2005年10月27日，安理会再次通过主席声明"吁请会员国通过制订国

---

1. 余潇枫：《总体国家安全观引领下的"枫桥经验"再解读》，《浙江工业大学学报》（社会科学版）2018年第2期。

2. 英文Feminism在国内学术界有"女权主义"和"女性主义"这两种主要译法，除引用外，本套丛书采用"女性主义"的译法。

3. 李英桃：《"小人鱼"的安全问题》，《世界经济与政治》2004年第2期。

4.《安全理事会主席的声明》，S/PRST/2004/40，2004年10月28日，https://www.un.org/chinese/aboutun/prinorgs/sc/sdoc/04/sprst40.htm，最后访问日期：2021年2月17日。

家行动计划或其它国家级战略等办法，继续执行第1325（2000）号决议"。[1]尽管并非强制性要求，但制订国家行动计划已成为衡量联合国会员国执行"妇女、和平安全"议程情况的一个重要指标。

2009年通过的安理会关于妇女、和平与安全的第1889（2009）号决议提出："请秘书长在6个月内提交一套用于全球一级监测安理会第1325（2000）号决议执行情况的指标供安全理事会审议。"[2]根据决议要求，2010年《妇女与和平与安全——秘书长的报告》附有一整套指标体系，其中包括预防、参与、保护、救济和恢复四个方面的17个大目标，内含26项共35个具体目标。[3]这35个具体目标主要仍围绕冲突地区设计，但参与、保护部分涉及范围较广，也都超越了冲突中或冲突后重建国家的范围。

在第1325（2000）号决议通过20周年前夕，联合国秘书长安东尼·古特雷斯（António Guterres）在2019年10月提交的《妇女与和平与安全——秘书长的报告》中敦促联合国各实体、会员国、区域组织和其他行为体携手采取行动。

> 通过有针对性的数据收集、联合分析、战略规划，以及提高可见度，使领导层对落实妇女与和平与安全议程负责；协助、促进、确保妇女有意义地参与和平进程、和平协定的执行以及所有和平与安全决策进程；公开谴责侵犯人权和歧视行为，防止一切形式的性别暴力，包括针对女性人权维护者的暴力；增加维持和平特派团和国家安全部门中女军警的人数和影响力；保障妇女有机会获得经济保障和资源；为妇女与和平与安全议程提供资金，并资

1.《安全理事会主席的声明》，S/PRST/2005/52，2005年10月27日，https://www.un.org/en/ga/search/view_doc.asp?symbol=S/PRST/2005/52&Lang=C，最后访问日期：2021年2月17日。

2. 联合国安理会：《第1889（2009）号决议》，S/RES/1889(2009)，2009年10月5日，http://www.un.org/en/ga/search/view_doc.asp?symbol=S/RES/1889(2009)&Lang=C，最后访问日期：2021年2月17日。

3. 联合国安理会：《妇女与和平与安全——秘书长的报告》，S/2010/498，http://undocs.org/ch/S/2010/498，最后访问日期：2021年2月18日。

助妇女建设和平者。[1]

除了联合国系统制定的相关评价指标，学术机构和民间组织也编制了独立的评价体系。乔治城大学妇女、和平与安全研究所（Georgetown University's Institute for Women, Peace & Security）与奥斯陆和平研究所（Peace Research Institute of Oslo）一起，借助普遍认可的国际数据来源，编制的妇女、和平与安全指数（Women, Peace, and Security Index, WPS Index）包括包容（Inclusion）、公正（Justice）和安全（Security）三个维度。[2]其中，"包容"维度设有"议会""手机使用""就业""金融包容性""教育"五个指标；"公正"维度有"歧视性规范""男孩偏好""法律歧视"三个指标；"安全"维度下设"亲密伴侣暴力""社区安全""有组织暴力"三个指标。[3]

不同指标体系中的具体内容差异表明国际社会对评估"妇女、和平与安全"议程落实情况的认识的发展变化，也表明不同指标体系之间存在一定的张力。这种张力具体体现在不同行为体对于落实"妇女、和平与安全"议程的不同理解和落实行动中。

（五）"妇女、和平与安全"议程的意义与代表性研究成果

关于"妇女、和平与安全"议程的重要意义，国际社会和学术界有很多分析和评价。澳大利亚学者莎拉·戴维斯（Sara E. Davies）和雅基·特鲁（Jacqui

1. 联合国安理会：《妇女与和平与安全——秘书长的报告》，2019年10月9日，https://digitallibrary.un.org/record/3832713/files/S_2019_800-ZH.pdf，最后访问日期：2021年2月17日。

2. 乔治城大学妇女、和平与安全研究所位于乔治城的沃尔什外交学院内，由美国前全球妇女问题大使梅兰妮·韦维尔（Melanne Verveer）负责。该研究所致力于促进一个更加稳定、和平和公正的世界，着重关注妇女在预防冲突和建设和平、经济增长、应对气候变化和暴力极端主义等全球威胁方面发挥的重要作用。国际学术界对该机构和奥斯陆和平研究所共同设计的这一指标体系较为认可，但也存在对其指标选择的疑问。"Women, Peace, and Security Index," http://giwps.georgetown.edu/the-index/, accessed February 17, 2021.

3. GIWPS, "Women, Peace, and Security Index," 2019, http://giwps.georgetown.edu/the-index/, accessed February 17, 2021.

True）指出，在我们生活的世界里，暴力冲突的规模在扩大，严重程度在增加，而且所有证据都表明，这些冲突对妇女和女童的人权不仅影响恶劣，而且其恶劣程度正在加剧。在这一关键时刻，"妇女、和平与安全"议程能够保护妇女免受冲突的伤害，促进她们从冲突和不安全中得以恢复，带来知识和社会转变的潜力。[1]中国学者李英桃、金岳嵝认为，第1325（2000）号决议的通过，无论是对于全球性别平等运动发展还是对于联合国安理会改革都具有标志性意义。从将妇女、和平与安全议题纳入安理会议程，到第1325（2000）号决议和后续一系列决议通过，再到各国制订国家行动计划以及在联合国系统、联合国和平行动中实践决议精神，这一进程清晰地展示了女性主义理念是如何成为国际规范的。[2]"妇女、和平与安全"议程也是2030年全球可持续发展议程不可或缺的组成部分。

在主流国际关系研究领域，性别议题长期受到忽视，很少被纳入学术讨论。20世纪七八十年代，女性主义国际关系理论逐步发展起来，国际妇女运动和学术研究的发展共同推动了国际社会理念与实践的变化。维护国际和平与安全是联合国的主要目的，联合国安理会对维护世界和平与安全负有主要责任。联合国安理会第1325（2000）号决议的通过标志着通常被归类为人权或经济社会问题的性别议题正式提上联合国安理会的议事日程，成为国际安全问题，其在国际政治舞台上的重要性得以强化。这一进程反过来又推动了相关学术研究的发展。2000年以来，国际学术界涌现了一批研究"妇女、和平与安全"议程的学者，例如前文已提到的莎拉·戴维斯、雅基·特鲁，还有斯瓦尼·亨特（Swanee Hunt）、劳拉·J.谢泼德（Laura J. Shepherd）、J.安·蒂克纳（J. Ann Tickner）、托伦·L.崔吉斯塔（Torunn L. Tryggestad）、马德琳·里斯（Madeleine Rees）、路易丝·奥尔森（Louise Olsson）、克里斯蒂娜·钦金（Christine Chinkin）、阿努拉德哈·蒙德库（Anuradha Mundkur）、

---

1. Sara E. Davies, Jacqui True, "Women, Peace, and Security A Transformative Agenda?" in Sara E. Davies, Jacqui True, eds., *The Oxford Handbook of Women, Peace, and Security*, New York: Oxford University Press, 2019, p. 22.

2. 李英桃、金岳嵝：《妇女、和平与安全议程——联合国安理会第1325号决议的发展与执行》，《世界经济与政治》2016年第2期。

尼古拉·普拉特（Nicola Pratt）、劳拉·索伯格（Laura Sjoberg）、罗尼·亚历山大（Ronni Alexander）等；相关研究成果丰硕，包括专著、论文、研究报告等。到2020年6月，安理会先后共发布了6份研究报告，牛津大学出版社于2019年出版了《牛津妇女、和平与安全手册》（*The Oxford Handbook of Women, Peace, and Security*）。[1]同期，拉特里奇出版社出版了《社会性别与安全拉特里奇手册》（*The Rougledge Handbook of Gender and Security*）。[2]目前，"妇女、和平与安全"议程已成为能够跻身于主流国际关系研究的最主要的性别研究议题，同时，它也是与女性主义学术联系最紧密的"高级政治"议题。相较之下，中国学术界对此议题的研究仍非常有限。

当今世界正面临百年未有之大变局。[3]2020年是联合国成立75周年、第四次世界妇女大会召开25周年的重要年份。对于"妇女、和平与安全"议程来说，2020年也是关键的一年。[4]在这样一个特殊的时间节点，加强对"妇女、和平与安全"议程这一具有实践推动力和学术前沿性的课题的研究，无论是对中国的全球政治研究、联合国研究和性别研究，还是对更好地推动落实"妇女、和平与安全"议程的区域、国别实践，都具有巨大的学术价值和重要的现实意义。

四 "妇女、和平与安全"研究丛书的整体设计与主要特点

"妇女、和平与安全"研究丛书是北京外国语大学"双一流"建设重大标志性科研项目（项目编号：2020SYLZDXM033）成果。该选题顺应人类对于和平、安全与性别平等的不懈追求，为重大全球治理与可持续发展议题，符合构建人类

---

1. Sara E. Davies, Jacqui True, eds., *The Oxford Handbook of Women, Peace, and Security*, New York: Oxford University Press, 2019.

2. Caron E., Gentry, Laura J. Shepherd and Laura Sjoberg, eds., *The Rougledge Handbook of Gender and Security*, Routedge, 2019.

3.《习近平谈治国理政》第3卷，外文出版社，2020，第460页。

4. 联合国安理会：《与冲突有关的性暴力——秘书长的报告》，S/2020/487，2020年6月3日，https://digitallibrary.un.org/record/3868979/files/S_2020_487-ZH.pdf，最后访问日期：2021年2月17日。

命运共同体的基本价值导向，是国际组织、区域和国别研究的重要生长点，与北京外国语大学"双一流"学科建设目标相吻合。

首先，"妇女、和平与安全"议程关系到联合国系统、各区域和联合国所有会员国，覆盖范围广，涉及行为体的层次、数量都很多。根据国际发展和国内研究状况，本项目确定聚焦联合国系统、重要区域、联合国安理会常任理事国和其他相关国家，分析各行为体所持有的立场和采取的措施，探讨其在落实"妇女、和平与安全"议程中的最佳实践及这些实践为中国落实"妇女、和平与安全"议程带来的参考价值。根据国际妇女争取和平与自由联盟（Women's International League for Peace and Freedom）的统计，截至2021年4月，全世界已有92个国家制订了本国落实安理会第1325（2000）号决议的国家计划，占全部联合国会员国的近48%。[1]

其次，"妇女、和平与安全"研究丛书兼具研究主题集中、研究对象层次多样和丛书内容具有开放性的特点。鉴于"妇女、和平与安全"议程涉及联合国、区域、国家等不同层次的行为主体，"妇女、和平与安全"研究丛书的最终成果将是一个具有开放性质的丛书系列。随着研究的深入和团队的扩大，其研究主题将逐步深化，涵盖范围也将逐步拓展。丛书第一期的研究对象主要包括联合国这一最重要的国际组织、欧洲和非洲、联合国安理会的五个常任理事国，以及德国和日本这两个在国际舞台上扮演重要角色的国家。除此之外，第一期成果还包括联合国和中国关于"妇女、和平与安全"议程的两本重要文件汇编。

最后，"妇女、和平与安全"研究丛书有助于推进国内相关研究。目前，国内学术界对"妇女、和平与安全"议程的研究尚不充分，《女性主义国际关系学》和《女性主义和平学》是国内出版的少数设有专门章节讨论妇女、和平与安全问题的教材、专著。其中，《女性主义和平学》系统梳理了国内外关于性别与和平问题的历史与理论，立足中国本土，提出了具有中国特色的性别平等、和平与

---

1. WILPF, "National-Level Implementation," as of August 2020, http://www.peacewomen.org/member-states, accessed May 18, 2021.

安全的理论。该书是国内学术界的代表性著作，荣获2015年第七届高等学校科学研究优秀成果奖（人文社会科学）三等奖。这两部著作的作者多来自北京外国语大学。国内还有少量学术论文发表于相关专业刊物，如《妇女、和平与安全议程——联合国安理会第1325号决议的发展与执行》[1]《英国妇女和平与安全国家行动计划探析》[2]《联合国安理会1325号决议框架下的德国国家行动计划探析》[3]《法国和平安全合作中的女权主张及其实施》[4]《联合国安理会第1325号决议对妇女在联合国和平行动中的影响研究——以非洲地区为例》[5]等，作者也主要来自北京外国语大学。这些作者多已会集到本项目团队中。在本丛书每一卷的撰写团队中，都有既精通英语又精通对象国或地区的语言的作者，能够用对象国或地区的语言进行研究。这种突出的国别和区域研究专业、语言双重优势，为研究的前沿性和信息的准确性提供了保障。

因此，作为北京外国语大学"双一流"建设重大标志性科研项目，"妇女、和平与安全"研究丛书的立项与成果出版将丰富国际学术界关于"妇女、和平与安全"议程的研究，推动中国学者在这一领域的深耕。丛书中的每一部成果都将探讨与性别平等、和平与安全议题密切相关的历史背景、该议题的当代发展和未来趋向，及其与"妇女、和平与安全"议程之间的具体联系。

在设计和论证"妇女、和平与安全"研究丛书各卷具体内容时，项目组就写作要求达成了以下相对统一的意见。

---

1. 李英桃、金岳嵘：《妇女、和平与安全议程——联合国安理会第1325号决议的发展与执行》，《世界经济与政治》2016年第2期。

2. 田小惠：《英国妇女和平与安全国家行动计划探析》，《当代世界与社会主义》（双月刊）2015年第1期。

3. 张晓玲：《联合国安理会1325号决议框架下的德国国家行动计划探析》，《当代世界与社会主义》（双月刊）2015年第1期。

4. 李洪峰：《法国和平安全合作中的女权主张及其实施》，《当代世界与社会主义》（双月刊）2015年第1期。

5. 么兰：《联合国安理会第1325号决议对妇女在联合国和平行动中的影响研究——以非洲地区为例》，《武警学院学报》2017年第7期。

第一，将"妇女、和平与安全"议程作为本丛书每一卷成果的切入点，但并不意味着每卷内容都仅局限于探讨对象国、区域和组织落实该议程过程中的立场、行动或相关内容。

第二，尽可能地将每卷主题置于具有历史纵深感的宏阔时空背景下，通过回顾人们对性别平等、和平与安全的具体理解，为讨论落实"妇女、和平与安全"议程的当下行动提供历史文化和政治制度环境。

第三，在寻求历史连续性的同时，兼顾当代各个行为体落实"妇女、和平与安全"议程实践的共性与个性，凸显差异性，体现多样性。对于性别平等、和平与安全含义理解上的差异，以及概念内部存在的紧张关系，可能正是体现本研究价值的知识生发点。

第四，鼓励各卷作者充分挖掘每一研究对象的具体特点，分析其历史、社会文化特质和个人因素对落实"妇女、和平与安全"议程情况的直接、间接和潜在影响。

"妇女、和平与安全"议程是维护国际和平与安全，促进妇女发展和性别平等，构建性别平等的人类命运共同体的一项综合工程。作为一个开放的研究项目，在可预见的将来，"妇女、和平与安全"研究丛书的覆盖面将进一步扩大，对议题普遍性和独特性的探索势必更加深入。让我们一起开展面向未来的学术研究，切实推动实现全球与地方的和平、安全、妇女发展与性别平等，为构建人类命运共同体而贡献微薄的力量。

李英桃

2021 年 3 月

目 录

编选说明

《妇女、和平与安全文件汇编》分为两册，一册为《妇女、和平与安全文件汇编（中国卷）》，另一册为《妇女、和平与安全文件汇编（联合国卷）》。

《妇女、和平与安全文件汇编（中国卷）》分为六个部分，分别收录了江泽民、胡锦涛、习近平等中国国家领导人重要讲话，近年来中国通过的保障妇女儿童合法权益的相关法律法规，国务院通过的四个妇女发展纲要、国务院新闻办公室发布的四个关于妇女发展与性别平等的白皮书，中华全国妇女联合会章程（1998年11月2日通过）和相关文件，中国代表在联合国安理会关于妇女、和平与安全公开辩论中的发言（2000—2019年），以及其他重要文件。

《妇女、和平与安全文件汇编（联合国卷）》分为五个部分，分别收录了《消除对妇女一切形式歧视公约》、联合国第四次世界妇女大会《北京宣言》和《行动纲领》等联合国关于性别平等的标志性文件，安理会关于妇女、和平与安全的系列决议，安理会关于妇女、和平与安全的主席声明，联合国秘书长关于相关议题的最新报告和其他相关重要文件。

这些文件对于理解妇女、和平与安全议题具有不可替代的作用。

本文件汇编收录之档案及文献，首先以内容进行分类，其次根据发布或出版时间排序。在编选过程中，为忠实于原文，除极个别错字、错误标点符号外，所有资料均保持原貌，保留原注释；联合国相关文件或存在多种中文译本，本文件汇编将根据具体情况以注释形式加以解释说明；对一些与主题无直接关系的文字和图片则予以省略。本文件汇编中若有不妥之处，欢迎读者批评指正，以便改正。

编选者

2020年11月25日

第一部分 重要讲话

江泽民在联合国第四次世界妇女大会欢迎仪式上的讲话

（1995年9月4日，北京）

各位贵宾：

女士们、先生们、朋友们：

今天，联合国第四次世界妇女大会即将隆重开幕，在金秋时节的北京，真可谓群芳毕至，宾客如云。我谨代表中国政府和中国人民，并以我个人的名义，向大会致以衷心的祝贺，对各位嘉宾和所有的与会者表示热烈的欢迎。

这次大会的召开，是全世界妇女，也是全世界人民的一件大事。适逢联合国成立五十周年，联合国第四次世界妇女大会在此时此刻举行，对于我们重温联合国促进妇女事业的历程，推动（内罗毕战略）提出的"平等、发展与和平"目标的实现，进一步提高妇女的地位和作用，具有重要的意义。

妇女是人类社会的"半边天"。妇女与男子共同创造了人类的物质财富和精神文明，都是社会发展和进步的推动者。妇女还为人类的繁衍作出了特殊的贡献。她们哺育了一代代的新生命，培育了千百万的英雄、学者和诗人。然而，在人类社会发展的进程中，妇女长期处于同男子不平等的地位。歧视妇女的偏见，像一条无形的绳索束缚着人们的心灵。这种陈腐的观念，早就应当打破。这种不合理的状况，早就应当改变。

联合国成立以来，国际形势发生巨大而深刻的变化，全球妇女事业走过了一条不寻常的道路、国际社会为促进男女平等，作出过很大努力，取得了一定进展。但是，环顾世界，妇女受歧视、受压迫以至受摧残的现象并未绝迹，影响妇女地位的种种障碍远未消除。在和平与发展的时代主旋律日益鲜明今天，要求尊重妇女，保护妇女，彻底改变妇女命运的呼声更加高涨。这次世界妇女大会确定"以行动谋求平等、发展与和平"的主题，无疑是给全球妇女事业的发展注入了新的活力。我们高兴地看到，世界要和平，国家要稳定，经济要发展，社会要进步，妇女要解放，男女要平等，已成为各国妇女的普遍愿望，也是不可抗拒的历史潮流。

我们正处于世纪之交的重要时刻，肩负着继往开来的历史重任。对于如何推进全球妇女事业，处理好平等同发展与和平之间的相互关系，需要我们进行认真的探讨。

历史告诉我们：妇女的命运，是同全人类的命运联系在一起的。妇女的解放，是同民族的独立和人民的解放联系在一起的。妇女地位的提高，是同整个社会的发展和时代的进步联系在一起的。

在当代，和平与发展两大问题的解决，必须有广大妇女充分和平等的参与。妇女也只有积极参加建设自己的国家。积极投身于和平与发展的时代潮流，才能达到妇女地位提高的目的。

提高妇女地位，维护和平是首要前提。两次世界大战人类惨遭浩劫，而妇女儿童首当其冲，受到的灾难尤为深重。没有世界的和平与稳定，就谈不上妇女地位的提高和妇女权益的保障。冷战结束后，从总体上看，国际形势趋于缓和，但地区冲突和局部战争连绵不断，世界仍然不安宁。维护世界的和平与稳定，消除可能导致战争的各种因素，依然是各国人民，也是各国妇女的重要使命。

提高妇女地位，摆脱贫困是根本条件。经济是人类社会生活的基础。贫困和落后使许多妇女不能获得就业、受教育和保健的机会，更难实现享有平等参与国际政治、经济生活的权利。妇女要成为生活的主人，真正掌握自己的命运，就不仅要有平等的政治地位，还必须有平等的经济地位。正如我国伟大的文学家、思想家鲁迅先生所说："一切女子，倘不得到和男子同等的经济权，我以为所有好名目，就都是空话。"如今，在许多国家，特别是发展中国家，贫困依然是影响妇女地位的严重障碍。这是长期的殖民统治和不公正、不合理的国际经济秩序带来的后果。发达国家责无旁贷，国际社会也义不容辞，应该帮助那里的人民发展经济，消除贫困，提高生活水平。

中国政府一向认为，实现男女平等是衡量社会文明的重要尺度。新中国成立后，我国广大妇女成为国家和社会的主人。我们十分重视妇女的发展与进步，把男女平等作为促进我国社会发展的一项基本国策。我们坚决反对歧视妇女的现象，切实维护和保障妇女在国家政治、经济和社会生活中的平等地位和各项权益。中国是人口众多的国家，肩负着提高世界上近四分之一妇女地位的重任。我们将继续努力，为促进全球妇女事业的发展作出贡献。

妇女问题，是国际社会普遍关注的重要问题。妇女事业，是人类的一项崇高事业。要提高妇女的地位和作用，不仅需要各国政府和人民的努力，还需要广泛的国际合作。我相信，只要遵循联合国宪章的宗旨和原则，相互尊重，求同存异，加强协作，就会促进全球妇女事业的不断发展。世界各国妇女和人民，正在密切注视着这次大会的召开，并对会议取得积极成果寄予殷切的期望。为了开好这次大会，中国政府和人民愿意作出巨大的努力，并同联合国及其下属机构进行良好的合作。我衷心希望联合国第四次世界妇女大会成为促进男女平等、推动和平与发展的一个重要里程碑。

最后，预祝大会取得圆满成功。祝各位在北京度过愉快的时光。

谢谢！

（《在联合国第四次世界妇女大会欢迎仪式上江泽民的讲话》，《中国妇女》1995年第11期，第21~22页）

胡锦涛在纪念联合国第四次世界妇女大会十周年会议开幕式上的讲话

（2005年8月29日，北京）

各位嘉宾，

女士们，先生们，朋友们：

在这个美好的季节里，我们相聚在北京，共同纪念联合国第四次世界妇女大会召开10周年。首先，我谨代表中国政府和人民，并以我个人的名义，对这次会议的召开，致以热烈的祝贺！向远道而来的各位嘉宾和所有与会者，致以诚挚的欢迎！向世界各国妇女，致以良好的祝愿！

10年前，联合国第四次世界妇女大会在北京举行。会议围绕"以行动促进平等、发展与和平"的主题，共商促进性别平等的全球战略，制定并通过了《北京宣言》和《行动纲领》。那次大会是世界妇女事业发展史上的重要里程碑，也是维护社会公正、推进各国社会事业发展的重要举措。10年来，那次大会的重要意义和作用，越来越为世界妇女事业发展的实践所证明。

10年后的今天，我们举办"北京+10"纪念活动，以"促进性别平等，实现共同发展"为主题，重温联合国第四次世界妇女大会精神，见证各国政府对促进性别平等、推进世界和平与发展的承诺，总结世界妇女事业发展的成果，探求进一步推动世界妇女事业发展的途径，具有十分重要的意义。

今年是联合国成立60周年。我们高兴地看到，联合国自成立以来，在提高妇女地位、促进性别平等、推动世界妇女事业发展方面进行了不懈努力，做出了重要贡献。1975 年以来，联合国先后举行四次世界妇女大会，对世界妇女事业产生了积极而深远的影响。世纪之交的 2000 年，联合国又召开了妇女问题特别联大，促请各国政府和社会各界履行对提高妇女地位所作的积极承诺。同一年，联合国千年首脑会议签署《千年宣言》，把促进性别平等、赋予妇女权利列为千年发展目标的重要内容。在联合国推动下，《北京宣言》和《行动纲领》宣示的重要精神，在各国政府的规划和行动中日益得到体现，促进性别平等的观念逐步纳入各国政府的决策之中，促进妇女事业发展的各种机制应运而生，各国妇女的生存条件、发展权利和社会地位得到不同程度的改善和提高，男女平等在全球范围内得到了普遍关注和重视。人们越来越深刻地认识到，妇女问题与全球政治、经济、文化、社会发展是紧密联系的。以行动谋求平等、发展与和平，是全球妇女的心声，也是各国人民的共同愿望、国际社会的共同追求。

女士们、先生们、朋友们！

中国始终高度重视发挥妇女作用，积极推动妇女事业发展。中国明确把男女平等作为一项基本国策，表明了中国促进性别平等、保障妇女权益的坚定决心。10 年来，中国恪守《北京宣言》和《行动纲领》的宗旨，制定并实施了《中国妇女发展纲要》，把妇女发展的目标任务纳入了国家经济社会发展的总体规划，建立健全了促进妇女发展、保障妇女权益的法律法规体系、工作体系、组织体系，建立了国家促进性别平等的有效机制，形成了全社会共同关心支持妇女事业的良好格局。

中国注重保障妇女在政治、经济、文化、社会和家庭生活等方面享有同男子平等的权利，不断促进妇女全面发展；注重发挥妇女在国家政治生活中的作用，妇女参与民主选举、民主决策、民主管理、民主监督的水平不断提高；注重推进男女平等就业，妇女就业机会增加、就业结构趋于合理；注重缩小两性受教育水平的差距，女性的文化素质整体上明显提高；注重加强保障妇女权益的立法、执法、司法工作，坚决维护妇女合法权益；注重关心妇女的健康和生活，农村贫困妇女数量显著减少，城镇低收入妇女得到有效救助，妇女的健康素质和生活质量不断提高。

　　同时，我们清醒地认识到，由于中国是一个有13亿人口的发展中国家，生产力发展水平和教育文化水平还不高，中国妇女的生存、发展、权益保障需要进一步改善，中国妇女在参政、就业、教育及婚姻家庭等领域的平等权利需要进一步落实，消除侵犯妇女权益的现象也需要进一步加强。中国将在推进经济社会发展的同时，采取更加有效的政策，开展更加深入的工作，积极解决存在的问题，不断取得新的切实的成效。

　　进入21世纪，我们明确了在本世纪头20年全面建设小康社会的宏伟目标，强调要坚持以人为本、全面协调可持续的科学发展观，推动社会主义物质文明、政治文明、精神文明与和谐社会建设全面发展，进一步实现好、维护好、发展好最广大人民的根本利益。这既对中国妇女事业发展提出了新的要求，也提供了更加有利的环境、更多的机会和更加丰富的资源。中国妇女事业正面临着加快发展的光明前景。

　　——我们将坚持贯彻男女平等的基本国策，不断促进性别平等和两性和谐发展。我们将继续运用经济、法律、行政及舆论等多种措施，使男女平等的基本国策真正落实到经济社会发展的各个领域和社会生活的各个方面。我们将充分关注妇女发展中的不平衡、不充分、不和谐现象，抓住脱贫、就业、教育、健康等重点领域和重点问题，加大政策支持力度，充分保障妇女的合法权益，不断提高妇女自身发展的能力。

　　——我们将坚持落实科学发展观，在推动经济社会发展的进程中促进妇女事业发展。妇女问题，从本质上说是发展问题，也必须通过发展才能得到解决。我们将坚持把最广大人民的根本利益作为各项工作的根本出发点和落脚点，使发展的成果惠及包括广大妇女在内的全体中国人民。我们将采取切实有效的措施，逐步缩小男女两性在发展资源占有和发展收益分配上的差距，充分调动广大妇女的积极性、主动性、创造性，支持妇女投身中国发展的伟大实践，以自己的智慧和劳动创造美好生活、推动社会进步。

　　——我们将坚持加强国际交流合作，共同推进世界妇女事业。提高妇女的地位和作用，需要各国政府和人民不懈努力，也需要开展积极的国际合作。长期以来，中国妇女事业发展得到了国际社会关注和支持，而中国妇女事业发展也促进了世界妇女事业发展。中国将本着相互尊重、求同存异、加强协作的原则，积极参与妇女领域的国际活动。中国将一如既往地秉承第四次世界妇女大会的宗旨，为全面实施《北京宣言》、《行动纲领》和千年发展目标而继续努力。

女士们、先生们、朋友们！

当今世界，和平、发展、合作已经成为不可阻挡的时代潮流，为包括妇女发展在内的人类发展进步提供了难得机遇。同时，我们也要看到，影响世界和平与发展的不稳定不确定因素依然存在，局部冲突时起时伏，南北差距拉大，跨国犯罪、环境恶化、重大传染性疾病等问题日趋严重。这一切，对人类和平与发展的崇高事业提出了严峻挑战，也制约着各国特别是发展中国家的妇女事业发展。世界妇女的命运同世界的和平与发展息息相关。各国应该加强合作，努力维护世界和平、促进共同发展，为世界妇女事业发展创造更加良好的条件。

和平是世界妇女事业发展的首要前提。妇女儿童是战争和武装冲突的最大受害者。只有在稳定、和平的环境中，妇女才能真正享受各项权利，才能实现自身的价值和发展。各国应该树立互信、互利、平等、协作的新安全观，坚持通过对话和合作解决争端，而不诉诸武力或以武力相威胁，不断为世界妇女事业发展营造和平的国际环境。

发展是世界妇女事业发展的物质基础。世界妇女事业总是伴随着人类物质文明和精神文明的发展而不断发展的。提高妇女的生活水平和质量，提高妇女的社会地位，关键是要不断推进经济社会发展。各国应该根据本国国情，制定正确的发展战略，促进经济、政治、文化、社会发展，不断为促进性别平等、保障妇女权益提供强有力的物质技术支撑。

合作是世界妇女事业发展的重要途径。团结就是力量，合作才能共赢。世界妇女事业是各国妇女和全人类的共同事业，需要世界各国妇女和人民密切合作、共同推进。各国应该严格遵循联合国宪章的宗旨和原则，切实贯彻世界妇女大会精神，相互尊重，平等协商，求同存异，真诚合作，共同推进世界妇女事业。

各国妇女是维护世界和平、促进共同发展的重要力量，在推进人类和平与发展的崇高事业中应该也能够大有作为。

中国将高举和平、发展、合作的旗帜，坚定不移地走和平发展道路，积极加强同国际社会的交流合作，同世界各国人民一道，继续推进世界妇女事业，造福各国妇女和世界人民。

女士们、先生们、朋友们！

妇女是创造人类文明的一支伟大力量。促进男女平等，保障妇女权益，关系妇女的切身利益，关系人类的创造能力的全面发挥、社会生产力的充分解放。我们应该更加关注各国妇女对美好生活的期望和追求，尤其要关注仍处在战乱和贫困中的广大妇女的境况，给她们以真诚的关怀、实际的帮助，努力让世界所有妇女姐妹都过上安宁幸福的生活。

让我们继续发扬第四次世界妇女大会精神，共同承担促进性别平等、保障妇女权益的神圣职责，为推动世界妇女事业发展和人类文明进步不断作出新的更大的贡献！

最后，预祝这次会议取得圆满成功。祝各位在北京过得愉快。

谢谢大家。

（胡锦涛：《在纪念联合国第四次世界妇女大会十周年会议开幕式上的讲话》，《中国妇运》2005年第10期）

胡锦涛在纪念"三八"国际劳动妇女节100周年大会上的讲话

（2010年3月7日，北京）

同志们，朋友们：

今天，我们在这里隆重集会，共同纪念"三八"国际劳动妇女节100周年。这对于激励我国广大妇女继承优良传统、弘扬时代精神，积极投身夺取全面建设小康社会新胜利、开创中国特色社会主义事业新局面伟大实践具有十分重要的意义。

在这里，我代表党中央、国务院，向全国各族各界妇女和广大妇女工作者，向香港特别行政区、澳门特别行政区女同胞和台湾女同胞、海外女侨胞，致以节日的祝贺！向长期以来关心和支持我国妇女事业发展的国际组织和国际友人，表示衷心的感谢！向全世界劳动妇女，致以诚挚的问候和良好的祝愿！

100年前，国际社会主义者第二次妇女代表大会顺应广大被压迫妇女向往自由、要求平等的愿望，确定每年3月8日为国际劳动妇女节。从那时以来，全世界劳动妇女以自己的勤劳、勇敢、执着，为实现男女平等、谋求自身解放和发展、促进人类文明进步而不懈奋斗，谱写了世界妇女运动可歌可泣的壮美篇章。100年后的今天，全世界劳动妇女团结奋斗、自强不息的精神薪火相传、历久弥新，实现男女平等、维护世界和平、促进共同发展已成为包括广大妇女在内的世界各国人民的共同心愿。

在人类社会发展的历史长河中，妇女始终是推动文明进步的伟大力量。没有妇女的解放，就没有全人类的解放；没有妇女事业的进步，就没有全社会的进步。19世纪末20世纪初，在我国人民反帝反封建风起云涌的伟大斗争中，我国妇女广泛觉醒、奋起抗争，我国妇女运动蓬勃兴起、如火如荼。中国共产党的成立给积贫积弱的旧中国带来了希望的曙光，也使我国妇女争取解放的斗争找到了前进方向，使我国妇女运动的面貌为之一新。在中国共产党领导下，我国广大妇女始终把个人的前途命运同国家和民族的前途命运紧密结合在一起，开创了艰辛而辉煌的奋斗历程，走出了一条深深植根于我国历史和现实、具有强烈时代特征和鲜明中国特色的妇女解放和发展道路，为建立新中国作出了重大贡献，为实现中华民族伟大复兴建立了丰功伟绩，为世界妇女运动发展谱写了壮丽篇章。

长期以来，我国广大妇女勇立时代潮头、展现巾帼风采，成为实现民族独立和人民解放、国家富强和人民幸福的重要力量。占我国人口一半的广大妇女矢志不渝追求自身解放和男女平等，意气风发投身我国革命、建设、改革的伟大事业。在艰苦卓绝的革命战争年代，广大妇女开展面向大众的宣传鼓动，投身血雨腥风的革命斗争，从事艰巨繁重的生产劳动，用热血和汗水为中国革命胜利建立了不可磨灭的历史功勋。在热火朝天的社会主义建设时期，广大妇女在经济、政治、文化、社会和家庭生活等方面都获得了翻身解放，社会地位发生了翻天覆地的变化，聪明才智得到了前所未有的释放，在国家建设和民族发展中发挥了不可替代的作用。特别是在波澜壮阔的改革开放时代，广大妇女豪情满怀、英姿飒爽、开拓进取，为我国改革开放和社会主义现代化建设作出了突出贡献，各条战线各个领域群芳争艳，涌现出一批又一批巾帼英雄。近年来，在抗击非典生死攸关的抢救现场，在抗震救灾气壮山河的斗争一线，在北京奥运会、残奥会的比赛场馆，在应对国际金融危机冲击、保持经济平稳较快发展的生动实践中，广大妇女表现出强烈的爱国热情、顽强的奋斗意志、杰出的创造才能、崇高的奉献精神。妇女能顶"半边天"，就是党和人民对我国广大妇女重要作用和突出贡献的最高赞誉。

长期以来，我国广大妇女同各国妇女广泛交流合作，为人类和平与发展的崇高事业作出了重要贡献。我国妇女运动从一开始就同世界妇女运动保持着密切联系，既充分吸收各国妇女运动有益成果，又不断为世界妇女运动贡献宝贵经验。1924年，我国妇女在广州首次举行纪念"三八"国际劳动妇女节活动，积极同各国妇女开展交流合作，携手推进人类进步事业。新中国成立初期，在国际环境十分严峻复杂的情况下，我国妇女积极开展同各国妇女、妇女组织和国际妇女组织的友好交流，为巩固新生的共和国政权、争取有利外部环境发挥了重要作用。改革开放极大拓展了我国妇女的国际视野，我国妇女同各国妇女的友好交往日趋紧密，我国妇女组织同国际妇女组织的交流合作更为频繁，我国妇女同各国妇女一道，为维护世界和平、促进共同发展作出了重要贡献。

长期以来，中国共产党始终把实现妇女解放和男女平等作为孜孜以求的奋斗目标，为我国妇女事业发展提供了坚强领导和重要保证。中国共产党自成立之日起，就把妇女运动作为自身工作的一个重要方面和推进中国发展进步的一支重要力量，根据党的中心任务和我国妇女实际制定实施了一系列方针政策。新中国成立后，我们从政治上彻底结束了旧中国广大妇女受压迫受奴役的悲惨历史，我国妇女运动发展进入一个崭新时代。党和国家坚持把妇女事业发展纳入国家发展总体布局，加强对妇女工作的领导，综合运用法律、政策、行政、教育、舆论等手段促进妇女事业与经济社会协调发展。从具有临时宪法性质的《共同纲领》宣告"妇女在政治的、经济的、文化教育的、社会生活的各方面，均有与男子平等的权利"到历次颁布的我国宪法都明确规定男女平等，从婚姻法、土地改革法、选举法等有关法律法规对妇女平等权利的明确规定到颁布实施保障妇女基本人权和特殊权益的《中华人民共和国妇女权益保障法》，从明确把男女平等作为一项基本国策到制定实施全面推进妇女发展的国家行动计划《中国妇女发展纲要》，从成立国家妇女儿童工作部门到发展壮大各级各类妇女儿童工作协调机构，我国妇女事业发展得到了坚实的政治保证和可靠的法律保障。

同志们、朋友们！

100年来的风云变幻和峥嵘岁月，见证了我国妇女运动的壮阔实践和骄人成就，给我们以深刻启示。

——我国妇女运动发展必须坚持广大妇女的主体地位。妇女是决定自身命运的基本力量，也是决定妇女运动发展的基本力量。我国广大妇女历来自强自立、勤劳勇敢、吃苦耐劳，蕴藏着无穷的智慧，是认识世界和改造世界、创造物质财富和精神财富、推动社会进步和历史前进的一支伟大力量。只有充分尊重广大妇女的主体地位，把广大妇女的积极性、主动性、创造性最充分地调动起来，把广大妇女的智慧和力量最大限度地凝聚起来，我国妇女运动发展才能具有最坚实最可靠的基础。

——我国妇女运动发展必须坚持与国家和民族同呼吸、共命运。妇女的前途命运历来与国家和民族的前途命运息息相关。国家发展和民族振兴是实现妇女解放和平等发展的根本基础。只有自觉融入国家发展和民族振兴的历史洪流，自觉把自己的前途命运同国家和民族的前途命运紧密结合起来，以实现国家发展和民族振兴为己任，妇女运动才能焕发出强大的生命力、创造力、感召力，才能实现自身发展的伟大目标。

——我国妇女运动发展必须坚持走中国特色社会主义道路。中国特色社会主义道路是我们历经艰辛探索开辟的一条实现中国繁荣富强、中国人民共同富裕、中华民族伟大复兴的康庄大道，也是引领当代中国妇女奋勇前进的正确道路。中国特色社会主义理论体系作为马克思主义中国化最新成果，为我国妇女运动发展提供了强大思想武器。只有始终不渝高举中国特色社会主义伟大旗帜，坚定不移走中国特色社会主义道路，坚持以邓小平理论和"三个代表"重要思想为指导，深入贯彻落实科学发展观，牢固树立马克思主义妇女观，我国妇女运动才能沿着正确政治方向不断前进，我国妇女运动的道路才能越走越宽广。

——我国妇女运动发展必须坚持中国共产党领导。中国共产党是中国工人阶级的先锋队，同时是包括我国广大妇女在内的中国人民和中华民族的先锋队。我国妇女运动发展史就是一部在中国共产党领导下不断实现妇女解放和平等发展的奋斗史。没有中国共产党，就没有新中国，就没有中国特色社会主义，就没有我国广大妇女的历史性解放，就没有我国广大妇女作用的全方位发挥。只有毫不动摇地坚持党的领导，使广大妇女紧密团结在党的周围，使党的主张真正成为广大妇女的自觉行动，我国妇女运动才能肩负起自身历史使命，为国家、为人民、为民族不断作出彪炳史册的贡献。

同志们、朋友们！

2009年，我们隆重庆祝了新中国成立60周年，全国各族人民都为伟大祖国的发展进步感到无比自豪，决心在新的起点上把中国特色社会主义事业继续推向前进。现在，全国各族人民正在万众一心、意气风发地朝着全面建设小康社会、建设富强民主文明和谐的社会主义现代化国家的目标阔步前进。我国的发展前景无比美好，我们的事业催人奋进。同时，我们也要清醒地看到，我国仍处于并将长期处于社会主义初级阶段的基本国情没有变，人民日益增长的物质文化需要同落后的社会生产之间的矛盾这一社会主要矛盾没有变，我们依然面对着复杂多变的国际环境，依然面对着各种可能发生的风险和挑战，改革发展稳定各项任务艰巨繁重。在新的历史条件下，我们要抓住机遇、迎接挑战，积极推动科学发展、促进社会和谐，不断夺取全面建设小康社会新胜利、开创中国特色社会主义事业新局面，需要包括广大妇女在内的全国各族人民携手并肩、不懈奋斗。我国广大妇女要坚持解放思想、实事求是、与时俱进、振奋斗志，以更加开阔的眼界、更加务实的精神、更加昂扬的姿态，推动我国妇女运动继续扬帆远航、破浪前进，努力创造无愧于祖国、无愧于人民、无愧于时代的新业绩。

第一，我国广大妇女要胸怀祖国、志存高远，坚定中国特色社会主义理想信念。成就伟大的事业，需要坚如磐石的理想信念，需要坚不可摧的思想基础，需要坚定不移的奋进力量。坚持和发展中国特色社会主义是全国各族人民的共同理想信念，是当代中国发展进步的根本前进方向。我国广大妇女要矢志不移走中国特色社会主义道路，不论遇到什么样的艰难险阻，不论面临什么样的复杂局面，都要明辨是非、站稳立场、绝不动摇。要深化对国内外发展大势的认识、对我国基本国情和当前发展阶段性特征的认识，深化对新中国成立60多年特别是改革开放30多年伟大而艰辛的历史进程的认识，发扬识大体、顾大局的优良传统，坚持用全局眼光、发展眼光正确看待改革过程中的利益调整，正确看待改革发展中出现的矛盾和问题，正确处理国家利益、集体利益、个人利益的关系，自觉承担起时代赋予的崇高使命，努力为坚持和发展中国特色社会主义作出新的更大的贡献。

第二，我国广大妇女要勇挑重担、奋发有为，为全面建设小康社会、加快推进社会主义现代化充分发挥"半边天"作用。实现全面建设小康社会奋斗目标、进而基本实现社会主义现代化，是全国各族人民的共同使命，也是需要全国各族人民顽强拼搏才能实现的历史伟业。我国广大妇女要大力弘扬主人翁精神，自觉做改革开放的坚定拥护者和积极推动者，把实现自身理想和发展进步寓于为祖国和人民奉献的行动之中，牢牢把握经济建设这个中心，坚持聚精会神搞建设、一心一意谋发展，积极投身推动科学发展、促进社会和谐的生动实践，在推进社会主义经济建设、政治建设、文化建设、社会建设以及生态文明建设和党的建设各个领域大展英姿。要大力弘扬改革创新精神，争当自主创新的巾帼标兵，努力在本职岗位有所创造，在推动理论创新、制度创新、科技创新、文化创新以及其他各方面创新中大施才干。要大力弘扬艰苦奋斗精神，敢于面对困难，勇于迎接挑战，在困难面前不低头，在挑战面前不退缩，用勤劳和智慧创造更加美好的生活。

第三，我国广大妇女要传承文明、弘扬新风，在促进社会和谐中发挥独特作用。夺取全面建设小康社会新胜利、开创中国特色社会主义事业新局面，要求我们大力促进社会和谐。我国广大妇女素有勤劳勇敢、智慧善良的美德，在家庭和社会都是传承文明、弘扬新风、融洽关系、增进和谐的重要力量。广大妇女要积极参与社会主义核心价值体系建设和社会主义精神文明建设，发扬光大中华民族传统美德，牢固树立社会主义荣辱观，遵守社会公德，践行职业道德，弘扬家庭美德，陶冶个人品德，培养高尚的道德情操，踊跃参加群众性精神文明创建活动，自觉承担社会责任，始终保持积极向上的人生追求。家庭是社会的细胞，家庭和谐是社会和谐的基石。要积极践行男女平等、尊老爱幼、互爱互助、见义勇为的社会风尚，坚持做勤俭持家、夫妻和睦、邻里团结的模范，发挥在家庭教育特别是未成年人教育中的重要作用，倡导健康有益的生活方式，培育文明向上的家风，推动形成人人相互关爱、家家幸福安康、社会和谐发展的良好局面。要牢固树立社会主义民主法治、自由平等、公平正义的理念，依法行使民主权利，自觉承担公民责任，为维护社会安定团结作出贡献。

第四，我国广大妇女要勤奋学习、刻苦求知，做自尊、自信、自立、自强的时代女性。妇女的素质状况不仅决定着妇女自身发展进步，而且直接影响着国民素质提高。学习才能进步，学习才能创新，学习才能有所作为。我国广大妇女要把学习作为毕生追求，以坚忍不拔的毅力和持之以恒的精神充实自己、提高自己、完善自己，立志岗位成才，勤于学习提高，不断提高应对竞争和挑战的能力，不断增强为祖国和人民服务的本领。要以时不我待的紧迫感学习新知识，特别是要学习科学文化知识、学习掌握与本职工作相关的新知识新技能，一点一滴积累，一步一个脚印前行，真正做到学有所得、业有所专、干有所长。要以积极向上的精神风范投身改革开放和社会主义现代化建设火热实践，在为祖国和人民真情奉献中增长才干，到祖国和人民需要的地方去砥砺风节，让人生在无悔的奋斗中绽放出更加绚丽的光彩。

同志们、朋友们！

我国妇联组织是党和政府联系妇女群众的桥梁和纽带，是国家政权的重要社会支柱，肩负着光荣使命。新中国成立以来，我国妇联组织紧紧依靠和紧密团结广大妇女，在组织动员妇女建功立业、实现男女平等、依法保障妇女儿童权益、提高妇女整体素质、促进和谐家庭建设和未成年人健康成长、扩大中外妇女交流等方面做了大量富有成效的工作。在新的形势下，各级妇联组织要认真贯彻党的妇女工作方针政策，紧紧围绕党和国家工作大局，深化和拓展各项工作，切实发挥职能作用，进一步把广大妇女凝聚在中国特色社会主义伟大旗帜下，精神抖擞地投身全面建设小康社会伟大实践。要继承和发扬优良传统，牢固树立竭诚为妇女服务的观念，坚持重心下移，立足基层，积极帮助解决妇女最关心最直接最现实的利益问题，大力推动提高妇女社会地位，不断提升妇女思想道德素质、科学文化素质和健康素质，促进妇女全面发展，切实履行好组织妇女、引导妇女、服务妇女和维护妇女儿童合法权益的职责，扎扎实实为党和政府分忧、为妇女群众解难，始终与广大妇女心连心、同呼吸、共命运。要认真研究新形势下妇女和妇女工作的发展变化，努力把握妇女工作特点和规律，以改革创新精神加强妇联组织建设，积极探索新形势下联系和服务妇女的方式方法，不断增强吸引力、凝聚力、影响力，把妇联组织建设成为党开展妇女工作的坚强阵地和深受广大妇女信赖和热爱的温暖之家。

各级党委和政府要充分认识广大妇女的重要作用和做好新形势下妇女工作的重大意义，坚决贯彻男女平等的基本国策，发展妇女事业，维护妇女权益，关心妇女疾苦，热忱帮助妇女解决工作生活中遇到的特殊困难，尤其要千方百计为城乡困难妇女排忧解难，坚决消除歧视妇女现象，依法打击侵害妇女权益的行为，积极为妇女平等依法行使民主权利、平等参与经济社会发展、平等享有改革发展成果创造条件。各级党委要加强和改进党对妇女工作的领导，支持妇联组织依照法律和章程、根据妇女特点和需要创造性地开展工作，认真研究解决妇联工作中的实际困难和问题，热情关心妇联干部成长和进步，动员全社会更加自觉地尊重妇女、更加有力地支持妇女工作，为妇联组织履行职责、开展工作营造良好环境。要继续巩固同香港特别行政区、澳门特别行政区女同胞和台湾女同胞、海外女侨胞的大团结，携手向着中华民族伟大复兴的宏伟目标奋进。要继续高举和平、发展、合作旗帜，加强同各国妇女和妇女组织的交流，积极参与全球性和区域性妇女事务，不断扩大我国妇女的国际影响，同各国人民一道，为促进世界妇女事业发展，为推动建设持久和平、共同繁荣的和谐世界作出新的更大的贡献。

同志们、朋友们！

"等闲识得东风面，万紫千红总是春。"我国改革开放和社会主义现代化建设伟大事业为我国妇女事业不断发展提供了广阔舞台。在祖国和人民开拓奋进的伟大历史征途上，我国广大妇女可以也一定能够大有作为，我国妇女事业可以也一定能够大展宏图。让我们更加紧密地团结起来，锐意进取，扎实奋斗，共同绘就我国妇女事业更新更美的画卷，共同谱写全面建设小康社会、实现中华民族伟大复兴更加辉煌的篇章！

（胡锦涛：《在纪念"三八"国际劳动妇女节100周年大会上的讲话》，《中国妇运》2010年第4期）

习近平在全球妇女峰会上的讲话

——促进妇女全面发展 共建共享美好世界

（2015年9月27日，纽约）

尊敬的潘基文秘书长，

尊敬的姆兰博—努卡主任，

尊敬的各位同事，

女士们、先生们、朋友们：

在联合国成立70周年、北京世界妇女大会召开20周年之际，我们在这里举行全球妇女峰会，为促进男女平等和妇女发展重申承诺、共谋未来，意义重大。

妇女是物质文明和精神文明的创造者，是推动社会发展和进步的重要力量。没有妇女，就没有人类，就没有社会。

追求男女平等的事业是伟大的。纵观历史，没有妇女解放和进步，就没有人类解放和进步。为实现男女平等的崇高理想，人类走过了不平坦、不平凡的历程。从200多年前世界第一份妇女权利宣言诞生，到"三八"国际劳动妇女节的设立，到联合国成立妇女地位委员会，到通过《消除对妇女一切形式歧视公约》，妇女事业发展的每一步都推动了人类文明进步。

20年前，在北京，第四次世界妇女大会通过了《北京宣言》和《行动纲领》，达成促进男女平等、保障妇女权利的战略目标和政策框架。今天，北京世界妇女大会所宣示的精神，在世界催生了积极变化。各国追求男女平等共识日益强化，推动妇女发展行动更趋多样化，妇女生存发展环境不断优化。联合国妇女署做了大量工作，值得充分肯定。

经过持续不断努力，许多以前遥不可及的梦想已经成为现实：全球143个国家通过立法明确规定男女平等，妇女参与政治经济活动在法律上已经没有障碍，妇女接受教育、婚姻自由、职业自由等已经成为社会共识。

同时，环顾世界，各国各地区妇女发展水平仍然不平衡，男女权利、机会、资源分配仍然不平等，社会对妇女潜能、才干、贡献的认识仍然不充分。现在全球8亿贫困人口中，一半以上是妇女。每当战乱和疫病来袭，妇女往往首当其冲。面对恐怖和暴力肆虐，妇女也深受其害。时至今日，针对妇女的各种形式歧视依然存在，虐待甚至摧残妇女的事情时有发生。

事实表明，实现男女平等，还需要我们付出巨大努力。我们要不懈努力，为妇女事业发展开辟广阔道路。

女士们、先生们、朋友们！

我们刚刚通过2015年后发展议程，性别视角已纳入新发展议程各个领域。让我们发扬北京世界妇女大会精神，重申承诺，为促进男女平等和妇女全面发展加速行动。

第一，推动妇女和经济社会同步发展。发展离不开妇女，发展要惠及包括妇女在内的全体人民。我们要制定更加科学合理的发展战略，既要考虑各国国情、性别差异、妇女特殊需求，确保妇女平等分享发展成果，又要创新政策手段，激发妇女潜力，推动广大妇女参与经济社会发展。中国实践证明，推动妇女参加社会和经济活动，能有效提高妇女地位，也能极大提升社会生产力和经济活力。

第二，积极保障妇女权益。妇女权益是基本人权。我们要把保障妇女权益系统纳入法律法规，上升为国家意志，内化为社会行为规范。要增强妇女参与政治经济活动能力，提高妇女参与决策管理水平，使妇女成为政界、商界、学界的领军人物。我们要保障妇女基本医疗卫生服务，特别是要关注农村妇女、残疾妇女、流动妇女、中老年妇女、少数族裔妇女的健康需求。我们要采取措施确保所有女童上得起学和安全上学，发展面向妇女的职业教育和终身教育，帮助她们适应社会和就业市场变化。

第三，努力构建和谐包容的社会文化。男女共有一个世界，消除对妇女的歧视和偏见，将使社会更加包容和更有活力。我们要努力消除一切形式针对妇女的暴力，包括家庭暴力。我们要以男女平等为核心，打破有碍妇女发展的落后观念和陈规旧俗。我赞赏潘基文秘书长发起的"他为她"倡议，希望越来越多男性参与进来。

第四，创造有利于妇女发展的国际环境。妇女和儿童是一切不和平不安宁因素的最大受害者。我们要坚定和平发展和合作共赢理念，倍加珍惜和平，积极维护和平，让每个妇女和儿童都沐浴在幸福安宁的阳光里。

各国妇女团体应该加强交流，增进友谊，共同发展，共同进步。要继续开展妇女领域国际发展合作，发达国家要加大对发展中国家的资金和技术援助，缩小各国妇女发展差距。

女士们、先生们、朋友们！

在中国人民追求美好生活的过程中，每一位妇女都有人生出彩和梦想成真的机会。中国将更加积极贯彻男女平等基本国策，发挥妇女"半边天"作用，支持妇女建功立业、实现人生理想和梦想。中国妇女也将通过自身发展不断促进世界妇女运动发展，为全球男女平等事业作出更大贡献。

为支持全球妇女事业和联合国妇女署工作，中国将向妇女署捐款1000万美元，用于支持落实《北京宣言》和《行动纲领》，落实2015年后发展议程相关目标。在今后5年内，中国将帮助发展中国家实施100个"妇幼健康工程"，派遣医疗专家小组开展巡医活动；实施100个"快乐校园工程"，向贫困女童提供就学资助，提高女童入学率；邀请3万名发展中国家妇女来华参加培训，并在当地为发展中国家培训10万名女性职业技术人员。在中国同联合国合作设立的有关基金项下，将专门开展支持发展中国家妇女能力建设的项目。

女士们、先生们、朋友们！

让我们携手努力，加速行动，共建共享一个对所有妇女、对所有人更加美好的世界！

预祝峰会圆满成功！

谢谢大家。

（习近平：《促进妇女全面发展　共建共享美好世界——在全球妇女峰会上的讲话》，《中国妇运》2015年第11期）

习近平在联合国大会纪念北京世界妇女大会25周年高级别会议上的讲话

（2020年10月1日，北京）

主席先生，

各位同事：

在联合国成立75周年之际，我们纪念北京世界妇女大会召开25周年，促进性别平等，推动全球妇女事业发展。我对此感到高兴，预祝本次高级别会议取得圆满成功。

妇女是人类文明的开创者、社会进步的推动者，在各行各业书写着不平凡的成就。我们正在抗击新冠肺炎疫情，广大女性医务人员、疾控人员、科技人员、社区工作者、志愿者等不畏艰险、日夜奋战，坚守在疫情防控第一线，用勤劳和智慧书写着保护生命、拯救生命的壮丽诗篇。我们要为她们点赞。

在中国抗击新冠肺炎疫情最紧要的时刻，来自中国全国各地驰援湖北的4万多名医护人员中，三分之二是女性。有一位来自广东省的小护士还不满20岁。记者问她，你还是一个孩子，还需要别人帮助。她回答说，穿上防护服，我就不是孩子了。这段对话感动了整个中国！正是成千上万这样的中国女性，白衣执甲，逆行而上，以勇气和辛劳诠释了医者仁心，用担当和奉献换来了山河无恙。

主席先生！

25年来，北京世界妇女大会精神不断催生积极变化。妇女社会地位显著提高，"半边天"作用日益彰显，性别平等和妇女赋权已成为《联合国2030年可持续发展议程》的重要目标。

新冠肺炎疫情还在全球蔓延，对各国生产生活、就业民生带来了严重冲击，妇女面临更大挑战。正如古特雷斯秘书长所言，过去几十年性别平等领域取得的成果正面临退步风险。在我们抗击疫情和推动经济社会复苏进程中，尤其要关注妇女特殊需要，落实《北京宣言》和《行动纲领》。中国主张：

第一，帮助妇女摆脱疫情影响。要关注一线女性医务工作者身体健康、社会心理需求、工作环境。我们要把保障妇女和女童权益置于公共卫生和复工复产计划重要地位，特别是拓宽妇女就业渠道，打击侵犯妇女权益的行为。我们要强化社会服务，优先保障孕产妇、儿童等特殊人群，格外关心贫困妇女、老龄妇女、残疾妇女等困难群体，为她们做好事、解难事、办实事。

第二，让性别平等落到实处。这次疫情既带来了前所未有的挑战，也提供了深刻反思、重塑未来的机遇。世界的发展需要进入更加平等、包容、可持续的轨道，妇女事业是衡量的重要标尺。保障妇女权益必须上升为国家意志。要以疫后恢复为契机，为妇女参政提供新机遇，提高妇女参与国家和经济文化社会事务管理水平。我们要消除针对妇女的偏见、歧视、暴力，让性别平等真正成为全社会共同遵循的行为规范和价值标准。

第三，推动妇女走在时代前列。在21世纪的今天，开创美好生活离不开妇女事业全面进步，也需要广大妇女贡献更大智慧和力量。要坚持在发展中保障妇女权益，靠发展改善妇女民生，实现妇女事业和经济社会同步发展。我们要扫清障碍、营造环境，最大限度调动广大妇女积极性、主动性、创造性，增强她们的获得感、幸福感、安全感。我们要充分发挥政府作用，广泛调动社会力量，支持和帮助妇女享有出彩的人生。

第四，加强全球妇女事业合作。妇女事业发展离不开和平安宁的国际环境，离不开可持续发展，离不开发挥联合国的重要协调作用。我们支持联合国把妇女工作放在优先位置，在消除暴力、歧视、贫困等老问题上加大投入，在解决性别数字鸿沟等新挑战上有所作为，使妇女目标成为2030年议程的早期收获。我们也支持提高妇女在联合国系统中的代表性。联合国妇女署要丰富性别平等工具箱，完善全球妇女发展路线图。

各位同事！

男女平等是中国的基本国策。中国建立了包括100多部法律法规在内的全面保障妇女权益法律体系，被世界卫生组织列为妇幼健康高绩效的10个国家之一，基本消除义务教育性别差距，全社会就业人员女性占比超过四成，互联网领域创业者中女性更是超过一半。

5年前，我倡议召开了全球妇女峰会，提出了一系列全球合作倡议，已经得到全面落实。我们将继续加大对全球妇女事业支持力度。未来5年内，中国将再向联合国妇女署提供1000万美元捐款。中国将继续设立中国—联合国教科文组织女童和妇女教育奖，支持全球女童和妇女教育事业。中国倡议在2025年再次召开全球妇女峰会。

主席先生！

建设一个妇女免于被歧视的世界，打造一个包容发展的社会，还有很长的路要走，还需要付出更大努力。让我们继续携手努力，加快实现性别平等、促进全球妇女事业发展。

谢谢。

（《习近平在联合国成立75周年系列高级别会议上的讲话》，人民出版社，2020，第19~23页）

第二部分 法律保障

女职工劳动保护特别规定

（2012年4月18日国务院第200次常务会议通过，2012年4月28日起施行）

第一条 为了减少和解决女职工在劳动中因生理特点造成的特殊困难，保护女职工健康，制定本规定。

第二条 中华人民共和国境内的国家机关、企业、事业单位、社会团体、个体经济组织以及其他社会组织等用人单位及其女职工，适用本规定。

第三条 用人单位应当加强女职工劳动保护，采取措施改善女职工劳动安全卫生条件，对女职工进行劳动安全卫生知识培训。

第四条 用人单位应当遵守女职工禁忌从事的劳动范围的规定。用人单位应当将本单位属于女职工禁忌从事的劳动范围的岗位书面告知女职工。

女职工禁忌从事的劳动范围由本规定附录列示。国务院安全生产监督管理部门会同国务院人力资源社会保障行政部门、国务院卫生行政部门根据经济社会发展情况，对女职工禁忌从事的劳动范围进行调整。

第五条 用人单位不得因女职工怀孕、生育、哺乳降低其工资、予以辞退、与其解除劳动或者聘用合同。

第六条 女职工在孕期不能适应原劳动的，用人单位应当根据医疗机构的证明，予以减轻劳动量或者安排其他能够适应的劳动。

对怀孕7个月以上的女职工，用人单位不得延长劳动时间或者安排夜班劳动，并应当在劳动时间内安排一定的休息时间。

怀孕女职工在劳动时间内进行产前检查，所需时间计入劳动时间。

第七条 女职工生育享受98天产假，其中产前可以休假15天；难产的，增加产假15天；生育多胞胎的，每多生育1个婴儿，增加产假15天。

女职工怀孕未满4个月流产的，享受15天产假；怀孕满4个月流产的，享受42天产假。

第八条 女职工产假期间的生育津贴，对已经参加生育保险的，按照用人单位上年度职工月平均工资的标准由生育保险基金支付；对未参加生育保险的，按照女职工产假前工资的标准由用人单位支付。

女职工生育或者流产的医疗费用，按照生育保险规定的项目和标准，对已经参加生育保险的，由生育保险基金支付；对未参加生育保险的，由用人单位支付。

第九条 对哺乳未满1周岁婴儿的女职工，用人单位不得延长劳动时间或者安排夜班劳动。

用人单位应当在每天的劳动时间内为哺乳期女职工安排1小时哺乳时间；女职工生育多胞胎的，每多哺乳1个婴儿每天增加1小时哺乳时间。

第十条 女职工比较多的用人单位应当根据女职工的需要，建立女职工卫生室、孕妇休息室、哺乳室等设施，妥善解决女职工在生理卫生、哺乳方面的困难。

第十一条 在劳动场所，用人单位应当预防和制止对女职工的性骚扰。

第十二条 县级以上人民政府人力资源社会保障行政部门、安全生产监督管理部门按照各自职责负责对用人单位遵守本规定的情况进行监督检查。

工会、妇女组织依法对用人单位遵守本规定的情况进行监督。

第十三条 用人单位违反本规定第六条第二款、第七条、第九条第一款规定的，由县级以上人民政府人力资源社会保障行政部门责令限期改正，按照受侵害女职工每人1000元以上5000元以下的标准计算，处以罚款。

用人单位违反本规定附录第一条、第二条规定的，由县级以上人民政府安全生产监督管理部门责令限期改正，按照受侵害女职工每人1000元以上5000元以下的标准计算，处以罚款。用人单位违反本规定附录第三条、第四条规定的，由县级以上人民政府安全生产监督管理部门责令限期治理，处5万元以上30万元以下的罚款；情节严重的，责令停止有关作业，或者提请有关人民政府按照国务院规定的权限责令关闭。

第十四条　用人单位违反本规定，侵害女职工合法权益的，女职工可以依法投诉、举报、申诉，依法向劳动人事争议调解仲裁机构申请调解仲裁，对仲裁裁决不服的，依法向人民法院提起诉讼。

第十五条　用人单位违反本规定，侵害女职工合法权益，造成女职工损害的，依法给予赔偿；用人单位及其直接负责的主管人员和其他直接责任人员构成犯罪的，依法追究刑事责任。

第十六条　本规定自公布之日起施行。1988年7月21日国务院发布的《女职工劳动保护规定》同时废止。

附　录

女职工禁忌从事的劳动范围

一　女职工禁忌从事的劳动范围：

（一）矿山井下作业；

（二）体力劳动强度分级标准中规定的第四级体力劳动强度的作业；

（三）每小时负重6次以上、每次负重超过20公斤的作业，或者间断负重、每次负重超过25公斤的作业。

二　女职工在经期禁忌从事的劳动范围：

（一）冷水作业分级标准中规定的第二级、第三级、第四级冷水作业；

（二）低温作业分级标准中规定的第二级、第三级、第四级低温作业；

（三）体力劳动强度分级标准中规定的第三级、第四级体力劳动强度的作业；

（四）高处作业分级标准中规定的第三级、第四级高处作业。

三 女职工在孕期禁忌从事的劳动范围：

（一）作业场所空气中铅及其化合物、汞及其化合物、苯、镉、铍、砷、氰化物、氮氧化物、一氧化碳、二硫化碳、氯、己内酰胺、氯丁二烯、氯乙烯、环氧乙烷、苯胺、甲醛等有毒物质浓度超过国家职业卫生标准的作业；

（二）从事抗癌药物、己烯雌酚生产，接触麻醉剂气体等的作业；

（三）非密封源放射性物质的操作，核事故与放射事故的应急处置；

（四）高处作业分级标准中规定的高处作业；

（五）冷水作业分级标准中规定的冷水作业；

（六）低温作业分级标准中规定的低温作业；

（七）高温作业分级标准中规定的第三级、第四级的作业；

（八）噪声作业分级标准中规定的第三级、第四级的作业；

（九）体力劳动强度分级标准中规定的第三级、第四级体力劳动强度的作业；

（十）在密闭空间、高压室作业或者潜水作业，伴有强烈振动的作业，或者需要频繁弯腰、攀高、下蹲的作业。

四 女职工在哺乳期禁忌从事的劳动范围：

（一）孕期禁忌从事的劳动范围的第一项、第三项、第九项；

（二）作业场所空气中锰、氟、溴、甲醇、有机磷化合物、有机氯化合物等有毒物质浓度超过国家职业卫生标准的作业。

（《女职工劳动保护特别规定》，2012年4月28日，中国政府网，http://www.gov.cn/zwgk/2012−05/07/content_2131567.htm）

关于依法办理家庭暴力犯罪案件的意见

（最高人民法院 最高人民检察院 公安部 司法部2015年3月2日印发）

发生在家庭成员之间，以及具有监护、扶养、寄养、同居等关系的共同生活人员之间的家庭暴力犯罪，严重侵害公民人身权利，破坏家庭关系，影响社会和谐稳定。人民法院、人民检察院、公安机关、司法行政机关应当严格履行职责，充分运用法律，积极预防和有效惩治各种家庭暴力犯罪，切实保障人权，维护社会秩序。为此，根据刑法、刑事诉讼法、婚姻法、未成年人保护法、老年人权益保障法、妇女权益保障法等法律，结合司法实践经验，制定本意见。

一 基本原则

1.依法及时、有效干预。针对家庭暴力持续反复发生，不断恶化升级的特点，人民法院、人民检察院、公安机关、司法行政机关对已发现的家庭暴力，应当依法采取及时、有效的措施，进行妥善处理，不能以家庭暴力发生在家庭成员之间，或者属于家务事为由而置之不理，互相推诿。

2.保护被害人安全和隐私。办理家庭暴力犯罪案件，应当首先保护被害人的安全。通过对被害人进行紧急救治、临时安置，以及对施暴人采取刑事强制措施、判处刑罚、宣告禁止令等措施，制止家庭暴力并防止再次发生，消除家庭暴力的现实侵害和潜在危险。对与案件有关的个人隐私，应当保密，但法律有特别规定的除外。

3.尊重被害人意愿。办理家庭暴力犯罪案件，既要严格依法进行，也要尊重被害人的意愿。在立案、采取刑事强制措施、提起公诉、判处刑罚、减刑、假释时，应当充分听取被害人意见，在法律规定的范围内作出合情、合理的处理。对法律规定可以调解、和解的案件，应当在当事人双方自愿的基础上进行调解、和解。

4.对未成年人、老年人、残疾人、孕妇、哺乳期妇女、重病患者特殊保护。办理家庭暴力犯罪案件，应当根据法律规定和案件情况，通过代为告诉、法律援助等措施，加大对未成年人、老年人、残疾人、孕妇、哺乳期妇女、重病患者的司法保护力度，切实保障他们的合法权益。

二 案件受理

5.积极报案、控告和举报。依照刑事诉讼法第一百零八条第一款"任何单位和个人发现有犯罪事实或者犯罪嫌疑人，有权利也有义务向公安机关、人民检察院或者人民法院报案或者举报"的规定，家庭暴力被害人及其亲属、朋友、邻居、同事，以及村（居）委会、人民调解委员会、妇联、共青团、残联、医院、学校、幼儿园等单位、组织，发现家庭暴力，有权利也有义务及时向公安机关、人民检察院、人民法院报案、控告或者举报。

公安机关、人民检察院、人民法院对于报案人、控告人和举报人不愿意公开自己的姓名和报案、控告、举报行为的，应当为其保守秘密，保护报案人、控告人和举报人的安全。

6.迅速审查、立案和转处。公安机关、人民检察院、人民法院接到家庭暴力的报案、控告或者举报后，应当立即问明案件的初步情况，制作笔录，迅速进行审查，按照刑事诉讼法关于立案的规定，根据自己的管辖范围，决定是否立案。对于符合立案条件的，要及时立案。对于可能构成犯罪但不属于自己管辖的，应当移送主管机关处理，并且通知报案人、控告人或者举报人；对于不属于自己管辖而又必须采取紧急措施的，应当先采取紧急措施，然后移送主管机关。

经审查，对于家庭暴力行为尚未构成犯罪，但属于违反治安管理行为的，应当将案件移送公安机关，依照治安管理处罚法的规定进行处理，同时告知被害人可以向人民调解委员会提出申请，或者向人民法院提起民事诉讼，要求施暴人承担停止侵害、赔礼道歉、赔偿损失等民事责任。

7.注意发现犯罪案件。公安机关在处理人身伤害、虐待、遗弃等行政案件过程中，人民法院在审理婚姻家庭、继承、侵权责任纠纷等民事案件过程中，应当注意发现可能涉及的家庭暴力犯罪。一旦发现家庭暴力犯罪线索，公安机关应当将案件转为刑事案件办理，人民法院应当将案件移送公安机关；属于自诉案件的，公安机关、人民法院应当告知被害人提起自诉。

8.尊重被害人的程序选择权。对于被害人有证据证明的轻微家庭暴力犯罪案件，在立案审查时，应当尊重被害人选择公诉或者自诉的权利。被害人要求公安机关处理的，公安机关应当依法立案、侦查。在侦查过程中，被害人不再要求公安机关处理或者要求转为自诉案件的，应当告知被害人向公安机关提交书面申请。经审查确系被害人自愿提出的，公安机关应当依法撤销案件。被害人就这类案件向人民法院提起自诉的，人民法院应当依法受理。

9.通过代为告诉充分保障被害人自诉权。对于家庭暴力犯罪自诉案件，被害人无法告诉或者不能亲自告诉的，其法定代理人、近亲属可以告诉或者代为告诉；被害人是无行为能力人、限制行为能力人，其法定代理人、近亲属没有告诉或者代为告诉的，人民检察院可以告诉；侮辱、暴力干涉婚姻自由等告诉才处理的案件，被害人因受强制、威吓无法告诉的，人民检察院也可以告诉。人民法院对告诉或者代为告诉的，应当依法受理。

10.切实加强立案监督。人民检察院要切实加强对家庭暴力犯罪案件的立案监督，发现公安机关应当立案而不立案的，或者被害人及其法定代理人、近亲属，有关单位、组织就公安机关不予立案向人民检察院提出异议的，人民检察院应当要求公安机关说明不立案的理由。人民检察院认为不立案理由不成立的，应当通知公安机关立案，公安机关接到通知后应当立案；认为不立案理由成立的，应当将理由告知提出异议的被害人及其法定代理人、近亲属或者有关单位、组织。

11.及时、全面收集证据。公安机关在办理家庭暴力案件时，要充分、全面地收集、固定证据，除了收集现场的物证、被害人陈述、证人证言等证据外，还应当注意及时向村（居）委会、人民调解委员会、妇联、共青团、残联、医院、学校、幼儿园等单位、组织的工作人员，以及被害人的亲属、邻居等收集涉及家庭暴力的处理记录、病历、照片、视频等证据。

12.妥善救治、安置被害人。人民法院、人民检察院、公安机关等负有保护公民人身安全职责的单位和组织，对因家庭暴力受到严重伤害需要紧急救治的被害人，应当立即协助联系医疗机构救治；对面临家庭暴力严重威胁，或者处于无人照料等危险状态，需要临时安置的被害人或者相关未成年人，应当通知并协助有关部门进行安置。

13.依法采取强制措施。人民法院、人民检察院、公安机关对实施家庭暴力的犯罪嫌疑人、被告人，符合拘留、逮捕条件的，可以依法拘留、逮捕；没有采取拘留、逮捕措施的，应当通过走访、打电话等方式与被害人或者其法定代理人、近亲属联系，了解被害人的人身安全状况。对于犯罪嫌疑人、被告人再次实施家庭暴力的，应当根据情况，依法采取必要的强制措施。

人民法院、人民检察院、公安机关决定对实施家庭暴力的犯罪嫌疑人、被告人取保候审的，为了确保被害人及其子女和特定亲属的安全，可以依照刑事诉讼法第六十九条第二款的规定，责令犯罪嫌疑人、被告人不得再次实施家庭暴力；不得侵扰被害人的生活、工作、学习；不得进行酗酒、赌博等活动；经被害人申请且有必要的，责令不得接近被害人及其未成年子女。

14.加强自诉案件举证指导。家庭暴力犯罪案件具有案发周期较长、证据难以保存，被害人处于相对弱势，举证能力有限，相关事实难以认定等特点。有些特点在自诉案件中表现得更为突出。因此，人民法院在审理家庭暴力自诉案件时，对于因当事人举证能力不足等原因，难以达到法律规定的证据要求的，应当及时对当事人进行举证指导，告知需要收集的证据及收集证据的方法。对于因客观原因不能取得的证据，当事人申请人民法院调取的，人民法院应当认真审查，认为确有必要的，应当调取。

15.加大对被害人的法律援助力度。人民检察院自收到移送审查起诉的案件材料之日起三日内，人民法院自受理案件之日起三日内，应当告知被害人及其法定代理人或者近亲属有权委托诉讼代理人，如果经济困难，可以向法律援助机构申请法律援助；对于被害人是未成年人、老年人、重病患者或者残疾人等，因经济困难没有委托诉讼代理人的，人民检察院、人民法院应当帮助其申请法律援助。

法律援助机构应当依法为符合条件的被害人提供法律援助，指派熟悉反家庭暴力法律法规的律师办理案件。

三　定罪处罚

16.依法准确定罪处罚。对故意杀人、故意伤害、强奸、猥亵儿童、非法拘禁、侮辱、暴力干涉婚姻自由、虐待、遗弃等侵害公民人身权利的家庭暴力犯罪，应当根据犯罪的事实、犯罪的性质、情节和对社会的危害程度，严格依照刑法的有关规定判处。对于同一行为同时触犯多个罪名的，依照处罚较重的规定定罪处罚。

17.依法惩处虐待犯罪。采取殴打、冻饿、强迫过度劳动、限制人身自由、恐吓、侮辱、谩骂等手段，对家庭成员的身体和精神进行摧残、折磨，是实践中较为多发的虐待性质的家庭暴力。根据司法实践，具有虐待持续时间较长、次数较多；虐待手段残忍；虐待造成被害人轻微伤或者患较严重疾病；对未成年人、老年人、残疾人、孕妇、哺乳期妇女、重病患者实施较为严重的虐待行为等情形，属于刑法第二百六十条第一款规定的虐待"情节恶劣"，应当依法以虐待罪定罪处罚。

准确区分虐待犯罪致人重伤、死亡与故意伤害、故意杀人犯罪致人重伤、死亡的界限，要根据被告人的主观故意、所实施的暴力手段与方式、是否立即或者直接造成被害人伤亡后果等进行综合判断。对于被告人主观上不具有侵害被害人健康或者剥夺被害人生命的故意，而是出于追求被害人肉体和精神上的痛苦，长期或者多次实施虐待行为，逐渐造成被害人身体损害，过失导致被害人重伤或者死亡的；或者因虐待致使被害人不堪忍受而自残、自杀，导致重伤或者死亡的，属于刑法第二百六十条第二款规定的虐待"致使被害人重伤、死亡"，应当以虐待罪定罪处罚。对于被告人虽然实施家庭暴力呈现出经常性、持续性、反复性的特点，但其主观上具有希望或者放任被害人重伤或者死亡的故意，持凶器实施暴力，暴力手段残忍，暴力程度较强，直接或者立即造成被害人重伤或者死亡的，应当以故意伤害罪或者故意杀人罪定罪处罚。

依法惩处遗弃犯罪。负有扶养义务且有扶养能力的人，拒绝扶养年幼、年老、患病或者其他没有独立生活能力的家庭成员，是危害严重的遗弃性质的家庭暴力。根据司法实践，具有对被害人长期不予照顾、不提供生活来源；驱赶、逼迫被害人离家，致使被害人流离失所或者生存困难；遗弃患严重疾病或者生活不能自理的被害人；遗弃致使被害人身体严重损害或者造成其他严重后果等情形，属于刑法第二百六十一条规定的遗弃"情节恶劣"，应当依法以遗弃罪定罪处罚。

准确区分遗弃罪与故意杀人罪的界限，要根据被告人的主观故意、所实施行为的时间与地点、是否立即造成被害人死亡，以及被害人对被告人的依赖程度等进行综合判断。对于只是为了逃避扶养义务，并不希望或者放任被害人死亡，将生活不能自理的被害人弃置在福利院、医院、派出所等单位或者广场、车站等行人较多的场所，希望被害人得到他人救助的，一般以遗弃罪定罪处罚。对于希望或者放任被害人死亡，不履行必要的扶养义务，致使被害人因缺乏生活照料而死亡，或者将生活不能自理的被害人带至荒山野岭等人迹罕至的场所扔弃，使被害人难以得到他人救助的，应当以故意杀人罪定罪处罚。

18.切实贯彻宽严相济刑事政策。对于实施家庭暴力构成犯罪的，应当根据罪刑法定、罪刑相适应原则，兼顾维护家庭稳定、尊重被害人意愿等因素综合考虑，宽严并用，区别对待。根据司法实践，对于实施家庭暴力手段残忍或者造成严重后果；出于恶意侵占财产等卑劣动机实施家庭暴力；因酗酒、吸毒、赌博等恶习而长期或者多次实施家庭暴力；曾因实施家庭暴力受到刑事处罚、行政处罚；或者具有其他恶劣情形的，可以酌情从重处罚。对于实施家庭暴力犯罪情节较轻，或者被告人真诚悔罪，获得被害人谅解，从轻处罚有利于被扶养人的，可以酌情从轻处罚；对于情节轻微不需要判处刑罚的，人民检察院可以不起诉，人民法院可以判处免予刑事处罚。

对于实施家庭暴力情节显著轻微危害不大不构成犯罪的，应当撤销案件、不起诉，或者宣告无罪。

人民法院、人民检察院、公安机关应当充分运用训诫、责令施暴人保证不再实施家庭暴力，或者向被害人赔礼道歉、赔偿损失等非刑罚处罚措施，加强对施暴人的教育与惩戒。

19.准确认定对家庭暴力的正当防卫。为了使本人或者他人的人身权利免受不法侵害，对正在进行的家庭暴力采取制止行为，只要符合刑法规定的条件，就应当依法认定为正当防卫，不负刑事责任。防卫行为造成施暴人重伤、死亡，且明显超过必要限度，属于防卫过当，应当负刑事责任，但是应当减轻或者免除处罚。

认定防卫行为是否"明显超过必要限度"，应当以足以制止并使防卫人免受家庭暴力不法侵害的需要为标准，根据施暴人正在实施家庭暴力的严重程度、手段的残忍程度，防卫人所处的环境、面临的危险程度、采取的制止暴力的手段、造成施暴人重大损害的程度，以及既往家庭暴力的严重程度等进行综合判断。

20.充分考虑案件中的防卫因素和过错责任。对于长期遭受家庭暴力后，在激愤、恐惧状态下为了防止再次遭受家庭暴力，或者为了摆脱家庭暴力而故意杀害、伤害施暴人，被告人的行为具有防卫因素，施暴人在案件起因上具有明显过错或者直接责任的，可以酌情从宽处罚。对于因遭受严重家庭暴力，身体、精神受到重大损害而故意杀害施暴人；或者因不堪忍受长期家庭暴力而故意杀害施暴人，犯罪情节不是特别恶劣，手段不是特别残忍的，可以认定为刑法第二百三十二条规定的故意杀人"情节较轻"。在服刑期间确有悔改表现的，可以根据其家庭情况，依法放宽减刑的幅度，缩短减刑的起始时间与间隔时间；符合假释条件的，应当假释。被杀害施暴人的近亲属表示谅解的，在量刑、减刑、假释时应当予以充分考虑。

四 其他措施

21.充分运用禁止令措施。人民法院对实施家庭暴力构成犯罪被判处管制或者宣告缓刑的犯罪分子，为了确保被害人及其子女和特定亲属的人身安全，可以依照刑法第三十八条第二款、第七十二条第二款的规定，同时禁止犯罪分子再次实施家庭暴力，侵扰被害人的生活、工作、学习，进行酗酒、赌博等活动；经被害人申请且有必要的，禁止接近被害人及其未成年子女。

22.告知申请撤销施暴人的监护资格。人民法院、人民检察院、公安机关对于监护人实施家庭暴力，严重侵害被监护人合法权益的，在必要时可以告知被监护人及其他有监护资格的人员、单位，向人民法院提出申请，要求撤销监护人资格，依法另行指定监护人。

23.充分运用人身安全保护措施。人民法院为了保护被害人的人身安全，避免其再次受到家庭暴力的侵害，可以根据申请，依照民事诉讼法等法律的相关规定，作出禁止施暴人再次实施家庭暴力、禁止接近被害人、迁出被害人的住所等内容的裁定。对于施暴人违反裁定的行为，如对被害人进行威胁、恐吓、殴打、伤害、杀害，或者未经被害人同意拒不迁出住所的，人民法院可以根据情节轻重予以罚款、拘留；构成犯罪的，应当依法追究刑事责任。

24.充分运用社区矫正措施。社区矫正机构对因实施家庭暴力构成犯罪被判处管制、宣告缓刑、假释或者暂予监外执行的犯罪分子，应当依法开展家庭暴力行为矫治，通过制定有针对性的监管、教育和帮助措施，矫正犯罪分子的施暴心理和行为恶习。

25.加强反家庭暴力宣传教育。人民法院、人民检察院、公安机关、司法行政机关应当结合本部门工作职责，通过以案说法、社区普法、针对重点对象法制教育等多种形式，开展反家庭暴力宣传教育活动，有效预防家庭暴力，促进平等、和睦、文明的家庭关系，维护社会和谐、稳定。

（《关于依法办理家庭暴力犯罪案件的意见》，2015年3月2日，高检网，
https://www.spp.gov.cn/flfg/201503/t20150305_92175.shtml）

关于做好家庭暴力受害人庇护救助
工作的指导意见

（民政部　全国妇联2015年9月24日印发）

各省、自治区、直辖市民政厅（局）、妇联，新疆生产建设兵团民政局、妇联：

为加大反对家庭暴力工作力度，依法保护家庭暴力受害人，特别是遭受家庭暴力侵害的妇女、未成年人、老年人等弱势群体的人身安全和其他合法权益，根据《中华人民共和国妇女权益保障法》、《中华人民共和国未成年人保护法》、《中华人民共和国老年人权益保障法》、《社会救助暂行办法》等有关规定，现就民政部门和妇联组织做好家庭暴力受害人（以下简称受害人）庇护救助工作提出以下指导意见：

一　工作对象

家庭暴力受害人庇护救助工作对象是指常住人口及流动人口中，因遭受家庭暴力导致人身安全受到威胁，处于无处居住等暂时生活困境，需要进行庇护救助的未成年人和寻求庇护救助的成年受害人。寻求庇护救助的妇女可携带需要其照料的未成年子女同时申请庇护。

二　工作原则

（一）未成年人特殊、优先保护原则。为遭受家庭暴力侵害的未成年人提供特殊、优先保护，积极主动庇护救助未成年受害人。依法干预处置监护人侵害未成年人合法权益的行为，切实保护未成年人合法权益。

（二）依法庇护原则。依法为受害人提供临时庇护救助服务，充分尊重受害人合理意愿，严格保护其个人隐私。积极运用家庭暴力告诫书、人身安全保护裁定、调解诉讼等法治手段，保障受害人人身安全，维护其合法权益。

（三）专业化帮扶原则。积极购买社会工作、心理咨询等专业服务，鼓励受害人自主接受救助方案和帮扶方式，协助家庭暴力受害人克服心理阴影和行为障碍，协调解决婚姻、生活、学习、工作等方面的实际困难，帮助其顺利返回家庭、融入社会。

（四）社会共同参与原则。在充分发挥民政部门和妇联组织职能职责和工作优势的基础上，动员引导多方面社会力量参与受害人庇护救助服务和反对家庭暴力宣传等工作，形成多方参与、优势互补、共同协作的工作合力。

三　工作内容

（一）及时受理求助。妇联组织要及时接待受害人求助请求或相关人员的举报投诉，根据调查了解的情况向公安机关报告，请公安机关对家庭暴力行为进行调查处置。妇联组织、民政部门发现未成年人遭受虐待、暴力伤害等家庭暴力情形的，应当及时报请公安机关进行调查处置和干预保护。民政部门及救助管理机构应当及时接收公安机关、妇联等有关部门护送或主动寻求庇护救助的受害人，办理入站登记手续，根据性别、年龄实行分类分区救助，妥善安排食宿等临时救助服务并做好隐私保护工作。救助管理机构庇护救助成年受害人期限一般不超过10天，因特殊情况需要延长的，报主管民政部门备案。城乡社区服务机构可以为社区内遭受家庭暴力的居民提供应急庇护救助服务。

（二）按需提供转介服务。民政部门及救助管理机构和妇联组织可以通过与社会工作服务机构、心理咨询机构等专业力量合作方式对受害人进行安全评估和需求评估，根据受害人的身心状况和客观需求制定个案服务方案。要积极协调人民法院、司法行政、人力资源社会保障、卫生等部门、社会救助经办机构、医院和社会组织，为符合条件的受害人提供司法救助、法律援助、婚姻家庭纠纷调解、就业援助、医疗救助、心理康复等转介服务。对于实施家庭暴力的未成年人监护人，应通过家庭教育指导、监护监督等多种方式，督促监护人改善监护方式，提升监护能力；对于目睹家庭暴力的未成年人，要提供心理辅导和关爱服务。

（三）加强受害人人身安全保护。民政部门及救助管理机构或妇联组织可以根据需要协助受害人或代表未成年受害人向人民法院申请人身安全保护裁定，依法保护受害人的人身安全，避免其再次受到家庭暴力的侵害。成年受害人在庇护期间自愿离开救助管理机构的，应提出书面申请，说明离开原因，可自行离开、由受害人亲友接回或由当地村（居）民委员会、基层妇联组织护送回家。其他监护人、近亲属前来接领未成年受害人的，经公安机关或村（居）民委员会确认其身份后，救助管理机构可以将未成年受害人交由其照料，并与其办理书面交接手续。

（四）强化未成年受害人救助保护。民政部门和救助管理机构要按照《最高人民法院 最高人民检察院 公安部 民政部关于依法处理监护人侵害未成年人权益行为若干问题的意见》（法发〔2014〕24号）要求，做好未成年受害人临时监护、调查评估、多方会商等工作。救助管理机构要将遭受家庭暴力侵害的未成年受害人安排在专门区域进行救助保护。对于年幼的未成年受害人，要安排专业社会工作者或专人予以陪护和精心照料，待其情绪稳定后可根据需要安排到爱心家庭寄养。未成年受害人接受司法机关调查时，民政部门或救助管理机构要安排专职社会工作者或专人予以陪伴，必要时请妇联组织派员参加，避免其受到"二次伤害"。对于遭受严重家庭暴力侵害的未成年人，民政部门或救助管理机构、妇联组织可以向人民法院提出申请，要求撤销施暴人监护资格，依法另行指定监护人。

四 工作要求

（一）健全工作机制。民政部门和妇联组织要建立有效的信息沟通渠道，建立健全定期会商、联合作业、协同帮扶等联动协作机制，细化具体任务职责和合作流程，共同做好受害人的庇护救助和权益维护工作。民政部门及救助管理机构要为妇联组织、司法机关开展受害人维权服务、司法调查等工作提供设施场所、业务协作等便利。妇联组织要依法为受害人提供维权服务。

（二）加强能力建设。民政部门及救助管理机构和妇联组织要选派政治素质高、业务能力强的工作人员参与受害人庇护救助工作，加强对工作人员的业务指导和能力培训。救助管理机构应开辟专门服务区域设立家庭暴力庇护场所，实现与流浪乞讨人员救助服务区域的相对隔离，有条件的地方可充分利用现有设施设置生活居室、社会工作室、心理访谈室、探访会客室等，设施陈列和环境布置要温馨舒适。救助管理机构要加强家庭暴力庇护工作的管理服务制度建设，建立健全来访会谈、出入登记、隐私保护、信息查阅等制度。妇联组织要加强"12338"法律维权热线和维权队伍建设，为受害人主动求助、法律咨询和依法维权提供便利渠道和服务。

（三）动员社会参与。民政部门和救助管理机构可以通过购买服务、项目合作、志愿服务等多种方式，鼓励支持社会组织、社会工作服务机构、法律服务机构参与家庭暴力受害人庇护救助服务，提供法律政策咨询、心理疏导、婚姻家庭纠纷调解、家庭关系辅导、法律援助等服务，并加强对社会力量的统筹协调。妇联组织可以发挥政治优势、组织优势和群众工作优势，动员引导爱心企业、爱心家庭和志愿者等社会力量通过慈善捐赠、志愿服务等方式参与家庭暴力受害人庇护救助服务。

（四）强化宣传引导。各级妇联组织和民政部门要积极调动舆论资源，主动借助新兴媒体，切实运用各类传播阵地，公布家庭暴力救助维权热线电话，开设反对家庭暴力专题栏目，传播介绍反对家庭暴力的法律法规；加强依法处理家庭暴力典型事例（案例）的法律解读、政策释义和宣传报道，引导受害人及时保存证据，依法维护自身合法权益；城乡社区服务机构要积极开展反对家庭暴力宣传，提高社区居民参与反对家庭暴力工作的意识，鼓励社区居民主动发现和报告监护人虐待未成年人等家庭暴力线索。

（《民政部 全国妇联关于做好家庭暴力受害人庇护救助工作的指导意见》，2015 年 9 月 24 日，中国政府网，http://www.gov.cn/gongbao/content/2016/content_5046092.htm）

中华人民共和国反家庭暴力法

（2015年12月27日第十二届全国人民代表大会常务委员会第十八次会议通过，2016年3月1日起施行）

第一章 总 则

第一条 为了预防和制止家庭暴力，保护家庭成员的合法权益，维护平等、和睦、文明的家庭关系，促进家庭和谐、社会稳定，制定本法。

第二条 本法所称家庭暴力，是指家庭成员之间以殴打、捆绑、残害、限制人身自由以及经常性谩骂、恐吓等方式实施的身体、精神等侵害行为。

第三条 家庭成员之间应当互相帮助，互相关爱，和睦相处，履行家庭义务。

反家庭暴力是国家、社会和每个家庭的共同责任。

国家禁止任何形式的家庭暴力。

第四条 县级以上人民政府负责妇女儿童工作的机构，负责组织、协调、指导、督促有关部门做好反家庭暴力工作。

县级以上人民政府有关部门、司法机关、人民团体、社会组织、居民委员会、村民委员会、企业事业单位，应当依照本法和有关法律规定，做好反家庭暴力工作。

各级人民政府应当对反家庭暴力工作给予必要的经费保障。

第五条 反家庭暴力工作遵循预防为主，教育、矫治与惩处相结合原则。

反家庭暴力工作应当尊重受害人真实意愿，保护当事人隐私。

未成年人、老年人、残疾人、孕期和哺乳期的妇女、重病患者遭受家庭暴力的，应当给予特殊保护。

第二章 家庭暴力的预防

第六条 国家开展家庭美德宣传教育，普及反家庭暴力知识，增强公民反家庭暴力意识。

工会、共产主义青年团、妇女联合会、残疾人联合会应当在各自工作范围内，组织开展家庭美德和反家庭暴力宣传教育。

广播、电视、报刊、网络等应当开展家庭美德和反家庭暴力宣传。

学校、幼儿园应当开展家庭美德和反家庭暴力教育。

第七条 县级以上人民政府有关部门、司法机关、妇女联合会应当将预防和制止家庭暴力纳入业务培训和统计工作。

医疗机构应当做好家庭暴力受害人的诊疗记录。

第八条 乡镇人民政府、街道办事处应当组织开展家庭暴力预防工作，居民委员会、村民委员会、社会工作服务机构应当予以配合协助。

第九条 各级人民政府应当支持社会工作服务机构等社会组织开展心理健康咨询、家庭关系指导、家庭暴力预防知识教育等服务。

第十条 人民调解组织应当依法调解家庭纠纷，预防和减少家庭暴力的发生。

第十一条 用人单位发现本单位人员有家庭暴力情况的，应当给予批评教育，并做好家庭矛盾的调解、化解工作。

第十二条 未成年人的监护人应当以文明的方式进行家庭教育，依法履行监护和教育职责，不得实施家庭暴力。

第三章 家庭暴力的处置

第十三条 家庭暴力受害人及其法定代理人、近亲属可以向加害人或者受害人所在单位、居民委员会、村民委员会、妇女联合会等单位投诉、反映或者求助。有关单位接到家庭暴力投诉、反映或者求助后，应当给予帮助、处理。

家庭暴力受害人及其法定代理人、近亲属也可以向公安机关报案或者依法向人民法院起诉。

单位、个人发现正在发生的家庭暴力行为，有权及时劝阻。

第十四条 学校、幼儿园、医疗机构、居民委员会、村民委员会、社会工作服务机构、救助管理机构、福利机构及其工作人员在工作中发现无民事行为能力人、限制民事行为能力人遭受或者疑似遭受家庭暴力的，应当及时向公安机关报案。公安机关应当对报案人的信息予以保密。

第十五条 公安机关接到家庭暴力报案后应当及时出警，制止家庭暴力，按照有关规定调查取证，协助受害人就医、鉴定伤情。

无民事行为能力人、限制民事行为能力人因家庭暴力身体受到严重伤害、面临人身安全威胁或者处于无人照料等危险状态的，公安机关应当通知并协助民政部门将其安置到临时庇护场所、救助管理机构或者福利机构。

第十六条 家庭暴力情节较轻，依法不给予治安管理处罚的，由公安机关对加害人给予批评教育或者出具告诫书。

告诫书应当包括加害人的身份信息、家庭暴力的事实陈述、禁止加害人实施家庭暴力等内容。

第十七条 公安机关应当将告诫书送交加害人、受害人，并通知居民委员会、村民委员会。

居民委员会、村民委员会、公安派出所应当对收到告诫书的加害人、受害人进行查访，监督加害人不再实施家庭暴力。

第十八条 县级或者设区的市级人民政府可以单独或者依托救助管理机构设立临时庇护场所，为家庭暴力受害人提供临时生活帮助。

第十九条 法律援助机构应当依法为家庭暴力受害人提供法律援助。

人民法院应当依法对家庭暴力受害人缓收、减收或者免收诉讼费用。

第二十条 人民法院审理涉及家庭暴力的案件，可以根据公安机关出警记录、告诫书、伤情鉴定意见等证据，认定家庭暴力事实。

第二十一条 监护人实施家庭暴力严重侵害被监护人合法权益的，人民法院可以根据被监护人的近亲属、居民委员会、村民委员会、县级人民政府民政部门等有关人员或者单位的申请，依法撤销其监护人资格，另行指定监护人。

被撤销监护人资格的加害人，应当继续负担相应的赡养、扶养、抚养费用。

第二十二条 工会、共产主义青年团、妇女联合会、残疾人联合会、居民委员会、村民委员会等应当对实施家庭暴力的加害人进行法治教育，必要时可以对加害人、受害人进行心理辅导。

第四章 人身安全保护令

第二十三条 当事人因遭受家庭暴力或者面临家庭暴力的现实危险，向人民法院申请人身安全保护令的，人民法院应当受理。

当事人是无民事行为能力人、限制民事行为能力人，或者因受到强制、威吓等原因无法申请人身安全保护令的，其近亲属、公安机关、妇女联合会、居民委员会、村民委员会、救助管理机构可以代为申请。

第二十四条 申请人身安全保护令应当以书面方式提出；书面申请确有困难的，可以口头申请，由人民法院记入笔录。

第二十五条 人身安全保护令案件由申请人或者被申请人居住地、家庭暴力发生地的基层人民法院管辖。

第二十六条 人身安全保护令由人民法院以裁定形式作出。

第二十七条 作出人身安全保护令，应当具备下列条件：

（一）有明确的被申请人；

（二）有具体的请求；

（三）有遭受家庭暴力或者面临家庭暴力现实危险的情形。

第二十八条 人民法院受理申请后，应当在七十二小时内作出人身安全保护令或者驳回申请；情况紧急的，应当在二十四小时内作出。

第二十九条 人身安全保护令可以包括下列措施：

（一）禁止被申请人实施家庭暴力；

（二）禁止被申请人骚扰、跟踪、接触申请人及其相关近亲属；

（三）责令被申请人迁出申请人住所；

（四）保护申请人人身安全的其他措施。

第三十条　人身安全保护令的有效期不超过六个月，自作出之日起生效。人身安全保护令失效前，人民法院可以根据申请人的申请撤销、变更或者延长。

第三十一条　申请人对驳回申请不服或者被申请人对人身安全保护令不服的，可以自裁定生效之日起五日内向作出裁定的人民法院申请复议一次。人民法院依法作出人身安全保护令的，复议期间不停止人身安全保护令的执行。

第三十二条　人民法院作出人身安全保护令后，应当送达申请人、被申请人、公安机关以及居民委员会、村民委员会等有关组织。人身安全保护令由人民法院执行，公安机关以及居民委员会、村民委员会等应当协助执行。

第五章　法律责任

第三十三条　加害人实施家庭暴力，构成违反治安管理行为的，依法给予治安管理处罚；构成犯罪的，依法追究刑事责任。

第三十四条　被申请人违反人身安全保护令，构成犯罪的，依法追究刑事责任；尚不构成犯罪的，人民法院应当给予训诫，可以根据情节轻重处以一千元以下罚款、十五日以下拘留。

第三十五条　学校、幼儿园、医疗机构、居民委员会、村民委员会、社会工作服务机构、救助管理机构、福利机构及其工作人员未依照本法第十四条规定向公安机关报案，造成严重后果的，由上级主管部门或者本单位对直接负责的主管人员和其他直接责任人员依法给予处分。

第三十六条　负有反家庭暴力职责的国家工作人员玩忽职守、滥用职权、徇私舞弊的，依法给予处分；构成犯罪的，依法追究刑事责任。

第六章　附　则

第三十七条　家庭成员以外共同生活的人之间实施的暴力行为，参照本法规定执行。

　　第三十八条　本法自2016年3月1日起施行。

　　（《中华人民共和国反家庭暴力法》，法律出版社，2016）

中华人民共和国母婴保健法

（1994年10月27日第八届全国人民代表大会常务委员会第十次会议通过　根据2009年8月27日第十一届全国人民代表大会常务委员会第十次会议《关于修改部分法律的决定》第一次修正　根据2017年11月4日第十二届全国人民代表大会常务委员会第三十次会议《关于修改〈中华人民共和国会计法〉等十一部法律的决定》第二次修正）

第一章　总　则

第一条　为了保障母亲和婴儿健康，提高出生人口素质，根据宪法，制定本法。

第二条　国家发展母婴保健事业，提供必要条件和物质帮助，使母亲和婴儿获得医疗保健服务。

国家对边远贫困地区的母婴保健事业给予扶持。

第三条　各级人民政府领导母婴保健工作。

母婴保健事业应当纳入国民经济和社会发展计划。

第四条　国务院卫生行政部门主管全国母婴保健工作，根据不同地区情况提出分级分类指导原则，并对全国母婴保健工作实施监督管理。

国务院其他有关部门在各自职责范围内，配合卫生行政部门做好母婴保健工作。

第五条　国家鼓励、支持母婴保健领域的教育和科学研究，推广先进、实用的母婴保健技术，普及母婴保健科学知识。

第六条　对在母婴保健工作中做出显著成绩和在母婴保健科学研究中取得显著成果的组织和个人，应当给予奖励。

第二章　婚前保健

第七条　医疗保健机构应当为公民提供婚前保健服务。

婚前保健服务包括下列内容：

（一）婚前卫生指导：关于性卫生知识、生育知识和遗传病知识的教育；

（二）婚前卫生咨询：对有关婚配、生育保健等问题提供医学意见；

（三）婚前医学检查：对准备结婚的男女双方可能患影响结婚和生育的疾病进行医学检查。

第八条　婚前医学检查包括对下列疾病的检查：

（一）严重遗传性疾病；

（二）指定传染病；

（三）有关精神病。

经婚前医学检查，医疗保健机构应当出具婚前医学检查证明。

第九条　经婚前医学检查，对患指定传染病在传染期内或者有关精神病在发病期内的，医师应当提出医学意见；准备结婚的男女双方应当暂缓结婚。

第十条　经婚前医学检查，对诊断患医学上认为不宜生育的严重遗传性疾病的，医师应当向男女双方说明情况，提出医学意见；经男女双方同意，采取长效避孕措施或者施行结扎手术后不生育的，可以结婚。但《中华人民共和国婚姻法》规定禁止结婚的除外。

第十一条　接受婚前医学检查的人员对检查结果持有异议的，可以申请医学技术鉴定，取得医学鉴定证明。

第十二条　男女双方在结婚登记时，应当持有婚前医学检查证明或者医学鉴定证明。

第十三条　省、自治区、直辖市人民政府根据本地区的实际情况，制定婚前医学检查制度实施办法。

省、自治区、直辖市人民政府对婚前医学检查应当规定合理的收费标准，对边远贫困地区或者交费确有困难的人员应当给予减免。

第三章　孕产期保健

第十四条　医疗保健机构应当为育龄妇女和孕产妇提供孕产期保健服务。

孕产期保健服务包括下列内容：

（一）母婴保健指导：对孕育健康后代以及严重遗传性疾病和碘缺乏病等地方病的发病原因、治疗和预防方法提供医学意见；

（二）孕妇、产妇保健：为孕妇、产妇提供卫生、营养、心理等方面的咨询和指导以及产前定期检查等医疗保健服务；

（三）胎儿保健：为胎儿生长发育进行监护，提供咨询和医学指导；

（四）新生儿保健：为新生儿生长发育、哺乳和护理提供医疗保健服务。

第十五条　对患严重疾病或者接触致畸物质，妊娠可能危及孕妇生命安全或者可能严重影响孕妇健康和胎儿正常发育的，医疗保健机构应当予以医学指导。

第十六条　医师发现或者怀疑患严重遗传性疾病的育龄夫妻，应当提出医学意见。育龄夫妻应当根据医师的医学意见采取相应的措施。

第十七条　经产前检查，医师发现或者怀疑胎儿异常的，应当对孕妇进行产前诊断。

第十八条　经产前诊断，有下列情形之一的，医师应当向夫妻双方说明情况，并提出终止妊娠的医学意见：

（一）胎儿患严重遗传性疾病的；

（二）胎儿有严重缺陷的；

（三）因患严重疾病，继续妊娠可能危及孕妇生命安全或者严重危害孕妇健康的。

第十九条　依照本法规定施行终止妊娠或者结扎手术，应当经本人同意，并签署意见。本人无行为能力的，应当经其监护人同意，并签署意见。

依照本法规定施行终止妊娠或者结扎手术的，接受免费服务。

第二十条 生育过严重缺陷患儿的妇女再次妊娠前，夫妻双方应当到县级以上医疗保健机构接受医学检查。

第二十一条 医师和助产人员应当严格遵守有关操作规程，提高助产技术和服务质量，预防和减少产伤。

第二十二条 不能住院分娩的孕妇应当由经过培训、具备相应接生能力的接生人员实行消毒接生。

第二十三条 医疗保健机构和从事家庭接生的人员按照国务院卫生行政部门的规定，出具统一制发的新生儿出生医学证明；有产妇和婴儿死亡以及新生儿出生缺陷情况的，应当向卫生行政部门报告。

第二十四条 医疗保健机构为产妇提供科学育儿、合理营养和母乳喂养的指导。

医疗保健机构对婴儿进行体格检查和预防接种，逐步开展新生儿疾病筛查、婴儿多发病和常见病防治等医疗保健服务。

第四章　技术鉴定

第二十五条 县级以上地方人民政府可以设立医学技术鉴定组织，负责对婚前医学检查、遗传病诊断和产前诊断结果有异议的进行医学技术鉴定。

第二十六条 从事医学技术鉴定的人员，必须具有临床经验和医学遗传学知识，并具有主治医师以上的专业技术职务。

医学技术鉴定组织的组成人员，由卫生行政部门提名，同级人民政府聘任。

第二十七条 医学技术鉴定实行回避制度。凡与当事人有利害关系，可能影响公正鉴定的人员，应当回避。

第五章　行政管理

第二十八条 各级人民政府应当采取措施，加强母婴保健工作，提高医疗保健服务水平，积极防治由环境因素所致严重危害母亲和婴儿健康的地方性高发性疾病，促进母婴保健事业的发展。

第二十九条　县级以上地方人民政府卫生行政部门管理本行政区域内的母婴保健工作。

第三十条　省、自治区、直辖市人民政府卫生行政部门指定的医疗保健机构负责本行政区域内的母婴保健监测和技术指导。

第三十一条　医疗保健机构按照国务院卫生行政部门的规定，负责其职责范围内的母婴保健工作，建立医疗保健工作规范，提高医学技术水平，采取各种措施方便人民群众，做好母婴保健服务工作。

第三十二条　医疗保健机构依照本法规定开展婚前医学检查、遗传病诊断、产前诊断以及施行结扎手术和终止妊娠手术的，必须符合国务院卫生行政部门规定的条件和技术标准，并经县级以上地方人民政府卫生行政部门许可。

严禁采用技术手段对胎儿进行性别鉴定，但医学上确有需要的除外。

第三十三条　从事本法规定的遗传病诊断、产前诊断的人员，必须经过省、自治区、直辖市人民政府卫生行政部门的考核，并取得相应的合格证书。

从事本法规定的婚前医学检查、施行结扎手术和终止妊娠手术的人员，必须经过县级以上地方人民政府卫生行政部门的考核，并取得相应的合格证书。

第三十四条　从事母婴保健工作的人员应当严格遵守职业道德，为当事人保守秘密。

第六章　法律责任

第三十五条　未取得国家颁发的有关合格证书的，有下列行为之一，县级以上地方人民政府卫生行政部门应当予以制止，并可以根据情节给予警告或者处以罚款：

（一）从事婚前医学检查、遗传病诊断、产前诊断或者医学技术鉴定的；

（二）施行终止妊娠手术的；

（三）出具本法规定的有关医学证明的。

上款第（三）项出具的有关医学证明无效。

第三十六条　未取得国家颁发的有关合格证书，施行终止妊娠手术或者采取其他方法终止妊娠，致人死亡、残疾、丧失或者基本丧失劳动能力的，依照刑法有关规定追究刑事责任。

第三十七条 从事母婴保健工作的人员违反本法规定，出具有关虚假医学证明或者进行胎儿性别鉴定的，由医疗保健机构或者卫生行政部门根据情节给予行政处分；情节严重的，依法取消执业资格。

第七章 附 则

第三十八条 本法下列用语的含义：

指定传染病，是指《中华人民共和国传染病防治法》中规定的艾滋病、淋病、梅毒、麻疯病以及医学上认为影响结婚和生育的其他传染病。

严重遗传性疾病，是指由于遗传因素先天形成，患者全部或者部分丧失自主生活能力，后代再现风险高，医学上认为不宜生育的遗传性疾病。

有关精神病，是指精神分裂症、躁狂抑郁型精神病以及其他重型精神病。

产前诊断，是指对胎儿进行先天性缺陷和遗传性疾病的诊断。

第三十九条 本法自1995年6月1日起施行。

（《中华人民共和国母婴保健法》，中国法制出版社，2017）

中华人民共和国宪法

（1982年12月4日第五届全国人民代表大会第五次会议通过 1982年12月4日全国人民代表大会公告公布施行 根据1988年4月12日第七届全国人民代表大会第一次会议通过的《中华人民共和国宪法修正案》、1993年3月29日第八届全国人民代表大会第一次会议通过的《中华人民共和国宪法修正案》、1999年3月15日第九届全国人民代表大会第二次会议通过的《中华人民共和国宪法修正案》、2004年3月14日第十届全国人民代表大会第二次会议通过的《中华人民共和国宪法修正案》和2018年3月11日第十三届全国人民代表大会第一次会议通过的《中华人民共和国宪法修正案》修正）

序　言

中国是世界上历史最悠久的国家之一。中国各族人民共同创造了光辉灿烂的文化，具有光荣的革命传统。

一八四〇年以后，封建的中国逐渐变成半殖民地、半封建的国家。中国人民为国家独立、民族解放和民主自由进行了前仆后继的英勇奋斗。

二十世纪，中国发生了翻天覆地的伟大历史变革。

一九一一年孙中山先生领导的辛亥革命，废除了封建帝制，创立了中华民国。但是，中国人民反对帝国主义和封建主义的历史任务还没有完成。

一九四九年，以毛泽东主席为领袖的中国共产党领导中国各族人民，在经历了长期的艰难曲折的武装斗争和其他形式的斗争以后，终于推翻了帝国主义、封建主义和官僚资本主义的统治，取得了新民主主义革命的伟大胜利，建立了中华人民共和国。从此，中国人民掌握了国家的权力，成为国家的主人。

中华人民共和国成立以后，我国社会逐步实现了由新民主主义到社会主义的过渡。生产资料私有制的社会主义改造已经完成，人剥削人的制度已经消灭，社会主义制度已经确立。工人阶级领导的、以工农联盟为基础的人民民主专政，实质上即无产阶级专政，得到巩固和发展。中国人民和中国人民解放军战胜了帝国主义、霸权主义的侵略、破坏和武装挑衅，维护了国家的独立和安全，增强了国防。经济建设取得了重大的成就，独立的、比较完整的社会主义工业体系已经基本形成，农业生产显著提高。教育、科学、文化等事业有了很大的发展，社会主义思想教育取得了明显的成效。广大人民的生活有了较大的改善。

中国新民主主义革命的胜利和社会主义事业的成就，是中国共产党领导中国各族人民，在马克思列宁主义、毛泽东思想的指引下，坚持真理，修正错误，战胜许多艰难险阻而取得的。我国将长期处于社会主义初级阶段。国家的根本任务是，沿着中国特色社会主义道路，集中力量进行社会主义现代化建设。中国各族人民将继续在中国共产党领导下，在马克思列宁主义、毛泽东思想、邓小平理论、"三个代表"重要思想、科学发展观、习近平新时代中国特色社会主义思想指引下，坚持人民民主专政，坚持社会主义道路，坚持改革开放，不断完善社会主义的各项制度，发展社会主义市场经济，发展社会主义民主，健全社会主义法治，贯彻新发展理念，自力更生，艰苦奋斗，逐步实现工业、农业、国防和科学技术的现代化，推动物质文明、政治文明、精神文明、社会文明、生态文明协调发展，把我国建设成为富强民主文明和谐美丽的社会主义现代化强国，实现中华民族伟大复兴。

在我国，剥削阶级作为阶级已经消灭，但是阶级斗争还将在一定范围内长期存在。中国人民对敌视和破坏我国社会主义制度的国内外的敌对势力和敌对分子，必须进行斗争。

台湾是中华人民共和国的神圣领土的一部分。完成统一祖国的大业是包括台湾同胞在内的全中国人民的神圣职责。

　　社会主义的建设事业必须依靠工人、农民和知识分子，团结一切可以团结的力量。在长期的革命、建设、改革过程中，已经结成由中国共产党领导的，有各民主党派和各人民团体参加的，包括全体社会主义劳动者、社会主义事业的建设者、拥护社会主义的爱国者、拥护祖国统一和致力于中华民族伟大复兴的爱国者的广泛的爱国统一战线，这个统一战线将继续巩固和发展。中国人民政治协商会议是有广泛代表性的统一战线组织，过去发挥了重要的历史作用，今后在国家政治生活、社会生活和对外友好活动中，在进行社会主义现代化建设、维护国家的统一和团结的斗争中，将进一步发挥它的重要作用。中国共产党领导的多党合作和政治协商制度将长期存在和发展。

　　中华人民共和国是全国各族人民共同缔造的统一的多民族国家。平等团结互助和谐的社会主义民族关系已经确立，并将继续加强。在维护民族团结的斗争中，要反对大民族主义，主要是大汉族主义，也要反对地方民族主义。国家尽一切努力，促进全国各民族的共同繁荣。

　　中国革命、建设、改革的成就是同世界人民的支持分不开的。中国的前途是同世界的前途紧密地联系在一起的。中国坚持独立自主的对外政策，坚持互相尊重主权和领土完整、互不侵犯、互不干涉内政、平等互利、和平共处的五项原则，坚持和平发展道路，坚持互利共赢开放战略，发展同各国的外交关系和经济、文化交流，推动构建人类命运共同体；坚持反对帝国主义、霸权主义、殖民主义，加强同世界各国人民的团结，支持被压迫民族和发展中国家争取和维护民族独立、发展民族经济的正义斗争，为维护世界和平和促进人类进步事业而努力。

　　本宪法以法律的形式确认了中国各族人民奋斗的成果，规定了国家的根本制度和根本任务，是国家的根本法，具有最高的法律效力。全国各族人民、一切国家机关和武装力量、各政党和各社会团体、各企业事业组织，都必须以宪法为根本的活动准则，并且负有维护宪法尊严、保证宪法实施的职责。

第一章　总　纲

第一条　中华人民共和国是工人阶级领导的、以工农联盟为基础的人民民主专政的社会主义国家。

社会主义制度是中华人民共和国的根本制度。中国共产党领导是中国特色社会主义最本质的特征。禁止任何组织或者个人破坏社会主义制度。

第二条 中华人民共和国的一切权力属于人民。

人民行使国家权力的机关是全国人民代表大会和地方各级人民代表大会。

人民依照法律规定，通过各种途径和形式，管理国家事务，管理经济和文化事业，管理社会事务。

第三条 中华人民共和国的国家机构实行民主集中制的原则。

全国人民代表大会和地方各级人民代表大会都由民主选举产生，对人民负责，受人民监督。

国家行政机关、监察机关、审判机关、检察机关都由人民代表大会产生，对它负责，受它监督。

中央和地方的国家机构职权的划分，遵循在中央的统一领导下，充分发挥地方的主动性、积极性的原则。

第四条 中华人民共和国各民族一律平等。国家保障各少数民族的合法的权利和利益，维护和发展各民族的平等团结互助和谐关系。禁止对任何民族的歧视和压迫，禁止破坏民族团结和制造民族分裂的行为。

国家根据各少数民族的特点和需要，帮助各少数民族地区加速经济和文化的发展。

各少数民族聚居的地方实行区域自治，设立自治机关，行使自治权。各民族自治地方都是中华人民共和国不可分离的部分。

各民族都有使用和发展自己的语言文字的自由，都有保持或者改革自己的风俗习惯的自由。

第五条 中华人民共和国实行依法治国，建设社会主义法治国家。

国家维护社会主义法制的统一和尊严。

一切法律、行政法规和地方性法规都不得同宪法相抵触。

一切国家机关和武装力量、各政党和各社会团体、各企业事业组织都必须遵守宪法和法律。一切违反宪法和法律的行为，必须予以追究。

任何组织或者个人都不得有超越宪法和法律的特权。

第六条 中华人民共和国的社会主义经济制度的基础是生产资料的社会主义公有制，即全民所有制和劳动群众集体所有制。社会主义公有制消灭人剥削人的制度，实行各尽所能、按劳分配的原则。

国家在社会主义初级阶段，坚持公有制为主体、多种所有制经济共同发展的基本经济制度，坚持按劳分配为主体、多种分配方式并存的分配制度。

第七条 国有经济，即社会主义全民所有制经济，是国民经济中的主导力量。国家保障国有经济的巩固和发展。

第八条 农村集体经济组织实行家庭承包经营为基础、统分结合的双层经营体制。农村中的生产、供销、信用、消费等各种形式的合作经济，是社会主义劳动群众集体所有制经济。参加农村集体经济组织的劳动者，有权在法律规定的范围内经营自留地、自留山、家庭副业和饲养自留畜。

城镇中的手工业、工业、建筑业、运输业、商业、服务业等行业的各种形式的合作经济，都是社会主义劳动群众集体所有制经济。

国家保护城乡集体经济组织的合法的权利和利益，鼓励、指导和帮助集体经济的发展。

第九条 矿藏、水流、森林、山岭、草原、荒地、滩涂等自然资源，都属于国家所有，即全民所有；由法律规定属于集体所有的森林和山岭、草原、荒地、滩涂除外。

国家保障自然资源的合理利用，保护珍贵的动物和植物。禁止任何组织或者个人用任何手段侵占或者破坏自然资源。

第十条 城市的土地属于国家所有。

农村和城市郊区的土地，除由法律规定属于国家所有的以外，属于集体所有；宅基地和自留地、自留山，也属于集体所有。

国家为了公共利益的需要，可以依照法律规定对土地实行征收或者征用并给予补偿。

任何组织或者个人不得侵占、买卖或者以其他形式非法转让土地。土地的使用权可以依照法律的规定转让。

一切使用土地的组织和个人必须合理地利用土地。

第十一条 在法律规定范围内的个体经济、私营经济等非公有制经济，是社会主义市场经济的重要组成部分。

国家保护个体经济、私营经济等非公有制经济的合法的权利和利益。国家鼓励、支持和引导非公有制经济的发展，并对非公有制经济依法实行监督和管理。

第十二条 社会主义的公共财产神圣不可侵犯。

国家保护社会主义的公共财产。禁止任何组织或者个人用任何手段侵占或者破坏国家的和集体的财产。

第十三条 公民的合法的私有财产不受侵犯。

国家依照法律规定保护公民的私有财产权和继承权。

国家为了公共利益的需要，可以依照法律规定对公民的私有财产实行征收或者征用并给予补偿。

第十四条 国家通过提高劳动者的积极性和技术水平，推广先进的科学技术，完善经济管理体制和企业经营管理制度，实行各种形式的社会主义责任制，改进劳动组织，以不断提高劳动生产率和经济效益，发展社会生产力。

国家厉行节约，反对浪费。

国家合理安排积累和消费，兼顾国家、集体和个人的利益，在发展生产的基础上，逐步改善人民的物质生活和文化生活。

国家建立健全同经济发展水平相适应的社会保障制度。

第十五条 国家实行社会主义市场经济。

国家加强经济立法，完善宏观调控。

国家依法禁止任何组织或者个人扰乱社会经济秩序。

第十六条 国有企业在法律规定的范围内有权自主经营。

国有企业依照法律规定，通过职工代表大会和其他形式，实行民主管理。

第十七条 集体经济组织在遵守有关法律的前提下，有独立进行经济活动的自主权。

集体经济组织实行民主管理，依照法律规定选举和罢免管理人员，决定经营管理的重大问题。

第十八条 中华人民共和国允许外国的企业和其他经济组织或者个人依照中华人民共和国法律的规定在中国投资，同中国的企业或者其他经济组织进行各种形式的经济合作。

在中国境内的外国企业和其他外国经济组织以及中外合资经营的企业，都必须遵守中华人民共和国的法律。它们的合法的权利和利益受中华人民共和国法律的保护。

第十九条 国家发展社会主义的教育事业，提高全国人民的科学文化水平。

国家举办各种学校，普及初等义务教育，发展中等教育、职业教育和高等教育，并且发展学前教育。

国家发展各种教育设施，扫除文盲，对工人、农民、国家工作人员和其他劳动者进行政治、文化、科学、技术、业务的教育，鼓励自学成才。

国家鼓励集体经济组织、国家企业事业组织和其他社会力量依照法律规定举办各种教育事业。

国家推广全国通用的普通话。

第二十条 国家发展自然科学和社会科学事业，普及科学和技术知识，奖励科学研究成果和技术发明创造。

第二十一条 国家发展医疗卫生事业，发展现代医药和我国传统医药，鼓励和支持农村集体经济组织、国家企业事业组织和街道组织举办各种医疗卫生设施，开展群众性的卫生活动，保护人民健康。

国家发展体育事业，开展群众性的体育活动，增强人民体质。

第二十二条 国家发展为人民服务、为社会主义服务的文学艺术事业、新闻广播电视事业、出版发行事业、图书馆博物馆文化馆和其他文化事业，开展群众性的文化活动。

国家保护名胜古迹、珍贵文物和其他重要历史文化遗产。

第二十三条　国家培养为社会主义服务的各种专业人才，扩大知识分子的队伍，创造条件，充分发挥他们在社会主义现代化建设中的作用。

第二十四条　国家通过普及理想教育、道德教育、文化教育、纪律和法制教育，通过在城乡不同范围的群众中制定和执行各种守则、公约，加强社会主义精神文明的建设。

国家倡导社会主义核心价值观，提倡爱祖国、爱人民、爱劳动、爱科学、爱社会主义的公德，在人民中进行爱国主义、集体主义和国际主义、共产主义的教育，进行辩证唯物主义和历史唯物主义的教育，反对资本主义的、封建主义的和其他的腐朽思想。

第二十五条　国家推行计划生育，使人口的增长同经济和社会发展计划相适应。

第二十六条　国家保护和改善生活环境和生态环境，防治污染和其他公害。

国家组织和鼓励植树造林，保护林木。

第二十七条　一切国家机关实行精简的原则，实行工作责任制，实行工作人员的培训和考核制度，不断提高工作质量和工作效率，反对官僚主义。

一切国家机关和国家工作人员必须依靠人民的支持，经常保持同人民的密切联系，倾听人民的意见和建议，接受人民的监督，努力为人民服务。

国家工作人员就职时应当依照法律规定公开进行宪法宣誓。

第二十八条　国家维护社会秩序，镇压叛国和其他危害国家安全的犯罪活动，制裁危害社会治安、破坏社会主义经济和其他犯罪的活动，惩办和改造犯罪分子。

第二十九条　中华人民共和国的武装力量属于人民。它的任务是巩固国防，抵抗侵略，保卫祖国，保卫人民的和平劳动，参加国家建设事业，努力为人民服务。

国家加强武装力量的革命化、现代化、正规化的建设，增强国防力量。

第三十条　中华人民共和国的行政区域划分如下：

（一）全国分为省、自治区、直辖市；

（二）省、自治区分为自治州、县、自治县、市；

（三）县、自治县分为乡、民族乡、镇。

直辖市和较大的市分为区、县。自治州分为县、自治县、市。

自治区、自治州、自治县都是民族自治地方。

第三十一条 国家在必要时得设立特别行政区。在特别行政区内实行的制度按照具体情况由全国人民代表大会以法律规定。

第三十二条 中华人民共和国保护在中国境内的外国人的合法权利和利益，在中国境内的外国人必须遵守中华人民共和国的法律。

中华人民共和国对于因为政治原因要求避难的外国人，可以给予受庇护的权利。

第二章　公民的基本权利和义务

第三十三条 凡具有中华人民共和国国籍的人都是中华人民共和国公民。

中华人民共和国公民在法律面前一律平等。

国家尊重和保障人权。

任何公民享有宪法和法律规定的权利，同时必须履行宪法和法律规定的义务。

第三十四条 中华人民共和国年满十八周岁的公民，不分民族、种族、性别、职业、家庭出身、宗教信仰、教育程度、财产状况、居住期限，都有选举权和被选举权；但是依照法律被剥夺政治权利的人除外。

第三十五条 中华人民共和国公民有言论、出版、集会、结社、游行、示威的自由。

第三十六条 中华人民共和国公民有宗教信仰自由。

任何国家机关、社会团体和个人不得强制公民信仰宗教或者不信仰宗教，不得歧视信仰宗教的公民和不信仰宗教的公民。

国家保护正常的宗教活动。任何人不得利用宗教进行破坏社会秩序、损害公民身体健康、妨碍国家教育制度的活动。

宗教团体和宗教事务不受外国势力的支配。

第三十七条 中华人民共和国公民的人身自由不受侵犯。

任何公民，非经人民检察院批准或者决定或者人民法院决定，并由公安机关执行，不受逮捕。

禁止非法拘禁和以其他方法非法剥夺或者限制公民的人身自由，禁止非法搜查公民的身体。

第三十八条 中华人民共和国公民的人格尊严不受侵犯。禁止用任何方法对公民进行侮辱、诽谤和诬告陷害。

第三十九条 中华人民共和国公民的住宅不受侵犯。禁止非法搜查或者非法侵入公民的住宅。

第四十条 中华人民共和国公民的通信自由和通信秘密受法律的保护。除因国家安全或者追查刑事犯罪的需要，由公安机关或者检察机关依照法律规定的程序对通信进行检查外，任何组织或者个人不得以任何理由侵犯公民的通信自由和通信秘密。

第四十一条 中华人民共和国公民对于任何国家机关和国家工作人员，有提出批评和建议的权利；对于任何国家机关和国家工作人员的违法失职行为，有向有关国家机关提出申诉、控告或者检举的权利，但是不得捏造或者歪曲事实进行诬告陷害。

对于公民的申诉、控告或者检举，有关国家机关必须查清事实，负责处理。任何人不得压制和打击报复。

由于国家机关和国家工作人员侵犯公民权利而受到损失的人，有依照法律规定取得赔偿的权利。

第四十二条 中华人民共和国公民有劳动的权利和义务。

国家通过各种途径，创造劳动就业条件，加强劳动保护，改善劳动条件，并在发展生产的基础上，提高劳动报酬和福利待遇。

劳动是一切有劳动能力的公民的光荣职责。国有企业和城乡集体经济组织的劳动者都应当以国家主人翁的态度对待自己的劳动。国家提倡社会主义劳动竞赛，奖励劳动模范和先进工作者。国家提倡公民从事义务劳动。

国家对就业前的公民进行必要的劳动就业训练。

第四十三条 中华人民共和国劳动者有休息的权利。

国家发展劳动者休息和休养的设施，规定职工的工作时间和休假制度。

第四十四条 国家依照法律规定实行企业事业组织的职工和国家机关工作人员的退休制度。退休人员的生活受到国家和社会的保障。

第四十五条 中华人民共和国公民在年老、疾病或者丧失劳动能力的情况下，有从国家和社会获得物质帮助的权利。国家发展为公民享受这些权利所需要的社会保险、社会救济和医疗卫生事业。

国家和社会保障残废军人的生活，抚恤烈士家属，优待军人家属。

国家和社会帮助安排盲、聋、哑和其他有残疾的公民的劳动、生活和教育。

第四十六条 中华人民共和国公民有受教育的权利和义务。

国家培养青年、少年、儿童在品德、智力、体质等方面全面发展。

第四十七条 中华人民共和国公民有进行科学研究、文学艺术创作和其他文化活动的自由。国家对于从事教育、科学、技术、文学、艺术和其他文化事业的公民的有益于人民的创造性工作，给以鼓励和帮助。

第四十八条 中华人民共和国妇女在政治的、经济的、文化的、社会的和家庭的生活等各方面享有同男子平等的权利。

国家保护妇女的权利和利益，实行男女同工同酬，培养和选拔妇女干部。

第四十九条 婚姻、家庭、母亲和儿童受国家的保护。

夫妻双方有实行计划生育的义务。

父母有抚养教育未成年子女的义务，成年子女有赡养扶助父母的义务。

禁止破坏婚姻自由，禁止虐待老人、妇女和儿童。

第五十条 中华人民共和国保护华侨的正当的权利和利益，保护归侨和侨眷的合法的权利和利益。

第五十一条 中华人民共和国公民在行使自由和权利的时候，不得损害国家的、社会的、集体的利益和其他公民的合法的自由和权利。

第五十二条 中华人民共和国公民有维护国家统一和全国各民族团结的义务。

第五十三条 中华人民共和国公民必须遵守宪法和法律，保守国家秘密，爱护公共财产，遵守劳动纪律，遵守公共秩序，尊重社会公德。

第五十四条 中华人民共和国公民有维护祖国的安全、荣誉和利益的义务，不得有危害祖国的安全、荣誉和利益的行为。

第五十五条 保卫祖国、抵抗侵略是中华人民共和国每一个公民的神圣职责。

依照法律服兵役和参加民兵组织是中华人民共和国公民的光荣义务。

第五十六条 中华人民共和国公民有依照法律纳税的义务。

第三章 国家机构

第一节 全国人民代表大会

第五十七条 中华人民共和国全国人民代表大会是最高国家权力机关。它的常设机关是全国人民代表大会常务委员会。

第五十八条 全国人民代表大会和全国人民代表大会常务委员会行使国家立法权。

第五十九条 全国人民代表大会由省、自治区、直辖市、特别行政区和军队选出的代表组成。各少数民族都应当有适当名额的代表。

全国人民代表大会代表的选举由全国人民代表大会常务委员会主持。

全国人民代表大会代表名额和代表产生办法由法律规定。

第六十条 全国人民代表大会每届任期五年。

全国人民代表大会任期届满的两个月以前，全国人民代表大会常务委员会必须完成下届全国人民代表大会代表的选举。如果遇到不能进行选举的非常情况，由全国人民代表大会常务委员会以全体组成人员的三分之二以上的多数通过，可以推迟选举，延长本届全国人民代表大会的任期。在非常情况结束后一年内，必须完成下届全国人民代表大会代表的选举。

第六十一条　全国人民代表大会会议每年举行一次，由全国人民代表大会常务委员会召集。如果全国人民代表大会常务委员会认为必要，或者有五分之一以上的全国人民代表大会代表提议，可以临时召集全国人民代表大会会议。

全国人民代表大会举行会议的时候，选举主席团主持会议。

第六十二条　全国人民代表大会行使下列职权：

（一）修改宪法；

（二）监督宪法的实施；

（三）制定和修改刑事、民事、国家机构的和其他的基本法律；

（四）选举中华人民共和国主席、副主席；

（五）根据中华人民共和国主席的提名，决定国务院总理的人选；根据国务院总理的提名，决定国务院副总理、国务委员、各部部长、各委员会主任、审计长、秘书长的人选；

（六）选举中央军事委员会主席；根据中央军事委员会主席的提名，决定中央军事委员会其他组成人员的人选；

（七）选举国家监察委员会主任；

（八）选举最高人民法院院长；

（九）选举最高人民检察院检察长；

（十）审查和批准国民经济和社会发展计划和计划执行情况的报告；

（十一）审查和批准国家的预算和预算执行情况的报告；

（十二）改变或者撤销全国人民代表大会常务委员会不适当的决定；

（十三）批准省、自治区和直辖市的建置；

（十四）决定特别行政区的设立及其制度；

（十五）决定战争和和平的问题；

（十六）应当由最高国家权力机关行使的其他职权。

第六十三条　全国人民代表大会有权罢免下列人员：

（一）中华人民共和国主席、副主席；

（二）国务院总理、副总理、国务委员、各部部长、各委员会主任、审计长、秘书长；

（三）中央军事委员会主席和中央军事委员会其他组成人员；

（四）国家监察委员会主任；

（五）最高人民法院院长；

（六）最高人民检察院检察长。

第六十四条　宪法的修改，由全国人民代表大会常务委员会或者五分之一以上的全国人民代表大会代表提议，并由全国人民代表大会以全体代表的三分之二以上的多数通过。

法律和其他议案由全国人民代表大会以全体代表的过半数通过。

第六十五条　全国人民代表大会常务委员会由下列人员组成：

委员长，

副委员长若干人，

秘书长，

委员若干人。

全国人民代表大会常务委员会组成人员中，应当有适当名额的少数民族代表。

全国人民代表大会选举并有权罢免全国人民代表大会常务委员会的组成人员。

全国人民代表大会常务委员会的组成人员不得担任国家行政机关、监察机关、审判机关和检察机关的职务。

第六十六条　全国人民代表大会常务委员会每届任期同全国人民代表大会每届任期相同，它行使职权到下届全国人民代表大会选出新的常务委员会为止。

委员长、副委员长连续任职不得超过两届。

第六十七条　全国人民代表大会常务委员会行使下列职权：

（一）解释宪法，监督宪法的实施；

（二）制定和修改除应当由全国人民代表大会制定的法律以外的其他法律；

（三）在全国人民代表大会闭会期间，对全国人民代表大会制定的法律进行部分补充和修改，但是不得同该法律的基本原则相抵触；

（四）解释法律；

（五）在全国人民代表大会闭会期间，审查和批准国民经济和社会发展计划、国家预算在执行过程中所必须作的部分调整方案；

（六）监督国务院、中央军事委员会、国家监察委员会、最高人民法院和最高人民检察院的工作；

（七）撤销国务院制定的同宪法、法律相抵触的行政法规、决定和命令；

（八）撤销省、自治区、直辖市国家权力机关制定的同宪法、法律和行政法规相抵触的地方性法规和决议；

（九）在全国人民代表大会闭会期间，根据国务院总理的提名，决定部长、委员会主任、审计长、秘书长的人选；

（十）在全国人民代表大会闭会期间，根据中央军事委员会主席的提名，决定中央军事委员会其他组成人员的人选；

（十一）根据国家监察委员会主任的提请，任免国家监察委员会副主任、委员；

（十二）根据最高人民法院院长的提请，任免最高人民法院副院长、审判员、审判委员会委员和军事法院院长；

（十三）根据最高人民检察院检察长的提请，任免最高人民检察院副检察长、检察员、检察委员会委员和军事检察院检察长，并且批准省、自治区、直辖市的人民检察院检察长的任免；

（十四）决定驻外全权代表的任免；

（十五）决定同外国缔结的条约和重要协定的批准和废除；

（十六）规定军人和外交人员的衔级制度和其他专门衔级制度；

（十七）规定和决定授予国家的勋章和荣誉称号；

（十八）决定特赦；

（十九）在全国人民代表大会闭会期间，如果遇到国家遭受武装侵犯或者必须履行国际间共同防止侵略的条约的情况，决定战争状态的宣布；

（二十）决定全国总动员或者局部动员；

（二十一）决定全国或者个别省、自治区、直辖市进入紧急状态；

（二十二）全国人民代表大会授予的其他职权。

第六十八条　全国人民代表大会常务委员会委员长主持全国人民代表大会常务委员会的工作，召集全国人民代表大会常务委员会会议。副委员长、秘书长协助委员长工作。

委员长、副委员长、秘书长组成委员长会议，处理全国人民代表大会常务委员会的重要日常工作。

第六十九条　全国人民代表大会常务委员会对全国人民代表大会负责并报告工作。

第七十条　全国人民代表大会设立民族委员会、宪法和法律委员会、财政经济委员会、教育科学文化卫生委员会、外事委员会、华侨委员会和其他需要设立的专门委员会。在全国人民代表大会闭会期间，各专门委员会受全国人民代表大会常务委员会的领导。

各专门委员会在全国人民代表大会和全国人民代表大会常务委员会领导下，研究、审议和拟订有关议案。

第七十一条　全国人民代表大会和全国人民代表大会常务委员会认为必要的时候，可以组织关于特定问题的调查委员会，并且根据调查委员会的报告，作出相应的决议。

调查委员会进行调查的时候，一切有关的国家机关、社会团体和公民都有义务向它提供必要的材料。

第七十二条　全国人民代表大会代表和全国人民代表大会常务委员会组成人员，有权依照法律规定的程序分别提出属于全国人民代表大会和全国人民代表大会常务委员会职权范围内的议案。

第七十三条　全国人民代表大会代表在全国人民代表大会开会期间，全国人民代表大会常务委员会组成人员在常务委员会开会期间，有权依照法律规定的程序提出对国务院或者国务院各部、各委员会的质询案。受质询的机关必须负责答复。

第七十四条　全国人民代表大会代表，非经全国人民代表大会会议主席团许可，在全国人民代表大会闭会期间非经全国人民代表大会常务委员会许可，不受逮捕或者刑事审判。

第七十五条　全国人民代表大会代表在全国人民代表大会各种会议上的发言和表决，不受法律追究。

第七十六条　全国人民代表大会代表必须模范地遵守宪法和法律，保守国家秘密，并且在自己参加的生产、工作和社会活动中，协助宪法和法律的实施。

全国人民代表大会代表应当同原选举单位和人民保持密切的联系，听取和反映人民的意见和要求，努力为人民服务。

第七十七条　全国人民代表大会代表受原选举单位的监督。原选举单位有权依照法律规定的程序罢免本单位选出的代表。

第七十八条　全国人民代表大会和全国人民代表大会常务委员会的组织和工作程序由法律规定。

第二节　中华人民共和国主席

第七十九条　中华人民共和国主席、副主席由全国人民代表大会选举。

有选举权和被选举权的年满四十五周岁的中华人民共和国公民可以被选为中华人民共和国主席、副主席。

中华人民共和国主席、副主席每届任期同全国人民代表大会每届任期相同。

第八十条　中华人民共和国主席根据全国人民代表大会的决定和全国人民代表大会常务委员会的决定，公布法律，任免国务院总理、副总理、国务委员、各部部长、各委员会主任、审计长、秘书长，授予国家的勋章和荣誉称号，发布特赦令，宣布进入紧急状态，宣布战争状态，发布动员令。

第八十一条　中华人民共和国主席代表中华人民共和国，进行国事活动，接受外国使节；根据全国人民代表大会常务委员会的决定，派遣和召回驻外全权代表，批准和废除同外国缔结的条约和重要协定。

第八十二条　中华人民共和国副主席协助主席工作。

中华人民共和国副主席受主席的委托，可以代行主席的部分职权。

第八十三条　中华人民共和国主席、副主席行使职权到下届全国人民代表大会选出的主席、副主席就职为止。

第八十四条　中华人民共和国主席缺位的时候，由副主席继任主席的职位。

中华人民共和国副主席缺位的时候，由全国人民代表大会补选。

中华人民共和国主席、副主席都缺位的时候，由全国人民代表大会补选；在补选以前，由全国人民代表大会常务委员会委员长暂时代理主席职位。

第三节　国务院

第八十五条　中华人民共和国国务院，即中央人民政府，是最高国家权力机关的执行机关，是最高国家行政机关。

第八十六条　国务院由下列人员组成：

总理，

副总理若干人，

国务委员若干人，

各部部长，

各委员会主任，

审计长，

秘书长。

国务院实行总理负责制。各部、各委员会实行部长、主任负责制。

国务院的组织由法律规定。

第八十七条　国务院每届任期同全国人民代表大会每届任期相同。

总理、副总理、国务委员连续任职不得超过两届。

第八十八条　总理领导国务院的工作。副总理、国务委员协助总理工作。

总理、副总理、国务委员、秘书长组成国务院常务会议。

总理召集和主持国务院常务会议和国务院全体会议。

第八十九条　国务院行使下列职权：

（一）根据宪法和法律，规定行政措施，制定行政法规，发布决定和命令；

（二）向全国人民代表大会或者全国人民代表大会常务委员会提出议案；

（三）规定各部和各委员会的任务和职责，统一领导各部和各委员会的工作，并且领导不属于各部和各委员会的全国性的行政工作；

（四）统一领导全国地方各级国家行政机关的工作，规定中央和省、自治区、直辖市的国家行政机关的职权的具体划分；

（五）编制和执行国民经济和社会发展计划和国家预算；

（六）领导和管理经济工作和城乡建设、生态文明建设；

（七）领导和管理教育、科学、文化、卫生、体育和计划生育工作；

（八）领导和管理民政、公安、司法行政等工作；

（九）管理对外事务，同外国缔结条约和协定；

（十）领导和管理国防建设事业；

（十一）领导和管理民族事务，保障少数民族的平等权利和民族自治地方的自治权利；

（十二）保护华侨的正当的权利和利益，保护归侨和侨眷的合法的权利和利益；

（十三）改变或者撤销各部、各委员会发布的不适当的命令、指示和规章；

（十四）改变或者撤销地方各级国家行政机关的不适当的决定和命令；

（十五）批准省、自治区、直辖市的区域划分，批准自治州、县、自治县、市的建置和区域划分；

（十六）依照法律规定决定省、自治区、直辖市的范围内部分地区进入紧急状态；

（十七）审定行政机构的编制，依照法律规定任免、培训、考核和奖惩行政人员；

（十八）全国人民代表大会和全国人民代表大会常务委员会授予的其他职权。

第九十条　国务院各部部长、各委员会主任负责本部门的工作；召集和主持部务会议或者委员会会议、委务会议，讨论决定本部门工作的重大问题。

各部、各委员会根据法律和国务院的行政法规、决定、命令，在本部门的权限内，发布命令、指示和规章。

第九十一条　国务院设立审计机关，对国务院各部门和地方各级政府的财政收支，对国家的财政金融机构和企业事业组织的财务收支，进行审计监督。

审计机关在国务院总理领导下，依照法律规定独立行使审计监督权，不受其他行政机关、社会团体和个人的干涉。

第九十二条　国务院对全国人民代表大会负责并报告工作；在全国人民代表大会闭会期间，对全国人民代表大会常务委员会负责并报告工作。

第四节　中央军事委员会

第九十三条　中华人民共和国中央军事委员会领导全国武装力量。

中央军事委员会由下列人员组成：

主席，

副主席若干人，

委员若干人。

中央军事委员会实行主席负责制。

中央军事委员会每届任期同全国人民代表大会每届任期相同。

第九十四条　中央军事委员会主席对全国人民代表大会和全国人民代表大会常务委员会负责。

第五节　地方各级人民代表大会和地方各级人民政府

第九十五条　省、直辖市、县、市、市辖区、乡、民族乡、镇设立人民代表大会和人民政府。

地方各级人民代表大会和地方各级人民政府的组织由法律规定。

自治区、自治州、自治县设立自治机关。自治机关的组织和工作根据宪法第三章第五节、第六节规定的基本原则由法律规定。

第九十六条　地方各级人民代表大会是地方国家权力机关。

县级以上的地方各级人民代表大会设立常务委员会。

第九十七条　省、直辖市、设区的市的人民代表大会代表由下一级的人民代表大会选举；县、不设区的市、市辖区、乡、民族乡、镇的人民代表大会代表由选民直接选举。

地方各级人民代表大会代表名额和代表产生办法由法律规定。

第九十八条　地方各级人民代表大会每届任期五年。

第九十九条　地方各级人民代表大会在本行政区域内，保证宪法、法律、行政法规的遵守和执行；依照法律规定的权限，通过和发布决议，审查和决定地方的经济建设、文化建设和公共事业建设的计划。

县级以上的地方各级人民代表大会审查和批准本行政区域内的国民经济和社会发展计划、预算以及它们的执行情况的报告；有权改变或者撤销本级人民代表大会常务委员会不适当的决定。

民族乡的人民代表大会可以依照法律规定的权限采取适合民族特点的具体措施。

第一百条　省、直辖市的人民代表大会和它们的常务委员会，在不同宪法、法律、行政法规相抵触的前提下，可以制定地方性法规，报全国人民代表大会常务委员会备案。

设区的市的人民代表大会和它们的常务委员会，在不同宪法、法律、行政法规和本省、自治区的地方性法规相抵触的前提下，可以依照法律规定制定地方性法规，报本省、自治区人民代表大会常务委员会批准后施行。

第一百零一条　地方各级人民代表大会分别选举并且有权罢免本级人民政府的省长和副省长、市长和副市长、县长和副县长、区长和副区长、乡长和副乡长、镇长和副镇长。

县级以上的地方各级人民代表大会选举并且有权罢免本级监察委员会主任、本级人民法院院长和本级人民检察院检察长。选出或者罢免人民检察院检察长，须报上级人民检察院检察长提请该级人民代表大会常务委员会批准。

第一百零二条 省、直辖市、设区的市的人民代表大会代表受原选举单位的监督；县、不设区的市、市辖区、乡、民族乡、镇的人民代表大会代表受选民的监督。

地方各级人民代表大会代表的选举单位和选民有权依照法律规定的程序罢免由他们选出的代表。

第一百零三条 县级以上的地方各级人民代表大会常务委员会由主任、副主任若干人和委员若干人组成，对本级人民代表大会负责并报告工作。

县级以上的地方各级人民代表大会选举并有权罢免本级人民代表大会常务委员会的组成人员。

县级以上的地方各级人民代表大会常务委员会的组成人员不得担任国家行政机关、监察机关、审判机关和检察机关的职务。

第一百零四条 县级以上的地方各级人民代表大会常务委员会讨论、决定本行政区域内各方面工作的重大事项；监督本级人民政府、监察委员会、人民法院和人民检察院的工作；撤销本级人民政府的不适当的决定和命令；撤销下一级人民代表大会的不适当的决议；依照法律规定的权限决定国家机关工作人员的任免；在本级人民代表大会闭会期间，罢免和补选上一级人民代表大会的个别代表。

第一百零五条 地方各级人民政府是地方各级国家权力机关的执行机关，是地方各级国家行政机关。

地方各级人民政府实行省长、市长、县长、区长、乡长、镇长负责制。

第一百零六条 地方各级人民政府每届任期同本级人民代表大会每届任期相同。

第一百零七条 县级以上地方各级人民政府依照法律规定的权限，管理本行政区域内的经济、教育、科学、文化、卫生、体育事业、城乡建设事业和财政、民政、公安、民族事务、司法行政、计划生育等行政工作，发布决定和命令，任免、培训、考核和奖惩行政工作人员。

乡、民族乡、镇的人民政府执行本级人民代表大会的决议和上级国家行政机关的决定和命令，管理本行政区域内的行政工作。

省、直辖市的人民政府决定乡、民族乡、镇的建置和区域划分。

第一百零八条 县级以上的地方各级人民政府领导所属各工作部门和下级人民政府的工作，有权改变或者撤销所属各工作部门和下级人民政府的不适当的决定。

第一百零九条 县级以上的地方各级人民政府设立审计机关。地方各级审计机关依照法律规定独立行使审计监督权，对本级人民政府和上一级审计机关负责。

第一百一十条 地方各级人民政府对本级人民代表大会负责并报告工作。县级以上的地方各级人民政府在本级人民代表大会闭会期间，对本级人民代表大会常务委员会负责并报告工作。

地方各级人民政府对上一级国家行政机关负责并报告工作。全国地方各级人民政府都是国务院统一领导下的国家行政机关，都服从国务院。

第一百一十一条 城市和农村按居民居住地区设立的居民委员会或者村民委员会是基层群众性自治组织。居民委员会、村民委员会的主任、副主任和委员由居民选举。居民委员会、村民委员会同基层政权的相互关系由法律规定。

居民委员会、村民委员会设人民调解、治安保卫、公共卫生等委员会，办理本居住地区的公共事务和公益事业，调解民间纠纷，协助维护社会治安，并且向人民政府反映群众的意见、要求和提出建议。

第六节　民族自治地方的自治机关

第一百一十二条 民族自治地方的自治机关是自治区、自治州、自治县的人民代表大会和人民政府。

第一百一十三条 自治区、自治州、自治县的人民代表大会中，除实行区域自治的民族的代表外，其他居住在本行政区域内的民族也应当有适当名额的代表。

自治区、自治州、自治县的人民代表大会常务委员会中应当有实行区域自治的民族的公民担任主任或者副主任。

第一百一十四条 自治区主席、自治州州长、自治县县长由实行区域自治的民族的公民担任。

第一百一十五条 自治区、自治州、自治县的自治机关行使宪法第三章第五节规定的地方国家机关的职权，同时依照宪法、民族区域自治法和其他法律规定的权限行使自治权，根据本地方实际情况贯彻执行国家的法律、政策。

第一百一十六条 民族自治地方的人民代表大会有权依照当地民族的政治、经济和文化的特点，制定自治条例和单行条例。自治区的自治条例和单行条例，报全国人民代表大会常务委员会批准后生效。自治州、自治县的自治条例和单行条例，报省或者自治区的人民代表大会常务委员会批准后生效，并报全国人民代表大会常务委员会备案。

第一百一十七条 民族自治地方的自治机关有管理地方财政的自治权。凡是依照国家财政体制属于民族自治地方的财政收入，都应当由民族自治地方的自治机关自主地安排使用。

第一百一十八条 民族自治地方的自治机关在国家计划的指导下，自主地安排和管理地方性的经济建设事业。

国家在民族自治地方开发资源、建设企业的时候，应当照顾民族自治地方的利益。

第一百一十九条 民族自治地方的自治机关自主地管理本地方的教育、科学、文化、卫生、体育事业，保护和整理民族的文化遗产，发展和繁荣民族文化。

第一百二十条 民族自治地方的自治机关依照国家的军事制度和当地的实际需要，经国务院批准，可以组织本地方维护社会治安的公安部队。

第一百二十一条 民族自治地方的自治机关在执行职务的时候，依照本民族自治地方自治条例的规定，使用当地通用的一种或者几种语言文字。

第一百二十二条 国家从财政、物资、技术等方面帮助各少数民族加速发展经济建设和文化建设事业。

国家帮助民族自治地方从当地民族中大量培养各级干部、各种专业人才和技术工人。

第七节　监察委员会

第一百二十三条　中华人民共和国各级监察委员会是国家的监察机关。

第一百二十四条　中华人民共和国设立国家监察委员会和地方各级监察委员会。

监察委员会由下列人员组成：

主任，

副主任若干人，

委员若干人。

监察委员会主任每届任期同本级人民代表大会每届任期相同。国家监察委员会主任连续任职不得超过两届。

监察委员会的组织和职权由法律规定。

第一百二十五条　中华人民共和国国家监察委员会是最高监察机关。

国家监察委员会领导地方各级监察委员会的工作，上级监察委员会领导下级监察委员会的工作。

第一百二十六条　国家监察委员会对全国人民代表大会和全国人民代表大会常务委员会负责。地方各级监察委员会对产生它的国家权力机关和上一级监察委员会负责。

第一百二十七条　监察委员会依照法律规定独立行使监察权，不受行政机关、社会团体和个人的干涉。

监察机关办理职务违法和职务犯罪案件，应当与审判机关、检察机关、执法部门互相配合，互相制约。

第八节　人民法院和人民检察院

第一百二十八条　中华人民共和国人民法院是国家的审判机关。

第一百二十九条　中华人民共和国设立最高人民法院、地方各级人民法院和军事法院等专门人民法院。

最高人民法院院长每届任期同全国人民代表大会每届任期相同，连续任职不得超过两届。人民法院的组织由法律规定。

第一百三十条　人民法院审理案件，除法律规定的特别情况外，一律公开进行。被告人有权获得辩护。

第一百三十一条　人民法院依照法律规定独立行使审判权，不受行政机关、社会团体和个人的干涉。

第一百三十二条　最高人民法院是最高审判机关。

最高人民法院监督地方各级人民法院和专门人民法院的审判工作，上级人民法院监督下级人民法院的审判工作。

第一百三十三条　最高人民法院对全国人民代表大会和全国人民代表大会常务委员会负责。地方各级人民法院对产生它的国家权力机关负责。

第一百三十四条　中华人民共和国人民检察院是国家的法律监督机关。

第一百三十五条　中华人民共和国设立最高人民检察院、地方各级人民检察院和军事检察院等专门人民检察院。

最高人民检察院检察长每届任期同全国人民代表大会每届任期相同，连续任职不得超过两届。

人民检察院的组织由法律规定。

第一百三十六条　人民检察院依照法律规定独立行使检察权，不受行政机关、社会团体和个人的干涉。

第一百三十七条　最高人民检察院是最高检察机关。

最高人民检察院领导地方各级人民检察院和专门人民检察院的工作，上级人民检察院领导下级人民检察院的工作。

第一百三十八条　最高人民检察院对全国人民代表大会和全国人民代表大会常务委员会负责。地方各级人民检察院对产生它的国家权力机关和上级人民检察院负责。

第一百三十九条　各民族公民都有用本民族语言文字进行诉讼的权利。人民法院和人民检察院对于不通晓当地通用的语言文字的诉讼参与人，应当为他们翻译。

在少数民族聚居或者多民族共同居住的地区，应当用当地通用的语言进行审理；起诉书、判决书、布告和其他文书应当根据实际需要使用当地通用的一种或者几种文字。

第一百四十条　人民法院、人民检察院和公安机关办理刑事案件，应当分工负责，互相配合，互相制约，以保证准确有效地执行法律。

第四章　国旗、国歌、国徽、首都

第一百四十一条　中华人民共和国国旗是五星红旗。

中华人民共和国国歌是《义勇军进行曲》。

第一百四十二条　中华人民共和国国徽，中间是五星照耀下的天安门，周围是谷穗和齿轮。

第一百四十三条　中华人民共和国首都是北京。

（《中华人民共和国宪法：便携珍藏版》，中国法制出版社，2018）

中华人民共和国妇女权益保障法

（1992年4月3日第七届全国人民代表大会第五次会议通过　根据2005年8月28日第十届全国人民代表大会常务委员会第十七次会议《关于修改〈中华人民共和国妇女权益保障法〉的决定》第一次修正　根据2018年10月26日第十三届全国人民代表大会常务委员会第六次会议《关于修改〈中华人民共和国野生动物保护法〉等十五部法律的决定》第二次修正）

第一章　总　则

第一条　为了保障妇女的合法权益，促进男女平等，充分发挥妇女在社会主义现代化建设中的作用，根据宪法和我国的实际情况，制定本法。

第二条　妇女在政治的、经济的、文化的、社会的和家庭的生活等各方面享有同男子平等的权利。

实行男女平等是国家的基本国策。国家采取必要措施，逐步完善保障妇女权益的各项制度，消除对妇女一切形式的歧视。

国家保护妇女依法享有的特殊权益。禁止歧视、虐待、遗弃、残害妇女。

第三条　国务院制定中国妇女发展纲要，并将其纳入国民经济和社会发展规划。

县级以上地方各级人民政府根据中国妇女发展纲要，制定本行政区域的妇女发展规划，并将其纳入国民经济和社会发展计划。

第四条　保障妇女的合法权益是全社会的共同责任。国家机关、社会团体、企业事业单位、城乡基层群众性自治组织，应当依照本法和有关法律的规定，保障妇女的权益。

国家采取有效措施，为妇女依法行使权利提供必要的条件。

第五条　国家鼓励妇女自尊、自信、自立、自强，运用法律维护自身合法权益。

妇女应当遵守国家法律，尊重社会公德，履行法律所规定的义务。

第六条　各级人民政府应当重视和加强妇女权益的保障工作。

县级以上人民政府负责妇女儿童工作的机构，负责组织、协调、指导、督促有关部门做好妇女权益的保障工作。

县级以上人民政府有关部门在各自的职责范围内做好妇女权益的保障工作。

第七条　中华全国妇女联合会和地方各级妇女联合会依照法律和中华全国妇女联合会章程，代表和维护各族各界妇女的利益，做好维护妇女权益的工作。

工会、共产主义青年团，应当在各自的工作范围内，做好维护妇女权益的工作。

第八条　对保障妇女合法权益成绩显著的组织和个人，各级人民政府和有关部门给予表彰和奖励。

第二章　政治权利

第九条　国家保障妇女享有与男子平等的政治权利。

第十条　妇女有权通过各种途径和形式，管理国家事务，管理经济和文化事业，管理社会事务。

制定法律、法规、规章和公共政策，对涉及妇女权益的重大问题，应当听取妇女联合会的意见。

妇女和妇女组织有权向各级国家机关提出妇女权益保障方面的意见和建议。

第十一条　妇女享有与男子平等的选举权和被选举权。

全国人民代表大会和地方各级人民代表大会的代表中，应当有适当数量的妇女代表。国家采取措施，逐步提高全国人民代表大会和地方各级人民代表大会的妇女代表的比例。

居民委员会、村民委员会成员中,妇女应当有适当的名额。

第十二条 国家积极培养和选拔女干部。

国家机关、社会团体、企业事业单位培养、选拔和任用干部,必须坚持男女平等的原则,并有适当数量的妇女担任领导成员。

国家重视培养和选拔少数民族女干部。

第十三条 中华全国妇女联合会和地方各级妇女联合会代表妇女积极参与国家和社会事务的民主决策、民主管理和民主监督。

各级妇女联合会及其团体会员,可以向国家机关、社会团体、企业事业单位推荐女干部。

第十四条 对于有关保障妇女权益的批评或者合理建议,有关部门应当听取和采纳;对于有关侵害妇女权益的申诉、控告和检举,有关部门必须查清事实,负责处理,任何组织或者个人不得压制或者打击报复。

第三章　文化教育权益

第十五条 国家保障妇女享有与男子平等的文化教育权利。

第十六条 学校和有关部门应当执行国家有关规定,保障妇女在入学、升学、毕业分配、授予学位、派出留学等方面享有与男子平等的权利。

学校在录取学生时,除特殊专业外,不得以性别为由拒绝录取女性或者提高对女性的录取标准。

第十七条 学校应当根据女性青少年的特点,在教育、管理、设施等方面采取措施,保障女性青少年身心健康发展。

第十八条 父母或者其他监护人必须履行保障适龄女性儿童少年接受义务教育的义务。

除因疾病或者其他特殊情况经当地人民政府批准的以外,对不送适龄女性儿童少年入学的父母或者其他监护人,由当地人民政府予以批评教育,并采取有效措施,责令送适龄女性儿童少年入学。

政府、社会、学校应当采取有效措施，解决适龄女性儿童少年就学存在的实际困难，并创造条件，保证贫困、残疾和流动人口中的适龄女性儿童少年完成义务教育。

第十九条　各级人民政府应当依照规定把扫除妇女中的文盲、半文盲工作，纳入扫盲和扫盲后继续教育规划，采取符合妇女特点的组织形式和工作方法，组织、监督有关部门具体实施。

第二十条　各级人民政府和有关部门应当采取措施，根据城镇和农村妇女的需要，组织妇女接受职业教育和实用技术培训。

第二十一条　国家机关、社会团体和企业事业单位应当执行国家有关规定，保障妇女从事科学、技术、文学、艺术和其他文化活动，享有与男子平等的权利。

第四章　劳动和社会保障权益

第二十二条　国家保障妇女享有与男子平等的劳动权利和社会保障权利。

第二十三条　各单位在录用职工时，除不适合妇女的工种或者岗位外，不得以性别为由拒绝录用妇女或者提高对妇女的录用标准。

各单位在录用女职工时，应当依法与其签订劳动（聘用）合同或者服务协议，劳动（聘用）合同或者服务协议中不得规定限制女职工结婚、生育的内容。

禁止录用未满十六周岁的女性未成年人，国家另有规定的除外。

第二十四条　实行男女同工同酬。妇女在享受福利待遇方面享有与男子平等的权利。

第二十五条　在晋职、晋级、评定专业技术职务等方面，应当坚持男女平等的原则，不得歧视妇女。

第二十六条　任何单位均应根据妇女的特点，依法保护妇女在工作和劳动时的安全和健康，不得安排不适合妇女从事的工作和劳动。

妇女在经期、孕期、产期、哺乳期受特殊保护。

第二十七条　任何单位不得因结婚、怀孕、产假、哺乳等情形，降低女职工的工资，辞退女职工，单方解除劳动（聘用）合同或者服务协议。但是，女职工要求终止劳动（聘用）合同或者服务协议的除外。

各单位在执行国家退休制度时，不得以性别为由歧视妇女。

第二十八条　国家发展社会保险、社会救助、社会福利和医疗卫生事业，保障妇女享有社会保险、社会救助、社会福利和卫生保健等权益。

国家提倡和鼓励为帮助妇女开展的社会公益活动。

第二十九条　国家推行生育保险制度，建立健全与生育相关的其他保障制度。

地方各级人民政府和有关部门应当按照有关规定为贫困妇女提供必要的生育救助。

第五章　财产权益

第三十条　国家保障妇女享有与男子平等的财产权利。

第三十一条　在婚姻、家庭共有财产关系中，不得侵害妇女依法享有的权益。

第三十二条　妇女在农村土地承包经营、集体经济组织收益分配、土地征收或者征用补偿费使用以及宅基地使用等方面，享有与男子平等的权利。

第三十三条　任何组织和个人不得以妇女未婚、结婚、离婚、丧偶等为由，侵害妇女在农村集体经济组织中的各项权益。

因结婚男方到女方住所落户的，男方和子女享有与所在地农村集体经济组织成员平等的权益。

第三十四条　妇女享有的与男子平等的财产继承权受法律保护。在同一顺序法定继承人中，不得歧视妇女。

丧偶妇女有权处分继承的财产，任何人不得干涉。

第三十五条　丧偶妇女对公、婆尽了主要赡养义务的，作为公、婆的第一顺序法定继承人，其继承权不受子女代位继承的影响。

第六章　人身权利

第三十六条　国家保障妇女享有与男子平等的人身权利。

第三十七条　妇女的人身自由不受侵犯。禁止非法拘禁和以其他非法手段剥夺或者限制妇女的人身自由；禁止非法搜查妇女的身体。

第三十八条　妇女的生命健康权不受侵犯。禁止溺、弃、残害女婴；禁止歧视、虐待生育女婴的妇女和不育的妇女；禁止用迷信、暴力等手段残害妇女；禁止虐待、遗弃病、残妇女和老年妇女。

第三十九条　禁止拐卖、绑架妇女；禁止收买被拐卖、绑架的妇女；禁止阻碍解救被拐卖、绑架的妇女。

各级人民政府和公安、民政、劳动和社会保障、卫生等部门按照其职责及时采取措施解救被拐卖、绑架的妇女，做好善后工作，妇女联合会协助和配合做好有关工作。任何人不得歧视被拐卖、绑架的妇女。

第四十条　禁止对妇女实施性骚扰。受害妇女有权向单位和有关机关投诉。

第四十一条　禁止卖淫、嫖娼。

禁止组织、强迫、引诱、容留、介绍妇女卖淫或者对妇女进行猥亵活动。

禁止组织、强迫、引诱妇女进行淫秽表演活动。

第四十二条　妇女的名誉权、荣誉权、隐私权、肖像权等人格权受法律保护。

禁止用侮辱、诽谤等方式损害妇女的人格尊严。禁止通过大众传播媒介或者其他方式贬低损害妇女人格。未经本人同意，不得以营利为目的，通过广告、商标、展览橱窗、报纸、期刊、图书、音像制品、电子出版物、网络等形式使用妇女肖像。

第七章　婚姻家庭权益

第四十三条　国家保障妇女享有与男子平等的婚姻家庭权利。

第四十四条　国家保护妇女的婚姻自主权。禁止干涉妇女的结婚、离婚自由。

第四十五条　女方在怀孕期间、分娩后一年内或者终止妊娠后六个月内，男方不得提出离婚。女方提出离婚的，或者人民法院认为确有必要受理男方离婚请求的，不在此限。

第四十六条　禁止对妇女实施家庭暴力。

国家采取措施，预防和制止家庭暴力。

公安、民政、司法行政等部门以及城乡基层群众性自治组织、社会团体，应当在各自的职责范围内预防和制止家庭暴力，依法为受害妇女提供救助。

第四十七条　妇女对依照法律规定的夫妻共同财产享有与其配偶平等的占有、使用、收益和处分的权利，不受双方收入状况的影响。

夫妻书面约定婚姻关系存续期间所得的财产归各自所有，女方因抚育子女、照料老人、协助男方工作等承担较多义务的，有权在离婚时要求男方予以补偿。

第四十八条　夫妻共有的房屋，离婚时，分割住房由双方协议解决；协议不成的，由人民法院根据双方的具体情况，按照照顾子女和女方权益的原则判决。夫妻双方另有约定的除外。

夫妻共同租用的房屋，离婚时，女方的住房应当按照照顾子女和女方权益的原则解决。

第四十九条　父母双方对未成年子女享有平等的监护权。

父亲死亡、丧失行为能力或者有其他情形不能担任未成年子女的监护人的，母亲的监护权任何人不得干涉。

第五十条　离婚时，女方因实施绝育手术或者其他原因丧失生育能力的，处理子女抚养问题，应在有利子女权益的条件下，照顾女方的合理要求。

第五十一条　妇女有按照国家有关规定生育子女的权利，也有不生育的自由。

育龄夫妻双方按照国家有关规定计划生育，有关部门应当提供安全、有效的避孕药具和技术，保障实施节育手术的妇女的健康和安全。

国家实行婚前保健、孕产期保健制度，发展母婴保健事业。各级人民政府应当采取措施，保障妇女享有计划生育技术服务，提高妇女的生殖健康水平。

第八章　法律责任

第五十二条　妇女的合法权益受到侵害的，有权要求有关部门依法处理，或者依法向仲裁机构申请仲裁，或者向人民法院起诉。

对有经济困难需要法律援助或者司法救助的妇女，当地法律援助机构或者人民法院应当给予帮助，依法为其提供法律援助或者司法救助。

第五十三条　妇女的合法权益受到侵害的，可以向妇女组织投诉，妇女组织应当维护被侵害妇女的合法权益，有权要求并协助有关部门或者单位查处。有关部门或者单位应当依法查处，并予以答复。

第五十四条　妇女组织对于受害妇女进行诉讼需要帮助的，应当给予支持。

妇女联合会或者相关妇女组织对侵害特定妇女群体利益的行为，可以通过大众传播媒介揭露、批评，并有权要求有关部门依法查处。

第五十五条　违反本法规定，以妇女未婚、结婚、离婚、丧偶等为由，侵害妇女在农村集体经济组织中的各项权益的，或者因结婚男方到女方住所落户，侵害男方和子女享有与所在地农村集体经济组织成员平等权益的，由乡镇人民政府依法调解；受害人也可以依法向农村土地承包仲裁机构申请仲裁，或者向人民法院起诉，人民法院应当依法受理。

第五十六条　违反本法规定，侵害妇女的合法权益，其他法律、法规规定行政处罚的，从其规定；造成财产损失或者其他损害的，依法承担民事责任；构成犯罪的，依法追究刑事责任。

第五十七条　违反本法规定，对侵害妇女权益的申诉、控告、检举，推诿、拖延、压制不予查处，或者对提出申诉、控告、检举的人进行打击报复的，由其所在单位、主管部门或者上级机关责令改正，并依法对直接负责的主管人员和其他直接责任人员给予行政处分。

国家机关及其工作人员未依法履行职责，对侵害妇女权益的行为未及时制止或者未给予受害妇女必要帮助，造成严重后果的，由其所在单位或者上级机关依法对直接负责的主管人员和其他直接责任人员给予行政处分。

违反本法规定，侵害妇女文化教育权益、劳动和社会保障权益、人身和财产权益以及婚姻家庭权益的，由其所在单位、主管部门或者上级机关责令改正，直接负责的主管人员和其他直接责任人员属于国家工作人员的，由其所在单位或者上级机关依法给予行政处分。

第五十八条 违反本法规定，对妇女实施性骚扰或者家庭暴力，构成违反治安管理行为的，受害人可以提请公安机关对违法行为人依法给予行政处罚，也可以依法向人民法院提起民事诉讼。

第五十九条 违反本法规定，通过大众传播媒介或者其他方式贬低损害妇女人格的，由文化、广播电视、电影、新闻出版或者其他有关部门依据各自的职权责令改正，并依法给予行政处罚。

第九章 附 则

第六十条 省、自治区、直辖市人民代表大会常务委员会可以根据本法制定实施办法。

民族自治地方的人民代表大会，可以依据本法规定的原则，结合当地民族妇女的具体情况，制定变通的或者补充的规定。自治区的规定，报全国人民代表大会常务委员会批准后生效；自治州、自治县的规定，报省、自治区、直辖市人民代表大会常务委员会批准后生效，并报全国人民代表大会常务委员会备案。

第六十一条 本法自1992年10月1日起施行。

（《中华人民共和国妇女权益保障法》，中国法制出版社，2018）

中华人民共和国劳动法

（1994年7月5日第八届全国人民代表大会常务委员会第八次会议通过　根据2009年8月27日第十一届全国人民代表大会常务委员会第十次会议《关于修改部分法律的决定》第一次修正　根据2018年12月29日第十三届全国人民代表大会常务委员会第七次会议《关于修改〈中华人民共和国劳动法〉等七部法律的决定》第二次修正）

第一章　总　则

第一条　为了保护劳动者的合法权益，调整劳动关系，建立和维护适应社会主义市场经济的劳动制度，促进经济发展和社会进步，根据宪法，制定本法。

第二条　在中华人民共和国境内的企业、个体经济组织（以下统称用人单位）和与之形成劳动关系的劳动者，适用本法。

国家机关、事业组织、社会团体和与之建立劳动合同关系的劳动者，依照本法执行。

第三条　劳动者享有平等就业和选择职业的权利、取得劳动报酬的权利、休息休假的权利、获得劳动安全卫生保护的权利、接受职业技能培训的权利、享受社会保险和福利的权利、提请劳动争议处理的权利以及法律规定的其他劳动权利。

劳动者应当完成劳动任务，提高职业技能，执行劳动安全卫生规程，遵守劳动纪律和职业道德。

第四条　用人单位应当依法建立和完善规章制度，保障劳动者享有劳动权利和履行劳动义务。

第五条　国家采取各种措施，促进劳动就业，发展职业教育，制定劳动标准，调节社会收入，完善社会保险，协调劳动关系，逐步提高劳动者的生活水平。

第六条　国家提倡劳动者参加社会义务劳动，开展劳动竞赛和合理化建议活动，鼓励和保护劳动者进行科学研究、技术革新和发明创造，表彰和奖励劳动模范和先进工作者。

第七条　劳动者有权依法参加和组织工会。

工会代表和维护劳动者的合法权益，依法独立自主地开展活动。

第八条　劳动者依照法律规定，通过职工大会、职工代表大会或者其他形式，参与民主管理或者就保护劳动者合法权益与用人单位进行平等协商。

第九条　国务院劳动行政部门主管全国劳动工作。县级以上地方人民政府劳动行政部门主管本行政区域内的劳动工作。

第二章　促进就业

第十条　国家通过促进经济和社会发展，创造就业条件，扩大就业机会。

国家鼓励企业、事业组织、社会团体在法律、行政法规规定的范围内兴办产业或者拓展经营，增加就业。

国家支持劳动者自愿组织起来就业和从事个体经营实现就业。

第十一条　地方各级人民政府应当采取措施，发展多种类型的职业介绍机构，提供就业服务。

第十二条　劳动者就业，不因民族、种族、性别、宗教信仰不同而受歧视。

第十三条　妇女享有与男子平等的就业权利。在录用职工时，除国家规定的不适合妇女的工种或者岗位外，不得以性别为由拒绝录用妇女或者提高对妇女的录用标准。

第十四条　残疾人、少数民族人员、退出现役的军人的就业，法律、法规有特别规定的，从其规定。

第十五条　禁止用人单位招用未满十六周岁的未成年人。

文艺、体育和特种工艺单位招用未满十六周岁的未成年人，必须遵守国家有关规定，并保障其接受义务教育的权利。

第三章　劳动合同和集体合同

第十六条　劳动合同是劳动者与用人单位确立劳动关系、明确双方权利和义务的协议。

建立劳动关系应当订立劳动合同。

第十七条　订立和变更劳动合同，应当遵循平等自愿、协商一致的原则，不得违反法律、行政法规的规定。

劳动合同依法订立即具有法律约束力，当事人必须履行劳动合同规定的义务。

第十八条　下列劳动合同无效：

（一）违反法律、行政法规的劳动合同；

（二）采取欺诈、威胁等手段订立的劳动合同。

无效的劳动合同，从订立的时候起，就没有法律约束力。确认劳动合同部分无效的，如果不影响其余部分的效力，其余部分仍然有效。

劳动合同的无效，由劳动争议仲裁委员会或者人民法院确认。

第十九条　劳动合同应当以书面形式订立，并具备以下条款：

（一）劳动合同期限；

（二）工作内容；

（三）劳动保护和劳动条件；

（四）劳动报酬；

（五）劳动纪律；

（六）劳动合同终止的条件；

（七）违反劳动合同的责任。

劳动合同除前款规定的必备条款外，当事人可以协商约定其他内容。

第二十条　劳动合同的期限分为有固定期限、无固定期限和以完成一定的工作为期限。

劳动者在同一用人单位连续工作满十年以上，当事人双方同意续延劳动合同的，如果劳动者提出订立无固定期限的劳动合同，应当订立无固定期限的劳动合同。

第二十一条 劳动合同可以约定试用期。试用期最长不得超过六个月。

第二十二条 劳动合同当事人可以在劳动合同中约定保守用人单位商业秘密的有关事项。

第二十三条 劳动合同期满或者当事人约定的劳动合同终止条件出现，劳动合同即行终止。

第二十四条 经劳动合同当事人协商一致，劳动合同可以解除。

第二十五条 劳动者有下列情形之一的，用人单位可以解除劳动合同：

（一）在试用期间被证明不符合录用条件的；

（二）严重违反劳动纪律或者用人单位规章制度的；

（三）严重失职，营私舞弊，对用人单位利益造成重大损害的；

（四）被依法追究刑事责任的。

第二十六条 有下列情形之一的，用人单位可以解除劳动合同，但是应当提前三十日以书面形式通知劳动者本人：

（一）劳动者患病或者非因工负伤，医疗期满后，不能从事原工作也不能从事由用人单位另行安排的工作的；

（二）劳动者不能胜任工作，经过培训或者调整工作岗位，仍不能胜任工作的；

（三）劳动合同订立时所依据的客观情况发生重大变化，致使原劳动合同无法履行，经当事人协商不能就变更劳动合同达成协议的。

第二十七条 用人单位濒临破产进行法定整顿期间或者生产经营状况发生严重困难，确需裁减人员的，应当提前三十日向工会或者全体职工说明情况，听取工会或者职工的意见，经向劳动行政部门报告后，可以裁减人员。

用人单位依据本条规定裁减人员，在六个月内录用人员的，应当优先录用被裁减的人员。

第二十八条 用人单位依据本法第二十四条、第二十六条、第二十七条的规定解除劳动合同的，应当依照国家有关规定给予经济补偿。

第二十九条 劳动者有下列情形之一的，用人单位不得依据本法第二十六条、第二十七条的规定解除劳动合同：

（一）患职业病或者因工负伤并被确认丧失或者部分丧失劳动能力的；

（二）患病或者负伤，在规定的医疗期内的；

（三）女职工在孕期、产期、哺乳期内的；

（四）法律、行政法规规定的其他情形。

第三十条 用人单位解除劳动合同，工会认为不适当的，有权提出意见。如果用人单位违反法律、法规或者劳动合同，工会有权要求重新处理；劳动者申请仲裁或者提起诉讼的，工会应当依法给予支持和帮助。

第三十一条 劳动者解除劳动合同，应当提前三十日以书面形式通知用人单位。

第三十二条 有下列情形之一的，劳动者可以随时通知用人单位解除劳动合同：

（一）在试用期内的；

（二）用人单位以暴力、威胁或者非法限制人身自由的手段强迫劳动的；

（三）用人单位未按照劳动合同约定支付劳动报酬或者提供劳动条件的。

第三十三条 企业职工一方与企业可以就劳动报酬、工作时间、休息休假、劳动安全卫生、保险福利等事项，签订集体合同。集体合同草案应当提交职工代表大会或者全体职工讨论通过。

集体合同由工会代表职工与企业签订；没有建立工会的企业，由职工推举的代表与企业签订。

第三十四条 集体合同签订后应当报送劳动行政部门；劳动行政部门自收到集体合同文本之日起十五日内未提出异议的，集体合同即行生效。

第三十五条 依法签订的集体合同对企业和企业全体职工具有约束力。职工个人与企业订立的劳动合同中劳动条件和劳动报酬等标准不得低于集体合同的规定。

第四章 工作时间和休息休假

第三十六条 国家实行劳动者每日工作时间不超过八小时、平均每周工作时间不超过四十四小时的工时制度。

第三十七条 对实行计件工作的劳动者,用人单位应当根据本法第三十六条规定的工时制度合理确定其劳动定额和计件报酬标准。

第三十八条 用人单位应当保证劳动者每周至少休息一日。

第三十九条 企业因生产特点不能实行本法第三十六条、第三十八条规定的,经劳动行政部门批准,可以实行其他工作和休息办法。

第四十条 用人单位在下列节日期间应当依法安排劳动者休假:

(一)元旦;

(二)春节;

(三)国际劳动节;

(四)国庆节;

(五)法律、法规规定的其他休假节日。

第四十一条 用人单位由于生产经营需要,经与工会和劳动者协商后可以延长工作时间,一般每日不得超过一小时;因特殊原因需要延长工作时间的,在保障劳动者身体健康的条件下延长工作时间每日不得超过三小时,但是每月不得超过三十六小时。

第四十二条 有下列情形之一的,延长工作时间不受本法第四十一条规定的限制:

(一)发生自然灾害、事故或者因其他原因,威胁劳动者生命健康和财产安全,需要紧急处理的;

(二)生产设备、交通运输线路、公共设施发生故障,影响生产和公众利益,必须及时抢修的;

（三）法律、行政法规规定的其他情形。

第四十三条 用人单位不得违反本法规定延长劳动者的工作时间。

第四十四条 有下列情形之一的，用人单位应当按照下列标准支付高于劳动者正常工作时间工资的工资报酬：

（一）安排劳动者延长工作时间的，支付不低于工资的百分之一百五十的工资报酬；

（二）休息日安排劳动者工作又不能安排补休的，支付不低于工资的百分之二百的工资报酬；

（三）法定休假日安排劳动者工作的，支付不低于工资的百分之三百的工资报酬。

第四十五条 国家实行带薪年休假制度。

劳动者连续工作一年以上的，享受带薪年休假。具体办法由国务院规定。

第五章　工　资

第四十六条 工资分配应当遵循按劳分配原则，实行同工同酬。

工资水平在经济发展的基础上逐步提高。国家对工资总量实行宏观调控。

第四十七条 用人单位根据本单位的生产经营特点和经济效益，依法自主确定本单位的工资分配方式和工资水平。

第四十八条 国家实行最低工资保障制度。最低工资的具体标准由省、自治区、直辖市人民政府规定，报国务院备案。

用人单位支付劳动者的工资不得低于当地最低工资标准。

第四十九条 确定和调整最低工资标准应当综合参考下列因素：

（一）劳动者本人及平均赡养人口的最低生活费用；

（二）社会平均工资水平；

（三）劳动生产率；

（四）就业状况；

（五）地区之间经济发展水平的差异。

第五十条　工资应当以货币形式按月支付给劳动者本人。不得克扣或者无故拖欠劳动者的工资。

第五十一条　劳动者在法定休假日和婚丧假期间以及依法参加社会活动期间，用人单位应当依法支付工资。

第六章　劳动安全卫生

第五十二条　用人单位必须建立、健全劳动安全卫生制度，严格执行国家劳动安全卫生规程和标准，对劳动者进行劳动安全卫生教育，防止劳动过程中的事故，减少职业危害。

第五十三条　劳动安全卫生设施必须符合国家规定的标准。

新建、改建、扩建工程的劳动安全卫生设施必须与主体工程同时设计、同时施工、同时投入生产和使用。

第五十四条　用人单位必须为劳动者提供符合国家规定的劳动安全卫生条件和必要的劳动防护用品，对从事有职业危害作业的劳动者应当定期进行健康检查。

第五十五条　从事特种作业的劳动者必须经过专门培训并取得特种作业资格。

第五十六条　劳动者在劳动过程中必须严格遵守安全操作规程。

劳动者对用人单位管理人员违章指挥、强令冒险作业，有权拒绝执行；对危害生命安全和身体健康的行为，有权提出批评、检举和控告。

第五十七条　国家建立伤亡事故和职业病统计报告和处理制度。县级以上各级人民政府劳动行政部门、有关部门和用人单位应当依法对劳动者在劳动过程中发生的伤亡事故和劳动者的职业病状况，进行统计、报告和处理。

第七章　女职工和未成年工特殊保护

第五十八条　国家对女职工和未成年工实行特殊劳动保护。

未成年工是指年满十六周岁未满十八周岁的劳动者。

第五十九条　禁止安排女职工从事矿山井下、国家规定的第四级体力劳动强度的劳动和其他禁忌从事的劳动。

第六十条　不得安排女职工在经期从事高处、低温、冷水作业和国家规定的第三级体力劳动强度的劳动。

第六十一条　不得安排女职工在怀孕期间从事国家规定的第三级体力劳动强度的劳动和孕期禁忌从事的劳动。对怀孕七个月以上的女职工，不得安排其延长工作时间和夜班劳动。

第六十二条　女职工生育享受不少于九十天的产假。

第六十三条　不得安排女职工在哺乳未满一周岁的婴儿期间从事国家规定的第三级体力劳动强度的劳动和哺乳期禁忌从事的其他劳动，不得安排其延长工作时间和夜班劳动。

第六十四条　不得安排未成年工从事矿山井下、有毒有害、国家规定的第四级体力劳动强度的劳动和其他禁忌从事的劳动。

第六十五条　用人单位应当对未成年工定期进行健康检查。

第八章　职业培训

第六十六条　国家通过各种途径，采取各种措施，发展职业培训事业，开发劳动者的职业技能，提高劳动者素质，增强劳动者的就业能力和工作能力。

第六十七条　各级人民政府应当把发展职业培训纳入社会经济发展的规划，鼓励和支持有条件的企业、事业组织、社会团体和个人进行各种形式的职业培训。

第六十八条　用人单位应当建立职业培训制度，按照国家规定提取和使用职业培训经费，根据本单位实际，有计划地对劳动者进行职业培训。

从事技术工种的劳动者，上岗前必须经过培训。

第六十九条　国家确定职业分类，对规定的职业制定职业技能标准，实行职业资格证书制度，由经备案的考核鉴定机构负责对劳动者实施职业技能考核鉴定。

第九章　社会保险和福利

第七十条　国家发展社会保险事业，建立社会保险制度，设立社会保险基金，使劳动者在年老、患病、工伤、失业、生育等情况下获得帮助和补偿。

第七十一条　社会保险水平应当与社会经济发展水平和社会承受能力相适应。

第七十二条　社会保险基金按照保险类型确定资金来源，逐步实行社会统筹。用人单位和劳动者必须依法参加社会保险，缴纳社会保险费。

第七十三条　劳动者在下列情形下，依法享受社会保险待遇：

（一）退休；

（二）患病、负伤；

（三）因工伤残或者患职业病；

（四）失业；

（五）生育。

劳动者死亡后，其遗属依法享受遗属津贴。

劳动者享受社会保险待遇的条件和标准由法律、法规规定。劳动者享受的社会保险金必须按时足额支付。

第七十四条　社会保险基金经办机构依照法律规定收支、管理和运营社会保险基金，并负有使社会保险基金保值增值的责任。

社会保险基金监督机构依照法律规定，对社会保险基金的收支、管理和运营实施监督。

社会保险基金经办机构和社会保险基金监督机构的设立和职能由法律规定。

任何组织和个人不得挪用社会保险基金。

第七十五条　国家鼓励用人单位根据本单位实际情况为劳动者建立补充保险。

国家提倡劳动者个人进行储蓄性保险。

第七十六条　国家发展社会福利事业，兴建公共福利设施，为劳动者休息、休养和疗养提供条件。

用人单位应当创造条件，改善集体福利，提高劳动者的福利待遇。

第十章 劳动争议

第七十七条 用人单位与劳动者发生劳动争议，当事人可以依法申请调解、仲裁、提起诉讼，也可以协商解决。

调解原则适用于仲裁和诉讼程序。

第七十八条 解决劳动争议，应当根据合法、公正、及时处理的原则，依法维护劳动争议当事人的合法权益。

第七十九条 劳动争议发生后，当事人可以向本单位劳动争议调解委员会申请调解；调解不成，当事人一方要求仲裁的，可以向劳动争议仲裁委员会申请仲裁。当事人一方也可以直接向劳动争议仲裁委员会申请仲裁。对仲裁裁决不服的，可以向人民法院提起诉讼。

第八十条 在用人单位内，可以设立劳动争议调解委员会。劳动争议调解委员会由职工代表、用人单位代表和工会代表组成。劳动争议调解委员会主任由工会代表担任。

劳动争议经调解达成协议的，当事人应当履行。

第八十一条 劳动争议仲裁委员会由劳动行政部门代表、同级工会代表、用人单位方面的代表组成。劳动争议仲裁委员会主任由劳动行政部门代表担任。

第八十二条 提出仲裁要求的一方应当自劳动争议发生之日起六十日内向劳动争议仲裁委员会提出书面申请。仲裁裁决一般应在收到仲裁申请的六十日内作出。对仲裁裁决无异议的，当事人必须履行。

第八十三条 劳动争议当事人对仲裁裁决不服的，可以自收到仲裁裁决书之日起十五日内向人民法院提起诉讼。一方当事人在法定期限内不起诉又不履行仲裁裁决的，另一方当事人可以申请人民法院强制执行。

第八十四条 因签订集体合同发生争议，当事人协商解决不成的，当地人民政府劳动行政部门可以组织有关各方协调处理。

因履行集体合同发生争议，当事人协商解决不成的，可以向劳动争议仲裁委员会申请仲裁；对仲裁裁决不服的，可以自收到仲裁裁决书之日起十五日内向人民法院提起诉讼。

第十一章　监督检查

第八十五条　县级以上各级人民政府劳动行政部门依法对用人单位遵守劳动法律、法规的情况进行监督检查，对违反劳动法律、法规的行为有权制止，并责令改正。

第八十六条　县级以上各级人民政府劳动行政部门监督检查人员执行公务，有权进入用人单位了解执行劳动法律、法规的情况，查阅必要的资料，并对劳动场所进行检查。

县级以上各级人民政府劳动行政部门监督检查人员执行公务，必须出示证件，秉公执法并遵守有关规定。

第八十七条　县级以上各级人民政府有关部门在各自职责范围内，对用人单位遵守劳动法律、法规的情况进行监督。

第八十八条　各级工会依法维护劳动者的合法权益，对用人单位遵守劳动法律、法规的情况进行监督。

任何组织和个人对于违反劳动法律、法规的行为有权检举和控告。

第十二章　法律责任

第八十九条　用人单位制定的劳动规章制度违反法律、法规规定的，由劳动行政部门给予警告，责令改正；对劳动者造成损害的，应当承担赔偿责任。

第九十条　用人单位违反本法规定，延长劳动者工作时间的，由劳动行政部门给予警告，责令改正，并可以处以罚款。

第九十一条　用人单位有下列侵害劳动者合法权益情形之一的，由劳动行政部门责令支付劳动者的工资报酬、经济补偿，并可以责令支付赔偿金：

（一）克扣或者无故拖欠劳动者工资的；

（二）拒不支付劳动者延长工作时间工资报酬的；

（三）低于当地最低工资标准支付劳动者工资的；

（四）解除劳动合同后，未依照本法规定给予劳动者经济补偿的。

第九十二条 用人单位的劳动安全设施和劳动卫生条件不符合国家规定或者未向劳动者提供必要的劳动防护用品和劳动保护设施的，由劳动行政部门或者有关部门责令改正，可以处以罚款；情节严重的，提请县级以上人民政府决定责令停产整顿；对事故隐患不采取措施，致使发生重大事故，造成劳动者生命和财产损失的，对责任人员依照刑法有关规定追究刑事责任。

第九十三条 用人单位强令劳动者违章冒险作业，发生重大伤亡事故，造成严重后果的，对责任人员依法追究刑事责任。

第九十四条 用人单位非法招用未满十六周岁的未成年人的，由劳动行政部门责令改正，处以罚款；情节严重的，由市场监督管理部门吊销营业执照。

第九十五条 用人单位违反本法对女职工和未成年工的保护规定，侵害其合法权益的，由劳动行政部门责令改正，处以罚款；对女职工或者未成年工造成损害的，应当承担赔偿责任。

第九十六条 用人单位有下列行为之一，由公安机关对责任人员处以十五日以下拘留、罚款或者警告；构成犯罪的，对责任人员依法追究刑事责任：

（一）以暴力、威胁或者非法限制人身自由的手段强迫劳动的；

（二）侮辱、体罚、殴打、非法搜查和拘禁劳动者的。

第九十七条 由于用人单位的原因订立的无效合同，对劳动者造成损害的，应当承担赔偿责任。

第九十八条 用人单位违反本法规定的条件解除劳动合同或者故意拖延不订立劳动合同的，由劳动行政部门责令改正；对劳动者造成损害的，应当承担赔偿责任。

第九十九条 用人单位招用尚未解除劳动合同的劳动者，对原用人单位造成经济损失的，该用人单位应当依法承担连带赔偿责任。

第一百条 用人单位无故不缴纳社会保险费的，由劳动行政部门责令其限期缴纳；逾期不缴的，可以加收滞纳金。

第一百零一条 用人单位无理阻挠劳动行政部门、有关部门及其工作人员行使监督检查权，打击报复举报人员的，由劳动行政部门或者有关部门处以罚款；构成犯罪的，对责任人员依法追究刑事责任。

第一百零二条 劳动者违反本法规定的条件解除劳动合同或者违反劳动合同中约定的保密事项，对用人单位造成经济损失的，应当依法承担赔偿责任。

第一百零三条 劳动行政部门或者有关部门的工作人员滥用职权、玩忽职守、徇私舞弊，构成犯罪的，依法追究刑事责任；不构成犯罪的，给予行政处分。

第一百零四条 国家工作人员和社会保险基金经办机构的工作人员挪用社会保险基金，构成犯罪的，依法追究刑事责任。

第一百零五条 违反本法规定侵害劳动者合法权益，其他法律、行政法规已规定处罚的，依照该法律、行政法规的规定处罚。

第十三章　附　则

第一百零六条 省、自治区、直辖市人民政府根据本法和本地区的实际情况，规定劳动合同制度的实施步骤，报国务院备案。

第一百零七条 本法自1995年1月1日起施行。

（《中华人民共和国劳动法》，中国法制出版社，2021）

中华人民共和国民法典（第五编、第六编）

（2020年5月28日第十三届全国人民代表大会第三次会议通过）

第五编　婚姻家庭

第一章　一般规定

第一千零四十条　本编调整因婚姻家庭产生的民事关系。

第一千零四十一条　婚姻家庭受国家保护。

实行婚姻自由、一夫一妻、男女平等的婚姻制度。

保护妇女、未成年人、老年人、残疾人的合法权益。

第一千零四十二条　禁止包办、买卖婚姻和其他干涉婚姻自由的行为。禁止借婚姻索取财物。

禁止重婚。禁止有配偶者与他人同居。

禁止家庭暴力。禁止家庭成员间的虐待和遗弃。

第一千零四十三条　家庭应当树立优良家风，弘扬家庭美德，重视家庭文明建设。

夫妻应当互相忠实，互相尊重，互相关爱；家庭成员应当敬老爱幼，互相帮助，维护平等、和睦、文明的婚姻家庭关系。

第一千零四十四条　收养应当遵循最有利于被收养人的原则，保障被收养人和收养人的合法权益。

禁止借收养名义买卖未成年人。

第一千零四十五条　亲属包括配偶、血亲和姻亲。

配偶、父母、子女、兄弟姐妹、祖父母、外祖父母、孙子女、外孙子女为近亲属。

配偶、父母、子女和其他共同生活的近亲属为家庭成员。

第二章 结 婚

第一千零四十六条 结婚应当男女双方完全自愿，禁止任何一方对另一方加以强迫，禁止任何组织或者个人加以干涉。

第一千零四十七条 结婚年龄，男不得早于二十二周岁，女不得早于二十周岁。

第一千零四十八条 直系血亲或者三代以内的旁系血亲禁止结婚。

第一千零四十九条 要求结婚的男女双方应当亲自到婚姻登记机关申请结婚登记。符合本法规定的，予以登记，发给结婚证。完成结婚登记，即确立婚姻关系。未办理结婚登记的，应当补办登记。

第一千零五十条 登记结婚后，按照男女双方约定，女方可以成为男方家庭的成员，男方可以成为女方家庭的成员。

第一千零五十一条 有下列情形之一的，婚姻无效：

（一）重婚；

（二）有禁止结婚的亲属关系；

（三）未到法定婚龄。

第一千零五十二条 因胁迫结婚的，受胁迫的一方可以向人民法院请求撤销婚姻。

请求撤销婚姻的，应当自胁迫行为终止之日起一年内提出。

被非法限制人身自由的当事人请求撤销婚姻的，应当自恢复人身自由之日起一年内提出。

第一千零五十三条 一方患有重大疾病的，应当在结婚登记前如实告知另一方；不如实告知的，另一方可以向人民法院请求撤销婚姻。

请求撤销婚姻的，应当自知道或者应当知道撤销事由之日起一年内提出。

第一千零五十四条　无效的或者被撤销的婚姻自始没有法律约束力，当事人不具有夫妻的权利和义务。同居期间所得的财产，由当事人协议处理；协议不成的，由人民法院根据照顾无过错方的原则判决。对重婚导致的无效婚姻的财产处理，不得侵害合法婚姻当事人的财产权益。当事人所生的子女，适用本法关于父母子女的规定。

婚姻无效或者被撤销的，无过错方有权请求损害赔偿。

第三章　家庭关系

第一节　夫妻关系

第一千零五十五条　夫妻在婚姻家庭中地位平等。

第一千零五十六条　夫妻双方都有各自使用自己姓名的权利。

第一千零五十七条　夫妻双方都有参加生产、工作、学习和社会活动的自由，一方不得对另一方加以限制或者干涉。

第一千零五十八条　夫妻双方平等享有对未成年子女抚养、教育和保护的权利，共同承担对未成年子女抚养、教育和保护的义务。

第一千零五十九条　夫妻有相互扶养的义务。

需要扶养的一方，在另一方不履行扶养义务时，有要求其给付扶养费的权利。

第一千零六十条　夫妻一方因家庭日常生活需要而实施的民事法律行为，对夫妻双方发生效力，但是夫妻一方与相对人另有约定的除外。

夫妻之间对一方可以实施的民事法律行为范围的限制，不得对抗善意相对人。

第一千零六十一条　夫妻有相互继承遗产的权利。

第一千零六十二条　夫妻在婚姻关系存续期间所得的下列财产，为夫妻的共同财产，归夫妻共同所有：

（一）工资、奖金、劳务报酬；

（二）生产、经营、投资的收益；

（三）知识产权的收益；

（四）继承或者受赠的财产，但是本法第一千零六十三条第三项规定的除外；

（五）其他应当归共同所有的财产。

夫妻对共同财产，有平等的处理权。

第一千零六十三条 下列财产为夫妻一方的个人财产：

（一）一方的婚前财产；

（二）一方因受到人身损害获得的赔偿或者补偿；

（三）遗嘱或者赠与合同中确定只归一方的财产；

（四）一方专用的生活用品；

（五）其他应当归一方的财产。

第一千零六十四条 夫妻双方共同签名或者夫妻一方事后追认等共同意思表示所负的债务，以及夫妻一方在婚姻关系存续期间以个人名义为家庭日常生活需要所负的债务，属于夫妻共同债务。

夫妻一方在婚姻关系存续期间以个人名义超出家庭日常生活需要所负的债务，不属于夫妻共同债务；但是，债权人能够证明该债务用于夫妻共同生活、共同生产经营或者基于夫妻双方共同意思表示的除外。

第一千零六十五条 男女双方可以约定婚姻关系存续期间所得的财产以及婚前财产归各自所有、共同所有或者部分各自所有、部分共同所有。约定应当采用书面形式。没有约定或者约定不明确的，适用本法第一千零六十二条、第一千零六十三条的规定。

夫妻对婚姻关系存续期间所得的财产以及婚前财产的约定，对双方具有法律约束力。

夫妻对婚姻关系存续期间所得的财产约定归各自所有，夫或者妻一方对外所负的债务，相对人知道该约定的，以夫或者妻一方的个人财产清偿。

第一千零六十六条 婚姻关系存续期间，有下列情形之一的，夫妻一方可以向人民法院请求分割共同财产：

（一）一方有隐藏、转移、变卖、毁损、挥霍夫妻共同财产或者伪造夫妻共同债务等严重损害夫妻共同财产利益的行为；

（二）一方负有法定扶养义务的人患重大疾病需要医治，另一方不同意支付相关医疗费用。

第二节　父母子女关系和其他近亲属关系

第一千零六十七条　父母不履行抚养义务的，未成年子女或者不能独立生活的成年子女，有要求父母给付抚养费的权利。

成年子女不履行赡养义务的，缺乏劳动能力或者生活困难的父母，有要求成年子女给付赡养费的权利。

第一千零六十八条　父母有教育、保护未成年子女的权利和义务。未成年子女造成他人损害的，父母应当依法承担民事责任。

第一千零六十九条　子女应当尊重父母的婚姻权利，不得干涉父母离婚、再婚以及婚后的生活。子女对父母的赡养义务，不因父母的婚姻关系变化而终止。

第一千零七十条　父母和子女有相互继承遗产的权利。

第一千零七十一条　非婚生子女享有与婚生子女同等的权利，任何组织或者个人不得加以危害和歧视。

不直接抚养非婚生子女的生父或者生母，应当负担未成年子女或者不能独立生活的成年子女的抚养费。

第一千零七十二条　继父母与继子女间，不得虐待或者歧视。

继父或者继母和受其抚养教育的继子女间的权利义务关系，适用本法关于父母子女关系的规定。

第一千零七十三条　对亲子关系有异议且有正当理由的，父或者母可以向人民法院提起诉讼，请求确认或者否认亲子关系。

对亲子关系有异议且有正当理由的，成年子女可以向人民法院提起诉讼，请求确认亲子关系。

第一千零七十四条　有负担能力的祖父母、外祖父母，对于父母已经死亡或者父母无力抚养的未成年孙子女、外孙子女，有抚养的义务。

有负担能力的孙子女、外孙子女，对于子女已经死亡或者子女无力赡养的祖父母、外祖父母，有赡养的义务。

第一千零七十五条 有负担能力的兄、姐，对于父母已经死亡或者父母无力抚养的未成年弟、妹，有扶养的义务。

由兄、姐扶养长大的有负担能力的弟、妹，对于缺乏劳动能力又缺乏生活来源的兄、姐，有扶养的义务。

第四章 离 婚

第一千零七十六条 夫妻双方自愿离婚的，应当签订书面离婚协议，并亲自到婚姻登记机关申请离婚登记。

离婚协议应当载明双方自愿离婚的意思表示和对子女抚养、财产以及债务处理等事项协商一致的意见。

第一千零七十七条 自婚姻登记机关收到离婚登记申请之日起三十日内，任何一方不愿意离婚的，可以向婚姻登记机关撤回离婚登记申请。

前款规定期限届满后三十日内，双方应当亲自到婚姻登记机关申请发给离婚证；未申请的，视为撤回离婚登记申请。

第一千零七十八条 婚姻登记机关查明双方确实是自愿离婚，并已经对子女抚养、财产以及债务处理等事项协商一致的，予以登记，发给离婚证。

第一千零七十九条 夫妻一方要求离婚的，可以由有关组织进行调解或者直接向人民法院提起离婚诉讼。

人民法院审理离婚案件，应当进行调解；如果感情确已破裂，调解无效的，应当准予离婚。

有下列情形之一，调解无效的，应当准予离婚：

（一）重婚或者与他人同居；

（二）实施家庭暴力或者虐待、遗弃家庭成员；

（三）有赌博、吸毒等恶习屡教不改；

（四）因感情不和分居满二年；

（五）其他导致夫妻感情破裂的情形。

一方被宣告失踪，另一方提起离婚诉讼的，应当准予离婚。

经人民法院判决不准离婚后，双方又分居满一年，一方再次提起离婚诉讼的，应当准予离婚。

第一千零八十条　完成离婚登记，或者离婚判决书、调解书生效，即解除婚姻关系。

第一千零八十一条　现役军人的配偶要求离婚，应当征得军人同意，但是军人一方有重大过错的除外。

第一千零八十二条　女方在怀孕期间、分娩后一年内或者终止妊娠后六个月内，男方不得提出离婚；但是，女方提出离婚或者人民法院认为确有必要受理男方离婚请求的除外。

第一千零八十三条　离婚后，男女双方自愿恢复婚姻关系的，应当到婚姻登记机关重新进行结婚登记。

第一千零八十四条　父母与子女间的关系，不因父母离婚而消除。离婚后，子女无论由父或者母直接抚养，仍是父母双方的子女。

离婚后，父母对于子女仍有抚养、教育、保护的权利和义务。

离婚后，不满两周岁的子女，以由母亲直接抚养为原则。已满两周岁的子女，父母双方对抚养问题协议不成的，由人民法院根据双方的具体情况，按照最有利于未成年子女的原则判决。子女已满八周岁的，应当尊重其真实意愿。

第一千零八十五条　离婚后，子女由一方直接抚养的，另一方应当负担部分或者全部抚养费。负担费用的多少和期限的长短，由双方协议；协议不成的，由人民法院判决。

前款规定的协议或者判决，不妨碍子女在必要时向父母任何一方提出超过协议或者判决原定数额的合理要求。

第一千零八十六条　离婚后，不直接抚养子女的父或者母，有探望子女的权利，另一方有协助的义务。

行使探望权利的方式、时间由当事人协议；协议不成的，由人民法院判决。

父或者母探望子女，不利于子女身心健康的，由人民法院依法中止探望；中止的事由消失后，应当恢复探望。

第一千零八十七条 离婚时，夫妻的共同财产由双方协议处理；协议不成的，由人民法院根据财产的具体情况，按照照顾子女、女方和无过错方权益的原则判决。

对夫或者妻在家庭土地承包经营中享有的权益等，应当依法予以保护。

第一千零八十八条 夫妻一方因抚育子女、照料老年人、协助另一方工作等负担较多义务的，离婚时有权向另一方请求补偿，另一方应当给予补偿。具体办法由双方协议；协议不成的，由人民法院判决。

第一千零八十九条 离婚时，夫妻共同债务应当共同偿还。共同财产不足清偿或者财产归各自所有的，由双方协议清偿；协议不成的，由人民法院判决。

第一千零九十条 离婚时，如果一方生活困难，有负担能力的另一方应当给予适当帮助。具体办法由双方协议；协议不成的，由人民法院判决。

第一千零九十一条 有下列情形之一，导致离婚的，无过错方有权请求损害赔偿：

（一）重婚；

（二）与他人同居；

（三）实施家庭暴力；

（四）虐待、遗弃家庭成员；

（五）有其他重大过错。

第一千零九十二条 夫妻一方隐藏、转移、变卖、毁损、挥霍夫妻共同财产，或者伪造夫妻共同债务企图侵占另一方财产的，在离婚分割夫妻共同财产时，对该方可以少分或者不分。离婚后，另一方发现有上述行为的，可以向人民法院提起诉讼，请求再次分割夫妻共同财产。

第五章　收　养

第一节　收养关系的成立

第一千零九十三条　下列未成年人，可以被收养：

（一）丧失父母的孤儿；

（二）查找不到生父母的未成年人；

（三）生父母有特殊困难无力抚养的子女。

第一千零九十四条　下列个人、组织可以作送养人：

（一）孤儿的监护人；

（二）儿童福利机构；

（三）有特殊困难无力抚养子女的生父母。

第一千零九十五条　未成年人的父母均不具备完全民事行为能力且可能严重危害该未成年人的，该未成年人的监护人可以将其送养。

第一千零九十六条　监护人送养孤儿的，应当征得有抚养义务的人同意。有抚养义务的人不同意送养、监护人不愿意继续履行监护职责的，应当依照本法第一编的规定另行确定监护人。

第一千零九十七条　生父母送养子女，应当双方共同送养。生父母一方不明或者查找不到的，可以单方送养。

第一千零九十八条　收养人应当同时具备下列条件：

（一）无子女或者只有一名子女；

（二）有抚养、教育和保护被收养人的能力；

（三）未患有在医学上认为不应当收养子女的疾病；

（四）无不利于被收养人健康成长的违法犯罪记录；

（五）年满三十周岁。

第一千零九十九条　收养三代以内旁系同辈血亲的子女，可以不受本法第一千零九十三条第三项、第一千零九十四条第三项和第一千一百零二条规定的限制。

华侨收养三代以内旁系同辈血亲的子女，还可以不受本法第一千零九十八条第一项规定的限制。

第一千一百条 无子女的收养人可以收养两名子女；有子女的收养人只能收养一名子女。

收养孤儿、残疾未成年人或者儿童福利机构抚养的查找不到生父母的未成年人，可以不受前款和本法第一千零九十八条第一项规定的限制。

第一千一百零一条 有配偶者收养子女，应当夫妻共同收养。

第一千一百零二条 无配偶者收养异性子女的，收养人与被收养人的年龄应当相差四十周岁以上。

第一千一百零三条 继父或者继母经继子女的生父母同意，可以收养继子女，并可以不受本法第一千零九十三条第三项、第一千零九十四条第三项、第一千零九十八条和第一千一百条第一款规定的限制。

第一千一百零四条 收养人收养与送养人送养，应当双方自愿。收养八周岁以上未成年人的，应当征得被收养人的同意。

第一千一百零五条 收养应当向县级以上人民政府民政部门登记。收养关系自登记之日起成立。

收养查找不到生父母的未成年人的，办理登记的民政部门应当在登记前予以公告。

收养关系当事人愿意签订收养协议的，可以签订收养协议。

收养关系当事人各方或者一方要求办理收养公证的，应当办理收养公证。

县级以上人民政府民政部门应当依法进行收养评估。

第一千一百零六条 收养关系成立后，公安机关应当按照国家有关规定为被收养人办理户口登记。

第一千一百零七条 孤儿或者生父母无力抚养的子女，可以由生父母的亲属、朋友抚养；抚养人与被抚养人的关系不适用本章规定。

第一千一百零八条 配偶一方死亡，另一方送养未成年子女的，死亡一方的父母有优先抚养的权利。

第一千一百零九条　外国人依法可以在中华人民共和国收养子女。

外国人在中华人民共和国收养子女，应当经其所在国主管机关依照该国法律审查同意。收养人应当提供由其所在国有权机构出具的有关其年龄、婚姻、职业、财产、健康、有无受过刑事处罚等状况的证明材料，并与送养人签订书面协议，亲自向省、自治区、直辖市人民政府民政部门登记。

前款规定的证明材料应当经收养人所在国外交机关或者外交机关授权的机构认证，并经中华人民共和国驻该国使领馆认证，但是国家另有规定的除外。

第一千一百一十条　收养人、送养人要求保守收养秘密的，其他人应当尊重其意愿，不得泄露。

第二节　收养的效力

第一千一百一十一条　自收养关系成立之日起，养父母与养子女间的权利义务关系，适用本法关于父母子女关系的规定；养子女与养父母的近亲属间的权利义务关系，适用本法关于子女与父母的近亲属关系的规定。

养子女与生父母以及其他近亲属间的权利义务关系，因收养关系的成立而消除。

第一千一百一十二条　养子女可以随养父或者养母的姓氏，经当事人协商一致，也可以保留原姓氏。

第一千一百一十三条　有本法第一编关于民事法律行为无效规定情形或者违反本编规定的收养行为无效。

无效的收养行为自始没有法律约束力。

第三节　收养关系的解除

第一千一百一十四条　收养人在被收养人成年以前，不得解除收养关系，但是收养人、送养人双方协议解除的除外。养子女八周岁以上的，应当征得本人同意。

收养人不履行抚养义务，有虐待、遗弃等侵害未成年养子女合法权益行为的，送养人有权要求解除养父母与养子女间的收养关系。送养人、收养人不能达成解除收养关系协议的，可以向人民法院提起诉讼。

第一千一百一十五条 养父母与成年养子女关系恶化、无法共同生活的，可以协议解除收养关系。不能达成协议的，可以向人民法院提起诉讼。

第一千一百一十六条 当事人协议解除收养关系的，应当到民政部门办理解除收养关系登记。

第一千一百一十七条 收养关系解除后，养子女与养父母以及其他近亲属间的权利义务关系即行消除，与生父母以及其他近亲属间的权利义务关系自行恢复。但是，成年养子女与生父母以及其他近亲属间的权利义务关系是否恢复，可以协商确定。

第一千一百一十八条 收养关系解除后，经养父母抚养的成年养子女，对缺乏劳动能力又缺乏生活来源的养父母，应当给付生活费。因养子女成年后虐待、遗弃养父母而解除收养关系的，养父母可以要求养子女补偿收养期间支出的抚养费。

生父母要求解除收养关系的，养父母可以要求生父母适当补偿收养期间支出的抚养费；但是，因养父母虐待、遗弃养子女而解除收养关系的除外。

第六编　继　承

第一章　一般规定

第一千一百一十九条 本编调整因继承产生的民事关系。

第一千一百二十条 国家保护自然人的继承权。

第一千一百二十一条 继承从被继承人死亡时开始。

相互有继承关系的数人在同一事件中死亡，难以确定死亡时间的，推定没有其他继承人的人先死亡。都有其他继承人，辈份不同的，推定长辈先死亡；辈份相同的，推定同时死亡，相互不发生继承。

第一千一百二十二条　遗产是自然人死亡时遗留的个人合法财产。

依照法律规定或者根据其性质不得继承的遗产，不得继承。

第一千一百二十三条　继承开始后，按照法定继承办理；有遗嘱的，按照遗嘱继承或者遗赠办理；有遗赠扶养协议的，按照协议办理。

第一千一百二十四条　继承开始后，继承人放弃继承的，应当在遗产处理前，以书面形式作出放弃继承的表示；没有表示的，视为接受继承。

受遗赠人应当在知道受遗赠后六十日内，作出接受或者放弃受遗赠的表示；到期没有表示的，视为放弃受遗赠。

第一千一百二十五条　继承人有下列行为之一的，丧失继承权：

（一）故意杀害被继承人；

（二）为争夺遗产而杀害其他继承人；

（三）遗弃被继承人，或者虐待被继承人情节严重；

（四）伪造、篡改、隐匿或者销毁遗嘱，情节严重；

（五）以欺诈、胁迫手段迫使或者妨碍被继承人设立、变更或者撤回遗嘱，情节严重。

继承人有前款第三项至第五项行为，确有悔改表现，被继承人表示宽恕或者事后在遗嘱中将其列为继承人的，该继承人不丧失继承权。

受遗赠人有本条第一款规定行为的，丧失受遗赠权。

第二章　法定继承

第一千一百二十六条　继承权男女平等。

第一千一百二十七条　遗产按照下列顺序继承：

（一）第一顺序：配偶、子女、父母；

（二）第二顺序：兄弟姐妹、祖父母、外祖父母。

继承开始后，由第一顺序继承人继承，第二顺序继承人不继承；没有第一顺序继承人继承的，由第二顺序继承人继承。

本编所称子女，包括婚生子女、非婚生子女、养子女和有扶养关系的继子女。

本编所称父母，包括生父母、养父母和有扶养关系的继父母。

本编所称兄弟姐妹，包括同父母的兄弟姐妹、同父异母或者同母异父的兄弟姐妹、养兄弟姐妹、有扶养关系的继兄弟姐妹。

第一千一百二十八条 被继承人的子女先于被继承人死亡的，由被继承人的子女的直系晚辈血亲代位继承。

被继承人的兄弟姐妹先于被继承人死亡的，由被继承人的兄弟姐妹的子女代位继承。

代位继承人一般只能继承被代位继承人有权继承的遗产份额。

第一千一百二十九条 丧偶儿媳对公婆，丧偶女婿对岳父母，尽了主要赡养义务的，作为第一顺序继承人。

第一千一百三十条 同一顺序继承人继承遗产的份额，一般应当均等。

对生活有特殊困难又缺乏劳动能力的继承人，分配遗产时，应当予以照顾。

对被继承人尽了主要扶养义务或者与被继承人共同生活的继承人，分配遗产时，可以多分。

有扶养能力和有扶养条件的继承人，不尽扶养义务的，分配遗产时，应当不分或者少分。

继承人协商同意的，也可以不均等。

第一千一百三十一条 对继承人以外的依靠被继承人扶养的人，或者继承人以外的对被继承人扶养较多的人，可以分给适当的遗产。

第一千一百三十二条 继承人应当本着互谅互让、和睦团结的精神，协商处理继承问题。遗产分割的时间、办法和份额，由继承人协商确定；协商不成的，可以由人民调解委员会调解或者向人民法院提起诉讼。

第三章 遗嘱继承和遗赠

第一千一百三十三条 自然人可以依照本法规定立遗嘱处分个人财产，并可以指定遗嘱执行人。

自然人可以立遗嘱将个人财产指定由法定继承人中的一人或者数人继承。

自然人可以立遗嘱将个人财产赠与国家、集体或者法定继承人以外的组织、个人。

自然人可以依法设立遗嘱信托。

第一千一百三十四条 自书遗嘱由遗嘱人亲笔书写，签名，注明年、月、日。

第一千一百三十五条 代书遗嘱应当有两个以上见证人在场见证，由其中一人代书，并由遗嘱人、代书人和其他见证人签名，注明年、月、日。

第一千一百三十六条 打印遗嘱应当有两个以上见证人在场见证。遗嘱人和见证人应当在遗嘱每一页签名，注明年、月、日。

第一千一百三十七条 以录音录像形式立的遗嘱，应当有两个以上见证人在场见证。遗嘱人和见证人应当在录音录像中记录其姓名或者肖像，以及年、月、日。

第一千一百三十八条 遗嘱人在危急情况下，可以立口头遗嘱。口头遗嘱应当有两个以上见证人在场见证。危急情况消除后，遗嘱人能够以书面或者录音录像形式立遗嘱的，所立的口头遗嘱无效。

第一千一百三十九条 公证遗嘱由遗嘱人经公证机构办理。

第一千一百四十条 下列人员不能作为遗嘱见证人：

（一）无民事行为能力人、限制民事行为能力人以及其他不具有见证能力的人；

（二）继承人、受遗赠人；

（三）与继承人、受遗赠人有利害关系的人。

第一千一百四十一条 遗嘱应当为缺乏劳动能力又没有生活来源的继承人保留必要的遗产份额。

第一千一百四十二条 遗嘱人可以撤回、变更自己所立的遗嘱。

立遗嘱后，遗嘱人实施与遗嘱内容相反的民事法律行为的，视为对遗嘱相关内容的撤回。

立有数份遗嘱，内容相抵触的，以最后的遗嘱为准。

第一千一百四十三条 无民事行为能力人或者限制民事行为能力人所立的遗嘱无效。

遗嘱必须表示遗嘱人的真实意思，受欺诈、胁迫所立的遗嘱无效。

伪造的遗嘱无效。

遗嘱被篡改的，篡改的内容无效。

第一千一百四十四条 遗嘱继承或者遗赠附有义务的，继承人或者受遗赠人应当履行义务。没有正当理由不履行义务的，经利害关系人或者有关组织请求，人民法院可以取消其接受附义务部分遗产的权利。

第四章 遗产的处理

第一千一百四十五条 继承开始后，遗嘱执行人为遗产管理人；没有遗嘱执行人的，继承人应当及时推选遗产管理人；继承人未推选的，由继承人共同担任遗产管理人；没有继承人或者继承人均放弃继承的，由被继承人生前住所地的民政部门或者村民委员会担任遗产管理人。

第一千一百四十六条 对遗产管理人的确定有争议的，利害关系人可以向人民法院申请指定遗产管理人。

第一千一百四十七条 遗产管理人应当履行下列职责：

（一）清理遗产并制作遗产清单；

（二）向继承人报告遗产情况；

（三）采取必要措施防止遗产毁损、灭失；

（四）处理被继承人的债权债务；

（五）按照遗嘱或者依照法律规定分割遗产；

（六）实施与管理遗产有关的其他必要行为。

第一千一百四十八条 遗产管理人应当依法履行职责，因故意或者重大过失造成继承人、受遗赠人、债权人损害的，应当承担民事责任。

第一千一百四十九条 遗产管理人可以依照法律规定或者按照约定获得

报酬。

第一千一百五十条 继承开始后，知道被继承人死亡的继承人应当及时通知其他继承人和遗嘱执行人。继承人中无人知道被继承人死亡或者知道被继承人死亡而不能通知的，由被继承人生前所在单位或者住所地的居民委员会、村民委员会负责通知。

第一千一百五十一条 存有遗产的人，应当妥善保管遗产，任何组织或者个人不得侵吞或者争抢。

第一千一百五十二条 继承开始后，继承人于遗产分割前死亡，并没有放弃继承的，该继承人应当继承的遗产转给其继承人，但是遗嘱另有安排的除外。

第一千一百五十三条 夫妻共同所有的财产，除有约定的外，遗产分割时，应当先将共同所有的财产的一半分出为配偶所有，其余的为被继承人的遗产。

遗产在家庭共有财产之中的，遗产分割时，应当先分出他人的财产。

第一千一百五十四条 有下列情形之一的，遗产中的有关部分按照法定继承办理：

（一）遗嘱继承人放弃继承或者受遗赠人放弃受遗赠；

（二）遗嘱继承人丧失继承权或者受遗赠人丧失受遗赠权；

（三）遗嘱继承人、受遗赠人先于遗嘱人死亡或者终止；

（四）遗嘱无效部分所涉及的遗产；

（五）遗嘱未处分的遗产。

第一千一百五十五条 遗产分割时，应当保留胎儿的继承份额。胎儿娩出时是死体的，保留的份额按照法定继承办理。

第一千一百五十六条 遗产分割应当有利于生产和生活需要，不损害遗产的效用。

不宜分割的遗产，可以采取折价、适当补偿或者共有等方法处理。

第一千一百五十七条 夫妻一方死亡后另一方再婚的，有权处分所继承的财产，任何组织或者个人不得干涉。

第一千一百五十八条 自然人可以与继承人以外的组织或者个人签订遗赠扶

养协议。按照协议，该组织或者个人承担该自然人生养死葬的义务，享有受遗赠的权利。

第一千一百五十九条　分割遗产，应当清偿被继承人依法应当缴纳的税款和债务；但是，应当为缺乏劳动能力又没有生活来源的继承人保留必要的遗产。

第一千一百六十条　无人继承又无人受遗赠的遗产，归国家所有，用于公益事业；死者生前是集体所有制组织成员的，归所在集体所有制组织所有。

第一千一百六十一条　继承人以所得遗产实际价值为限清偿被继承人依法应当缴纳的税款和债务。超过遗产实际价值部分，继承人自愿偿还的不在此限。

继承人放弃继承的，对被继承人依法应当缴纳的税款和债务可以不负清偿责任。

第一千一百六十二条　执行遗赠不得妨碍清偿遗赠人依法应当缴纳的税款和债务。

第一千一百六十三条　既有法定继承又有遗嘱继承、遗赠的，由法定继承人清偿被继承人依法应当缴纳的税款和债务；超过法定继承遗产实际价值部分，由遗嘱继承人和受遗赠人按比例以所得遗产清偿。

（《中华人民共和国民法典》，中国政府网，2020年6月1日，http://www.gov.cn/xinwen/2020-06/01/content_5516649.htm）

第三部分 纲要及白皮书

中国妇女发展纲要（1995—2000年）

（1995年8月7日）

前　言

在第四次世界妇女大会即将召开之际，《中国妇女发展纲要》（1995—2000年）经过国务院常务会议讨论通过正式颁布实施。这是我国政府第一部关于妇女发展的专门规划，它的颁布实施是我国妇女发展过程中的一件大事。

序　言

一、妇女是创造人类文明和推动社会发展的一支伟大力量。妇女的发展水平，是社会发展的重要指标，也是衡量社会进步程度的尺度。促进我国妇女的进步和发展，是各级政府、各有关部门、各社会团体和全国人民的共同任务。为了进一步促进我国妇女的发展，特制定《中国妇女发展纲要（1995—2000年）》（以下简称《纲要》）。

二、新中国成立46年来，我国妇女事业取得了举世瞩目的成就。目前，已经基本形成了以《中华人民共和国宪法》为根据，以《中华人民共和国妇女权益保障法》为主体，包括《中华人民共和国婚姻法》、《中华人民共和国继承法》、《中华人民共和国劳动法》、《中华人民共和国母婴保健法》、《女职工劳动保护规定》等法律、行政法规和地方性法规在内的一整套保障妇女权益和促进妇女发展的法律体系；建立健全了与之相应的保障妇女权益的组织机构；采取了有力的措施，有效地推动了妇女事业的发展。改革开放17年来，我国妇女受教育水平不断提高；就业人数大幅度上升；生活状况日益改善；在社会和家庭中的地位以及参与国家和社会事务管理的程度不断提高。广大妇女积极投身改革开放和现代化建设，为经济发展和社会进步作出了巨大贡献。所有这些，充分体现了社会主义制度的优越性，为我国妇女的进一步发展奠定了坚实的基础。

但是，由于我国是发展中国家，受经济和社会发展水平的制约及旧观念的影响，妇女受教育的程度和参与社会发展的程度还不够高；法律上关于男女平等的规定还没有完全落实；社会上歧视妇女的现象仍然存在；贫困地区妇女的生活状况有待改善。我国妇女发展的任务还很艰巨。

当今世界正处在历史性的大变动之中，国际竞争日趋激烈。世界范围的经济、文化和科学技术的竞争，归根到底是民族素质的竞争。妇女的素质影响到民族的素质，妇女的发展水平影响着一个国家的综合国力。在21世纪即将到来之际，妇女问题更是举世关注的焦点之一，以行动谋求平等、发展与和平，已成为整个国际社会不可逆转的潮流，我国政府已经对有关妇女权利和妇女发展的国际公约作出了庄严承诺。

三、在邓小平同志建设有中国特色社会主义理论指导下，我们党和国家确定了基本实现现代化分"三步走"的战略步骤，并明确要在本世纪末实现第二步战略目标。今后几年，既是我国推进改革开放和现代化建设的重要时期，也是我国妇女进步与发展的重要时期。在今后几年中，妇女发展的任务是：动员和组织全国各族妇女投身改革开放和社会主义现代化建设，全面提高妇女素质，依法维护妇女权益，进一步提高妇女地位。广大妇女要发扬自尊、自信、自立、自强的精神，在推动社会发展的过程中求得自身的进步与发展。各级政府、各有关部门、各社会团体和各企（事）业单位要充分认识促进妇女参与发展的重要意义，密切配合，采取有力措施，确保实现本纲要的各项目标。

主要目标

四、到本世纪末，我国妇女发展的总目标是：妇女的整体素质有明显提高，在全面参与经济建设和社会发展，参与国家和社会事务管理的过程中，使法律赋予妇女在政治、经济、文化、社会及家庭生活中的平等权利进一步得到落实。妇女发展的具体目标是：

（一）提高妇女参与国家和社会事务决策及管理的程度。

——积极实现各级政府领导班子成员中都有女性，政府部门负责人中女性比例有较大提高。

——女职工比较集中的行业、部门以及企事业单位的领导班子成员中，应多选配一些女性。

（二）组织妇女积极参与改革开放和现代化建设，推动社会生产力发展。

——在建立社会主义市场经济体制和调整城乡产业结构，大力发展第三产业的过程中，增加妇女就业人数，扩大妇女就业领域。

——在录用职工时，除国家规定的不适合妇女的工种或岗位外，不得以性别为由拒绝录用妇女或者提高对妇女的录用标准，以保障妇女与男子平等的就业权利。

（三）切实保障妇女的劳动权益。

——所有企业（包括外商投资企业、私营企业、乡镇企业），都要认真贯彻实施《中华人民共和国劳动法》及有关女职工劳动保护的规定，保护妇女在工作和劳动时的安全和健康，努力改善女职工的劳动条件。

——在全国城乡实现男女同工同酬。

——在全国城市基本实现女职工生育费用的社会统筹。

（四）大力发展妇女教育，提高妇女的科学文化水平。

——逐步提高女性接受各级、各类教育的比例，全面提高妇女劳动者的素质，积极培养各类女性专业技术人才。

——全国基本普及九年义务教育，降低适龄女童的失学率和辍学率，使适龄女童失学率、辍学率均控制在2%以下。

——每年扫除300万妇女文盲，力争到本世纪末，全国基本扫除青壮年妇女文盲。

——大力发展各级、各类职业教育、职工培训和实用技术培训，提高妇女就业能力。

（五）进一步提高妇女的健康水平，保障妇女享有计划生育的权利。

——提高妇幼卫生机构的服务能力及服务质量。

——努力使城乡妇女人人享有卫生保健，包括享受良好的生殖保健服务。

——全国孕产妇保健覆盖率和孕产妇接受健康教育率达到85%。

——农村新法接生率达到95%。

——提高农村孕产妇住院分娩率，使孕产妇死亡率在1990年的基础上降低50%。

——育龄期妇女及孕妇的破伤风类毒素的免疫接种率在高发地区达到85%，消除新生儿破伤风。

（六）提倡建立平等、文明、和睦、稳定的家庭。

——发扬中华民族的优良传统，树立社会主义的道德风尚，在家庭内部、邻里之间建立和发展平等、团结、友爱、互助的关系。

——提倡夫妻共同承担家务劳动和抚育子女。利用多种形式，向父母传播正确教育子女的知识与经验。

——反对重婚纳妾。

——坚决制止干涉婚姻自由的行为。

（七）有效遏制对妇女的暴力侵害及拐骗、买卖妇女的犯罪行为和卖淫嫖娼违法活动。

（八）重视和扶持边远、贫困和少数民族地区妇女发展。到本世纪末，基本解决贫困妇女的温饱问题。

——对贫困地区的1000万妇女进行文化和生产技术培训，使她们掌握1门以上实用技术。

——平均达到一村一个女农（牧）业技术员。

——扶持发展脱贫示范户20万个。

——发展以妇女为主的扶贫经济实体2万个，安排贫困妇女就业80万人。

（九）改善妇女发展的社会环境，提高她们的生活质量。

——在全社会倡导文明进步的妇女观，树立尊重妇女、保护妇女的社会风气；教育妇女发扬自尊、自信、自立、自强精神。

——搞好社会服务，发展托幼事业和家务劳动服务事业。

——保护未成年女性、老年妇女及残疾妇女的特殊利益。禁止用人单位招用未满16周岁的女性。办好各类社会福利院、老人公寓和敬老院。对贫困残疾妇女开展康复扶贫。

（十）扩大我国妇女同各国妇女的友好交往，促进世界和平。

（十一）建立妇女状况的动态研究、数据采集和资料传播机制。

——建立国家级的妇女数据库。

——在国家统计系统中设立妇女分类统计指标。

政策和措施

五、政治权利和参与决策

——通过各种途径，提高对妇女政治权利的认识，使妇女平等参与管理国家事务、社会事务，参与重大问题的决策。

——各级政府在制定政策和规划时，要注意听取各级妇女组织的建议和要求，充分考虑妇女的特殊利益，保障她们的合法权益。

——切实做好培养、选拔女干部工作，要制订计划，定期检查，逐级落实。

——加强对女干部的教育和培训，提高她们的参政能力和领导水平。

六、就业和劳动保护

——积极开发适合妇女特点的就业领域和就业方式，为妇女提供更多的就业机会。

——发展职业介绍、就业咨询等服务事业，指导妇女就业。

——积极发展农村多种经营，进一步发展乡镇企业，更多吸收农村妇女就业，有计划地组织贫困地区妇女劳务输出。

——改善企业，特别是私营企业、乡镇企业以及外国投资企业中女职工的劳动条件，加强劳动保护措施。禁止安排女职工从事女性禁忌的劳动；建立健全女职工劳动保护设施；建立企业女职工定期检查身体和妇科病的制度；加强女职工劳动保护用品的科研工作，不断提高劳动保护水平。

——积极开展劳动监察，依法查处侵犯妇女劳动合法权益的行为。坚决制止企业解除孕期、产期、哺乳期女工的劳动合同、强迫女职工从事超强度劳动、违反男女同工同酬原则，保证女职工在不危害身心健康和生命安全的生产环境中工作。对招用未满16周岁女童工的单位或个人，必须依法制裁。

——把女职工的劳动保护纳入安全生产领导责任制中，作为考核企业负责人业绩的重要内容之一。加强对女职工进行劳动保护法规、政策的宣传教育，提高女职工的自我保护意识。

——改革女职工生育保障制度。将女职工生育保险费用由企业管理逐步改为社会统筹管理，这项改革由国有企业逐步扩展到所有企业。

七、教育与职业培训

——各级政府要认真贯彻执行国务院《扫除文盲工作条例》，把扫除边远、贫困和少数民族地区的青壮年妇女文盲作为重点，从各地经济、文化发展不平衡的实际出发，因地制宜，分类指导。

——各级政府要认真贯彻执行《中华人民共和国义务教育法》，将普及义务教育与发展生产力、克服旧习俗和旧观念结合起来，创造有利于女童受教育的社会环境。对边远、贫困和少数民族地区，在政策和资金等方面要给予支持和扶持。采取办女童班等多种办学形式，为贫困地区女童的入学提供便利条件。各级政府应积极帮助解决女童因家庭经济困难不能入学的实际问题。

——逐步提高女性接受中等专业技术教育和高等教育的比例。各类中等专业学校和高等院校在招生工作中，除国家规定的特殊专业外，必须坚持男女平等录取的原则。

——充分利用各类成人学校、职业学校的办学条件，根据社会发展的需要和妇女的特点，在城乡妇女中大力开展不同层次、不同形式的职业教育和职业培训。

八、卫生保健

——建立健全各级妇幼卫生机构。加强乡卫生院的产科建设，改善条件及设施，使其具备接生及急救能力。努力提高农村孕产妇住院分娩率，提高农村家庭接生中的新法接生率。到2000年，使乡级妇幼卫生人员产科急救知识及产科技能培训覆盖率达到85%，贫困地区村级接生员复训率达到80%。

——建立妇幼卫生监测网络和常规报告系统。建立和健全孕产妇死亡、婴儿死亡、肉眼可见残疾儿的报告制度。

——开展孕产妇系统保健。预防孕期、产期及产褥期母体和胎儿、围产儿常见疾病的发生。普及新生儿复苏技术，降低早期新生儿死亡率。——提高妇女健康教育覆盖率。针对妇女一生中不同时期的生理和心理特点，对处于女童期、青春期、生殖调节期、围绝经期、老年期的妇女分别进行健康教育，传播性科学知识、自我保健知识与育儿知识，促进妇女身心健康，发挥妇女在家庭保健方面的作用。

——开展妇女病筛查和防治工作，重点筛查和治疗严重危害农村妇女健康的疾病。

——开展新生儿破伤风高危地区孕产妇及育龄妇女的破伤风类毒素接种工作。在广大妇女中普及儿童计划免疫知识，进一步降低相应疾病发生率和死亡率。

——采取食盐加碘、服用碘油丸等方法，保证妇女体内对碘元素的需要。到2000年，需要补用碘油的新婚妇女、孕妇95%能补用碘油，基本消除妇女因孕期及哺乳期缺碘所导致的儿童智力损害。

——改善生态环境，采取治水、改水、改灶等方法，控制高氟地区对妇女健康带来的危害。加强对氟斑牙、氟骨症病人的治疗。

九、计划生育

——广泛、深入、持久地开展全民性的人口与计划生育的宣传教育。在广大妇女中宣传我国的基本国情和基本国策，引导她们转变婚育观念，树立晚婚晚育，少生优生，生男生女都一样的新观念。

——通过各种途径向广大妇女普及避孕节育、优生优育、妇幼保健方面的科学知识。积极推行遗传病咨询、母婴保健、新生儿筛查技术工作。到2000年，使先天性病残儿发生率在1990年的基础上减少1/2。

——提高计划生育技术。积极研究开发新的安全、有效、方便的避孕药具和节育技术。改进和完善现有的避孕节育技术和方法，降低副作用，减少并发症，提高可接受性，保护妇女的生殖健康。到2000年，节育手术并发症发生率控制在10/10000以下。

——建立与健全方便群众的基层计划生育技术服务和药具供应网络，为育龄夫妇提供各种可供自由选择的安全、有效、方便的避孕药具和节育技术服务，积极开展对避孕节育的指导，提高避孕节育普及率及有效率。

十、法律保护

——制定与《中华人民共和国宪法》、《中华人民共和国妇女权益保障法》相配套的、切合实际、具有可操作性的行政法规，或制定相应的政策措施，使维护妇女权益的法律更切实可行。

——提高司法和行政执法队伍的素质，充实力量，加强领导，严格监督，确保维护妇女权益的法律、法规得到全面实施。对不严格依法办事，知法犯法，损害妇女权益的行为要依法追究。

——在全国范围内，特别是在广大农村和偏远、贫困地区，继续深入持久地宣传和贯彻执行《中华人民共和国婚姻法》及有关法律、法规。加强婚姻登记管理工作，采取有效措施，制止早婚、买卖婚姻、近亲结婚等违法婚姻。

——保护妇女的人身权利和一切合法财产权利，及时查处侵害妇女权益的民事案件。

——严厉打击拐骗、买卖、遗弃、虐待、迫害、污辱妇女等犯罪活动，维护妇女的人身安全和人格尊严。坚决取缔卖淫嫖娼活动，扫除社会丑恶现象。

——严肃查处溺弃、买卖、残害女婴的犯罪活动。严禁利用现代医学技术进行非医学原因的胎儿性别鉴定，打击破坏计划生育的违法犯罪行为。

——利用多种渠道和形式，广泛深入地进行法制宣传教育，增强全民法制观念；尤其要引导、帮助广大妇女树立牢固的法律意识，自觉利用法律武器维护自身的合法权益。

——保护妇女合法的控告、申诉权。健全妇女信访的接待与处理制度，防止出现互相推诿，久拖不决的现象。开展法律咨询及代理服务，为妇女群众排忧解难，为受害妇女伸张正义。

十一、改善妇女发展的社会环境

——向全社会宣传妇女在创造人类文明、推动社会发展中所发挥的伟大作用；宣传妇女与男子具有同等的人格和尊严、同等的权利和地位；宣传有自尊、自信、自立、自强精神的女性；制止影视、书报刊中对妇女形象的贬低和污辱性描绘。改变社会对女性的歧视和偏见，增进全体公民对妇女合法权益的认识。

——依法保护妇女在家庭中的平等地位，坚决制止家庭暴力。加强家庭文化建设，提高家庭成员的素质。继续开展将思想道德教育、学习科学技术、活跃家庭文化生活、促进家庭经济发展融为一体的家庭文化建设活动，倡导文明、科学、进步的生活方式，促进家风、民风、社会风气的好转。

——加强妇女培训和活动场所的建设。积极组织妇女参加各种文化、科学知识的学习和健康的文体活动。

——继续加强社区服务，推动托幼事业和家务劳动服务事业，进一步减轻职业妇女的家务负担。

——开展为妇女服务的心理咨询活动，提高妇女的心理素质。

——加强有利于妇女身心健康的专用品及保健品的开发、研制和推广工作。

——扶持各省的社会福利事业，做好城乡无法定抚养义务人、无劳动力、无生活来源的孤残女童、孤老妇女的供养工作。要新建、扩建和改造收养上述妇女的各类社会福利院、老年公寓和敬老院，配备必要的生活、医疗、康复设施。

——大力向妇女宣传保护环境的基本国策，政府支持和鼓励妇女兴办"生态农业工程"、"三八绿色工程"、"水土保持工程"等生态建设活动并给予积极扶持。

十二、扶持贫困地区妇女事业的发展

——开展实用技术培训，提高妇女脱贫致富的能力。

——开发适合妇女特点的扶贫项目。

——要特别关注残疾妇女的生活状况，在全社会树立理解、尊重、关心、帮助残疾人的良好道德风尚。妥善安排残疾妇女的生活、康复、教育和劳动就业。

组织与实施

十三、本《纲要》由国务院妇女儿童工作委员会负责组织实施。国务院各有关部门和各社会团体，要根据《纲要》的要求，结合各自的职责范围，制定具体实施方案，负责实施。

十四、实施《纲要》是各级政府义不容辞的重要职责。各省（自治区、直辖市）人民政府要在《纲要》的指导下，结合实际情况制订本地区的妇女发展规划，并将其纳入当地经济和社会发展的总体规划，统一部署，统筹安排。要建立目标管理责任制，把《纲要》的落实情况作为各省（自治区、直辖市）、地（市）、县、乡政府主要负责人和主管负责人政绩考核的内容之一。

十五、各级政府都要逐步增加用于妇女事业的资金。加强和完善社会化服务体系建设，从物质、信息、技术、贷款等方面更好地支持妇女参与经济活动。鼓励社会各界赞助妇女事业。

监测与评估

十六、建立健全劳动监察、卫生监测、教育督导、统计评估、法律监督机构，完善监测机制，以确保《纲要》总目标的实施。

十七、要加强国家级的妇女发展综合统计，建立妇女数据库，增设性别统计指标，做好有关妇女的信息采集、整理、反馈和交流工作，为预测发展趋势、制订规划、科学决策、检查评估等提供依据。

十八、要建立国家级的妇女状况监测系统，制定切实可行、科学规范的监测评估方案，全面地、动态地监测妇女发展状况。

十九、为了解和评估《纲要》的实施情况，要建立定期检查、审评制度，以便及时发现问题，采取相应的对策。在实施《纲要》的过程中，要采用多种调查方法，全面、系统、及时地反映妇女状况的发展和变化，进行有重点的专题评审和中期评审。到20世纪末，要进行中期全面评审，做好实施《纲要》的总结和评估，并制定21世纪的妇女发展纲要。

[《中国妇女发展纲要（1995—2000年）》（1995年8月7日），国务院妇女儿童工作委员会网站，http://www.nwccw.gov.cn/2017-04/05/content_149162.htm]

中国妇女发展纲要（2001—2010年）

（2001年5月22日）

前　言

随着新世纪钟声的敲响，中国妇女运动和妇女事业又一次站在新的历史起点，开始新的伟大进军。

妇女发展作为全球经济和社会发展的重要组成部分，受到国际社会的普遍重视。在过去的几十年里，国际社会为促进妇女发展与进步达成了多项协议，将妇女问题与全球政治、经济发展紧密相联成为国际社会的共识，消除经济全球化进程对妇女产生的不利影响，正逐步纳入各国政府的重要议程。

我国政府始终把维护妇女权益、促进妇女发展作为义不容辞的责任。1995年制定和发布的《中国妇女发展纲要（1995—2000年）》以下简称'95《纲要》，是我国妇女发展的重要里程碑。5年多来，在国务院和地方各级政府的积极努力下，在包括非政府组织在内的社会力量的大力支持下，'95《纲要》的主要目标基本实现，为21世纪的妇女发展奠定了良好的基础。'95《纲要》的实施改善了我国妇女生存与发展的社会环境，维护了妇女的合法权益，加速了男女平等的进程，妇女在政治、经济、教育、健康等各个领域取得了全面进步。

2001—2010年，是我国经济和社会发展的重要时期，也是完善社会主义市场经济体制和扩大对外开放的重要时期。我国将在更广泛的领域和更高的层次参与经济全球化。面对我国改革开放和现代化建设的新形势、新任务，面对经济全球化的发展趋势，我国的妇女发展必须有更高的目标和更快的前进步伐。

为了更好地维护妇女权益，提高妇女整体素质，加快实现男女平等的进程，发挥广大妇女在社会主义现代化建设中的重要作用，我国政府制定并发布《中国妇女发展纲要（2001—2010 年）》（以下简称《纲要》）。《纲要》根据《中华人民共和国国民经济和社会发展第十个五年计划纲要》的总体要求，从我国基本国情和妇女现状出发，兼顾妇女发展的阶段性目标和长远目标，确定了 2001—2010 年妇女发展的总目标和主要目标。同时，充分考虑第四次世界妇女大会《行动纲领》提出的妇女发展 12 个重要领域，借鉴世界上其他国家制定妇女发展规划的做法，以 '95《纲要》的实施成效为基础，根据我国妇女发展迫切需要解决的实际问题和 2001—2010 年的可持续发展，《纲要》确定了 6 个优先发展领域，即：妇女与经济、妇女参与决策和管理、妇女与教育、妇女与健康、妇女与法律、妇女与环境，并把促进妇女发展的主题贯穿始终。

《纲要》的制定和实施，目的是强化政府的有关职能，动员全社会的力量，为妇女的进步与发展创造更好的社会环境。同时，鼓励妇女在参与经济和社会发展的过程中争取自身的进步与发展。

21 世纪，中国妇女事业必将迎来一个更加美好的春天。

总目标

贯彻男女平等的基本国策，推动妇女充分参与经济和社会发展，使男女平等在政治、经济、文化、社会和家庭生活等领域进一步得到实现。保障妇女获得平等的就业机会和分享经济资源的权利，提高妇女的经济地位；保障妇女的各项政治权利，提高妇女参与国家和社会事务管理及决策的水平；保障妇女获得平等的受教育机会，普遍提高妇女受教育程度和终身教育水平；保障妇女享有基本的卫生保健服务，提高妇女的健康水平和预期寿命；保障妇女获得平等的法律保护，维护妇女的合法权益；优化妇女发展的社会环境和生态环境，提高妇女生活质量，促进妇女事业的持续发展。

主要目标与策略措施

一　妇女与经济

（一）主要目标。

1.保障妇女获得经济资源的平等权利和机会。

2.消除就业性别歧视，实现男女平等就业，保障妇女劳动权利，妇女从业人员占从业人员总数的比例保持在40%以上。

3.妇女享有与男子平等的社会保障权利。城镇职工生育保险覆盖面达到90%以上。

4.保障女职工享有特殊劳动保护。

5.缓解妇女贫困程度，减少贫困妇女数量。

（二）策略措施。

妇女与男子平等获得经济权利、共享经济资源和社会发展成果是妇女发展的基础条件。

1.国家宏观政策。

国家的经济和社会发展规划应体现妇女发展的主要目标，经济分析和经济结构调整应纳入性别平等观念。

——制定妇女平等参与经济发展的方针政策，提供妇女享有与男子平等的参与经济决策的机会和途径，缩小男女在分享经济决策权上的差距，提高妇女参与经济决策及管理的水平。

——确保妇女平等获得经济资源和有效服务。主要包括获得资本、信贷、土地、技术、信息等方面的权利；农村妇女享有与居住地男子平等的土地承包权、生产经营权、宅基地分配权、土地补偿费、股份分红等权利。

——改善妇女经济状况，进行适当的有利于妇女生存发展的专项投资。

2.法律和部门政策。

制定和完善有利于妇女平等参与经济和社会发展、平等就业等相关法律法规和政策。

——贯彻落实《中华人民共和国劳动法》等相关法律法规，禁止招工、招聘中的性别歧视。

——保障妇女享有与男子平等参与资本、技术等生产要素的分配权。保障多元化分配形式中的男女同工同酬，同工种、同类别从业人员中女性工资与男性工资相同。缩小男女收入差距。

——拓宽妇女就业渠道，在经济发展和产业结构调整中，充分考虑妇女就业的需要，大力发展第三产业特别是社区服务业，为妇女创造新的就业机会和就业岗位。提高妇女在新兴产业、新兴行业中的就业比例和中、高级专业技术人员中的女性比例。提倡自主就业，鼓励妇女自谋职业，支持和引导妇女兴办私营、个体企业和发展科技型中小企业，促进妇女通过多种形式再就业。

——进一步落实女职工劳动保护政策，为女职工提供必要的工作和劳动条件，解决女职工在劳动和工作中因生理特点造成的特殊困难。

——指导各类用人单位把女职工特殊劳动保护条款纳入劳动合同和集体合同，健全和完善女职工特殊劳动保护措施，不断改善女职工劳动条件。加强对女职工特殊劳动保护法律法规和政策的宣传教育及培训，提高用人单位的法制意识和安全生产意识，提高女职工的自我保护意识。

——加大劳动保障监察执法力度，切实保障妇女的劳动权利。对于违反《中华人民共和国劳动法》、《中华人民共和国妇女权益保障法》、《女职工劳动保护规定》等相关法律法规、侵犯妇女合法权益的行为，要依法处理。

——引导和扶持农村妇女富余劳动力向非农产业转移。面向农村妇女开展各种劳动技能培训，帮助其从传统种植业向非农产业转移；在城镇化建设过程中，有组织地开展劳务输出，为农村妇女在非农产业就业创造更多的机会。

——制定减少妇女贫困的政策措施，增加贫困妇女的经济收入。在实施西部大开发战略中，加大对贫困妇女的扶持力度，按照同等优先的原则，帮助、支持贫困妇女实施扶贫项目，鼓励、支持以妇女为主的扶贫经济实体的发展，使贫困妇女成为扶贫资源的获得者和扶贫成果的直接受益者。

3.社会保障和服务。

进一步完善社会保障体系，积极推动在不同所有制经济实体就业的、不同收入层次的妇女按照国家规定参加社会保险，确保妇女在参与经济发展中接受有效服务。

——妇女享有与男子平等参加城镇职工基本养老保险、基本医疗保险、失业保险、工伤保险、生育保险的权利。

——普遍建立城镇职工生育保险制度，完善相关配套措施，切实保障女职工生育期间的基本生活和医疗保健需求。

——为妇女劳动就业提供信息、服务和培训。加强公共职业介绍机构对妇女的职业指导、职业介绍等就业服务。开展有针对性的就业培训，提高妇女的就业能力。

——为残疾妇女提供就业服务和职业技能培训，提高残疾妇女的就业比例。

——鼓励和支持社会团体开展有利于提高妇女劳动生产技能的各项培训活动。

二　妇女参与决策和管理

（一）主要目标。

1.提高妇女参与国家和社会事务的管理及决策水平。

2.提高妇女参与行政管理的比例。各级政府领导班子中要有 1 名以上女干部。国家机关部（委）和省（自治区、直辖市）、地（市、州、盟）政府工作部门要有一半以上的领导班子配备女干部。正职或重要岗位女性数量要有较大的增加。

3.女干部占干部队伍总数的比例逐步提高。

4.女性较集中的部门、行业管理层中的女性比例与女职工比例相适应。

5.村民委员会、居民委员会成员中女性要占一定比例。

6.扩大妇女民主参与的渠道，提高妇女民主参与的水平。

（二）策略措施。

妇女广泛参与国家和社会事务管理、享有充分的民主和自由是国家文明进步的重要标志。

1.国家宏观政策。

在更大范围和更大程度上推进妇女参与国家和社会事务管理及决策的进程，扩大妇女民主参与的渠道。

——充分保障妇女参与国家和社会事务管理及决策的权利。引导妇女依法参与经济、文化和社会事务的管理，提高妇女参政议政的水平和比例。

——在干部人事制度改革中，完善平等竞争机制和公务员管理制度，健全监督检查机制，为妇女参与决策和管理提供平等的竞争机会。在同等条件下优先选拔女干部。

——在制定涉及妇女根本利益的方针政策时，要听取各级人大女代表、政协女委员以及妇女组织、妇女群众的意见和建议。

——充分发挥各级妇联组织的民主参与和民主监督作用，使其成为联系妇女群众的桥梁和纽带，成为反映妇女群众意见和建议的重要渠道。

——重视妇联组织在培养选拔女干部、妇女参政议政方面的意见和建议。

2.法律和部门政策。

制定和完善有利于妇女平等参与决策和管理的相关法律法规和政策，鼓励、引导妇女积极参与竞争和民主管理。

——按照有关部门制定的培养、选拔女干部规划，实现省（自治区、直辖市）、地（市、州、盟）和县（市、区、旗）领导班子中女干部配备目标。

——政府所属部门领导层中女干部数量逐步增加。逐步提高女性较集中的部门、行业管理层中的女性比例，教育、科技、文化、卫生、体育、计划生育、民政、司法、劳动和社会保障等部门领导班子中要首先配备女干部。

——干部的选拔、聘用、晋升及公务员的录用，要切实贯彻"公开、公平、竞争、择优"的原则，保障女性不受歧视。

——加强对年轻优秀女干部的培养并优先选拔。各级领导班子后备干部队伍中应有一定数量的女干部。

——提高女干部的政治文化素质，大学本科以上学历的女干部应有较大幅度的增加。

——企业事业单位招聘专业技术和管理人员，不得以性别为由拒绝录用符合条件的女性，在聘用合同中不得含有性别歧视的内容。

——结合建立现代企业制度的实践，注意培养和发现高层次的女性管理人才。国有企业要积极探索在企业董事会、监事会、经理等决策、管理层发挥妇女民主参与的新形式，提高企业领导班子成员中的女性比例。

——坚持和完善以职工代表大会为基本形式的企业民主管理制度，企业职工代表大会中女代表比例应与女职工比例相适应。

——在民主选举过程中，鼓励妇女行使选举权和被选举权，积极参与选举，提高妇女民主参与的程度和比例。

——扩大基层民主，鼓励和推动妇女参与讨论和决定基层公共事务，保障妇女直接行使民主权利。妇女代表会主任作为候选人提名，经选举进入居民委员会和村民委员会。村民代表大会中女代表的比例要有较大幅度的提高。

3.社会宣传和培训。

提高全社会对妇女参与决策和社会事务管理重要性的认识，为妇女参政议政创造良好的社会环境。保障妇女享有与男子平等的培训教育机会。

——加强对女干部的培训教育和轮岗锻炼，培养复合型高层次女性人才，提高妇女参政议政的意识和竞争能力。加强对女性专业技术人员和管理人员的培训，提高其政治素质和业务能力。

——重视奖励、表彰妇女中的先进典型人物，大力宣传妇女在两个文明建设与社会发展中的作用和贡献，提高女性人才在社会上的影响力。

三 妇女与教育

（一）主要目标。

1.保障女童接受九年义务教育的权利。小学适龄女童的净入学率达到99%左右，小学5年巩固率提高到95%左右，基本杜绝小学适龄女童失学。初中女童毛入学率达到95%左右。

2.高中阶段教育女性毛入学率达到75%左右，高等教育女性毛入学率达到15%左右。

3.成人妇女识字率提高到85%以上，其中青壮年妇女识字率提高到95%左右。

4.提高妇女的终身教育水平。

5.妇女平均受教育年限达到发展中国家的先进水平。

（二）策略措施。

缩小男女受教育差距、提高妇女的科学文化素质是妇女发展的决定性因素。

1.国家宏观政策。

国家的人才发展战略要体现男女平等原则，将妇女教育的主要目标纳入国家的教育发展规划。

——在课程、教育内容和教学方法改革中，把社会性别意识纳入教师培训课程，在高等教育相关专业中开设妇女学、马克思主义妇女观、社会性别与发展等课程，增强教育者和被教育者的社会性别意识。

——制定相关政策，提供妇女享有与男子平等的受教育的机会和途径，缩小男女受教育差距。

——改善学科领域的性别分布结构，培养高新技术和现代管理领域的女性专业人才。

——在实现教育技术现代化和教育信息化的过程中，保障妇女与男子共享信息和优质教育资源。

——加大对贫困地区教育的投入，为贫困地区妇女受教育创造条件。

2.法律和部门政策。

制定和完善有利于妇女与男子接受同等教育的相关法律法规和政策。

——教育立法要体现性别平等，保障妇女受教育的权利。

——进一步贯彻落实《中华人民共和国义务教育法》等相关法律法规，重点解决西部贫困地区和少数民族地区女童、残疾女童、流动人口中女童的义务教育问题。帮助失、辍学女童完成九年义务教育。缩小男女童受教育差距。

——发挥大中城市和经济发达地区的优势，提高内地学校培养少数民族女学生的比例。

——提高妇女接受职业教育和成人教育的水平，注重培养妇女的职业技能和适应职业变化的能力。通过正规的学历教育与非学历职业教育以及各种培训，使新增女性劳动力和在职女职工能够普遍接受各种形式的职业教育和成人教育。重点发展县（市）、乡（镇）和农村的中等职业教育，为初中毕业生中的女性提供多种形式的继续学习机会。

——扩大妇女接受高等教育的规模。全面落实各项资助经济困难学生的政策，帮助贫困女大学生完成学业。

——积极利用网络和现代远程教育资源，为妇女接受教育创造条件和机会。

——加大扫除妇女文盲工作的力度，把扫除农村妇女文盲作为扫盲工作的重点。

——把妇女的素质教育贯穿于正规教育和非正规教育以及培训等各个方面，培养女学生的知识创新能力、社会适应能力、人文素养和科学精神，普遍提高妇女的文化知识水平和科学技术的应用能力。

——提高妇女终身教育水平。逐步形成大众化、社会化的终身教育体系，为妇女提供终身学习的条件和机会。

——努力创造条件，使农村妇女劳动者能普遍受到实用生产技术培训和文化知识教育。在初中教育阶段，将基础教育与"绿色证书"教育有机结合，使女学生获得更全面的知识和劳动技能。

——通过对口扶贫支教、启动远程教育扶贫项目等措施，提高边远贫困地区妇女受教育的水平。

——对残疾妇女进行职业教育、职业培训，为残疾妇女提供受教育的机会，提高其受教育程度，增强其生存和发展能力。

3.社会教育和培训。

广泛宣传性别平等和有关教育的法律法规，创造有利于妇女接受教育的社会环境。

——鼓励和支持社会力量办学，为妇女接受教育创造条件和机会。

——继续发动社会力量参与妇女扫盲。

四　妇女与健康

（一）主要目标。

1.妇女在整个生命周期享有卫生保健服务，提高妇女的预期寿命。

2.提高妇女生殖健康水平。

3.保障妇女享有计划生育的权利。

4.流动人口中的妇女享有与户籍所在地妇女同等的卫生保健服务。

5.将妇女艾滋病病毒感染率控制在较低水平。

6.提高妇女的健身意识，增强妇女身体素质。

（二）策略措施。

妇女身体、精神和社会适应能力的完全健康状态是反映妇女生存状况的基本指标。

1.国家宏观政策。

在国家的卫生改革与发展规划中体现妇女健康的主要目标。

——妇女卫生保健以预防为主，以农村为重点。

——在优化卫生资源配置中，合理安排妇女卫生保健服务经费和科研经费。

——引导卫生保健产业发展，不断满足妇女的健康需求。

——通过宣传教育，在全社会树立正确的妇女健康观念，普及健康知识。

——完善计划生育管理和技术服务体系，提倡避孕节育的知情选择，强化夫妻共同承担计划生育的责任。

2.法律和部门政策。

贯彻落实《中华人民共和国母婴保健法》，不断完善妇幼卫生法律法规及政策，保护妇女的健康权利。

——加快卫生立法，完善和落实以公共卫生和妇女健康为主要内容的法律法规。

——强化卫生行政执法，加大对卫生保健产品、卫生机构和专业人员的监督管理，依法查处各类危害妇女身体健康的违法行为。

——强化社区在健康服务中的作用，把人口与计划生育工作纳入社区管理和服务体系，建立以现居住地为主的管理模式。将流动人口孕产妇保健纳入流入地孕产妇保健范围。

——加强农村卫生组织建设，完善卫生服务网，做好预防保健的综合服务，重点筛查和治疗严重危害农村妇女健康的疾病，预防和减少农村妇女妇科病的发生。

——对妇幼卫生人员进行卫生保健专业知识培训，强化基本知识和基本技能，提高卫生保健技术水平和服务质量。

——针对妇女不同时期生理和心理特点提供生殖保健服务和精神健康服务，提高妇科常见病的普查普治率。

——加强产科建设，创造住院分娩条件，使全国孕产妇死亡率以2000年为基数下降1/4。农村孕产妇住院分娩率达到65%，高危孕产妇住院分娩率达到90%以上。住院分娩确有困难的边远地区，消毒接生率达到95%以上。

——提高产科质量，减少不必要的医学干预，降低剖宫产率。

——开展生殖保健科学研究，提高对严重危害妇女健康疾病的预防和治疗水平。

——研究推广安全、有效的避孕节育新技术、新方法，提供避孕节育的优质服务。节育手术并发症发生率控制在1‰以下。预防意外妊娠，降低人工流产率。

——开发、研制男性避孕节育产品，动员男性采取节育措施，提高男性避孕方法使用比重。

——以生殖健康教育为中心，普及生殖保健、优生优育、避孕节育知识，生殖保健知识普及率和育龄人口计划生育知识普及率达到80%以上。

——加强艾滋病防治工作，强化对采供血机构和血制品生产单位的管理；利用宣传教育网络，全民普及艾滋病防治及自我防范知识，提高艾滋病知识知晓率。

3.社会保障和服务。

完善医疗保障制度，保障妇女享有基本的医疗服务。

——促进城镇职工基本医疗保险、生育保险制度的进一步完善。

——通过合作医疗等多种形式的健康保障制度，提高农村妇女享受卫生保健的水平和抵御疾病风险的能力。

——实现医疗卫生服务观念和服务模式从以病为本向以人为本的根本转变，治病与保健相结合，不断满足广大妇女的健康需求。

——倡导科学文明的健身方式，提高妇女身体素质。利用现有体育设施以及在社区、公园兴建和开辟健身场所，为妇女参与全民健身运动创造条件。

五 妇女与法律

（一）主要目标。

1.健全和完善促进男女平等的法律法规。

2.开展维护妇女权益法律法规的宣传教育。

3.保护妇女的人身权利，禁止针对妇女的一切形式的暴力。

4.维护妇女与男子平等的财产权利。

5.保护妇女合法的控告、申诉权及在诉讼中的各项权益。

6.为妇女提供法律援助。

（二）策略措施。

完善立法并保障法律法规赋予妇女的各项权利是实现妇女合法权益的重要保障。

1.立法。

在国家立法中充分体现社会性别意识，规范影响妇女发展的社会行为。

——以《中华人民共和国宪法》和《中华人民共和国妇女权益保障法》为依据，进一步加强和完善保护妇女合法权益的专门立法。

——在健全和完善相关法律法规的过程中关注妇女问题，保障妇女在政治、经济、文化、社会和家庭生活等方面享有与男子平等的权利。

2.司法和执法。

强化司法保护和法律监督，加大执法力度。

——有效预防、严厉打击各种侵害妇女人身权利和财产权利的违法犯罪行为，降低强奸、拐卖等侵害妇女人身权利的刑事案件的发案率，提高结案率。预防和制止针对妇女的家庭暴力。严厉打击嫖娼卖淫活动，扫除黄、赌、毒等社会丑恶现象。

——建立和完善妇联特邀陪审员制度，切实贯彻男女平等、保护妇女合法权益的原则，保障涉及妇女的案件在审判过程中的公正。

——加强法律监督，维护司法公正，提高司法效率。

3.法律知识的宣传教育。

把宣传保护妇女权益的法律法规纳入国家法制宣传教育规划。

——把普法宣传和教育纳入精神文明建设规划，提高全社会维护妇女合法权益的法律意识和法律素质，提高维护妇女权益法律法规知识的普及率。

——提高妇女的法律意识，增强妇女维护自身权利的能力。

4.法律服务和援助。

建立法律援助体系，为受害妇女提供多种形式的法律服务和社会救助。

——健全信访接待制度，开展法律咨询和服务，及时处理受害妇女的投诉。

——采取多种形式，向遭受暴力侵害和需要帮助的妇女提供法律、医疗、精神康复等方面的帮助和服务。

——妇联、工会、共青团在各自的职责范围内依法维护受害妇女的合法权益。

六　妇女与环境

（一）主要目标。

1.创造有利于妇女全面发展的社会环境。

2.提高妇女享有社会福利的水平。

3.加强家庭美德建设，大力倡导建立平等、文明、和睦、稳定的家庭关系。

4.为妇女创造适宜的生活和工作环境。

5.提高妇女参与环境保护及决策的程度。

6.增加妇女自我支配的时间。

（二）策略措施。

优化社会环境、保护自然环境是有效保障妇女合法权益、促进妇女进步与发展的要素。

1.国家宏观政策。

在文化、教育、宣传、环境等发展规划中充分体现妇女与环境的主要目标。

——制定具有社会性别意识的文化和传媒政策，加大男女平等基本国策的宣传力度，增强全社会的社会性别意识，逐步消除对妇女的偏见、歧视以及贬抑妇女的社会观念，为妇女发展创造良好的社会环境。

——鼓励妇女成为有理想、有道德、有文化、有纪律和自尊、自信、自立、自强的新女性。

——加大对社会福利事业的投入，加快社会福利机构的建设和设施改造，完善低收入妇女群体的生活保障制度，逐步提高城市妇女贫困人口的救济补助标准。

——积极发展老龄事业和产业，逐步实现老年服务社会化，保障老年妇女的身心健康。

——发挥妇女在环境保护特别是农村环境保护方面的重要作用，提高妇女参与环境保护及决策的程度。

——扩大妇女工作领域的国际交流与合作，提高我国妇女在国际事务中的影响力，促进世界和平、进步与发展。

2.法律与部门政策。

——在新闻出版、广播影视以及文学艺术等领域展现妇女在经济发展和社会进步中的成就和作用，大力宣传妇女中的先进模范人物。

——加强文化市场管理，禁止在宣传媒体、广告和文艺作品中出现色情或有辱妇女人格的作品。

——为妇女在新闻宣传领域的发展提供更多的条件和机会，使妇女广泛参与宣传媒体的管理、制作、教育、培训和研究。提高妇女对宣传媒体资源的占有程度。

——加强家庭美德建设，倡导建立民主、平等、尊重妇女、尊老爱幼的家庭关系，倡导科学文明健康的生活方式，鼓励夫妻共同承担家务劳动。

——强化城市环境综合治理，减少家庭、工作场所以及其他环境中有毒有害物质对妇女造成的危害，提高垃圾无害化处理率和污水集中处理率。

——把农村自来水建设和卫生厕所建设纳入小城镇建设规划。提高农村缺水地区供水受益率和农村改水受益率、自来水普及率。加强农村改厕技术指导，提高农村卫生厕所普及率。

——提高妇女的环境保护意识和环境保护基本知识的普及率。引导妇女积极参加生态环境保护，改变对环境有害的生产和生活方式，保护饮用水源，防治农业化学污染，发展生态农业和绿色产业。倡导绿色消费。

3.社会保障和服务。

——在城镇建立以基本养老保险、基本医疗保险和有关商业保险、社会救助、社会福利为主要内容的保障体系；在农村以家庭养老为主，逐步扩大社会养老保障的覆盖面。

——加强老年文化体育活动场所建设，丰富老年妇女的精神文化生活。

——在社区优先发展对家庭生活有直接影响的公共服务，实现家务劳动社会化，逐步增加妇女的自我支配时间。

组织与实施

一、国务院妇女儿童工作委员会负责《纲要》的组织实施。国务院各有关部门和社会团体要根据《纲要》的要求并结合各自的职责，制定相应的实施方案。

二、地方各级政府要结合实际制定本地区妇女发展规划，并纳入当地经济和社会发展的总体规划，统一部署，统筹安排。要将《纲要》的实施纳入政府的议事日程，纳入政府主要负责人和主管负责人的政绩考核。

三、建立健全实施《纲要》的工作机制。国务院各有关部门和社会团体每年要向国务院妇女儿童工作委员会报告实施《纲要》的工作情况。地方各级妇女儿童工作委员会要建立相应的工作制度和报告制度。要加强调查研究，坚持分类指导、示范先行的工作方法，及时掌握有关情况，总结推广经验。要注重对妇女领域的理论研究。

四、各级政府应根据财力情况，合理安排实施《纲要》所需经费。要多渠道筹集资金，重点扶持贫困地区和少数民族地区妇女事业的发展。

监测与评估

一、对《纲要》的实施情况实行分级监测评估。要加强妇女发展综合统计工作，增设分性别统计指标，建立和完善分性别数据库。做好信息收集、整理、反馈和交流工作，分析妇女发展现状，预测趋势，评估实施效果，为制定规划、科学决策提供依据。

二、建立国家和省（自治区、直辖市）的妇女状况监测体系，制定切实可行、科学规范的监测评估方案，全面、动态地监测妇女发展状况。《纲要》分性别的统计指标要纳入国家统计制度和各有关部门的常规统计和统计调查。建立健全劳动监察、卫生监测、教育督导、统计评估、法律监督机构，完善监测机制，确保《纲要》的有效实施。

三、建立定期报送和审评制度。国务院妇女儿童工作委员会各成员单位和各有关部门，每年要向国务院妇女儿童工作委员会办公室和国家统计局报送监测数据及目标实施进展情况，并对报送的监测数据进行分析，评估实施效果。国家监测评估周期分为年度监测、每3—5年的阶段性监测评估和10年的终期监测评估。

四、建立监测评估机构。国务院妇女儿童工作委员会设立监测评估领导小组，负责审批监测评估方案，根据监测评估结果提出相应对策。

监测评估领导小组下设统计监测组和专家评估组。

统计监测组由国家统计局牵头，相关部门共同组成。负责制定《纲要》分性别的统计监测指标体系，提出监测的重点指标；确定监测方法，收集监测数据，建立和完善分性别数据库；向国务院妇女儿童工作委员会提交全国的妇女状况统计监测报告；指导各地区做好实施《纲要》的统计监测工作。

专家评估组由国务院妇女儿童工作委员会办公室牵头，相关部门推荐专家组成。负责制定检查评估方案；审评监测报告，并对重点、难点问题的解决提出意见和建议；开展阶段性评估，向国务院妇女儿童工作委员会提交评估报告；指导各地区对实施《纲要》的检查评估工作。

各地区也要建立相应的监测评估机构和制度，及时、准确、全面地反映《纲要》和本地区规划的实施情况。

[《中国妇女发展纲要（2001—2010年）》（2001年5月22日），国务院妇女儿童工作委员会网站，http://www.nwccw.gov.cn/2017-04/05/content_149163.htm]

中国妇女发展纲要（2011—2020年）

（2011年7月30日）

实行男女平等是国家的基本国策，男女平等的实现程度是衡量社会文明进步的重要标志。妇女占全国人口的半数，是经济社会发展的重要力量。在发展中维护妇女权益，在维权中促进妇女发展，是实现妇女解放的内在动力和重要途径。保障妇女权益、促进妇女发展、推动男女平等，对国家经济社会发展和中华民族文明进步具有重要意义。

2001年，国务院颁布了《中国妇女发展纲要（2001—2010年）》（以下简称"纲要"），确定了妇女与经济、妇女参与决策和管理、妇女与教育、妇女与健康、妇女与法律、妇女与环境六个优先发展领域的主要目标和策略措施。十年来，国家将妇女发展纳入国民经济和社会发展总体规划，不断完善保障妇女权益的法律体系，强化政府管理责任，加大经费投入，加强社会宣传动员，有力推动了"纲要"的实施。截至2010年，"纲要"确定的主要目标基本实现，我国在促进妇女发展和男女平等方面取得了重大进展。妇女享有社会保障的程度普遍提高，贫困妇女状况进一步改善；妇女参政水平不断提高，社会参与意识进一步增强；妇女受教育水平稳步提高，男女受教育差距进一步缩小；妇女健康水平明显提高，人均预期寿命进一步延长；保障妇女权益的立法、执法力度持续加大，妇女权益进一步得到保障；男女平等基本国策进一步深入人心，妇女发展的社会环境进一步改善。这十年是我国妇女发展的历史最好时期之一。

受社会主义初级阶段生产力发展水平和社会文明程度的制约与影响，妇女发展仍面临诸多问题与挑战。就业性别歧视仍未消除，妇女在资源占有和收入方面与男性存在一定差距；妇女参与决策和管理的水平仍然较低；妇女受教育程度与男性存在一定差距；妇女的健康需求有待进一步满足；妇女发展的社会环境有待进一步优化；妇女的社会保障水平有待进一步提高。各阶层妇女利益需求日益呈现多元化，城乡区域妇女发展不平衡仍未全面解决。

未来十年，经济全球化将深入发展，国际竞争会日趋激烈。国际社会在推动人类发展进程中，更加关注妇女发展和性别平等。从现在起到2020年，是我国全面建设小康社会的关键时期。经济社会快速发展，既为妇女发展提供了难得的机遇，也提出了新的挑战。促进妇女全面发展，实现男女平等任重道远。

依照《中华人民共和国宪法》的基本原则，根据《中华人民共和国妇女权益保障法》和有关法律规定，遵循联合国《消除对妇女一切形式歧视公约》、第四次世界妇女大会通过的北京宣言、行动纲领等国际公约和文件的宗旨，按照我国经济社会发展的总体目标和要求，结合我国妇女发展和男女平等的实际情况，制定本纲要。

一 指导思想和基本原则

（一）指导思想。

高举中国特色社会主义伟大旗帜，以邓小平理论和"三个代表"重要思想为指导，深入贯彻落实科学发展观，实行男女平等基本国策，保障妇女合法权益，优化妇女发展环境，提高妇女社会地位，推动妇女平等依法行使民主权利，平等参与经济社会发展，平等享有改革发展成果。

（二）基本原则。

1.全面发展原则。从妇女生存发展的基本需求出发，着力解决关系妇女切身利益的现实问题，努力实现妇女在政治、经济、文化和社会等各方面的全面发展。

2.平等发展原则。完善和落实促进男女平等的法规政策，更加注重社会公平，构建文明先进的性别文化，营造良好的社会环境，缩小男女社会地位差距，促进两性和谐发展。

3.协调发展原则。加大对农村及贫困地区和民族地区妇女发展的支持力度，通过完善制度、增加投入、优化项目布局等措施，缩小城乡区域妇女在人均收入水平、生活质量、文化教育、医疗卫生服务、社会保障等方面的差距。

4.妇女参与原则。依法保障妇女参与经济社会发展的权利，尊重妇女的主体地位，引导和支持妇女在推动社会主义经济建设、政治建设、文化建设、社会建设以及生态文明建设的实践中，实现自身的进步与发展。

二　总目标

将社会性别意识纳入法律体系和公共政策，促进妇女全面发展，促进两性和谐发展，促进妇女与经济社会同步发展。保障妇女平等享有基本医疗卫生服务，生命质量和健康水平明显提高；平等享有受教育的权利和机会，受教育程度持续提高；平等获得经济资源和参与经济发展，经济地位明显提升；平等参与国家和社会事务管理，参政水平不断提高；平等享有社会保障，社会福利水平显著提高；平等参与环境决策和管理，发展环境更为优化；保障妇女权益的法律体系更加完善，妇女的合法权益得到切实保护。

三　发展领域、主要目标和策略措施

（一）妇女与健康。

主要目标：

1.妇女在整个生命周期享有良好的基本医疗卫生服务，妇女的人均预期寿命延长。

2.孕产妇死亡率控制在20/10万以下。逐步缩小城乡区域差距，降低流动人口孕产妇死亡率。

3.妇女常见病定期筛查率达到80%以上。提高宫颈癌和乳腺癌的早诊早治率，降低死亡率。

4.妇女艾滋病感染率和性病感染率得到控制。

5.降低孕产妇中重度贫血患病率。

6.提高妇女心理健康知识和精神疾病预防知识知晓率。

7.保障妇女享有避孕节育知情选择权，减少非意愿妊娠，降低人工流产率。

8.提高妇女经常参加体育锻炼的人数比例。

策略措施：

1.加大妇幼卫生工作力度。优化卫生资源配置，增加农村和边远地区妇幼卫生经费投入。加强各级妇幼保健机构建设，坚持妇幼保健机构的公益性质，健全妇幼卫生服务网络，完善基层妇幼卫生服务体系，为妇女提供均等化的保健服务。加快妇幼卫生人才培养，加强妇幼保健机构人员配备。加大执法监督力度，严肃查处危害妇女健康的非法行为。

2.加强妇女健康相关科学技术研究。充分依靠科技进步，统筹和优化科技资源配置，组织跨部门、跨地区、跨学科协同攻关，加强对妇女健康主要影响因素及干预措施等的研究；鼓励自主创新，促进成果转化，推广促进妇女健康的新技术和适宜技术。

3.提高妇女生殖健康服务水平。针对妇女生理特点，大力普及生殖健康知识，提高妇女自我保健意识和能力。提供规范的青春期、育龄期、孕产期、更年期和老年期妇女生殖保健服务，有针对性地解决妇女特殊生理时期的健康问题。

4.保障孕产妇安全分娩。加强基层医疗保健机构产科建设和人员培训，提高产科服务质量和孕产妇卫生保健水平。孕产妇系统管理率达到85%以上，全国孕产妇住院分娩率达到98%以上，农村孕产妇住院分娩率达到96%以上。健全孕产妇医疗急救网络，推广适宜助产技术，加强孕产妇危重症救治。落实农村孕产妇住院分娩补助政策。为孕产妇提供必要的心理指导和健康教育，普及自然分娩知识，帮助其科学选择分娩方式，控制剖宫产率。

5.加大妇女常见病防治力度。普及妇女常见病防治知识，建立妇女常见病定期筛查制度。加大专项资金投入，扩大宫颈癌、乳腺癌检查覆盖范围。加强基层妇幼卫生人员和计划生育服务提供者的卫生保健专业知识及服务能力培训。提高医疗保健机构宫颈癌、乳腺癌诊治能力，对贫困、重症患者治疗按规定给予补助。

6.预防和控制艾滋病、性病传播。完善艾滋病和性病防治工作机制。针对妇女重点人群加强宣传教育，推广有效干预措施。强化对娱乐场所的监管，严厉打击吸毒、嫖娼等违法行为。将艾滋病、梅毒、乙肝等母婴传播阻断纳入妇幼保健日常工作，强化预防艾滋病母婴传播综合服务，孕产妇艾滋病和梅毒检测率分别达到80%和70%，感染艾滋病和梅毒的孕产妇及所生儿童采取预防母婴传播干预措施比例均达到90%以上。

7.提高妇女营养水平。大力开展健康和营养知识的宣传普及和教育，提倡科学、合理的膳食结构和习惯。为孕前、孕产期和哺乳期妇女等重点人群提供有针对性的营养指导和干预。预防和治疗孕产妇贫血。加强对营养强化食品生产和流通的监管。

8.保障妇女享有计划生育优质服务。研究推广安全、有效、适宜的避孕节育新技术和新方法，推行避孕节育知情选择，提供避孕节育优质服务。加大避孕知识宣传力度，提高妇女自我保护意识和选择科学合理避孕方式的能力，预防和控制非意愿妊娠和人工流产。强化男女共同承担避孕节育的责任意识，开发、研制男性避孕节育产品，动员男性采取节育措施，提高男性避孕方法使用比重。

9.提高妇女精神卫生服务水平。建立覆盖城乡、功能完善的精神卫生防治和康复服务网络。针对妇女生理和心理特点，开展咨询和服务。加强精神卫生专业机构和医疗保健机构人员精神卫生知识培训。开展妇女产后抑郁症预防、早期发现及干预。

10.加强流动妇女卫生保健服务。完善流动妇女管理机制和保障制度，逐步实现流动妇女享有与流入地妇女同等的卫生保健服务。加大对流动妇女卫生保健知识的宣传力度。

11.引导和鼓励妇女参加经常性体育锻炼。加强对妇女体育健身活动的科学指导，提高妇女健身意识。积极发展城乡社区体育，鼓励妇女参与全民健身运动。加强对老年妇女、残疾妇女体育活动的指导和服务。

（二）妇女与教育。

主要目标：

1.教育工作全面贯彻性别平等原则。

2.学前三年毛入园率达到70%，女童平等接受学前教育。

3.九年义务教育巩固率达到95%，女童平等接受九年义务教育，消除女童辍学现象。

4.高中阶段教育毛入学率达到90%，女性平等接受高中阶段教育。

5.高等教育毛入学率达到40%，女性平等接受高等教育，高等学校在校生中男女比例保持均衡。

6.高等学校女性学课程普及程度提高。

7.提高女性接受职业学校教育和职业培训的比例。

8.主要劳动年龄人口中女性平均受教育年限达到11.2年。

9.女性青壮年文盲率控制在2%以下。

10.性别平等原则和理念在各级各类教育课程标准及教学过程中得到充分体现。

策略措施：

1.在教育法规、政策和规划的制定、修订、执行和评估中，增加性别视角，落实性别平等原则。

2.切实保障女童平等接受学前教育。资助贫困家庭女童和残疾女童接受普惠性学前教育。提高农村学前教育普及程度，多形式增加农村学前教育资源，着力保证留守女童入园。

3.确保适龄女童平等接受义务教育。加大对教育法、义务教育法等法律法规的宣传力度，提高家长保障女童接受义务教育的守法意识和自觉性。

4.保障女性平等接受高中阶段教育。加大对中西部贫困地区高中阶段教育的扶持力度，满足农村和贫困地区女生接受高中阶段教育的需求。对普通高中家庭经济困难女生和残疾女生给予资助，保障女生不因家庭经济困难和个人生活困难辍学。逐步实行中等职业教育免费，保障未升入高中的女童在就业前接受必要的职业教育。

5.提高女性接受高等教育的水平。采取积极措施，保障女性平等接受高等教育，提高女性主要劳动年龄人口中受过高等教育的比例。多渠道、多形式为贫困和残疾女大学生提供资助。

6.满足妇女接受职业教育的需求。坚持职业学校教育与职业培训并举，为妇女接受职业教育提供更多的机会和资源。扶持边远贫困地区妇女和残疾妇女接受职业教育。为失学大龄女童提供补偿教育，增加职业培训机会。组织失业妇女接受多种形式的职业培训，提高失业妇女创业和再就业能力。根据残疾妇女身心特点，合理设置残疾人职业教育专业。

7.提高妇女终身教育水平。构建灵活开放的终身教育体系，为妇女提供多样化的终身教育机会和资源。鼓励妇女接受多形式的继续教育，支持用人单位为从业妇女提供继续教育的机会。提高妇女利用新型媒体接受现代远程教育的能力。

8.促进妇女参与社区教育。整合、优化社区教育资源，发展多样化社区教育模式，丰富社区教育内容，满足妇女个性化的学习和发展需求。大力发展社区老年教育，为老年妇女提供方便、灵活的学习条件。

9.继续扫除妇女文盲。创新和完善扫盲工作机制，制定出台相关优惠政策，加大扫除女性青壮年文盲工作力度。通过组织补偿学习，深化扫盲和扫盲后的继续教育，巩固发展扫盲成果。

10.加大女性技术技能人才培养力度。完善科技人才政策，探索建立多层次、多渠道的女性科技人才培养体系。依托国家重点实验室、重大科研项目和重大工程建设项目，聚集、培养女性专业技术人才和技能人才。

11.加强妇女理论研究和高等学校女性学学科建设。在国家社科基金等科研基金中增加社会性别和妇女发展的相关项目和课题，推动妇女理论研究。提高女性学学科等级，鼓励高等学校开设女性学专业或女性学课程，培养女性学专业人才。

12.实施教育内容和教育过程性别评估。在课程和教材相关指导机构中增加社会性别专家。在教育内容和教育方式中充分体现社会性别理念，引导学生树立男女平等的性别观念。

13.提高教育工作者的社会性别意识。加大对教育管理者社会性别理论的培训力度，在师资培训计划和师范类院校课程中增加性别平等内容，强化教育管理者的社会性别意识。提高各级各类学校和教育行政部门决策和管理层的女性比例。

14.均衡中、高等教育学科领域学生的性别结构。鼓励学生全面发展，弱化性别因素对学生专业选择的影响。采取多种方式，鼓励更多女性参与高科技领域的学习和研究。

（三）妇女与经济。

主要目标：

1.保障妇女平等享有劳动权利，消除就业性别歧视。

2.妇女占从业人员比例保持在40%以上，城镇单位女性从业人数逐步增长。

3.男女非农就业率和男女收入差距缩小。

4.技能劳动者中的女性比例提高。

5.高级专业技术人员中的女性比例达到35%。

6.保障女职工劳动安全，降低女职工职业病发病率。

7.确保农村妇女平等获得和拥有土地承包经营权。

8.妇女贫困程度明显降低。

策略措施：

1.加大妇女经济权利的法律保障力度。制定和完善保障妇女平等参与经济发展、平等享有劳动权利的法规政策，确保妇女平等获得经济资源和有效服务。严格执行就业促进法、劳动合同法等法律法规。

2.消除就业中的性别歧视。除法律规定不适合女性的工种和岗位外，任何单位在录用人员时不得以性别或变相以性别为由拒绝录用女性或提高女性录用标准，不得在劳动合同中规定或以其他方式变相限制女性结婚、生育。加大劳动保障监察执法力度，依法查处用人单位和职业中介机构的性别歧视行为。

3.扩大妇女就业渠道。大力推进第三产业发展，为妇女创造新的就业机会和就业岗位。不断提高中小企业和非公有制企业吸纳妇女就业的能力。采取有效措施，推动妇女在新兴产业和新兴行业就业。制定实施更加积极的就业政策，强化对就业困难妇女的就业援助。完善创业扶持政策，采取技能培训、税费减免、贷款贴息、跟踪指导等措施，支持和帮助妇女成功创业。

4.促进女大学生充分就业。加强面向高校女大学生的就业指导、培训和服务，引导女大学生树立正确的择业就业观。完善女大学生自主创业扶持政策，开展女大学生自主创业培训，促进帮扶女大学生创业。

5.为就业困难妇女创造有利的就业条件。落实公益性岗位政策，扶持大龄、残疾等就业困难妇女就业。认真落实有关法律规定，支持生育妇女重返工作岗位。按规定落实社会保险补贴、培训补贴、小额担保贷款贴息等就业扶持政策，帮助失业妇女创业和再就业。

6.改善妇女就业结构。加快城乡一体化进程，多渠道引导和扶持农村妇女向非农产业有序转移。完善国家技能人才培养、评价、激励等政策，加强对妇女的职业技能培训，提高初、中、高级技能劳动者中的女性比例。引导妇女积极参与科学研究和技术领域的发展，为她们成长创造条件。

7.全面落实男女同工同酬。建立健全科学合理的工资收入分配制度，对从事相同工作、付出等量劳动、取得相同劳绩的劳动者，用人单位要支付同等劳动报酬。

8.保障女职工职业卫生安全。广泛开展职业病防治宣传教育，提高女职工特别是灵活就业女职工的自我保护意识。加强职业病危害的管理与监督。将女职工特殊劳动保护作为劳动保障监察和劳动安全监督的重要内容。加强女职工劳动保护，禁止安排女职工从事禁忌劳动范围的劳动，减少女职工职业病的发生。

9.保障女职工劳动权益。不断完善女职工劳动保护法律法规，加强法律法规和安全卫生知识的宣传教育及培训，提高女职工自我保护意识。规范企业用工行为，提高企业劳动合同签订率，推进已建工会的企业签订并履行女职工权益保护专项集体合同。依法处理侵犯女职工权益案件。

10.保障农村妇女土地权益。落实和完善保障农村妇女土地权益的相关政策，纠正与法律法规相冲突的村规民约。建立健全农村集体资金、资产、资源管理等各项制度，推动各地出台农村集体经济组织内部征地补偿费分配使用办法，确保妇女享有与男子平等的土地承包经营权、宅基地使用权和集体收益分配权。

11.提高农村妇女经济收入。大力推动农业生产互助合作组织发展，提升农业生产规模和经营收益。保障农村妇女享有国家规定的各项农业补贴。围绕农产品产地初加工、休闲农业和乡村旅游等农村第二、第三产业发展，积极创造适宜农村妇女就业的岗位。开展便于农村妇女参与的实用技术培训和职业技能培训，帮助农村留守妇女和返乡妇女多种形式创业就业。支持金融机构、企业等组织与妇女组织合作，面向农村妇女开展金融服务和相关培训。

12.加大对贫困妇女的扶持力度。制订有利于贫困妇女的扶贫措施，保障贫困妇女的资源供给。帮助、支持农村贫困妇女实施扶贫项目。小额担保贷款等项目资金向城乡贫困妇女倾斜。

（四）妇女参与决策和管理。

主要目标：

1.积极推动有关方面逐步提高女性在全国和地方各级人大代表、政协委员以及人大、政协常委中的比例。

2.县级以上地方政府领导班子中有1名以上女干部，并逐步增加。

3.国家机关部委和省（区、市）、市（地、州、盟）政府工作部门领导班子中女干部数量在现有基础上逐步增加。

4.县（处）级以上各级地方政府和工作部门领导班子中担任正职的女干部占同级正职干部的比例逐步提高。

5.企业董事会、监事会成员及管理层中的女性比例逐步提高。

6.职工代表大会、教职工代表大会中女代表比例逐步提高。

7.村委会成员中女性比例达到30%以上。村委会主任中女性比例达到10%以上。

8.居委会成员中女性比例保持在50%左右。

策略措施：

1.制定和完善促进妇女参与决策和管理的相关法规政策。积极推动有关方面采取措施提高人大代表、政协委员、村民委员会、居民委员会中的女性比例及候选人中的女性比例。

2.为妇女参与决策和管理创造良好社会环境。开展多种形式的宣传，提高全社会的性别平等意识，以及对妇女在推动国家民主法治进程和促进两性和谐发展中重要作用的认识。

3.提高妇女参与决策和管理的意识和能力。面向妇女开展宣传培训，不断提高妇女民主参与意识和能力，鼓励和引导妇女积极参与决策和管理。保障女干部接受各类培训的机会，加大对基层女干部的培训力度，不断提高女干部政治文化素质和决策管理能力。

4.完善干部人事制度和公务员管理制度。在干部选拔、聘（任）用、晋升中切实贯彻"民主、公开、竞争、择优"原则，保障妇女不受歧视。加强对公务员录用、培训、考核、奖励、交流、晋升等各环节的严格监管，保证妇女平等权利。

5.加大培养、选拔女干部力度。贯彻落实相关法规政策中关于女干部培养选拔和配备的要求。通过培养、交流等形式，推动一定比例的女干部到重要部门、关键岗位担任主要领导职务。注重从基层、生产一线培养选拔女干部。逐步提高后备干部队伍中女干部的比例。

6.推动妇女参与企业经营管理。深化企业人事制度改革，坚持公开、透明、择优的选拔任用原则，通过组织推荐、公开招聘、民主选举、竞争上岗等方式，使更多妇女进入企业的董事会、监事会和管理层。

7.推动妇女广泛参与基层民主管理。完善村委会、居委会等基层民主选举制度，为妇女参与基层民主管理创造条件。完善以职工代表大会为基本形式的民主管理制度，保障企事业职工代表大会女代表比例与女职工比例相适应。

8.拓宽妇女参与决策和管理的渠道。在制定涉及公众利益和妇女权益的重大决策时，充分听取女人大代表、女政协委员和妇女群众的意见和建议。大力开展多种形式的参政议政活动，为妇女参与决策和管理提供机会。

9.提高妇联组织参与决策和管理的影响力。充分发挥妇联组织代表妇女参与国家和社会事务的民主决策、民主管理和民主监督的作用。充分吸收妇联组织参与有关妇女法规政策和重大公共政策的制定，反映妇女群众的意见和诉求。重视妇联组织在培养、推荐女干部和优秀女性人才，以及推动妇女参政议政等方面的意见和建议。

（五）妇女与社会保障。

主要目标：

1.城乡生育保障制度进一步完善，生育保险覆盖所有用人单位，妇女生育保障水平稳步提高。

2.基本医疗保险制度覆盖城乡妇女，医疗保障水平稳步提高。

3.妇女养老保障覆盖面逐步扩大。继续扩大城镇个体工商户和灵活就业妇女的养老保险覆盖面，大幅提高新型农村社会养老保险妇女参保率。

4.妇女参加失业保险的人数增加，失业保险待遇水平逐步提高。

5.有劳动关系的女性劳动者全部参加工伤保险。

6.妇女养老服务水平提高，以城乡社区为单位的养老服务覆盖率达到90%以上。

策略措施：

1.加强妇女社会保障法制建设。贯彻落实社会保险法，制定配套法规，为妇女普遍享有生育保险、医疗保险、养老保险、失业保险和工伤保险提供法制保障。

2.完善生育保障制度。完善城镇职工生育保险制度，进一步扩大生育保险覆盖范围，提高参保率。以城镇居民基本医疗保险、新型农村合作医疗制度为依托，完善城乡生育保障制度，覆盖所有城乡妇女。

3.确保城乡妇女享有基本医疗保障。继续扩大城镇职工基本医疗保险、城镇居民基本医疗保险和新型农村合作医疗覆盖面，逐步提高保障水平。

4.完善覆盖城乡的养老保险制度。完善城镇职工养老保险制度，加快建立城镇居民养老保险制度，大力推进新型农村社会养老保险。

5.进一步完善失业保险制度。继续扩大失业保险覆盖范围，切实保障女性失业者的失业保险合法权益。

6.保障女性劳动者的工伤保险合法权益。扩大工伤保险覆盖范围，加大执法力度，确保各项工伤保险待遇的落实。

7.完善城乡社会救助制度。建立与经济增长和物价水平相适应的救助标准调整机制，合理确定救助水平，对符合救助条件的妇女进行救助。

8.倡导社会力量参与救助。大力支持和规范社会组织和公民的救助活动，鼓励社会组织开展公益活动，多方动员社会资源，为困难妇女提供救助。

9.保障老年妇女享有基本养老服务。建立健全社会养老服务体系，加大老龄事业投入，发展公益性社区养老机构，加强养老服务队伍的专业化建设，提高社区的养老照护能力和服务水平。

10.为残疾妇女提供社会保障。为重度和贫困残疾妇女参加新型农村合作医疗、城镇居民基本医疗保险、新型农村社会养老保险等社会保险提供保费补贴。多渠道保障残疾贫困妇女的基本生活。加强残疾人福利机构和康复服务机构建设，市、县普遍建立残疾人综合服务设施。推进残疾妇女社区康复。

（六）妇女与环境。

主要目标：

1.男女平等基本国策进一步落实，形成两性平等、和谐的家庭和社会环境。

2.性别平等原则在环境与发展、文化与传媒、社会管理与家庭等相关政策中得到充分体现。

3.完善传媒领域的性别平等监管机制。

4.开展基于社区的婚姻家庭教育和咨询，建立平等、文明、和谐、稳定的家庭关系。

5.鼓励和引导妇女做和谐家庭建设的推动者。

6.开展托幼、养老家庭服务，为妇女更好地平衡工作和家庭责任创造条件。

7.全面解决农村饮水安全问题，降低水污染对妇女健康的危害。农村集中式供水受益人口比例提高到85%左右。

8.农村卫生厕所普及率提高到85%。城镇公共厕所男女厕位比例与实际需求相适应。

9.倡导妇女参与节能减排，践行低碳生活。

10.提高妇女预防和应对灾害风险的能力，满足妇女在减灾中的特殊需求。

策略措施：

1.加大男女平等基本国策的理论研究和宣传力度。将男女平等基本国策理论研究与中国特色社会主义理论研究相结合，不断丰富男女平等基本国策的理论基础。推动将男女平等基本国策宣传培训纳入各级党校、行政学院教学计划和各级干部培训规划。多渠道、多形式宣传男女平等基本国策，使性别平等理念深入社区、家庭，提高基本国策的社会影响力。

2.制定和落实具有社会性别意识的文化和传媒政策。对文化和传媒政策进行社会性别分析、评估，反映对男女两性的不同影响和需求，制定促进两性和谐发展的文化和传媒政策，禁止性别歧视。

3.大力宣传妇女在推动经济社会发展中的积极作用。在新闻出版、广播影视以及文学艺术等领域，充分展示妇女参与和推动经济发展及社会进步的成就、价值和贡献。大力宣传妇女中的先进模范人物，引导广大妇女发扬自尊、自信、自立、自强的精神。

4.加强对传媒的正面引导和管理。将社会性别意识纳入传媒培训规划，提高媒体决策和管理者及从业人员的社会性别意识。完善传媒监管机制，增加性别监测内容，吸纳社会性别专家参与传媒监测活动。监督新闻媒体和广告经营者严格自律。禁止在媒体中出现贬抑、否定妇女独立人格等性别歧视现象。

5.提高妇女运用媒体获取知识和信息的能力。为妇女接触、学习和运用大众媒体提供条件和机会。支持和促进边远农村和贫困、流动、残疾等妇女使用媒体和通信传播技术。鼓励民间机构和企业等运用各类信息通信技术帮助边远地区妇女获得信息和服务。

6.营造平等、和谐的家庭环境。通过开展多种形式的宣传教育活动，弘扬尊老爱幼、男女平等、夫妻和睦、勤俭持家、邻里团结的家庭美德，树立先进的性别文化，倡导文明、健康、科学的生活方式和男女共同承担家庭责任。

7.引导妇女参与家庭教育指导和宣传实践活动。多形式、多渠道宣传和普及家庭教育知识，积极引导儿童家长接受家庭教育指导服务和家庭教育实践活动。通过有效措施，吸纳妇女参与家庭教育研究，推广家庭教育成果。

8.深入开展家庭教育指导服务和宣传活动。充分发挥传统与现代传媒作用，普及家庭教育知识，帮助家长树立科学的教育理念，掌握正确方法。

9.大力推进社区公共服务体系建设。发展面向家庭的公共服务，为夫妻双方兼顾工作和家庭提供支持。发展公共托幼服务，为婴幼儿家庭提供支持。强化城乡社区儿童服务功能，提高家务劳动社会化程度。

10.减少环境污染对妇女的危害。完善环境监测和健康监测数据库，从性别视角分析评估饮用水、室内空气污染和生活、工业、农业等环境污染对妇女健康的危害，加强对环境污染的控制和治理，有效减少各种污染对环境的影响。提高生活垃圾减量化、资源化和无害化水平。加强清洁能源的开发利用，改善家庭能源结构。加大对从事有毒有害作业妇女健康的保护力度。

11.组织动员妇女积极参与生态建设和环境保护。开展多层次、多形式的生态和环境保护宣传教育活动，增强妇女生态文明意识，提高妇女参与生态建设和环境保护的能力。促进妇女主动参与节能减排，崇尚绿色消费，践行低碳生活。

12.建立健全农村饮水安全保障体系。继续推进农村饮水安全工程建设，大力发展农村集中式供水工程，加强农村饮水安全工程运行管理，落实管护主体，加强水源保护和水质监测，确保工程长期发挥效益。

13.提高农村卫生厕所的普及程度。大力宣传改厕的重要意义，鼓励农民自觉改厕。加强对改厕工作的技术指导和服务。将改厕纳入新农村建设规划，改厕成效纳入政府年度工作考核范围。

14.推动城镇公共厕所男女厕位比例与实际需求相适应。在场馆、商场等公共场所的建设规划中，从性别视角进行公共厕所的男女使用需求和效率的分析研究，充分考虑妇女生理特点，确定合理的男女厕位比例。

15.在减灾工作中体现性别意识。根据妇女特殊需求，在减灾工作中对妇女提供必要的救助和服务。通过宣传培训，提高妇女预防和应对灾害的能力，吸收妇女参与相关工作。加强对灾区妇女的生产自救和就业指导。

16.开展促进妇女发展的国际交流与合作。积极履行联合国《消除对妇女一切形式歧视公约》等国际文件，扩大多边和双边交流与合作，宣传我国促进妇女发展取得的成就，提高我国妇女在国际事务中的影响力。

（七）妇女与法律。

主要目标：

1.促进男女平等的法律法规不断完善。

2.加强对法规政策的性别平等审查。

3.妇女依法维护自身权益的意识和能力不断增强。

4.严厉打击强奸、拐卖妇女和组织、强迫、引诱、容留、介绍妇女卖淫等严重侵害妇女人身权利的犯罪行为。

5.预防和制止针对妇女的家庭暴力。

6.保障妇女在婚姻家庭关系中的财产权益。

7.保障妇女依法获得法律援助和司法救助。

策略措施：

1.不断完善保障妇女权益的法律体系。针对妇女权益保障中的突出问题，推动制定和完善相关法律法规，保障妇女在政治、文化教育、人身、财产、劳动、社会保障、婚姻家庭等方面的权利。

2.加强对法规政策中违反男女平等原则内容的审查。贯彻落实立法法中有关法规政策的备案审查制度和程序的规定，依法加强对违反男女平等原则法规政策的备案审查，并对现行法规政策中违反男女平等原则的条款和内容进行清理。

3.保障妇女有序参与立法。引导和鼓励广大妇女通过多种途径参与立法活动，发表意见和建议。拓展妇联组织和其他妇女组织参与立法的途径，广泛听取其意见和建议。

4.支持和配合各级人大开展对维护妇女权益相关法律法规的执法检查，深入了解法律法规执行中的问题，提出解决问题的意见和建议。

5.广泛深入宣传保障妇女权益的法律知识。加大普法力度，将保障妇女权益法律知识的宣传教育纳入全民普法规划，推动城乡社区普法工作深入开展。面向广大妇女多渠道、多形式开展专项普法活动。

6.加强社会性别理论培训。将社会性别理论纳入立法、司法和执法部门常规培训课程，提高立法、司法和执法人员的社会性别意识。

7.提高妇女在司法和执法中的影响力。鼓励和推荐符合人民陪审员条件的妇女担任人民陪审员。鼓励和推荐有专业背景的妇女担任人民检察院特约检察员或人民监督员。

8.严厉打击组织、强迫、引诱、容留、介绍妇女卖淫犯罪活动。强化整治措施，加大监管力度，严厉查处涉黄娱乐服务场所，依法从严惩处犯罪分子。加大社会治安综合治理力度，鼓励群众对涉黄违法犯罪活动进行举报和监督。

9.加大反对拐卖妇女的工作力度。坚持预防为主、防治结合，提高全社会的反拐意识和妇女的防范意识。加强综合治理，加大对拐卖妇女犯罪行为的打击力度。加强被解救妇女身心康复和回归社会的工作。

10.预防和制止针对妇女的家庭暴力。推动预防和制止家庭暴力的立法进程。加强宣传教育，增强全社会自觉抵制家庭暴力的意识和能力，提高受家庭暴力侵害妇女的自我保护能力。完善预防和制止家庭暴力多部门合作机制，以及预防、制止、救助一体化工作机制。

11.有效预防和制止针对妇女的性骚扰。建立健全预防和制止性骚扰的法规和工作机制，加大对性骚扰行为的打击力度。用人单位采取有效措施，防止工作场所的性骚扰。

12.维护婚姻家庭关系中的妇女财产权益。依照有关法律规定，在审理婚姻家庭和继承案件中，体现性别平等；在离婚案件审理中，考虑婚姻关系存续期间妇女在照顾家庭上投入的劳动、妇女离婚后的生存发展以及抚养未成年子女的需要，实现公平补偿。

13.维护农村妇女在村民自治中的合法权益。贯彻落实村民委员会组织法，保障妇女依法行使民主选举、民主决策、民主管理、民主监督的权利。乡（镇）人民政府对报送其备案的村民自治章程和村规民约，发现有与宪法、法律、法规和国家的政策相抵触，含有歧视妇女或损害妇女合法权益内容的，应及时予以纠正。

14.及时受理侵害妇女权益案件。依照有关法律规定，对涉及妇女个人隐私的案件，在诉讼过程中采取措施使受害妇女免受二次伤害。

15.依法为妇女提供法律援助。提高法律援助的社会知晓率，鼓励符合条件的妇女申请法律援助并为其提供便利。进一步扩大法律援助覆盖面，健全完善法律援助工作网络。鼓励和支持法律服务机构、社会组织、事业单位等为妇女提供公益性法律服务和援助。

16.依法为妇女提供司法救助。为经济困难或因其他特殊情况需要救助的妇女提供司法救助，实行诉讼费的缓交、减交或免交。建立完善刑事被害人救助制度，对因受犯罪侵害而陷入生活困境的妇女实行国家救助，保障受害妇女的基本生活。

四 组织实施

（一）加强对纲要实施工作的组织领导。国务院及地方各级妇女儿童工作委员会（以下简称妇儿工委）负责纲要实施的组织、协调、指导和督促。政府有关部门、相关机构和社会团体结合各自职责，承担落实纲要中相应目标任务。

（二）制定地方妇女发展规划和部门实施方案。县级以上地方人民政府依据本纲要，结合实际制定本地区妇女发展规划。国务院及地方政府各有关部门、相关机构和社会团体结合各自职责，按照任务分工，制定实施方案，形成全国妇女发展规划体系。

（三）加强纲要与国民经济和社会发展规划的衔接。在经济和社会发展总体规划中体现男女平等基本国策，将妇女发展的主要指标纳入经济和社会发展总体规划及专项规划，统一部署，统筹安排，同步实施，同步发展。

（四）保障妇女发展的经费投入。各级政府将实施纲要所需经费纳入财政预算，加大经费投入，并随着经济增长逐步增加。重点扶持贫困地区和少数民族地区妇女发展。动员社会力量，多渠道筹集资金，支持妇女发展。

（五）建立健全实施纲要的工作机制。建立政府主导、多部门合作、全社会参与的工作机制，共同做好纲要实施工作。建立目标管理责任制，将纲要主要目标纳入相关部门、机构和社会团体的目标管理和考核体系，考核结果作为对领导班子和有关负责人综合考核评价的重要内容。健全报告制度，各有关部门每年向本级政府妇儿工委和上级主管部门报告纲要实施的情况，各级妇儿工委每年向上级妇儿工委报告本地区纲要实施的总体情况。健全会议制度，定期召开各级妇儿工委全体会议，汇报、交流实施纲要的进展情况。健全监测评估制度，明确监测评估责任，加强监测评估工作。

（六）坚持和创新实施纲要的有效做法。及时开展对妇女发展和权益保护状况的调查研究，掌握新情况，分析新问题，为制定相关法规政策提供依据。加强妇女发展领域理论研究，总结探索妇女发展规律和妇女工作规律。开展国际交流与合作，学习借鉴促进妇女发展的先进理念和经验。不断创新工作方法，通过实施项目、为妇女办实事等方式解决重点难点问题；通过分类指导、示范先行，总结推广经验，推进纲要实施。

（七）加大实施纲要宣传力度。多渠道、多形式面向各级领导干部、妇女工作者、广大妇女和全社会宣传纲要内容及纲要实施中的典型经验和成效，宣传促进妇女发展的法规政策和国际公约，营造有利于妇女发展的社会氛围。

（八）加强实施纲要能力建设。将实施纲要所需知识纳入培训计划，举办多层次、多形式培训，增强政府及各有关部门、机构相关人员、相关专业工作者实施纲要的责任意识和能力。

（九）鼓励妇女参与纲要实施。妇女既是纲要实施的受益者，也是纲要实施的参与者。实施纲要应听取妇女的意见和建议。鼓励妇女参与纲要实施，提高参与意识和能力，实现自身发展。

五　监测评估

（一）对纲要实施情况进行年度监测、中期评估和终期评估。及时收集、整理、分析反映妇女发展状况的相关数据和信息，动态反映纲要目标进展情况。在此基础上，系统分析和评价纲要目标达标状况，评判纲要策略措施和纲要实施工作的效率、效果、效益，预测妇女发展趋势。通过监测评估，准确掌握妇女发展状况，制定和调整促进妇女发展的政策措施，推动纲要目标的实现，为规划未来妇女发展奠定基础。

（二）各级妇儿工委设立监测评估领导小组，负责组织领导监测评估工作，审批监测评估方案，审核监测评估报告等。监测评估领导小组下设监测组和评估组。

监测组由各级统计部门牵头，负责纲要监测工作的指导和人员培训，研究制定监测方案，收集、整理、分析数据和信息，撰写并提交年度监测报告等。

评估组由各级妇儿工委办事机构牵头，负责评估工作的指导和人员培训，制定评估方案，组织开展评估工作，撰写并提交评估报告等。

（三）各级政府要将监测评估工作所需经费纳入财政预算。各级政府及有关部门结合监测评估结果开展宣传，研究利用监测评估结果加强纲要实施。

（四）建立妇女发展综合统计制度，规范和完善与妇女生存、发展有关的统计指标和分性别统计指标，将其纳入国家和部门常规统计或统计调查。建立和完善国家、省、地三级妇女发展监测数据库。

（五）各级妇儿工委成员单位、相关机构及有关部门要向同级统计部门报送年度监测数据，向同级妇儿工委提交中期和终期评估报告。

[《中国妇女发展纲要（2011—2020年）》（2011年7月30日），国务院妇女儿童工作委员会网站，http://www.nwccw.gov.cn/2017-04/05/content_149165.htm]

中国妇女发展纲要（2021—2030年）

（2021年9月8日）

前　言

追求男女平等的事业是伟大的。妇女是人类文明的开创者、社会进步的推动者，是全面建设社会主义现代化国家的重要力量。男女平等和妇女全面发展程度，是衡量社会文明进步的重要标志。党和国家高度重视妇女事业发展，先后制定实施了三个周期的中国妇女发展纲要，为优化妇女发展环境、保障妇女合法权益提供了重要保障。

党的十八大以来，以习近平同志为核心的党中央将"坚持男女平等基本国策，保障妇女儿童合法权益"写入党的施政纲领，作为治国理政的重要内容，不断完善党委领导、政府主责、妇女儿童工作委员会（以下简称妇儿工委）协调、多部门合作、全社会参与的妇女工作机制，在出台法律、制定政策、编制规划、部署工作时充分考虑两性的现实差异和妇女的特殊利益，支持妇女充分发挥"半边天"作用，为促进妇女全面发展加速行动。妇女参与经济社会发展的能力和贡献率明显提升，社会地位显著提高，合法权益得到有效保障，健康状况得到极大改善，受教育程度不断提高，参与决策和管理的途径更加多元，社会保障水平稳步提升，在家庭生活中的重要作用进一步彰显，发展环境日益优化。妇女事业和男女平等发展取得了历史性新成就。

进入新时代，我国社会主要矛盾发生历史性变化，妇女群众对美好生活的需要日益广泛，妇女发展的不平衡不充分问题仍然突出。城乡、区域和群体之间妇女发展存在差距，农村特别是欠发达地区妇女民生保障力度还需加大。妇女在就业、人身财产、婚姻家庭等方面平等权利的保障仍面临现实困难。妇女参与国家和经济文化社会事务管理的水平有待全面提升。针对妇女各种形式的歧视不同程度存在，性别平等观念有待进一步普及，妇女发展的社会环境需要进一步优化。让性别平等落到实处、推动妇女走在时代前列，使命艰巨、任重道远。

当前，我国正处于实现"两个一百年"奋斗目标的历史交汇期。统筹推进"五位一体"总体布局，协调推进"四个全面"战略布局，推进国家治理体系和治理能力现代化，为更高水平促进男女平等和妇女全面发展提供了重大机遇。贯彻以人民为中心的发展思想，坚持新发展理念，坚持系统观念，对充分发挥妇女在社会生活和家庭生活中的独特作用，显著增强妇女的获得感、幸福感、安全感提出了更高要求。世界百年未有之大变局加速演进，推动构建人类命运共同体，建设一个妇女免于歧视的世界，打造一个包容发展的社会，对推动全球性别平等事业发展提出了新的要求。必须在把握新发展阶段、贯彻新发展理念、构建新发展格局中，科学规划妇女全面发展的新目标新任务，健全完善制度机制，团结引领妇女建功新时代、奋进新征程。

依照宪法和民法典、妇女权益保障法等有关法律法规，按照国家经济社会发展的总体目标要求以及男女平等和妇女发展实际，参照联合国《消除对妇女一切形式歧视公约》和2030年可持续发展议程等国际公约和文件宗旨，制定本纲要。

一　指导思想、基本原则和总体目标

（一）指导思想。

高举中国特色社会主义伟大旗帜，深入贯彻党的十九大和十九届二中、三中、四中、五中全会精神，坚持以马克思列宁主义、毛泽东思想、邓小平理论、"三个代表"重要思想、科学发展观、习近平新时代中国特色社会主义思想为指导，坚定不移贯彻新发展理念，坚持以人民为中心的发展思想，坚持走中国特色社会主义妇女发展道路，贯彻落实男女平等基本国策，不断完善促进男女平等和妇女全面发展的制度机制，推动性别平等成为全社会共同遵循的行为规范和价值标准，充分发挥妇女在全面建设社会主义现代化国家中的"半边天"作用，保障妇女平等依法行使民主权利、平等参与经济社会发展、平等享有改革发展成果，推动妇女走在时代前列。

（二）基本原则。

1.坚持党的全面领导。坚持妇女事业发展的正确政治方向，贯彻落实党中央关于妇女事业发展的决策部署，切实把党的领导贯穿到妇女事业发展的全过程和各方面。

2.坚持妇女事业与经济社会同步协调发展。将促进妇女全面发展目标任务纳入国家和地方经济社会发展总体规划，纳入专项规划，纳入民生实事项目，同部署、同落实，让经济社会发展成果更多更公平惠及广大妇女。

3.坚持男女两性平等发展。贯彻落实男女平等基本国策，在出台法律、制定政策、编制规划、部署工作时充分考虑两性的现实差异和妇女的特殊利益，营造更加平等、包容、可持续的发展环境，缩小男女两性发展差距。

4.坚持促进妇女全面发展。统筹兼顾妇女在政治、经济、文化、社会和家庭各方面的发展利益，有效解决制约妇女发展的重点难点问题，统筹推进城乡、区域、群体之间妇女的均衡发展，协调推进妇女在各领域的全面发展。

5.坚持共建共治共享。在统筹推进"五位一体"总体布局、协调推进"四个全面"战略布局中充分发挥妇女的重要作用，促进妇女积极投身高质量发展，踊跃参与国家治理体系和治理能力现代化进程，共享经济社会发展成果。

（三）总体目标。

男女平等基本国策得到深入贯彻落实，促进男女平等和妇女全面发展的制度机制创新完善。妇女平等享有全方位全生命周期健康服务，健康水平持续提升。妇女平等享有受教育权利，素质能力持续提高。妇女平等享有经济权益，经济地位稳步提升。妇女平等享有政治权利，参与国家和经济文化社会事务管理的水平逐步提高。妇女平等享有多层次可持续的社会保障，待遇水平稳步提高。支持家庭发展的法规政策体系更加完善，社会主义家庭文明新风尚广泛弘扬。男女平等理念更加深入人心，妇女发展环境更为优化。法治体系更加健全，妇女合法权益得到切实保障。妇女的获得感、幸福感、安全感显著提升。展望2035年，与国家基本实现社会主义现代化相适应，男女平等和妇女全面发展取得更为明显的实质性进展，妇女更好地担负起新时代赋予的光荣使命，为实现中华民族伟大复兴的中国梦而不懈奋斗。

二 发展领域、主要目标和策略措施

（一）妇女与健康。

主要目标：

1.妇女全生命周期享有良好的卫生健康服务，妇女人均预期寿命延长，人均健康预期寿命提高。

2.孕产妇死亡率下降到12/10万以下，城乡、区域差距缩小。

3.妇女的宫颈癌和乳腺癌防治意识明显提高。宫颈癌和乳腺癌综合防治能力不断增强。适龄妇女宫颈癌人群筛查率达到70%以上，乳腺癌人群筛查率逐步提高。

4.生殖健康和优生优育知识全面普及，促进健康孕育，减少非意愿妊娠。

5.减少艾滋病、梅毒和乙肝母婴传播，艾滋病母婴传播率下降到2%以下。

6.妇女心理健康素养水平不断提升。妇女焦虑障碍、抑郁症患病率上升趋势减缓。

7.普及健康知识，提高妇女健康素养水平。

8.改善妇女营养状况。预防和减少孕产妇贫血。

9.提高妇女经常参加体育锻炼的人数比例，提高妇女体质测定标准合格比例。

10.健全妇幼健康服务体系，提升妇幼健康服务能力，妇女健康水平不断提高。

策略措施：

1.完善保障妇女健康的制度机制。全面推进健康中国建设，把保障人民健康放在优先发展的战略位置，坚持预防为主，深入实施"健康中国行动"和"健康中国母亲行动"，健全政府主导、部门协同、社会参与、行业监管、科技支撑的妇女健康保障工作机制。深入推进医疗、医保、医药联动改革，统筹改革监管体制，保障妇女获得高质量、有效率、可负担的医疗和保健服务。多渠道支持妇女健康事业发展。完善公共卫生应急管理体系，关注妇女的特殊需求。

2. 加强妇幼健康服务体系建设。健全以妇幼保健机构为核心、以基层医疗卫生机构为基础、以大中型医院和教学科研机构为支撑的妇幼健康服务网络，提升妇幼健康服务供给能力和水平。省、市、县级充分利用现有资源，加强政府举办、标准化的妇幼保健机构建设，全面开展妇幼保健机构绩效考核，强化考核结果应用，保障妇女儿童享有高质量的医疗保健服务。省、市、县级依托现有医疗机构，全面加强危重孕产妇救治中心建设，强化危重孕产妇救治保障。强化县、乡、村三级妇幼卫生服务网络建设，完善基层网底和转诊网络。加强复合型妇幼健康人才和产科、助产等岗位急需紧缺人才的培养使用。

3. 建立完善妇女全生命周期健康管理模式。针对青春期、育龄期、孕产期、更年期和老年期妇女的健康需求，提供全方位健康管理服务。坚持保健与临床结合，预防为主、关口前移，发挥多学科协作优势，积极发挥中医药在妇幼保健和疾病防治中的作用。为妇女提供宣传教育、咨询指导、筛查评估、综合干预和应急救治等全方位卫生健康服务，提高妇女健康水平和人均健康预期寿命。加强监管，促进妇幼健康新业态规范发展。

4. 保障孕产妇安全分娩。提倡科学备孕和适龄怀孕，保持适宜生育间隔，合理控制剖宫产率。完善医疗机构产科质量规范化管理体系。提供生育全程基本医疗保健服务，将孕产妇健康管理纳入基本公共卫生服务范围，孕产妇系统管理率达到90%以上。加强对流动孕产妇的管理服务。为低收入孕产妇住院分娩和危重孕产妇救治提供必要救助。持续推进高龄孕产妇等重点人群的分类管理和服务。全面落实妊娠风险筛查与评估、高危孕产妇专案管理、危急重症救治、孕产妇死亡个案报告和约谈通报制度。有效运行危重孕产妇救治网络，提高危急重症救治能力。

5. 完善宫颈癌和乳腺癌综合防治体系和救助政策。提高妇女的宫颈癌和乳腺癌防治意识和能力，宫颈癌和乳腺癌防治知识知晓率达到90%以上。推进适龄妇女人乳头瘤病毒疫苗接种试点工作。落实基本公共卫生服务中农村妇女宫颈癌和乳腺癌检查项目，促进70%的妇女在35—45岁接受高效宫颈癌筛查，督促用人单位落实女职工保健工作规定，定期进行女职工宫颈癌和乳腺癌筛查，提高人群筛查率。加强宫颈癌和乳腺癌筛查和诊断技术创新应用，提高筛查和服务能力，加强监测评估。强化筛查和后续诊治服务的衔接，促进早诊早治，宫颈癌患者治疗率达到90%以上。加强对困难患者的救助。

6.提高妇女生殖健康水平。普及生殖道感染、性传播疾病等疾病防控知识。在学校教育不同阶段以多种形式开展科学、实用的健康教育，促进学生掌握生殖健康知识，提高自我保护能力。增强男女两性性道德、性健康、性安全意识，倡导共担避孕责任。将生殖健康服务融入妇女健康管理全过程，保障妇女享有避孕节育知情自主选择权。落实基本避孕服务项目，加强产后和流产后避孕节育服务，提高服务可及性，预防非意愿妊娠。推进婚前医学检查、孕前优生健康检查、增补叶酸等婚前孕前保健服务更加公平可及。减少非医学需要的人工流产。加强对女性健康安全用品产品的质量保障。规范不孕不育症诊疗服务。规范人类辅助生殖技术应用。

7.加强艾滋病梅毒乙肝母婴传播防治。全面落实预防艾滋病、梅毒和乙肝母婴传播综合干预措施，提高孕早期检测率，孕产妇艾滋病、梅毒和乙肝检测率达到98%以上，艾滋病、梅毒孕产妇感染者治疗率达到95%以上。加大艾滋病防控力度，加强艾滋病防治知识和相关政策宣传教育，提高妇女的防范意识和能力。加强对妇女感染者特别是流动和欠发达地区妇女感染者的医疗服务，提高随访率。为孕产妇感染者及其家庭提供多种形式的健康咨询、心理和社会支持等服务。

8.促进妇女心理健康。加强心理健康相关知识宣传，根据妇女需要开展心理咨询、评估和指导，促进妇女掌握基本的心理调适方法，预防抑郁、焦虑等心理问题。在心理健康和精神卫生服务体系建设中，重点关注青春期、孕产期、更年期和老年期妇女的心理健康。强化心理咨询和治疗技术在妇女保健和疾病防治中的应用。加大应用型心理健康和社会工作人员培养力度，促进医疗机构、心理健康和社会工作服务机构提供规范服务。鼓励社区为有需要的妇女提供心理健康服务支持。

9.提升妇女健康素养。实施健康知识普及行动，加大妇女健康知识普及力度，建立完善健康科普专家库和资源库，持续深入开展健康科普宣传教育，规范发布妇女健康信息，引导妇女树立科学的健康理念，学习健康知识，掌握身心健康、预防疾病、科学就医、合理用药等知识技能。提高妇女参与传染病防控、应急避险的意识和能力。面向妇女开展控制烟草危害、拒绝酗酒、远离毒品宣传教育。引导妇女积极投身爱国卫生运动，养成文明健康生活方式。

10.提高妇女营养水平。持续开展营养健康科普宣传教育，因地制宜开展营养和膳食指导，提高妇女对营养标签的知晓率，促进妇女学习掌握营养知识，均衡饮食、吃动平衡，预防控制营养不良和肥胖。面向不同年龄阶段妇女群体开发营养健康宣传信息和产品，提供有针对性的服务。开展孕产妇营养监测和定期评估，预防和减少孕产妇缺铁性贫血。预防控制老年妇女低体重和贫血。

11.引导妇女积极参与全民健身行动。完善全民健身公共服务体系。引导妇女有效利用全民健身场地设施，积极参与全民健身赛事活动，加入各类健身组织。提倡机关、企事业单位开展工间操。鼓励支持工会组织、社区开展妇女健身活动，不断提高妇女的体育活动意识，培养运动习惯。

12.强化妇女健康服务科技支撑。推进"互联网＋妇幼健康"，促进大数据、云计算、人工智能、计算机仿真技术等在妇女健康领域的创新应用。实施妇女人群健康管理和健康风险预警。促进信息技术在妇女健康领域专科医联体建设中的应用，加强医疗机构间的协作，促进分级诊疗和上下联动。促进妇女身心健康领域的科学研究和成果转化。发挥妇产疾病领域国家临床医学研究中心的作用。

（二）妇女与教育。

主要目标：

1.加强思想政治教育，增进妇女对习近平新时代中国特色社会主义思想的政治认同、思想认同、情感认同，引领妇女做伟大事业的建设者、文明风尚的倡导者、敢于追梦的奋斗者。

2.教育工作全面贯彻男女平等基本国策。

3.大中小学性别平等教育全面推进，教师和学生的男女平等意识明显增强。

4.女童平等接受义务教育，九年义务教育巩固率提高到96%以上。

5.女性平等接受高中阶段教育，高中阶段教育毛入学率达到并保持在92%以上。

6.女性接受职业教育的水平逐步提高。

7.高校在校生中男女比例保持均衡，高等教育学科专业的性别结构逐步趋于平衡。

8.大力培养女性科技人才。男女两性的科学素质水平差距不断缩小。

9.促进女性树立终身学习意识，女性接受终身教育水平不断提高。

10.女性青壮年文盲基本消除。女性平均受教育年限不断提高。

策略措施：

1.面向妇女广泛开展思想政治教育。深入开展习近平新时代中国特色社会主义思想学习教育，加强党史、新中国史、改革开放史、社会主义发展史教育，加强爱国主义、集体主义、社会主义教育，促进妇女更加坚定理想信念，不断厚植爱国情怀，把个人理想追求融入党和国家事业大局，为全面建设社会主义现代化国家贡献力量。深化民族团结进步教育，铸牢中华民族共同体意识。充分发挥学校教育主阵地作用，将思想价值引领贯穿于教育教学及管理全过程和校园生活各方面，融入学校党组织、共青团、少先队各类主题教育和实践活动。充分发挥爱国主义教育基地和国防教育基地的思想政治教育作用。

2.将贯彻落实男女平等基本国策体现在教育工作全过程。增强教育工作者自觉贯彻男女平等基本国策的主动性和能动性。将男女平等基本国策落实到教育法规政策和规划制定、修订、执行和评估中，落实到各级各类教育内容、教学过程、学校管理中。加强对教材编制、课程设置、教学过程的性别平等评估。在师范类院校课程设置和教学、各级各类师资培训中加入性别平等内容。

3.推动各级各类学校广泛开展性别平等教育。适时出台性别平等教育工作指导意见。推动因地制宜开发性别平等课程，加强专题师资培训。促进性别平等教育融入学校教学内容、校园文化、社团活动和社会实践活动。探索构建学校教育、家庭教育、社会教育相结合的性别平等教育模式。

4.保障女童平等接受义务教育的权利和机会。深化教育教学改革，加快城乡义务教育一体化发展，均衡配置教育资源，确保女童平等接受公平优质的义务教育。健全精准控辍保学长效机制，加强分类指导，督促法定监护人依法保障女童接受义务教育，切实解决义务教育女童失学辍学问题。保障欠发达地区女童、留守女童、农业转移人口随迁子女以及残疾女童的受教育权利和机会。支持学业困难女童完成义务教育，提高女童义务教育巩固率。

5.提高女性接受普通高中教育的比例。保障女性特别是欠发达地区和农村低收入家庭女性平等接受普通高中教育的权利和机会。鼓励普通高中多样化有特色发展，满足女性全面发展和个性化发展需求。有针对性地开展学科选择和职业生涯规划指导，提高女性自主选择能力，破除性别因素对女性学业和职业发展的影响。

6.促进女性接受高质量职业教育。完善学历教育与培训并重的现代职业教育体系，优化专业设置，提供多种学习方式，支持女性获得职业技能等级证书，培养复合型技术技能女性人才和能工巧匠、大国工匠。鼓励职业院校面向高校女毕业生、女农民工、去产能分流女职工等重点人群开展就业创业和职业技能培训。

7.保障女性平等接受高等教育的权利和机会。严格控制招生过程中的特殊专业范围，强化监管，建立约谈、处罚机制。保持高校在校生中男女比例的均衡。采取激励措施，提高女性在科学、技术、工程、数学等学科学生中的比例，支持数理化生等基础学科基地和前沿科学中心建设，加强对基础学科拔尖女生的培养。

8.大力提高女性科学素质。开展全民科学素质行动，利用现代信息化手段，加大面向女性的科学知识教育、传播与普及力度。开展女科学家进校园活动，发挥优秀女科技人才的榜样引领作用。引导中小学女生参加各类科普活动和科技竞赛，培养科学兴趣、创新精神和实践能力。鼓励女大学生积极参与项目设计、社会实践、创新创业、科技竞赛等活动。深入实施农村妇女素质提升计划，支持农村妇女参与农业农村现代化建设。

9.大力加强女性科技人才培养。探索建立多层次女性科技人才培养体系，培养具有国际竞争力的女性科技人才。关注培养义务教育阶段女生爱科学、学科学的兴趣和志向。引导高中阶段女生养成科学兴趣和钻研精神，支持有意愿的女生报考理工类院校。加大女性创新型、应用型人才培养力度，鼓励女大学生参与科研项目，在实践中培养科学精神和创新能力。引导女性从事科学和技术相关工作，增加女性科技人才参与继续教育和专业培训的机会。

10.为女性终身学习提供支持。建立完善更加开放灵活的终身学习体系，完善注册学习、弹性学习和继续教育制度，拓宽学历教育渠道，满足女性多样化学习需求，关注因生育中断学业和职业女性的发展需求。建立健全国家学分银行和学习成果认定制度。扩大教育资源供给，为女性提供便捷的社区和在线教育，为进城务工女性、女性新市民、待业女性等提供有针对性的职业技能培训。

11.持续巩固女性青壮年扫盲成果，加大普通话推广力度。完善扫盲工作机制，加强国家通用语言文字教育，消除女童辍学现象，杜绝产生女性青壮年新文盲。普通话培训及各类职业培训向欠发达地区妇女和残疾妇女等群体倾斜。深化扫盲后的继续教育。提高妇女平均受教育年限。

12.加强女性学研究和人才培养。加强女子高校建设，推动有条件的高校开设妇女研究及性别平等相关课程。培养具有跨学科知识基础和性别平等意识的专业人才。加大对妇女理论研究的支持力度，加强跨学科研究，提高国家社科基金项目等重大研究项目中妇女或性别研究相关选题的立项比例。

13.构建平等尊重和安全友善的校园环境。促进建立相互尊重、平等和睦的师生、同学关系，鼓励学校设置生命教育、心理健康教育和防性侵、防性骚扰的相关课程，提高学生的自我保护意识和能力。中小学校建立完善预防性侵未成年人工作机制，高校建立完善预防性侵和性骚扰工作机制，加强日常管理、预防排查、投诉受理和调查处置。加强师德师风建设，履行查询法定义务，对不符合条件的教职人员进行处置。

（三）妇女与经济。

主要目标：

1.鼓励支持妇女为推动经济高质量发展贡献力量，妇女平等参与经济发展的权利和机会得到保障。

2.促进平等就业，消除就业性别歧视。就业人员中的女性比例保持在45%左右。促进女大学生充分就业。

3.优化妇女就业结构。城镇单位就业人员中的女性比例达到40%左右。

4.促进女性人才发展。高级专业技术人员中的女性比例达到40%，促进女性劳动者提升职业技能水平。

5.保障妇女获得公平的劳动报酬，男女收入差距明显缩小。

6.保障女性劳动者劳动安全和健康。女职工职业病发病率明显降低。

7.保障农村妇女平等享有土地承包经营权、宅基地使用权等权益，平等享有农村集体经济组织收益分配、土地征收或征用安置补偿权益。

8.巩固拓展脱贫攻坚成果，增强农村低收入妇女群体的可持续发展能力。

9.妇女在实施乡村振兴战略中的作用充分发挥。

策略措施：

1.完善保障妇女平等获得经济资源、参与经济建设、享有经济发展成果的法律法规政策。制定实施支持女性科技人才在创新发展中发挥更大作用的政策措施。创新制度机制，保障妇女在就业创业、职业发展、劳动报酬、职业健康与安全、职业退出、土地等方面的权益，保障新业态从业人员劳动权益，为妇女充分参与经济高质量发展创造有利条件。

2.加大消除就业性别歧视工作力度。全面落实消除就业性别歧视的法律法规政策，创造性别平等的就业机制和市场环境。对招聘、录用环节涉嫌性别歧视的用人单位进行联合约谈，依法惩处。督促用人单位加强就业性别歧视自查自纠。发挥劳动保障法律监督作用，对涉嫌就业性别歧视的用人单位提出纠正意见，或者向相关行政部门提出处理建议。依法受理涉及就业性别歧视的诉讼。发挥行业协会、商会协调监督作用，提高行业自律意识。党政机关、国有企事业单位在招录（聘）和职工晋职晋级、评定专业技术职称等方面发挥男女平等的示范引领作用。

3.促进妇女就业创业。健全公共就业服务体系，深化就业服务专项活动，促进妇女就业的人岗对接。充分发挥现代服务业和新业态吸纳妇女就业的功能，支持妇女参与新业态新模式从业人员技能培训。加大帮扶力度，多渠道帮助就业困难妇女实现就业。扶持民族传统手工艺品产业发展，提高组织化程度，促进各族妇女就地就近就业。支持女性科技人才投身科技创业，发展农村电子商务，鼓励外出务工妇女返乡创业，支持有意愿的妇女下乡创业。创新金融、保险产品和服务模式，拓宽妇女创业融资渠道。

4.促进女大学生就业创业。加强职业生涯规划指导服务，引导女大学生树立正确的择业就业观，提升就业能力。完善落实就业创业支持政策，高校和属地政府提供不断线的就业服务，拓宽女大学生市场化社会化就业渠道。鼓励女大学生到基层、中小微企业或新经济领域就业。推广女大学生创业导师制，开展女大学生创新创业大赛，支持女大学生创业。对有就业意愿的离校未就业女毕业生提供就业帮扶。

5.改善妇女就业结构。完善终身职业技能培训制度，提升妇女职业技能水平，大力培育知识型、技能型、创新型女性劳动者。不断提高妇女在高新技术产业、战略性新兴产业和现代服务业从业人员中的比例。逐步消除职业性别隔离，提高城镇单位就业人员中的女性比例。扩大农村妇女转移就业规模，缩小男女转移就业差距。

6.加强女性专业技术和技能人才队伍建设。制定相关政策，强化制度保障，支持女性科技人才承担科技计划项目、参与科技决策咨询、拓展科研学术网络、提升国际影响力和活跃度，完善女性科技人才评价激励机制，培养高层次女性科技人才。实施科技创新巾帼行动，搭建平台、提供服务，激励女性科技人才、技术技能人才立足岗位锐意创新。加强对女性专业技术和技能人才专业知识、科研管理、创新创业等的培训。加强典型宣传，发挥榜样引领作用。

7.缩小男女两性收入差距。全面落实男女同工同酬，保障收入公平。促进女性对知识、技术、管理、数据等生产要素的掌握和应用，提高女性职业竞争力。督促用人单位制定实施男女平等的人力资源制度，畅通女性职业发展和职务职级晋升通道。探索开展薪酬调查，加强对收入的分性别统计，动态掌握男女两性收入状况。

8.改善女性劳动者劳动安全状况。广泛开展劳动安全和健康宣传教育，加大《女职工劳动保护特别规定》宣传执行力度，提高用人单位和女性劳动者的劳动保护和安全生产意识。将女职工劳动保护纳入职业健康和安全生产监督管理范围，加强对用人单位的劳动保障监察以及劳动安全和职业健康监督。督促用人单位加强对女职工经期、孕期、哺乳期的特殊保护，落实哺乳时间和产假制度。督促用人单位加强职业防护和职业健康监督保护，保障女职工在工作中免受有毒有害物质和危险生产工艺的危害。

9.保障女职工劳动权益。督促用人单位规范用工行为，依法与女职工签订劳动合同，推动签订女职工权益保护专项集体合同。加强劳动保障法律监督。指导用人单位建立预防和制止性骚扰工作机制，完善相关执法措施。加强劳动用工领域信用建设，加大对侵犯女职工劳动权益行为的失信惩戒力度。推动有条件的劳动人事争议仲裁机构设立女职工维权仲裁庭，依法处理女职工劳动争议案件。

10.为女性生育后的职业发展创造有利条件。禁止用人单位因女职工怀孕、生育、哺乳而降低工资、恶意调岗、予以辞退、解除劳动（聘用）合同，推动落实生育奖励假期间的工资待遇，定期开展女职工生育权益保障专项督查。为女性生育后回归岗位或再就业提供培训等支持。高校、研究机构等用人单位探索设立女性科研人员生育后科研回归基金。推动用人单位根据女职工需要建立女职工哺乳室、孕妇休息室等设施。支持有条件的用人单位为职工提供福利性托育托管服务。

11.保障农村妇女平等享有各项经济权益。在农村土地承包工作中，依法保障农村妇女权益。在宅基地使用权确权登记颁证工作中保障农村妇女权益，确保应登尽登。建立健全农村集体资产管理制度，规范农村集体经济组织成员身份确认办法，完善包括征地补偿安置在内的农村集体经济组织资产收益内部分配机制，保障妇女在农村集体经济组织资产股权量化、权益流转和继承等各环节，作为农村集体经济组织成员和家庭成员平等享有知情权、参与决策权和收益权。保障进城落户女农民的经济权益。畅通经济权益受侵害农村妇女的维权渠道。

12.支持脱贫妇女稳定增加收入。建立农村低收入人口和欠发达地区帮扶机制。健全防止返贫监测和帮扶机制。扶持发展适合城乡低收入妇女自主发展的手工编织、农村电商等特色产业项目。通过致富带头人培育、帮扶车间建设和以工代赈等方式，支持农村妇女就地就近就业、实现增收致富。

13.支持妇女积极参与乡村振兴。积极发挥妇女在农村一二三产业融合发展和农业农村现代化建设中的作用。大力开展现代农业示范基地建设，深入实施乡村振兴巾帼行动。发挥农村创业创新园区（基地）等平台作用，鼓励支持妇女创办领办新型农业经营主体和农业社会化服务组织。加强高素质女农民培育，引导女农民争做乡村工匠、文化能人、手工艺人、农技协领办人和新型农业经营管理能手。

（四）妇女参与决策和管理。

主要目标：

1.保障妇女参与社会主义民主政治建设和社会治理，提升参与水平。

2.中国共产党女党员保持合理比例。中国共产党各级党员代表大会中女党员代表比例一般不低于本地区党员总数中女性比例。

3.各级人大代表和常委会委员中的女性比例逐步提高。各级政协委员和常委中的女性比例逐步提高。

4.县级以上地方政府领导班子中的女干部比例逐步提高，担任正职的女干部占同级正职干部的比例逐步提高。

5.国家机关部委和县级以上地方政府部门领导班子中的女干部比例逐步提高，担任正职的女干部占同级正职干部的比例逐步提高。

6.各级各类事业单位领导班子成员中的女性比例逐步提高。

7.企业董事会、监事会成员及管理层中的女性比例逐步提高。企事业单位职工代表大会中女性比例与女职工比例相适应。

8.村党组织成员、村党组织书记中女性比例逐步提高。村委会成员中女性比例达到30%以上，村委会主任中女性比例逐步提高。

9.社区党组织成员、社区党组织书记中女性比例逐步提高。社区居委会成员中女性比例保持在50%左右，社区居委会主任中女性比例达到40%以上。

10.鼓励支持女性参加社会组织、担任社会组织负责人。

策略措施：

1.加大对妇女参与决策和管理的支持力度。充分发挥妇女参与国家和社会事务管理的重要作用，破除制约妇女参与决策和管理的障碍，促进妇女参与决策和管理水平与妇女地位作用相适应。加大培训力度，提高各级领导干部贯彻落实男女平等基本国策的意识，把推动妇女参政纳入重要议程，提出目标举措。采取有效措施，提升各级党委、人大、政府、政协、党政工作部门以及企事业单位、基层群众自治组织和社会组织中的女性比例。

2.提高妇女参与社会事务和民主管理的意识和能力。开展女性领导干部政治素质和领导能力培训。鼓励高校开设领导力相关课程，培养年轻女性的政治素养及参与决策和管理的意识。加大基层妇女骨干培训力度，提高妇女在自治、法治、德治中的参与意识和能力，鼓励妇女积极参与村（居）民议事会、理事会等自治组织，推进城乡社区妇女议事会实现全覆盖并有效运行，发挥妇女在城乡基层治理中的积极作用。探索打造妇女网上议事平台，引导妇女积极、有序参与基层民主管理和基层民主协商。

3.重视发展中国共产党女党员。面向妇女深入开展思想政治工作，扩大党的妇女群众基础，培养对党的感情，深化对党的认识，引导拥护党的主张，激发妇女入党的政治意愿。加强对入党积极分子的培养教育。注重从各行各业青年女性中发展党员。在党代表候选人酝酿过程中，充分关注政治过硬、作风优良、敢于担当、实绩突出的优秀妇女，确保党员代表大会中女党员代表保持合理比例。

4.提高人大女代表、政协女委员比例。落实人大代表选举规则和程序，在选区划分、代表名额分配、候选人推荐、选举等环节，保障妇女享有平等权利和机会。重视从基层、生产一线推荐人大代表女性候选人，候选人中应当有适当数量的妇女代表，并逐步提高妇女代表的比例。提名推荐、协商确定政协委员建议名单时，保障提名一定比例的妇女。充分发挥人大女代表、政协女委员在发展社会主义民主政治和男女平等事业中的积极作用。

5.加大培养选拔女干部工作力度。培养忠诚干净担当的高素质专业化女干部，促进女干部不断增强学习本领、政治领导本领、改革创新本领、科学发展本领、依法执政本领、群众工作本领、狠抓落实本领、驾驭风险本领。优化女干部成长路径，注重日常培养和战略培养，为女干部参加教育培训、交流任职、挂职锻炼创造条件和机会。注重从基层、生产一线培养选拔女干部，注重选拔女干部到重要部门、关键岗位担任领导职务。注重保持优秀年轻干部队伍中女干部的合理比例。落实女干部选拔配备的目标任务，在保证质量的前提下实现应配尽配。保障妇女在干部录用、选拔、任（聘）用、晋升、退休各环节不因性别受到歧视。

6.推动妇女积极参与事业单位决策管理。培养选拔优秀女性专业技术人员进入决策管理层。重视在卫生、教育、文化等女性集中的行业提高决策管理层中的女性比例，鼓励妇女积极参与本单位党建和群团组织建设，促进事业单位职工代表大会中的女职工代表比例与事业单位女职工比例相适应。在深化事业单位改革进程中，确保妇女在岗位晋升、职员晋级、职称评聘等方面享有平等的权利和机会。

7.推动妇女广泛参与企业决策管理。将女干部选拔配备纳入国有企业领导班子和干部队伍建设规划，加大培养、选拔、使用力度。在深化企业人事制度改革进程中，采用组织推荐、公开招聘、民主推荐等方式，促进优秀妇女进入企业董事会、监事会和管理层。完善企业民主管理制度，促进企业职工代表大会中女职工代表比例与企业女职工比例相适应，支持女职工通过职工代表大会等形式参与企业民主决策、民主管理和民主监督。企业制定相关规章制度，对涉及女职工权益的事项，听取工会女职工委员会的意见，依法经职工代表大会审议通过。

8.推动妇女有序参与城乡基层社会治理。注重从女致富能手、经商务工女性、乡村女教师女医生、女社会工作者、女大学生村官、女退休干部职工等群体中培养选拔村（社区）干部。在村（社区）"两委"换届工作中，通过提名确定女性候选人、女性委员专职专选、女性成员缺位增补等措施，提高村（居）委会成员、村（居）委会主任中的女性比例。组织妇女积极参与村规民约、居民公约的制定修订，开展协商议事活动。促进新社会阶层、社会工作者和志愿者中的女性积极参与社会治理。

9.支持引导妇女参加社会组织。优化社会组织发展的制度环境，加大对以女性为成员主体或以女性为主要从业人员的社会组织的培育力度，加强支持和指导服务，促进其健康有序发展并积极参与社会组织协商。鼓励支持更多女性成为社会组织成员或从业人员，加强对社会组织女性专业人才和管理人才的培养，注重发现培养社会组织女性负责人。

10.发挥妇联组织在推进国家治理体系和治理能力现代化进程中的作用。支持妇联组织履行代表妇女参与管理国家事务、经济文化事业和社会事务的职责，强化妇联组织参与民主决策、民主管理、民主监督，参与制定有关法律、法规、规章和政策，参与社会治理和公共服务的制度保障。在制定有关促进男女平等和保障妇女合法权益的法律法规政策以及培养选拔女干部工作中，充分听取妇联组织意见和建议。

（五）妇女与社会保障。

主要目标：

1.妇女平等享有社会保障权益，保障水平不断提高。

2.完善生育保障制度。提高生育保险参保率。

3.完善医疗保障体系。妇女基本医疗保险参保率稳定在95%以上，待遇保障公平适度。

4.完善养老保险制度体系。妇女基本养老保险参保率提高到95%，待遇水平稳步提高。

5.完善失业保险和工伤保险制度。提高妇女失业保险和工伤保险参保人数，落实相关待遇保障。

6.健全分层分类社会救助体系。困难妇女的生活得到基本保障。

7.妇女福利待遇水平持续提高，重点向老年妇女、残疾妇女等群体倾斜。

8.建立完善多层次养老服务和长期照护保障制度。保障老年妇女享有均等可及的基本养老服务，对失能妇女的照护服务水平不断提高。

9.加强对妇女的关爱服务，重点为有困难、有需求的妇女提供帮扶。

策略措施：

1.完善惠及妇女群体的社会保障体系。在制定修订社会救助、社会保险等相关法律法规以及健全覆盖全民的社会保障体系工作中，关切和保障妇女的特殊利益和需求。持续推动社会保险参保扩面，支持灵活就业女性参加相应社会保险，实现应保尽保，缩小社会保障的性别差距。建立国家级社会保险全民参保登记信息库，加强社会保障分性别统计、信息动态监测和管理。

2.完善覆盖城乡妇女的生育保障制度。巩固提高生育保险覆盖率，完善生育保险生育医疗费用支付及生育津贴政策。妥善解决妇女在就业和领取失业金期间生育保障问题。提高生育保险与职工基本医疗保险合并实施成效。加强城乡居民生育医疗费用保障。

3.不断提高妇女医疗保障水平。推动女职工和城乡女性居民持续参加基本医疗保险，满足妇女基本医疗保障需求。统筹发挥基本医保、大病保险、医疗救助三重制度综合保障作用，促进多层次医疗保障互补衔接，做好符合条件的低收入妇女医疗救助。推进建立女职工医疗互助，充分发挥商业保险对宫颈癌、乳腺癌等重大疾病的保障作用。

4.促进妇女享有可持续多层次养老保险。建立完善基本养老保险全国统筹制度。督促用人单位依法为包括女职工在内的全体职工及时足额缴纳基本养老保险费，不断增加妇女参加基本养老保险的人数，促进妇女依法公平享有基本养老保险权益。鼓励有条件的用人单位为包括女职工在内的全体职工建立企业年金，丰富商业养老保险产品，提高妇女养老保险水平。

5.保障女性失业保险权益。督促用人单位依法为女职工办理失业保险，提高女职工特别是女农民工的参保率。保障符合条件的失业女职工按时享受失业保险待遇。强化失业保险促就业防失业功能，支持女职工稳定就业。适时制定特殊时期失业保障政策，为包括女职工在内的劳动者提供失业保障。

6.扩大妇女工伤保险覆盖面。增强工伤保险预防工伤、保障生活、促进康复的功能，推进新就业形态人员职业伤害保障试点，将新业态就业妇女纳入保障范围。督促用人单位特别是高风险行业单位依法为女职工办理工伤保险，确保落实工伤保险待遇。

7.强化社会救助对生活困难妇女的兜底保障。推进法律实施，强化政策衔接，健全基本生活救助制度和医疗救助、教育救助、住房救助、就业救助、受灾人员救助等专项救助制度，健全临时救助政策措施，强化急难社会救助功能，积极发展服务类社会救助，推进政府购买社会救助服务，确保符合条件的妇女应救尽救。鼓励、支持慈善组织依法依规为生活困难妇女提供救助帮扶。推动建立统一的救助信息平台，加强社会救助分性别统计，精准识别救助对象。

8.更好满足妇女群体的社会福利需求。完善经济困难高龄失能老年人补贴制度，落实各项补贴待遇，逐步提升老年妇女福利水平。完善残疾人补贴制度，动态调整、合理确定困难残疾人生活补贴和重度残疾人护理补贴标准，扩大适合残疾妇女特殊需求的公共服务供给。

9.保障妇女享有基本养老服务。加快建设居家社区机构相协调、医养康养相结合的养老服务体系，大力发展普惠型养老服务。完善社区居家养老服务网络，推进公共设施适老化改造，推动专业机构服务向社区和家庭延伸。提升公办养老机构服务能力和水平，完善公建民营管理机制，结合服务能力适当拓展服务对象，重点为经济困难的失能失智、计划生育特殊家庭老年人提供托养服务。促进养老机构提供多元化、便利化、个性化服务，提高老年妇女生活照料、紧急救援、精神慰藉等服务水平。支持社会力量扩大普惠型养老服务供给，支持邻里之间的互助性养老。加大养老护理型人才培养力度，建设高素质、专业化的养老服务队伍。

10.探索建立多层次长期照护保障制度。稳步建立长期护理保险制度，将符合条件的失能妇女按规定纳入保障范围，妥善解决其护理保障问题。加强长期护理保险制度与长期照护服务体系有机衔接。探索建立相关保险、福利、救助相衔接的长期照护保障制度，扩大养老机构护理型床位供给，提高护理服务质量。为家庭照料者提供照护培训、心理疏导等支持。

11.提高对妇女的关爱服务水平。开展农村留守妇女关爱行动。对农村留守妇女进行摸底排查，建立完善以县级为单位的信息台账。积极为农村留守妇女创业发展搭建平台、提供服务。支持农村留守妇女参与乡村振兴和家庭文明建设，在乡村治理、邻里互助、留守老人儿童关爱服务中发挥积极作用。完善特殊困难失能留守老年人探访关爱制度，不断拓展对妇女群体的关爱服务，支持社会力量参与，重点为生活困难、残疾、重病等妇女群体提供权益保护、生活帮扶、精神抚慰等关爱服务。

（六）妇女与家庭建设。

主要目标：

1.树立新时代家庭观，弘扬爱国爱家、相亲相爱、向上向善、共建共享的社会主义家庭文明新风尚，推动社会主义核心价值观在家庭落地生根。

2.建立完善促进男女平等和妇女全面发展的家庭政策体系，增强家庭功能，提升家庭发展能力。

3.拓展支持家庭与妇女全面发展的公共服务。

4.注重发挥家庭家教家风在基层社会治理中的重要作用。

5.充分发挥妇女在家庭生活中的独特作用，弘扬中华民族家庭美德、树立良好家风，支持妇女成为幸福安康家庭的建设者、倡导者。

6.倡导构建男女平等、和睦、文明的婚姻家庭关系，降低婚姻家庭纠纷对妇女发展的不利影响。

7.倡导和支持男女共担家务，缩小两性家务劳动时间差距。

8.支持家庭承担赡养老人责任，不断提升老年妇女家庭生活质量。

9.促进夫妻共同承担未成年子女的抚养、教育、保护责任，为未成年子女身心发展创造良好家庭环境。

策略措施：

1.促进家庭成员践行社会主义核心价值观。加强教育引导、舆论宣传、文化熏陶、实践养成，宣传尊老爱幼、男女平等、夫妻和睦、勤俭持家、邻里团结等家庭美德，弘扬中华民族优秀传统家风、革命前辈红色家风、践行社会主义核心价值观的现代家风，营造平等、文明、和谐、稳定的家庭环境，实现共建共享的家庭追求，引导妇女和家庭成员自觉把家庭梦融入中国梦。

2.制定出台促进男女平等和妇女全面发展的家庭政策。完善人口生育相关法律法规政策，推动生育政策与经济社会政策配套衔接。研究推动将3岁以下婴幼儿照护服务费用纳入个人所得税专项附加扣除、住房等方面支持政策，减轻家庭生育、养育、教育负担。完善幼儿养育、青少年发展、老人赡养、病残照料等政策，形成支持完善家庭基本功能、促进男女平等和妇女全面发展的家庭政策体系，增强家庭发展能力。完善产假制度，探索实施父母育儿假。建立促进家庭发展的政策评估机制。

3.大力发展家庭公共服务。发展普惠托育服务体系，综合运用土地、住房、财政、金融、人才等支持政策，扩大托育服务供给。加快完善养老、家政等服务标准，推动婚姻家庭辅导服务、家庭教育指导服务普惠享有，提升面向家庭的公共服务水平。通过政府购买服务等方式，引导社会力量开展家庭服务，满足家庭日益增长的个性化、多元化需求。重点为经济困难、住房困难、临时遭遇困难家庭和残疾人家庭等提供支持，加大对计划生育特殊家庭的帮扶保障力度，加强对退役军人家庭的支持和保障。城市社区综合服务设施实现全覆盖。加强社区托育服务设施建设，完善社区养老托育、家政物业等服务网络。发展数字家庭。

4.推动家庭家教家风在基层社会治理中发挥重要作用。构建党委领导、政府主导、部门合作、家庭尽责、社会参与的家庭建设工作格局。将建设好家庭、实施好家教、弘扬好家风纳入基层社会治理体系以及基层社会治理评价考核内容。鼓励家庭成员履行家庭和社会责任。增进政府治理和社会调节、居民自治良性互动，以千千万万家庭的好家风支撑起全社会的好风气。

5.鼓励支持妇女在家庭生活中发挥独特作用。深化实施"家家幸福安康工程"，鼓励妇女带领家庭成员积极参与文明家庭、五好家庭、最美家庭等群众性精神文明建设活动，参与绿色家庭创建，提升健康素养，践行绿色、低碳、循环、可持续的生活方式，养成勤俭节约的好习惯，杜绝浪费。推进平安家庭、无烟家庭建设。

6.促进婚姻家庭关系健康发展。面向家庭开展有关法律法规政策宣传，促进男女平等观念在婚姻家庭关系建设中落实落地，倡导夫妻平等参与家庭事务决策，反对一切形式的家庭暴力。开展恋爱、婚姻家庭观念教育，为适龄男女青年婚恋交友、组建家庭搭建平台，推广婚姻登记、婚育健康宣传教育、婚姻家庭关系辅导等"一站式"服务。广泛开展生育政策宣传。推进移风易俗，保障各民族妇女的婚姻自由，抵制早婚早育、高价彩礼等现象，选树宣传婚事新办典型，引导改变生男偏好，构建新型婚育文化。加强对广播电视、网络等婚恋活动和服务的规范管理。

7.加强婚姻家庭纠纷预防化解工作。健全婚姻家庭纠纷预防化解工作机制，发挥综治中心和网格化服务管理作用，强化衔接联动，加强婚姻家庭纠纷预测预防预警，健全纠纷排查调处制度。推进县（市、区、旗）建立健全婚姻家庭纠纷人民调解委员会，建设人民调解员队伍，搭建"互联网+"纠纷预防化解工作平台，支持社会力量参与，提供多元便捷服务。推进家事审判制度改革，加强诉调对接平台建设，构建新型家事纠纷综合协调解决模式。

8.促进男女平等分担家务。倡导夫妻在家务劳动中分工配合，共同承担照料陪伴子女老人、教育子女、料理家务等家庭责任，缩小两性家务劳动时间差距。促进照料、保洁、烹饪等家务劳动社会化，持续推动家政服务业提质扩容增效，发展婴幼儿照护服务和失能失智老年人长期照护服务，增强家庭照护能力，研发家务劳动便利化产品。督促用人单位落实探亲假、职工带薪休假、配偶陪产假等制度，鼓励用人单位实施灵活休假和弹性工作制度，创造生育友好的工作环境，支持男女职工共同履行家庭责任。

9.提高老年妇女的家庭生活质量。倡导养老、孝老、敬老的家庭美德，支持家庭履行赡养老人的主体责任。鼓励子女与老年人共同生活或就近居住，为长期照护老年人的家庭成员提供"喘息服务"。督促用人单位保障赡养义务人的探亲休假权利，推动建立子女护理假制度。建立完善社区老年人关爱服务机制。发展银发经济，推进智慧健康养老，满足老年妇女生活需要。依法保障老年妇女婚姻自由和家庭财产权利。

10.增强父母共同承担家庭教育责任的意识和能力。推进家庭教育立法及实施，促进父母共同落实家庭教育主体责任，创造有利于未成年子女健康成长和发展的家庭环境。开展宣传培训，帮助父母树立科学家庭教育理念，摒弃"重智轻德"等观念，掌握科学知识和方法，注重言传身教，关注未成年子女身心健康，提高家庭科学育儿能力。鼓励父母加强亲子交流，共同陪伴未成年子女成长。

（七）妇女与环境。

主要目标：

1.提高妇女的思想政治意识，引导妇女积极践行社会主义核心价值观。

2.提升全社会的性别平等意识，推进男女平等基本国策宣传教育进机关、进学校、进企业、进城乡社区、进家庭。

3.健全文化与传媒领域的性别平等评估和监管机制。

4.全面提升妇女的媒介素养，提高妇女利用信息技术参与新时代经济社会高质量发展的能力。

5.提高妇女的生态文明意识，促进妇女践行绿色发展理念，做生态文明建设的推动者和践行者。

6.减少环境污染对妇女健康的危害。农村自来水普及率达到90％，提升城市集中式饮用水水源水质。

7.稳步提高农村卫生厕所普及率，城镇公共厕所男女厕位比例标准化建设与实际需求相适应。

8.妇女应对突发事件能力不断提高，作用得到发挥，特殊需求得到满足。

9.广泛参与妇女领域的国际交流与合作，全面提升我国在国际妇女事务中的影响力。

策略措施：

1.加强对妇女的思想政治引领。坚持用习近平新时代中国特色社会主义思想引领妇女，持续开展中国特色社会主义和中国梦宣传教育，发挥新时代文明实践中心、主流媒体、妇女之家等阵地作用，推动理想信念教育常态化制度化，弘扬党和人民在各个历史时期奋斗中形成的伟大精神，激发妇女的历史责任感和主人翁精神，引导妇女听党话、跟党走，增强"四个意识"、坚定"四个自信"、做到"两个维护"。通过教育联系服务，凝聚青年女性、知识女性、新兴产业从业女性和活跃在网络空间中的女性。通过培养、评选、表彰、宣传妇女先进集体和个人，激励妇女崇尚先进、学习先进、争当先进。通过深化东中部地区与西部民族地区对口支援和交流合作，促进各族妇女广泛交往深度交融。

2.开展以男女平等为核心的先进性别文化宣传教育。将构建先进性别文化纳入繁荣社会主义先进文化制度体系。大力宣传新时代妇女在社会生活和家庭生活中的独特作用，宣传优秀妇女典型和性别平等优秀案例。推动各级干部学习习近平总书记关于妇女和妇女工作的重要论述以及马克思主义妇女观、男女平等基本国策。在机关、学校、企业、城乡社区、家庭以多种形式开展男女平等基本国策宣传教育，让性别平等成为全社会共同遵循的行为规范和价值标准。

3.促进妇女共建共享精神文明创建和城乡人居环境改善成果。丰富优质文化产品和公共文化服务供给，满足妇女精神文化需求。鼓励妇女积极参与城市文明建设，将妇女参与程度和满意度纳入文明城市评选内容。引导妇女在文明单位创建中爱岗敬业，争做文明职工。促进妇女参与文明村镇创建，主动参与农村人居环境整治提升、农村文化发展、文明乡风培育和乡村社会治理。推进城乡公共文化服务体系一体建设，创新实施文化惠民工程，惠及城乡妇女。

4.加强文化与传媒领域的性别平等培训、评估和监管。开展对文化传媒工作者和传媒相关专业学生的性别平等培训，提升文化与传媒领域性别平等传播能力。加强对公共文化产品和传媒涉及性别平等内容的监测和监管，吸纳性别专家参与相关评估，消除网络媒体、影视产品、公共出版物等中出现的歧视贬抑妇女、侮辱妇女人格尊严、物化妇女形象等不良现象，规范网络名人和公众账号传播行为。完善违规行为警示记录系统，优化线上舆情预警和线下评估处置机制。

5.引导妇女提高媒介素养。利用妇女之家、图书馆、网络课堂等开展面向妇女的媒介素养培训和指导，加强妇女网络素养教育，提升妇女对媒介信息选择、判断和有效利用的能力，提升妇女网络安全意识和能力，消除性别数字鸿沟。加强学生网络素养教育，引导女生合理安全使用网络，提升自我保护能力，防止网络沉迷。重点帮助老年妇女、困难妇女和残疾妇女群体掌握网络基本知识技能。开展争做"巾帼好网民"活动，推动妇女弘扬网上正能量。

6.充分发挥妇女在生态文明建设中的重要作用。广泛开展生态文化宣传教育和实践活动，引导妇女树立生态文明意识，提高环境科学素养，掌握环境科学知识，提升妇女生态环境保护意识和能力。鼓励妇女引领绿色生产生活，养成节约适度、绿色低碳、文明健康的生活方式和消费模式，杜绝浪费。支持妇女参与生态环境治理。

7.持续改善妇女生活的环境质量。加强生态环境监测和健康监测，开展环境污染因素影响研究，监测分析评估环境政策、基础设施项目、生产生活学习环境等对妇女健康的影响。推进城乡生活环境治理，推进城镇污水管网全覆盖，开发利用清洁能源，推行垃圾分类和减量化、资源化，推广使用节能环保产品。

8.为城乡妇女享有安全饮水提供保障。引导妇女积极参与水源保护。推进城市集中式饮用水水源地规范化建设，加强水源保护和水质监测，守护饮水安全命脉。加强水利基础设施建设，实施农村供水保障工程，提升水资源优化配置能力，为妇女取水、用水提供便利。

9.加强符合妇女需求的卫生厕所建设。推进城镇公共厕所改造，完善落实城镇公共厕所设计标准，推动将男女厕位比例规范化建设和达标率纳入文明城市、文明社区、文明村镇、文明单位、文明校园的评选标准。分类有序推进农村厕所革命，稳步提高卫生厕所普及率，加强厕所粪污无害化处理与资源化利用。推动旅游景区、商场、客运枢纽和服务区等公共场所建设第三卫生间。

10.在突发事件应对中关切妇女特别是孕期、哺乳期妇女及困难妇女群体的特殊需求。在突发事件应急体系建设、预防和应急处置机制建设、相关应急预案和规划制订中统筹考虑妇女特殊需求，优先保障女性卫生用品、孕产妇用品和重要医用物资供给。面向妇女开展突发事件预防应对知识和自救互救技能指导培训，提高妇女的防灾减灾意识和自救互救能力。在应对突发事件中加强对有需求妇女群体的救助服务和心理疏导。引导妇女积极参与防灾减灾工作。

11.积极促进国际妇女事务交流与合作。认真履行关于促进男女平等与妇女全面发展的国际公约和文件，积极落实联合国2030年可持续发展议程涉及性别平等相关目标。参与全球促进性别平等事业，提升我国的话语权和影响力，开展国际交流合作，促进妇女发展交流互鉴，讲好中国妇女发展故事，宣传中国妇女事业发展成就。积极主办和参与涉及妇女议题的各类国际会议，推动发展妇女民间外交，持续打造我国妇女人文交流品牌，在国际舞台上展现中国形象。支持妇女投身"一带一路"建设，为推动构建人类命运共同体发挥重要作用。

12.发挥妇联组织在营造男女平等和妇女全面发展环境中的积极作用。健全完善引领服务联系妇女的工作机制，发挥桥梁纽带作用，凝聚妇女人心。联合中央主流媒体，依托妇联全媒体，大力宣传习近平总书记关于妇女和妇女工作的重要论述，宣传马克思主义妇女观和男女平等基本国策，宣传妇女"半边天"作用。加强妇女舆情尤其是网络舆情监测，对错误观点言论及时发声，协调督促处置，正面引导舆论，优化有利于妇女全面发展的社会舆论环境。

（八）妇女与法律。

主要目标：

1.全面贯彻落实男女平等宪法原则和基本国策，健全完善保障妇女合法权益的法律体系。

2.促进法规政策性别平等评估机制规范化建设和有效运行。

3.提高妇女尊法学法守法用法的意识和能力。充分发挥妇女在法治中国建设中的作用

4.深入实施反家庭暴力法，预防和制止针对妇女一切形式的家庭暴力。

5.严厉打击拐卖妇女、性侵害妇女等违法犯罪行为。

6.提升预防和制止性骚扰的法治意识，有效遏制针对妇女的性骚扰。

7.严厉打击利用网络对妇女实施的违法犯罪行为。

8.保障妇女在家庭关系中的财产所有权、继承权，保障妇女对婚姻家庭关系中共同财产享有知情权和平等处理权。

9.依法为妇女提供公共法律服务。保障遭受侵害妇女获得及时有效的司法救助。

策略措施：

1.推进男女平等宪法原则和基本国策贯彻落实到法治中国建设全过程。适时修订妇女权益保障法、刑法、社会保险法、女职工劳动保护特别规定等法律法规，完善保障妇女合法权益的法律体系。加大民法典、妇女权益保障法等法律法规的实施力度，加强执法检查和督查督办，保障侵害妇女权益案件获得公平公正处理。促进开展妇女权益保障领域的公益诉讼。将保障妇女权益相关内容纳入基层社会治理，纳入法治队伍建设、全民普法规划和群众性法治文化活动，增强全社会的男女平等法治意识和法治素养。

2.加强法规政策性别平等评估工作。健全国家、省（自治区、直辖市）、市（地、州、盟）法规政策性别平等评估机制和县（市、区、旗）政策性别平等评估机制，明确评估范围，规范评估流程，细化评估指标。加强法规政策制定前研判、决策中贯彻、实施后评估的制度化建设。开展性别平等评估相关培训，加强专业化队伍建设，将男女平等基本国策落实到法规、规章、政策制定实施全过程各环节。

3.提升妇女法治意识和参与法治中国建设的能力。深入开展民法典等专项普法活动，面向妇女提供法律咨询等服务，引导妇女自觉学习宪法和法律知识，增强法治观念，养成办事依法、遇事找法、解决问题用法、化解矛盾靠法的法治思维和行为习惯。鼓励妇女多途径参与立法、司法和普法活动。充分发挥女人大代表、女政协委员、妇联组织、以女性为成员主体或者以女性为主要服务对象的社会组织等在科学立法、民主立法和立法协商中的作用。

4.加大反家庭暴力法的实施力度。健全完善预防和制止家庭暴力多部门合作机制，适时出台落实反家庭暴力法的司法解释、指导意见或实施细则，发布反家庭暴力的典型案例或指导性案例。推动省（自治区、直辖市）、市（地、州、盟）出台反家庭暴力地方性法规。加强宣传教育、预防排查，建立社区网格化家庭暴力重点监控机制。完善落实家庭暴力发现、报告、处置机制，强化相关主体强制报告意识，履行强制报告义务。加大接处警工作力度，开展家庭暴力警情、出具告诫书情况统计。对构成犯罪的施暴人依法追究刑事责任，从严处理重大恶性案件。及时签发人身保护令，提高审核签发率，加大执行力度。加强紧急庇护场所管理，提升庇护服务水平。加强对家庭暴力受害妇女的心理抚慰和生活救助，帮助其身心康复。加强对施暴者的教育警示、心理辅导和行为矫治。开展家庭暴力案件跟踪回访。加强反家庭暴力业务培训和统计。

5.坚决打击拐卖妇女犯罪。完善落实集预防、打击、救助、安置、康复于一体的反拐工作长效机制。坚持预防为主、防治结合，提高全社会的反拐意识以及妇女的防范意识和能力。深入实施反对拐卖人口行动计划，打击拐卖妇女犯罪团伙。整治"买方市场"，及时解救被拐妇女并帮助其正常融入社会。打击跨国跨区域拐卖妇女犯罪。

6.加大对组织、强迫、引诱、容留、介绍卖淫等犯罪行为的打击力度。加强网络治理，利用大数据完善违法信息过滤、举报等功能，严厉打击利用网络组织、强迫、引诱、容留、介绍妇女卖淫。依法加大对强迫、引诱幼女和智力残疾妇女卖淫的打击力度。加强社会治安综合治理，建立常态化整治机制，鼓励群众监督和举报涉黄违法犯罪行为。

7.有效控制和严厉惩处强奸、猥亵、侮辱妇女特别是女童和智力、精神残疾妇女的违法犯罪行为。加强防性侵教育，提高妇女尤其是女童的防性侵意识和能力。建立完善重点人群和家庭关爱服务机制、侵权案件发现报告机制、多部门联防联动机制和侵权案件推进工作督查制度。完善立案侦查制度，及时、全面、一次性收集固定证据，避免受害妇女遭受"二次伤害"。建立性侵害违法犯罪人员信息查询系统，完善和落实从业禁止制度。加强对受害妇女的隐私保护、心理疏导和干预。

8.预防和制止针对妇女的性骚扰。推动完善防治性骚扰相关立法。多形式多渠道传播防治性骚扰知识，提升妇女防范和制止性骚扰的意识和能力。建立健全预防和制止性骚扰工作机制，加强联防联控，发挥典型案例示范指引作用。预防和制止公共场所和工作、学习等场所发生的性骚扰，在机关、企业、学校等单位建立相关工作机制，预防和制止利用职权、从属关系等实施性骚扰。畅通救济途径。

9.保障妇女免遭利用网络实施违法犯罪行为的侵害。加强网络信息内容生态治理，加强对网络淫秽色情信息的监管和查处，依法打击网络信息服务平台、生产者和使用者对妇女实施猥亵、侮辱、诽谤、性骚扰、散布谣言、侵犯隐私等违法犯罪行为。加强对网络平台的规范管理，保护妇女个人信息安全。依法惩治利用网络非法收集、使用、加工、传输、买卖、提供或者公开妇女个人信息的违法犯罪行为。提高妇女防范电信网络诈骗的意识和能力，严厉打击采取非法网络贷款、虚假投资、咨询服务等手段骗取妇女钱财的违法犯罪行为。

10.在婚姻家庭和继承案件处理中依法保障妇女的财产权益。保障妇女平等享有家庭财产的占有、使用、收益和处分权利。保障妇女依法享有夫妻互相继承遗产、子女平等继承遗产的权利。保障夫妻对共同财产享有平等的知情权、处理权，认定和分割夫妻共同财产、认定和清偿夫妻共同债务时，切实保障妇女合法权益。离婚时，保障妇女依法获得土地、房屋、股份等权益，保障负担较多家庭义务的妇女获得补偿、生活困难妇女获得经济帮助、无过错妇女依法获得损害赔偿。

11.为妇女提供优质高效的公共法律服务。推进公共法律服务实体、网络、热线三大平台融合发展，为妇女特别是低收入妇女、老年妇女、残疾妇女、单亲困难母亲等提供便捷高效、均等普惠的公共法律服务。落实法律法规对妇女申请法律援助的相关规定，保障妇女在刑事、民事、行政案件中享有诉讼代理和维权指导服务。加强维护妇女合法权益的法律援助类社会组织和专业律师、基层法务工作者队伍建设。保障特定案件中生活困难妇女能够获得司法救助。

12.发挥妇联组织代表和维护妇女合法权益的职能作用。支持妇联组织健全联合约谈、联席会议、信息通报、调研督查、发布案例等工作制度，推动保障妇女权益法律政策的制定实施。加强"12338"妇女维权热线建设，畅通妇女有序表达诉求的渠道。及时发现报告侵权问题，依法建议查处性别歧视事件或协助办理侵害妇女权益案件，配合打击侵害妇女合法权益的违法犯罪行为，为受侵害妇女提供帮助。

三　组织实施

（一）坚持党的全面领导。坚持以习近平新时代中国特色社会主义思想为指导，坚持以人民为中心的发展思想，坚持走中国特色社会主义妇女发展道路，把党的领导贯穿于纲要组织实施全过程。贯彻党中央关于妇女事业发展的决策部署，坚持和完善促进男女平等和妇女全面发展的制度机制，在统筹推进"五位一体"总体布局、协调推进"四个全面"战略布局中推进纲要实施。

（二）落实纲要实施责任。完善落实党委领导、政府主责、妇儿工委协调、多部门合作、全社会参与的纲要实施工作机制。国务院及地方各级人民政府负责纲要实施工作，各级妇儿工委负责组织、协调、指导、督促工作，各级妇儿工委办公室负责具体工作。有关部门、相关机构和人民团体结合职责，承担纲要相关目标任务落实工作。在出台法律、制定政策、编制规划、部署工作时贯彻落实男女平等基本国策，切实保障妇女合法权益，促进妇女全面发展。

（三）加强纲要与国民经济和社会发展规划的衔接。在经济社会发展总体规划及相关专项规划中贯彻落实男女平等基本国策，将纲要实施以及妇女事业发展纳入经济社会发展总体规划及相关专项规划，结合经济社会发展总体规划部署要求推进纲要实施，实现妇女事业发展与经济社会发展同步规划、同步部署、同步推进、同步落实。

（四）制定地方妇女发展规划和部门实施方案。省级人民政府依据本纲要，结合实际制定本级妇女发展规划。市、县级人民政府依据本纲要以及上一级妇女发展规划，结合实际制定本级妇女发展规划。省、市、县级规划颁布后1个月内报送上一级妇儿工委办公室。中央及地方承担纲要（规划）目标任务的有关部门、相关机构和人民团体结合职责，按照任务分工，制定实施方案并报送同级妇儿工委办公室。

（五）完善实施纲要的工作制度机制。健全目标管理责任制，将纲要实施纳入政府议事日程和考核内容，将纲要目标分解到责任单位并纳入目标管理和考核内容。健全督导检查制度，定期对纲要实施情况开展督查。健全报告制度，责任单位每年向同级妇儿工委报告纲要实施情况和下一年工作安排，下级妇儿工委每年向上一级妇儿工委报告本地区规划实施情况和下一年工作安排。健全议事协调制度，定期召开妇女儿童工作会议和妇儿工委全体会议、联络员会议等，总结交流情况，研究解决问题，部署工作任务。健全纲要实施示范制度，充分发挥示范单位以点带面、示范带动作用。健全表彰制度，对实施纲要先进集体和先进个人按照有关规定进行表彰。

（六）加强妇女发展经费支持。各级人民政府将实施纲要所需工作经费纳入财政预算，实现妇女事业和经济社会同步发展。重点支持革命老区、民族地区、边疆地区、欠发达地区妇女发展，支持特殊困难妇女群体发展。动员社会力量，多渠道筹集资源，共同发展妇女事业。

（七）坚持和创新实施纲要的有效做法。贯彻新发展理念，坚持问题导向、目标导向，构建促进妇女发展的法律法规政策体系，完善妇女合法权益保障机制，实施促进妇女发展的民生项目。通过分类指导、示范先行，总结推广好做法好经验。通过政府购买服务等方式，发挥社会力量推动纲要实施的作用。开展国际交流合作，交流互鉴经验做法，讲好中国妇女发展故事。

（八）加强纲要实施能力建设。将习近平总书记关于妇女和妇女工作的重要论述以及男女平等基本国策有关内容、相关法律法规政策纳入各级干部学习内容，将实施纲要所需知识纳入培训计划，举办多层次、多形式培训，增强政府有关部门、相关机构和人员实施纲要的责任意识和能力。以政治建设为统领，加强各级妇儿工委及其办公室能力建设，促进机构职能优化高效，为更好履职尽责提供必要的人力物力财力支持，为纲要实施提供组织保障。

（九）加大纲要宣传力度。大力宣传习近平总书记关于妇女和妇女工作的重要论述，宣传在党的坚强领导下妇女事业发展的成就，宣传男女平等基本国策和保障妇女合法权益、促进妇女发展的法律法规政策，宣传纲要内容和纲要实施的经验、成效，努力营造有利于妇女发展的社会氛围。

（十）加强妇女发展调查研究。充分发挥各级妇儿工委及其办公室作用，加强妇女发展专家队伍建设，依托高校、研究机构、社会组织等建设妇女发展研究基地，培育专业研究力量，广泛深入开展理论与实践研究，为制定完善相关法律法规政策提供参考。

（十一）鼓励社会各界广泛参与纲要实施。鼓励企事业单位、社会组织、慈善机构和公益人士参与保障妇女合法权益、促进妇女发展等工作。鼓励妇女参与纲要实施，提高妇女在参与纲要实施中实现自身全面发展的意识和能力。

四　监测评估

（一）加强监测评估制度建设。对纲要实施情况进行年度监测、中期评估、终期评估。落实并逐步完善性别统计监测方案。各级统计部门牵头组织开展年度监测，各级妇儿工委成员单位、有关部门、相关机构向同级统计部门报送年度监测数据，及时收集、分析反映妇女发展状况的相关数据和信息。各级妇儿工委组织开展中期和终期评估，各级妇儿工委成员单位、有关部门、相关机构向同级妇儿工委提交中期和终期评估报告。通过评估，了解掌握纲要实施进展和妇女发展状况，系统分析评价纲要目标任务完成情况，评判纲要策略措施的实施效果，总结经验做法，找出突出问题，预测发展趋势，提出对策建议。监测评估工作所需经费纳入财政预算。

（二）加强监测评估工作组织领导。各级妇儿工委设立监测评估领导小组，由同级妇儿工委及相关部门负责同志组成，负责监测评估工作的组织领导、监测评估方案的审批、监测评估报告的审核等。领导小组下设监测组和评估组。

监测组由各级统计部门牵头，相关部门负责纲要实施情况统计监测的人员参加，负责监测工作的组织、指导和培训，制定监测方案和指标体系，收集、分析数据信息，向同级妇儿工委提交年度、中期和终期监测报告，编辑出版年度妇女儿童统计资料等。监测组成员负责统筹协调本部门纲要实施监测、分析、数据上报、分性别分年龄指标完善等工作。

评估组由各级妇儿工委办公室牵头，相关部门负责纲要实施的人员参加，负责评估工作的组织、指导和培训，制定评估方案，组织开展评估工作，向同级妇儿工委提交中期和终期评估报告。评估组成员负责统筹协调本部门纲要实施自我评估工作，参加妇儿工委组织的评估工作。支持评估组相关部门就妇女保护与发展中的突出问题开展专项调查、评估，结果可供中期和终期评估参考。

（三）加强分性别统计监测。规范完善性别统计监测指标体系，根据需要调整扩充妇女发展统计指标，推动纳入国家和部门常规统计以及统计调查制度，加强部门分性别统计工作，推进分性别统计监测制度化建设。国家、省、市三级建立完善妇女发展统计监测数据库，支持县级妇女发展统计监测数据库建设。鼓励支持相关部门对妇女发展缺项数据开展专项统计调查。

（四）提升监测评估工作能力和水平。加强监测评估工作培训和部门协作，规范监测数据收集渠道、报送方式，提高数据质量。运用互联网和大数据等，丰富分性别统计信息。科学设计监测评估方案和方法，探索开展第三方评估。提升监测评估工作科学化、标准化、专业化水平。

（五）有效利用监测评估成果。发挥监测评估结果服务决策的作用，定期向同级人民政府及相关部门报送监测评估情况，为决策提供依据。建立监测评估报告交流、反馈和发布机制。加强对监测评估结果的研判和运用，对预计完成困难、波动较大的监测指标及时预警，对评估发现的突出问题和薄弱环节及时提出对策建议。运用监测评估结果指导下一阶段纲要实施，实现纲要实施的常态化监测、动态化预警、精准化干预、高质量推进。

[《中国妇女发展纲要（2021—2030年）》（2021年9月8日），中国政府网，http://www.gov.cn/zhengce/content/2021-09/27/content_5639412.htm]

中国妇女的状况

（1994年6月）

前　言

1992年3月，联合国决定第四次世界妇女大会于1995年在中国首都北京召开，这使中国妇女的状况倍受世界关注。

在几千年的封建社会和百余年的半殖民地半封建社会中，中国妇女曾经有过长期受压迫、受屈辱、受摧残的悲惨历史。从本世纪上半叶起，广大妇女在中国共产党的领导下，为了民族和自身的解放，经过几十年不屈不挠的英勇奋斗，直到中华人民共和国成立，占全世界妇女四分之一的中国妇女终于获得了历史性的解放。

新中国宣告了中国妇女在政治、经济、文化、社会和家庭生活等各方面均享有与男子平等的权利，她们和全体中国公民一样成为国家与社会的主人。中国的各种法律保障妇女与男子具有同等的权利和地位，具有同等的人格和尊严。中国政府运用法律的、行政的和教育的手段消除对妇女的各种歧视，保护妇女的特殊权益。今天，中国妇女已享有中国社会几千年来从未达到、许多发达国家历时数百年方才得到承认的平等权利。

在社会主义制度下，中国妇女曾被禁锢的聪明才智极大地释放出来。她们以主人翁的姿态积极地投身于中国的建设和发展，成为创造物质文明和精神文明的伟大力量。她们是中国改革开放和现代化建设的生力军，在工农业生产、科学、文化、教育、卫生等各项事业中作出了极其重要的贡献。在中国，"半边天"成为全社会对妇女作用最形象的赞誉。

在推动社会发展的同时，中国妇女的精神面貌发生了重大变化，她们自尊、自信、自立、自强，在参政能力、文化水平、科学知识、生产技能等各方面都有了长足的进步。

中国妇女有着热爱和平的光荣传统。她们从未忘记侵略战争带来的深重灾难，坚决支持中国政府的和平外交政策。无论世界上发生什么样的冲突，她们总是站在正义与被侵略者一边，反对暴力与侵略。中国妇女是维护世界和平的重要力量。

建国四十五年来，特别是改革开放十五年来，中国妇女在"平等、发展、和平"的方向上取得了历史性的伟大进步。这是世界妇女进步事业的重要组成部分，也是中国人权进步的重要组成部分。

中国是一个发展中国家，受社会发展水平的制约和旧观念的影响，中国妇女的状况还有不尽如人意的地方，在现实生活中，妇女的参政、就业、受教育以及婚姻家庭中平等权利的完全实现，还存在着各种困难和阻力，轻视、歧视甚至侵害妇女的现象还时有发生，妇女的整体素质也有待于进一步提高。因此，中国妇女解放和发展的道路远没有完结。中国政府正在致力于发展经济，加强法制，消除一切歧视或轻视妇女的落后观念，促进中国法律赋予的男女平等权利在社会生活中全面实现，争取本世纪在中国实现《内罗毕战略》的各项发展目标。

中国政府、中国妇女和全体中国人民热情地欢迎第四次世界妇女大会在北京召开，正在全力以赴地为会议做好各项准备工作。为使国际社会更好地了解东道国的妇女情况，现将中国妇女的状况公诸于世。

一　中国妇女的历史性解放

1992年3月，联合国决定第四次世界妇女大会于1995年在中国首都北京召开，这使中国妇女的状况倍受世界关注。

在几千年的封建社会和百余年的半殖民地半封建社会中，中国妇女曾经有过长期受压迫、受屈辱、受摧残的悲惨历史。从本世纪上半叶起，广大妇女在中国共产党的领导下，为了民族和自身的解放，经过几十年不屈不挠的英勇奋斗，直到中华人民共和国成立，占全世界妇女四分之一的中国妇女终于获得了历史性的解放。

新中国宣告了中国妇女在政治、经济、文化、社会和家庭生活等各方面均享有与男子平等的权利，她们和全体中国公民一样成为国家与社会的主人。中国的各种法律保障妇女与男子具有同等的权利和地位，具有同等的人格和尊严。中国政府运用法律的、行政的和教育的手段消除对妇女的各种歧视，保护妇女的特殊权益。今天，中国妇女已享有中国社会几千年来从未达到、许多发达国家历时数百年方才得到承认的平等权利。

在社会主义制度下，中国妇女曾被禁锢的聪明才智极大地释放出来。她们以主人翁的姿态积极地投身于中国的建设和发展，成为创造物质文明和精神文明的伟大力量。她们是中国改革开放和现代化建设的生力军，在工农业生产、科学、文化、教育、卫生等各项事业中作出了极其重要的贡献。在中国，"半边天"成为全社会对妇女作用最形象的赞誉。

在推动社会发展的同时，中国妇女的精神面貌发生了重大变化，她们自尊、自信、自立、自强，在参政能力、文化水平、科学知识、生产技能等各方面都有了长足的进步。

中国妇女有着热爱和平的光荣传统。她们从未忘记侵略战争带来的深重灾难，坚决支持中国政府的和平外交政策。无论世界上发生什么样的冲突，她们总是站在正义与被侵略者一边，反对暴力与侵略。中国妇女是维护世界和平的重要力量。

建国四十五年来，特别是改革开放十五年来，中国妇女在"平等、发展、和平"的方向上取得了历史性的伟大进步。这是世界妇女进步事业的重要组成部分，也是中国人权进步的重要组成部分。

中国是一个发展中国家，受社会发展水平的制约和旧观念的影响，中国妇女的状况还有不尽如人意的地方，在现实生活中，妇女的参政、就业、受教育以及婚姻家庭中平等权利的完全实现，还存在着各种困难和阻力，轻视、歧视甚至侵害妇女的现象还时有发生，妇女的整体素质也有待于进一步提高。因此，中国妇女解放和发展的道路远没有完结。中国政府正在致力于发展经济，加强法制，消除一切歧视或轻视妇女的落后观念，促进中国法律赋予的男女平等权利在社会生活中全面实现，争取本世纪在中国实现《内罗毕战略》的各项发展目标。

中国政府、中国妇女和全体中国人民热情地欢迎第四次世界妇女大会在北京召开，正在全力以赴地为会议做好各项准备工作。为使国际社会更好地了解东道国的妇女情况，现将中国妇女的状况公诸于世界。

二　平等的法律地位

中国十分重视对女性的法律保障，妇女享有与男子平等的法律地位。现在，已形成了以宪法为基础，以妇女权益保障法为主体，包括国家各种单行法律法规、地方性法规和政府各部门行政法规在内的一整套保护妇女权益和促进男女平等的法律体系。

中国妇女立法的基本原则是男女权利平等，保护妇女特殊权益，禁止歧视、虐待、残害妇女。《中华人民共和国宪法》明确规定，"妇女在政治的、经济的、文化的、社会的和家庭生活等各方面享有同男子平等的权利。""国家保护妇女的权利和利益，实行男女同工同酬，培养和选拔妇女干部。""婚姻、家庭、母亲和儿童受国家保护。""禁止破坏婚姻自由，禁止虐待老人、妇女和儿童。"依据宪法确定的原则，新中国陆续颁布了《婚姻法》、《选举法》、《继承法》、《民法》、《刑法》等十余部基本法，国务院及所属部委颁布了40余种行政法规与条例，地方政府制定了80余种地方性法规，这些法规都明确规定了保护妇女权益的条款。任何一部中国法律都不存在对妇女的歧视性条款。

1992年颁布实施的《中华人民共和国妇女权益保障法》，为进一步提高妇女的社会地位，保障妇女的基本权益，提供了有力的法律武器。

依据中国法律，妇女享有的法定权利有以下六个方面：

——妇女享有与男子平等的政治权利。妇女有权通过各种途径和形式，管理国家和社会事务，并享有平等的选举权和被选举权。为了切实保障妇女的参政权，法律规定，各级人民代表大会的代表中，应当有适当数量的妇女代表，并逐步提高妇女代表的比例；在任用领导人员时，必须坚持男女平等，重视培养、选拔女性担任领导职务。

——妇女享有与男子平等的文化教育权利。这种平等的权利包括入学、升学、毕业分配、授予学位、派出留学等各个方面，以及妇女从事科学技术研究和文学艺术创作等文化活动的权利。政府、社会、学校和家庭要保证女童接受义务教育的权利。

——妇女享有与男子平等的劳动权利。这主要有：劳动就业的权利，同工同酬的权利和休息的权利，获得安全和卫生保障以及特殊劳动保护的权利，享受社会保险的权利。法律规定，任何单位在录用职工时不得以性别为理由拒绝录用妇女或者提高对妇女的录用标准；不得以结婚、怀孕、产假、哺乳等为由，辞退女职工或单方面解除劳动合同；在晋升、晋级、评定专业技术职务以及分配住房和享受福利待遇等方面，不得歧视妇女；不得安排不适合妇女从事的工作和劳动；妇女在经期、孕期、产期和哺乳期受特殊保护。

——妇女享有与男子平等的财产权利。法律规定，妇女在农村划分责任田、口粮田以及批准宅基地等方面享有同男子平等的权利；妇女在婚姻、家庭财产关系中，享有与男子平等的所有权和继承权；丧偶妇女有权处分继承的财产，任何人不得干涉。

——妇女享有与男子平等的人身权利。妇女享有生命健康权、人身自由权、肖像权、名誉权等人格权，享有亲属权、监护权、荣誉权、制造者身份权等身份权。法律禁止溺、弃、残害女婴；禁止歧视、虐待生女婴的妇女和不育妇女；禁止用迷信暴力手段残害妇女；禁止虐待、遗弃老年妇女；禁止拐卖、绑架妇女；禁止组织、强迫、引诱、容留、介绍妇女卖淫。

——妇女享有与男子平等的婚姻家庭权利。法律规定，妇女享有平等的结婚和离婚自由权，在夫妻关系中男女平等。妇女有独立的姓名权，有参加社会生产和社会活动的自由。在离婚问题上妇女受到特殊保护。

中国法律在明确规定妇女的各种具体权益的同时，强化国家机关在保障妇女权益方面的职责，明确妇联等妇女组织在诉讼中的特殊地位和作用，全面确定了保障妇女权益的法律机制。在《妇女权益保障法》的54条规定中，有75%的条文详细列举了侵权行为的后果和法律责任，为执法工作提供了可供操作的法律依据。中国目前尚处于社会主义初级阶段，经济、文化等方面的发展还较为落后，因此妇女法律权利的某些规定和保障机制也还有待于进一步完善。随着中国现代化建设的深入发展，中国保障妇女权益的法律体系将会不断完善。

三 在经济领域中的平等权利与重要作用

妇女经济地位的提高，是实现男女平等最重要的基础。中国政府为改善和提高妇女的经济地位作出了卓有成效的努力。在新的社会条件下，中国妇女成为社会发展的伟大力量，在社会主义经济建设中作出了巨大的贡献。

中国妇女享有与男子平等的就业权利。新中国成立以来，妇女就业人数不断增加。目前，中国女性从业人员已占社会总从业人员的44%左右，高于世界34.5%的比例；1992年女性从业人口占女性15岁以上人口的72.33%；农村妇女劳动力约占农村劳动力总数的一半，城镇女职工人数已由1949年的60万人增加到5600万人，占全国职工总数的比例也由7.5%提高到38%。妇女就业领域十分广泛。在国民经济12个行业中，女职工达100万人以上的行业就占9个，包括工业、农业、建筑业、交通运输业、商业、卫生、教育以及党政机关和社会团体等。妇女就业层次有了较大提高。1992年，在科学研究和综合技术服务事业、党政机关和社会团体业以及金融保险业中，女职工已分别占在业人数的34.4%、21.6%和37.3%。中国妇女尽管在就业方面有了长足的进步，但近年来也出现了一些新的问题，主要是一些单位不愿接收女性，造成女性就业难等。中国政府正积极采取措施促进这些问题的解决。

男女同工同酬原则已基本得到实行。在中国，同一行业、同一工种中技术熟练程度相同的劳动者，都可以获得同等报酬。但是，由于目前男女职工文化业务素质和职业构成的差异，男女实际收入尚有一定差距。据1990年调查，城市男女职工平均月收入分别为193.15元和149.60元，女性的平均收入是男性的77.4%；

农村男女年平均收入分别为1518元和1235元，女性年均收入是男性的81.4%。此外，农村妇女年均收入在一万元以上的人数占女性总数的1.2%，男性的这一比例也是1.2%。这表明，在农村先富起来的人群中，男女收入差距已不明显。中国政府对女职工采取了全面的劳动保护措施。据调查，城市女职工中85.3%的生育妇女都享有三个月的带薪产假，有些单位的女职工还享有半年的带薪产假；对处于孕期和哺乳期的女职工减少其工作量和工作时间；女职工比较多的国有企业大都建立了女职工卫生室、孕妇休息室、哺乳室、托儿所、幼儿园等设施。

随着中国妇女经济地位的提高，她们在经济领域中发挥的作用也愈来愈大。

70年代末开始的农村经济体制改革，大大解放了妇女劳动力，妇女成为振兴和发展农村经济不可缺少的重要力量。在农、林、牧、渔、水利业劳动者中，女性劳力占半数以上；产棉区的棉田管理大部分由妇女承担。在1400万农村商业服务业个体从业人员中，女性约占三分之一。在商品经济比较发达的地区，从商农民中妇女约占二分之一。在农业生产总值中，农村妇女创造的产值占50%至60%。

中国农村妇女是乡镇企业发展的重要推动者。目前，中国农村有一亿多乡镇企业劳动者，其中女性约有4000万人。在食品、服装、编织、玩具、电子产品、传统工艺和服务等行业的乡镇企业中，女性从业人数更多，创造的产值占总产值的65%左右。女职工占主体的纺织、丝绸、茶叶、编织、刺绣、玩具等行业的乡镇企业是中国出口创汇最多的企业。在乡镇企业中，不少女性担任了企业领导职务。如江苏、广东、安徽、福建、河南等省的乡镇企业中，各有约2000—3000名的女厂长、女经理，并各有数万人成为车间和班组的生产技术骨干。

中国妇女在农村经济建设中的伟大作用获得了某些国际组织的赞扬。山东省龙口市的农村是联合国开发计划署和粮农组织选定的农村妇女问题国际监测点。这里的农村妇女不仅担负着40%至60%的农田作业量，而且在纺织、服装、刺绣等乡镇企业中担负着74%的生产任务。她们制作的刺绣工艺品每年可出口创汇约250万美元。近几年，来这里考察的20多个国家的100多名专家一致认为，龙口农村妇女发挥着与男性同等重要的作用。

在城市，广大妇女为推动经济的改革与发展作出了重要贡献。1982—1990年，在金融、文教、广播电视、卫生、体育、社会福利、商饮供储、机关团体等行业中女职工人数增长速度分别超过男性21至78个百分点。1993年，全国企事业单位专业技术人员中，女性的比例达36.8%。女职工还积极参与企业的管理，为促进企业的发展献计献策。据调查，仅陕西、江苏等十省的女职工近三年内就提出合理化建议387万条，创经济效益21亿元。

与此同时，一大批女厂长、女经理在经济改革与开放的浪潮中脱颖而出。她们积极参与竞争，勇于迎接挑战，在企业的生存与发展中发挥了关键性的作用。1992年，辽宁省28个改革试点企业中有97名女职工通过激烈的竞争由一般职工成为企业的管理者和领导者。1988年和1992年共有107名女厂长、女经理当选全国优秀女企业家。

建国四十多年来，中国妇女自尊、自信、自立、自强，不断提高自身素质，她们在经济建设中的历史功绩和伟大作用赢得了社会的称颂1949—1988年，全国有2485.8万人获先进生产（工作）者称号。1978—1992年，有572名杰出的女性获全国劳动模范光荣称号，有20152名优秀女性获全国"三八"红旗手光荣称号。1988—1993年，有936名女性获全国"五一"劳动奖章。

四　广泛参与国家和社会事务的管理

在中国，妇女全面参与国家和社会事务的管理，为中国的民主和法制建设作出了巨大贡献。

中国妇女在各级人民代表大会中占有重要的位置。1954年召开第一届全国人民代表大会时，共有女代表147人，占代表总数的12%；到1993年召开第八届全国人民代表大会时，女代表已增至626人，占代表总数的21.03%。全国人民代表大会常务委员会是全国人民代表大会的常设机构。一届全国人大有4名女常委，占常委总数的5%，到八届全国人大时已有19名女常委，占常委总数的12.3%。1954年到1993年，先后有宋庆龄、何香凝、蔡畅、陈慕华等8位妇女担任全国人大常委会副委员长。

人大女代表在立法以及国家和社会事务管理中发挥了重要作用。她们尤其关注教育卫生、生态环境、妇女儿童和残疾人权益的保护、社会治安和社会风气等问题，积极提出立法和政策建议，努力促进这些方面的进步与发展。《妇女权益保障法》等一些法律的制定就是在女代表的提议和参与下实现的。

中国妇女积极参加政治协商会议活动。1993年召开的第八届全国政协会议的委员中，有女委员283人、女常委29人，分别占委员和常委总数的13.52%和9.2%。参加政协的女委员都是社会各界的优秀人士，具有广泛的代表性。她们从不同角度对国家大事和政府工作提出意见，进行协商，发挥民主监督作用。邓颖超、康克清、钱正英等7位女性曾分别担任过全国政协主席、副主席。

中国共产党领导的多党合作和政治协商制度是中国的一项基本政治制度。中国共产党中，目前已有女党员700多万人，占党员总数的14%。许多优秀妇女担任了党内各级领导职务。第十四届中央委员会中有24名女中央委员和候补中央委员；中共中央各部正副部长有6位女性。在中国的八个民主党派中，有近11万名女党员，有的党派女党员占41%。八个民主党派的中央领导机构中，女性有203人，八届全国人大常委会副委员长、著名学者和社会活动家雷洁琼女士，即是中国民主促进会的主席。

参加政府工作是中国妇女参与国家和社会事务管理的重要途径。建国以来，曾有一位女性担任过国家副主席、名誉主席，有两位女性担任过国务院副总理，两位女性担任过国务委员。中国的改革开放政策不但促进了经济发展和社会进步，而且为妇女参政进一步创造了条件。1993年，国家机关工作人员中妇女已占32.44%。1994年国务院各部委有女正副部长16名，全国有女省长、副省长18名。在全国517个城市中，有300多名女性当选为正副市长。

中国妇女是加强法制建设、维护国家安全的重要力量。在司法机构中有一大批女法官、女检察官、女律师。1992年，全国有女法官21012名，女律师4512名。

广大妇女关心国家大事，关心政府工作，积极参政议政。自1953年第一次基层人民代表选举开始，历次换届中妇女参选比例都在90%以上，1984年以来则高达95%。妇女除经常通过各种群众组织反映意愿和要求外，还用信访方式就政府工作和社会问题向有关部门提出意见和建议，并通过新闻媒介表达对各种问题的看法。

各级妇女联合会代表各族各界妇女对国家社会事务进行民主管理和民主监督，这是中国妇女参与政治的重要途径之一。在中国，妇联组织能够代表妇女参与人大和政府制定涉及妇女切身利益的法律、法规工作，并监督法律法规的实施。妇联组织可以建议政府有关部门下发关于解决妇女问题的政策性文件，也可以向国家机关、社会团体和企事业单位推荐女干部。

中国共产党和中国政府把妇女参政作为中国民主建设的一项重要内容。为了改善女干部成长的外部环境，提高妇女参政比例，确保妇女真正享有宪法赋予的政治权利，党和政府多次专门就培养选拔女干部工作发了文件，召开会议，做出一系列规定。目前全国已有23个省（自治区、直辖市）、244个地（市、州、盟）、2106个县（旗、区）的党政领导班子中有了女性领导人。为促进民族平等、团结、进步和各民族共同繁荣，政府特别重视培养少数民族女干部，建立少数民族学校，举办少数民族女干部培训班，选送少数民族妇女进修学习，促进少数民族女干部的迅速成长。到1992年，全国已有少数民族女干部60.76万人，占全国少数民族干部总数的26.6%；第八届全国人民代表大会代表中，有少数民族女代表106人，占女代表总数的17%，而且有三位少数民族妇女当选为八届全国人大常委会委员。少数民族女干部已成为少数民族地区政治、经济、社会发展的骨干力量。

中国政府正在制定《中国妇女发展规划》，以进一步推动妇女参政和全面参与发展。

五 在社会生活领域中充分发展

旧中国，广大妇女被排斥在社会生活之外。新中国，妇女在社会生活各个方面，特别是在教育、科技、文化体育、卫生等领域，获得了令人瞩目的发展。

中国政府大力发展妇女教育事业。在正规教育中，国家积极采取措施，提高女性入学率、在学率和升学率。在部分边远、贫困和少数民族地区，采取办女童班、办女校、实行免费上学等办法，努力消除女性受教育的障碍。1992年，中国7—11周岁女儿童入学率由建国前的不足20%提高到96.2%；中学生、大学生及研究生中的女性比例分别达到43.1%、33.7%和24.8%，在大学工科毕业生中女性也达到27%。自1982年恢复学位制到1993年，中国已有1149名女性获得了博士学位，占博士总数的9.4%。中国政府还特别注意发展妇女成人教育、职业技术教育和扫盲教育。目前，全国已建立了1679所女子中等职业学校和3所女子职业大学，开设了60多个适合妇女的专业，有1300多万妇女在成人高校学习。建国四十多年来，累计扫除女性文盲1.1亿人，使女性文盲比例从1949年的90%下降到1993年的32%。

中国妇女为教育事业的发展作出了积极的贡献。1992年，各级各类学校中女教师占教师总数的比例为30%至44.5%。北京大学是中国著名的高等学府，在近3000名教师中，约三分之一是女性，其中有19位博士生导师、68位教授、300多位副教授。全国有20多位女性担任了大学的校长、副校长。1990年全国评选出的5万名特级教师中，女教师占70%。1993年，全国共表彰、奖励"全国教育系统优秀教师和教育工作者"5971人，其中女性1702人，占总数的28.5%；评选出"全国教育系统劳动模范"592人，其中女性150人，占总数的25.3%。

中国政府重视对女科技人员的培养，致力于改善她们的工作和生活条件，鼓励和扶持她们进行科学研究。不少妇女跨进了高能物理、遗传工程、微电子技术、卫星发射等尖端科学技术领域，与男科学家一道取得了突破性成果。1993年，中国已有女科技人员809.7万人，占科技人员总数的35%。在中国科学院，女性担任研究室主任的有186人，占11.9%；任课题组长的有514人，占14.8%。在中国医学科学院具有高级专业技术职称的科学家中，女性占40%以上；院级112个重点科研课题中，女课题负责人占47.3%。1993年，有29名妇女荣任中国科学院院士，占总数的5.4%。截止1992年，有204名妇女成为国家级专家，占总数的5.7%。在享受政府特殊津贴的专家、学者中，女性有11374人，约占总数的10%。中国妇女已成为科技界一支重要力量。

中国妇女的聪明才智在文化艺术领域得到充分的发挥。中国作家协会、电影家协会、美术家协会、民间文学研究会等12个全国性的文学艺术团体中，女会员十分活跃，比例最高的占41.8%。女性作家、表演艺术家、画家、导演和音乐家不断涌现。改革开放以来，中国文坛上女作家群的出现，给文字创作带来了前所未有的繁荣。1980年至1988年在芭蕾舞、钢琴、小提琴、声乐等国际艺术比赛中，女性获奖者占中国获奖者的50%以上，其中女杂技演员获奖人数占70%以上。

中国政府积极创造条件使妇女与男子一样有参加各种体育训练和国际比赛的机会。女运动员在国际运动场上锐意进取，成绩辉煌。1985年到1993年，中国有国际级女运动健将404人，占中国国际级运动健将总数的51%。从新中国成立到1993年，中国运动员共获世界冠军775个，其中女子冠军460个，占总数的59%；中国运动员打破和超过世界纪录725次，其中女运动员458次，占总次数的63%。在1992年的第二十五届奥运会上，中国女运动员共夺得12枚金牌，占中国获金牌总数的四分之三。中国女运动员不畏艰苦、顽强拼搏的精神，体现了中华儿女的时代风貌。

在医疗卫生事业中，中国妇女做出了突出贡献。到1993年，中国已有妇幼卫生专业技术人员227万人，占全部医务人员总数的55%。曾任中国医学科学院副院长、中华医学会妇产科学会主任委员的林巧稚，医术精湛，医德高尚，生前长期从事妇产科的教学、科研和妇女常见病、多发病的普查普治工作，是开拓中国现代妇产科学、弘扬救死扶伤的人道主义精神的杰出典型。改革开放十五年来，中国有382项医学科学技术成果获国家级奖励，其中由女性独立完成的占四分之一，女性参与完成的占50%以上。从1983年到目前，中国有15位女性获得国际护士最高荣誉奖章——南丁格尔奖。

中国妇女在促进社会文明与道德进步、维护社会稳定方面发挥了不可替代的作用。

遍布中国城镇的居民委员会，是群众性的自治组织，它的一项重要职责就是调解邻里纠纷。担任这一工作的绝大部分是妇女。她们耐心细致、尽心尽力地为街坊邻居排解矛盾，制止了大量可能激化为刑事案件的民间纠纷，促进了邻里之间的团结和睦。许多妇女主动配合政府做失足人员的帮教工作。早在建国初期，就有不少热心社会公益的妇女利用节假日到监狱看望素不相识的罪犯，给他们写信，鼓励他们服刑期间好好改造，重新做人。近几年，参与这一活动的妇女越来越多，以妇女为主的帮教小组就有几万个。帮教小组不仅做失足青年的思想转化工作，还努力帮助刑满释放人员解决就业和婚姻问题。中国是世界上刑事犯罪发案率和重新犯罪率最低的国家之一，这与妇女所起的作用是分不开的。

中国妇女积极响应政府关于倡导文明科学进步生活方式的号召，热心于社会公益事业。在众多的敬老院和社会福利院服务的大都是妇女，她们像照顾自己的亲人一样照顾年迈的老人和年幼的孩子。在广大城市和乡村，还有许多妇女义务赡养孤寡老人和收养孤儿。一些城镇退休妇女也主动承担起社区服务工作，兴办托儿所、快餐店、代销店，设立卫生监督岗等，受到社会欢迎。在许多地方，妇女自愿组织禁赌协会，挽救了一些因赌博而濒临破裂的家庭，促进了民风和社会风气的好转。

由于历史的原因和社会经济文化水平的制约，中国妇女在参与社会生活方面还存在一些不容忽视的问题，特别是多数妇女受教育程度还较低，女童受教育的权利在部分农村特别是边远地区尚未得到充分保障。目前，政府和社会团体正在采取措施解决这些问题。

六　婚姻家庭领域中的平等地位

新中国使延续了几千年的封建婚姻家庭制度成为了历史，以爱情为基础的自主婚姻和男女平等的家庭生活已成为当代中国婚姻家庭的主流。

中国妇女获得了婚姻自主权。旧中国，95%以上的婚姻是包办买卖婚姻。四十多年来，中国自主婚姻的程度已大大提高。据抽样调查，目前由男女双方自己决定或与父母共同商定的婚姻占74%，40岁以下的已婚妇女自主婚姻率为80%。妇女离婚和再婚的权利也得到了应有的保障。这不仅促进了婚姻质量的提高和家庭的稳定，也为家庭中夫妻关系的平等奠定了感情基础。

独立的姓名权是中国妇女获得的一项重要人身权利。旧中国男性姓氏是家族传宗接代的标志，女性出嫁前大多没有正式名字，出嫁后随夫姓，子女则随父姓。新中国，夫妻有了平等的姓名权，子女随父姓的旧习俗也有了变化。在中国城市，子女随母姓的现象已为数不少。

中国妇女经济的自立促进了妇女家庭地位的改善。旧中国，绝大多数家庭由男人当家。在新中国，妇女通过劳动有了独立的经济收入。目前，中国妇女的收入占家庭总收入的比例已由50年代的20%提高到40%，有的家庭特别是农村以妇女为主的专业户家庭，妇女收入的比例甚至高达60%至70%。经济的独立，使妇女赢得了对家庭重大事务的管理决策权。据抽样调查，在中国城乡，由夫妻共同决定家庭重大事务的家庭占58%以上，并且呈不断上升的趋势。

中国妇女与男子一样获得了家庭财产的所有权和继承权。旧中国，家庭财产只能由男性占有和继承，寡妇再嫁不得带走财产，出嫁的女儿也不能继承父母遗产。现在的绝大多数家庭，夫妻同是家庭财产的所有者，平等地支配和使用家庭财产。夫妻相互继承遗产和子女平等继承父母遗产的权利普遍得到了保障。

中国家庭的人际关系发生了历史性变化，以夫权和家长制为代表的传统家庭关系已逐步被平等、民主、和睦的现代家庭关系所代替，在中国城乡家庭中，夫妻之间，公婆与儿媳之间的关系是平等的，妻子受丈夫虐待、儿媳受公婆虐待的现象已为社会所不容。妇女的人格、学习、劳动权利以及理想、追求，普遍受到了丈夫和其他家人的尊重。过去，家务劳动全部由妻子承担；现在，由夫妻双方共同承担家务劳动的家庭，已占中国家庭的绝大多数。夫妻在事业上相互支持，在生活上相互帮助，出现了许许多多互敬互爱、携手共进的好家庭。

中国现有2.67亿个家庭，每年约有1000万对新婚夫妇组成新家庭。中国政府一贯主张保护婚姻家庭，强调夫妻平等，倡导家庭和睦、尊老爱幼的中华民族传统。目前，中国的离婚率为1.54‰。由于中国家庭基本稳定，使家庭安排生活、教养子女、赡养老人的多方面职能充分体现，中国多数老年人得到了子女和社会的照料与扶助。

中国政府重视家庭建设，把家庭的稳定与进步作为促进社会稳定与进步的基础。各级政府把家庭文化建设纳入本地区精神文明建设的总体规划，开展了大量富有成效的工作。许多地方建立了敬老协会、道德协会、红白理事会等，有效地改进了家风、村风。多年来在中国城乡兴起的创建文明家庭、美好家庭活动和各类家庭文化建设活动，对提高家庭成员整体素质，促进家庭民主、夫妻和谐和家庭人际关系的改善起到了积极作用。

中国政府大力发展各种社会福利事业，努力推进家务劳动社会化的进程。国家重视并支持地方开展社区服务，兴办了大批便民利民的服务网点，大力发展食品、蔬菜、商业、煤气、轻工业品等与日常生活相关的产业。目前，多种形式、多种项目的家务劳动服务设施，正在中国城乡迅速发展。全国各级各类托儿所、幼儿园有近45万所，入园入托率城市达70%，农村达2%。方便食品、家用电器等已逐步进入家庭。就业妇女的家务劳动时间普遍降低。城市职业妇女家务劳动日均3.75小时，已接近发达国家妇女家务劳动的平均时间。

中国妇女的生育自主权得到了应有的保障。旧中国，妇女是生育的工具，因不育或没有生男孩而被公婆歧视、被丈夫遗弃的现象比较普遍。新中国，妇女成了生育的主人，可以同丈夫平等地商议决定生与不生。历史上曾深受早婚和多子女拖累之苦的中国妇女，对国家实行的计划生育政策表现了极大的热情，绝大多数人自愿晚婚晚育，少生优育。目前，中国已婚妇女的避孕率达83%，有的地区达90%以上。1992年中国人口出生率为18.24‰，人口自然增长率为11.6‰，比1970年分别下降了45.4%和55%，总和生育率也由1970年的5.81降至2.0左右。

中国妇女的生育健康受到国家的保护。旧中国没有专门的妇幼保健院，因孕产期病或其他妇女病丧失生命的妇女不计其数。新中国十分重视并积极发展妇幼保健事业。各级政府都设有妇幼卫生管理职能部门，城乡逐级建立了妇幼保健院所。到1992年底，中国已有妇幼保健院346所，妇幼保健所2841所，儿童医院34所，初步形成了覆盖全国城乡的妇幼保健网。目前，城市98%和农村70%的孕产妇能获得产前检查，全国新法接生率达84.1%。与建国初期相比，孕产妇死亡率由1500/10万下降到94.7/10万，婴儿死亡率由200‰下降到31.42‰。一些威胁妇女健康的常见病、多发病得到了有效防治，每年接受预防性普查的妇女近4000万人。针对少数民族地区卫生和医护条件差、妇女患病率高的状况，国家特别重视发展少数民族地区的妇女保健事业，大力普及新法接生、妇幼保健、多发病防治和生活卫生常识，积极开展对民族地区妇幼保健医护人员和接生员的培训工作。各级政府还经常组织医学专家、医务人员到农牧区和少数民族聚居区进行巡回医疗。为保障少数民族妇女的健康，国家对西藏等地区的妇女普遍实行免费医疗。目前，中国妇女的平均预期寿命已由旧中国的36.7岁提高到72岁，与中国男性相比高出3岁，比联合国提出的2000年世界妇女平均预期寿命65岁的目标高出7岁。

由于封建传统观念的影响和各地经济文化发展的不平衡，在中国农村特别是比较偏僻落后的农村，还残存着少数包办买卖婚姻的陋习，溺弃女婴、拐卖妇女的案件也时有发生。中国政府非常重视这些问题，大力宣传男女平等的思想，教育妇女学会运用法律武器保护自己；严厉打击各种残害妇女的违法犯罪活动，保障妇女的正当权益不受侵犯。

七　中国妇女权益的组织保障

在中国，保障妇女的合法权益是全社会的共同责任。国家机关、社会团体、企事业单位、城乡基层群众性组织，从自己的工作职能和任务出发，依法维护和保障妇女权益。

中国的各级人民代表大会负责制定和修改有关保护妇女权益的法律、法规，监督有关法律的实施及政府保障妇女权益方面的工作。为切实保障妇女儿童权益，全国人民代表大会内务司法委员会及16个省、自治区、直辖市的人民代表大会常委会成立了妇女儿童专门小组，负责办理有关事务。中国人民政治协商会议的各级委员会对有关妇女权益保障的立法及其实施情况进行民主监督、政治协商，就有关妇女的重大问题进行调查研究，提出意见和建议。全国政协及部分省、市政协还设立了妇女青年委员会。

中国的各级人民政府及政府各部门负责制定和修改有关的行政法规，发布有关决定和命令，把发展妇女事业纳入社会发展计划，采取行政措施，领导和管理妇女权益保障工作。各级司法机关按照法律程序，审理和判决各类案件，打击侵犯妇女权益的犯罪分子，保障有关法律的执行。为更好地协调和推动政府各部门做好妇女权益的保障工作，国务院成立了由16个部委和4个群众组织的负责人组成的国务院妇女儿童工作委员会，全国各省、自治区、直辖市（台湾省除外）一级政府也成立了相应的组织。

中国5800多个群众性的妇女组织经常向政府反映广大妇女的意见和面临的问题，提出解决问题的建议。它们是维护妇女权益的重要力量。中华全国妇女联合会是其中最大的组织，该会由中国各族各界妇女联合组织而成，具有广泛的代表性和群众性，拥有健全的工作网络，其基层组织遍布城市的街道和农村的乡村。中华全国妇女联合会以代表和维护广大妇女利益为基本宗旨，致力于促进男女平等，提高妇女地位。妇联以其卓有成效的工作赢得了社会的好评和广大妇女的信赖，许多其他全国性的、地区性的或行业性的妇女组织（如女职工委员会、女科技工作者联谊会、基督教女青年会以及女企业家、女工程师、女新闻工作者、女法官、女律师、女作家、女书法家等各种行业的妇女协会等）大多以团体会员的形式，加入中华全国妇女联合会。由于各级妇联在团结妇女参与社会发展和维护妇女权益方面的努力与政府的目标一致，妇联的工作也得到了各级政府的积极支持和鼓励。中国的八个民主党派均设立了妇委会，它们在维护妇女权益方面做了切实有效的工作。

各类宣传媒介、研究机构为保障妇女权益，促进妇女的进步与发展，起到了重要的配合作用。中国的报刊、广播、电视等传媒注重宣传国家有关维护妇女权益的法律法规和文明进步的妇女观，增进全社会对妇女权利、作用的认识。各种妇女群众组织创办了不少妇女报纸刊物，仅各级妇女联合会就有报刊47家。一些综合性的报纸和电台、电视台也辟有妇女专栏，向全社会进行妇女问题的宣传。中国还成立了一些全国性、地方性的妇女问题研究机构，它们的研究成果也促进了保障妇女权益的工作。

上述这些组织机构相互配合、协调，在消除对妇女的歧视，维护男女平等，提高妇女素质，促进妇女发展等方面，做了大量的工作，取得了积极的成果。

《中华人民共和国妇女权益保障法》就是在国家权力机关、行政机关及群众团体的共同努力下颁布实施的。该法由中华全国妇女联合会首先倡议，全国人大代表、政协委员以及妇女大会的代表提出议案、提案和建议，得到了全国人大常委会的重视和采纳，并委托全国妇联、民政部和中华全国总工会承担起草任务。全国人大内务司法委员会和国务院妇女儿童工作委员会积极参与了起草工作。该法颁布后，上述各机构还就这部法律的普及和实施，开展了调查和宣传活动。

针对近年来有的地区重新出现的拐卖妇女儿童及卖淫嫖娼的犯罪活动，1989年国务院发布了《关于坚决打击拐卖妇女儿童犯罪活动的通知》；1991年全国人大根据有关党派、团体的建议，又制定了《严惩卖淫嫖娼的决定》和《严惩拐卖、绑架妇女、儿童的犯罪分子的决定》。有关部门连续召开了三次工作会议，加强了社会治安的综合治理，使上述犯罪活动得到了遏制。1992年中国拐卖人口的案件立案数比1991年下降了35.2%，1993年又比1992年下降了9%。

提高妇女素质是保障妇女权益的一项基础性和战略性工作。1989年以来，中华全国妇女联合会联合十几个政府部门，在全国农村各族妇女中开展了"学文化、学技术，比成绩、比贡献"的"双学双比"竞赛活动，在城镇开展了"做'四有'（有理想、有道德、有文化、有纪律）、'四自'（自尊、自信、自立、自强）女性，为'八五'计划建功"的"巾帼建功"活动。到1993年底，全国有1.2亿农村妇女参加"双学双比"活动，其中9000万人接受了各种实用技术培训，1000万妇女在双学中脱盲；51万妇女获得了农民技术员职称；在老少边穷地区，举办了扶贫培训班250期，建立扶贫联系点4500个，联系点的贫困户中80%解决了温饱问题。有3776万城镇妇女参加了"巾帼建功"活动，4672人被评为省级以上"巾帼建功标兵"，15132人获省级以上女能手称号。中国妇女第六次全国代表大会提出的"自尊、自信、自立、自强"的口号及第七次全国代表大会上通过的90年代中国妇女发展的十项目标，在妇女中和社会上产生了广泛影响。亿万妇女在"四自"口号和十项目标的鼓舞和激励下，正在推动社会的发展和进步中实现自身的发展与进步。

八 积极参与国际妇女活动

中国承认和尊重《联合国宪章》中关于男女平等的原则，赞赏和支持联合国作出的提高妇女地位、实现男女平等的努力。中国积极参与联合国系统妇女领域的活动，遵照独立自主的和平外交政策，积极发展同世界各国妇女的友好交往与合作，为在全世界实现男女平等、妇女参与社会发展、维护世界和平进行了不懈的努力。

1971年10月，联合国恢复中国的合法席位之后，中国积极参与了联合国系统妇女领域的活动。

中国在联合国系统的有关妇女机构中发挥了积极的作用。中国自1974年以来先后五次当选为联合国妇女地位委员会成员国。中国代表在妇地会的会议上，以不同的形式向各国代表阐述了中国妇女对于维护和平、参与发展、促进男女平等的主张，与各国妇女广泛交流提高妇女地位、发挥妇女作用的经验和信息，增进了相互了解，发展了友好合作关系。1982年以来，中国专家连续四次被选为消除对妇女歧视委员会委员，并积极参与审议各国政府提交的报告，努力促进消除歧视妇女的现象。1985—1988年，中国当选为提高妇女地位国际研究训练所董事会董事，为开展妇女研究和培训工作作出了积极的努力。

中国是1980年首批签署《消除对妇女一切形式歧视公约》的国家之一，并按规定及时提交了执行"公约"情况的报告。中国参与审议和制定了《到2000年提高妇女地位内罗毕前瞻性战略》，并结合本国的具体情况，制定了一系列法律、法规，采取了切实可行的措施，来实现《内罗毕战略》所规定的目标。中国政府一贯实行男女同工同酬政策，并于1990年正式批准了国际劳工组织的《男女工人同工同酬公约》。

中国支持并参与"国际妇女年"和"联合国妇女十年"的活动。中国政府曾派代表团出席在墨西哥城、哥本哈根和内罗毕举行的三次世界妇女大会，并出席了五次国际筹备会和两次区域性筹备会议。在会上，中国代表充分肯定"联合国妇女十年"的活动，并就制定未来提高妇女地位的战略和一些重大的国际问题阐述了中国的立场和观点，为历次大会的成功作出了积极贡献。中国的妇女组织还派代表参加了与三次大会同时举行的非政府组织论坛的活动。中国先后十七次参加联合国系统举办的旨在实现妇女十年目标的培训班和研讨会，同与会各国交流了经验，增进了友谊。

中国妇女积极发展同世界各国妇女组织及妇女人士的交往。目前，中华全国妇女联合会已同130多个国家和地区的近480个政府和民间妇女、儿童组织机构，建立了友好联系。近年来，接待各国和地区的来宾已突破万人。来访的宾客有总统夫人、政府女部长、女议员、女企业家、女专家学者、妇女儿童组织负责人及其工作者。十五年来，中国共派280批妇女代表团出访。中国妇女的朋友遍天下。

中国认为，虽然各个国家的历史和现状不同，经济发展水平相异，但是在妇女问题上都面临一些共同课题，存在某些相似的情况或困难。中国愿与世界各国妇女相互交流、相互借鉴、共同提高。近几年来，中国妇女界先后与美国、俄罗斯、日本等国的妇女组织举办妇女问题研讨会，就妇女普遍关心的问题进行探讨和交流。

中国积极开展妇女方面的国际合作项目。应联合国教科文组织、亚太发展中心和联合国大学的要求，中国多次承担了关于中国妇女问题的研究项目，提交的报告被广泛散发，受到普遍好评。十多年来，全国妇联陆续与联合国儿童基金会、联合国妇女发展基金、联合国大学、加拿大国际发展署及一些国家的官方和民间援助机构合作，开展合作项目700余个，培训30多万人，执行合作项目范围遍及中国30个省、自治区和直辖市，内容涉及农村妇女扫盲和实用技术培训，城市待业女青年的培训，学前教育师资培训和普及妇幼卫生、家庭教育知识等。合作项目所取得的成果受到各方的称赞，其中"帮助青年就业项目"荣获联合国妇女发展基金特别奖。中华全国妇女联合会被誉为国际合作项目的理想伙伴。

中国一贯支持发展中国家为促进妇女参与经济发展所作的努力。1980年以来，中国共向50个国家的妇女儿童组织提供了101批实物援助，主要有缝纫机、绣花机、文化体育用品、服装玩具等，为受援国培训待业女青年和开展妇女工作提供了一定的帮助。近年来，根据某些发展中国家经济发展的需要和要求，中国分别派草麻编、玉米皮编和刺绣技术小组赴莫桑比克、墨西哥、毛里求斯、乌干达和厄瓜多尔等国传授技术，帮助培训当地妇女，受到当地政府和人民的好评。

中国在广泛参加国际妇女双边和多边活动中，始终坚持联合国提出的平等、发展与和平的主题。

中国一贯主张男女平等。中国认为，男女权利的平等，不仅关系到妇女的切身利益，而且关系到人类智慧能否得到全面发挥，社会生产力能否得到充分解放。平等是保证妇女充分参与发展的重要条件。1985年3月，在审评联合国妇女十年成就世界会议第三届筹备会上，中国代表指出："实现男女平等，这是妇女运动长期以来奋斗的目标，妇女十年在平等立法制定方面，有了显著进展，但仅有立法条文，还很不够……我们认为，战略中应着重强调在国际、区域、国家各级制定行动措施来实现事实上的平等，各国政府和非政府组织应为妇女提供法律咨询，帮助妇女真正有可能运用法律武器维护自己的合法权利。"现在世界上一些国家在政治、经济、社会、家庭以及种族方面仍然不同程度地存在着对妇女的歧视，因此，大幅度地缩短法律与事实上平等的差距仍是国际社会和各国政府进一步努力的重要目标。

中国认为，实现男女平等，关键是让妇女平等地参与发展。妇女是人类发展中的一支伟大力量，没有妇女的参与，发展是不可能取得成功的。目前，妇女充分参与发展的障碍还很多，除了要制定有关法律、法规，保障妇女与男子享有平等参与发展的权利之外，尤其要大力发展妇女教育，培养妇女人才，提高妇女的科学文化水平和管理能力。广大发展中国家由于历史的原因和不公正、不合理的国际经济秩序的束缚，大多经济发展水平低下，科学技术落后，严重妨碍了妇女参与社会经济的发展，导致妇女社会地位低下。为此，必须彻底改变旧的国际经济秩序，发展双边和多边的经济技术合作，使世界各国妇女，尤其是发展中国家妇女充分参与社会的发展，进而实现男女平等。

中国认为，妇女是维护世界和平的伟大力量。和平关系到世界的前途，关系到各国人民特别是妇女的命运。没有和平就谈不上发展，谈不上男女平等。然而，当今世界上，以大欺小、以强凌弱、干涉内政、侵犯主权、武装侵略和占领他国领土等违背联合国宪章和国际法准则的行径仍然存在，局部战争和地区冲突从未停止。中国坚决支持各国人民和妇女反对外来侵略和干涉，为维护国家主权和民族独立、发展民族经济、促进妇女发展所作出的努力。中国主张，世界上所有国家，不分大小贫富强弱，应该一律平等，按照和平共处五项原则和睦相处，各国的事务应由各国人民自己解决，世界的事应由各国协商解决。多年来，中国妇女为维护世界和平，反对帝国主义、新老殖民主义、霸权主义、一切形式的种族主义、法西斯主义、各种形式的恐怖主义等，进行了不懈的努力。

中国积极承办第四次世界妇女大会，努力当好东道主。自联合国接受中国政府的邀请，决定于1995年9月在北京举行第四次世界妇女大会以来，中国政府十分重视做好大会的筹备工作。1992年8月，国务院成立了由国家有关部委、北京市政府和群众团体等30个单位的负责人组成的第四次世界妇女大会中国组织委员会全面负责大会的筹备工作。以国务委员彭佩云为主席的组委会强调，要将迎接第四次世界妇女大会的过程作为进一步推动中国妇女全面参与发展、实现平等权益的过程。1993年3月，中国总理李鹏在全国人大八届一次会议上的政府工作报告中强调"要办好1995年在北京召开的第四次世界妇女大会"，这是中国政府向全国人民进行的动员，也是向国际社会做出的庄严保证。目前，中国政府正认真履行东道国应承担的义务，积极与联合国机构、各国政府和有关非政府组织加强联系、密切合作，为大会的顺利召开竭尽全力，为推动全世界妇女的进步作出贡献。

[《中国妇女的状况》（1994年6月），国务院妇女新闻办公室网站，http://www.scio.gov.cn/ztk/xwfb/46/11/Document/975920/975920.htm]

中国性别平等与妇女发展状况

（2005年8月）

前　言

中国是世界上人口最多的发展中国家，女性约占13亿总人口的一半。促进性别平等和妇女全面发展，不仅对中国的发展有着重要意义，而且对人类的进步有着特殊影响。

促进男女平等是中国的一项基本国策。自1949年新中国成立以来，特别是20世纪70年代末实行改革开放政策以来，随着中国经济持续增长和社会全面进步，妇女与男子平等的权利和机会不断得到保障，妇女发展获得了前所未有的机遇。

近年来，中国政府将包括性别平等在内的公平正义作为构建社会主义和谐社会的重要内容，运用经济、法律、行政及舆论等多种措施，努力保障妇女在政治、经济、文化、社会和家庭生活等方面享有与男子平等的权利，不断促进妇女的全面发展。

1995年在中国北京举行的联合国第四次世界妇女大会，通过了《北京宣言》和《行动纲领》，对促进性别平等和各国妇女发展，产生了重要影响。值此纪念联合国第四次世界妇女大会十周年之际，这里重点就十年来中国性别平等和妇女发展状况作些介绍。

一 促进性别平等与妇女发展的国家机制

中国不断完善维护妇女权益的法律体系，制定并实施妇女发展纲要，进一步健全工作机构，加大资金投入，加强社会动员，努力促进性别平等和妇女发展。

国家不断加大维护妇女权益法律法规的制定、修订和实施力度，切实维护妇女合法权益。作为中国最高国家权力机关和立法机关的全国人民代表大会及其常委会，将维护妇女权益和促进性别平等作为一项重要任务，重视制定有关妇女的法律，认真办理维护妇女合法权益的议案，积极督促检查有关法律的执行和落实情况。中国政府及其有关工作部门，通过执行法律，制定并实施有关行政法规和规章，保障妇女权益，促进性别平等。在当今中国，已形成以《中华人民共和国宪法》为基础，以《中华人民共和国妇女权益保障法》为主体，包括国家各种单行法律法规、地方性法规和政府各部门行政规章在内的一整套保护妇女权益和促进性别平等的法律体系。国家司法机关不断加大执法力度，依法对各种侵犯妇女权益的犯罪行为予以制裁。

国家制定并实施妇女发展纲要，把妇女发展纳入经济社会发展总体规划之中。中国妇女发展纲要是实施北京《行动纲领》、全面推进性别平等和妇女发展的国家行动计划。在《中国妇女发展纲要（1995—2000年）》目标基本实现的基础上，为适应国家经济与社会协调发展的需要和联合国《千年发展目标》的要求，中国又于2001年颁布了《中国妇女发展纲要（2001—2010年）》。这一纲要包括妇女与经济、妇女参与决策和管理、妇女与教育、妇女与健康、妇女与法律、妇女与环境六大领域的34项主要目标和100项策略措施。国务院有关部门和地方各级政府，制定了本部门的纲要实施方案和本地区的妇女发展规划。

中国政府负责全国妇女儿童工作的协调议事机构——国务院妇女儿童工作委员会（以下简称国务院妇儿工委），在协调和推动政府有关部门做好维护妇女儿童权益工作，制定和组织实施妇女儿童发展纲要，为开展妇女儿童工作和发展妇女儿童事业提供必要的人力、财力、物力，以及指导、督促和检查各省（自治区、直辖市）政府妇女儿童工作委员会工作等方面，发挥了重要作用。本届国务院妇儿工委主任由国务院一位副总理担任，成员单位由国家33个部门组成，委员由各成员单位的一名副部长级领导担任。目前，全国所有省（自治区、直辖市）、地（市、州、盟）和县（市、区、旗）人民政府均成立了妇女儿童工作机构，由同级政府负责人领导。各级妇儿工委逐步建立了有效的工作制度，督促和协调各职能部门切实履行职责，工作经费列入同级政府的财政预算。

中国政府重视发挥与妇女发展有关的非政府组织的作用。中华全国妇女联合会、中华全国总工会、中国共产主义青年团中央委员会、中国残疾人联合会、中国科学技术协会等，都根据其宗旨有效开展推进性别平等工作。中华全国妇女联合会（以下简称全国妇联）是中国最大的促进性别平等和妇女发展的非政府组织，其组织体系包括各级地方妇女联合会和团体会员，具有广泛的代表性、群众性和社会性。全国妇联和地方各级妇联在团结、动员广大妇女参与经济建设和社会发展，代表妇女参与国家和社会事务的民主管理、民主监督，代表和维护妇女权益等方面发挥了重要作用。近年来，政府部门与妇联等非政府组织合作开展多种活动，使社会资源得到有效利用，并通过这些活动有力地促进了性别平等和妇女发展。

中央和地方财政逐年加大实施妇女发展纲要的经费投入，优化妇女发展的资源配置。2000年以来，中央和地方财政投入相当数量的资金，用于实现妇女发展纲要的重点难点指标，并注意向西部和贫困地区倾斜。1990年国家对妇幼保健和防治防疫的投入分别为3.05亿元和12.03亿元，1999年增加到10.46亿元和33.88亿元，2003年进一步增至15.79亿元和90.54亿元。国家重视对妇女状况的数据收集和分析研究工作，成立了实施纲要监测评估机构，制定了纲要监测统计指标体系和评估方案，各省（自治区、直辖市）建立了妇女状况监测统计网络和工作制度。国家有关部门不断改进统计制度，增加分性别统计指标，性别统计制度不断完善。近十年来，国家统计部门已编辑出版多种性别统计资料。

中国政府重视与联合国及有关国际组织的合作，积极加强与各国政府和妇女组织的交流与合作。中国认真履行国际公约，于2000年5月向联合国提交了《中华人民共和国1995年第四次世界妇女大会〈北京宣言〉〈行动纲领〉执行成果报告》，2004年2月提交了《关于〈消除对妇女一切形式歧视公约〉执行情况第五次和第六次定期报告》，2005年3月提交了《中华人民共和国执行〈北京行动纲领〉（1995年）和第二十三届联大特别会议成果文件（2000年）情况报告》。

二　妇女与经济

国家将保障妇女获得与男子平等的就业机会、共享经济资源和社会发展成果，作为推进性别平等与妇女发展的首要目标和优先领域，制定并采取了一系列政策措施，确保妇女平等参与经济发展、平等获得经济资源和有效服务，增强妇女的自我发展能力，改善妇女的社会经济地位。

促进妇女实现创业和再就业。就业是民生之本，也是妇女赖以生存发展的基本经济资源。近年来，中国政府制定和执行扶持妇女自主创业政策，在职业培训补贴、小额担保贷款、税费减免等方面给予优惠，为妇女自主创业提供有利条件。同时，各级政府采取开发公益性岗位、专设就业服务窗口、举办专场招聘会、组织专门培训、监控就业性别歧视等针对妇女的倾斜措施，帮助妇女特别是下岗失业妇女实现就业和再就业。在政府的支持下，各级妇联和工会等非政府组织创造性地开展妇女创业和再就业工作。1998—2003年，各级妇联组织积极争取小额信贷，直接帮助250万妇女实现再就业。十年来，妇女就业数量和比例一直保持较高水平。2004年底，全国城乡女性就业人数为3.37亿人，占全部从业人员的44.8%；全国城镇单位女性就业人员为4227万人，占城镇单位就业人员总数的38.1%。

改善妇女就业结构。近年来，第三产业正在成为吸纳女性劳动力就业的主要渠道，越来越多的女性进入计算机、通信、金融、保险等高新技术行业，成为这些行业发展的重要力量。目前，以中小企业家为主的女企业家已占中国企业家总数的20%左右，其中有60%是近十年创业成功者。国家机关和企事业单位在专业技术人员招聘、培训、职务职称晋升中贯彻男女平等原则，促进优秀女性人才脱颖而出。2004年底，国有企事业单位专业技术人员中的女性比例达到43.6%，比1995年的37.3%提高了6.3个百分点，其中高、中级职务中的女性比例分别由

20.1%、33.4%提高到30.5%和42.0%。

提高城镇妇女的社会保障水平。近年来，中国政府不断加快完善以养老保险、失业保险、医疗保险、工伤保险和生育保险为主要内容的社会保障制度，同时对城市社会救济制度进行重大改革，逐步建立和完善了城市最低生活保障、下岗职工基本生活保障和失业保障三条保障线。1994年国家颁布《企业职工生育保险试行办法》，将原来由企业单位负责的生育保险改变为生育保险社会统筹，截至2004年底，全国已有28个省（自治区、直辖市）开展了生育保险的社会统筹，参保职工达4384万人，约占城镇企业职工总数的60%。1999年10月国家开始实施《城市居民最低生活保障条例》，截至2004年底，包括城镇妇女在内的2205万城镇居民领取到最低生活保障金，基本实现了应保尽保。

发挥妇女在农村经济中的重要作用。中国是一个农业大国，占农业劳动力60%以上的妇女是农村生产活动的主力。2003年开始实施的《中华人民共和国农村土地承包法》规定，妇女与男子平等享有农村土地承包权利，任何组织和个人不得剥夺、侵害妇女的土地承包经营权。近年来，中国政府采取积极政策措施解决农业、农村、农民问题，加大农业投入力度，推进农村税费改革，实施科技兴农战略。各级政府有关部门与妇联组织合作开展"双学双比"活动，引导农村妇女学文化、学科技，比发展、比贡献，充分发挥农村妇女在振兴、发展农村经济中的重要作用。

维护农村进城就业妇女的合法权益。近年来，中国政府逐步减少和取消对农民进城就业的限制性规定，着力解决工资拖欠、职业安全、同工同酬、社会保障等问题，减少农村进城就业人员在户籍管理、子女就学等方面的困难，积极维护农村进城就业妇女的合法权益。同时，国家鼓励和支持通过建立培训学校、成立维权工作站和宣传典型侵权案例等途径，提高农村进城就业妇女的权利意识，增强其依法维权能力。

为积极促进劳动就业领域中的社会性别主流化，提高妇女就业和创业能力，近年来，中国政府有关部门开展了与联合国开发计划署、国际劳工组织等国际机构的合作，取得积极成效。目前，中国政府正从国情出发，加快联合国《就业和职业歧视公约》在中国的批准进程。

三　妇女与消除贫困

缓解和消除贫困是中国政府矢志不渝的目标。中国政府通过实施大规模的、富有成效的专项扶贫开发计划，使妇女占多数的农村贫困人口数量从1994年的8000万下降到2004年的2610万，减少了5390万。

制定有利于消除妇女贫困的倾斜政策。中国妇女发展纲要提出了缓解妇女贫困程度、减少贫困妇女数量的主要目标，要求在实施西部大开发战略中，加大对贫困妇女的扶持力度，使贫困妇女成为扶贫资源的获得者和扶贫成果的直接受益者。国家扶贫攻坚计划明确提出，要进一步动员贫困地区妇女兴办家庭副业，发展庭院经济；实施劳动密集型和适合妇女特点的扶贫项目；组织妇女学习实用技术，提高脱贫致富能力。2004年在中国上海召开的全球扶贫大会上，中国政府发表缓解和消除贫困的政策声明，强调按照同等优先的原则，积极支持贫困妇女参与实施扶贫项目，妇女参与人数占所有参与人数的比例不低于40%。

采取有效措施逐步消除农村妇女贫困。从2001年起，中国政府将性别指标作为农村贫困监测的一项工作内容，强调关注扶贫工作中的性别平等。近年来，国家加大了扶贫资金投入力度，2004年中央财政投入扶贫资金达122亿元，地方政府也相应增加扶贫资金投入。同时，各级政府针对不同地区的具体情况，通过采取开展小额贷款、劳务输出、对口帮扶等渠道和方式扶持贫困地区发展，帮助农村妇女摆脱贫困。2001—2004年，国家扶贫贴息贷款中用于农户小额信贷的总量达到135.2亿元，其中半数以上的承贷人为妇女。从2001年开始，中国政府把参与式扶贫作为"整村推进"工作的主要方法，在全国14.8万个贫困村普遍推行。

支持和倡导非政府组织开展帮助妇女脱贫致富工作。近年来，在中国政府的支持和倡导下，各级妇联组织结合本地实际，积极开展小额信贷、连环脱贫、劳务输出、拉手结对以及东西互助等为主要内容的"巾帼扶贫行动"。中国人口福利基金会开展了以救助贫困母亲为宗旨的"幸福工程"，募集资金帮助贫困母亲参与经济和社会发展，提高健康和文化水平。中国妇女发展基金会启动"大地之爱·母亲水窖"项目，为西北缺水地区募集资金修建9万多眼蓄积雨水的水窖，建设小型集中供水工程1100处，受益的贫困人口近百万。此外，妇联等非政府组织还多方争取国际资金及物资援助，积极实施扶贫项目，帮助贫困地区妇女发展。

四 妇女参与决策和管理

妇女参与国家和社会事务管理的能力不断增强，参政水平逐步提高。中国宪法明确规定男女政治权利平等的基本原则，妇女权益保障法对实现妇女参与决策和管理的保障措施作出进一步规定，妇女发展纲要明确提出妇女参政的具体目标。这些为提高妇女参政水平奠定了法律政策基础。

人民代表大会制度是中国的根本政治制度，国家重视发挥妇女在各级人民代表大会中的重要作用。1995年颁布的《中华人民共和国全国人民代表大会和地方各级人民代表大会选举法》规定：全国人民代表大会和地方各级人民代表大会的代表中，应当有适当数量的妇女代表，并逐步提高妇女代表的比例。十年来，广大妇女积极参加各级人民代表选举，行使自己的民主权利，女性参与地方人民代表选举的比例达到73.4%。在全国人民代表大会代表中，女代表的比例一直保持在20%以上。第十届全国人民代表大会女代表占代表总数的20.2%；女常委占全国人大常委总数的13.2%，比上届增长0.5个百分点；全国人大常委会副委员长中，有3位是女性。

中国共产党领导的多党合作和政治协商制度是中国的基本政治制度。中国共产党是执政党，各民主党派是参政党，是与中国共产党密切合作的友党。妇女在中共党员中占有一定比例，2004年，中共党员中的女党员人数为1295.6万人，占党员总数的18.6%，比1995年增长了3个百分点。中国共产党第十六次全国代表大会代表中女性占18%，比上次代表大会提高了1.2个百分点；十六届中央委员会中，女性占委员和候补委员的7.6%，比上届提高了0.3个百分点。在中国八个民主党派中，女性占有较高比例，其中有七个党派女党员比例超过30%。中国人民政治协商会议是中国共产党领导的多党合作和政治协商的重要机构。目前，全国政协副主席中有4位是女性，十届全国政协一次会议委员和常委中的女性分别占16.7%和11.7%，比上届一次会议提高了1.2和1.7个百分点。

国家明确提出培养选拔女干部的工作目标，不断加强女干部的培养选拔工作，使妇女广泛参与国家和社会事务的管理，一大批优秀女性进入了各级领导班子。截至2004年底，各级党委、人大、政府、政协、法院、检察院、民主党派、人民团体县（处）级和地（厅）级干部中女干部分别占同级干部总数的16.9%和12.6%，比1995年增长了4.3和4.5个百分点；女正、副市长（专员、州长）共368人；省（部）级以上女干部占同级干部总数的9.9%，比1995年增长2.8个百分点。目前，中国国务院副总理和国务委员中各有1位女性，最高人民法院、最高人民检察院以及国务院组成部门中有25位正副部长级女干部。2003年，全国新录用公务员的女性比例为27.8%，中央国家机关新录用公务员中的女性比例达到37.7%。此外，中国还重视少数民族女干部的培养，注重提高少数民族妇女的参政能力。

基层妇女参政水平不断提高。城乡妇女积极参加居民委员会和村民委员会选举。2004年，女性居委会委员达23.7万人、村委会委员达44.3万人，分别占居委会和村委会委员总数的55.8%和15.1%。一批女性居委会主任和村委会主任脱颖而出。

妇联组织的民主参与和民主监督作用得到加强，妇女民主参与的渠道不断拓宽。各级妇联组织代表广大妇女参与制定、修改涉及妇女权益的法律法规，并参与监督法律法规的实施。政府有关部门认真听取妇联组织的意见，在政策和规划中注意吸纳妇联组织的建议。

五　妇女与教育

在中国，女性享有与男子平等的受教育权利和机会。中国的教育法、义务教育法和职业教育法等法律对女性受教育的权利和机会予以明确规定。国家采取切实措施和行动，保障女童接受九年义务教育的权利，增加女性接受中高等教育的机会，重点扫除青壮年女性文盲，提高妇女的终身教育水平和平均受教育年限。

中国政府致力于消除义务教育阶段的性别差距，不断改善女童的受教育环境。2004年，男女童入学率分别为98.97%和98.93%，男女差距由1995年的0.7个百分点下降到0.04个百分点。政府不断增加对农村义务教育的投入，改善农村地区义务教育环境，保障女童与男童平等地接受义务教育。2004年用于农村义务教育的国家财政性教育经费达1393.62亿元，是1995年的2倍。近年来，国家多渠道筹集资金设立中小学助学金，并由政府拨款实行免书本费、免杂费、补助寄宿生生活费的"两免一补"政策，重点扶持中西部农村地区家庭经济困难学生就学。各级政府对贫困地区、民族地区女童教育制定了专门政策措施，努力提高农村地区女童的义务教育普及水平。此外，国家还制定专门政策，保障包括女童在内的农村流动儿童接受义务教育的权利。多年来，各级政府积极推动非政府组织开展捐资助学活动，努力改善女童受教育状况。中国青少年发展基金会和中国儿童少年基金会组织的"希望工程"和"春蕾计划"，资助了大量失辍学女童重返校园。

国家努力保证女性平等接受中高等教育的机会，使各级各类学校中的女性比例显著提高。2004年，普通初中和高中在校女生的比例分别达到47.4%和45.8%；中等职业学校在校女生的比例达到51.5%；全国普通高等院校在校女生为609万人，占在校生总数的45.7%，比1995年提高10.3个百分点；女硕士、女博士的比例分别达到44.2%和31.4%，比1995年分别提高13.6和15.9个百分点。近年来，中国政府在全国普通高校推行国家助学贷款制度，并设立国家助学奖学金，为包括女性在内的贫困大学生提供贴息贷款和奖学金、助学金，帮助他们完成学业。同时鼓励企业、民间机构和个人捐资助学，支持家庭经济困难的女生接受各级教育。国家重视培养培训女教师，发挥女教师在促进女性教育中的作用。2004年普通初中和高中女教师比例分别为45.9%和41.7%，中等职业学校和普通高等学校专职女教师比例分别为46.5%和42.5%。

多年来，中国政府重视扫除妇女文盲，遏制女性新文盲产生，防止脱盲女性复盲，并重点推进贫困地区和少数民族地区妇女的扫盲教育。政府有关部门和全国妇联共同开展了以妇女为对象的"巾帼扫盲行动"。2004年，全国城镇地区15岁及以上女性文盲率为8.2%，比1995年下降5.7个百分点；农村地区15岁及以上女性文盲率为16.9%，比1995年下降10.5个百分点。全国青壮年妇女文盲率为4.2%，比1995年下降了5.2个百分点，超过总文盲率的下降幅度。

国家大力发展职业教育、成人教育和技术培训，妇女的终身教育水平得到提高，性别差异进一步缩小。第五次全国人口普查数据表明，中国妇女的平均受教育年限为7.0年，比1990年增加了1.5年，十年间男女差距缩小0.5年。2004年，接受函授、夜大等成人高校教育的女性有209万人，占学生总数的50%。近年来，国家加大了妇女的职业技能培训力度，通过各种培训方式，帮助城镇妇女提高职业竞争能力，促进农村妇女增收致富，提高包括流动妇女在内的广大农民工的就业能力。

六　妇女与健康

中国政府把妇女健康作为促进性别平等与妇女发展的优先领域。十年来，国家颁布实施了《中华人民共和国母婴保健法》、《中华人民共和国人口与计划生育法》等法律，并在妇女发展纲要中提出妇女健康目标。国家不断增加妇幼保健资金投入，逐步完善妇女保健服务网络。到2004年底，已建成覆盖城乡的2997个妇幼保健机构，全国妇产科床位达24.3万张。

重视满足妇女在生命周期各阶段的健康服务需求，提高妇女预期寿命。多年来，各级卫生部门把妇科病查治作为妇女保健的一项常规工作，全国每年有三分之一以上的65岁以下已婚妇女可以享受到妇科病检查，2004年检查率为37.3%。政府重视青少年健康和老年妇女健康，在各类学校和社区大力开展性知识和艾滋病预防知识宣传教育，提高女性青少年的性健康知识水平，增强她们的自我保护能力；采取多种途径宣传科学的保健方式，为老年妇女提供更多的健康咨询和服务的专科门诊，使老年妇女的生活质量有了较大提高。2003年妇女平均预期寿命为74岁。

降低孕产妇死亡率，确保母亲安全。2000—2001年，国家投资2亿元在378个国家级贫困县实施"降低孕产妇死亡率和消除新生儿破伤风"项目。2002—2005年中央财政和项目地区配套投入4亿元继续实施此项目，并扩展至全国1000

个县，覆盖人口3亿多。几年来，数十万贫困孕产妇在项目支持下得到安全的接生服务。此外，中国政府还积极改善乡（镇）卫生院接生条件，通过开辟孕产妇急救绿色通道、实行贫困孕产妇救助等措施，提高农村孕产妇住院分娩率，改善母亲安全状况。十年来，中国孕产妇死亡率逐步下降，由1995年的61.9/10万下降到2004年的48.3/10万。

积极开展以人为本的计划生育优质服务，保障妇女享有计划生育权利。1995年，中国政府从重视妇女的生殖健康权利出发，启动以人为本的计划生育优质服务项目，以育龄妇女的需求为中心，开展避孕方法知情选择、鼓励男性参与生殖健康等活动，并为青春期少女提供生殖健康咨询服务。十年来，项目经验已经在全国800多个县（市、区）得到推广，进一步满足了广大妇女的计划生育服务需求，维护了妇女的计划生育权利。

努力为流动妇女提供卫生保健服务，维护她们的健康福祉。随着城乡流动人口的不断增加，国家努力遵循公平对待、合理引导、完善管理、优质服务的原则，为流动妇女提供与户籍人口同等的计划生育优惠政策和技术服务。妇女发展纲要强调将流动人口孕产妇保健纳入流入地孕产妇保健范围。各级政府有关部门积极探索流动妇女社区卫生保健服务模式，通过多种途径开展性与生殖健康教育和咨询服务，组织流动妇女进行健康检查，免费发放避孕工具，为贫困流动孕产妇实行免费服务，提高了流动妇女的健康水平。

强艾滋病防治工作，关怀妇女艾滋病感染者。近年来，国家高度重视艾滋病防治工作，成立国务院防治艾滋病工作委员会，加大了资金投入，使艾滋病防治工作切实取得成效。面对妇女HIV/AIDS感染逐渐增高的趋势，国家把预防艾滋病母婴传播作为妇幼保健工作的重要内容，成立母婴阻断专家组，开展预防和免费阻断艾滋病母婴传播、关怀检测阳性孕妇和阳性孕妇所生婴儿的试点工作，探索适合中国国情的干预模式和经验。政府有关部门认真组织开展预防艾滋病的知识宣传和服务活动，推广使用安全套，提高男性参与的力度，降低妇女艾滋病感染率。2004年世界艾滋病日，全国广泛开展了"关注妇女，抗击艾滋"的主题宣传活动。

支持非政府组织开展各种妇女健康项目，广泛开展国际合作。全国妇联开展了"母亲健康快车"等项目，在51个艾滋病综合防治示范区开展以"预防艾滋病，健康全家人"为主题的妇女"面对面"宣传教育活动。中国计划生育协会在全国大中学校和流动青少年中广泛开展以同伴教育为主的预防性病和艾滋病项目，在农村把帮助妇女增加收入与妇幼保健和计划生育相结合，有效促进了妇女健康水平的提高。近年来，中国政府与联合国人口基金、联合国儿童基金会、联合国妇女发展基金、世界银行、世界卫生组织以及联合国艾滋病规划署等国际组织在妇幼卫生、生殖健康和计划生育、艾滋病防治等领域开展了广泛合作，取得显著成效。在商务部管理协调的援华项目资金中，三分之一以上资金用于支持妇幼卫生事业。

七　妇女与婚姻家庭

早在20世纪50年代，《中华人民共和国婚姻法》作为新中国成立后颁布的第一部法律，就对妇女在婚姻家庭中的平等地位作出明确规定。2001年中国颁布的婚姻法修正案重申男女平等基本原则，强调夫妻地位平等和婚姻家庭权利义务平等，有针对性地补充了禁止实施家庭暴力、禁止重婚等有利于维护妇女权利的条款。目前，妇女的婚姻自主程度明显提高，在家庭决策中的作用显著增强，人身、财产权利得到进一步保障。

坚持实行计划生育基本国策，提倡晚婚晚育。十年来，妇女早婚率下降，平均初婚年龄提高，总和生育率保持在较低水平，2004年为1.8。在计划生育活动中，国家强调社会性别意识，尊重妇女的生育权利，把计划生育和促进性别平等相结合。2002年开始实施的人口与计划生育法，进一步明确规定夫妻双方共同承担计划生育责任，为实现家庭生活中的性别平等提供了有利条件。

大力发展社会福利事业，在社区优先发展对家庭生活有直接影响的公共服务，努力实现家务劳动社会化，增加妇女的自我支配时间。家务劳动服务迅速发展，家庭劳务消费比例逐渐提高，家用电器日益普及，托幼事业不断发展，男性分担家务的比例有所上升，妇女家务劳动负担减轻，两性家务劳动时间差异进一步减小。

依法保障女婴和女孩的生存发展权利，遏制出生婴儿性别比偏高的现象。人口与计划生育法禁止利用超声技术和其他技术手段进行非医学需要的胎儿性别鉴定，不允许非医学需要的选择性别的人工终止妊娠。近年来，政府有关部门在全国范围内开展"婚育新风进万家"活动，深入宣传男女平等、生男生女一样好等新型婚育观。2003年启动"关爱女孩行动"，提出"消除性别歧视要从怀孕抓起，倡导男女平等要从娃娃开始"，通过广泛深入的宣传教育，逐步建立有利于女孩及其家庭发展的利益导向机制，改变男女不平等的生育偏好，维护女孩的合法权益，努力提高女孩的家庭地位。

重视保护老年妇女的合法权益，提高老年妇女的婚姻家庭地位。十年来，国家制定了以《中华人民共和国老年人权益保障法》为核心的一系列法律和政策，为维护女性占多数的老年人的合法权益提供法律和制度保障。中国政府关心老年妇女的特殊问题，保障老年妇女的基本生活和合法权益；积极发展老龄事业和产业，逐步实现老年服务社会化；保障老年妇女的身心健康，丰富老年妇女的精神文化生活。

努力营造尊重妇女、男女平等的家庭环境。2001年9月，国家颁布《公民道德建设实施纲要》，提出在家庭生活中实现男女平等，尊重和保障妇女的合法权益，反对歧视和迫害妇女；实行恋爱自由，婚姻自主；树立"尊老爱幼、男女平等、夫妻和睦、勤俭持家、邻里团结"的文明新风。在政府的大力推动下，在家庭领域推进性别平等的良好环境正在逐步形成。

积极开展家庭领域中的国际交流与合作。中国政府一贯积极参与联合国有关家庭问题的决议、磋商与活动。2001年中国加入了世界家庭组织。2004年，中国参加联合国国际家庭大会，赞同《多哈宣言》所倡导的婚姻双方忠诚和平等，谴责使用家庭暴力。同年，中国承办了世界家庭峰会，倡导性别平等从家庭开始，培育和谐的家庭伙伴关系。

八　妇女与环境

中国政府不断优化妇女的生存和发展环境，积极发挥妇女在保护和改善环境中的作用，努力为妇女创造良好的生存环境和发展空间。

制定促进妇女参与可持续发展的战略目标。按照中国21世纪议程和妇女发展纲要的目标要求，各级政府积极促进妇女在环境科研、评价、规划、设计、监测和管理中的参与。目前，中国有不少女性在各级环保部门中任职，有的还担任主要领导职务，全国环境监察执法人员中女性约占30%。国家鼓励广大妇女积极参与民间环保活动，在政府的支持下，全国妇联开展"三八绿色工程"等社会动员和宣传教育活动，使每年都有一亿多妇女参加义务植树、防护林建设和小流域治理，1999年全国妇联因此获得联合国环境规划署"全球500佳"称号。此外，一些妇女参与发起的民间环保组织，推动企业承担社会责任，推广绿色生产和生活方式，在培训和动员公众参与环境保护方面发挥了积极作用。

保护和改善妇女赖以生存发展的自然和人居环境。十年来，城乡居民住房条件明显改善，人均住房面积和绿地占有率均有大幅度提高。众多文体和休闲设施的兴建及便民开放，增加了妇女可利用的公共空间，为提高妇女的生活质量创造了有利条件。近年来，政府大力推进改水改厕，提高农村自来水和卫生厕所普及率。2001—2004年，中央政府先后安排国债资金97亿元，解决农村人口饮水困难问题，平均每年为690多万农村妇女提供安全可靠的饮用水。2004年，农村卫生厕所普及率达到53.1%；农村厕所粪便无害化处理率，从1998年的28.5%迅速提高到2004年的57.5%。改水改厕缓解了农村妇女繁重的取水劳动，减少了她们和家人的健康风险，有效地改善了妇女的生存和发展条件。

积极创造有利于性别平等与妇女发展的社会环境，逐步消除社会对妇女的偏见、歧视及贬抑。国家加大了对男女平等基本国策的宣传力度，政府有关部门负责人和各省（自治区、直辖市）领导分别在国家和地方新闻媒体上发表文章，阐述性别平等对社会发展的意义，肯定妇女在经济和社会各领域的作用和贡献。报纸、电视台、电台等新闻媒体制作播出了一批倡导性别平等、维护妇女权益、展示妇女风采的节目和报道。此外，政府支持妇女组织与新闻媒体合作开办节目，展示妇女在经济和社会发展中的作用，激励妇女使用和掌握信息资源。随着互联网技术在中国的广泛应用，许多妇女组织创建起互联网站，成为传播性别平等意识，促进妇女发展的重要途径。

九 妇女权益的法律保障

国家保障妇女合法权益的法律体系不断健全。十年来，中国相继制定和修订了婚姻法、人口与计划生育法、农村土地承包法、妇女权益保障法等法律，颁布实施了母婴保健法实施办法等100余件涉及妇女权益保障的法规和规章。

逐步建立起保障妇女权益的社会化维权工作机制。国家建立了由19个部门组成的全国维护妇女儿童权益协调组。一些法院设立了妇女维权法庭，专门受理涉及妇女权益保护的民事案件。在审理妇女维权案件时，法院通常邀请妇联等部门的人民陪审员直接参与相关案件的审理工作。国家积极开展执法和司法人员的性别意识培训，发挥司法人员在保障妇女权利方面的作用。国家还重视提高女性司法人员的数量和比例，2004年中国女法官和女检察官分别占法官和检察官总数的22.7%和21.7%，分别比1995年提高了5.9和5个百分点。

开展保障妇女合法权益的法律援助和法制宣传活动。为切实保障妇女合法权益，中国政府有关部门专门下发通知，强调对妇女权益受到侵害案件的控告、申诉和检举，法律援助机构、律师事务所、公证机构和基层法律服务机构不得推诿和无故拖延；对经济困难的妇女当事人酌情减免法律服务费用。2003年中国开始实施的《法律援助条例》明确规定，法律援助是政府的责任，经济困难的公民可以获得免费法律援助，贫困妇女的维权因此得到了实际帮助。截至2004年底，中国各地共建立政府法律援助机构3023个。此外，中国政府还支持非政府组织开设妇女维权热线、成立法律咨询中心等，积极为妇女提供法律援助和法律服务。中国正在进行的第四个五年普法宣传活动中，妇女权益保障法、劳动法、婚姻法、人口与计划生育法和农村土地承包法等与妇女权益密切相关的法律被列入了重点宣传内容。

反对针对妇女的暴力，并采取切实措施予以解决。中国刑法、刑事诉讼法、民法通则、婚姻法和妇女权益保障法等法律禁止任何人以任何方式实施针对妇女的暴力侵害。对妇女实施家庭暴力的，立法和司法实施中强调应根据暴力侵害的程度，追究相应的民事和刑事责任，并积极给予受害人以司法救助。近年来，一些地区制定了反对家庭暴力的地方性法规，截至 2004 年底，全国共有 22 个省（自治区、直辖市）制定了有关条例、意见或办法。此外，中国政府还与非政府组织积极合作，实施干预项目，大力开展宣传、教育和培训活动，成立报警中心、伤情鉴定中心和妇女救助站，开通反家庭暴力热线等，为受害妇女提供咨询、庇护、医疗及心理帮助等多种服务。

严厉打击拐卖妇女的犯罪活动。中国刑法 1997 年修订时专门修改和增设了关于拐卖、收买妇女等罪名，提高了有关犯罪的量刑标准。最高人民法院制定了司法解释，使相关法律条款更具操作性。近年来，全国公安机关连续开展打击拐卖妇女儿童的专项行动，建立了被解救妇女儿童中转、培训、康复中心，取得显著效果。同时，公安和司法机关将打击拐卖妇女儿童犯罪确定为国际合作的重要领域，与有关国家签订了双边警务合作协议和刑事司法协助条约，共同开展"预防、打击拐卖妇女儿童犯罪"项目。

依法保护女性罪犯和犯罪嫌疑人的权利。国家严格实行男、女罪犯分开关押和管理，女犯由女性人民警察直接管理的制度，为女犯配备女医生、允许女犯与未成年子女共度节日，对女犯进行适合其生理、心理特点的法制教育、文化教育和职业技术教育，开展丰富多彩的文体活动。

结束语

在过去的十年里，中国在促进性别平等和妇女发展领域取得重大进展，成就有目共睹。

同时，中国政府也十分清楚地看到，由于受经济和社会发展水平等因素的制约和限制，特别是在经济结构调整和社会主义市场经济体制建立与完善的过程中，中国促进性别平等和妇女发展面临许多新情况和新问题：女性群体的社会分层日益复杂，妇女生存、发展和权益保障的需求呈现多样性；不同地区、不同阶层、不同群体妇女发展的不平衡现象比较明显；历史文化中残存的男女不平等的陈规陋习尚未完全消除，侵犯妇女权益的现象在一些地区仍然不同程度地存在。

在中国，全面促进性别平等和妇女发展任重道远。

在全面建设小康社会的新的历史时期，中国政府将从国情和建设社会主义和谐社会的战略高度出发，树立以人为本、全面协调可持续的科学发展观，进一步贯彻男女平等的基本国策，依法保障妇女权益，落实妇女发展纲要的目标要求，努力促进妇女在政治、经济、文化、社会和家庭生活等方面享有与男子平等的权利。中国政府将继续大力支持社会各界共同参与促进性别平等与妇女发展，加强与联合国等有关国际组织以及各国政府的交流与合作，为推动全球范围内的平等、发展与和平作出积极贡献。

[《中国性别平等与妇女发展状况》（2005年8月），中华人民共和国国务院新闻办公室网站，http://www.scio.gov.cn/zfbps/ndhf/2005/Document/307897/307897.htm]

中国性别平等与妇女发展

（2015年9月）

前　　言

性别平等与妇女发展是人类追求公平、正义与平等的永恒主题，是社会文明进步的衡量尺度，是人类实现可持续发展的重要目标。

中国始终坚持男女平等的宪法原则，将男女平等作为促进国家社会发展的一项基本国策，不断完善法律法规，制定公共政策，编制发展规划，持续推进性别平等与妇女发展。

今年是联合国第四次世界妇女大会在北京召开20周年，中国政府特发表白皮书，全面介绍中国推动性别平等与妇女发展的政策措施和所做的不懈努力。

中国妇女占世界妇女人口的五分之一。中国性别平等与妇女发展既体现了中国的文明进步，也是对全球平等、发展与和平的历史贡献。

一　性别平等与妇女发展的机制保障

国家建立提高妇女地位的机制，是充分利用政府资源，有效调动社会资源，推进性别平等与妇女发展的重要保障。20年来，中国提高妇女地位的机制不断健全，作用日益凸显。

不断完善提高妇女地位的政府工作机构。1990年，中国成立了国务院妇女儿童工作委员会，负责组织、协调、指导、督促有关部门，共同促进性别平等与妇女发展。国务院妇女儿童工作委员会由相关政府部门部级领导组成，主任由国务院领导担任。20年来，成员单位从成立初的19个增至目前的35个，包括国家发展改革委、教育部、民政部、财政部、人力资源社会保障部、农业部、国家卫生计生委等29个部门和6个群体组织。国务院妇女儿童工作委员会下设办公室负责日常工作，配有专职工作人员和专项工作经费。全国31个省（区、市）县级以上人民政府均成立了相应机构，基本形成了纵向贯通、横向联动、协同配合的促进性别平等与妇女发展组织体系。

制定实施促进妇女发展的国家规划纲要。第十、第十一和第十二个国民经济和社会发展五年规划都将妇女发展列入其中，内容不断丰富，目标更加明确，措施更加有效，推动妇女与经济社会同步协调发展。国务院先后颁布三个周期的中国妇女发展纲要，明确各阶段妇女发展的总体目标、重点领域及策略措施，全国31个省（区、市）县级以上人民政府分别制定本地区妇女发展规划，形成了全国自上而下促进妇女发展的规划体系。各级妇女儿童工作委员会分别建立目标管理责任制，将主要目标分解到相关职能部门，并纳入相关专项规划加以落实；建立纲要评估机制，对纲要落实情况进行年度监测评估、中期督导评估和终期总结评估，确保纲要规划目标如期实现。

建立健全政府主导、多部门合作、全社会参与的工作机制。国务院和地方各级政府定期召开妇女儿童工作会议，进行专题研究部署。国务院和地方妇女儿童工作委员会每年召开专题会议，听取成员单位的工作汇报，对妇女发展纲要规划的实施情况进行分析，针对突出问题，研究制定策略措施，推动纲要顺利实施。引导各地积极探索建立法规政策性别平等评估机制，为从源头促进性别平等与妇女发展提供坚实的机制保障。国家重视和支持妇联组织代表和维护妇女权益、促进性别平等。当前，具有中国特色的妇联组织体系更加完善，在性别平等的理论研究、宣传倡导、教育培训等方面作用日益突出。

逐步完善性别统计制度。建立妇女发展综合统计制度，将其纳入国家和部门常规统计或统计调查，规范和完善妇女生存发展统计指标和分性别统计指标。逐步建立国家和省（区、市）妇女状况监测体系，制定统计监测指标体系，建立各地区各部门综合统计报表和定期报送审评制度。1990年、2000年、2010年开展三期中国妇女社会地位调查，全面客观反映中国妇女社会地位的状况和变化，为国家制定促进妇女发展、推动性别平等政策措施提供依据。1995年、1999年、2004年、2007年和2012年，分别出版《中国社会中的女人和男人——事实和数据》；2008年起，每年出版《中国妇女儿童状况统计资料》。

二 妇女与经济

平等参与经济活动和公平享有经济资源是妇女生存发展的基本条件。中国在推进经济结构战略性调整和转变经济发展方式的改革创新中，充分保障妇女经济权益，促进妇女平等参与经济发展、平等享有改革发展成果。

妇女贫困状况显著改善。中国在实施全方位扶贫战略中，统筹考虑城镇化、老龄化、市场化及气候变化等因素对妇女贫困的影响，加大妇女扶贫脱贫力度。实施中国农村扶贫开发纲要，将妇女作为重点扶贫群体，同等条件下优先安排妇女扶贫项目，不断提升贫困妇女的发展能力和受益水平。贫困妇女数量大幅减少，妇女贫困程度不断降低。在592个国家扶贫开发工作重点县，女性人口的贫困发生率从2005年的20.3%下降到2010年的9.8%。建立完善新型社会救助体系，加大对贫困妇女的保障力度。2014年，妇女享受城乡居民最低生活保障的人数分别为792万人和1826万人，比2006年分别增加了200万人和1591万人。积极开展"贫困母亲两癌救助""母亲安居工程""母亲健康快车"等公益慈善项目，帮助患病贫困妇女、贫困单亲母亲改善生存与发展状况。

保障妇女的平等就业权利。就业是民生之本。国家制定和完善法律法规，促进公平就业，消除就业性别歧视。《中华人民共和国就业促进法》专设"公平就业"一章，强调男女平等就业权利。《中华人民共和国劳动合同法》对企业订立女职工权益保护专项集体合同作出明确规定，为保障女职工合法权益提供了法律依据。制定、修订和实施《女职工劳动保护特别规定》、机关事业单位处级干部和高级职称专业技术人员男女同龄退休、支持女性科技人才成长及促进女大学生平等就业等一系列法规、政策及措施，为妇女就业和职业发展创造有利条件。

促进妇女就业创业。国家针对不同妇女群体就业创业中面临的困难，出台支持性政策措施。实施鼓励妇女就业创业的小额担保贷款财政贴息政策，2009年以来向妇女发放小额贴息贷款2220.6亿元人民币，扶植和带动千万妇女创业就业。大力发展家政服务和手工编织等行业，为城乡妇女就地就近和转移就业提供服务。开展女大学生就业创业扶持行动，为女大学生提供就业培训、创业指导、见习岗位。实施"阳光工程"，提高农村女性劳动力素质和就业技能，为促进农村女性劳动力向非农产业和城镇转移创造条件。全国共建立20多万所"妇女学校"，近2亿人次妇女参加农业新技术、新品种培训，150万名妇女获得农业技术员职称和绿色证书，创办5.3万个妇女专业合作组织。自2011年启动"城镇百万残疾人就业工程"以来，每年新增残疾妇女就业约10万人。

妇女就业结构不断改善。2013年，全国女性就业人数为34640万，占就业总数的45%。最新一期中国妇女社会地位调查显示，妇女从事第二、第三产业的比例比10年前提高了25个百分点，各类负责人、专业技术人员、办事人员及有关人员所占比例较10年前提高了13个百分点。2013年女性中高级专业技术人员达到661万人，占中高级专业技术人员的44.1%，比2000年提高了9个百分点。中国女企业家群体不断壮大，女企业家约占企业家总数的四分之一。实施"创业创新巾帼行动"，促进女性在新兴产业就业，互联网领域创业者中女性占55%。

保障农村妇女的土地权益。中国是一个农业大国，农村妇女约占农业劳动力的70%。在全面深化农村改革和推进基层依法自治的过程中，国家落实和完善保障农村妇女土地权益的法律政策，建立健全农村集体资金、资产、资源管理等各项制度，纠正与法律政策规定、性别平等原则相冲突的村规民约，确保农村妇女平等享有土地承包经营权、宅基地使用权和集体收益分配权。在土地承包经营权确权登记颁证工作中，明确登记簿和确权证上应体现妇女的土地权益，从源头上保障农村妇女的生存发展资源。

提高妇女社会保障水平。《中华人民共和国社会保险法》把生育保险作为独立章节，明确规定妇女平等享有社会保障的权利。《中国妇女发展纲要（2011–2020年）》增设"妇女与社会保障"领域，提出妇女平等享有社会保险、社会救济、社会福利和社会救助的主要目标和策略措施。妇女参加养老保险、医疗保险、失业保险、工伤保险和生育保险人数不断增加。2013年，妇女参加城镇职工养老保险、城镇职工医疗保险的人数分别达到14612万和12657万，比2005年分别增加了6743万和7282万；妇女参加生育保险人数达到7117万，比2005年增加了4844万。2012年4月《女职工劳动保护特别规定》颁布实施，法定产假时间由原来的90天延长到98天，妇女享有生育保障的待遇不断提高。

三　妇女与教育

中国积极促进教育公平，调整教育结构，坚持贯彻性别平等原则，努力保障男女平等接受教育的权利和机会。

男女受教育差距明显缩小。贯彻落实《中华人民共和国义务教育法》等相关法律法规和政策，采取切实措施，提高妇女受教育水平。实施女童专项扶助政策，保障适龄女童平等接受义务教育。2014年男女童小学净入学率均为99.8%，提前实现联合国千年发展目标。女性接受初中及以上，特别是高等教育的机会显著增加。2014年，初中和高中在校生中的女生比例分别为46.7%和50.0%；普通高等学校本专科和硕士研究生在校生中的女生比例分别为52.1%和51.6%，博士研究生在校生中的女生比例增至36.9%。设立扫盲教育专项资金，降低妇女文盲人数，2013年女性15岁及以上文盲率为6.7%，比1995年降低了17.4个百分点，女性文盲人口比1995年减少了7000多万。女性平均受教育年限提高，性别差距缩小。第六次全国人口普查显示，2010年6岁以上人口中女性平均受教育年限达到8.4年，比10年前提高了1.3年，与男性的差距比10年前缩小0.2年。

妇女接受职业教育和技能培训的比例不断提高。国家制定和完善职业教育的法律政策，加大职业教育经费投入，完善助学政策体系，扩大妇女接受职业教育规模。2014年，接受中等职业教育的女性规模达到805万，普通中专在校女生达到397万，分别占总数的44.7%和53.0%；全国接受各种非学历高等和中等教育的女性规模分别达到346万和2000多万。开展"新型农民科技培训工程""国家高技能人才振兴计划"和针对农民工职业技能提升的"春潮行动""阳光工程"等多样化培训，满足不同妇女群体的职业发展需求。2013年，女性参加政府培训机构举办的职工技能培训人数占培训总数的43.0%。

保障少数民族妇女和偏远贫困地区女童等公平享有教育资源。制定积极政策，开设少数民族专门学校，采取倾斜性定向招生措施，大幅增加少数民族女性接受各级各类教育的资源。制定贫困女童和女生专项教育计划，确保偏远、贫困地区女生平等享有教育机会。加快农村寄宿制学校建设，改善农村女童的学习生活条件。出台专项政策，为流动儿童在流入地接受教育创造条件。重视特殊教育，增加残疾妇女接受各级各类教育的资源，残疾妇女受教育水平不断提高。性别平等原则和理念逐步融入教学和科研。越来越多的学校开始在教育内容和教学方式中引入性别平等理念，一些地方尝试在中小学开设性别平等教育课程，引导学生树立男女平等的性别观念。在一些师资培训计划和师范类院校课程中增加性别平等内容，增强教育工作者的性别平等意识。提高各级各类学校和教育行政部门决策和管理层的女性比例，女性在高等教育教学及管理等领域的参与状况明显改善，2014年，高校女教师比例为48.1%，比1995年增长了18.1个百分点。高等学校女性学学科建设不断加强。目前，百余所高校开设了440余门女性学和性别平等课程，女性学硕士、博士学位点不断增多。将性别平等议题纳入国家哲学社会科学规划，支持开展性别平等与妇女发展研究。

四 妇女与健康

中国建立覆盖城乡的医疗卫生服务体系，增强疾病防治能力，扩大医疗保障覆盖人口，不断完善和健全妇幼健康法律政策和服务体系，大力实施妇幼卫生保健项目，提高妇幼卫生服务的公平性和可及性，妇女健康状况得到显著改善。

建立较为完善的妇幼健康法律政策体系。制定、修订并实施《中华人民共和国母婴保健法》《中华人民共和国人口与计划生育法》等法律法规，出台一系列配套规章和规范性文件，使妇幼健康逐步实现了有法可依、依法管理、规范服务。把妇女健康指标纳入国家国民经济社会发展总体规划和专项规划，把妇幼保健作为国家基本公共服务的重点内容，把乳腺癌、宫颈癌医治纳入重大疾病医疗保障和医疗救助体系，提高妇女医疗保障水平。

构建具有中国特色的妇幼健康服务网络。中国已基本形成以妇幼保健机构为核心，以基层医疗卫生机构为基础，以大中型医疗机构和相关科研教学机构为技术支撑，覆盖城乡的妇幼保健服务网络。截至2014年底，全国共有妇幼保健机构3131个。完善基层妇幼卫生服务体系，为妇女提供全生命周期的保健服务。建立健全妇幼卫生年报系统和妇幼卫生监测网络。优化卫生资源配置，增加农村和边远地区妇幼卫生经费投入。加快妇幼卫生人才培养，加强妇幼保健机构人员配备。

妇幼卫生服务的公平性和可及性进一步提高。实施基本公共卫生服务项目和妇幼重大公共卫生服务项目，提高孕产妇系统管理率，规范服务行为，改善服务质量，促进妇幼健康服务均等化。到2014年，90%的孕产妇享有基本公共卫生服务。实施农村孕产妇住院分娩补助重大项目，5712万名农村孕产妇受益。全国孕产妇住院分娩率由2000年的72.9%提高到2014年的99.6%，农村孕产妇住院分娩率由2000年的65.2%提高到2014年的99.4%。2009年启动实施农村妇女"两癌"免费检查项目，累计为4287万和613万农村妇女分别进行了宫颈癌和乳腺癌免费检查，救助贫困患病妇女31077人。实施预防艾滋病、梅毒和乙肝母婴阻断重大项目，为6053万名孕产妇进行检查和治疗。开展"中国妇女健康行动"等不同类型的妇女健康项目，并支持社会组织开展形式多样的妇女健康促进活动。

妇女生殖保健服务进一步加强。保障妇女在整个生命周期享有良好的生殖保健服务，开展妇女病普查普治，提供青春期保健和老年期保健服务。落实计划生育免费技术服务政策，推进避孕方法知情选择，减少非意愿妊娠。持续打击和查处非医学需要的胎儿性别鉴定和选择性别的人工终止妊娠行为。为流动妇女提供健康教育、预防接种、孕产妇保健等基本公共卫生服务，积极推进流动人口计划生育基本公共服务均等化试点。

妇女健康水平进一步提高。妇女平均预期寿命延长，2010年达到77.4岁，比2000年提高4.1岁。孕产妇死亡率大幅降低，由1990年的88.8/10万下降到2014年的21.7/10万，提前实现联合国千年发展目标。城乡和地区间孕产妇死亡率差距进一步缩小，孕产妇死亡率城乡差距由2000年的2.4倍缩小为2014年的1.08倍；

2000年西部地区孕产妇死亡率是东部地区的5.4倍，2014年缩小到2.6倍。中国被世界卫生组织列为妇幼健康高绩效的10个国家之一。

五 妇女与决策管理

中国制定和实施相关法律法规和政策规划，保障妇女享有与男性平等的政治权利，妇女参政比例进一步提高，在国家和社会事务决策和管理中的作用增强。

完善促进妇女参与决策和管理的法律政策。制定和实施促进妇女参与决策和管理的积极措施，妇女参与决策和管理的人数和比例不断提高。各地制定的妇女权益保障法实施办法和选举法实施细则，普遍对地方各级人大代表候选人中的女性比例作出明确规定。国家制定专项规划，明确培养选拔女干部的目标指标和工作要求，并采取具体措施，提高各级女干部的人数和比例。《中华人民共和国村委会组织法》规定，"妇女村民代表应当占村民代表会议组成人员的三分之一以上"。《中国妇女发展纲要（2011—2020年）》提出，到2020年"村委会成员中女性比例达到30%以上。村委会主任中女性比例达到10%以上""居委会成员中女性比例保持在50%左右"。2013年出台的《村民委员会选举规程》具体规定，"候选人中应当有适当的妇女名额，没有产生妇女候选人的，以得票最多的妇女为候选人"，并采取一系列措施提高村民委员会中的女性比例。

妇女参与决策和管理的比例提高。重视发挥妇女在人民代表大会中的作用，提高妇女在各级人民代表大会代表中的比例。2013年十二届全国人民代表大会第一次会议女代表比例为23.4%，比20年前提高了2.4个百分点；少数民族妇女代表占少数民族代表的41.3%。注重提高妇女在社会主义协商民主中的参与度，重视发挥政协妇联界和女委员作用。2013年全国政协十二届一次会议女委员比例为17.8%，比20年前提高了4.1个百分点。中国共产党女党员的比例显著提高，2013年为24.3%，比1995年增加了8.7个百分点。各民主党派女性成员比例均高于20年前。妇女参与国家公共事务管理的人数不断增加。2013年中央机关及直属机构录用的公务员中女性比例为47.8%。近年来，地方新录用公务员中女性比例不断提高。

妇女广泛参与基层民主建设。2013年，村委会成员中的女性比例为22.7%，比2000年提高了7个百分点；村委会主任和村民代表中的女性比例也明显提高，妇女成为农村基层治理的重要力量。2013年，居委会成员中的女性比例为48.4%，主任中的女性比例为41.5%。女职工积极参与企业民主管理和监督。2014年，工会会员中女性占38.1%，企业职代会职工代表中女代表比例为29.3%，在企业董事会、监事会中，女职工董事、监事占职工董事和监事的比例分别为40.1%和41.5%。

妇女和妇女组织在国家民主政治建设中的影响力日益增强。支持鼓励妇女有序参与国家和社会事务管理，不断拓宽参与的范围和途径。人大女代表、政协女委员积极参政议政，密切关注性别平等议题，积极提出议案、建议和提案，推动解决性别平等和妇女发展问题。注重将性别平等纳入决策，各级女领导干部在决策管理中发挥重要作用。妇联组织代表妇女参与立法协商和协商民主，推动将性别平等纳入法律、法规和政策的制定与执行，在妇女权益保障法、反家庭暴力法等法律制定和修订中，积极推动立法体现性别平等原则。妇女组织是基层社会治理的重要力量。近年来，妇联组织依托村级组织和社区活动场所建立70余万个"妇女之家"，在密切联系和服务妇女群众、参与基层社会治理中发挥了重要作用。其他妇女组织也积极参与民主管理和民主监督。

六 妇女与环境

中国重视营造促进性别平等的社会文化环境，创造健康安全的自然环境，倡导平等和谐的文明家风，为妇女的生存发展创造良好条件。妇女在社会文化培育、生态环境保护和家庭建设中的独特作用日益凸显。

营造尊重妇女和两性平等发展的社会环境。各级党政部门、妇联组织及其他社会组织通过宣传倡导、教育培训、座谈研讨等多种形式，全方位、多渠道宣传男女平等基本国策，提升全社会性别平等意识。各级党政领导带头宣讲国策，发表署名文章，作专题报告，表明促进性别平等的意愿和行动。制定促进两性和谐发展的文化和传媒政策，禁止性别歧视。加强对传媒的正面引导和管理，培训媒体从业者，增强性别平等意识。完善传媒监管机制，监督新闻媒体和广告经营者严格自律，禁止在媒体中出现贬抑、否定妇女独立人格的歧视现象。大力宣传妇女在经济社会发展中的积极贡献。妇女在媒体领域发挥了重要作用，截至2014年底，持有新闻记者证的女性采编人员比例为44.1%。

妇女的精神文化生活日益丰富。公共文化服务体系建设注重面向妇女群体，满足妇女的精神文化需求。全国范围内免费开放博物馆、美术馆、公共图书馆、文化馆和文化站等文化场所，不断发展数字图书馆，妇女的文化生活资源更加丰富。大力推动信息通信技术发展，为妇女文化交流与创新提供了新平台，截至2014年12月，中国女性网民共有2.83亿，占网民总数的43.6%。妇女休闲方式和内容更加多元。开展"亿万妇女健身活动"，妇女健身活动规模不断扩大。最新一期中国妇女社会地位调查显示，有55.2%的女性主动参加体育锻炼。

妇女生活环境得到明显改善。《中国妇女发展纲要（2011—2020年）》提出改水改厕等与妇女生产生活密切相关的主要目标。目前，全国农村卫生厕所普及率由2000年的40.3%提高到2013年的74.1%，农村改水受益人数累计达9亿，改水累计受益率达95.6%，农村自来水普及率由2000年的55.2%提高到2013年的76.4%，改善了妇女生产生活环境，减轻了生产生活负担。重视发挥妇女在生态文明建设中的作用。更多妇女进入环保领域，为保护生态环境、应对气候变化、维护能源资源安全作出了积极贡献。全国人大环境与资源保护委员会的女委员、各级政府分管环境的女市长和女环保局长人数不断增加。截至2014年底，环境保护部机关女干部比例为31.2%。倡导妇女参与节能减排，践行低碳生活。妇女积极参与环境保护，以女性为主导的环保组织日益增多。

营造和谐、平等的家庭环境。国家人口发展"十二五"规划将促进性别平等、家庭和谐、倡导婚姻自由平等作为主要任务，促进家庭成员的平等发展。一些地方法规对女职工产假、男职工护理假及津贴作出明确规定，支持男女平衡工作与家庭、夫妻共担家庭责任。探索开展妇女与婚姻家庭社会工作，完善妇女社会支持系统。实施"关爱女孩行动"，改变传统男孩偏好的文化习俗。建立健全社会养老服务体系，老年妇女的生活条件得到改善，生活质量不断提高，贫困、丧偶和独居老年妇女得到特殊关照。积极开展"五好文明家庭"和"寻找最美家庭"等家庭文化建设活动，宣传倡导文明家风。20年来，婚姻家庭中的性别平等状况明显改善。最新一期中国妇女社会地位调查显示，夫妻共同决策家庭事务成为趋势，70%以上的妇女参与家庭重大事务决策。越来越多的妇女能够平等分享家庭资源，男女共同分担家务的观念得到更多认同，两性家务劳动时间差距由10年前的150分钟缩短到74分钟。

七 性别平等与妇女发展的法治保障

中国加快建设社会主义法治国家，全面推进依法治国，探索创新中国特色社会主义妇女权益保障机制，形成了以《中华人民共和国宪法》为基础，《中华人民共和国妇女权益保障法》为主体，包括国家各种单行法律法规、地方性法规和政府规章在内的保障妇女权益和促进性别平等的法律体系。

保障妇女权益的法律法规不断完善。20年间，先后制定和修改婚姻法、人口与计划生育法、就业促进法、村民委员会组织法、社会保险法、妇女权益保障法、女职工劳动保护特别规定等20多部法律法规。31个省（区、市）修订妇女权益保障法实施办法。反对针对妇女暴力的立法取得重大进展。29个省（区、市）制定了预防和制止家庭暴力的地方性法规或政策。2015年8月，十二届全国人大常委会第十六次会议对《中华人民共和国反家庭暴力法（草案）》进行第一次审议。2005年修订的妇女权益保障法增加了禁止对妇女实施性骚扰的规定，2012年颁布实施的《女职工劳动保护特别规定》明确要求用人单位应当预防和制止对女职工的性骚扰。2015年8月通过的《中华人民共和国刑法修正案（九）》加强对女性特别是幼女的保护，更加有力地惩处强奸幼女、拐卖妇女儿童的犯罪行为。

保障妇女权益的执法力度不断加大。全国人大常委会重视开展妇女权益保障法等相关法律的执法检查和专题调研，督促各级政府部门严格执法。加大对用人单位和人力资源服务机构的检查力度，依法查处侵害女职工合法权益的劳动保障违法行为，促进妇女平等就业。2013年，国务院发布《中国反对拐卖人口行动计划（2013—2020年）》，进一步完善部门联动协作机制。公安机关坚决打击暴力侵害妇女的违法犯罪行为。2013年，共破获强奸案件25852起，破获拐卖妇女案件4537起。加强国际司法协作，开展国际合作项目，严厉打击跨国跨区域的拐卖妇女儿童犯罪。

妇女权益的司法保护不断加强。法院系统设立专门的妇女维权合议庭、家事审判庭，妥善审理婚姻家庭纠纷案件，保障妇女在情感补偿、财产分割等方面的合法权益。加大对猥亵、侮辱妇女，拐卖妇女，收买被拐卖妇女等侵害妇女人身权益违法犯罪行为的惩治力度，维护妇女人身权益和尊严。鼓励开展反家庭暴力的基层司法实践，探索家庭暴力人身安全保护裁定制度，试点法院从2008年的5个省扩展到目前的14个省。一些地方公安机关建立家庭暴力告诫制度，加大家庭暴力事先防范和及时制止力度。2014年，最高人民法院公布家庭暴力指导案例，规范以暴制暴案件的司法自由裁量权，增强了法律适用统一性。注重发挥妇女在公正司法中的重要作用。2013年，人民陪审员中女性占34.2%；女法官、女检察官比例分别为28.8%、29.3%，比1995年分别增长了12.1%、12.3%。女法官协会、女检察官协会、女律师协会等专业性妇女组织发挥积极作用，维护妇女权益。

加强普法宣传教育，提高性别平等的法律意识。连续实施六个"五年普法规划"，将保障妇女权益的法律法规纳入其中，作为各级各类学校法治教育课程和国家广播、电视、报刊、网络等新闻媒体宣传的重要内容。运用法治宣传教育网络，深入开展促进性别平等的法律进机关、进乡村、进社区、进学校、进企业、进单位的主题活动，努力营造尊重和保障妇女权益的社会氛围。妇联及其他妇女组织针对侵害妇女权益重大事件加强舆情监测和科学研判，及时发声，倡导全社会树立男女平等的价值观念。开展"建设法治中国·巾帼在行动"等活动，引导广大妇女尊法、学法、守法和用法，提高妇女依法维护自身合法权益的意识和能力。

完善多机构合作的妇女维权机制，为妇女提供法律服务。2013年、2014年分别出台《关于进一步推进法律援助工作的意见》和《关于建立完善国家司法救助制度的意见（试行）》，为更多妇女获得法律援助和司法救助提供制度保障。

2014年全国共设立法律援助机构3737个，获得法律援助的妇女达35.2万人，与2000年相比，法律援助机构增长97.7%，获得法律援助的妇女人数增加31万人。支持妇联及其他妇女组织开设妇女维权服务热线、成立维权服务机构等，积极为妇女提供法律帮助与服务。目前，31个省（区、市）的2800多个区（县）开通"12338"妇女维权服务热线，建立妇女维权站、维权岗、家庭暴力投诉站等各类维权服务机构25万个，畅通了妇女维权渠道。

八　性别平等与妇女发展的国际交流合作

中国积极履行性别平等与妇女发展的国际公约和文书，广泛开展妇女领域多边、双边的交流合作，加强与各国妇女组织的友好交往，注重对发展中国家妇女提供技术培训和物资援助，在推动全球性别平等与妇女发展中发挥了重要作用。

认真履行妇女领域国际公约和国际义务。积极签署和批准相关国际公约和国际文书，认真履行公约所载义务，在法律、政策和规划制定中体现《消除对妇女一切形式歧视公约》的精神和原则，持续消除对妇女各种形式的歧视，依法保障妇女人权，积极推动性别平等。2003年和2012年分别提交执行《消除对妇女一切形式歧视公约》履约报告，2006年和2014年接受联合国消除对妇女歧视委员会的审议。2013年接待联合国人权理事会法律和实践中对妇女的歧视问题工作组访华。积极落实《北京宣言》和《行动纲领》及千年发展目标，将其纳入国民经济和社会发展规划及中国妇女发展纲要，努力实现各项目标。截至2014年底，提前完成减少极端贫困与饥饿、消除教育中的两性差距、降低孕产妇死亡率等目标。

积极参与和推动全球及区域性别平等事业。高度重视与联合国机构的联系合作，支持联合国在性别平等和妇女发展领域的积极举措。推动联合国人权理事会通过中国倡议提出的"纪念第四次世界妇女大会暨《北京宣言》和《行动纲领》通过20周年"主席声明。参与联合国妇女署规章制度和行动规划的制定，加大合作力度。积极承办和举办第四次世界妇女大会后续行动的相关会议、妇女与减灾、妇女与可持续发展等国际会议。积极促进区域性别平等，与联合国亚太经社会在亚太地区开展"提高解决性别问题能力、实现联合国千年发展目标"项目。

结合担任 2014 年亚太经合组织东道主，主办妇女与经济论坛。在东盟与中日韩（10+3）框架下，主办东亚性别平等部长级会议。

广泛开展妇女领域的双边交流与合作。将性别平等作为国家交流机制的重要议题，在中美、中法、中俄等国家交流机制中，举办不同主题的妇女论坛、研讨会和中外妇女文化周等活动，进一步增强相互间的友谊与互信。20 年间，中国妇女领域的国际合作项目涉及妇女与健康、妇女与经济、妇女与教育、妇女与决策管理、妇女与环境、妇女与婚姻家庭、反对家庭暴力、减贫减灾等诸多领域。近 10 年，仅全国妇联就争取了百余个国际合作项目。在南南合作中注重对亚非拉发展中国家妇女的技术培训和物资援助，创办中外妇女交流与培训中心或派专家前往指导。近年来，中国向亚洲、非洲、拉丁美洲国家妇女提供多批小额物资援助，帮助她们改善工作和生活条件。

妇女和妇女组织参与国际事务更加活跃。2015 年，中国有女外交官 1695 人，占外交官总数的 30.7%，其中，女大使 12 人、女总领事 19 人、女参赞 132 人，分别占同级外交官的 7.9%、24.4% 和 30.4%。中国妇女组织积极参与联合国有关性别平等与妇女发展重要公约的审议活动，担任联合国《消除对妇女一切形式歧视公约》委员会委员，在《消除对妇女一切形式歧视公约》《北京宣言》和《行动纲领》等国际公约和文书执行情况的审议中，撰写和递交非政府组织影子报告，并就性别平等与妇女发展的相关议题开展形式多样的交流对话活动。

结束语

过去 20 年，伴随着经济社会的快速发展，中国性别平等与妇女发展取得了举世瞩目的成就。

同时，中国也清醒认识到，作为世界上人口最多的发展中大国，受经济社会发展水平和历史文化等因素影响，中国的妇女发展还面临诸多新情况新问题，推进性别平等的任务仍然繁重而艰巨。

在协调推进"四个全面"战略布局的历史进程中，中国将继续贯彻男女平等基本国策，不断健全经济、法律、行政和舆论等政策措施，依法有效保障妇女合法权益，推动性别平等与妇女发展事业取得更大成就。中国愿与其他国家一道，大力支持社会各界在促进性别平等与妇女发展中发挥积极作用，深化和拓展国际交流与合作，为全球平等、发展与和平作出新的贡献。

[《中国性别平等与妇女发展》（2015年9月），中华人民共和国国务院新闻办公室网站，http://www.scio.gov.cn/zfbps/ndhf/2015/document/1449896/1449896.htm]

平等 发展 共享：新中国70年妇女事业的发展与进步

（2019年9月）

前　言

纵观历史，没有妇女解放和进步，就没有人类解放和进步。中国共产党从诞生之日起就把实现妇女解放、促进男女平等写在奋斗的旗帜上。1949年中华人民共和国成立，中国妇女结束了千百年来受压迫、受奴役的历史，当家做了主人。

70年来，中国妇女事业始终与党和国家事业发展紧密相连。在中国共产党领导下，一代又一代妇女为中国的建设、改革与发展开拓进取、贡献力量。在中华民族从站起来、富起来到强起来的伟大飞跃中，中国妇女地位发生了翻天覆地的巨大变化。

党的十八大以来，在习近平新时代中国特色社会主义思想指引下，亿万妇女更加坚定不移地走中国特色社会主义妇女发展道路，平等依法行使民主权利、平等参与经济社会发展、平等享有改革发展成果，主人翁地位更加彰显，半边天力量充分释放，获得感、幸福感、安全感与日俱增。中国妇女事业取得举世瞩目的历史性成就。

为进一步增进国际社会对新中国70年妇女事业发展成就的全面了解，特发表本白皮书。

一　中国高度重视并积极推进妇女事业发展

促进妇女全面发展和男女平等是中国特色社会主义的重要组成部分。中国始终高度重视促进男女平等和妇女事业发展，加强和改进党对妇女工作的领导，建立完善人大立法保障妇女权益、政协协商推动妇女事业发展的工作机制，建立健全政府贯彻落实男女平等基本国策的工作机制，强化妇联组织作为党和政府联系妇女群众桥梁纽带的工作机制，为妇女事业发展提供了强有力的政治保障和制度机制保障。

中国共产党始终坚持和加强对妇女工作的领导。70年来，中国共产党始终坚持男女平等的政治主张，将实现妇女解放和男女平等作为奋斗目标，将妇女事业作为党的事业的重要组成部分。召开第一至第十二次全国妇女代表大会，根据党和国家工作大局，确定妇女运动和妇女工作的方针原则和主要任务，统筹部署和推进妇女工作。进入新时代，党对妇女工作的领导进一步加强。"坚持男女平等基本国策，保障妇女儿童合法权益"写入党的十八大、十九大报告，成为党治国理政的重要理念和内容。2015年，召开历史上第一次中央党的群团工作会议，为推进妇联组织改革，增强妇联组织和妇联工作的政治性先进性群众性，做好新时代妇女工作指明了方向。中国共产党始终把妇女事业放在中国改革开放和现代化建设的重要位置，在出台法律、制定政策、编制规划、部署工作时充分考虑两性的现实差异和妇女的特殊利益；推动完善保障妇女合法权益的法律体系，为促进男女平等和妇女全面发展构筑坚固的法律屏障；把促进妇女发展纳入国民经济和社会发展总体规划，加强顶层设计和长远规划；把新时代经济社会发展同促进妇女全面发展紧密融合，使妇女事业更具时代性。

建立完善人大立法保障妇女权益的工作机制。全国人民代表大会制度是坚持党的领导、人民当家作主、依法治国有机统一的根本政治制度安排。全国人大及其常委会在认真履行立法、监督等职责过程中，高度重视保障妇女权益、促进妇女发展。先后设立妇女儿童专门小组、内务司法委员会工青妇室、社会建设委员会工青妇室，积极宣传贯彻男女平等的宪法原则，在立法审议和法律监督中重视采纳妇联组织和妇女群众的意见，就妇女权益保障法及相关法律开展执法检查，听取情况报告，组织专题调研，切实依法保障妇女合法权益。

专栏1：男女平等基本国策的核心要义

男女平等基本国策是促进妇女与经济社会同步发展、男女两性平等发展、妇女自身全面发展的一项带有长远性和根本性的总政策，其核心要义是重视和发挥妇女在经济社会发展中的主体地位和作用，推动妇女与经济社会同步发展；在承认男女现实差异的前提下倡导男女两性权利、机会和结果的平等，依法保障妇女合法权益；从法律、政策和社会实践各方面消除对妇女一切形式歧视，构建以男女平等为核心的先进性别文化；将性别平等意识纳入决策主流，切实在出台法律、制定政策、编制规划、部署工作时充分考虑两性的现实差异和妇女的特殊利益。

建立完善政协协商推动妇女事业发展的工作机制。中国人民政治协商会议是中国共产党领导的多党合作和政治协商的重要机构。政协全国委员会先后设有妇女组、妇女青年委员会、妇青和法制委员会、社会和法制委员会等工作机构，对涉及妇女发展的重点难点问题提出建议，办理涉及妇女权益的提案。妇联界别作为政协全国委员会目前设置的34个界别之一，组织协商座谈，开展专题调研，提交提案建议，在政治协商、民主监督、参政议政中持续推进妇女发展和男女平等。

建立健全政府贯彻落实男女平等基本国策的工作机制。1990年成立国务院妇女儿童工作协调委员会，1993年更名为国务院妇女儿童工作委员会，成员单位由成立之初的19个增加到目前的35个（图1）。国务院妇女儿童工作委员会依据法定职能开展工作，负责组织、协调、指导和督促有关部门做好保障妇女权益、促进男女平等和妇女发展的相关工作。委员会下设办公室，配有专职工作人员和专项工作经费。全国县级以上政府和新疆生产建设兵团均成立了相应工作机构，形成了纵向贯通、横向联动、协同配合的组织工作体系。国民经济和社会发展总体规划、部门专项规划将促进妇女发展作为重要方面。《中华人民共和国国民经济和社会发展第十二个五年规划纲要》《中华人民共和国国民经济和社会发展第十三个五年规划纲要》设立专门章节，对促进妇女全面发展作出规划部署。国家人权行动计划、中国反对拐卖人口行动计划等明确提出保障妇女权益的目标任务。1995年以来，中国连续颁布三个周期的中国妇女发展纲要，提出不同时期妇女事业发展的目标任务；2019年，启动了新一周期的纲要编制工作。建立完善性别统计制度，发布中国妇女发展纲要统计监测报告，定期开展中国妇女社会地位调查，出版《中国社会中的女人和男人：事实和数据》《中国妇女儿童状况统计资料》等。

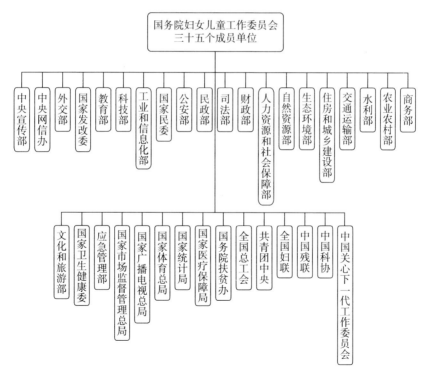

图1 国务院妇女儿童工作委员单位构成

建立健全妇联组织作为党和政府联系妇女群众桥梁纽带的工作机制。全国妇联是各族各界妇女为争取进一步解放与发展而联合起来的群团组织，是中国共产党领导下的人民团体，目前已形成由全国、省（区、市）、市（地、州）、县（市、区）、乡镇（街道）、村（社区）六级妇联组织，机关事业单位、社会组织的妇女委员会或妇女工作委员会，以及团体会员构成的组织体系（图2），同时，新领域新业态新阶层新群体中的妇联组织覆盖不断拓展。在党的领导下，妇联组织依照章程，切实担负团结引导各族各界妇女听党话、跟党走的政治责任，切实履行代表和维护妇女权益、促进男女平等和妇女全面发展的基本职能。围绕党和国家工作大局，广泛深入宣传党的理论路线方针政策，团结引导广大妇女坚定不移走中国特色社会主义妇女发展道路，充分发挥在社会生活和家庭生活中的独特作用，为中国特色社会主义事业建功立业。全国妇联作为成员单位参与中央农村工作领导小组、中央精神文明建设指导委员会、中央全面依法治国委员会守法普法协调小组、国务院扶贫开发领导小组和国务院就业工作领导小组等的工作，反映妇女利益诉求，代表妇女参与国家和社会事务的民主决策、民主管理和民主监督。全国妇联牵头成立"双学双比"和"巾帼建功"活动领导小组、"五好文明家庭"创建活动协调小组、维护妇女儿童权益暨平安家庭创建协调机制等，通过跨部门合作共同推动妇女事业发展。党的十八大以来，妇联组织通过改革创新，进一步增强政治性先进性群众性，充分发挥党开展妇女工作最可靠、最有力的助手作用，坚持用中国特色社会主义共同理想凝聚妇女，建立直接联系服务妇女群众长效机制，有效开展引领、服务、联系妇女群众工作。团结引领其他妇女组织，共同服务妇女群众，推动男女平等和妇女事业发展。

二 保障妇女权益的法治体系不断完善

妇女权益是基本人权。中国把保障妇女权益纳入法律法规，上升为国家意志，内化为社会行为规范。新中国成立伊始，中国共产党组织制定实施一系列法律法规提高妇女地位。改革开放40多年来，中国不断强化男女平等的法治保障，将保障妇女权益贯穿于科学立法、严格执法、公正司法、全民守法各环节，在建设社会主义法治国家、法治政府、法治社会进程中，推动妇女权益保障水平不断迈上新台阶。

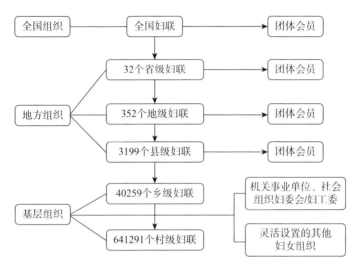

图2　妇联组织体系结构图

保障妇女权益的法律体系不断完善。《中华人民共和国宪法》作为国家根本大法，始终坚持男女平等原则。1954年第一部宪法规定了妇女在政治、经济、文化、社会和家庭生活各方面享有同男子平等的权利，并在历次修改中一以贯之。2004年，"国家尊重和保障人权"写入宪法修正案，奠定了妇女人权保障基石。1950年，新中国第一部法律——《中华人民共和国婚姻法》确立了婚姻自由、一夫一妻、男女权利平等的婚姻制度。改革开放40多年来，伴随中国特色社会主义民主法治进程，中国制定和修订《中华人民共和国全国人民代表大会和地方各级人民代表大会选举法》《中华人民共和国刑法》《中华人民共和国婚姻法》《中华人民共和国母婴保健法》《中华人民共和国劳动法》《中华人民共和国就业促进法》《中华人民共和国劳动合同法》《中华人民共和国农村土地承包法》《中华人民共和国村民委员会组织法》等法律法规，都鲜明体现了男女平等原则。1992年制定实施的《中华人民共和国妇女权益保障法》，是中国第一部促进男女平等、保障妇女权益的基本法，具体规定了妇女的政治权利、文化教育权益、劳动权益、财产权益、人身权利和婚姻家庭权益。2005年修订妇女权益保障法，确立了男女平等基本国策的法律地位，并将"劳动权益"修订为"劳动和社会保障权益"。党的十八大以来，保障妇女权益立法取得新突破。2015年出台《中华人民共和国反家庭暴力法》，设立家庭暴力告诫、强制报告、人身安全保护令和紧急庇护四项制度；同年，刑法修正案（九）废除嫖宿幼女罪，加大保护幼女人身权利。70年来，中国逐步形成并完善了以宪法为基础，以妇女权益保障法为主体，包括100多部单行法律法规在内的保障妇女权益的法律体系。

专栏2：中华人民共和国宪法（节选）

第四十八　中华人民共和国妇女在政治的、经济的、文化的、社会的和家庭的生活等各方面享有同男子平等的权利。

国家保护妇女的权利和利益，实行男女同工同酬，培养和选拔妇女干部。

保障妇女权益的法律实践深入推进。建立保障妇女权益的跨部门合作机制，严厉查处打击强奸、拐卖、家庭暴力等侵害妇女权益的各种违法犯罪行为。自1997年起，全国人大常委会多次开展专题执法检查，推动妇女权益保障法的有效落实。各地法院普遍设立妇女维权法庭（合议庭），在审理涉及妇女权益的案件中贯彻男女平等原则，依法保护妇女合法权益，努力让妇女群众在司法案件中感受到公平正义。党的十八大以来，全面依法治国各领域广泛践行性别平等和性别公正理念。推行家事审判方式和机制改革，确立人性化审判理念，强化妇女权益的司法保障。在推进网络安全立法、加强备案审查、行政执法、刑事执行、公共法律服务等方面，不断扩大妇女权益的保障范围。逐步完善法律援助和司法救助制度，2018年获得法律援助的妇女达36.1万人次。

保障妇女权益的法治宣传深入普及。将保障妇女权益的法律知识、法治精神、法治文化纳入全民普法规划。从1986年开始实施的"一五"普法规划到2016年实施的"七五"普法，始终把提升妇女法治意识和法治素养，提升妇女参与法治实践能力作为重要任务，坚持妇女普法宣传与弘扬社会主义核心价值观相结合，坚持普法宣传与依法维护妇女权益相结合，坚持经常性普法与每年"三八"国际妇女节等重点普法相结合，坚持运用传统媒体普法与新兴媒体普法相结合，坚持普法宣传与激发妇女主体活力相结合。深入开展法治宣传进机关、进乡村、进社区、进学校、进企业、进单位主题活动，推动以男女平等为核心的法治文化入脑入心、见行见效。加强面向各级领导干部的法治宣传，推动党政领导干部在决策管理和公共服务中坚持男女平等原则，在法律政策制定和实施中体现妇女利益需求。加强面向法律工作者的法治宣传，促进严格执法、公正司法，推进法律法规实施中的男女平等。加强面向妇女群众的法治宣传，将法律知识和法律服务送到妇女群众身边，引导妇女尊法学法守法用法。加强面向家庭的法治宣传，引导家庭成员崇德守法，树立男女平等、尊老爱幼的文明风尚。

法规政策性别平等评估机制创新建立。依据《中华人民共和国立法法》备案审查制度和程序规定，创建源头保障妇女权益、促进男女平等发展新机制。2012—2018年，全国30个省（区、市）建立了法规政策性别平等评估机制，将男女平等价值理念引入法规政策的制定、实施和监督各环节，加强政策法规制定前研判、决策中贯彻、实施后评估的制度化建设，进一步体现了新时代妇女群众的意志和期盼，进一步丰富了新时代科学立法和民主立法的生动实践。

妇女和妇女组织在法治建设中的作用日益彰显。参与立法决策的女性比例不断提高，在国家民主法治建设中的影响力显著增强。妇女参加政府机构决策管理的人数不断增加，目前中央机关及其直属机构新录用公务员中的女性比例超过一半，地方新录用公务员女性占比四成以上，成为法治中国建设的重要力量。特别是司法机关女性比例显著提升，2017年，女检察官占检察官总数的32.6%，比改革开放初期的1982年提高23.6个百分点；女法官占法官总数的32.7%，比1982年提高21.7个百分点。妇联组织认真履行法定职责，通过参与人大常委会和专委会、向人大会议和政协会议提交议案建议提案等方式，代表妇女群众参与法律政策的制定，监督法律政策的实施。近5年，妇联组织推动并参与反家庭暴力法、"全面两孩"配套措施等法律政策的制定修订，对80余件国家法律政策及3000多件地方法规政策建言献策。探索建立促进女性公平就业约谈机制，预防和纠正就业中的性别歧视。定期发布维护妇女合法权益优秀案例，引导全社会形成尊重关爱妇女的良好氛围。以"建设法治中国·巾帼在行动"为主题开展普法宣传，为妇女群众提供法律咨询和服务。妇女群众的法治意识日益增强，在民法总则等法律法规公开征求意见中，积极表达利益诉求、提出意见建议，为法治中国建设献计献策。

三 妇女在经济社会发展中的半边天作用日益彰显

妇女是国家的重要建设者。中国制定实施劳动法、就业促进法、劳动合同法、农村土地承包法等法律法规，充分保障妇女的经济权益特别是平等就业权利，实行男女同工同酬，消除就业性别歧视。党的十八大以来，中国更加重视促进男女平等就业，推动妇女实现更高质量、更加充分就业，妇女参与经济社会建设的热情更加高涨，半边天作用更加凸显。

妇女在脱贫攻坚中充分参与、广泛受益。中国高度重视妇女扶贫脱贫。《中国农村扶贫开发纲要（2011—2020年）》《中国妇女发展纲要（2011—2020年）》等都将缓解妇女贫困程度、减少贫困妇女数量作为优先事项，保障贫困妇女的资源供给，帮助、支持贫困妇女实施扶贫项目。党的十八大以来，中国在脱贫攻坚中更加重视妇女的参与和受益。2018年《中共中央 国务院关于打赢脱贫攻坚战三年行动的指导意见》提出，将贫困地区妇女宫颈癌、乳腺癌（简称"两癌"）检查项目扩大到所有贫困县。实施"贫困母亲'两癌'救助""母亲安居工程""母亲健康快车"等公益慈善项目，帮助患病贫困妇女、贫困单亲母亲等改善生存发展状况。开展全国家政服务劳务对接扶贫行动、"百城万村"家政扶贫行动，帮助农村建档立卡贫困妇女实现就业。妇联组织大力实施"巾帼脱贫行动"，围绕立志脱贫、能力脱贫、创业脱贫、巧手脱贫、互助脱贫、健康脱贫、爱心助力脱贫七项重点任务，积极探索"连环扶贫""小额信贷扶贫""基地＋贫困妇女"等扶贫模式，助推妇女精准脱贫。按照现行农村贫困标准，截至2018年底，全国农村贫困人口从2012年的9899万减少到1660万，贫困发生率从2012年的 10.2% 下降至 1.7%，减少的贫困人口中约一半为女性。

保障平等土地权益调动农村妇女生产积极性。从土地改革、农村家庭联产承包到农村承包地确权登记颁证与农村土地"三权分置"，中国始终重视从法律制度上保障妇女土地权益。2014年起，开展农村承包地确权登记颁证，明确要求将农村妇女土地承包经营权记载到权属证书上，广大农村妇女实现了"证上有名、名下有权"。2018年修订的农村土地承包法明确规定，农户内家庭成员依法平等享有承包土地的各项权益，确保农村妇女平等享有土地承包经营权。2016年，中共中央、国务院印发《关于稳步推进农村集体产权制度改革的意见》，明确提出切实保护农村妇女的合法权益。2018年，民政部、中央组织部、全国妇联等七部门联合发布《关于做好村规民约和居民公约工作的指导意见》，要求纠正与法律政策规定、性别平等原则相冲突的村规民约。农村妇女的土地权益和经济利益得到有效保障，她们踊跃投入乡村振兴，积极为农业农村现代化建设做贡献。

加强劳动保护激励女职工岗位建功。中国高度重视从制度上保障女职工劳动保护各项权利。从1988年颁布《女职工劳动保护规定》到2012年《女职工劳动保护特别规定》出台，女职工劳动保护程度不断提高。越来越多的企业重视女职工劳动保护。2017年落实女职工劳动保护的企业占比71.2%，比2002年提高35.2个百分点。截至2017年9月，全国共签订女职工权益保护专项集体合同136.6万份，覆盖女职工近8000万人；建立女职工休息哺乳室的基层企事业工会近30万个，覆盖女职工1849.4万人。编发《促进工作场所性别平等指导手册》，推动用人单位贯彻落实法律法规，维护女职工合法权益和特殊利益。各项劳动保护工作深入推进，为女职工参与经济社会发展创造了条件。各行各业女职工以高度的主人翁责任感和历史使命感，在国家经济发展和社会进步中发挥着越来越重要的作用。

全社会就业人员中女性占比超过四成。新中国成立初期，广大妇女积极投身恢复国民经济和发展社会生产热潮，成为新中国工业化建设的重要力量。改革开放40多年来，随着国家经济社会快速发展，妇女就业选择更加多元，创业之路更加宽广，就业和创业人数大幅增加。2017年，全国女性就业人数3.4亿，比1978

年翻了一番（图3）。中国政府实施鼓励妇女就业创业的小额担保贷款财政贴息政策，2009—2018年全国累计发放3837.7亿元，中央及地方落实财政贴息资金408.6亿元，获贷妇女656.9万人次，妇女就业创业得到大力支持。2017年全国妇联举办中国妇女创业创新大赛，吸引56万妇女参与，激发妇女的创业精神和创新活力。妇女成为大众创业、万众创新的重要力量。

妇女就业领域极大拓展。在社会主义现代化建设进程中，妇女生产力不断释放，就业领域更加广泛。2010年，妇女从事第二、第三产业的比例为46.8%，比改革开放初期的1982年提高24.8个百分点。党的十八大以来，中国实行就业优先战略，积极推动男女平等就业。2019年，人力资源社会保障部等九部门印发《关于进一步规范招聘行为促进妇女就业的通知》，明确了不得实施的六种就业性别歧视行为，建立健全多部门联合约谈、市场监管、司法救济三条救济渠道，为保障妇女平等享有就业权提供有力支持。2017年，公有经济企事业单位女性专业技术人员1529.7万，占比48.6%，比1982年提高9.5个百分点。妇联组织培养巾帼电商带头人10万多名，辐射带动1500多万妇女增收致富，初步形成"互联网+女性创业"的服务体系，使妇女不出户、不出村就能享受到便捷高效的就业服务，互联网领域创业者中女性达到55%。

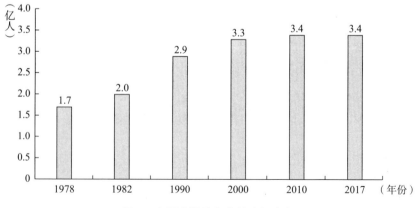

图3　全国女性就业人数（亿人）

各行各业优秀女性大量涌现。中国尊重妇女主体地位，发挥妇女聪明才智，拓宽妇女就业创业渠道，加强就业服务培训，支持妇女在国家建设中建功立业。各级妇联组织表彰了一大批三八红旗手、三八红旗手标兵和三八红旗集体。各级工会组织大力表彰五一巾帼标兵岗和五一巾帼标兵。改革开放40多年来，妇女参与经济社会发展的能力显著增强，在政治、经济、科技、教育、文化、卫生等各条战线展现巾帼风采、贡献巾帼力量。比如，屠呦呦为中药和中西药结合研究做出了卓越贡献，是中国首位获得诺贝尔奖的女科学家，是中国妇女的杰出代表。

四　妇女政治地位显著提高

中国重视保障妇女与男子平等的政治权利。新中国成立之初，就从法律上规定了男女享有平等的选举权、被选举权和管理国家事务的权利。改革开放40多年来，中国特色社会主义民主政治不断完善，为妇女参政提供了新机遇、拓展了新渠道。党的十八大以来，在推进国家治理体系和治理能力现代化进程中，妇女参与国家和社会事务管理的水平全面提升，在民主政治建设中的作用日益增强。

中国共产党作为执政党，一贯重视培养选拔女干部、发展女党员。20世纪90年代以来，历次党代会报告都明确要求重视培养选拔女干部。党的十九大报告强调，要统筹做好培养选拔女干部、少数民族干部和党外干部工作。通过召开专题会议、制定政策文件、明确目标要求等措施，持续加大培养力度，不断提高女干部和女党员比例。2017年，全国党政机关女干部人数从改革开放初期的42.2万增加至190.6万，占干部总数的26.5%。2017年，中央机关及其直属机构新录用公务员中女性比例达到52.4%；地方新录用公务员中女性比例达到44%。2018年全国事业单位领导班子成员中，女性比例为22.2%，比2015年提高1.6个百分点。2018年，女党员占党员总数的27.2%，比1956年提高16.7个百分点。党代会代表中的女性比例逐步提升，党的十九大代表中的女性占比24.2%，比1956年党的八大提高14.9个百分点。

人大代表和政协委员中女性比例逐步提升。重视发挥妇女在人民代表大会、人民政治协商会议中的作用，是中国的一贯主张。选举法明确规定，全国人民代表大会和地方各级人民代表大会应当有适当数量的妇女代表，并逐步提高妇女代表的比例。《中国妇女发展纲要（2011—2020年）》《国家人权行动计划（2016—2020年）》要求，逐步提高女性在各级人大代表、政协委员中的比例。第十三届全国人民代表大会女代表比例达到24.9%，比1954年第一届提高12.9个百分点。政协第十三届全国委员会女委员比例达到20.4%，比1949年第一届提高14.3个百分点。

妇女参与基层民主管理更加广泛。积极推动基层民主建设进程，适时制定修订中国共产党农村基层组织工作条例、居民委员会组织法、村民委员会组织法等法律法规，推动村规民约、居民公约修订完善，为妇女广泛参与基层民主管理提供了坚实的制度保障。20世纪80年代以来，村民自治制度的建立发展为农村妇女参与基层民主管理提供了重要保障和条件。2017年，村委会成员中女性比例为23.1%，比2000年提高7.4个百分点。妇女在居委会中的人数比例始终保持较高水平，2017年居委会成员中女性比例为49.7%，居委会主任中女性比例为39.9%。妇女参与企业民主管理比例稳步提升，2017年，工会女会员占比38.3%，企业职工董事和职工监事中女性比例分别为39.7%和41.6%。

妇女和妇女组织在民主政治建设中的作用越来越大。妇女参与国家和社会事务管理的途径更加多元，渠道更加畅通。人大女代表、政协女委员认真履职，为国家经济社会发展和妇女事业建言献策。各级党政机关女干部立足岗位，为贯彻落实男女平等基本国策、促进妇女发展恪尽职守。广大妇女民主参与意识不断提高，利用各类平台对国家和社会事务提出建议、表达诉求。妇联组织积极履行代表妇女参与国家和社会事务管理的职责，参与有关法律法规和政策的制定、参与协商民主、参与社会治理和公共服务。党的十八大以来，妇联改革使一大批有热心、有专长、有影响力的妇女骨干进入各级妇联特别是基层妇联工作队伍，乡、村两级妇联执委达到770多万，在基层治理中发挥了重要作用。

五 妇女受教育水平显著提升

中国通过制定实施法律法规赋予妇女同男子平等的受教育权利。在坚持优先发展教育、持续实施教育惠民政策、缩小城乡教育差距、积极推进教育公平的历史进程中，妇女受教育状况不断改善，受教育水平大幅提升。

扫除妇女文盲成果斐然。新中国成立之初，妇女文盲率远远高于男性。1949年第一次全国教育工作会议提出，要在全国范围内进行识字教育、扫除文盲。1956年中国发布《关于扫除文盲的决定》，再次明确扫盲工作目标。20世纪50年代开展的三次扫盲运动，帮助1600万名妇女脱盲。改革开放后，中国持续开展扫盲工作，到1993年累计扫除妇女文盲1.1亿。1995年以来，中国政府颁布实施三个周期的中国妇女发展纲要，始终把扫除妇女文盲、提高妇女识字率作为主要目标，把扫除农村妇女文盲作为重点。全国15岁及以上女性人口文盲率由新中国成立前的90%降至2017年的7.3%，实现历史巨变。

九年义务教育基本消除性别差距。在大力扫除妇女文盲的基础上，中国高度重视保障女童接受基础教育的权利和机会。制定出台《中华人民共和国义务教育法》等法律和政策，不断加大义务教育投入，重点向农村地区倾斜，通过设立中小学助学金、制定女童专项扶助政策、实施"春蕾计划"和"希望工程"等助学项目，大大增加了农村女童受教育的机会。党的十八大以来，大力推进城乡义务教育一体化发展，补齐农村义务教育短板，农村女童接受教育的机会更多。2017年，女童小学净入学率达到99.9%，与男童完全相同；普通小学和普通初中在校生中女生比例分别达到46.5%和46.4%，比1951年分别提高18.5和20.8个百分点。义务教育阶段基本实现男女平等。

妇女接受高中阶段和高等教育水平实现历史新高。中国高度重视教育发展，女性接受高中阶段和高等教育的机会不断增加。改革开放40多年来，大力普及高中阶段教育，加大中西部贫困地区扶持力度，实行家庭经济困难学生资助政策，女性接受高中阶段教育的机会显著增多。2017年，高中阶段教育毛入学率达到88.3%，高中阶段教育在校女生占在校生总数的47.7%，其中普通高中在校生中女生比例已达50.9%。1998年颁布《中华人民共和国高等教育法》，不断扩大高等教育规模，推行助学贷款制度，设立助学奖学金，为更多女性接受高等教育创造了条件。2017年，普通高等学校本专科在校女生占在校生总数的比例已达52.5%，比1978年提高28.4个百分点，比1949年提高32.7个百分点（图4）；女研究生占研究生总数的比例已达48.4%，比1985年提高29.8个百分点。

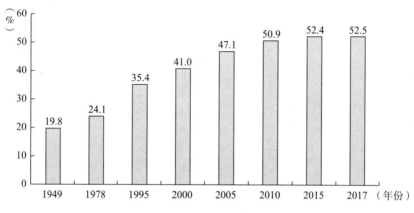

图4　普通高等学校本专科在校女生比例（％）

　　妇女接受职业教育和继续教育人数大幅增加。中国不断完善职业教育法律政策，逐步建立健全职业教育体系，妇女接受职业教育的机会不断增加。1996年《中华人民共和国职业教育法》颁布，提出国家采取措施帮助妇女接受职业教育。党的十八大以来，中国更加重视职业教育发展。2019年颁布《国家职业教育改革实施方案》和《高职扩招专项工作实施方案》，扩大高等职业教育招生规模，提升职业教育现代化水平，为妇女接受职业教育提供了新机遇。2017年，中等职业教育在校女生占在校生总数的42.9%。改革开放40多年来，继续教育得到长足发展，成为妇女获得知识、增长技能、提高素质的重要渠道，妇女参加高等学历继续教育的人数和比例逐年上升。2017年，全国成人本专科在校女生占在校生总数的58.8%，比1988年提高27.3个百分点；网络本专科在校女生占在校生总数的47.3%。此外，妇女还广泛参与各级各类非学历继续教育。

　　女童平等接受学前教育取得成效。新中国成立初期，在机关单位、工矿企业、街道、公社建立幼儿园。1992年国务院颁布实施《九十年代中国儿童发展规划纲要》，提出3—6岁幼儿入园率达到35%。从2011年开始，中国连续实施三期学前教育三年行动计划，解决入园难问题。《中国妇女发展纲要（2011—2020

年）》提出，学前教育毛入学率达到70%，女童平等接受学前教育。2018年，中共中央、国务院印发《关于学前教育深化改革规范发展的若干意见》，要求推进学前教育普及普惠安全优质发展。2017年，3—6岁儿童毛入园率为79.6%，全国接受学前教育的幼儿达4600万，其中女童占比46.7%。

六　妇女健康状况极大改善

妇女儿童健康是全民健康的基石。中国高度重视发展妇幼保健事业，将保障妇女儿童健康纳入国家战略，不断完善妇幼健康法规政策体系。建立覆盖城乡的三级妇幼健康服务网络，大力实施妇幼卫生项目，为妇女提供全生命周期的健康服务，不断提高妇幼卫生服务的公平性、均等化，妇女健康状况显著改善。

妇幼健康法律法规和政策体系不断完善。新中国成立之初，把妇幼健康作为卫生健康事业重要内容，积极推进妇幼保健工作。改革开放40多年来，中国颁布实施母婴保健法等法律法规，将妇幼健康事业纳入经济社会发展总体规划。国家"十三五"规划纲要、"健康中国2030"规划纲要、中国妇女发展纲要和中国儿童发展纲要等，都提出明确的妇幼健康目标措施，将妇幼健康核心指标纳入各级政府目标考核，强化政府主体责任。

中国特色妇幼健康服务网络不断加强。中国致力于加强妇幼卫生机构建设。自1950年起，在城乡逐步建立以妇幼保健机构为核心、以基层医疗卫生机构为基础、以大中型综合医院专科医院和相关科研教学机构为支撑，具有中国特色的妇幼健康服务网络。改革开放40多年来，中国持续加大基层妇幼保健网络投入，不断完善妇幼保健服务体系，建立了妇幼卫生年报系统和世界上规模最大的妇幼卫生监测网络。党的十八大以来，妇幼保健网络逐步嵌入覆盖14亿人口的医疗保障网和覆盖城乡的三级医疗保健网，妇幼健康信息化建设不断加强。2018年，全国共有妇幼保健机构3080家、妇产医院807家、妇幼保健工作者近64万人，被世界卫生组织列为妇幼健康高绩效的10个国家之一。

妇幼健康服务公平性、可及性逐步提升。新中国重视保障母婴安全，积极推广新法接生，防治危害妇女身心健康的严重疾病。改革开放40多年来，中国积极推广婚前医学检查，提供全方位孕期保健服务，全面推广普及住院分娩，积极推进产后保健服务，加强孕产妇系统管理，逐步建立起系统规范的孕产妇管理制度和服务模式，有效保障了孕产妇健康。从2000年起，相继实施降低孕产妇死亡率和消除新生儿破伤风、农村孕产妇住院分娩补助、预防艾滋病梅毒乙肝母婴传播、农村妇女"两癌"检查、免费孕前优生健康检查等妇幼重大公共卫生服务项目。2009年起，实施国家基本公共卫生服务项目，人均补助经费由最初的15元提高到2018年的55元，免费提供包括孕产妇健康管理在内的14类基本公共卫生服务。2018年，全国孕产妇住院分娩率为99.9%。截至2018年底，农村妇女"两癌"检查项目为超过8500万名妇女免费提供宫颈癌检查，为2000万名妇女免费提供乳腺癌检查，仅妇联系统救助贫困患病妇女10.22万人。

妇女生殖保健服务不断加强。制定出台法规政策和规划，实施生殖健康项目，不断提高妇女生殖健康水平。20世纪90年代，积极开展以人为本的计划生育优质服务，推进避孕方法知情选择，尊重和保护妇女生殖健康权益。党的十八大以来，中国调整完善生育政策，强化计划生育优质服务。2016年发布《"十三五"卫生与健康规划》，实施免费计划生育技术服务基本项目，普及避孕节育、优生优育和生殖健康知识，提高药具服务的可及性和便捷性，做好再生育技术指导服务，提高生殖健康水平。2018年印发《母婴安全行动计划》《人工流产后避孕服务规范》，开展妊娠风险防范、危急重症救治、质量安全提升、专科能力建设、便民优质服务五大行动，特别是为农村计划怀孕夫妇免费提供健康教育、健康检查等孕前优生服务。开展流动人口计划生育基本公共服务均等化试点，为流动妇女提供孕产妇保健服务。

妇女健康水平持续提高。2015年，妇女平均预期寿命为79.4岁，比1981年提高了10.1岁，比新中国成立时提高了42.7岁。孕产妇死亡率持续降低，提前实现联合国千年发展目标。2018年，全国孕产妇死亡率为18.3/10万，比1990年的88.8/10万大幅下降了79.4%（图5）。城乡差距不断缩小，城市与农村孕产妇死亡率之比从1990年的1∶2.2下降到2018年的1∶1.3。

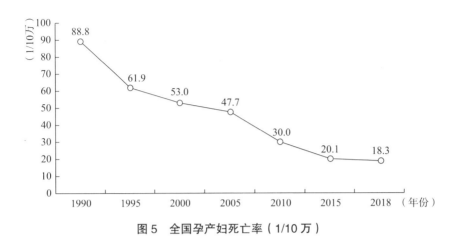

图 5　全国孕产妇死亡率（1/10 万）

七　妇女社会保障水平不断提高

坚持在发展中保障和改善妇女民生。中国加快建设覆盖全民、城乡统筹、权责清晰、保障适度、可持续的多层次社会保障体系，全面实施全民参保计划，全面推进病有所医、老有所养、弱有所扶，各项社会保障实现了制度性覆盖，妇女的获得感、幸福感、安全感持续增强。

妇女生育保障水平大幅提高。积极推进生育保障制度建设，保障妇女生育权益。从 1949 年到 1992 年，相继出台劳动保险条例、公费医疗以及女工产假等政策规定，生育女性享有产假及生育津贴、生育补助和医疗服务费用报销等待遇。1994 年出台《企业职工生育保险试行办法》，对生育保险的筹资、待遇等作出规定，标志着城镇职工生育保险制度的全面推行。2010 年颁布的《中华人民共和国社会保险法》设生育保险专章，将部门规章上升为国家法律，为保障妇女生育权益提供法律依据。党的十八大以来，生育保障制度不断完善。2019 年出台《关于全面推进生育保险和职工基本医疗保险合并实施的意见》，要求整合两项保险基金及管理资源，确保职工生育期间的生育保险待遇不变、确保制度可持续，有利于扩大生育保险覆盖面，使更多生育妇女受益。2018 年，参加生育保险人数达两亿，其中女性 8927 万（图 6）。参加城乡居民基本医疗保险的女性，享受生育医疗费用报销待遇，未就业女性的生育权益得到保障。女职工法定产假由90天延长到98天。各地陆续调整相关法规，设置生育奖励假和配偶护理假，一些地方对相关津贴待遇作出明确规定。

图 6　女性参加生育保险人数（万人）

妇女医疗保障实现制度全覆盖。新中国成立之初，建立了医疗保障制度，机关事业单位和企业分别实行公费医疗和劳保医疗，农村依托集体经济建立农村合作医疗，广大妇女享有不同程度的基本医疗保障。改革开放40多年来，中国逐步建立健全职工基本医疗保险制度、新型农村合作医疗和城镇居民基本医疗保险制度，城乡妇女基本医疗保障实现制度全覆盖。党的十八大以来，多层次的医疗保障体系进一步完善，2016年整合城乡居民医疗保险，增强制度的公平性，完善城乡医疗救助和补充医疗保险制度，使更多妇女享有更公平的医疗保障。2018年，据不完全统计，全国基本医疗保险女性参保人数约为5.4亿。

妇女养老保障水平显著提高。中国建立并不断完善城镇职工养老保险制度，改革开放后，加快建立城镇居民养老保险制度，大力推进新型农村社会养老保险，妇女参保人数和待遇水平实现"从无到有、从少到多、从低到高"的可喜变化。党的十八大以来，养老保障制度更加完善，2014年新型农村养老保险和城镇居民社会养老保险合并为城乡居民基本养老保险，使城乡未就业妇女公平享有基本养老保障。2017年，全国近3.8亿妇女参加了基本养老保险。截至2018年底，全国普遍建立了经济困难的高龄、失能等老年人补贴制度，老年妇女生活得到基本保障。

妇女参加失业保险和工伤保险的人数不断增加。中国高度重视劳动者的就业和保险权益，保障职工的就业、安全与健康。先后实行失业救济制度、国有企业待业保险制度、下岗职工基本生活保障制度以及现行的失业保险制度，在就业领域处于相对弱势的妇女得到基本保障。2017年，全国参加失业保险的女性7950万，比2005年增加3924万；参加工伤保险的女性8594万，比2005年增加5581万。

国家社会救助制度惠及困难妇女。中国建立并逐步完善社会救助制度体系，为困难妇女提供基本生活保障。从计划经济时期的自然灾害救助、城市单位保障和农村集体救助、农村五保供养，到20世纪90年代逐步建立的最低生活保障、特困人员救助供养、临时救助制度等，妇女都能平等享受。党的十八大以来，社会救助体系逐步完善，有效帮助困难妇女共享改革发展成果。截至2018年底，全国城市低保对象中女性占44.8%，农村低保对象中女性占42.0%。

八　妇女在家庭文明建设中发挥独特作用

家庭是社会的细胞。家庭和睦则社会安定，家庭幸福则社会祥和，家庭文明则社会文明。中国始终高度重视家庭建设，注重保障妇女婚姻家庭权利，男女平等的婚姻家庭关系日益巩固。党的十八大以来，更加注重家庭、注重家教、注重家风，更加注重发挥妇女在家庭生活中的独特作用，推动社会主义核心价值观在家庭落地生根，形成爱国爱家、相亲相爱、向上向善、共建共享的社会主义家庭文明新风尚。

建立完善男女平等的婚姻家庭制度。1950年颁布实施婚姻法，从根本上废除了封建婚姻制度对妇女的歧视和压迫，妇女的婚姻家庭生活发生了历史性变革。1954年第一部宪法明确规定妇女与男子在家庭生活方面享有平等的权利，婚姻、家庭、母亲和儿童受国家的保护。历次宪法修改都注重保障妇女平等的婚姻家庭权益。婚姻法修改重申实行男女平等的婚姻制度，倡导维护平等、和睦、文明的婚姻家庭关系，增加禁止实施家庭暴力、家务劳动补偿权和离婚损害赔偿等保障妇女权益的条款。涉及婚姻家庭关系的相关法律法规都强调对妇女权益的保护。2015年出台反家庭暴力法，规定禁止任何形式的家庭暴力，妇女在家庭中的人身权利进一步得到保障。2017年颁布民法总则并启动民法典编纂工作，重视进一步完善男女平等的婚姻家庭制度。2017年，全国妇联、中央综治办、最高人民法院等6部门出台《关于做好婚姻家庭纠纷预防化解工作的意见》，为群众化解婚姻家庭纠纷提供多元、便捷的服务。2018年最高人民法院出台司法解释，破解夫妻共同债务认定标准难题。

建立支持家庭和妇女发展的政策体系。新中国成立后，相继出台涉及婚姻、生育、托幼、养老等与家庭密切相关的政策，机关单位、工矿企业、街道、公社等建立哺乳室、托儿所、幼儿园，解放妇女劳动力，支持妇女广泛参加社会劳动。改革开放40多年来，中国将家庭建设纳入国家经济社会发展总体规划。国家"十二五"规划纲要和国家"十三五"规划纲要都对家庭建设提出明确要求，强调提高家庭发展能力，重视家庭在支撑社会发展、分担社会责任中的作用。中国妇女发展纲要强调男女共担家庭责任，发展面向家庭的公共服务，为夫妻双方兼顾工作和家庭创造条件。2010年印发《国务院办公厅关于发展家庭服务业的指导意见》，全国妇联与人力资源社会保障部共同实施巾帼家政服务培训专项工程，帮助更多夫妻更好地兼顾工作与家庭。持续开展关爱女孩行动，深入推进"婚育新风进万家"活动。2015年，中共中央、国务院印发《关于实施全面两孩政策改革完善计划生育服务管理的决定》，提出构建家庭发展支持体系，建立完善包括生育支持、幼儿养育、老人赡养等在内的家庭发展政策，广泛开展创建幸福家庭活动和新家庭计划，增强家庭抚幼和养老功能，支持女性生育后重返工作岗位，鼓励用人单位制定有利于职工平衡工作与家庭的措施，促进社会性别平等。2019年，国务院办公厅发布《关于促进3岁以下婴幼儿照护服务发展的指导意见》，提出建立健全婴幼儿照护服务的政策法规体系和标准规范体系，为家庭育儿提供政策支持。

统筹协调社会资源支持服务家庭教育。中国高度重视家庭教育工作。1996

年以来，全国妇联、教育部、中央文明办等部门连续发布了五轮家庭教育工作规划。自2010年起，印发《全国家庭教育指导大纲》，出台《关于加强家庭教育工作的指导意见》，在科学指导家庭教育实践中发挥重要作用。家庭教育立法纳入第十三届全国人大常委会立法规划，部分地区出台了家庭教育促进条例。2018年召开全国教育大会，强调全社会要担负起青少年成长成才的责任，发挥家庭作为人生第一所学校、帮助扣好人生第一粒扣子的重要作用，坚持把立德树人作为家庭教育的根本任务，培养孩子的好思想、好品行、好习惯。目前，家庭教育指导服务的专业化、网络化、精细化水平不断提升，指导服务阵地多元化拓展。截至2017年底，共建立各类家长学校42.6万个、培训7086万人次，创办网上家长学校1.7万个、短信微信服务平台6.5万个。越来越多的城乡家庭享受到普惠性、公益性的家庭教育指导服务。

重视发挥妇女在家庭文明建设中的独特作用。中国重视发挥妇女在弘扬家庭美德、树立良好家风方面的独特作用。从20世纪50年代全国城乡普遍开展的"五好家庭"评选活动，到改革开放后开展的具有鲜明时代特征的美好家庭、五好文明家庭、绿色家庭、平安家庭、和谐家庭、文明家庭等各类家庭文明建设活动，广大妇女积极响应参与，推动男女平等、夫妻和睦、尊老爱幼等家庭文化发展，倡导绿色环保、文明健康的生活方式，使家庭成为社会平安与和谐的起点，用榜样力量引领家庭见贤思齐、崇德向善，追求和谐平安幸福生活。党的十八大以来，更加重视发挥家庭在传承美德、涵养家风、立德树人等方面的重要作用。2014年，妇联组织开展寻找"最美家庭"活动以来，广大妇女踊跃参加，推动社会主义核心价值观在家庭落细落小落实，把家教家风家训送到千家万户，以好的家风支撑起好的社会风气。截至2018年底，累计4.85亿人次参与线上线下寻找"最美家庭"活动，涌现出各级各类"最美家庭"380多万户。1997—2018年，表彰全国"五好家庭"8800多户。2016年开始，各级工会女职工组织开展"培育好家风——女职工在行动"主题实践活动。2019年，妇联组织启动实施"家家幸福安康工程"（图7），积极回应广大妇女和亿万家庭新时代的新需求，以小家庭的和谐共建大社会的和谐，推动形成家家幸福安康的生动局面。

新时代家庭关系更加平等和睦文明。70年来，广大妇女摆脱封建婚姻制度束缚，婚姻自主程度大幅提高，婚姻家庭关系中的主体意识和权利意识不断增强。婚姻家庭中的性别平等状况明显改善，夫妻共同决策家庭事务渐成风尚。第三期中国妇女社会地位调查显示，70%以上妇女参与家庭重大事务决策，越来越多的妇女平等分享家庭资源，越来越多的夫妻共担家务、平衡家庭和工作，男女两性家务劳动时间差距逐步缩小。全社会促进男女平等婚姻关系健康发展的法治意识不断提升，尊老爱幼、男女平等、夫妻和睦、邻里团结的思想观念更加深入人心。千千万万个家庭共同促进家庭和睦、亲人相爱、下一代健康成长、老年人老有所养，成为国家发展、民族进步、社会和谐的重要基点。

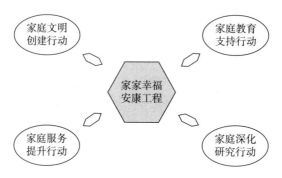

图 7　家家幸福安康工程

九　妇女参与国际交流与合作日益广泛

中国高度重视开展妇女领域的国际交流与合作。大力支持妇女和以妇联为代表的妇女组织积极同世界各国妇女交朋友、建友谊，互鉴学习、共促发展，中国妇女的"朋友圈"越来越大。党的十八大以来，在推动构建人类命运共同体进程中，中国妇女事业实现了引领全球妇女发展的历史性飞跃，为世界妇女运动贡献了中国方案和中国力量。

积极参与和承办国际会议，推动全球妇女发展。新中国成立之初，积极支持妇女组织参加国际民主妇联、举办亚洲妇女代表会议，拉开妇女外交序幕。1975

年、1980年和1985年，中国代表团先后参加第一、第二、第三次世界妇女大会，参与文件制定，发出中国声音。1995年，中国承办联合国第四次世界妇女大会，提出男女平等基本国策，为形成指导全球性别平等的纲领性文件《北京宣言》和《行动纲领》作出重要贡献。2015年，在联合国成立70周年、北京世界妇女大会20周年之际，中国与联合国妇女署共同举办全球妇女峰会，140多个国家元首和政府首脑以及联合国机构、国际组织代表出席会议。中国国家主席习近平主持峰会并发表重要讲话，深刻阐述了促进男女平等和妇女全面发展的中国主张。峰会取得丰硕成果，为落实2030年可持续发展议程注入了新动力，为全球妇女事业发展树立了新的里程碑。

认真履行国际义务，体现大国责任担当。中国积极签署和批准联合国性别平等领域国际文书，全力推动男女平等和妇女发展进程。1980年签署批准《消除对妇女一切形式歧视公约》，认真履行公约义务，按时提交履约报告，接受审议并落实委员会结论性意见。作为联合国妇女地位委员会成员国和第四次世界妇女大会承办国，连续颁布实施中国妇女发展纲要，积极落实《北京宣言》和《行动纲领》十二个关切领域的战略目标，定期提交执行情况国家报告。认真落实联合国千年发展目标，提前完成减少极端贫困与饥饿、消除教育中的两性差距、降低孕产妇死亡率等目标任务。认真落实2030年可持续发展议程，在国别方案中将涉及妇女和女童权能目标列为优先事项，落实部门责任，在多项发展目标上取得积极进展。

开展对话交流，促进互鉴共享。中国高度重视支持妇女领域的对外交流。目前已与145个国家，429个妇女组织、机构以及联合国相关组织和专门机构保持友好交往。中国快速发展为妇女和妇女组织开展国际交流开辟了广阔空间，中国妇女与世界各国妇女的对话交流深度交融，友谊不断加深，合作不断加大。进入新时代，全方位、宽领域、多层次的对外开放为妇女领域的国际交流提供了新机遇。在国家总体外交大局中，以妇联组织为主导的中外妇女对话交流进一步深化。在国家交流机制框架下，建立妇女人文交流机制，举办妇女文化周和妇女交流对话活动，与不同社会制度、文化背景和不同发展水平国家的妇女深入沟通，向世界介绍中国和中国妇女。在中非合作论坛、中国－阿拉伯国家合作论坛、亚太经合组织、二十国集团、上海合作组织框架下举办妇女论坛，支持二十国集团妇女会议机制化建设，推动上海合作组织妇女论坛向机制化方向发展。进一步加强与周边国家、发展中国家妇女和妇女组织的交流合作，增进友谊互信。

开展务实合作，推动共同发展。中国不断加大多领域、全方位国际交流合作，积极促进妇女健康、教育、经济、减贫、环境等领域发展。党的十八大以来，持续开展妇女发展援助项目，支持和帮助广大发展中国家妇女减少贫困、增加就业、改善民生。连续四年向联合国妇女署捐款，为联合国推动性别平等和促进妇女发展提供支持。落实援助发展中国家妇女的承诺，2015－2020年帮助发展中国家实施100个"快乐校园工程"和100个"妇幼健康工程"，邀请3万名妇女来华培训，在当地培训10万名女性职业技术人员。在13个国家建立中外妇女培训（交流）中心，向共建"一带一路"国家提供小额物资援助，帮助当地妇女改善生产生活条件，加强能力建设。2015年以来，全国妇联为98个国家培训了2000多名妇女骨干。

妇女在外交事务中的作用日益彰显。妇女和妇女组织积极参与国际事务。1982年至今，中国代表九次当选联合国消除对妇女歧视委员会委员。中国是联合国维和行动的主要出资国之一，是安理会常任理事国第一大出兵国，参加联合国维和行动的妇女近千人。中国赴南苏丹维和步兵营有一支女战士组成的战斗班，首位外派执行维和任务的女指挥官毛屏被黎巴嫩政府授予"杰出女性奖"。国家外交领域活跃着一批女外交官，截至2018年10月，中国有女外交官2065人，占外交官总数的33.1%，其中女大使14人、女总领事21人、处级以上女参赞326人。妇女在外交事务中充分展示巾帼风采，贡献智慧和力量。

结束语

妇女事业发展的每一步都推动了人类文明进步。新中国成立70年来，中国妇女事业的发展与进步成就辉煌。中国妇女事业的发展与进步历程，就是一部在中国共产党的坚强领导下，亿万妇女为国家富强和民族振兴砥砺前行的奋斗历程，是妇女与经济社会同步发展的历史进程，是男女平等与社会文明进步的融合过程，是中国妇女携手全球妇女共建共享美好世界的文明进程。

中国发展进入了新时代。在更高水平上促进男女平等和妇女全面发展，既面临机遇，又任重道远。中国将在习近平新时代中国特色社会主义思想指引下，始终坚持在发展中保障和改善妇女民生，不忘初心，接续奋斗，促进妇女全面发展，引领亿万妇女为实现"两个一百年"奋斗目标和中华民族伟大复兴的中国梦建功立业。

中国愿与各国加强妇女领域交流合作，为推动构建人类命运共同体、建设更加美好的世界贡献智慧和力量。

[《平等 发展 共享：新中国70年妇女事业的发展与进步》（2019年9月），国务院新闻办公室网站，http://www.scio.gov.cn/zfbps/ndhf/39911/Document/1665432/1665432.htm]

第四部分 中华全国妇女联合会文件

中华全国妇女联合会章程

（中国妇女第十二次全国代表大会部分修改，2018年11月2日通过）

总　则

中华全国妇女联合会是全国各族各界妇女为争取进一步解放与发展而联合起来的群团组织，是中国共产党领导下的人民团体，是党和政府联系妇女群众的桥梁和纽带，是国家政权的重要社会支柱。

中华全国妇女联合会以宪法为根本的活动准则，依照法律和《中华全国妇女联合会章程》独立自主地开展工作。

中国妇女是建设新时代中国特色社会主义的重要力量。中华全国妇女联合会高举中国特色社会主义伟大旗帜，以马克思列宁主义、毛泽东思想、邓小平理论、"三个代表"重要思想、科学发展观、习近平新时代中国特色社会主义思想为行动指南，坚持中国共产党的领导，坚决贯彻党的基本理论、基本路线、基本方略，坚持和发展马克思主义妇女观，贯彻男女平等基本国策，团结、引导广大妇女坚定不移地走中国特色社会主义妇女发展道路，在统筹推进"五位一体"总体布局和协调推进"四个全面"战略布局中发挥积极作用，为实现"两个一百年"奋斗目标、实现中华民族伟大复兴的中国梦而奋斗。

中华全国妇女联合会自觉坚持党中央集中统一领导，增强政治意识、大局意识、核心意识、看齐意识，坚定中国特色社会主义道路自信、理论自信、制度自信、文化自信，坚决维护习近平总书记党中央的核心、全党的核心地位，坚决维护以习近平同志为核心的党中央权威和集中统一领导，坚持改革创新，保持和增强政治性、先进性、群众性，发挥党开展妇女工作最可靠、最有力的助手作用，巩固和扩大党执政的阶级基础和妇女群众基础。

中华全国妇女联合会在新时代担负着团结引导各族各界妇女听党话、跟党走的政治责任，以围绕中心、服务大局为工作主线，以联系和服务妇女为根本任务，以代表和维护妇女权益、促进男女平等和妇女全面发展为基本职能。

第一章　任　务

第一条　组织引导妇女学习贯彻习近平新时代中国特色社会主义思想和党的路线方针政策，用中国特色社会主义共同理想凝聚妇女。

第二条　团结动员妇女投身改革开放和社会主义经济建设、政治建设、文化建设、社会建设和生态文明建设，注重发挥妇女在社会生活和家庭生活中的独特作用，为中国特色社会主义伟大实践作贡献。

第三条　代表妇女参与管理国家事务、管理经济和文化事业、管理社会事务，参与民主决策、民主管理、民主监督，参与有关法律、法规、规章和政策的制定，参与社会治理和公共服务，推动保障妇女权益法律政策和妇女、儿童发展纲要的实施。

第四条　维护妇女儿童合法权益，倾听妇女意见，反映妇女诉求，向各级国家机关提出有关建议，要求并协助有关部门或单位查处侵害妇女儿童权益的行为，为受侵害的妇女儿童提供帮助。

第五条　教育引导妇女树立自尊、自信、自立、自强的精神，提高综合素质，实现全面发展。

宣传马克思主义妇女观，推动落实男女平等基本国策，营造有利于妇女全面发展的社会环境。宣传表彰优秀妇女典型，培养、推荐女性人才。

第六条　教育引导妇女践行社会主义核心价值观，弘扬中华优秀文化，组织开展家庭文明创建，支持服务家庭教育，传承中华民族家庭美德，树立良好家风，推动形成家庭文明新风尚。

第七条　关心妇女工作生活，拓宽服务渠道，创新服务方式，建设服务阵地，发展公益事业，壮大巾帼志愿者队伍，加强妇女之家建设。联系和引导女性社会组织，加强与社会各界的协作，推动全社会为妇女儿童和家庭服务。

第八条　巩固和扩大各族各界妇女的大团结。加强同香港特别行政区、澳门特别行政区、台湾地区和海外华侨华人妇女、妇女组织的交流合作，推进现代化建设和祖国和平统一。

第九条　积极发展同世界各国妇女和妇女组织的友好交往，加深了解、增进友谊、促进合作，积极参与"一带一路"建设，推动构建人类命运共同体，为维护世界和平、促进共同发展作贡献。

第二章　组织制度

第十条　妇女联合会实行全国组织、地方组织、基层组织和团体会员相结合的组织制度。

妇女联合会的地方和基层组织接受同级党组织和上级妇女联合会双重领导。

妇女联合会实行民主集中制。

第十一条　全国和地方妇女联合会的领导机构，由同级妇女代表大会选举产生。

妇女联合会基层组织的领导机构由同级妇女大会或妇女代表大会选举或推选产生。

第十二条　各级妇女代表大会代表名额及产生办法，由各级妇女联合会执行委员会决定。

第十三条　各级妇女联合会执行委员会的产生，应充分体现选举人的意志。选举采取无记名投票方式，可以直接采取差额选举办法进行选举；也可以先采取差额选举办法进行预选，产生候选人名单，再进行等额选举。

第十四条　执行委员应执行妇女大会、妇女代表大会和妇女联合会执行委员会的决议，积极参加妇女联合会的有关活动，密切联系和服务妇女群众，反映妇女需求，努力开展妇女工作。在执行委员会闭会期间，执行委员可随时向常务委员会反映有关妇女工作的情况、问题，提出建议。

第十五条　各级妇女联合会常务委员会、执行委员会根据工作需要，可以增补委员。执行委员中专职妇女工作者离开妇女工作岗位后，其执行委员职务自行卸免，替补人选由执行委员会决定。

第十六条　中华全国妇女联合会，省、自治区、直辖市妇女联合会，设区的市、自治州妇女联合会，县（旗）、自治县、不设区的市和市辖区妇女联合会，地区（盟）妇女联合会，根据工作需要设业务部门。

第三章　全国组织

第十七条　妇女联合会的最高领导机构是全国妇女代表大会和它所产生的中华全国妇女联合会执行委员会。全国妇女代表大会，每五年举行一次，由中华全国妇女联合会执行委员会召集。在特殊情况下，经执行委员会讨论决定，可提前或延期召开。

全国妇女代表大会的职权是：

（一）讨论、决定全国妇女运动方针、任务及重大事项；

（二）听取、审议和批准中华全国妇女联合会执行委员会的工作报告；

（三）修改《中华全国妇女联合会章程》；

（四）选举中华全国妇女联合会执行委员会。

第十八条　全国妇女代表大会闭会期间，中华全国妇女联合会执行委员会贯彻执行全国妇女代表大会的决议，讨论并决定妇女工作中的重大问题和人事安排事项。中华全国妇女联合会执行委员会的全体会议，每年至少举行一次，由常务委员会召集。

第十九条　中华全国妇女联合会执行委员会的全体会议选举主席一人、专兼职副主席若干人、常务委员若干人，组成常务委员会。

第二十条　中华全国妇女联合会常务委员会是执行委员会闭会期间的领导机构，常务委员会讨论决定妇女工作中的重要问题，定期向执行委员会报告工作，接受监督。常务委员会会议每半年举行一次，在特殊情况下，可提前或推迟召开。

中华全国妇女联合会常务委员会下设书记处，由常务委员会推选第一书记和书记若干人组成，主持日常工作。

第四章　地方组织

第二十一条　妇女联合会在省、自治区、直辖市，设区的市、自治州，县（旗）、自治县、不设区的市和市辖区等建立地方组织。

第二十二条　地方各级妇女联合会的领导机构是地方各级妇女代表大会和它所产生的执行委员会。地方各级妇女代表大会，每五年举行一次，由同级妇女联合会执行委员会召集。在特殊情况下，经执行委员会讨论决定，可提前或延期召开。

地方各级妇女代表大会的职权是：

（一）讨论、决定本地区的妇女工作任务；

（二）听取、审议和批准同级妇女联合会执行委员会的工作报告；

（三）选举同级妇女联合会的执行委员会。

第二十三条　地方各级妇女联合会执行委员会在妇女代表大会闭会期间，执行上级妇女联合会的决定和同级妇女代表大会的决议，定期向上级妇女联合会报告工作，讨论并决定本地区妇女工作的重大问题。地方各级妇女联合会执行委员会全体会议，每年至少举行一次，由同级常务委员会召集。执行委员会选举主席一人、专挂兼职副主席若干人、常务委员若干人，组成常务委员会。

第二十四条　地方妇女联合会常务委员会是执行委员会闭会期间的领导机构，常务委员会讨论决定妇女工作中的重要问题，定期向执行委员会报告工作，接受监督。常务委员会会议每半年举行一次，在特殊情况下，可提前或推迟召开。

第五章　基层组织

第二十五条　妇女联合会在乡镇、街道，行政村、社区，机关和事业单位、社会组织等建立基层组织。

第二十六条　乡镇、街道，行政村、社区应当建立妇女联合会。

乡镇、街道，行政村、社区妇女代表大会，每五年举行一次。妇女代表大会选举产生执行委员会，执行委员会全体会议选举主席一人、专兼职副主席若干人，必要时可选举常务委员若干人。

第二十七条　机关和事业单位、社会组织建立妇女委员会或妇女工作委员会。

妇女委员会由本单位妇女大会或妇女代表大会选举产生，每届任期三至五年。妇女委员会全体会议推选主任一人、副主任若干人，负责日常工作。妇女工作委员会委员由妇女代表协商产生。

第二十八条　在居住分散的农村山区、牧区，农、林、渔场，非公有制经济组织，专业市场等女性相对集中的地方应建妇女组织，组织形式从实际出发灵活设置。

第六章　团体会员

第二十九条　企业基层工会女职工委员会及其以上各级工会女职工委员会是妇女联合会的团体会员。

第三十条　凡在民政部门注册登记的以女性为主体会员的各类为社会、为妇女服务的社会团体，自愿申请，承认本章程，经中华全国妇女联合会或当地妇女联合会同意，可成为妇女联合会的团体会员。

第三十一条　妇女联合会应加强同团体会员的联系，帮助和支持团体会员开展工作。团体会员应接受妇女联合会业务指导。

第三十二条　团体会员应履行下列义务：

（一）遵守中华全国妇女联合会章程；

（二）宣传和执行妇女联合会的决议；

（三）向妇女联合会反映妇女情况，汇报工作，提出意见和建议，执行有关工作任务；

（四）向妇女联合会推荐优秀妇女人才。

第三十三条　团体会员享有下列权利：

（一）参加妇女联合会的有关活动；

（二）对妇女联合会的工作提出批评建议；

（三）团体会员的负责人参加或列席同级妇女联合会执行委员会会议。

第七章　妇女联合会的干部

第三十四条　妇女联合会按照干部革命化、年轻化、知识化、专业化的方针，贯彻党管干部原则，坚持德才兼备、以德为先、任人唯贤，坚持信念坚定、为民服务、勤政务实、敢于担当、清正廉洁的好干部标准，建设忠诚干净担当、热爱妇女工作、具备履职能力、受到妇女信赖的妇女联合会干部队伍。

第三十五条　妇女联合会应拓宽干部来源渠道，吸收各方面优秀人才到妇女联合会工作，优化干部队伍结构，增强广泛性、代表性，建设专职、挂职、兼职相结合的符合群团组织特点的高素质干部队伍。

第三十六条　妇女联合会干部应当做到：

（一）政治坚定。带头学习贯彻习近平新时代中国特色社会主义思想，在政治立场、政治方向、政治原则、政治道路上同党中央保持高度一致，坚决执行党的基本路线和方针政策。

（二）勤奋学习。学习法律政策、科学文化和妇女工作业务等知识，不断提高综合素质和实际工作能力，增强群众工作本领。

（三）忠于职守。开拓创新，勇于担当，真抓实干，在组织、引导、服务妇女和维护妇女权益方面，努力做出实绩。

（四）作风扎实。深入调查研究，密切联系妇女，增强群众意识，增进群众感情，反对形式主义、官僚主义、享乐主义和奢靡之风，自觉接受群众监督，全心全意为人民服务。

（五）遵纪守法。严守政治纪律和政治规矩，遵守国家法律法规，依法办事，廉洁奉公。

第三十七条　各级妇女联合会应成为培养和输送女干部的重要基地。应加强干部的培养，重视培训工作，加强培训基地建设。妇女联合会干部应合理流动。妇女联合会应经常向各方面推荐输送优秀女干部，特别要注意培养推荐输送少数民族和年轻女干部。

第三十八条　地方妇女联合会主要负责人应参加或列席同级党委有关工作会议。

乡镇、街道妇女联合会主要负责人可列席同级党委有关会议。

第三十九条　妇女联合会应承担对下一级妇女联合会主席、副主席的协助管理职责。妇女联合会主席、副主席人选应事先征求上一级妇女联合会的意见，选举结果报上一级妇女联合会备案。

县以上妇女联合会主席、副主席任职时间不超过两届。

第八章　经费及财产

第四十条　妇女联合会的行政经费、业务活动和事业发展经费，主要由政府拨款，提供经费保障，列入各级财政预算，并随财政收入的增长或工作需要逐步增加。

第四十一条　各级妇女联合会可依法接纳热心妇女儿童事业的国内外人士及组织的资金和其他物品的捐赠，并依法管理，接受监督。

第四十二条　国家交各级妇女联合会占有、使用的资产受法律保护，任何组织和个人不得侵占、挪用或任意调拨。妇女联合会所属的企事业单位，其隶属关系不得随意改变。

第九章　会徽会旗

第四十三条　中华全国妇女联合会会徽为圆形，由汉字"女"和英文"WOMAN"的第一个字母"W"经艺术造型构成，象征着中华全国妇女联合会和中国妇女的进步、发展，象征着中国妇女和各国妇女的友谊、团结。

第四十四条　中华全国妇女联合会会旗的旗面为红色，左上角缀有黄色会徽。

第四十五条　中华全国妇女联合会的会徽会旗是中华全国妇女联合会的象征和标志，应当按照规定制作和使用。

会徽会旗的制作标准，由中华全国妇女联合会规定。

中华全国妇女联合会会徽会旗，可在妇女联合会办公地点、活动场所、会场悬挂，会徽也可作为徽章佩戴。

第十章　附　则

第四十六条　中华全国妇女联合会英文译名是"All-China Women's Federation"，缩写为"ACWF"。

第四十七条　本章程解释权属于中华全国妇女联合会。

（《中华全国妇女联合会章程》，2018年11月2日，中华全国妇女联合会网站，http://www.women.org.cn/art/2018/11/4/art_946_159084.html）

习近平同全国妇联新一届领导班子成员集体谈话并发表重要讲话（《人民日报》社论）

习近平在同全国妇联新一届领导班子集体谈话时强调
坚持男女平等基本国策 发挥我国妇女伟大作用（2013）

（2013年10月31日）

中共中央总书记、国家主席、中央军委主席习近平31日下午在中南海同全国妇联新一届领导班子成员集体谈话并发表重要讲话。习近平强调，做好党的妇女工作，关系到团结凝聚占我国人口半数的广大妇女，关系到为党和人民事业发展提供强大力量，关系到巩固党执政的阶级基础和群众基础，必须坚持男女平等基本国策，充分发挥我国妇女伟大作用，为实现"两个一百年"奋斗目标、实现中华民族伟大复兴的中国梦而奋斗。

中共中央政治局常委、中央书记处书记刘云山参加谈话。

全国人大常委会副委员长、全国妇联主席沈跃跃介绍了全国妇联新一届领导班子成员。全国妇联副主席、书记处第一书记宋秀岩汇报了中国妇女十一大召开情况和未来5年妇联工作的考虑。全国妇联第十一届领导班子成员分别作了发言。

在听取了她们的发言后，习近平首先代表党中央，对大会取得成功、对全国妇联新一届领导班子表示祝贺，向全国各族各界妇女和广大妇女工作者致以诚挚的问候。

习近平指出，在革命、建设、改革各个历史时期，我们党始终坚持把实现妇女解放和发展、实现男女平等写在自己奋斗的旗帜上，始终把广大妇女作为推动党和人民事业发展的重要力量，始终把妇女工作放在重要位置，领导我国妇女运动取得了历史性成就，开辟了中国特色社会主义妇女发展道路。今天，我们面临的任务更加繁重，面向的目标更加远大，更需要我国广大妇女贡献智慧和力量。

习近平强调，坚持党的领导，紧紧围绕党和国家工作大局谋划和开展工作，这是妇联组织发挥作用的根本遵循，是妇联工作不断前进的重要保障。妇联组织要把工作放到大局中去部署、去开展，把党的主张转化为广大妇女的自觉追求和实际行动。实现党的十八大提出的目标任务，实现中华民族伟大复兴，是党和国家工作大局，也是当代中国妇女运动的时代主题。要牢牢把握这一时代主题，把中国发展进步的历程同促进男女平等发展的历程更加紧密地融合在一起，使我国妇女事业发展具有更丰富的时代内涵，使我国亿万妇女肩负起更重要的责任担当。要坚定不移走中国特色社会主义妇女发展道路，这是实现妇女平等依法行使民主权利、平等参与经济社会发展、平等享有改革发展成果的正确道路。

习近平指出，联系和服务广大妇女是妇联组织的根本任务。做好新形势下妇联工作，一定要把工作重心放在基层。各级妇联组织干部特别是领导干部，要坚持走出机关、走向基层，沉下身子，拓宽工作渠道，创新工作手段，用自己的眼睛看最真实的情况，用自己的耳朵听最真实的声音，帮助广大妇女排忧解难，通过实实在在的服务把党和政府的关怀、妇联"娘家人"的温暖送到广大妇女心中，使妇女工作常做常新、充满活力。

习近平指出，要注重发挥妇女在弘扬中华民族家庭美德、树立良好家风方面的独特作用，这关系到家庭和睦，关系到社会和谐，关系到下一代健康成长。广大妇女要自觉肩负起尊老爱幼、教育子女的责任，在家庭美德建设中发挥作用，帮助孩子形成美好心灵，促使他们健康成长，长大后成为对国家和人民有用的人。广大妇女要发扬中华民族吃苦耐劳、自强不息的优良传统，追求积极向上、文明高尚的生活，促进形成良好社会风尚。

习近平强调，推动妇女事业发展，做好妇联工作，必须有改革创新精神。要对照党中央新要求和广大妇女新期待，以作风建设的实际成效推进妇女事业发展。要通过立体化、多层面的组织体系最广泛地把广大妇女吸引过来、凝聚起来，让广大妇女在身边就能找到妇联组织、得到及时帮助，把妇联组织当作可以信赖和依靠的地方。妇联干部要对广大妇女充满感情，真诚倾听她们呼声，真实反映她们意愿，真心实意为广大妇女办事，在广大妇女中产生强大感召力。

习近平指出，各级党委和政府要充分认识发展妇女事业、做好妇女工作的重大意义，加大重视、关心、支持力度。要抓好妇女发展纲要实施，改善发展环境，解决发展中的突出问题，依法维护妇女权益，严厉打击侵害妇女权益的违法犯罪行为。要加强和改进对妇联工作的领导，为妇联组织履行职能、开展工作提供更好条件，把党和政府所急、广大妇女所需、妇联组织所能的事情更多交给妇联组织去办。

集体谈话由李源潮主持。刘延东、刘奇葆、赵乐际、栗战书、杜青林、赵洪祝参加谈话。

（《习近平在同全国妇联新一届领导班子集体谈话时强调 坚持男女平等基本国策 发挥我国妇女伟大作用》，《人民日报》2013年11月1日，第1版）

习近平在同全国妇联新一届领导班子成员集体谈话时强调
坚持中国特色社会主义妇女发展道路　组织动员妇女走在时代前列建功立业（2018）

（2018年11月2日）

中共中央总书记、国家主席、中央军委主席习近平2日上午在中南海同全国妇联新一届领导班子成员集体谈话并发表重要讲话。习近平强调，做好党的妇女工作关系团结凝聚占我国人口半数的妇女，关系为党和人民事业发展提供强大力量。要加强党对妇女工作的领导，坚持中国特色社会主义妇女发展道路，把握实现中华民族伟大复兴的中国梦这一当代中国妇女运动的时代主题，促进男女平等，发挥妇女在各个方面的积极作用，组织动员妇女走在时代前列，在改革发展稳定第一线建功立业。

中共中央政治局常委、中央书记处书记王沪宁参加集体谈话。

习近平首先表示，中国妇女第十二次全国代表大会胜利闭幕了。大会贯彻落实党中央要求，对当前和今后一个时期妇女事业和妇女工作作出了部署，完成了各项议程。习近平代表党中央，对大会的成功召开、对全国妇联新一届领导班子表示热烈的祝贺。习近平表示，从大家发言中可以感到，全国妇联新一届领导班子贯彻党中央决策部署态度坚决、信心坚定。党中央对你们寄予殷切期望。

习近平指出，党的十八大以来，党中央从党和国家事业发展全局出发，高度重视和积极推进妇女工作。过去5年，妇联组织贯彻落实党中央关于妇联改革的决策部署，加强对妇女的思想政治引领，在落实男女平等基本国策、联系和服务妇女群众、依法维护妇女合法权益、深化妇联改革等方面做了大量工作，推动我国妇女事业迈出新步伐、妇女工作取得历史性成就。对妇联工作，党中央是充分肯定的。

习近平强调，坚持党的领导，是做好党的妇女工作的根本保证。要牢固树立"四个意识"，坚定"四个自信"，自觉维护党中央权威和集中统一领导，始终在思想上政治上行动上同党中央保持高度一致。要引导妇女深入学习贯彻新时代中国特色社会主义思想和党的十九大精神，开展理想信念教育，增进对党的基本理论、基本路线、基本方略的政治认同、思想认同、情感认同，坚定听党话、跟党走的信念信心。要把思想政治引领贯穿于妇联开展的各种活动，引导妇女增强中国特色社会主义道路自信、理论自信、制度自信、文化自信，自觉为中国特色社会主义共同理想而奋斗。要多做统一思想、凝聚人心、化解矛盾、增进感情的工作，引导妇女坚定不移朝着正确方向和理想目标持续奋进。

习近平指出，妇联要承担好代表和维护妇女权益、促进男女平等和妇女全面发展的重要任务。做好引领、服务、联系工作，要对标党的十九大提出的目标任务，要围绕统筹推进"五位一体"总体布局、协调推进"四个全面"战略布局，贯彻新发展理念，聚焦深化供给侧结构性改革，开展富有女性特色的建功立业活动，最大限度调动妇女积极性、主动性、创造性。打赢防范化解重大风险、精准脱贫、污染防治三大攻坚战是当前全党全国的重要任务，妇联组织应该在其中大有作为。要把握妇女对美好生活的向往，有针对性地做好联系妇女、服务妇女各项工作，把更多注意力放在最普通的妇女特别是困难妇女身上，格外关心贫困妇女、残疾妇女、留守妇女等困难妇女，为她们做好事、解难事、办实事。

习近平强调，要坚持男女平等基本国策，维护妇女儿童合法权益。长期以来，男女平等、尊重妇女的观念越来越深入人心，同时针对妇女的歧视依然存在。解决这些问题，需要从国家层面治理，对严重侵犯妇女权益的犯罪行为要坚决依法打击，对错误言论要及时予以批驳。妇联要主动作为，哪里的妇女合法权益受到侵害，哪里的妇联组织就要站出来说话，依法依规为妇女全面发展营造环境、扫清障碍、创造条件。

习近平指出，做好家庭工作，发挥妇女在社会生活和家庭生活中的独特作用，是妇联组织服务大局、服务妇女的重要着力点。要注重家庭、注重家教、注重家风，认真研究家庭领域出现的新情况新问题，把推进家庭工作作为一项长期任务抓实抓好。要坚持以社会主义核心价值观为统领，引导妇女既要爱小家，也要爱国家，带领家庭成员共同升华爱国爱家的家国情怀、建设相亲相爱的家庭关系、弘扬向上向善的家庭美德、体现共建共享的家庭追求，在促进家庭和睦、亲人相爱、下一代健康成长、老年人老有所养等方面发挥优势、担起责任。要引导妇女带动家庭成员，发扬尊老爱幼、男女平等、夫妻和睦、勤俭持家、邻里团结等中华民族传统美德，抵制歪风邪气，弘扬清风正气，以好的家风支撑起好的社会风气。要帮助妇女处理好家庭和工作的关系，做对社会有责任、对家庭有贡献的新时代女性。要引导妇女发扬爱国奉献精神，自尊自信自立自强，以行动建功新时代，以奋斗创造美好生活，在祖国改革发展的伟大事业中实现自身发展，在人民创造历史的伟大奋斗中赢得出彩人生。

习近平强调，要以更实的举措推进妇联改革，深化基层妇联组织改革，转变机关干部工作作风，提高服务能力，加大攻坚克难力度，确保改革在基层落地。要把联系和服务妇女作为工作生命线，成为妇女信得过、靠得住、离不开的娘家人。要加强妇联干部队伍建设，努力培养高素质妇联干部队伍。要把作风建设摆在更加重要的位置，大兴调查研究之风，畅通联系妇女的渠道。各级党委要加大重视、关心、支持、保障力度，重视培养妇女干部，重视妇联干部队伍建设，为妇女事业健康发展、为妇联组织开展工作创造良好条件。

全国妇联主席沈跃跃代表全国妇联新一届领导班子汇报了中国妇女十二大召开情况和做好妇联工作的考虑。全国妇联副主席黄晓薇、刘洋、陈化兰作了发言。

丁薛祥、孙春兰、杨晓渡、陈希、郭声琨、黄坤明、尤权参加谈话。

（《习近平在同全国妇联新一届领导班子成员集体谈话时强调 坚持中国特色社会主义妇女发展道路 组织动员妇女走在时代前列建功立业》，《人民日报》2018年11月3日，第2版）

在新时代征程中谱写半边天壮丽篇章

——在中国妇女第十二次全国代表大会上的致辞

赵乐际

（2018年10月30日）

各位代表，同志们：

中国妇女第十二次全国代表大会今天隆重开幕了。我受党中央和习近平总书记委托，向大会的召开表示热烈祝贺！向全国各族各界妇女和广大妇女工作者致以亲切问候！向香港特别行政区、澳门特别行政区和台湾地区的女同胞、海外女侨胞致以良好祝愿！

党的十八大以来，在以习近平同志为核心的党中央坚强领导下，党和国家各项事业取得全方位、开创性成就，发生深层次、根本性变革，中国特色社会主义进入了新时代。在这一伟大进程中，党中央高度重视妇女事业和妇女工作。习近平总书记从党和国家事业全局出发，多次就做好妇女工作、深化妇联改革、推进妇女事业、促进妇女全面发展发表重要讲话、作出重要指示、提出明确要求，强调把中国发展进步的历程同促进男女平等发展的历程更加紧密地融合在一起，保障广大妇女平等依法行使民主权利、平等参与经济社会发展、平等享有改革发展成果，领导我国妇女运动取得了历史性成就。习近平总书记关于妇女和妇女工作的一系列重要论述，深刻阐明了妇女工作的地位作用、发展道路、目标任务、根本要求，科学回答了事关妇女事业发展的一系列方向性、根本性问题，把我们党对妇女工作的规律性认识提升到新的高度，为新时代妇女事业和妇联工作创新发展提供了根本遵循。

亿万中国妇女与时代同发展、与祖国共奋进，坚定理想信念，投身伟大事业，坚定不移沿着中国特色社会主义妇女发展道路阔步前进，充分发挥在社会生活和家庭生活中的独特作用，发挥在弘扬中华民族家庭美德、树立良好家风方面的独特作用，在全面建成小康社会、实现中华民族伟大复兴中国梦的征程中奋力拼搏。广大妇女精神面貌焕然一新，创新创业激情迸发，能力地位显著提升，在改革发展稳定第一线、在各行各业各领域都活跃着她们自信进取、奋发有为、实干奉献的身影，彰显了自强不息、坚韧刚毅、智慧豁达的新时代女性风采。实践充分证明，广大妇女不愧是人类物质文明和精神文明的创造者，不愧是推动社会发展进步的重要力量，不愧是撑起中国特色社会主义伟大事业的半边天！

在党中央坚强领导下，中国妇女十一大以来，各级妇联组织坚持以习近平新时代中国特色社会主义思想为指引，增强"四个意识"、坚定"四个自信"，坚决维护习近平总书记党中央的核心、全党的核心地位，坚决维护党中央权威和集中统一领导，坚决贯彻落实党中央关于妇女工作、妇联改革的部署要求，紧紧围绕党和国家工作大局，坚持面向基层、服务妇女，不断增强政治性、先进性、群众性，切实承担起引领广大妇女听党话、跟党走的政治责任，牢牢把握联系和服务广大妇女的工作生命线，代表和维护妇女权益、促进男女平等，为推动我国妇女事业发展、夯实党执政的群众基础作出了新贡献。实践充分证明，妇联组织不愧为党联系妇女群众的桥梁纽带，不愧为党开展妇女工作的得力助手，不愧为妇女群众信赖的温暖之家！

五年来，妇女发展成果丰硕，妇联组织气象一新，妇女运动成就辉煌，根本在于以习近平同志为核心的党中央坚强领导，根本在于习近平新时代中国特色社会主义思想科学指引。

党的十九大描绘了决胜全面建成小康社会、实现中华民族伟大复兴的宏伟蓝图，开启了全面建设社会主义现代化强国的新征程，为包括妇女在内的全体中华儿女创造了千载难逢的发展机遇，提供了前所未有的发展空间，更需要全体中华儿女共同奋斗。广大妇女要进一步增强历史责任感和使命感，以坚定的理想信念、强烈的责任担当、过硬的能力本领，在多姿多彩的实践创造中勇挑重担，在波澜壮阔的历史进程中谱写巾帼华章。

希望广大妇女坚定理想信念，做习近平新时代中国特色社会主义思想的践行者。习近平新时代中国特色社会主义思想是党和国家必须长期坚持的指导思想。广大妇女要高举习近平新时代中国特色社会主义思想伟大旗帜，自觉用我们党理论创新的最新成果武装头脑，不断增进政治认同、思想认同、情感认同，牢固树立为共产主义远大理想和中国特色社会主义共同理想而奋斗的信念，坚定不移听党话、跟党走。

希望广大妇女建功新时代，做伟大事业的建设者。实现中华民族伟大复兴，是党和国家工作大局，也是当代中国妇女运动的时代主题。广大妇女要胸怀祖国和人民，把自己的理想同祖国的前途、把自己的人生同民族的命运紧紧联系在一起，满怀信心地投身于中国特色社会主义火热实践，在改革开放最前沿，在脱贫攻坚主战场，在乡村振兴第一线，在美丽中国建设最基层，在社会服务各领域，创造巾帼新业绩，贡献巾帼新力量，彰显巾帼新风采。

希望广大妇女展示新风貌，做文明风尚的倡导者。广大妇女要追求积极向上、文明高尚的生活，促进形成良好社会风尚。要自觉践行社会主义核心价值观，大力弘扬中华优秀传统文化、革命文化、社会主义先进文化，自觉抵制社会丑恶现象。要自觉践行社会公德、职业道德、家庭美德、个人品德，陶冶美好情操，培养优秀品质。要发挥在建设家庭文明、树立良好家风方面的重要作用，用实际行动感染身边人、带动家里人，与家庭成员一道建设好家庭、传承好家教、弘扬好家风，带动社会主义文明新风在全社会发扬光大。

希望广大妇女扬帆新征程，做敢于追梦的奋斗者。中国梦是民族的梦，也是每个中国人的梦，每一位妇女都有人生出彩和梦想成真的机会。中华民族伟大复兴，绝不是轻轻松松、敲锣打鼓就能实现的。广大妇女要继续发扬奋斗精神，自尊自信自立自强，不断掌握新知识、熟悉新领域、开拓新视野、磨砺新本领，自觉把个人奋斗融入党和人民的共同奋斗中，把个人梦想融入国家和民族的伟大梦想中，把每一个工作岗位都当成奋斗的舞台，把每一项本职工作都作为追梦的途径，以锲而不舍、驰而不息的决心和毅力，在全面建成小康社会的广阔天地里放飞人生梦想，在实现"两个一百年"奋斗目标中书写精彩人生。

妇联组织是党领导的妇女群团组织。走进新时代，各级妇联组织必须坚定不移走中国特色社会主义群团发展道路，牢牢把握为实现中国梦而奋斗的时代主题，牢牢把握当好桥梁纽带和得力助手的工作定位，切实增强政治性、先进性、群众性，团结带领妇女"巾帼心向党、建功新时代"，最广泛地为党的事业团结凝聚妇女力量，为党做好新时代妇女工作。

要把习近平总书记关于妇女和妇女工作的重要论述落实到妇联工作全过程和各方面，传达到各族各界各地区各领域妇女群众中去，引导广大妇女打牢高举旗帜、维护核心、紧跟党走的思想政治根基。要把服务党和国家工作大局与服务妇女发展结合起来，聚焦党的十九大提出的目标任务，找准妇联工作切入点、结合点、着力点，拓展发挥妇女"两个独特作用"的工作平台和项目，把党的路线方针政策贯彻到妇联各项工作中去，把妇女力量凝聚到实现党的十九大任务中来。要抓住联系和服务妇女这一工作生命线，更加关注、关心、关爱普通妇女群众，了解她们日益增长的美好生活需要，帮助她们解决最关心最直接最现实的利益问题，切实扛起依法维护妇女权益的大旗，让她们感受到党的温暖。要发挥妇联组织开展家庭工作的独特优势，注重家庭、注重家教、注重家风，大力推进家庭文明建设，以好的家风支撑起好的社会风气。大力宣传社会主义核心价值观，坚决贯彻男女平等基本国策，旗帜鲜明与歧视妇女、贬损妇女的错误言行作斗争。要推动妇联改革向纵深发展、在基层落地，坚持调查研究，改进工作作风，加强干部队伍建设，提高组织凝聚力和影响力，把妇联组织建设得更加充满活力、更加坚强有力，成为推进国家治理体系和治理能力现代化的重要力量。要积极开展富有特色的妇联统战联谊和妇女民间外交工作，在推进祖国和平统一、推动构建人类命运共同体中发挥积极作用。

习近平总书记指出，妇女事业始终是党和人民事业的重要组成部分，妇女工作始终是党的群众工作的重要内容。各级党委要从党和国家工作大局出发，切实加强和改进对妇联工作的领导，认真研究新时代妇女运动的特点和规律，支持妇联组织依照法律和章程创造性地开展工作。在出台法律、制定政策、编制规划、部署工作时充分考虑两性的现实差异和妇女的特殊利益，制定有利于消除妇女发展不平衡不充分的发展战略，使男女平等真正体现到经济社会发展各领域、社会生活各方面，让尊重和关爱妇女成为国家意志、公民素养和社会风尚。

各位代表、同志们！让我们紧密团结在以习近平同志为核心的党中央周围，振奋精神，埋头苦干，聚合伟力，奋力谱写新时代中国特色社会主义妇女事业的壮丽篇章，为决胜全面建成小康社会、实现中华民族伟大复兴的中国梦而接续奋斗！

（赵乐际：《在新时代征程中谱写半边天壮丽篇章——在中国妇女第十二次全国代表大会上的致辞》，《中国妇女报》2018年10月30日，第1版）

高举习近平新时代中国特色社会主义思想伟大旗帜 团结动员各族各界妇女为决胜全面建成小康社会 实现中华民族伟大复兴的中国梦而不懈奋斗

——在中国妇女第十二次全国代表大会上的报告

黄晓薇

（2018年10月30日）

各位代表，同志们：

现在，我代表中华全国妇女联合会第十一届执行委员会向大会作报告。

中国妇女第十二次全国代表大会，是在中国特色社会主义进入新时代，全党全国各族人民紧跟以习近平同志为核心的党中央，为决胜全面建成小康社会、开启全面建设社会主义现代化国家新征程而奋斗的重要时期召开的一次巾帼盛会。

大会的主题是：高举习近平新时代中国特色社会主义思想伟大旗帜，全面贯彻党的十九大精神，团结动员各族各界妇女坚定不移跟党走，与新时代同行、为新目标奋斗、在新征程建功、做新时代新女性，为决胜全面建成小康社会、实现中华民族伟大复兴的中国梦贡献巾帼力量。

一 走进新时代的中国妇女和妇联组织

党的十八大以来，在以习近平同志为核心的党中央坚强领导下，党和国家事业取得了全方位、开创性的历史性成就，发生了深层次、根本性的历史性变革，中国特色社会主义进入新时代。

在这一波澜壮阔的进程中，以习近平同志为核心的党中央始终心系广大妇女群众，重视关怀妇女事业和妇联工作，倾注了巨大心血，提供了坚强政治保证。习近平总书记在党的十九大报告中指出"坚持男女平等基本国策，保障妇女儿童合法权益"，再次向全世界宣示了我们党在新时代中国特色社会主义伟大事业中同步推进妇女事业发展的坚定决心。习近平总书记亲自主持召开党的历史上第一次中央党的群团工作会议，首次作出保持和增强党的群团工作和群团组织的政治性、先进性、群众性的重要论述，明确提出深化群团改革的重大任务，开启了党的群团事业发展历史新阶段。习近平总书记亲自主持中国与联合国妇女署共同举办的全球妇女峰会，系统阐述促进男女平等和妇女全面发展的中国主张，在国际妇女运动史上树起了新的里程碑。习近平总书记亲自同全国妇联第十一届领导班子集体谈话，亲自指导和审定《全国妇联改革方案》，多次对全国妇联党组报告作出重要批示，为妇联工作和妇联改革指方向、定方针、提任务。一系列影响深远的重大决策，一次次高屋建瓴的重要讲话，充分体现了党中央对妇女事业的高度重视、对妇联组织寄予的殷切期望，给我们以无穷的力量和巨大的鼓舞。

在这一波澜壮阔的进程中，我国各族各界妇女与祖国共命运，与人民齐奋斗，展现了昂扬向上、奋发有为的精神风貌。广大妇女发自内心地拥护党的领导，发自内心地拥戴习近平总书记，对党和国家事业的历史性成就和历史性变革充满自豪，对走中国特色社会主义道路充满信心，对实现中华民族伟大复兴的光明前景充满向往。广大妇女听从党的召唤，以主人翁姿态积极投身改革开放和社会主义现代化建设，激扬巾帼之志、奉献巾帼之力、彰显巾帼之美、唱响巾帼之歌。在大众创业、万众创新浪潮中，在乡村振兴、脱贫攻坚、生态环保主战场，在载人航天、深海探测、量子通信、大飞机、高铁等重大科技攻关前沿，在社会服务各领域，在教科文卫体等各条战线，在保家卫国、守护平安第一线，在促进港澳长期繁荣稳定、推动两岸关系和平发展的进程中，在日益广阔的国际交往大舞台，到处激荡着女性的光荣和梦想，见证着女性的情怀和担当，闪耀着女性的智慧和创造，展现了当代妇女爱党爱国的坚定信念、自强不息的奋斗精神、自信开放的国际形象，再次印证了"妇女能顶半边天"。

在这一波澜壮阔的进程中，我国妇女事业和妇联工作继往开来、与时俱进，取得了历史性成就，发生了历史性变革。

党和国家从我国基本国情和妇女发展实际出发，加强顶层设计、系统谋划，男女平等基本国策的实施迈出历史新步伐。国家在制定民法总则、修订刑法、颁布实施反家庭暴力法等法律法规以及组织执法检查、开展专题调研中注重保障妇女权益，将保障妇女合法权益的工作贯穿于科学立法、严格执法、公正司法、全民守法的全过程。国民经济和社会发展"十三五"规划纲要专列章节对"促进妇女全面发展"作出部署，内容更加丰富，目标更加明确，措施更加有效。深入实施2011—2020年中国妇女、儿童发展纲要，成功召开第六次全国妇女儿童工作会议，消除就业性别歧视、维护农村妇女土地权益、扩大农村妇女宫颈癌和乳腺癌检查项目覆盖范围等相继纳入中央文件和国家重大民生项目，妇女发展与维权中的一些突出问题得到有效解决。各地普遍注重将妇女发展目标任务纳入地方法规政策、纳入地方经济社会发展规划、纳入地方财政预算、纳入民生实事项目、纳入督查考核内容，全国29个省区市建立了法规政策性别平等评估机制。我们自豪地看到，党的十八大以来，我国促进男女平等和妇女全面发展的制度机制进一步完善，为妇女事业与经济社会同步协调发展提供了强有力保障。

妇女发展水平全方位提升，获得感幸福感不断增强，平等依法行使民主权利、平等参与经济社会发展、平等享有改革发展成果达到历史新高度。妇女健康水平进一步提高，妇女平均预期寿命延长到79.43岁，孕产妇死亡率持续降低至19.6/10万，中国被世界卫生组织列为妇幼健康高绩效的10个国家之一。妇女受教育水平持续提升，义务教育阶段基本消除性别差距，本专科生和研究生中女生比例均超过一半。妇女就业选择更加多元、创业之路更加宽广，全社会就业人员中女性占43.1%，其中互联网领域创业者中女性占55%。妇女在各层次各领域的政治参与不断扩大、影响力日益增强，党的十九大女代表、第十三届全国人大女代表和全国政协女委员比例分别比上届提高1.14、1.50和2.55个百分点，女性进村、社区"两委"比例明显提高。城乡妇女的社会保障水平大幅提升，农村贫困妇女大幅减少，亿万妇女的生活水平和质量进一步提高。2011—2020年中国妇女发展纲要统计监测数据显示，超过80%的指标已提前或基本实现。中国率先实现联合国千年发展目标，并全力推进2030年可持续发展议程中有关妇女目标的落实。我们自豪地看到，党的十八大以来，中国妇女发展日新月异，中国妇女事业成就辉煌，这是中国社会文明进步的生动写照，也是对全球男女平等事业乃至人类和平与发展事业的巨大贡献。

妇联组织紧跟党的步伐，忠实履行职责，服务大局、服务妇女各项工作实现历史新跨越。思想引领工作更加凝心聚力。深入开展习近平新时代中国特色社会主义思想和党的十八大、十九大精神学习宣传教育，大力传播党的声音，弘扬时代主旋律，凝聚广大妇女团结奋斗的强大精神力量。"我与中国梦""巾帼心向党·扬帆新征程""巾帼心向党·喜迎十九大""党史故事接力传播""喜讯捎给总书记"等形式多样、生动鲜活的主题活动全网传播数据达3.63亿次，党的十九大精神"百千万巾帼大宣讲"线上线下覆盖3.47亿人次，三八红旗手巡讲活动用一个个闪亮动人的故事传递向上向善的巾帼正能量。服务发展大局积极主动有为。围绕党中央重大决策部署，贯彻新发展理念，组织开展"创业创新巾帼行动"，举办首届中国妇女创业创新大赛，激发妇女双创活力，累计开展女性双创培训550多万人次，带动上千万城乡妇女创业就业；组织开展"巾帼脱贫行动"，创新推出立志脱贫、能力脱贫、创业脱贫、巧手脱贫、互助脱贫、健康脱贫、爱心助力脱贫等举措，累计培训贫困妇女和妇女骨干690万人次，帮助360多万贫困妇女增收，创建"全国巾帼脱贫示范基地"1.38万个；组织开展"乡村振兴巾帼行动"，动员农村妇女在推进产业兴旺、生态宜居、乡风文明、治理有效、生活富裕中发挥半边天作用。家庭文明建设呈现勃勃生机。贯彻习近平总书记关于"注重家庭、注重家教、注重家风"的重要指示，立足城乡社区，面向亿万家庭，广泛开展"五好家庭"创建工作，创新开展寻找"最美家庭"活动，发动广大家庭自荐互荐、互评互议，累计4.1亿人次参与线上线下寻找，涌现出各级各类"最美家庭"314.5万户。家庭教育工作扎实开展，家庭亲子阅读实践等活动吸引

1.7亿人次参与，好家风好家训征集、展示和巡讲活动覆盖1.2亿人次。丰富多彩的家庭文明建设活动，有力推动社会主义核心价值观落细落小落实，以良好的家风带动支撑整个社会的良好风气。依法维权和服务妇女取得显著成效。全国妇联积极参与反家庭暴力法、全面两孩配套政策等80余件法律法规政策的制定修订，各地妇联对3000多件法律法规政策的制定修订建言献策，在推动农村妇女土地权益"证上有名、名下有权"、完善预防化解婚姻家庭纠纷工作机制、推动出台司法解释破解夫妻共同债务认定标准难题、探索建立促进女性公平就业约谈机制等方面实现突破。截至2018年6月，全国累计发放妇女创业担保贷款3597.14亿元，帮助600多万妇女圆了创业致富梦。截至2017年12月，全国妇联实施的"两癌"免费检查和救助项目累计使8762万农村妇女受益、救助贫困患病妇女10.22万人。"母亲水窖""@她创业计划""春蕾计划""儿童快乐家园""中国妇女法律援助行动"等公益项目为有需要的妇女儿童提供贴心的关爱服务。联谊联情联心向纵深发展。服务港澳工作、对台工作大局，组织开展妇联系统港澳执委和特邀代表赴内地考察、庆祝香港回归祖国20周年系列交流活动，举办海峡妇女论坛、两岸家庭教育高峰论坛、两岸女大学生创新创业大赛，鼓励港澳妇女同胞积极参与内地扶贫赈灾、公益慈善活动，促进两岸社区、家庭、基层妇女组织结对交流，厚植促进港澳长期繁荣稳定、推动两岸关系和平发展的妇女民意基础。妇女对外交往全方位拓展。服务国家总体外交大局，围绕推进"一带一路"建设、推动构建人类命运共同体等倡议和主张，多领域、多渠道、多层次开展妇女对外交流，加强与联合国有关机构合作，成功举办亚太经合组织妇女与经济论坛、二十国集团妇女会议、中国—阿拉伯国家妇女论坛、首届上海合作组织妇女论坛等妇女主场交流活动，加强与美国、俄罗斯、法国、英国、欧盟、南非、东盟等国家和区域交流机制框架下的妇女人文交流，支持和帮助发展中国家妇女能力建设，增进各国妇女之间友谊，促进民心相通，在中国特色大国外交中贡献女性智慧、展现女性魅力。我们自豪地看到，党的十八大以来，妇联组织以实际行动践行对党的忠诚，不负广大妇女的信任，切实发挥了党和政府联系妇女群众的桥梁纽带作用。

妇联改革沿着党指引的方向阔步前进，直面突出问题，勇于自我革新，重

要领域和关键环节改革取得历史新突破。改革在顶层设计上取得重大成果。全国
妇联先后出台100多个改革配套文件，各省区市妇联改革方案全部印发实施。特
别是针对基层组织薄弱、工作经费不足等长期没有得到解决的问题，全国妇联联
合有关部门出台《关于进一步支持和推动基层妇联组织建设和基层工作的意见》，
制定《关于进一步深化改革、夯实基础，更好发挥基层妇联组织作用的意见》，
提出重构妇联组织形态、重塑妇联组织形象、落实对基层妇联工作的经费支持和
保障等具有关键性、引领性的改革措施，为基层妇联组织全面实现"有人干事、
有钱办事、有阵地做事"提供了稳定持久的制度保障。改革给妇联领导机构和机
关带来新气象。全国妇联和省级妇联常委、执委中各族各界、各行各业劳动妇女
和知识女性优秀代表的比例大幅提高，代表性、广泛性显著增强。县级以上妇联
机关吸纳了一大批来自各领域、各行业的挂兼职干部，为妇联工作增添了新鲜血
液、注入了新的活力。制定实施机关干部下基层、妇女需求调研、建立基层联系
点等一系列制度，机关干部走出办公楼、走向城乡基层，密切了同妇女群众的联
系，作风转变取得明显成效。改革使基层基础得到前所未有的加强。村和社区妇
代会改建妇联、乡镇妇联组织区域化建设改革基本完成，新领域新业态新阶层新
群体中的妇联组织覆盖不断拓展，"妇女之家"建设水平和服务能力明显提升，
一大批有热心、有专长、有影响力的妇女骨干加入到基层妇联工作队伍之中，
乡、村两级妇联执委达770多万人。注重发展壮大团体会员队伍，广泛联系女性
社会组织，接长手臂、延伸链条、扩大影响。基层改革一整套组合拳，有效解决
工作力量"倒金字塔"问题，补齐基层组织建设短板，形成"上面千条线、下面
一张网、妇女身边一个家"的生动局面。改革促进网上妇联建设实现大发展。全
国妇联开通运营"女性之声"一网两微一端八号综合服务平台和"妇联通"云办
公平台，地市以上妇联全部开通官方微信，整个妇联系统建立新媒体平台近8000
个、姐妹微信群90多万个，妇联组织的"朋友圈"越来越大。探索运用互联网
手段部署妇联工作、开展妇联活动、服务妇女需求，三八红旗手网上推荐、"巾
帼志愿者暖心故事"视频展播等活动吸引数以亿计的网民参与，妇联组织在网上
的传播力和全社会的影响力不断增强。妇联组织党的建设得到全面加强。严肃党

内政治生活，严明党的纪律，强化党内监督，认真开展党的群众路线教育实践活动、"三严三实"专题教育、"两学一做"学习教育，以钉钉子精神狠抓中央八项规定精神落实，教育引导妇联干部加强党性修养、锤炼良好作风，为妇联工作和妇联改革提供有力保障。我们自豪地看到，党的十八大以来，妇联组织这场整体性、历史性变革，突破了许多制约妇联组织发展的瓶颈，解决了许多困扰妇联工作的难题，妇联的组织形态、工作格局、精神面貌、整体形象焕然一新。

各位代表、同志们，党的十八大以来妇女事业和妇联工作的发展与进步，是党和国家事业取得历史性成就、发生历史性变革的一个缩影。同时我们也看到，受现阶段生产力发展水平制约和长期历史文化影响，重男轻女、男尊女卑的落后观念尚未根除，城乡之间、区域之间、不同群体之间的妇女发展还不平衡，农村特别是边远贫困地区妇女的权益保护和民生保障相对薄弱，妇女在就业、人身财产、婚姻家庭等方面平等权利的落实仍面临一些现实困难，要在更高水平上促进妇女事业与经济社会同步协调发展，必须持续不懈努力。同时我们也清醒认识到，妇联工作和妇联改革离党中央要求、妇女群众期盼还有较大差距，脱离妇女群众、脱离基层的突出问题没有得到彻底解决，服务大局、服务妇女群众的能力需要进一步提升，妇联组织和妇联工作的凝聚力影响力需要进一步增强，组织覆盖面需要进一步拓展，基层妇联执委的作用需要进一步发挥、思维理念、运行机制、组织设置、干部管理、工作方式、作风能力等方面改革还需下更大气力全方位深化。

各位代表、同志们，党的十八大以来是推进妇女事业和妇联工作力度最大、成效最为显著的重要时期。之所以取得这样辉煌的成就，最根本在于习近平同志为核心的党中央坚强领导，在于习近平新时代中国特色社会主义思想科学指引。在此，我们向习近平总书记致以最崇高的敬意！向习近平同志为核心的党中央致以最崇高的敬意！同时，向长期以来关心支持妇女事业和妇联工作的各级党委和人大、政府、政协以及各人民团体、社会各界表示衷心的感谢！向为党的妇女事业付出毕生心血、作出重要贡献的老前辈、老大姐们表示感谢和敬意！向辛勤工作在各条战线上的全国各族各界妇女和广大妇女工作者表示诚挚的问候！

二 用习近平新时代中国特色社会主义思想统领妇女工作新实践

伟大时代孕育伟大思想，伟大思想引领伟大时代。党的十九大把习近平新时代中国特色社会主义思想确立为党必须长期坚持的指导思想并写进党章，十三届全国人大一次会议通过的宪法修正案把习近平新时代中国特色社会主义思想载入宪法，实现了党和国家指导思想的与时俱进。这一划时代的理论创新，开辟了马克思主义中国化新境界，是当代中国马克思主义、21世纪马克思主义，是凝聚全党全国各族人民的精神之魂，是引领中华民族伟大复兴的光辉灯塔。

中国共产党是为人民谋幸福、为民族谋复兴、为人类进步事业而奋斗的党，也是始终把实现妇女解放和发展、实现男女平等写在自己奋斗旗帜上的党。在领导推进党和国家事业进程中，习近平总书记从巩固和扩大党执政的阶级基础和妇女群众基础的政治高度，从中国特色社会主义事业发展的全局高度，从全球男女平等事业和人类和平发展的战略高度，对做好妇女工作、深化妇联改革、推进妇女事业、促进妇女全面发展作出了一系列重要论述。这一系列重要论述，以高远的视野、深邃的思考，深化了我们党关于妇女事业发展的规律性认识，是对马克思主义妇女观的丰富和发展，是习近平新时代中国特色社会主义思想的重要组成部分，为新时代妇女工作的新实践指明了前进方向、提供了根本遵循。

我们要坚持以习近平新时代中国特色社会主义思想为统领，牢牢把握习近平总书记关于妇女和妇女工作重要论述的核心要义，立足新时代、展现新作为、谱写新篇章。

始终毫不动摇坚持党的领导。中国共产党领导是中国特色社会主义最本质的特征，是中国特色社会主义制度的最大优势，也是做好新时代妇女工作最根本的保证。必须始终毫不动摇坚持党的领导，牢固树立政治意识、大局意识、核心意识、看齐意识，自觉用习近平新时代中国特色社会主义思想武装头脑，坚决维护习近平总书记党中央的核心、全党的核心地位，坚决维护以习近平同志为核心的党中央权威和集中统一领导，在政治立场、政治方向、政治原则、政治道路上同以习近平同志为核心的党中央保持高度一致，始终沿着党指引的方向奋勇前进。

始终坚定不移走中国特色社会主义妇女发展道路。中国特色社会主义妇女发展道路是中国特色社会主义道路的重要组成部分，是实现妇女平等依法行使民主权利、平等参与经济社会发展、平等享有改革发展成果的正确道路。必须坚定中国特色社会主义道路自信、理论自信、制度自信、文化自信，从我国发展新的历史方位出发，深刻认识和把握妇女发展的阶段性特征，为实现男女平等和妇女全面发展打下更为坚实的基础，使中国特色社会主义妇女发展道路越走越宽广。

始终牢牢把握中国妇女运动的时代主题。实现中华民族伟大复兴的中国梦，是党和国家工作大局，也是当代中国妇女运动的时代主题。必须牢牢把握这一时代主题，把促进男女平等和妇女全面发展的历程同国家发展进步的历程更加紧密融合在一起，使我国妇女事业具有更丰富的时代内涵，使亿万妇女肩负起更重要的责任担当，引导广大妇女把自身的追求奋斗融汇到实现中国梦中去，同全国人民一道，形成百川归海的正能量，用奋斗镌刻下永不磨灭的巾帼印迹。

始终坚持男女平等基本国策。把男女平等作为促进社会发展的一项基本国策，把促进妇女全面发展作为国家经济社会发展规划的重要内容，是中国共产党的独特创造，是具有鲜明中国特色的制度安排。必须在出台法律、制定政策、编制规划、部署工作时充分考虑两性的现实差异和妇女的特殊利益，在保障和改善民生中关注妇女需求，让尊重和关爱妇女成为国家意志、公民素养和社会风尚，筑牢促进男女平等和妇女全面发展的政治保障、制度根基、物质基础、精神支撑。

始终注重发挥广大妇女的"两个独特作用"。妇女是物质文明和精神文明的创造者，是推动社会发展进步、促进家庭文明和谐的重要力量。必须深刻认识习近平总书记关于"三个注重"重要指示对实现国家富强、民族振兴、人民幸福的重要意义，引导妇女既在改革发展稳定第一线建功立业，又在家庭建设、家庭教育、家风传承中尽心尽责，切实发挥好在社会生活和家庭生活中的独特作用，在弘扬中华民族家庭美德、树立良好家风方面的独特作用。

始终把联系和服务妇女作为工作生命线。党领导下的中国妇女运动史，就是一部为亿万妇女求解放、谋福祉的奋斗史。只有走好党的群众路线，才能更好体现新时代妇女工作的价值。必须贯彻落实以人民为中心的发展思想，把广大妇女对美好生活的向往作为奋斗目标，同妇女群众建立更广泛更密切的联系，为妇女群众提供更多更好的服务，让发展成果更多更公平惠及广大妇女，不断增进妇女的获得感、幸福感、安全感，在实现全体人民共建共享发展中，促进妇女权益更有保障、人生更加出彩、生活更加幸福。

始终保持和增强妇联工作和妇联组织的政治性、先进性、群众性。建立包括妇联组织在内的群团组织帮助党做群众工作，是我们党的一大创举，也是我们党的一大优势。必须着眼于为党的群众工作增强力量、保持党同人民群众的血肉联系，把保持和增强政治性、先进性、群众性作为根本要求，体现到妇联工作各方面，贯穿于妇联改革全过程，使妇联组织成为推进国家治理体系和治理能力现代化的重要力量，成为党开展妇女工作最可靠最有力的助手。

始终致力于共建共享一个对所有妇女、对所有人更加美好的世界。当今世界，和平、发展、合作、共赢的时代潮流更加强劲，促进男女平等和妇女全面发展需要各国共同努力。必须把中国妇女事业的发展和全球男女平等事业的发展紧密联系起来，以更加积极主动的姿态走向世界，在参与国际妇女事务中彰显大国责任，在国际舞台上讲好中国妇女故事，为构建人类命运共同体增添女性力量，为共建共享美好世界、让每个妇女都沐浴在幸福安宁的阳光里贡献中国智慧。

三　新时代中国妇女的使命和担当

党的十九大描绘了决胜全面建成小康社会、夺取新时代中国特色社会主义伟大胜利的宏伟蓝图，开启了全面建设社会主义现代化国家的新征程。伟大中国正向着更高目标大踏步迈进，中华民族正以崭新的姿态屹立于世界东方。

历史的每一步前行，都有妇女奋斗的足迹；妇女的进步与发展，始终与国家和民族的进步与发展紧密相连。一代又一代妇女在中国共产党坚强领导下，为中国革命、建设、改革事业前赴后继、接续奋斗。在中华民族实现从站起来、富起来到强起来的伟大飞跃中，广大妇女作出了彪炳史册的历史贡献，自身也实现了前所未有的解放和发展。

我们看到，时代的变革、社会的进步，为妇女施展才华提供了广阔舞台。我国超过70%的妇女参与经济社会建设，活跃在城市乡村，坚守在平凡岗位，被誉为"白衣天使"的医务工作者中女性达63%，教书育人岗位上女性超过55%，科技领域中的女性为39%，女企业家占企业家总数的30%，越来越多的妇女投身新产业新业态，以不懈的奋斗展现巾帼不让须眉的风采。在家庭中，女性身兼母亲、妻子、女儿等多重角色，和家人相亲相爱，给家人无微不至的关怀，用最伟大、最无私、最纯洁的爱，守望幸福的家园，抒写着千家万户对美好生活的向往。

今天，新时代的号角已经吹响，我们比历史上任何时期都更接近实现中华民族伟大复兴的目标，也比以往任何时期都更加需要凝聚起包括亿万妇女在内的磅礴奋斗伟力。为此，大会号召全国各族各界妇女"巾帼心向党·建功新时代"，自觉担负起新时代赋予的光荣使命，为开创中国特色社会主义更加光明的未来铸就半边天新的辉煌。

自觉践行伟大思想，与新时代同行。广大妇女要不断从习近平新时代中国特色社会主义思想中汲取真理的力量、信仰的力量、奋进的力量，深刻认识党的十八大以来党和国家事业之所以取得历史性成就、发生历史性变革，最重要最关键是有习近平总书记掌舵领航，有习近平新时代中国特色社会主义思想指引方向，更加坚决地拥护核心、爱戴核心、紧跟核心，更加自觉地筑牢理想信念，增强"四个意识"，坚定"四个自信"，听党话、跟党走，向着美好的新时代昂首进发。

矢志追求伟大梦想，为新目标奋斗。广大妇女要自觉把自身的前途命运同国家和民族的前途命运紧紧联系在一起，把个人对美好生活的追求植根于全体中国人民共同的追求，瞄准全面建设社会主义现代化国家的新目标，把握全面建成小康社会决胜期、实现"两个一百年"奋斗目标的历史交汇期，以时不我待、只争朝夕的紧迫感，以咬定青山不放松的执着和韧劲，在复兴之路、逐梦之旅上砥砺奋进，让巾帼梦与中国梦同频共振、交相辉映，在新时代奏响更加恢弘的乐章。

踊跃投身伟大事业，在新征程建功。广大妇女要主动融入党和国家事业发展大局，牢固树立新发展理念，积极参与社会主义经济建设、政治建设、文化建设、社会建设、生态文明建设和党的建设，在平凡岗位创造不平凡业绩，在各行各业彰显巾帼新风采。注重把爱家和爱国统一起来，自觉践行社会主义核心价值观，发扬光大中华民族家庭美德，把好思想好品行好家风好习惯一代一代传下去，真正使千千万万个家庭成为国家发展、民族进步、社会和谐的重要基点。

大力弘扬伟大精神，做新时代新女性。广大妇女要大力弘扬中华民族伟大创造精神、伟大奋斗精神、伟大团结精神、伟大梦想精神，以创造激发人生出彩的永续动力，以奋斗开辟通往美好生活的前进之路，以团结凝聚攻坚克难的强大力量，以梦想催动勇往直前的坚定步伐。大力弘扬女性自尊、自信、自立、自强精神，树立终身学习理念，提升科学素养，踏实干事创业，保持积极的人生态度、良好的道德品质、健康的生活方式、昂扬的精神状态，把命运牢牢掌握在自己手中，让多彩芳华在新时代尽情绽放。

四　奋力写好新时代妇联工作新答卷

党的十九大指出"增强群众工作本领，创新群众工作体制机制和方式方法，推动工会、共青团、妇联等群团组织增强政治性、先进性、群众性，发挥联系群众的桥梁纽带作用，组织动员广大人民群众坚定不移跟党走"，对新时代妇联工作提出了新的更高要求。新时代，围绕建设富强民主文明和谐美丽的社会主义现代化强国，党中央作出了一系列具有深远影响的重大决策部署。新时代，我国社会主要矛盾发生深刻变化，广大妇女对美好生活的向往更加强烈，她们期盼参与发展获得更广阔的舞台，期盼自身权益得到更有力的保障，期盼家庭更加幸福美满，期盼社会更加平等和谐。妇联工作既面临难得机遇，也面临新的挑战。各级妇联组织要牢牢把握保持和增强政治性、先进性、群众性的根本要求，进一步筑牢广大妇女高举旗帜、维护核心、紧跟党走的思想根基，进一步拓展发挥妇女"两个独特作用"的载体平台，进一步构建广泛联系妇女、深入服务妇女的工作体系，团结动员各族各界妇女为全面建成小康社会、实现中华民族伟大复兴的中国梦而不懈奋斗，不辜负党中央的期望。

第一，增强政治性，更好担负起引导妇女听党话、跟党走的政治责任，为党夯实执政的妇女群众基础。政治性是妇联组织的灵魂，是第一位的，决定着新时代妇联工作的方向。各级妇联组织要旗帜鲜明讲政治，深入开展"巾帼心向党"系列行动，用更响亮的主旋律、更强劲的正能量，把亿万妇女最广泛最紧密团结在以习近平同志为核心的党中央周围。

用科学理论武装妇女。学习贯彻习近平新时代中国特色社会主义思想，是妇联工作的首要政治任务。要组织引导广大妇女持之以恒读原文、学原著、悟原理，深刻理解习近平新时代中国特色社会主义思想的精神实质和丰富内涵，深刻领会习近平新时代中国特色社会主义思想闪耀的真理光辉、蕴含的崇高信仰。持续深化"百千万巾帼大宣讲"活动，用妇女群众喜闻乐见的方式和听得懂的语言，推动学习宣传贯彻工作不断往深里走、往实里走、往妇女群众心里走。充分运用所属报刊和新媒体平台，增强宣传阐释的理论深度、实践力度、情感温度，引导广大妇女进一步增进对习近平新时代中国特色社会主义思想的政治认同、思想认同、情感认同，增强贯彻落实的自觉性坚定性。

用共同目标凝聚妇女。伟大的事业需要勠力同心。要抓住改革开放40周年、新中国成立70周年、全面建成小康社会、建党100周年等重要契机，把学习宣传贯彻习近平新时代中国特色社会主义思想，同深化中国特色社会主义和中国梦宣传教育紧密结合起来，继续深入开展丰富多彩的"我与中国梦"主题教育活动，引导广大妇女从我们党理论创新的丰硕成果中，从党和国家事业发展取得的辉煌成就中，从中国特色社会主义展现的强大生机活力中，不断汲取奋勇前进的动力，更加坚定为实现中国梦不懈奋斗的理想信念。深化民族团结进步教育，加强民族地区妇女工作，持续做好妇联系统援藏援疆工作，促进各民族妇女交往交流交融，铸牢中华民族共同体意识。

用榜样力量激励妇女。榜样的力量是无穷的。要进一步创新三八红旗手、巾帼建功标兵等妇女先进典型的选树方式，注重从基层一线、平凡岗位、群众身边发现典型，善于运用网络化、社会化、大众化方式推选典型。持续开展三八红旗手、优秀成功女性进校园、进机关、进企业、进农村、进社区巡讲活动，发挥妇女先进典型示范引领作用，形成"培育一个、带动一批、影响一片"的辐射效应。积极运用新闻宣传、视频展播、"故事汇"巡演等多种形式，宣传巾帼楷模，展示巾帼风貌，传播巾帼精神，激励广大妇女团结拼搏、奋发向上。

第二，增强先进性，始终坚持围绕中心、服务大局的工作主线，为党和国家的事业贡献巾帼力量。先进性是妇联组织的重要属性，昭示着新时代妇联工作的价值追求。各级妇联组织要紧紧围绕统筹推进"五位一体"总体布局和协调推进"四个全面"战略布局，聚焦打好"三大攻坚战"，聚焦社会生活和家庭生活，广泛开展"巾帼建新功"系列行动，引领广大妇女勇做走在时代前列的奋进者、开拓者、奉献者，更好发挥"两个独特作用"。

引领妇女在决胜全面建成小康社会中建新功。围绕促进经济高质量发展，深化"创业创新巾帼行动"，组织开展形式多样的女性双创培训和竞赛，培育一批女性双创服务平台、双创团队和带头人，探索服务女性双创的新模式新机制，支持知识女性和女性科技人才、技能人才发挥更大作用；引导妇女积极参与家政服务、手工制作、电子商务等多种产业发展，在更多领域自主创业、灵活就业；拓展巾帼文明岗创建活动，引导各行各业妇女提升职业素养、创造一流业绩。围绕精准扶贫、精准脱贫，深化"巾帼脱贫行动"，聚焦深度贫困地区，开办线上线下"巾帼脱贫大讲堂"，创建带动力强的"巾帼脱贫基地""巾帼扶贫车间"，广泛开展"姐妹手拉手·巾帼脱贫快步走"活动，帮助贫困妇女早日脱贫奔小康。围绕乡村振兴战略，深化"乡村振兴巾帼行动"，实施农村妇女素质提升计划，加强新型职业女农民培育，鼓励妇女参与农村新产业新业态发展，引导妇女抵制封建迷信、带头移风易俗，积极参与"美丽家园"建设，在助力农业全面升级、农村全面进步、农民全面发展中，让农村妇女生活得更加幸福美好。

引领妇女在参与民主政治建设和社会治理创新中建新功。充分发挥女领导干部、党代会女代表、人大女代表、政协女委员等作用，依法参与国家和社会事务管理，积极反映妇女群众的愿望和诉求。依托城乡社区"妇女之家"普遍建立妇女议事会，引导妇女有序参与基层民主自治实践，推动将妇女议题纳入基层党政议事清单，建立向党政决策部门反映问题的有效渠道，促进妇女共性问题的有效解决。大力开展巾帼志愿服务，牢牢把握立足社区、面向家庭、见诸日常、细致入微的服务宗旨，从群众最需要的地方入手，将服务落实在日常生活之中。加强对各类女性社会组织的政治引领、示范带动、联系服务，推动建设服务妇女儿童的专业社会工作者队伍，打造一批妇联组织倡导和主导的工作品牌，在新时代共建共治共享的社会治理格局中，促进妇女踊跃参与、广泛受益。

引领妇女在促进形成社会主义家庭文明新风尚中建新功。贯彻落实习近平总书记关于"三个注重"重要指示，进一步创新开展家庭和儿童工作，丰富发展新时代家风家教内涵，推动社会主义核心价值观在家庭中落地生根。深化寻找"最美家庭"活动，抓好时间节点的主题策划，推出各具特色的家庭典型，建立常态化、长效化寻找机制，最大限度发挥活动过程的教育激励作用。紧紧围绕立德树人、培养德智体美劳全面发展的社会主义建设者和接班人，进一步明确妇联开展家庭教育工作的定位和任务，同教育部门一起，统筹协调社会资源支持服务家庭教育，积极推进家庭教育立法进程，完善支持服务体系，广泛开展"书香飘万家"等亲子阅读活动，因地制宜开设母亲教育讲堂，引导家长为孩子讲好"人生第一课"，帮助孩子扣好人生第一粒扣子。大力开展"绿色家庭"创建活动，引导妇女从自己做起、从家庭做起，自觉践行简约适度、绿色低碳的生活方式。推动开展以"树清廉家风·创最美家庭"为主题的家庭助廉活动，引导党员干部廉洁修身、廉洁齐家、当好表率。广泛开展好家风好家训宣传宣讲活动，感染更多家庭跟着学、照着做，为形成爱国爱家、相亲相爱、向上向善、共建共享的社会主义家庭文明新风尚作贡献。

引领妇女在推进"一国两制"实践、促进祖国统一大业中建新功。进一步拓展内地同港澳各界妇女和妇女组织的深度交流合作，丰富交流内涵，提升交流实效，增强港澳妇女的国家意识和爱国精神，支持港澳妇女融入国家发展大局，促进爱国妇女力量的团结，共担民族复兴的历史责任，共享祖国繁荣富强的伟大荣光。推动两岸关系和平发展进程，是全体中华儿女的共同心愿。要秉持"两岸一家亲"理念，深化两岸融合发展，持续打造"姐妹情·一家亲"品牌，进一步扩大两岸妇女和妇女组织交往，不断增强民族认同、文化认同、国家认同，顺应历史大势，共担民族大义，同心共筑中国梦。加强与海外女侨胞及其组织的联络联谊，最广泛地凝聚拥护支持祖国统一和民族复兴的强大巾帼力量。

引领妇女在推动构建人类命运共同体中建新功。紧紧围绕"一带一路"建设，进一步加强同沿线国家妇女和妇女组织的交流对话，为促进民心相通注入妇女能量。加大与大国、周边国家、发展中国家妇女和妇女组织的交流力度，持续打造国家机制框架下的妇女人文交流品牌，为推动国家关系健康稳定发展厚植民意基础。深度参与联合国和国际、区域妇女事务，提升话语权和影响力。加强妇女外宣工作，讲好中国共产党故事，讲好中国故事，讲好中国人民故事，讲好中国妇女故事。

第三，增强群众性，认真履行依法维权和服务妇女的重要职能，为党凝聚妇女人心。群众性是妇联组织的根本特点，彰显着新时代妇联工作的力量源泉。各级妇联组织要落实以人民为中心的工作导向，把维权服务同履行政治职责紧密联系起来，把妇女群众日益增长的美好生活需要挂在心上，扎实开展"巾帼暖人心"系列行动，把党的关怀和温暖送到广大妇女群众中，不断增强妇女的获得感、幸福感、安全感。

让维权和服务在源头更有力度。充分利用妇联组织代表妇女参与民主决策、民主管理、民主监督的各种渠道和协商机制，发挥法规政策性别平等评估机制作用，进一步强化促进男女平等和妇女全面发展的制度保障。针对妇女在参政议政、劳动就业、社会保障、卫生保健、人身财产、婚姻家庭等方面的重点难点问题，开展调查研究，了解妇女需求，反映妇女呼声，积极推动相关法律法规的制定和修订。大力推动实施中国妇女发展纲要，进一步促进妇女事业与经济社会同步协调发展。大力开展宪法学习宣传教育活动，持续加大对男女平等基本国策的宣传，在全社会营造男女平等、和谐共进的良好氛围。

让维权和服务在基层更见实效。常态化开展"建设法治中国·巾帼在行动"活动，引导广大妇女自觉尊法学法守法用法，理性表达利益诉求，依法维护自身权益。进一步建好用好12338妇女维权服务热线，提升服务质量，将热线的线上咨询与城乡社区"妇女之家"的线下服务相互贯通，让热线在基层真正"热"起来，成为妇联组织与妇女姐妹之间的"连心线"。充分发挥婚姻家庭纠纷预防化解机制作用，积极参与家事审判制度改革，持续开展优秀维权案例评选活动，以案说法指导基层工作，推动将矛盾纠纷解决在基层、化解在萌芽状态。加强妇女儿童舆情监测、研判和应对工作，配合有关部门坚决打击侵害妇女儿童权益的违法犯罪行为。

让维权和服务在妇女身边更加温暖。持续实施好妇女创业担保贷款、农村妇女"两癌"免费检查和救助等项目，扩大覆盖面，提高受益率。推动"精彩人生女性终身学习计划"向更广领域拓展，为女性成长成才搭建更好的服务平台。深入调研了解不同妇女群体特别是留守流动妇女儿童、贫困妇女儿童、病残妇女儿童、单亲母亲、老年妇女等特殊群体和家庭的需求，推动把妇女群众反映强烈的急难愁盼问题更多纳入政府民生实事安排，积极探索承接适合由妇联组织承担的公共服务职能，引导女性社会组织参与政府购买服务，借助妇女儿童公益慈善平台凝聚更多社会爱心力量，多措并举为妇女儿童排忧解难，让广大妇女儿童沐浴党的阳光雨露，共建共享美好生活。

五 将新时代妇联组织改革进行到底

新的时代方位，标注新的改革起点。以习近平同志为核心的党中央把深化群团组织改革放到深化党和国家机构改革、推进国家治理体系和治理能力现代化的大格局中统筹谋划，作出了新部署，提出了新要求。各级妇联组织要认真贯彻落实党中央决策部署，紧紧围绕保持和增强政治性、先进性、群众性这条主线，进一步强化问题意识、增强自我革命勇气，以更大力度、更实举措深化妇联组织改革，把妇联组织建设得更加充满活力、更加坚强有力。

第一，以更大力度更实举措深化全国和地方妇联组织改革。进一步深化妇女代表大会和妇联执委会、常委会改革，优化人员结构，增强广泛性代表性，完善议事决策机制，提高工作科学化水平。优化妇联机关管理运行机制，推进直属事业单位分类改革，聚焦主责主业，提升整体效能。规范和加强上级妇联对下级妇联协管工作，建立健全双重领导的有效工作机制。进一步明晰各级妇联组织工作定位，全国妇联要把主要精力放在认真贯彻落实党中央重大战略决策部署上，放在议大事、抓全局、谋长远上，放在源头参与、顶层设计、宏观指导上，放在为基层妇联组织开展工作创造更好的条件和环境上；省、市一级妇联要贯彻落实全国妇联工作部署，紧紧围绕和服务地方党委和政府中心工作，积极参与和推动地方法规政策规划的制定和落实，从本地实际出发创造性开展工作；县一级妇联要吃透上情、摸清下情，适应改革要求，狠抓工作落实，加强对乡镇、街道以及村和社区基层妇联工作的指导、妇联干部的培训，带动基层妇联组织联系好、服务好广大妇女群众，从而形成各有侧重、相互衔接、上下联动的工作格局。

第二，以更大力度更实举措深化基层妇联组织改革。全面巩固村和社区妇代会改建妇联、乡镇妇联组织区域化建设改革成果，完善发挥基层妇联执委作用的长效工作机制，确保基层妇联组织依章按期换届，使基层妇联组织架构更健全、力量更充实、活动更经常、作用更明显。顺应妇女群众就业、生活、聚集方式多元化的趋势，继续推进在新领域新业态新阶层新群体中灵活多样建妇联组织，加大网上妇联建设力度，最大限度扩大覆盖、填补盲区，努力实现哪里有妇女群众、哪里就有妇联组织，怎么有利于做好妇女工作、就怎么建妇联组织。大力推进基层妇联亮牌服务，亮妇联标识、亮组织架构、亮工作职责、亮执委身份、亮活动内容，使基层妇联组织和妇联工作在妇女群众身边有形化、常态化。加强机关和事业单位妇女组织建设，因地制宜推进建妇联组织。进一步加强基层阵地建设，推动"妇女之家"向各领域拓展，探索在村民小组、社区网格等妇女群众生产生活的最小单元建立"妇女微家"，充分发挥凝聚、教育、服务妇女群众的功能和作用。坚持眼睛向下、重心下移、资源下沉，推动落实对基层的经费支持和保障，促进基层妇联组织可持续发展、基层妇女工作可持续加强。发展壮大团体会员队伍，密切同团体会员联系，支持团体会员开展工作，更好发挥团体会员作用。

第三，以更大力度更实举措深化妇联干部队伍建设改革。进一步探索符合新时代群众工作特点的妇联干部选拔任用方式，严把政治关、廉洁关、形象关，更加注重基层一线工作经历、群众工作经历，更多引进各领域各方面优秀妇女人才，健全完善考核标准和激励措施，着力建设专挂兼相结合、优势互补、充满活力的妇联干部队伍。探索建立内容精准化、方式多样化、渠道多元化、手段现代化的妇联干部素质培养体系，突出理想信念教育、政治能力训练、强化职业精神塑造、业务知识学习、妇女情怀培养，增强培训的系统性、持续性、针对性，着力培养忠诚干净担当、高素质专业化的妇联干部。组织开展"基层妇联领头雁培训计划"，加大对基层妇联主席、副主席和执委骨干培训力度，强化她们的身份意识、组织认同、履职能力，使她们真正成为知妇女群众、懂妇女群众、爱妇女群众，能够做好妇女群众工作的行家里手。持之以恒改作风、纠"四风"，下更大气力解决脱离妇女群众、脱离基层等突出问题，大兴调查研究之风，把查实情、出实招、办实事、求实效贯穿于妇联工作全过程。

第四，以更大力度更实举措深化妇联工作方式方法改革。进一步增强互联网思维，把握网上妇女群众工作特点和规律，建设好"女性之声"和"妇联通"平台，提升网络主题活动、文化产品、服务供给的吸引力和传播力，健全完善网上"妇女之家"与基层"妇女之家"紧密衔接、协同联动的工作机制，积极推进大数据、云计算、人工智能等技术手段在妇联工作中的运用，不断提高运用互联网组织动员妇女、宣传引导妇女、联系服务妇女的本领，实现线上线下两条战线、虚拟现实两个空间共同开展妇女群众工作。对网上的错误思想言论，敢于发声亮剑，澄清模糊认识，牢牢掌握网上舆论工作主动权。进一步强化让妇女群众当主角的意识，善于同不同层面妇女群众交朋友，善于用妇女群众喜欢、乐意接受的方式开展工作，组织活动请妇女群众一起设计，部署任务请妇女群众一起参与，表彰先进请妇女群众一起评议，发动和依靠广大妇女共同做好妇女群众工作。进一步健全直接联系服务妇女群众长效机制，通过创新妇联干部下基层方式方法，扩大姐妹微信群、"朋友圈"，用好"妇女之家""妇女微家"等，打通与妇女群众联系的"最后一公里"，不仅"身入"，而且"心入""情入"，把妇联组织的根更深更广地扎在广大妇女群众之中。进一步发挥妇联组织"联"的优势，广泛动员社会力量，推进资源开放共享，主动借势、借机、借力、借智，更好为大局服务、为妇女群众服务。

　　第五，以更大力度更实举措全面加强妇联组织党的建设。妇联组织是我们党亲自缔造和领导的妇女群众组织，从成立之日起，就肩负着为党做妇女群众工作的重要使命，熔铸着"党有号召、妇联有行动"的红色基因。各级妇联组织要认真贯彻新时代党的建设总要求，落实全面从严治党政治责任，以党的政治建设为统领，全面推进党的政治建设、思想建设、组织建设、作风建设、纪律建设，把制度建设贯穿其中，深入推进党风廉政建设和反腐败工作，提升妇联党建工作水平。要提高政治站位，把"四个意识"落实在行动上，坚定执行党的政治路线，严格遵守政治纪律和政治规矩，始终以党的旗帜为旗帜、以党的方向为方向、以党的意志为意志，始终对党忠诚、听党指挥、为党尽责。要更加自觉刻苦地学习习近平新时代中国特色社会主义思想，扎实开展"不忘初心、牢记使命"主题教育，推进"两学一做"学习教育常态化制度化，让理想信念的明灯永远在心中闪亮，让妇联组织的红色基因薪火相传。

　　各位代表、同志们，未来五年，我国将实现全面建成小康社会的宏伟目标，并向第二个百年奋斗目标阔步迈进。站在这样的历史交汇点上，我们的使命无上光荣，我们的责任无比重大。让我们更加紧密团结在以习近平同志为核心的党中央周围，高举习近平新时代中国特色社会主义思想伟大旗帜，团结动员广大妇女坚定不移跟党走，为决胜全面建成小康社会、实现中华民族伟大复兴的中国梦而不懈奋斗！

　　（黄晓薇：《高举习近平新时代中国特色社会主义思想伟大旗帜 团结动员各族各界妇女为决胜全面建成小康社会 实现中华民族伟大复兴的中国梦而不懈奋斗——在中国妇女第十二次全国代表大会上的报告》，《中国妇女报》2018年11月4日，第1、3、4版）

高举旗帜 开拓进取 团结带领妇女为夺取新时代中国特色社会主义伟大胜利而努力奋斗

——在中国妇女第十二次全国代表大会上的闭幕词

沈 跃 跃

（2018年11月2日）

各位代表，同志们：

中国妇女第十二次全国代表大会圆满完成了各项议程，今天就要闭幕了。会议期间，全体代表认真学习贯彻习近平新时代中国特色社会主义思想，始终铭记党中央对妇女事业和妇联工作的高度重视和殷切期望，坚决维护习近平总书记党中央的核心、全党的核心地位，坚决维护党中央权威和集中统一领导。会议学习贯彻习近平总书记关于妇女和妇女工作的重要论述，听取了党中央致词，审议并通过了大会报告，修改了妇联章程，选举产生了全国妇联新一届领导班子。这是一次高举中国特色社会主义伟大旗帜，全面贯彻习近平新时代中国特色社会主义思想和党的十九大精神的大会，是动员引领广大妇女坚定不移跟党走，奋力建功新时代的大会，是团结务实、鼓劲奋进的大会。

党中央对这次大会高度重视。习近平总书记等党和国家领导同志亲自出席大会开幕式，赵乐际同志代表党中央发表致词，充分体现了党中央对广大妇女的亲切关怀，对妇女事业的高度重视，对妇联组织的殷切期望，为做好新时代党的妇女工作指明了方向。孙春兰同志代表国务院和国务院妇女儿童工作委员会作了讲话，对进一步推进妇女事业发展提出了要求。中央和国家机关、解放军、北京市等各有关方面负责同志莅临大会，李玉赋同志代表人民团体致了贺词。在此，我代表大会主席团，向高度重视妇女发展、关心支持妇女工作的各级党委、政府表示衷心的感谢！向为妇女事业呕心沥血、作出重要贡献的老前辈、老领导、老大姐们致以崇高的敬意！向第十一届全国妇联执委、各级妇联干部和广大妇女工作者表示衷心的感谢！向出席大会的全体代表、各位来宾，新闻界的同志们，以及为大会付出辛勤劳动的全体工作人员表示诚挚的谢意！

党的十八大以来，习近平总书记从党和国家事业全局出发，对妇女和妇女工作作出一系列重要论述，深刻阐明了妇女工作的地位作用、发展道路、目标任务、根本要求，科学回答了事关妇女事业发展的一系列方向性、根本性问题，为新时代妇女事业和妇联工作创新发展提供了根本遵循，指引中国妇女事业取得历史性成就。广大妇女坚定理想信念，踊跃投身伟大事业，充分发挥"两个独特作用"，能力素质全面提升，精神面貌焕然一新，在实现国家富强、民族振兴、人民幸福的伟业中拼搏奋斗，充分发挥半边天作用；党的妇女工作得到前所未有的重视和加强，男女平等基本国策日益深入人心，妇联组织政治性先进性群众性不断增强、桥梁纽带作用充分发挥，中国特色社会主义妇女发展道路越走越宽广。这些成就的取得，根本在于以习近平同志为核心的党中央坚强领导，在于习近平新时代中国特色社会主义思想科学指引。

各位代表，党的十九大开启了全面建设社会主义现代化强国的新征程，中国特色社会主义进入了新时代。大会号召全国各族各界妇女紧密团结在以习近平同志为核心的党中央周围，"巾帼心向党·建功新时代"。新时代是奋斗的时代，奋斗创造幸福，实干成就梦想。广大妇女要高举伟大旗帜，筑牢理想信念，铭记使命责任，把个人梦想融入到实现中国梦的共同理想中，奋力走好新时代的长征路。新时代是创新的时代，创新迸发活力，改革成就伟业。广大妇女要积极创新创造，踊跃投身全面深化改革大潮，聚焦国家发展战略，各尽所能，尽展所长，让创新精神充分展现，在推进党和国家事业发展中实现人生价值。新时代是建功的时代，是共同享有、梦想成真的时代。广大妇女要砥砺精气神，立足岗位，建功立业，传承奉献精神，与新时代同行，为新时代建功，团结一心，为夺取新时代中国特色社会主义伟大胜利而不懈奋斗。

感谢同志们的信任，选举我们组成全国妇联新一届领导班子，选举我担任全国妇联主席。妇女事业是崇高的事业，妇女工作是光荣的工作。我们深感责任重大、使命神圣。我们一定要在以习近平同志为核心的党中央坚强领导下，以习近平新时代中国特色社会主义思想为指导，全面贯彻党的十九大精神，强化"四个意识"、坚定"四个自信"，坚决维护习近平总书记党中央的核心、全党的核心地位，坚决维护党中央权威和集中统一领导，牢记党的重托，不负妇女期望，恪尽职守，勇于担当，团结凝聚广大妇女为党和人民事业发展提供强大力量。

我们要认真学习贯彻习近平新时代中国特色社会主义思想，团结引领妇女坚定不移跟党走。牢牢把握妇女工作的正确方向，认真履行妇联组织的政治职责，全面加强妇女的思想政治引领，引导广大妇女不断增进对习近平新时代中国特色社会主义思想的政治认同、思想认同、情感认同，坚定共产主义远大理想和中国特色社会主义共同理想，打牢高举旗帜、维护核心、紧跟党走的思想政治根基。

我们要围绕党和国家工作大局，团结带领妇女奋力建功新时代。紧扣党的十九大提出的目标任务，落实新发展理念，围绕统筹推进"五位一体"总体布局、协调推进"四个全面"战略布局，聚焦深化供给侧结构性改革，聚焦打赢防范化解重大风险、精准脱贫、污染防治三大攻坚战，找准妇联工作的切入点、结合点、着力点，团结动员广大妇女在决胜全面建成小康社会、实现"两个一百年"奋斗目标的进程中主动作为，贡献力量。

我们要注重家庭家教家风，团结带领妇女大力弘扬和践行社会主义核心价值观。充分发挥妇女在社会生活和家庭生活中的独特作用，在弘扬中华民族家庭美德、树立良好家风方面的独特作用，引导妇女带动家庭成员建设好家庭、涵养好家教、培育好家风，在促进家庭和睦幸福、培养时代新人、促进老有所养、开展志愿服务等方面展现优势、担当责任，使社会主义核心价值观在千千万万个家庭落地生根，成为国家发展、民族进步、社会和谐的重要基石。

我们要加强联系和服务妇女，把党的关怀和温暖送到妇女心坎上。坚持以妇女为中心，适应妇女群众日益增长的美好生活需要，更有力地推动落实男女平等基本国策，更广泛密切地联系妇女，更精准扎实地服务妇女，更好地代表和维护妇女权益。关注关心关爱普通妇女，特别是贫困妇女、留守妇女儿童、单亲母亲、老龄妇女等群体，为她们做好事、解难事、办实事，帮助她们解决最关心最直接最现实的利益问题，不断增强妇女群众的获得感幸福感安全感，更好地为党凝聚妇女人心，夯实党执政的群众基础。

我们要深化妇联改革，加强自身建设，不断保持和增强政治性先进性群众性。自觉坚持党中央集中统一领导，严守党的政治纪律和政治规矩，自觉在思想上政治上行动上与以习近平同志为核心的党中央保持高度一致；落实全面从严治党要求，以党的政治建设为统领，全面加强妇联系统党的建设。坚持问题导向，着力解决脱离基层、脱离妇女群众的问题，推进妇联改革向纵深发展、在基层落地。加强妇联干部队伍建设，改进工作作风，增强群众工作本领，做到政治过硬、思想过硬、能力过硬、作风过硬，使妇联同妇女的联系更加紧密，把妇联组织建设得更加坚强有力、更加充满活力，发挥好党联系妇女群众的桥梁纽带作用。

大会闭幕后，大家将回到各地和各自的工作岗位。希望各位代表和各级妇联组织，认真做好大会精神的学习宣传贯彻，特别是深入学习贯彻习近平总书记重要讲话精神、党中央致词，进一步统一思想、坚定信心、真抓实干，落实好大会确定的各项任务。

各位代表，同志们！

进入新时代，中华民族迎来了从站起来、富起来到强起来的伟大飞跃，我们无比振奋；伟大祖国正朝着"两个一百年"奋斗目标阔步前进，我们无比自豪。让我们更加紧密地团结在以习近平同志为核心的党中央周围，高举习近平新时代中国特色社会主义思想伟大旗帜，团结带领广大妇女为决胜全面建成小康社会、建设富强民主文明和谐美丽的社会主义现代化强国、实现中华民族伟大复兴的中国梦而努力奋斗！

（沈跃跃：《高举旗帜 开拓进取 团结带领妇女为夺取新时代中国特色社会主义伟大胜利而努力奋斗——在中国妇女第十二次全国代表大会上的闭幕词》，《中国妇运》2018 年第 11 期）

沈跃跃在纪念"三八"国际妇女节
中外妇女招待会上的致辞
（2015—2019年）

在纪念"三八"国际妇女节中外妇女招待会上的致辞（2015）

沈跃跃

（2015年3月6日）

尊敬的各位来宾、各位朋友，亲爱的姐妹们：

今天，我们欢聚一堂，共同庆祝一年一度的"三八"国际妇女节。在此，我谨代表中华全国妇女联合会，向出席招待会的中外嘉宾表示诚挚的欢迎，向全国各族各界妇女姐妹和世界各国妇女致以节日的问候和良好的祝福！

在过去的一年里，面对复杂多变的国际环境和艰巨繁重的国内改革发展稳定任务，以习近平同志为总书记的党中央团结带领中国各族人民，坚持稳中求进工作总基调，适应经济发展新常态，协调推进全面建成小康社会、全面深化改革、全面依法治国、全面从严治党，各项工作取得新的重大进展。13亿多中国人民正在为实现"两个一百年"奋斗目标和中华民族伟大复兴的中国梦努力奋斗！

一年来，党和政府一如既往高度重视妇女儿童事业发展，中央出台《关于加强和改进党的群团工作的意见》，为新时期妇女工作提供了根本遵循。男女平等基本国策得到进一步贯彻落实，中国妇女发展纲要持续全面实施，促进妇女发展的政策措施不断完善，妇女权益得到更全面的保障。反家庭暴力法立法取得实质性进展。中国妇女事业发展取得了新的成就。

一年来，中华全国妇女联合会把联系和服务妇女作为工作生命线，深入开展"巾帼建新功，共筑中国梦"主题实践活动，大力实施"巾帼建功""巾帼维权""巾帼关爱""巾帼成才"四项行动，各项工作取得了积极进展。团结动员各行各业妇女立足岗位、建功立业，引导广大妇女积极参与改革、支持改革，大力培养女性人才，不断推进妇女手工编织和巾帼家政服务取得新进展；重视家庭建设，注重家庭，注重家教，注重家风，引导广大妇女践行社会主义核心价值观，组织千百万家庭踊跃参与寻找"最美家庭"，弘扬良好家风家训，推动家庭文明建设工作取得新成效；加大源头维权的力度，参与制定和修改涉及妇女儿童权益的有关法律法规和政策，积极推动落实农村妇女土地权益，依法维护妇女儿童合法权益工作取得新突破；关注妇女民生，特别关注普通妇女群众的实际困难和需求，坚持不懈地办好重点实事项目，去年发放妇女小额担保贷款近370亿元，组织1000万和120万农村妇女分别进行"两癌"免费检查，救助贫困患病妇女1万多人，"消除婴幼儿贫血行动"惠及婴幼儿14万人，"春蕾计划""母亲水窖"和"母亲健康快车"等公益慈善项目覆盖面持续扩大。我们进一步深化与港澳台妇女的交流，共叙姐妹同胞亲情，积极促进祖国大家庭的和平与发展；不断加强中外妇女的交流合作，增进了中外妇女间的友谊和互信。

姐妹们，朋友们，

2015年是中国全面深化改革、全面推进依法治国的关键之年，是全面完成国民经济与社会发展"十二五"规划的收官之年。希望广大妇女姐妹们与全国人民一道，开拓进取、奋发努力，为全面建成小康社会、全面深化改革、全面依法治国、全面从严治党贡献智慧和力量，在实现中华民族伟大复兴的中国梦的奋斗过程中实现美好的人生理想！

2015年也是第四次世界妇女大会在北京召开20周年。回顾20年来各国推动性别平等、实现妇女发展的历程，我们对未来妇女事业发展充满了期待，更充满了信心。姐妹们，让我们携起手来，同心同行，为推动性别平等事业实现新发展、为促进世界的和平发展和各自国家的繁荣富强作出新的贡献！

祝姐妹们节日快乐！祝朋友们生活愉快、家庭幸福、事业有成！

谢谢大家！

（沈跃跃：《在纪念"三八"国际妇女节中外妇女招待会上的致辞》，《中国妇女报》2015年3月7日，第2版）

在纪念"三八"国际妇女节中外妇女招待会上的致辞（2016）

沈跃跃

（2016年3月7日）

尊敬的各位来宾、各位朋友，姐妹们：

大家下午好！

今天，我们欢聚一堂，庆祝"三八"国际妇女节。在此，我谨代表中华全国妇女联合会，向出席招待会的中外嘉宾表示诚挚的欢迎，向全国各族各界妇女姐妹和世界各国妇女致以节日的问候，向支持并为妇女事业作出贡献的朋友们表示由衷的感谢！

2015年是中国党和国家事业发展很不平凡的一年。以习近平同志为总书记的党中央把握国内外发展大势，协调推进全面建成小康社会、全面深化改革、全面依法治国、全面从严治党，主动适应经济发展新常态，妥善应对重大风险挑战，经济建设、政治建设、文化建设、社会建设、生态文明建设和党的建设取得了新的重大成就，广大人民群众有了更多获得感。

2015年是妇女运动发展史上值得纪念和铭记的一年。这一年，世界各国隆重纪念联合国第四次世界妇女大会召开20周年。中国与联合国妇女署在纽约联合国总部共同举办全球妇女峰会，为促进男女平等和妇女发展重申承诺、共谋未来，习近平主席主持峰会并发表重要讲话，提出了促进妇女全面发展的四点中国主张，赢得高度评价。70多位国家领导人、地区和国际组织负责人在会上郑重承诺，将采取有效措施进一步促进男女平等发展。峰会成为世界妇女运动发展史上一个新的里程碑。

这一年，中国妇女事业实现了新发展。党中央制定关于加强和改进党的群团工作的意见，首次召开党的群团工作会议，习近平总书记发表重要讲话，明确了新形势下做好党的群团工作的重大意义、方向目标和基本要求，为包括妇联在内的群团组织和群团工作的改革创新指明了方向。男女平等基本国策得到更有力的贯彻，颁布《中国性别平等与妇女发展》白皮书，首部反家庭暴力法顺利出台，妇女发展环境不断优化。中国妇女正以前所未有的热情投身于改革发展实践，为全面建成小康社会贡献着"半边天"的智慧和力量。

一年来，中华全国妇女联合会坚持服务大局、服务妇女，各项工作取得了新的成绩。我们深入实施巾帼建功系列行动，支持广大妇女踊跃参与大众创业、万众创新，培训妇女800多万人，小额贷款新增400多亿元，扶持50多万妇女创业。进一步推进家庭文明建设，常态化开展寻找"最美家庭"活动和巾帼志愿服务，深化家庭教育，推动巾帼家政服务发展。强化源头参与，推动维护妇女儿童权益的法律、法规和政策不断完善。帮助妇女群众解决实际困难，为农村妇女继续进行宫颈癌和乳腺癌免费检查。"春蕾计划""母亲水窖""母亲健康快车"和"儿童快乐家园"等公益慈善项目让更多妇女儿童感受到党和政府的关怀和温暖。我们加强与港澳台妇女的交流；深化中外妇女的交流与合作，积极参与国际妇女事务，努力为性别平等事业作贡献。

2016年是决胜全面建成小康社会的开局之年。我们要紧密团结在以习近平同志为总书记的党中央周围，贯彻落实创新、协调、绿色、开放、共享的发展理念，团结带领广大妇女听党话、跟党走，为协调推进"四个全面"战略布局、实现"十三五"良好开局、实现"两个一百年"奋斗目标和中华民族伟大复兴中国梦贡献巾帼力量！

我们愿与各国姐妹一道携手努力，加速行动，共建共享美好世界！

祝大家节日快乐，生活幸福，事业进步！

谢谢大家！

（沈跃跃：《在纪念"三八"国际妇女节中外妇女招待会上的致辞》，《中国妇女报》2016年3月8日，第2版）

在纪念"三八"国际妇女节中外妇女招待会上的致辞（2017）

沈跃跃

（2017年3月7日）

尊敬的各位来宾、各位朋友，姐妹们：

大家下午好！

今天我们欢聚一堂，共同庆祝"三八"国际妇女节。在此，我谨代表中华全国妇女联合会，向出席招待会的中外嘉宾表示诚挚的欢迎，向全国各族各界妇女姐妹和世界各国妇女致以节日的问候和美好的祝福！

2016年是中国全面建成小康社会决胜阶段的开局之年。一年来，以习近平同志为核心的党中央把握国内国际两个大局，坚持稳中求进工作总基调，大力推进供给侧结构性改革，吹起脱贫攻坚战的冲锋号，经济建设、政治建设、文化建设、社会建设、生态文明建设和党的建设取得新的重大成就，实现了"十三五"良好开局。

党的十八大以来，以习近平同志为核心的党中央高度重视妇女事业。习近平总书记对妇女工作提出许多新思想新论断新要求，为妇女事业发展指明了方向，提供了遵循。去年，中共中央办公厅印发了《全国妇联改革方案》，第六次全国妇女儿童工作会议圆满召开，中国妇女、儿童发展纲要中期评估工作顺利实施，妇女发展和权益保障取得了新进展。亿万妇女姐妹自尊、自信、自立、自强，主动作为、积极奉献，在经济社会各领域展现巾帼风采。

2016年也是全国妇联改革创新之年。我们认真贯彻落实中央党的群团工作会议精神，围绕促进"十三五"经济社会发展，充分发挥广大妇女在社会生活和家庭生活中的独特作用，广泛开展"创业创新巾帼行动"，全年发放妇女创业担保贷款502.21亿元，获贷妇女60.77万人次，培训妇女400余万人次，引导数百万妇女投身电商创业，支持广大妇女创业创新。大力实施"巾帼脱贫行动"，带动61万贫困妇女就业创业，扶持带动56.8万贫困妇女增收脱贫。大力推进家庭文明建设，在城乡社区广泛开展寻找"最美家庭"活动，实施"关爱农村留守儿童特别行动"，深化以德为先的家庭教育，推动形成社会主义家庭文明新风尚。积极开展依法维权工作，大力维护女性公平就业、土地使用、参与基层自治等合法权益。关注妇女群众的实际困难和需求，推进农村妇女宫颈癌和乳腺癌免费检查1120万人，救助贫困患病妇女3万人，继续实施"母亲水窖""春蕾计划""儿童快乐家园""儿童营养改善"等公益慈善项目，惠及数百万贫困妇女儿童。大力推进妇联改革，围绕保持和增强政治性先进性群众性，壮大基层工作力量，强化网上妇女工作，创新妇联工作。我们不断拓展与港澳台妇女和妇女社团的交流互访；积极开展对外妇女交流合作，推动中外妇女的友谊与合作更加深入。

2017年，中国共产党将召开第十九次全国代表大会。我们要更加紧密团结在以习近平同志为核心的党中央周围，团结带领亿万妇女听党话、跟党走，开拓进取，苦干实干，以优异的成绩迎接党的十九大胜利召开！

姐妹们，朋友们！让我们携手同心，一起为促进妇女全面发展加速行动，为构建人类命运共同体、实现共赢共享的和谐世界而努力奋斗！

最后，祝大家节日快乐，工作顺利，生活幸福，事业进步！

谢谢！

（沈跃跃：《在纪念"三八"国际妇女节中外妇女招待会上的致辞》，《中国妇女报》2017年3月8日，第2版）

在纪念"三八"国际妇女节中外妇女招待会上的致辞（2018）

沈跃跃

（2018 年 3 月 7 日）

尊敬的各位来宾、各位朋友，姐妹们：

大家下午好！

今天，我们欢聚一堂，共同庆祝"三八"国际妇女节。我谨代表中华全国妇女联合会，向出席招待会的中外嘉宾表示诚挚的欢迎，向全国各族各界妇女姐妹和世界各国妇女致以节日的问候和美好的祝福！

2017年是党和国家发展进程中具有里程碑意义的一年。中国共产党第十九次全国代表大会胜利召开，大会确立了习近平新时代中国特色社会主义思想的历史地位，制定了新时代中国特色社会主义的行动纲领和发展蓝图，开启了全面建设社会主义现代化国家新征程。一年来，以习近平同志为核心的党中央团结带领全国各族人民，坚持稳中求进工作总基调，贯彻新发展理念，统筹推进"五位一体"总体布局，协调推进"四个全面"战略布局，深入推进供给侧结构性改革，有力实施脱贫攻坚，人民生活继续改善，中国特色社会主义各项事业取得新的重大成就。

以习近平同志为核心的党中央始终高度重视妇女事业。习近平总书记在十九大报告中强调"坚持男女平等基本国策，保障妇女儿童合法权益"，充分彰显新时代中国党和政府对男女平等事业和妇女全面发展的高度重视。在以习近平同志为核心的党中央的坚强领导下，中国妇女事业不断取得新成就，妇女就业规模继续扩大，农村贫困妇女人数大幅减少，妇女平等权利得到有力保障，妇女的获得感幸福感安全感不断提升；各级妇联坚持围绕中心、服务大局，立足基层、服务妇女，依法维护妇女合法权益，广泛联系和服务妇女，团结动员广大妇女听党话跟党走，立足本职建功立业；广大妇女自觉把个人理想和追求融入党和国家事业发展之中，充分发挥在社会生活和家庭生活中的独特作用，积极投身新时代中国特色社会主义伟大事业，在实现中华民族伟大复兴中国梦的征程中充分发挥"半边天"作用。

新时代要有新气象新作为。我们要更加紧密地团结在以习近平同志为核心的党中央周围，全面贯彻党的十九大精神，以习近平新时代中国特色社会主义思想为指导，团结引领广大妇女增强"四个意识"，坚定"四个自信"，坚决听党话跟党走，为夺取新时代中国特色社会主义伟大胜利而努力奋斗！

姐妹们，朋友们！中国人民的梦想同世界各国人民的梦想息息相通。让我们携手同心，一起奋斗，为推动人类命运共同体建设，共同创造人类的美好未来贡献巾帼力量！

祝大家节日快乐、生活幸福！

谢谢！

（沈跃跃：《在纪念"三八"国际妇女节中外妇女招待会上的致辞》，《中国妇女报》2018年3月8日，第2版）

在纪念"三八"国际妇女节中外妇女招待会上的致辞（2019）

沈跃跃

2019年3月7日

尊敬的各位来宾、各位朋友，姐妹们：

大家下午好！

今天，我们相聚在这里，共同庆祝"三八"国际妇女节。我代表中华全国妇女联合会，向出席招待会的中外嘉宾和妇女姐妹表示诚挚的欢迎和节日的祝贺！向全国各族各界妇女，向香港特别行政区、澳门特别行政区和台湾地区女同胞、海外女侨胞，致以节日的问候和美好的祝福！

2018年是党和国家事业发展极不平凡的一年。一年来，以习近平同志为核心的党中央团结带领全国各族人民，统筹推进"五位一体"总体布局，协调推进"四个全面"战略布局，坚持稳中求进工作总基调，贯彻新发展理念，深入推进供给侧结构性改革，着力打好三大攻坚战，党和国家各项事业取得新的重大成就。人民群众的获得感、幸福感、安全感持续增强。中国人民隆重庆祝改革开放40周年，包括妇女在内的亿万人民更加昂扬地奔跑在实现中华民族伟大复兴的追梦路上。

2018年也是中国妇女事业发展取得新进展的一年。在以习近平同志为核心的党中央高度重视下，中国妇女第十二次全国代表大会胜利召开。习近平总书记率领中央政治局常委同志出席中国妇女十二大开幕式，同全国妇联新一届领导班子成员集体谈话并发表重要讲话，为新时代妇女事业发展指明了方向。广大妇女立足本职，积极投身新时代中国特色社会主义火热实践，在改革开放最前沿，在各行各业第一线，在脱贫攻坚和乡村振兴主战场，在服务社会各领域，创造新业绩，展示新风采。各级妇联忠实履行引领、服务、联系职责，加强思想政治引领，注重服务大局、服务妇女，推动家庭文明建设，依法维护妇女权益，与港澳台姐妹联谊联情联心，妇女对外交流合作全方位拓展，妇女事业迈出新步伐。

2019年是新中国成立70周年，是决胜全面建成小康社会的关键之年。我们要更加紧密地团结在以习近平同志为核心的党中央周围，高举习近平新时代中国特色社会主义思想伟大旗帜，团结带领广大妇女增强"四个意识"，坚定"四个自信"，做到"两个维护"，在拼搏中建功新时代，在奋斗中创造美好生活，以优异成绩庆祝中华人民共和国成立70周年！

姐妹们，朋友们！让我们携起手来，凝聚和贡献女性力量，积极推动共建"一带一路"，继续推动构建人类命运共同体，为共建共享一个对所有妇女、所有人更加美好的世界而不懈努力。

祝大家节日快乐、生活幸福！

（沈跃跃：《在纪念"三八"国际妇女节中外妇女招待会上的致辞》，《中国妇女报》2019年3月8日，第2版）

第五部分 其他重要文件

中国反对拐卖妇女儿童行动计划
（2008—2012年）

（2007年12月13日）

拐卖妇女儿童犯罪严重侵犯妇女儿童人身权利，对被拐卖妇女儿童身心健康造成巨大伤害，并由此引发一系列社会问题，严重影响社会和谐稳定。为有效预防、严厉打击拐卖妇女儿童犯罪活动，积极救助、妥善安置被解救妇女儿童，切实维护妇女儿童合法权益，遵照我国政府签署的联合国《儿童权利公约》、《消除对妇女一切形式歧视公约》、《打击跨国有组织犯罪公约》、《禁止和立即行动消除最恶劣形式的童工劳动公约》等有关文件，依据《中华人民共和国宪法》、《中华人民共和国刑法》、《中华人民共和国妇女权益保障法》、《中华人民共和国未成年人保护法》等法律，制定《中国反对拐卖妇女儿童行动计划（2008—2012年）》（以下简称《行动计划》）。

一　背景和挑战

我国政府一贯高度重视妇女儿童权益保障工作，坚决采取切实措施，有效预防、严厉打击拐卖妇女儿童犯罪活动，积极开展对被解救妇女儿童的救助、安置和康复工作。近年来，我国相继制定和修订了《中华人民共和国刑法》、《中华人民共和国妇女权益保障法》、《中华人民共和国劳动法》、《中华人民共和国未成年人保护法》、《中华人民共和国预防未成年人犯罪法》、《中华人民共和国婚姻法》、《中华人民共和国收养法》等法律，高法院制定了《关于审理拐卖妇女案件适用法律有关问题的解释》，高检院制定了《人民检察院直接受理立案侦查案件立案标准的规定（试行）》，公安部制定了《关于打击拐卖妇女儿童犯罪适用法律和政策有关问题的意见》，为保护妇女儿童合法权益提供了有力的法制保障。国务院印发了《中国妇女发展纲要（2001—2010年）》和《中国儿童发展纲要（2001—2010年）》，将预防、打击和减少拐卖等侵害妇女儿童合法权益犯罪行为作为保护妇女儿童的重要目标。各地普遍建立了政府主导、社会团体和有关单位共同参与的反对拐卖妇女儿童行动（简称反拐）合作机制，广泛开展宣传教育活动；公安机关积极开展打击拐卖妇女儿童犯罪专项行动，破获了一大批案件，成功解救了一大批被拐卖的妇女儿童；在重点地区建立了被解救妇女儿童中转、培训和康复中心，实施了一批预防犯罪和救助被解救妇女儿童的试点项目。此外，加强与有关国际组织联系，充分运用警务合作协议和刑事司法协助条约等积极开展国际合作。总之，在各级政府领导下，经过相关部门和社会各界共同努力，以及务实有效的国际合作，我国反拐工作取得明显成效。

同时也必须看到，当前，我国拐卖妇女儿童犯罪活动呈现出新动向、新特点，拐卖妇女儿童犯罪形势仍不容乐观。团伙犯罪趋势明显，跨国案件增多，犯罪手段更加隐蔽，犯罪分子更加狡猾并不断变换作案手法，寻找新的侵害对象。在工作层面上，相关法律法规需进一步完善，相关部门职责需进一步明确，执法环节和部门间合作需进一步加强，经费保障机制有待完善。

二 指导思想、总体目标和战略措施

（一）指导思想。

以邓小平理论和"三个代表"重要思想为指导，深入贯彻落实科学发展观，坚持"预防为主、打防结合、以人为本、综合治理"的工作方针，标本兼治，切实维护妇女儿童合法权益，促进社会主义和谐社会建设。

（二）总体目标。

健全反拐工作协调、保障机制，明确相关部门职责任务，加强合作，建立集预防、打击、救助和康复为一体的反拐工作长效机制，提高工作效率，最大限度地减少拐卖妇女儿童犯罪活动的发生，最大限度地减轻被拐卖妇女儿童遭受的身心伤害。

（三）战略措施。

1.加强部门协调配合，完善工作机制，整合资源，完善以政府部门为主导、全社会参与的反拐合作机制，保障《行动计划》顺利实施。

2.采取政府投入、社会捐赠等多渠道筹资办法，为实施《行动计划》提供经费保障。

3.强化对拐卖拐骗流动人口、强迫流动人口劳动，以及针对农村留守儿童和流动残疾人的各类犯罪活动的打击力度，做好善后安置工作。

4.坚持点面结合、突出重点、全面治理的原则，在全国范围开展日常性反拐工作的同时，强化对重点地区的治理。

5.在挖掘现有机构和人员潜力基础上，加强反拐工作队伍专业化建设。

6.建立全国反拐信息系统，为加强反拐工作提供信息和技术支持。

7.加大宣传力度，树立并提高尊重和保护妇女儿童权益意识，营造良好的反拐工作氛围。

8.加强国际合作，有效打击跨国拐卖妇女儿童犯罪活动。

三　组织机构和保障措施

（一）建立反对拐卖妇女儿童行动工作部际联席会议制度。

1.主要职能。

（1）组织制定、实施、监督、评估《行动计划》，组织和协调跨地区、跨部门、跨机构、跨国界的反拐工作。

（2）协调和推动政府有关部门的反拐工作。

（3）指导和督促各省、自治区、直辖市的反拐工作。

（4）协调和推动反拐国际合作。

（5）组织各地区、各有关部门总结和交流反拐工作经验及相关成果。

2.成员单位。

反对拐卖妇女儿童行动工作部际联席会议（以下简称联席会议）制度由以下部门和单位组成：公安部、中央宣传部、中央综治办、全国人大常委会法工委、外交部、发展改革委、教育部、民政部、司法部、财政部、人事部、劳动保障部、铁道部、交通部、农业部、商务部、文化部、卫生部、人口计生委、工商总局、民航总局、广电总局、法制办、妇儿工委办公室、扶贫办、全国总工会、共青团中央、全国妇联。

公安部为牵头单位。联席会议召集人由公安部负责同志担任，联席会议成员为有关部门和单位负责同志。联席会议办公室设在公安部刑事侦查局，承担联席会议日常工作。办公室主任由刑事侦查局局长兼任，各成员单位指定一名联络员为办公室成员。

各地区特别是拐卖妇女儿童犯罪活动重点地区要根据各自实际建立相应的反拐工作机制。

（二）促进有关法律法规、政策的完善和实施。

推动政策制定、有关法律法规和规章的制订和修订工作，签署和实施相关国际公约。

（三）以政府投入为主、多渠道筹措资金。

1.中央和地方各有关部门开展反拐工作所需经费，列入各有关部门年度预算，由同级政府予以保障。

2.积极争取社会团体、公益机构、企事业单位和个人的捐助，争取国际援助，多渠道募集资金。

四 行动措施和责任分工

（一）创造良好的社会环境和工作氛围。

1.工作目标。

完善相关法律法规，加大反拐宣传、培训和维护妇女儿童合法权益教育力度，提高地方各级政府和相关部门及社会各界对实施《行动计划》的必要性、重要性的认识，创造良好的反拐社会环境和工作氛围。

2.行动措施。

（1）完善相关法律法规，为加强预防、打击犯罪及被解救妇女儿童救助和康

复工作提供法律依据。（法制办负责，全国人大常委会法工委、公安部、民政部、劳动保障部、共青团中央、全国妇联配合）

（2）在全国范围内，积极开展有关保护妇女儿童合法权益和反拐的宣传、教育及培训活动，提高地方各级政府、相关部门和社会各界对反拐和救助被解救妇女儿童工作重要性、必要性的认识。（公安部负责，中央宣传部、教育部、司法部、文化部、人口计生委、广电总局、全国总工会、共青团中央、全国妇联配合）

（3）在公安机关内部，加强反拐和维护妇女儿童合法权益的教育培训，提高执法人员对打击拐卖妇女儿童犯罪活动重要性的认识，努力提高工作能力和效率。（公安部负责）

（4）在全国拐卖妇女儿童犯罪活动重点地区和易被拐卖人群中，开展预防拐卖妇女儿童犯罪的能力建设，尤其是提高妇女儿童的反拐意识、识别犯罪和自我保护能力。（公安部负责，教育部、民政部、劳动保障部、全国总工会、共青团中央、全国妇联配合）

（5）加强反拐工作经验交流、信息共享，积极推广集预防、打击、救助和康复为一体的成功工作模式，推动反拐工作机制不断完善，提高快速反应能力。（联席会议办公室负责）

（二）建立健全预防犯罪机制。

1.工作目标。

在社区、拐卖妇女儿童犯罪易发场所和省际合作三个层面上，构建和完善预防拐卖妇女儿童犯罪网络，努力降低拐卖妇女儿童犯罪发生率。到2012年底，全国拐卖妇女儿童犯罪活动重点地区得到综合整治。

2.行动措施。

（1）建立和推广以社区组织和广大群众的积极参与为基础，以多部门、多机构分工明确并通力合作为重点的群防群治工作体系。（中央综治办负责）

——贯彻国家开发式扶贫政策，加大对农村贫困妇女的扶持力度，充分利用现有教育培训资源，积极开展多种形式的实用技术教育和务工技能培训，提高贫

困妇女脱贫致富能力。（扶贫办负责，劳动保障部、发展改革委、农业部、全国妇联配合）

——鼓励和支持妇女积极参与社区事务和管理，积极提高妇女社会地位、政治地位，增强其维权意识。加强宣传和教育工作，提高社区成员尤其是妇女自身的反拐意识、识别犯罪和自我保护能力。（民政部负责，公安部、司法部、教育部配合）

——加强对法律法规的宣传教育工作，在全社会营造良好的法制氛围，促进未成年人父母或其他监护人切实履行《中华人民共和国未成年人保护法》，为未成年人健康成长提供良好的家庭环境和家庭教育。（司法部负责，教育部、共青团中央、全国妇联配合）

——落实《中华人民共和国义务教育法》，完善义务教育经费保障机制，确保所有适龄儿童、少年接受九年义务教育的权利，防止其过早流入社会。同时，加强对教师和学生的反拐意识教育。（教育部负责，民政部、文化部配合）

——加强对易被拐卖人群的援助工作，积极开展各种形式的社会救助，帮助家庭贫困妇女儿童解决生活困难，加强对其生活能力训练。积极利用现有救助管理机构和福利机构做好流浪未成年人、弃婴救助及安置工作。（民政部负责，司法部、财政部、卫生部配合）

（2）加强拐卖妇女儿童犯罪活动重点地区的预防犯罪工作，并做好监督检查，将犯罪活动消灭在萌芽状态。（公安部负责，中央综治办、妇儿工委办公室配合）

——依照有关法律法规和规章，加强人力资源市场管理，规范劳动者求职、用人单位招用和职业中介活动。建立和完善劳动用工备案制度，加强对各类职业中介活动的监管，维护人力资源市场秩序。积极研究在劳务市场及其周边地区发生的拐卖妇女儿童犯罪问题，有针对性地开展行之有效的宣传和教育活动。（劳动保障部负责，人事部、广电总局、工商总局配合）

——在流动人口聚集的火车站、汽车站、航空港、码头、娱乐场所、旅店加强反拐宣传工作，防止拐卖妇女儿童犯罪的发生。（铁道部、交通部、民航总局

负责，公安部、司法部、共青团中央、全国妇联配合）

——积极做好拐卖妇女儿童罪犯的改造、监督和教育工作，降低重新犯罪率。（司法部、公安部负责）

——在拐卖妇女儿童犯罪活动重点地区，跨部门、多机构共同参与综合整治。基层政府、社区组织、居民小组将帮助易被拐卖人群和预防犯罪纳入各自的工作重点，有针对性地引入发展项目，既积极预防犯罪又提供个人发展机会。扶贫机构尽可能对目标人群实行项目倾斜。（中央综治办负责，公安部、民政部、共青团中央、全国妇联、扶贫办配合）

（3）各地区之间尤其是被拐卖妇女儿童的流入地和流出地之间应相互支持，加强交流与合作。到2008年底，主要流入地和流出地的省、自治区、直辖市政府签订合作意向书，由各省、自治区、直辖市反拐工作机构负责落实并上报联席会议办公室。（联席会议办公室负责）

（三）打击犯罪和解救被拐卖妇女儿童。

1.工作目标。

完善工作机制，提高发现、侦破拐卖妇女儿童犯罪案件的能力和效率，迅速解救被拐卖妇女儿童。到2012年底，侦破案件数占报案数的比例比2007年明显提高。

2.行动措施。

（1）进一步完善和加强以公安机关为主，有关部门和社会各界密切配合的打击拐卖妇女儿童犯罪工作机制。

——加强领导。拐卖妇女儿童犯罪活动重点地区的省、自治区、直辖市公安机关要切实加强反拐工作机构和队伍建设。（公安部负责）

——制订与儿童心理和生理相适应的案件调查程序，开展相关培训。（公安部负责，教育部配合）

——在拐卖妇女儿童犯罪活动重点地区，组织开展打击犯罪专项行动。（公安部负责，中央综治办、民政部、劳动保障部、人口计生委、共青团中央、全国妇联配合）

——坚决依法打击拐卖妇女儿童犯罪的"买方市场"。依法查处非法用工单位和使用童工的行为，取缔非法劳务介绍、婚姻介绍等中介机构以及非法网络中介。对收买、介绍、强迫被拐卖妇女儿童从事性交易及其他强迫性劳动的单位和个人，依法追究其行政、民事、刑事责任。（公安部、劳动保障部负责，全国总工会、工商总局、民政部配合）

（2）加强信息网络建设，提高各级反拐工作机构信息收集和处理能力。（公安部负责，民政部配合）

——建立信息系统，完善打击犯罪的信息收集和交流机制。（公安部负责，民政部、全国妇联配合）

——建立健全举报制度。鼓励各部门、各单位和广大群众向执法机关举报拐卖妇女儿童犯罪活动。（公安部负责）

（四）加强对被解救妇女儿童的救助和康复工作。

1.工作目标。

不断完善救助机制，提高被解救妇女儿童接受培训、救助、身心治疗等必要援助的比例，保护被解救妇女儿童的隐私，积极帮助其回归家庭和社会，避免遭受二次伤害。使大部分被解救妇女儿童获得必要救助，迅速回归社会、正常生活。

2.行动措施。

（1）建立和完善政府多部门合作、社会各界广泛支持的救助机制。

——各级政府有关部门根据需要增设必要的救助服务、中转康复和培训机构并保障其人员和经费需求，确保更多被解救妇女儿童得到基本救助或妥善安置。（民政部、财政部负责，公安部、教育部、卫生部配合）

——制订有关工作程序和工作标准，总结经验，推广有效的工作方法。（民政部负责，公安部、教育部配合）

——鼓励有关社会团体、企事业单位和个人为救助被解救妇女儿童提供资金、技术支持和专业服务。（民政部、共青团中央负责）

——有关高校、科研单位、福利机构和心理咨询机构协助有关部门和单位培

训救助康复相关专业人才。（教育部负责，民政部、卫生部配合）

——各地卫生行政部门组织协调有关医疗机构为被解救妇女儿童提供基本的医疗服务。（卫生部负责）

——法律援助机构依法为被解救妇女儿童提供必要的法律援助。（司法部负责，公安部配合）

——加强对被解救妇女儿童的培训，增强其法律意识、维权意识和相关技能。（民政部负责，教育部、共青团中央、全国妇联配合）

（2）加强对被解救妇女儿童的社会关怀，帮助其顺利回归及融入社会。

——积极、妥善安置查找不到监护人的被解救儿童。（民政部负责，全国妇联配合）

——积极帮助被解救的适龄儿童入学、回归学校和适应新的生活。（教育部负责，民政部配合）

——积极帮助不能或不愿意回原住地的受害妇女和16周岁以上的未成年人，使其获得适宜的职业技能培训、职业指导和职业介绍等就业服务，并在异地就业。（民政部负责，劳动保障部配合）

——做好被解救妇女儿童及其家庭和所在社区工作，保障其顺利回归家庭和社区，帮助其解决实际生活问题。（民政部负责，共青团中央、全国妇联配合）

（3）为回归社会的被解救妇女儿童提供各种必要的服务，切实帮助其解决就业、生活和维权等方面的实际困难和问题。（民政部负责，劳动保障部、共青团中央、全国妇联配合）

（4）加强对被解救妇女儿童的登记、管理和保护工作。建立专门档案，跟踪了解被解救妇女儿童的生活状况，必要时协调有关部门和组织解决其遇到的困难。（公安部负责，民政部、全国妇联配合）

（5）加强对被拐卖妇女儿童身心健康领域的研究，寻求更为有效的康复治疗方法。（卫生部负责，教育部、共青团中央、全国妇联配合）

（6）加强地区、部门和机构间在救助被解救妇女儿童工作上的合作，相互支持，相互配合。（公安部负责，中央综治办配合）

（五）加强国际合作。

1.工作目标。

加强国际合作，加大和提高打击跨国拐卖妇女儿童犯罪的力度和效率，加强对被跨国拐卖妇女儿童的救助，有效遏制跨国犯罪。

2.行动措施。

（1）加强与联合国及其他有关政府间国际组织、有关国家特别是湄公河次区域各国及周边国家，以及国际非政府组织的合作，通过双边及多边渠道加强反拐国际交流与合作。（公安部负责，妇儿工委办公室、外交部、商务部、司法部、共青团中央、全国妇联配合）

（2）加强国际警务合作。（公安部负责，外交部、司法部配合）

（3）加强边防管理和出入境证件检查工作，打击非法偷越国境活动。（公安部负责）

（4）切实做好跨国拐卖妇女儿童犯罪预防工作。

——以多种形式开展宣传和教育工作，增强边境地区群众对相关法律及拐卖妇女儿童犯罪的了解，提高其反拐意识、识别犯罪和自我保护能力。（司法部负责，公安部、民政部、劳动保障部、共青团中央、全国妇联配合）

——加强对边境地区公安司法人员的培训工作，增强其防范、处置跨国拐卖妇女儿童犯罪的意识和能力。（公安部负责）

——加强对边境地区人力资源市场的监督与管理，规范境外就业中介经营活动，促进劳动力合法有序流动。（劳动保障部负责，公安部、交通部、铁道部配合）

（5）做好国际反拐合作项目的建设和引进工作，充分利用有关国际组织的资源和技术，借鉴其反拐经验和方法。加强国际交流，了解国际拐卖妇女儿童犯罪的发展趋势及应对措施。加强我国应对跨国拐卖妇女儿童犯罪策略的研究。（公安部负责，外交部、商务部配合）

五　实施、监督和评估

（一）联席会议办公室负责协调组织《行动计划》的实施。各地区、各成员单位根据《行动计划》要求，结合各自实际制订实施计划。

（二）联席会议办公室负责协调组织对《行动计划》实施情况进行监督，并开展阶段性评估和终期评估。

（三）本《行动计划》自2008年1月1日起实施，为期5年。

［《中国反对拐卖妇女儿童行动计划（2008—2012年）》（2007年12月13日），中国政府网，http://www.gov.cn/gongbao/content/2008/content_859869.htm］

中国反对拐卖人口行动计划
（2013—2020年）

（2013年3月2日）

为有效预防、依法打击拐卖人口犯罪，积极救助、妥善安置被拐卖受害人，切实维护公民合法权益，依据有关国际公约和我国法律，制定《中国反对拐卖人口行动计划（2013—2020年）》（以下简称《行动计划》）。

一　指导思想和总体目标

（一）指导思想。

高举中国特色社会主义伟大旗帜，以邓小平理论、"三个代表"重要思想、科学发展观为指导，坚持"以人为本、综合治理、预防为主、打防结合"工作方针，不断加强和创新社会管理，完善政策，落实责任，整合资源，标本兼治，切实保障公民基本权利，维护社会和谐稳定，维护我国际形象。

（二）总体目标。

进一步完善集预防、打击、救助和康复为一体的反拐工作长效机制，健全反拐工作协调、保障机制，细化落实各项措施，依法坚决打击、有效遏制拐卖人口犯罪，确保被拐卖受害人及时得到救助康复和妥善安置。

二 行动措施和任务分工

（一）健全预防犯罪机制。

1.工作目标。

完善预防拐卖人口犯罪的网络，综合整治拐卖人口犯罪活动重点地区和"买方市场"，减少拐卖人口犯罪发生。

2.行动措施。

（1）加强部门联动，建立发现、举报拐卖人口犯罪工作机制。（中央综治办、司法部负责，教育部、公安部、民政部、卫生部、人口计生委配合）

（2）加强拐卖人口犯罪活动重点行业、重点地区和重点人群预防犯罪工作。（中央综治办负责，公安部、卫生部、人口计生委、妇儿工委办公室、全国妇联配合）

——加强人力资源市场管理，规范劳动者求职、用人单位招用和职业中介活动，鼓励用工单位开展反拐教育培训。建立和完善劳动用工备案制度，加强劳动保障监察执法，加大对非法职业中介及使用童工、智力残疾人等违法行为查处力度，完善部门联动协作机制。研究在劳务市场发生的拐卖人口犯罪问题，有针对性地开展预防工作。（人力资源社会保障部负责，工商总局、广电总局、全国总工会、共青团中央、全国妇联、中国残联配合）

——严厉打击卖淫嫖娼违法犯罪，加强城乡结合部、"城中村"娱乐服务场所治安整治，改进失足妇女教育帮扶工作。（公安部负责，人力资源社会保障部、文化部、卫生部、工商总局、全国妇联配合）

——加大拐卖人口犯罪活动重点地区综合整治力度。基层政府、村（居）委会切实将帮助易被拐卖人群和预防拐卖人口犯罪纳入重点工作中。（中央综治办、公安部负责，民政部、妇儿工委办公室、扶贫办、共青团中央、全国妇联配合）

——加强拐卖人口犯罪活动重点地区计划生育服务和孕情管理，减少意外妊娠和政策外生育，及时通报有关信息。（人口计生委负责，公安部、卫生部配合）

——加大老少边贫地区农村人口扶持力度，开发适合农村特点的创业就业渠道，提高贫困人口尤其是贫困妇女脱贫致富能力。（扶贫办负责，发展改革委、农业部、人力资源社会保障部、国家民委、全国妇联配合）

——保障所有适龄儿童、少年接受九年义务教育，切实控制学生辍学。（教育部负责，共青团中央配合）

——健全流浪未成年人救助保护机制，积极利用现有救助管理机构和福利机构做好流浪未成年人和弃婴的救助安置，依托社会工作等专业人才提供心理辅导、行为矫治、文化教育、技能培训、就业帮扶等服务。加强街面救助，及时发现、救助流浪乞讨和被强迫违法犯罪的未成年人。（民政部、公安部负责，财政部、住房城乡建设部、卫生部、教育部、人力资源社会保障部、共青团中央、全国妇联配合）

——鼓励农村有外出务工意愿的妇女、残疾人、城市失业下岗妇女、女大学生和解救的被拐卖妇女创业就业，落实好促进就业各项政策，组织开展实用技术、务工技能和创业就业培训。（人力资源社会保障部、国家民委、中国残联负责，共青团中央、全国妇联配合）

——在流动、留守妇女儿童集中地区发挥妇女互助组、巾帼志愿者等作用，完善妇女热线、妇女维权站点、妇女之家等功能，提高流动、留守妇女儿童反拐能力。（全国妇联负责，民政部、文化部、财政部、广电总局配合）

——加强拐卖人口罪犯教育改造工作，进一步降低重新犯罪率。（司法部、公安部负责）

（3）加大拐卖人口犯罪"买方市场"整治力度，在收买人口犯罪活动高发地区开展综合治理，从源头上减少拐卖人口犯罪的发生。（中央综治办、公安部负责，教育部、民政部、人力资源社会保障部、司法部、卫生部、人口计生委、全国妇联配合）

——大力开展出生人口性别比偏高综合治理工作。（人口计生委负责，卫生部、公安部、全国妇联配合）

——规范婚姻登记工作。规范收养渠道。（民政部负责）

——加强医疗卫生机构管理，严禁为被拐卖儿童出具虚假出生证明，明确医

护人员发现疑似拐卖情况及时报告的义务。（卫生部负责，公安部配合）

——开展维护妇女权益、促进性别平等的村规民约修订和培训，消除男尊女卑、传宗接代等落后观念，提高女孩受教育水平，确保女性在农村平等享有土地承包、宅基地分配、土地征收补偿分配和集体收益分配的权利。（全国妇联、农业部负责，民政部、教育部配合）

（4）进一步做好跨国拐卖人口犯罪预防工作。加强口岸边防检查和边境通道管理，严格出入境人员查验制度，加大对非法入境、非法居留、非法就业外国人的清查力度。加强边境地区人力资源市场监管，严格规范对外劳务合作经营活动，依法取缔非法跨国婚姻中介机构。（公安部、人力资源社会保障部、商务部、外交部负责，民政部配合）

（二）打击犯罪和解救被拐卖受害人。

1.工作目标。

不断提高侦破各类拐卖人口犯罪案件的能力和水平，依法严厉打击拐卖人口犯罪，及时解救被拐卖受害人。

2.行动措施。

（1）继续组织开展全国打击拐卖人口犯罪专项行动，进一步完善公安机关牵头，有关部门配合、群众广泛参与的打拐工作机制。（公安部负责，高法院、高检院、民政部、人力资源社会保障部、人口计生委、全国妇联配合）

——各级政府相关部门、单位加大打拐工作力度，明确相关机构具体承担，确保责有人负、事有人干，切实加强经费保障。（国务院反拐部际联席会议各成员单位负责）

——各级公安机关完善打拐工作机制，由刑侦部门牵头，有关部门和警种通力协作，定期分析拐卖人口犯罪形势，研究完善打、防、控对策。（公安部负责）

——严格落实侦办拐卖儿童案件责任制。对拐卖儿童案件实行"一长三包责任制"，由县级以上公安机关负责人担任专案组组长，负责侦查破案、解救被拐卖儿童、安抚受害人亲属等工作。案件不破，专案组不得撤销。（公安部负责）

——严格执行儿童失踪快速查找机制。接到儿童失踪报警后，由公安机关指

挥中心迅速调集相关警力开展堵截、查找工作，及时抓获犯罪嫌疑人，解救受害人。（公安部负责）

——认真开展来历不明儿童摸排工作。各地公安机关负责采集失踪儿童父母血样，检验录入全国打拐DNA（脱氧核糖核酸）信息库，并加强与有关部门沟通，及时发现来历不明、疑似被拐卖的儿童，采血检验入库。对被收养儿童、来历不明儿童落户的，要采血检验入库比对，严把儿童落户关。（公安部负责，教育部、卫生部、人口计生委、全国妇联配合）

——制定符合拐卖人口犯罪特点和与受害人心理、生理相适应的案件调查程序。（公安部负责，高检院配合）

（2）依法严惩拐卖人口犯罪。

——对拐卖人口犯罪集团首要分子和多次参与、拐卖多人，同时实施其他违法犯罪或者具有累犯等从严、从重处罚情节的，坚决依法惩处。（高法院、高检院、公安部负责）

——对收买被拐卖受害人以及以暴力、威胁方法阻碍、聚众阻碍国家机关工作人员解救受害人，依法应当追究刑事责任的，坚决依法惩处。（高法院、高检院、公安部负责）

——对收买、介绍、强迫被拐卖受害人从事色情服务及强迫性劳动的单位和个人，严格依法追究其行政、民事、刑事责任。坚决取缔非法职业中介、婚姻中介机构。对组织强迫儿童、残疾人乞讨，强迫未成年人、残疾人从事违法犯罪活动的依法予以惩处，及时查找受害人亲属并护送受害人前往救助保护机构。完善人体器官捐献制度，依法惩治盗窃人体器官、欺骗或强迫他人捐献器官、组织贩卖人体器官等犯罪行为。（公安部、人力资源社会保障部、卫生部负责，中央综治办、高法院、高检院、民政部、工商总局、全国总工会、共青团中央、全国妇联、中国残联配合）

——对受欺骗或被胁迫从事违法犯罪行为的被拐卖受害人，依法减轻或免除处罚。（高法院、高检院、公安部负责）

（3）进一步加强信息网络建设，完善全国打拐DNA（脱氧核糖核酸）信息库，健全信息收集和交流机制，推进信息共享，提高反拐工作信息化水平。（公安部、民政部负责，发展改革委、财政部、教育部、卫生部、人口计生委、全国妇联配合）

（4）依法解救被拐卖儿童，并送还其亲生父母。对查找不到亲生父母的，由公安机关提供相关材料，交由民政部门妥善安置，不得由收买家庭继续抚养。（公安部、民政部负责）

（三）加强被拐卖受害人的救助、安置、康复和回归社会工作。

1.工作目标。

保障被拐卖受害人合法权益，加强被拐卖受害人的救助、安置、康复、家庭与社区融入等工作，帮助其顺利回归社会。保护被拐卖受害人隐私，使其免受二次伤害。

2.行动措施。

（1）进一步加强地区、部门和机构间救助被拐卖受害人的协作配合。（民政部负责，中央综治办、公安部配合）

（2）规范被拐卖受害人救助、安置、康复和回归社会工作程序，制定查找不到亲生父母的被拐卖儿童安置政策和办法，推动其回归家庭，促进其健康成长。（公安部、民政部负责，教育部、卫生部、财政部、全国妇联配合）

（3）完善政府多部门合作、社会各界支持的被拐卖受害人救助、安置和康复工作机制，提升救助管理站、妇女之家、福利院等机构服务水平。（民政部负责，卫生部、公安部、全国妇联配合）

——充分利用现有社会救助和社会福利设施提供救助和中转康复服务，并保障人员和经费需求，使被拐卖受害人得到符合其身心、年龄和性别特点的救助安置。（民政部、财政部负责，发展改革委、公安部、教育部、卫生部、中国残联配合）

——在被拐卖受害人临时救助和康复工作中引入专业社会工作服务，鼓励有关社会组织、企事业单位和个人为救助被拐卖受害人提供资金、技术支持和专业服务。（民政部负责，全国总工会、共青团中央、全国妇联、中国残联配合）

——指定定点医疗机构为被拐卖受害人提供基本医疗服务和生理心理康复服务。（卫生部负责，民政部配合）

——通过培训教育等活动，增强被拐卖受害人的法律意识、维权意识。法律援助机构依法为符合条件的被拐卖受害人提供法律援助。（司法部负责，民政部、公安部、全国总工会、共青团中央、全国妇联配合）

（4）加强社会关怀，帮助被拐卖受害人顺利回归社会。

——确保被解救的适龄儿童入学、回归学校和适应新的生活。（教育部负责，民政部配合）

——为不能或不愿回原住地的16岁以上被拐卖受害人提供适宜的职业技能培训、职业指导和职业介绍等就业服务，并帮助其在异地就业。（人力资源社会保障部负责，民政部、全国总工会、共青团中央、全国妇联配合）

——在保护个人隐私前提下，进一步做好被拐卖受害人及其家庭和所在社区工作，保障愿意返回原住地的被拐卖受害人顺利回归家庭和社区。（民政部负责，共青团中央、全国妇联配合）

（5）为回归社会的被拐卖受害人提供必要服务，切实帮助解决就业、生活和维权等问题。（民政部、司法部、人力资源社会保障部负责，共青团中央、全国妇联配合）

（6）进一步加强对被解救受害人的登记、管理和保护工作，建立并完善专门档案，跟踪了解其生活状况，积极协调有关部门和组织帮助解决实际困难。（公安部、民政部负责，全国妇联配合）

（7）进一步加强对被拐卖受害人身心健康领域的研究，寻求更为有效的康复治疗方法。（卫生部负责，教育部、共青团中央、全国妇联配合）

（四）完善法律法规和政策体系。

1.工作目标。

结合当前拐卖人口犯罪形势和实际工作需要，研究制定和修订有关法律法规和政策，为反拐工作提供法律法规和政策支持。

2.行动措施。

（1）修订有关法律法规，进一步健全反拐法律体系。（法制办负责，全国人大常委会法工委、高法院、高检院、公安部、民政部、人力资源社会保障部、共青团中央、全国妇联配合）

——完善有关法律，加大对收买被拐卖受害人行为的打击力度。（全国人大常委会法工委负责，法制办、高法院、高检院、公安部配合）

——完善被拐卖受害人救助有关法规，切实保障其合法权益。（民政部、法制办负责，全国人大常委会法工委、全国妇联配合）

——完善儿童临时监护和监护监督制度，进一步推动未成年人父母或其他监护人依法为未成年人健康成长提供良好家庭环境和家庭教育。研究制定监护权转移的具体程序，避免因监护人丧失监护能力或监护人侵权对儿童造成伤害。（民政部、法制办负责，全国人大常委会法工委、教育部、共青团中央、全国妇联配合）

（2）制定并完善有关政策，推动反拐预防、打击、救助、康复工作科学化、规范化、制度化。（国务院反拐部际联席会议各成员单位负责）

（五）加强宣传、教育和培训。

1.工作目标。

强化各级政府及相关部门、社会各界对反拐工作重要性的认识，动员全社会广泛参与反拐工作。加强教育培训和理论研究，提高反拐工作能力。

2.行动措施。

（1）开展多渠道、多形式宣传教育，着重在拐卖人口犯罪活动重点地区和易被拐卖人群中开展反拐教育和法制宣传，增强群众反拐意识。（公安部、中央宣传部负责，教育部、司法部、铁道部、文化部、人口计生委、广电总局、交通运输部、新闻出版总署、妇儿工委办公室、全国总工会、共青团中央、全国妇联配合）

——将反拐教育纳入中小学和中职学校教育教学活动中，提高学生自我保护意识。在学校管理制度中，明确教师发现疑似拐卖情况及时报告的义务。（教育

部、司法部负责）

——加强流动、留守儿童及其监护人反拐教育培训。（教育部、公安部、全国妇联负责）

——将反拐宣传教育纳入社区管理工作中，提高社区成员尤其是妇女、儿童和未成年人父母或其他监护人的反拐意识和能力。（民政部、公安部、全国妇联负责，教育部、国家民委、司法部配合）

——定期在火车站、汽车站、航空港、码头、娱乐场所、宾馆饭店等开展反拐专题宣传活动，并在日常安全宣传中纳入反拐内容，动员、鼓励交通运输行业和娱乐场所、宾馆饭店等工作人员及时报告疑似拐卖情况。（交通运输部、铁道部、民航局负责，公安部、司法部、全国妇联配合）

——加强边境地区群众宣传教育，提高群众反拐意识、识别犯罪和自我保护能力。（司法部负责，公安部、民政部、人力资源社会保障部、共青团中央、全国妇联配合）

——开发少数民族语言文字宣传品，在少数民族聚居区开展反拐宣传教育。（国家民委负责，新闻出版总署、文化部、共青团中央、全国妇联配合）

——开发符合残疾人特点的宣传品，提高残疾人的反拐意识和自我保护能力。（中国残联负责，文化部、新闻出版总署、共青团中央、全国妇联配合）

（2）动员社会力量支持和参与反拐工作。建立举报拐卖人口犯罪奖励制度，积极培育反拐志愿者队伍，借助微博等网络和媒体，广辟线索来源。（国务院反拐部际联席会议各成员单位负责）

（3）加强各级反拐工作人员教育培训和反拐工作队伍专业化建设，提高《行动计划》实施能力。（国务院反拐部际联席会议各成员单位负责）

——将妇女儿童权益保护和反拐法律法规、政策等纳入教育培训内容，提高侦查、起诉和审判拐卖人口犯罪的能力和水平。（公安部、高检院、高法院负责）

——加强边境地区公安司法人员教育培训，提高防范和打击跨国拐卖人口犯罪的意识和能力。（公安部、高法院、高检院、司法部负责）

——加强从事被拐卖受害人救助工作人员教育培训，提高救助能力和水平。

（民政部、卫生部负责，全国总工会、共青团中央、全国妇联配合）

（六）加强国际合作。

1.工作目标。

有效预防和严厉打击跨国拐卖人口犯罪，加强对被跨国拐卖受害人的救助。积极参与国际社会有关打击贩运人口议题的讨论和磋商，展示我国反拐措施和成效，树立良好国际形象。

2.行动措施。

（1）加强反拐工作国际交流与合作。（外交部、公安部负责，商务部配合）

（2）充分利用有关国际组织的资源和技术，加强国际反拐合作项目建设和引进工作。（公安部负责，外交部、商务部配合）

——积极参与湄公河次区域合作反拐进程等各项国际反拐合作机制。（公安部负责，全国人大常委会法工委、高法院、高检院、外交部、民政部、人力资源社会保障部、商务部、妇儿工委办公室、全国妇联配合）

——加强与国际移民组织、联合国儿童基金会、联合国毒品和犯罪问题办公室等国际组织和相关国家的交流合作，联合开展反拐培训，掌握国际拐卖人口犯罪发展趋势及应对措施，展示我国反拐工作成效。（外交部、公安部、商务部负责，全国妇联配合）

（3）加强国际警务合作，充分利用双边、多边和国际刑警组织等渠道，开展跨国拐卖人口犯罪案件侦办合作和情报信息交流，充分发挥边境反拐警务联络机制作用，共同打击跨国拐卖人口犯罪。（公安部负责，外交部、司法部配合）

（4）加强与相关拐入国政府和国际组织合作，及时解救和接收被拐卖出国的中国籍受害人，并为其提供必要的服务。（外交部、公安部负责，民政部配合）

（5）加强与相关拐出国政府和国际组织合作，及时发现和解救被拐卖入中国的外籍受害人，完善对被跨国拐卖受害人救助工作机制，做好中转康复工作，并安全遣送。（外交部、公安部、发展改革委负责，民政部配合）

（6）认真履行和充分利用《联合国打击跨国有组织犯罪公约》及其关于预防、禁止和惩治贩运人口特别是妇女和儿童行为的补充议定书，稳步推进与其他国家特别是周边国家缔结司法协助条约和引渡条约工作，进一步扩大打击拐卖人口犯罪国际司法合作网络。（外交部负责，高法院、高检院、公安部、司法部配合）

三 保障措施

（一）加强组织协调。国务院反拐部际联席会议加强组织领导和统筹协调，制定并完善政策措施，及时研究解决突出问题和困难。联席会议办公室负责协调组织对《行动计划》实施情况进行督导检查，开展阶段性评估和终期评估，对拐卖人口犯罪重点案件和重点地区建立挂牌督办和警示制度。县级以上地方政府要逐级建立协调机制，组织协调和督导检查反拐工作，并制定本地区《行动计划》实施细则和年度实施方案。各级反拐工作协调机制成员单位要密切配合，根据任务分工制定本部门、本单位实施方案，并开展自我检查和评估。

（二）完善经费保障。各级政府将《行动计划》实施经费纳入财政预算。鼓励社会组织、公益机构、企事业单位和个人捐助，争取国际援助，多渠道筹集反拐资金。

（三）严格考核监督。将反拐工作纳入社会管理综合治理考核范畴以及相关部门、机构的目标管理和考核体系，考核结果送干部主管部门，作为对相关领导班子和领导干部综合考核评价的重要依据。对反拐措施得力、成效显著的部门和地区，给予表彰和奖励。对拐卖人口犯罪严重、防控打击不力的地区，依法依纪追究有关人员的责任，并实行社会管理综合治理一票否决。

[《中国反对人口拐卖行动计划（2013—2020年）》（2013年3月2日）中国政府网，http://www.gov.cn/zwgk/2013-03/08/content_2349019.htm]

促进妇女平等参与 推动世界经济创新发展

——在二十国集团妇女会议开幕式上的致辞

李源潮

（2016年5月25日，西安）

今天，来自二十国集团成员和相关国际组织的妇女代表相聚中国古都西安，出席二十国集团妇女会议。我谨代表中国国家主席习近平和中国政府对会议的召开表示热烈祝贺，对各位嘉宾表示热烈欢迎！中国是2016年二十国集团主席国，习近平主席高度重视二十国集团妇女会议，希望各方凝聚共识，共同推动会议取得积极成果，为二十国集团杭州峰会成功、提振世界经济作出贡献。

二十国集团是全球经济治理的重要机制，是国际经济合作的重要平台，办好本届二十国集团峰会对促进世界经济复苏发展具有重要意义。女性是世界经济发展的重要参与者、贡献者和分享者，本次二十国集团妇女会议以"平等参与，创新发展"为主题，很有意义。

去年9月，习近平主席在全球妇女峰会上就弘扬北京世界妇女大会精神、促进妇女全面发展提出了推动妇女和经济社会同步发展、保障妇女权益、构建和谐包容社会文化、创造有利国际环境的倡议。这4点倡议凝聚了妇女平等参与的全球共识，得到国际社会广泛认同。我们应齐心协力，努力将倡议变成现实，把共识转化为成果，促进全球妇女共同进步，推动世界经济创新发展。

第一，促进妇女创业就业，平等参与发展进程。妇女是人类社会的"半边天"，妇女创业就业是创新发展的重要动力源。近年来，妇女参与经济发展的程度不断提升。但女性创业就业仍面临很多挑战，社会对妇女潜能、才干、贡献的认识仍不充分。世界银行报告显示，如果消除对女性劳动者和管理者的各种歧视，人均劳动生产率将提高40%。在世界经济复苏脆弱的时期，更加需要凝聚女性的智慧和力量。当前中国经济进入新常态，正积极推进"大众创业、万众创新"，女性是其中的生力军。为支持女性创业，政府、妇联组织协调金融机构向妇女累计发放小额担保财政贴息贷款2900多亿元人民币。四川省积极发展妇女特色手工产业，7年来共带动23万妇女居家灵活就业，年产值达46亿元人民币。女性在互联网经济中有独特优势，目前中国互联网领域创业者中女性占55%。"吉林网姐"电子商务创业项目，为创业初期的"网姐"提供免费技能培训、网上建店等服务，创办网店近3000家。女性是科技创新的重要力量，中国的科技人才中女性占40%，越来越多的中国女性进入技术、知识密集型行业，在校的大学生中女性超过一半。充分发挥妇女潜能，是人类现代化的重要特征。各国应根据本国国情和妇女状况制定科学合理的发展战略，创新政策手段，推动妇女平等参与发展进程，为经济发展激发"女性动力"、贡献"女性力量"。

第二，发挥妇女独特作用，平等参与社会管理。联合国秘书长潘基文认为，"不论在哪个领域，只要有女性参与，就能产生更好的结果。"联合国已将"实现性别平等，增强所有妇女和儿童的权能"作为一项重要目标列入2030年可持续发展议程。各国应加强妇女能力建设，增强妇女参与政治经济社会活动能力，提高妇女参与决策管理水平，促进政界、商界、学界出现更多的女性领导人。家庭是社会的基本细胞，是妇女人生幸福的港湾，妇女往往也是家庭幸福的主导者。近年来，中国各级妇联开展了推选"最美家庭"活动，2.5亿人次直接参与，推选出"最美家庭"300多万户，为促进家庭和睦幸福、社会和谐包容发挥了独特作用。

第三，积极保障妇女权益，平等分享发展成果。经济发展并不必然带来妇女地位的提高和发展状况的改变。战争、病疫首先伤害的是妇女与儿童，世界贫困、文盲人口中女性仍占多数。发展离不开妇女，发展成果要惠及妇女。各国应积极构建包容平等的性别文化，打破歧视妇女的落后观念和陈规旧俗；促进妇女平等享受教育、医疗、养老、社会保障等公共服务；完善维护妇女权益的法律体系和政策支持，保障妇女平等拥有发展机会和资源；应特别关注贫困妇女、残疾妇女、老年妇女等特殊群体，用完善的社会政策保障妇女的发展与生活。

当前，中国经济平稳发展，2015年国内生产总值增长6.9%，对世界经济增长贡献率超过25%。今年一季度，国内生产总值同比增长6.7%，好于社会预期。中国正在实施"十三五"规划，贯彻创新、协调、绿色、开放、共享的发展理念，大力推进供给侧结构性改革，积极培育经济发展新动能，中国经济将保持长期向好的基本态势。

中国的发展为中国妇女的发展提供了更多机遇。中国将全面贯彻男女平等基本国策，支持妇女充分施展才华、建功立业；落实妇女权益保障法、反家庭暴力法等法律法规，保障妇女平等获得就学、就业等权利和机会；营造促进性别平等的社会文化环境，倡导平等和谐的文明家风，为妇女全面发展创造良好条件。

中国积极履行性别平等与妇女发展的国际公约，广泛开展妇女领域多双边交流合作，加强与各国妇女组织友好交往，促进妇女在中外人文交流中发挥更大作用。去年，中国政府宣布的向联合国妇女署捐款、在发展中国家实施"妇幼健康工程""快乐校园工程"和帮助培训妇女人才等系列援助，正在扎实推进。中国愿与世界各国一道，全面落实2030年发展议程妇女发展目标，为缩小各国妇女发展差距、促进妇女全面发展加速行动，努力让人类的每一个女性都能实现自己的幸福梦！

（李源潮：《促进妇女平等参与　推动世界经济创新发展——在二十国集团妇女会议开幕式上的致辞》，《中国妇女报》2016年5月25日，第2版）

第四次世界妇女大会暨《北京宣言》与《行动纲领》通过二十五周年国家级综合审查报告（节选）

（中国政府向2020年3月召开的第64届妇女地位委员会年会提交）

1995年在北京召开的第四次世界妇女大会对于中国的妇女发展和性别平等具有划时代的历史意义。在筹备这次会议过程中，中国政府、政府部门和妇联组织等认真总结中国促进性别平等和妇女发展的成功经验，积极吸收借鉴国际社会实现性别平等和增强妇女与女童权能的理念、政策和有效做法，充分利用组织筹备第四次世界妇女大会契机，加速中国提高妇女地位国家机制建设。25年来，中国坚守对《北京宣言》《行动纲领》的承诺，坚持不懈推进性别平等和妇女全面发展事业。

中国高度重视纪念第四次世界妇女大会暨《北京宣言》《行动纲领》通过（1995年）二十五周年，以及2030年可持续发展议程及其可持续发展目标制定五周年，对于加速实现中国性别平等和增强妇女与女童权能的关键作用，在国务院妇女儿童工作委员会的协调推动下，动员各级政府和相关部门、各级妇联和社会组织、学术界、媒体等参与国家级的综合审查评估。抓住这一有利契机，加强对话交流，凝聚形成合力，加速全社会行动，积极消除性别不平等的根源与不利因素，为妇女和女童的平等、全面发展赋权和增加机会，推动实现实质性的性别平等。第一节：中国促进性别平等的优先事项、成就和挑战。

1.过去五年，性别平等和妇女事业发展的最重要成就

第一，中国共产党加强对促进性别平等和妇女事业发展的坚强领导取得新成

效。中国是一个有着13亿多人口的大国，中国共产党作为执政党，始终坚持男女平等的政治主张，在中国促进性别平等与妇女发展事业中居于领导地位。"坚持男女平等基本国策，保障妇女儿童合法权益"写入中国共产党的十八大、十九大报告，成为新时代中国共产党施政纲领、治国理念和执政方略。中国共产党《关于全面推进依法治国若干重大问题的决定》中明确提出要完善妇女合法权益保护的法律法规。以习近平同志为核心的党中央提出了一系列促进性别平等和妇女全面发展的重要论述，要求在出台法律、制定政策、编制规划、部署工作中充分考虑两性的现实差异和妇女的特殊利益，确保妇女平等依法行使民主权利、平等参与经济社会发展、平等享有改革发展成果。要求完善保障妇女合法权益的法律法规体系，为促进男女平等和妇女全面发展构筑坚固的法律屏障。要求把新时代经济社会的发展同促进妇女全面发展更加紧密融合在一起，使妇女发展事业更具时代性。为新时代中国促进性别平等和妇女全面发展提供了根本遵循。2015年，中国与联合国成功举办全球妇女峰会，习近平主席亲自主持并发表重要讲话，深刻阐述妇女全面发展观，引领全球加速妇女全面发展新进程。会前中国政府发布《中国性别平等与妇女发展》白皮书，展示新时代中国性别平等与妇女发展辉煌成就。会后，召开纪念北京世妇会20周年、深入贯彻落实男女平等基本国策大会，国务院领导发表重要讲话，对推动性别平等与妇女事业发展提出明确要求。2015年，中国共产党召开了历史上第一次中央党的群团工作会议，推进群团工作改革，为做好新时期妇女工作指明方向。2018年召开中国妇女第十二次全国代表大会，研究部署了未来五年中国妇女全面发展事业。

第二，保障妇女儿童权益法规政策体系和司法实践取得新成效。"妇女权益是基本人权。我们要把保障妇女权益系统纳入法律法规，上升为国家意志，内化为社会行为规范。"习近平主席在全球妇女峰会上的重要讲话，申明保障妇女权益的重要性和国家责任。2014年以来，反家庭暴力法、刑法修正案（九）等多部保障妇女权益的法律法规制定施行，性别平等和性别公正理念在全面依法治国各领域得到广泛实践。从重处罚侵害妇女、女童犯罪行为，并在促进网络安全立法、加强备案审查、行政执法、刑事执行、公共法律服务等方面不断扩大保障妇女和女童权益范围。出台《国务院关于加强困境儿童福利保障工作的意见》《国务院关于加强留守儿童关爱保护工作的意见》《关于做好家庭暴力受害人庇护救助工作的指导意见》《人力资源市场暂行条例》等10多项政策文件。探索建立法规政策性别平等评估机制，推进社会性别主流化进程。

第三，推动妇女发展与国家经济社会发展规划和专项规划同步实施取得新成效。2016年召开第六次全国妇女儿童工作会议，李克强总理对加快推进"十三五"时期妇女儿童事业发展作出总体部署，提出明确要求。同年，中国国民经济和社会发展"十三五"规划纲要专章专节规划促进妇女和女童的全面发展，国家专项规划优先安排妇女和女童发展领域。将妇女儿童发展相关目标特别是扩大农村妇女"两癌"检查覆盖面、部分地区实施城镇低收入家庭妇女"两癌"检查项目、扩大贫困地区儿童营养改善项目、促进城乡社区儿童之家建设等民生事务列入国家"十三五"规划纲要或其专项行动计划。政府将实施《中国妇女发展纲要（2011—2020年）》纳入经济社会发展规划、纳入财政预算、纳入政府民生实事、纳入政府责任考核目标，着力解决妇女发展中的重难点问题。2016年国家中期评估结果表明，80%以上的主要目标任务提前完成，健康、教育、参与决策和管理、经济、社会保障、法律保护、环境七大发展领域取得时间过半、任务超额完成的好成效，全国孕产妇死亡率、妇女接受各级教育入学率、妇女就业比重等目标提前实现。2016—2020年国家人权行动计划、2016—2030年人口发展规划、"健康中国2030"规划纲要、教育事业"十三五"规划、民政事业发展"十三五"规划、"十三五"脱贫攻坚规划、"十三五"加快残疾人小康进程规划纲要、关于指导推进家庭教育的五年规划（2016—2020年）、法治宣传教育第七个五年规划等10多部专项规划，都对妇女和女童发展重点目标提出明确要求。《改革开放40年中国人权事业的发展进步》《中国健康事业的发展与人权进步》《2014年中国人权事业的进展》等白皮书都对妇女儿童权利做出专节报告。

第四，重视发挥妇联组织的桥梁纽带作用取得新成效。全国妇联系统的各级妇联组织是为妇女而存在的组织，作为党和政府联系妇女群众的桥梁和纽带，是中国最大的妇女群众组织，根本任务是联系和服务妇女，基本职能是代表和维护妇女权益、促进男女平等和妇女全面发展。5年来，全国妇联紧紧围绕党和国家工作大局，坚持面向基层和妇女群众，不断加强机制建设，大力提升服务能力，积极推动解决妇女发展中的突出问题，为促进中国妇女事业全面发展作出了新贡献。特别是妇联改革以来，组织机构得到全面加强，工作队伍不断壮大，将各族各界、各行各业劳动妇女和知识女性优秀代表吸纳到妇联常委、执委和基层妇联工作队伍中，妇联组织协调推动妇女事业发展的组织能力更强。围绕党中央重大决策部署，组织开展"创业创新巾帼行动"，累计开展女性双创培训550多万人次，组织实施妇女小额担保贷款项目，服务带动城乡千万妇女创业就业。组织开展"巾帼脱贫行动"，帮助360多万贫困妇女增收。组织实施"两癌"免费检查和救助项目，提升妇女生殖健康水平。积极参与反家庭暴力法、全面两孩配套政策等80余件法律法规政策的制定和修订。不断完善预防化解婚姻家庭纠纷工作机制，推动出台司法解释破解夫妻共同债务认定标准难题。探索建立促进妇女公平就业约谈机制。2019年2月，全国妇联联合九部门印发《关于进一步规范招聘行为促进妇女就业的通知》，明确就业性别歧视判定标准，严禁以性别为由限制妇女求职就业，对进一步保障妇女平等就业权提供了政策支持。

第五，优化妇女女童生存发展的人文和自然环境取得新成效。中国综合运用法律、政策、行政、教育、舆论等手段推动男女平等基本国策的贯彻落实，全社会男女平等的性别意识越来越强，尊重和关爱妇女儿童日益成为国家意志、公民素养和社会风尚。出版《男女平等基本国策的贯彻与落实》读本，融合理论创新与案例解析推动性别平等理念的全民普及。全国2400所县级以上党校和行政学院将男女平等基本国策教育纳入领导干部培训课程，全国15个省（区、市）的万余所中小学开展性别平等教育，从娃娃开始普及性别平等理念。中国仪仗队增加女兵方阵，代表性别平等的国家和军队形象。2016年新发布的《城市公共厕所设计标准》充分考虑男女两性现实差异，将女性厕位与男性厕位的比例提高到3:2，人流量较大地区为2:1。推动公共场所和用人单位建设母婴设施，为孕产妇和育婴女性提供适宜环境。将生态文明建设纳入国家发展总体战略，美丽中国建设为城乡妇女儿童提供了更多优质生态产品和更加优美的生活环境。

2.过去五年，推进性别平等和妇女发展的五大优先事项

第一，消除妇女贫困。消除贫困是人类梦寐以求的理想，是各国人民追求幸福生活的基本权利。2012年以来，中国把贫困人口脱贫作为全面建成小康社会的底线任务和标志性指标，全面打响脱贫攻坚战。《中国农村扶贫发展纲要（2011—2020年）》将妇女儿童作为重点扶贫对象纳入国家全方位扶贫战略。《中国妇女发展纲要（2011—2020年）》把缓解妇女贫困程度、减少贫困妇女数量放在优先位置，帮助、支持贫困妇女实施扶贫项目，鼓励、支持以妇女为主的扶贫经济实体的发展。2018年《中共中央国务院关于打赢脱贫攻坚战三年行动的指导意见》提出贫困地区妇女宫颈癌、乳腺癌检查项目扩大到所有贫困县，加快建立贫困家庭"三留守"关爱服务体系。出台推进小额贷款促进建档立卡贫困家庭妇女脱贫致富等专项精准扶贫政策。实施"巾帼脱贫行动"，助推建档立卡贫困妇女落实立志脱贫、能力脱贫、创业脱贫、巧手脱贫、互助脱贫、健康脱贫、爱心助力脱贫七项任务。

第二，遏制针对妇女和女童的暴力。近五年中，中国从地方探索到顶层设计，修订刑法，制定实施适合中国国情的反家庭暴力法，依法消除针对妇女和女童的暴力行为。2015年11月1日施行的《中华人民共和国刑法（修正案九）》，对性侵女童行为的惩处更加严厉。2015年12月通过的《中华人民共和国反家庭暴力法》，充分彰显了中国尊重和保障人权、反对家庭暴力的坚定立场和一贯主张，表明中国致力于解决家庭暴力问题，以"国家禁止任何形式的家庭暴力"的鲜明态度，宣告了家庭暴力不是家庭纠纷，而是违法行为。截至2018年底，全国人民法院共发出人身安全保护令3743份。政府有关部门、司法机关、全国妇联建立完善家庭矛盾纠纷联动调处机制，强化家庭暴力预防和处置工作。基层群众自治组织依托网格化管理预防和处理家庭暴力。社会组织积极参与反家庭暴力工作。全国24个省区市出台贯彻实施反家庭暴力法的配套法规和政策文件共计247个。

第三，保障妇女和女童接受公平的优质教育。2014年以来，政府教育部门认真贯彻男女平等基本国策，不断促进教育公平，保障妇女和女童受教育权利和

机会。印发《关于实施第三期学前教育行动计划的意见》，保障男女童平等获得入园机会。2017年，包括女童在内的全国学前三年毛入园率达79.6%。义务教育阶段基本消除性别差距。2017年小学学龄女童净入学率为99.9%，与男童基本持平。2017年包括女生在内的全国九年义务教育巩固率为93.8%。2017年全国高中阶段毛入学率为88.3%，高中阶段教育性别差距缩小。高等教育阶段女生比例超过半数。2017年中国普通本专科女生占比52.54%。国家公派留学项目中女性获取奖学金人数占总人数的52%，超过男性录取人数。

第四，全面推动妇幼健康事业发展。中国国民经济和社会发展"十三五"规划纲要、《"健康中国2030"规划纲要》和《十三五卫生与健康规划（2016—2020年）》将母婴安全和儿童健康作为重要内容。出台《关于切实做好高龄孕产妇管理服务和临床救治的意见》等多项规范性文件。制定实施《母婴安全行动计划（2018—2020年）》和《健康儿童行动计划（2018—2020年）》。国家卫健委、全国妇联等部门组织实施妇女"两癌"免费检查和救助项目，截至2018年，累计为超过8500万农村适龄妇女进行了宫颈癌检查，为2000万农村适龄妇女进行了乳腺癌检查。2014年以来，妇女儿童健康水平显著提高，妇幼健康核心指标总体上优于中高收入国家平均水平。妇女平均预期寿命增加到79.43岁；2014年提前实现联合国千年发展目标，是全球为数不多实现这一目标的国家之一。2018年全国孕产妇死亡率、婴儿死亡率、5岁以下儿童死亡率分别降至18.3/10万、6.1‰和8.4‰，提前实现两纲目标。

第五，积极改变性别陈规定型观念和社会规范。近年来，中国深入推进男女平等基本国策的贯彻落实，坚决消除传统文化中的男女不平等和社会性别陈规定型观念。编写出版《男女平等基本国策的贯彻与落实》读本，立足中国国情和实践基础，契合社会性别主流化国际趋势，以案说理引领社会性别主流化国家进程。全国总工会制定《促进工作场所性别平等指导手册》，通过点评实践案例，阐释相关法律法规，要求用人单位建立相应机制。县级以上各级党校和行政学院普遍开讲男女平等基本国策课程，着力提高领导干部的社会性别平等意识。百余所高等院校开设女性学课程，培养具有社会性别平等意识的大学生。性别平等教育从娃娃抓起初见成效。中国多部门合作开展村规民约修订工作，在乡村贯彻落实男女平等基本国策，促进了乡村文化变革与性别平等规则的普遍建立。2018年12月，民政部、中组部、全国妇联等七部门联合出台《关于做好村规民约和居民公约工作的指导意见》，规定到2020年，全国所有村、社区都要普遍制定或修订新的村规民约和居民公约。近年来，大众传媒中的女性形象更加正面、积极，"她力量"成为新时代热词。越来越多的影视剧女性形象追求独立自主和平等发展，成为传播性别平等文化的典范。

......

第二节 《北京行动纲领》重点关切领域取得的进展

......

三 摈弃暴力、羞辱和定型观念

（一）采取的行动与成效

13. 过去五年针对哪些形式的暴力侵害以及在哪些具体背景或环境中优先采取了行动？

第一，加强国家立法，防治针对妇女的暴力特别是家庭暴力。2015年12月中国出台第一部专门针对家庭暴力的法律——《中华人民共和国反家庭暴力法》，明确规定国家禁止任何形式的家庭暴力，反家庭暴力是国家、社会和每个家庭的共同责任。适用范围扩展到家庭以外共同生活的人之间发生的暴力行为，规定了家庭暴力的预防、处置和对家暴受害人的救助机制，包括强制报告制度、告诫制度、人身安全保护令及其代为申请制度等。反家庭暴力法为保障妇女人身权利提供了新的法律武器，具有里程碑式意义。2015年11月1日施行的《中华人民共和国刑法（修正案九）》扩大了虐待罪的主体范围，不再限于家庭成员，扩充至对未成年人、老年人、患病的人、残疾人等负有监护、看护责任的人，规定虐待罪符合一定条件的可由自诉转化为公诉案件，由国家检察机关提起公诉。修订后的刑法，明确对买卖妇女的行为一律按照犯罪处理。

第二，反对公共场所特别是教育场所和就业中的暴力。针对劳动和高等教育领域内的性骚扰现象，从地方到中央、从企事业单位到政府部门积极采取行动，通过修改法律、出台司法解释、制定单位规章、开展性别平等培训等措施防治各种形式的暴力。针对高校内存在的性骚扰问题，2018年11月，教育部印发实施《新时代高校教师职业行为十项准则》和《教育部关于高校教师师德失范行为处理的指导意见》等文件，明确规定教师"不得与学生发生任何不正当关系，严禁任何形式的猥亵、性骚扰行为"。对于高校教师实施性骚扰行为的，规定视情节轻重责令行为人承担行政、民事和刑事责任。2018年12月，最高人民法院发布《关于增加民事案件案由的通知》，在"侵权责任纠纷"的"教育机构责任纠纷"案由之后，增加"性骚扰损害赔偿纠纷"，解决了教育领域性骚扰案件立案难的问题，畅通受害人诉讼救济途径。2018年9月5日公布的《民法典各分编（草案）》明确规定反对性骚扰，并规定用人单位有义务采取措施预防和制止性骚扰。公安机关2014—2016年对强奸案件立案数量分别是33417件、29948件、27767件，呈逐年下降趋势。

第三，积极采取措施，防范技术促进导致的对妇女的暴力。针对技术进步导致的对妇女的暴力，国家监管部门及时出台相关政策进行监管。国家通过开展网络治理专项活动，为妇女和女童营造良好的网络环境。2015年以来，在全国开展"扫黄打非·护苗行动"，大力整治校园周边文化环境，严厉打击涉及儿童的非法出版传播活动，重点加强对危害未成年人身心健康的淫秽色情等有害网络内容的查处管控。开展"扫黄打非·净网行动"，加大对网上违法有害信息的清理整治，遏制各种不良信息对妇女和女童的侵害，加强对网络中损害妇女形象信息内容的监管，为妇女创造健康良好的网络文化环境。

14.过去五年优先采取哪些行动来处理针对妇女的暴力行为？

第一，出台政策、司法解释和指导案例，防治针对妇女的家庭暴力。2015年3月，最高人民法院、最高人民检察院、公安部、司法部联合发布《关于依法办理家庭暴力犯罪案件的意见》，确立了公权力对家庭暴力依法及时、有效干预，对弱势群体特殊保护等原则。最高人民法院自2014年起，每年公布司法干预家庭暴力典型案例，以发布典型案例推广审判经验，规范以暴制暴案件的司法自由裁量权，增强了法律适用统一性。有关部门印发《关于完善法律援助制度的意见》《关于建立完善国家司法救助制度的意见（试行）》《关于做好家庭暴力受害人庇护救助工作的指导意见》《妇联组织受理家庭暴力投诉工作规程（试行）》，指导家庭暴力案件的处理。地方政府陆续出台地方性法规或者司法文件，积极落实反家庭暴力法，山东、湖北等地相继出台地方反家庭暴力条例，湖南公安机关制定了《湖南省家庭暴力告诫制度实施办法》，为受暴妇女获得法律援助和减少、消除家庭暴力提供了充分的法律和政策依据。

第二，开展家事审判方式和机制改革，增加妇女诉诸司法的机会。最高人民法院自2016年6月起在全国范围内选择部分法院开展家事审判方式和工作机制改革试点工作。2017年，最高人民法院牵头建立了家事审判方式和工作机制改革联席会议制度。这一制度的建立增加了妇女诉诸司法的机会。围绕家事审判改革工作目标，法院积极探索建立家事纠纷多元化解机制，与当地政法委、民政、公安、司法、妇联、社区服务等部门创建了形式多样的合作方式，推动形成家事审判"党委领导、政府尽责、法院牵头、社会参与"的工作局面。试点法院积极探索家事案件心理辅导干预、家事调查、婚姻冷静期、诉前调解、案后回访等制度，力求切实保障当事人合法权益，彻底化解矛盾纠纷。湖北省宜昌市夷陵区人民法院对60件案件设置婚姻冷静期，调撤52件，调撤率高达86%。截至2018年6月底，全国共有11835家中级、基层法院参与最高人民法院确立的家事审判改革试点工作，有超过400家中级、基层法院参与各高院确立的家事审判改革工作。

第三，强化对暴力受侵害者的服务。目前全国共建立省市县三级政府法律援助机构3200余个，2014—2018年共有180万人次的妇女获得了法律援助，有效保障了妇女的合法权益。妇联组织推动全国2800多个区（县）开通"12338"妇女维权服务热线，建立妇女维权站、维权岗、家庭暴力投诉站等各类维权服务机构25万个，畅通了妇女维权渠道。2015年，妇联系统为遭受暴力的妇女儿童提供救助（庇护）的机构2009个，得到救助和庇护的妇女儿童近9200人次。

15.过去五年采取了哪些策略来防止针对妇女和女童的暴力行为？

第一，防止针对妇女家庭暴力的策略。在法律中明确规定预防家庭暴力的措施。反家暴法第二章以"家庭暴力的预防"为题，规定了包括培训、宣传、教育、调解等内容的预防家庭暴力的措施。反家暴法中确立的告诫制度、人身安全保护令制度有效防范了家庭暴力的再次发生。2016年3月1日反家庭暴力法正式施行后，截至2018年底，全国法院共发出3743份人身安全保护令。对司法人员和社会工作者进行大规模的反家暴培训，众多公安干警通过接受反家暴培训，学习反家庭暴力法，明确公安机关在反家暴工作中的权限和职能。

第二，打击拐卖妇女犯罪的行动。2013年，国务院发布《中国反对拐卖人口行动计划（2013—2020年）》，确立了反拐工作长效机制和有效遏制拐卖人口犯罪，确保被拐卖受害人及时得到救助康复和妥善安置的总体目标。2016年，最高人民法院发布《关于审理拐卖妇女儿童犯罪案件具体应用法律若干问题的解释》，依法惩治拐卖妇女的违法犯罪行为，切实保障妇女合法权益。2015年至2018年11月，全国法院共审结一审拐卖妇女儿童罪案件2806件，审结收买被拐卖的妇女儿童罪案件288件。国家积极利用信息网络技术，持续打击拐卖妇女儿童等违法犯罪行为，妇女儿童权益保护水平进一步提高。继续深入开展全国"打拐"专项行动，扎实推进侦查破案、抓捕人贩子、查找解救被拐妇女儿童等各项工作。2009年，公安部建立了世界上第一个打拐DNA信息库，目前已帮助5500余名被拐儿童与家人团聚；2016年，公安部建立"团圆"打拐系统，截至2018年9月，平台发布儿童失踪信息3419条，找回3367人，找回率98.4%。

第三，防止针对妇女性骚扰的策略。为防止高校内的性骚扰现象，教育部出台《新时代高校教师职业行为十项准则》和《教育部关于高校教师师德失范行为处理的指导意见》，确定高校教师行为规范；要求把好教师入口关，在教师招聘、引进时进行培训；在教师年度考核中，实行师德失范一票否决；对于有虐待、猥亵、性骚扰等严重侵害学生行为的，一经查实即依法依规撤销教师资格、解除教师职务、清除出教师队伍，同时还要录入全国教师管理信息系统，任何学校不得再聘任其从事教学、科研及管理等工作。涉嫌违法犯罪的要及时移送司法机关依法处理。要求严格落实学校主体责任，建立健全师德失范行为受理与调查处理机制，对师德违规行为监管不力、拒不处分、拖延处分或推诿隐瞒等失职失责问题，造成不良影响或严重后果的，要按照干部管理权限严肃追究责任。2018年8月，浙江省杭州市西湖区人民检察院和教育局率先联合印发全国首个校园反性骚扰机制——《关于建立校园性骚扰未成年人处置制度的意见》，明确校园性骚扰的定义，要求发现性骚扰必须在6小时内报告，并在24小时内先行开展调查或者直接向公安机关报案。

16. 过去五年采取了哪些行动来预防和应对由技术促进的针对妇女和女童的暴力行为？

第一，加强针对网络暴力的监管规定。工业和信息化部2013年7月发布《电信和互联网用户个人信息保护规定》，要求电信业务经营者、互联网信息服务提供者采取有效措施保护用户的姓名、出生日期、身份证件号码、住址、电话号码、账号和密码等能够单独或者与其他信息结合识别用户的信息，防止包括女性在内的用户个人信息的泄露、毁损、篡改或者丢失。协助各国执法部门调查跨国网络传播儿童淫秽信息等涉网儿童性犯罪，协助侦破多宗案件。从政策上解决了有人利用互联网威胁公开或者肆意泄露妇女隐私及其他个人信息，使妇女成为网络暴力牺牲品的问题。

第二，加强针对网约车暴力的监管规定。鉴于网约车经营模式面世后，出现了多起女性使用网约车被司机强奸杀害的恶性案件，为规范网络预约出租汽车经营服务行为，保障运营安全和乘客合法权益，2016年7月，交通运输部、工信部等7部委联合发布《网络预约出租汽车经营服务管理暂行办法》，对网约车平台公司以及网约车驾驶员的从业资格作出严格要求。2018年5月，交通运输部发布《出租汽车服务质量信誉考核办法》，正式将网约车纳入出租汽车服务考核体系。通过加强对网约车驾驶员从业资格把关、从业过程的监管等措施，预防和减少网约车司机实施的针对包括女乘客在内的乘车人的暴力行为。

……

五 和平、包容的社会

（一）采取的行动与成效

26.过去五年采取了哪些行动来建立和维护和平，促进和平与包容的社会，以实现可持续发展并实施妇女、和平与安全议程？

27.过去五年采取了哪些行动来增加妇女在武装冲突和其它冲突局势中以及在脆弱或危机环境中，在预防冲突、建设和平、人道主义行动和危机应对方面在决策层面的领导、代表和参与？

26.&27. 中国一贯致力于促进和平与包容社会的建立，积极推动和促进可持续发展。中华民族是爱好和平的民族，中国坚持走和平发展道路。中国坚持和平、发展、合作、共赢，恪守维护世界和平、促进共同发展的外交政策宗旨，坚定不移在和平共处五项原则基础上发展同各国的友好合作，推动建设相互尊重、公平正义、合作共赢的新型国际关系。中国积极推动各国人民同心协力，构建人类命运共同体，建设持久和平、普遍安全、共同繁荣、开放包容、清洁美丽的世界。中国积极促进"一带一路"国际合作，努力实现政策沟通、设施联通、贸易畅通、资金融通、民心相通，打造国际合作新平台，增添共同发展新动力。中国始终是世界和平的建设者、全球发展的贡献者、国际秩序的维护者，中国军队始终是维护世界和平的坚定力量。

第一，中国积极推动建立和维护促进妇女发展的和平环境。2015年9月，中国和联合国妇女署在联合国成立70周年、北京世妇会20周年之际联合举办"全球妇女峰会"。习近平主席主持峰会并发表题为《促进妇女全面发展、共建共享美好世界》的重要讲话，提出"妇女和儿童是一切不和平不安宁因素的最大受害者。我们要坚定和平发展和合作共赢理念，倍加珍惜和平，积极维护和平，让每个妇女和儿童都沐浴在幸福安宁的阳光里。"

第二，中国妇女积极参与维护和平、促进和平。中国是联合国维和行动的主要出资国，是安理会常任理事国中的第一大出兵国。1990年以来，中国军队已先后参加24项维和行动，派出了维和军事人员多达3.9万余人次。中国维和部队积极为当事国妇女儿童和民众提供安全保障和人道救援，新建、修复道路 1.6 万余公里，排除地雷及各类爆炸物 9800 余枚，接诊病患超过 20 万人次，运输各类物资 135 万吨。中国参加联合国维和行动女性维和人员近千人次。中国赴南苏丹维和步兵营中有一支由 10 名女战士组成的战斗班，在履行职责的同时，她们为难民营中的孩子赠送文具，普及女性权益保护常识，给孩子们带去欢乐和笑容。2017 年，中国首位外派执行维和任务的女指挥官毛屏被黎巴嫩政府授予"杰出女性奖"，她带领的中国维和医疗队以"妙手仁心"闻名，为当地百姓和贫困家庭提供医疗服务，在雪松之国播种友谊与和平。近年来，中国与联合国妇女署合作，在北京共同举办了面向女性维和军官的国际培训班，提高女性军官执行维和任务的能力与素质。中国还设立了为期 10 年、总额 10 亿美元的"中国—联合国和平发展基金"，为世界和平发展做出新的贡献。

第三，中国深度参与和积极推动全球妇女事务合作交流。积极推动建设和发展多边妇女合作机制。2014 年以来，全国妇联先后主办亚太经合组织妇女与经济论坛、二十国集团妇女会议、中国—阿拉伯国家妇女论坛，首届上海合作组织妇女论坛等，推动以共商共建共享促进国际妇女领域治理。中国支持发展中国家妇女加强能力建设，促进男女平等发展，推动各国人民共同发展。中国大幅增加向联合国妇女署的捐款，支持落实《北京宣言》《行动纲领》和 2030 年可持续发展议程。2015 年以来，已帮助其他发展中国家实施了 60 多个"妇幼健康工程"和 60 个"快乐校园工程"，邀请近 2 万名发展中国家妇女来华参加培训，并在当地培训了 6 万名女性职业技术人员。中华女子学院接受商务部委托，面向发展中国家女性政府官员骨干开展培训。中国妇女组织积极参与妇女民生合作。2014 年以来，在中联部、外交部、商务部支持下，全国妇联向参与共建"一带一路"18 个国家提供了 23 批小额物资援助，包括缝纫机、包缝机、投影仪、电脑、打印机、母亲健康快车等生产生活物资，为改善其生活和工作条件、提高收入及自我发展能力提供帮助，并在发展中国家建设妇女培训和交流中心，开展妇女技能培训，深受当地妇女的欢迎。

28.过去五年采取了哪些行动，以加强在武装冲突和其他冲突或人道主义行动和危机应对中对违反国际人道主义法和侵害妇女和女童人权的行为的司法和非司法问责？

第一，加强国际执法合作，严厉打击跨国拐卖犯罪。一是严厉打击拐卖外籍妇女儿童犯罪活动。中国政府司法和公安部门与柬埔寨、缅甸、老挝、越南、泰国五国司法部门合作，开展联合打拐专项行动，共破获拐卖案件634起，抓获犯罪嫌疑人1130名（其中外籍153名），解救外籍被拐妇女1130名（送返530名）、儿童17名（送返2名）；破获婚姻诈骗案件126起，抓获犯罪嫌疑人202名（其中外国籍109名）。2018年11月中泰两国代表签署了中泰政府间《关于合作预防和遏制拐卖人口的谅解备忘录》。二是严厉打击拐骗妇女赴境外强迫卖淫活动，及时摧毁犯罪团伙、解救被拐骗强迫卖淫的妇女。充分运用联合国打击贩运人口会议、中欧反拐合作平台、国际刑警组织等机制，不断提升公安部门打击解救的能力和水平。

第二，全面落实国家反拐行动计划，推进打击拐卖犯罪的社会综合治理。坚持传统媒体和新媒体并重，大力做好反拐宣传工作。提高群众的防拐反拐意识，营造人人关注反拐、人人参与反拐的良好氛围。按《中国反对拐卖人口行动计划（2013—2020年）》要求，分年度办好县级政府部门负责人反拐培训班。积极推动反拐法的立法进程。《中国反对拐卖人口行动计划（2013—2020年）》将于2020年到期，中国正在积极总结经验，分析未来面临的挑战和问题，制定新一轮国家反拐行动计划。

29.过去五年采取了哪些行动来消除对女童的歧视及其权利侵犯？

第一，全国妇联实施"春蕾计划"和"女童保护"儿童公益项目，提高女童获得优质教育、技能发展和培训机会。通过实施"春蕾计划"女童助学行动、成才行动、就业行动和护蕾行动，资助贫困地区女童继续学业，健康发展。截至目前，"春蕾计划"已资助女童369万人次，捐建春蕾学校1811所，对52.7万人次女童进行职业教育培训，编写发放护蕾手册217万套。为贫困地区大龄女童开展职业教育培训，提供符合当地实际需要、内容丰富的实用技术培训，包括家禽养殖、蔬菜果树种植、旅游、家政、美容、餐饮等内容，帮助女童获得一技之长。2015年以来印制了100万套《"春蕾计划—护蕾行动"女童保护手册》，面向31个省（区、市）发放，宣传女童保护相关知识，增强女童及家长的防范意识，提升科学防范能力。

第二，实施政策和方案，消除针对女童的暴力行为，包括身体暴力和性暴力以及有害习俗。中国高度重视女童权益保护，在2014—2019年间，持续推进完善未成年人保护的法律。2015年8月通过的《中华人民共和国刑法修正案（九）》加强对女性、特别是对女童的保护，取消了嫖宿幼女罪，规定与不满14周岁的幼女发生性行为的，一律按照强奸罪处理，体现了法律对女童性安全的高度保护。2015年，最高人民法院、最高人民检察院、公安部、民政部制定《关于依法处理监护人侵害未成年人权益行为若干问题的意见》，为父母或者其他监护人性侵害、出卖、遗弃、虐待、暴力伤害等行为的惩处提供了制度保障。针对校园发生的女童性侵事件，教育部出台《关于进一步加强中小学（幼儿园）预防性侵害学生工作的通知》，要求各地教育行政部门和学校把预防性侵害教育工作作为重中之重，采取各种有效措施切实维护学校安全和谐稳定，保障学生安全。全国各地司法机关也在探索通过建立限制从业机制来预防女童受侵害的潜在风险。2017年，浙江省慈溪市检察院联合法院、公安机关出台《性侵害未成年人犯罪人员信息公开实施办法》；上海市闵行区人民检察院牵头会签了《关于限制涉性侵害违法犯罪人员从业办法（试行）》，启动全国首个"限制涉性侵害违法犯罪人员从业机制"，通过建立"涉性侵害违法犯罪人员信息库"，强化教师等特定行业入职审查，保护未成年人免受潜在性侵害。开展女童保护专项活动。2013年全国各地百名女记者联合人民网、中国青年报等媒体单位发起"女童保护"公益项目。2015年"女童保护"升级为专项基金，设立在中国少年儿童文化艺术基金会下。"女童保护"以"普及、提高儿童防范意识"为宗旨，致力于保护儿童远离性侵害。截至2017年10月底，"女童保护"已覆盖全国29个省份的600多个县区210万学生和45万家长，定期线上培训、讲座，各平台有数百万网友参与。

第三，加强思想宣传和文化倡导，提高女童对社会、经济和政治生活的认识和参与。各级党政部门、妇联组织及其他社会组织积极推动男女平等价值观进教材、进课堂，加强课程和教材中的社会性别平等内容，引导学生了解中国社会中仍存在的男女不平等现象及其危害。中国从2003年开始在全国开展了"关爱女孩行动"，在全社会宣传男女平等观念，教育引导群众逐步改变"男尊女卑""传宗接代"的传统观念，引导各地制定落实有利于女儿户的优先优惠政策和措施，改善女童的生存发展环境，促进并帮助女童享受基本的健康和教育服务。同时，对社会上出现的不利于女童健康成长、有损于女童健康的行为严厉打击，取缔各种禁锢或限制女性思想的"女德班"。九部门印发《全国家庭教育指导大纲（修订）》，指导家庭教育，保障女童权益。依托全国近36万所城乡社区家长学校、以及18余万个儿童之家，面向家长、女童宣传正确的抚育理念以及青春期教育、疾病预防、心理健康和安全教育知识，为女童健康成长营造良好的家庭环境。

（二）面临的挑战与应对策略

第一，警惕惩治网络侵犯女童现象。随着网络越来越深入影响生活，社交软件和游戏使用越来越呈现低龄化，网络性侵女童或因网络色情图片、视频而受害的现象时有发生。将尽快制定保护未成年人网络安全的专门法律，加强多方合作，做好强制发现报告制度；建立有效的性骚扰性侵害预防机制，建立限制从业机制。同时加强对女童预防性侵害的相关教育。

第二，谨防低俗文化对女童价值观和思想文化的侵蚀。将借助学校教育和大众传媒等平台，向女童传递正确的男女平等价值观，培养和提高女童的"自尊、自信、自立、自强"精神；政府相关部门要加强对各种打着宣传传统文化的培训机构、教育机构等的监督管理，严厉打击侵害女童权益的各种违法犯罪。

……

（《第四次世界妇女大会暨〈北京宣言〉与〈行动纲领〉通过二十五周年国家级综合审查报告》，联合国妇女署网站，2020年，https://www.unwomen.org/-/media/headquarters/attachments/sections/csw/64/national-reviews/china.pdf?la=en&vs=805）

中华人民共和国第九次消歧委员会审议报告

（2020年3月26日，中华人民共和国向联合国消除对妇女歧视委员会提交的落实《消除对妇女一切形式歧视公约》第九次审议报告）

序　言

1.根据《消除对妇女一切形式歧视公约》（以下简称《公约》）第十八条第一款规定，中华人民共和国向联合国秘书长提交执行公约第9次报告。本报告的撰写遵循了消除对妇女歧视委员会（以下简称消歧委员会）关于缔约国定期报告的指导原则。本报告也就落实消歧委员会2014年10月做出的结论性意见（CEDAW/C/CHN/CO/7-8）情况提供信息。

2.本报告包括三部分。第一部分为中华人民共和国2014年至2017年执行公约情况，由中国中央政府撰写；第二部分为中华人民共和国香港特别行政区执行公约情况，由香港特区政府撰写；第三部分为中华人民共和国澳门特别行政区执行公约情况，由澳门特区政府撰写。

3.中央政府报告的撰写工作由国务院妇女儿童工作委员会办公室（以下简称国务院妇儿工委办）牵头，并成立了报告撰写工作组，工作组成员来自中国29个有关机构、政府部门和组织，即全国人大常委会法工委、最高人民法院、最高人民检察院、中组部、中宣部、外交部、国家发展和改革委员会、教育部、工业和信息化部、科技部、国家民族事务委员会、公安部、民政部、司法部、财政部、人力资源和社会保障部、农业农村部、商务部、文化和旅游部、国家卫生健康委员会、国家广播电视总局、国家体育总局、国家统计局、国家医疗保障局、国务院扶贫办、全国总工会、全国妇联、中国残联、中国科协。

4.在撰写报告工作中，国务院妇儿工委办召开工作组会议，研究报告撰写事宜，并召开了报告初稿研讨会等。为进一步增进各有关方对《公约》的了解，举办了有关《公约》和性别平等议题培训。为广泛听取民间社会对报告的意见和建议，国务院妇儿工委办专门召开会议，应邀与会的代表来自中国人权研究会、中国妇女研究会、中国残联、中国社会科学院、中国婚姻家庭研究会、全国总工会女职工委员会、中华女子学院、北京市妇联。报告还广泛征求了其他社会组织及地方性妇女组织意见。

5.中央政府撰写的报告分两部分。第一部分为概述，第二部分为执行《公约》各条款情况。落实消歧委员会结论性意见情况，根据内容反映在第二部分相应条款中。

6.中国政府重申对《公约》第29条第1款的保留。

概　述

7.2017年末，中国大陆总人口13.9亿人，其中女性人口为6.8亿人，占48.8%。目前，中国大陆超过70%的妇女参与经济和社会建设，占全社会就业人口总数的43.5%，女企业家占企业家总数的30%，互联网领域创业者中女性占55%。越来越多的妇女投身新产业新业态，成为经济社会发展的重要力量。

8.中国始终坚持男女平等的宪法原则，将男女平等作为促进国家社会发展的一项基本国策，不断完善法律法规、制定公共政策，编制发展规划，持续推进性别平等与妇女发展，并运用一切必要措施努力消除针对妇女的各种歧视。《中华人民共和国宪法》第48条规定："中华人民共和国妇女在政治的、经济的、文化的、社会的和家庭的生活等各方面享有同男子平等的权利"。新修订的《中华人民共和国妇女权益保障法》提出"实行男女平等是国家的基本国策"，确立了国策的法律地位。2017年中国共产党第十九次全国代表大会重申"坚持男女平等基本国策，保障妇女儿童合法权益"，要"完善社会救助、社会福利、慈善事业、

优抚安置等制度，健全农村留守儿童与妇女、老年人关爱服务体系"。中国制定
的男女平等基本国策及一系列促进男女平等参与、平等发展的政策，为全面落实
《公约》奠定了坚实基础。

9.中国国家领导人高度重视性别平等和妇女发展事业。2015年9月，中国与
联合国妇女署合作，举办主题为"促进男女平等和妇女赋权：从承诺到行动"的
全球妇女峰会。国家主席习近平发表了"促进妇女全面发展 共建共享美好世界"
的讲话，旗帜鲜明地表达了中国政府对性别平等和妇女发展议题的原则立场，展
示了中国对促进性别平等和妇女发展的责任和担当。讲话中特别强调提出"在中
国人民追求美好生活的过程中，每一位妇女都有人生出彩和梦想成真的机会。中
国将更加积极贯彻男女平等基本国策，发挥妇女'半边天'作用，支持妇女建功
立业、实现人生理想和梦想。"

10.中国政府多措并举，推动男女平等基本国策的贯彻落实。2016年3月
颁布的《中华人民共和国经济社会发展第十三个五年规划纲要》（以下简称
"十三五"规划，2016—2020年）专列章节对"促进妇女全面发展"作出部署。
深入实施《中国妇女发展纲要（2011—2020年）》（以下简称妇女纲要），召开第
六次全国妇女儿童工作会议，消除就业性别歧视，维护农村妇女土地权益，扩大
农村妇女宫颈癌、乳腺癌检查项目覆盖范围等相继纳入中央文件和国家重大民生
项目。

11.中国快速的经济发展为实施男女平等基本国策创造了有利条件。2013—
2017年间，中国国内生产总值从59.5万亿增加至82.7万亿元。2017年，按现行
贫困标准2010年2300元不变价推算，全国农村贫困人口为3046万人，比2010年
减少近1.3亿人，在减少人数中约一半为女性。2017年，中国共产党第十九次全
国代表大会提出决胜全面建成小康社会，中国特色社会主义进入了新时代，为持
续推进性别平等和妇女发展提供了新机遇。截至2018年6月，全国累计发放妇女
创业担保贷款3597.14亿元，帮助600多万妇女圆了创业致富梦。截至2018年9
月底，全国享受"低保"及"农村特困人员救助供养"的居民达到4007余万人，
其中女性超过1517万人。

12.中国坚持依法治国，持续建设社会主义法治国家。2014年以来，全面推进依法治国，明确了"加强人权司法保障"的各项具体任务。中国在实施全面依法治国中注重保障妇女权益，在立法中实现突破。近年来制定或修改《民法总则》《反家庭暴力法》《刑法修正案（九）》《农村土地承包法》《人口与计划生育法》等涉及保障妇女权益的法律法规十余部。

13.中国通过立法、执法监督、政策措施、财政支持、部门协作、社会动员、社会组织参与及国际合作等方式认真执行公约。2014年接受审议后，将消歧委员会的结论性意见提交全国人大常委会、最高人民法院、最高人民检察院和国务院妇儿工委所有政府部门协商落实，进一步宣传了《公约》，特别是对执法人员、政府部门工作人员进行了公约培训。

14.中国致力于推动全球性别平等事业。连续三年每年向联合国妇女署捐款200万美元。加大对发展中国家妇女能力建设，为发展中国家妇女提供培训，建设100个快乐校园工程和100个妇幼健康工程，目前已完成60%以上。

15.中国妇女事业发展取得显著成就。然而，受现阶段生产力发展水平和长期历史文化影响，重男轻女、男尊女卑的落后观念尚未根除，城乡之间、区域之间、不同群体之间的妇女发展还不平衡，农村特别是边远贫困地区妇女的权益民生保障相对薄弱，妇女在就业、人身财产、婚姻家庭等方面的平等权利落实仍面临一些现实困难，要在更高水平上促进妇女与经济社会同步发展，必须坚持不懈努力。

执行公约详细情况

第一部分

第1条　关于对妇女歧视的定义

16.中国重视公约第1条和消歧委员会对我国第7、8次合并报告的结论性意见。《公约》关于消除基于性别歧视的规定充分体现在宪法、妇女权益保障法、选举法、婚姻法、农村土地承包法、继承法、就业促进法、反家庭暴力法等相关法律中，符合《公约》消除对妇女一切形式歧视、实现男女平等的原则和要求。虽然现行法律没有"对妇女的歧视"专门定义，但通过单行立法严厉禁止对妇女可能出现的直接和间接歧视。

17.结合委员会建议，中国在起草法律、行政法规和制定规章、规范性文件工作中，按照《公约》对性别歧视的全面定义，通过法规政策性别平等审查机制，严格审核相关规定内容，确保已经制定的法律条文、行政法规、规章制度和规范性文件不存在对妇女歧视的规定。

18.截至2019年2月，中国30个省（区、市）建立了法规政策性别平等评估机制。这一机制在中国地方的普遍建立保障了法律政策制定、实施和监督过程中全面贯彻男女平等基本国策、努力消除性别歧视、切实保障妇女权益、有效促进性别平等。

第2条　法律规定和执法

19.中国已形成以宪法为核心、以妇女权益保障法为主体的保障妇女权益的法律法规体系。在完善中国特色社会主义法律体系、建设法治国家进程中，中国依照宪法"国家尊重和保障人权"、"妇女享有与男子平等的权利"原则，依据国际人权公约基本精神，注重创新立法体制机制，制定新法与完善旧法双管齐下，一系列涉及妇女权益保护的法律法规不断完善。强化执法管理，使行政权力运行公开透明，行政权力监督得到加强。妇女司法人权保障切实加强，性别平等和妇女发展不断纵深推进。

20.中国法治改革促进妇女基本权利保障，助力妇女全面发展。2014年，《中共中央关于全面推进依法治国若干重大问题的决定》明确提出，在全面推进依法治国进程中，不断完善保障妇女权益的法律法规。2015年12月，中国发布《法治政府建设实施纲要（2015—2020年）》，提出到2020年基本建成职能科学、权责法定、执法严明、公开公正、廉洁高效、守法诚信的法治政府。

21.中国高度重视并采取积极措施预防和制止家庭暴力。2014年，最高人民法院、最高人民检察院、公安部、民政部联合出台《关于依法处理监护人侵害未成年人合法权益行为若干问题的意见》，2015年联合出台《关于依法办理家庭暴力犯罪案件的意见》，对涉及家庭暴力犯罪案件的处理程序、定罪处罚和预防措施等作出规定。为切实加强对妇女儿童的合法权益的保障，2015年12月，全国人大常委会审议通过的《反家庭暴力法》明确了家庭暴力的定义和法律适用范围，创建了单位和个人强制报告、公安告诫、人身安全保护令等重要制度，构建了全面预防和有效制止家庭暴力的法律制度体系。《反家庭暴力法》施行以来，政府部门、司法机关认真履行法律赋予的职责，妇联组织联合有关部门加大普法宣传力度，深入开展家庭文明建设，积极配合做好矛盾纠纷化解和家庭暴力投诉受理、求助帮扶工作。《反家庭暴力法》在维护妇女儿童权益、引导家庭和睦、促进社会公平、维护社会稳定等方面发挥了积极作用。

22.《中华人民共和国刑法修正案（九）》于2015年8月通过，进一步加大了对妇女的保护力度。一是废除嫖宿幼女罪，对于此类犯罪行为，一律以强奸论，并从重处罚。二是完善强制猥亵、侮辱妇女犯罪的规定，增加对强制猥亵、侮辱妇女适用更严厉刑罚的情形，对情节恶劣的，处五年以上、最高到十五年有期徒刑的刑罚。三是加大对收买被拐卖妇女、儿童犯罪行为的处罚力度，对收买被拐卖妇女、儿童的行为一律作为犯罪追究刑事责任。四是扩大虐待罪犯罪主体范围，更好地保护妇女儿童等重点人群合法权益。

23.推进家事审判改革，维护妇女儿童合法权益。为进一步维护妇女权益，最高人民法院全面改进家事审判工作，明确提出区分婚姻危机和婚姻死亡、调解前置、加强法官职权探知和离婚冷静期等制度，并在试点基础上，出台了《最高人民法院关于进一步深化家事审判方式和工作机制改革的意见（试行）》，妥善解决婚姻家庭纠纷，最大限度维护妇女儿童合法权益。

24.近年来中国制定或修订其他涉及保障妇女权益的法律法规十余部，包括民法总则、农村土地承包法、人口与计划生育法、教育法、广告法、社会救助暂行办法、女职工劳动保护特别规定、居住证暂行条例等，这些法律法规的出台或修订基本涵盖了公约定义的范围，确保公约宗旨和目标在中国的实现，为全面保障妇女和女童权利提供了法律基础。相关法律条文更有针对性和可操作性，更加有效禁止或消除对妇女的歧视。

25. 中国坚持立法公开，公众参与立法程度明显提高。中国立法机关进一步强化立法公开透明，包括反家庭暴力法在内的多部法律草案向社会公开征求意见。一方面为公众提供平台表达利益诉求，另一方面提升立法质量。在推动社会与法治跨越进步过程中，妇女组织积极发声，密切参与反家庭暴力法的制定和一系列法律的修改，将妇女关切纳入相应法律法规。

26. 完善法律援助制度，积极保障妇女权益。2015年明文要求各级司法机关和法律援助机构认真贯彻妇女权益保障法和法律援助条例，一是扩大法律援助覆盖面，在法律援助条例规定基础上，将虐待、遗弃、家庭暴力、劳动保障、婚姻家庭等相关事项纳入法律援助补充事项范围，将妇女列为法律援助重点服务对象。二是有效畅通维权渠道，推进公共法律服务实体、热线和网络三大平台建设，帮助妇女及时获得法律援助。截至2017年底，全国依托妇联组织设立法律援助工作站2900余个。不少地方设立"妇女儿童维权岗"、开通妇女儿童维权"绿色通道"。三是规范法律援助服务行为。建立健全法律援助值班律师制度，推动实现人民法院、看守所法律援助工作站全覆盖，切实维护女性犯罪嫌疑人、被告人诉讼权利，提供规范化、标准化的服务。四是强化法律援助工作保障。选派优秀律师、大学生志愿者到农村贫困地区为妇女等受援群体提供便捷优质的法律援助服务。2014年以来，中国法律援助机构数、妇女受援人数逐年增加，约143.9万名妇女获得法律援助。

27. 完善司法救助制度，加强妇女司法人权保障。2014年中国政府六部委发布《关于建立完善国家司法救助制度的意见（试行）》，最高人民法院出台《关于加强和规范人民法院国家司法救助工作的意见》，最高人民检察院出台《关于贯彻实施〈关于建立完善国家司法救助制度的意见（试行）〉的若干意见》，初步确立了以支付救助金为主，与法律援助、诉讼救助相配套，与其他救助相衔接的救助方式，保证诉讼当事人能够正常参加诉讼、依法维护其合法权益。

28. 创新建设法规政策性别平等评估机制。自2012年全国30个省（区、市）相继建立了法规政策性别平等评估机制，持续开展法规政策性别平等评估审查工作，在法规政策的制定、实施和监督过程中全面贯彻男女平等基本国策，从制度源头切实保障妇女权益、有效促进性别平等。一些省的市、县两级也建立了法规政策性别平等评估机制，形成了省、市、县三级促进性别平等的法规政策评估机制体系。

第3条　政策措施和机制

29.妇女权利是基本人权。为确保妇女与男性平等享有和行使人权，中国在政治、经济、社会、文化等各个领域，制定并执行保障妇女权利、促进妇女发展的国家规划及系列措施，并不断加强相关机制建设。

30.国务院及地方各级妇儿工委机构更加完善。自上次审议以来，在中国政府机构改革精简部门的背景下，2019年1月新一届国务院妇儿工委仍由35个国家相关部门组成，部级领导任委员，主任由国务院副总理孙春兰担任。全国31个省（区、市）、地（市、州、盟）和县（市、区、旗）政府妇儿工委均进行了换届调整，充实人员，完善制度。国务院和地方各级政府定期召开妇女儿童工作会议，专题研究部署妇女工作。国务院和地方妇儿工委对妇女纲要实施情况进行研究分析，解决重难点问题，认真履行妇女权益保障法赋予的组织、协调、指导、督促职能，通过定期召开工作会议、全体委员会议、专题会议、统计监测、评估督导、重大事项督办督查等手段推动有关部门执行《公约》，落实妇女纲要目标任务。

31.实施妇女纲要的步伐显著加快。妇女纲要是指导中国推进男女平等、履行国际义务的十年政府规划，充分考虑了公约规定和消歧委员会提出的一般性建议。2016年妇女纲要中期评估结果显示，妇女健康、教育、经济、参与决策和管理、社会保障、环境、法律七个优先发展领域的主要目标持续推进，实现了时间过半、达标过半，全国孕产妇死亡率、妇女接受各级教育入学率、妇女就业比重等目标提前实现，妇女发展取得历史性进步。

32.国家综合性及专项发展规划更加重视妇女权利保障。"十三五"规划首次单设"保障妇女未成年人和残疾人基本权益"一章，专节阐述"促进妇女全面发展"目标任务。提出实施妇女发展纲要。保障妇女平等获得就学、就业、婚姻财产和参与社会事务等权利和机会，保障农村妇女土地权益，提高妇女参与决策管理水平。加强妇女扶贫减贫、劳动保护、卫生保健、生育关怀、社会福利、法律援助等工作。严厉打击拐卖妇女儿童、暴力侵害妇女等违法犯罪行为。消除对妇女的歧视和偏见，改善妇女发展环境。将妇女发展的重难点问题写入相关专项行动计划。

33.2016年6月，中国对《国家人权行动计划（2012—2015年）》执行情况进行评估，结果表明，妇女儿童权利得到有力保障，基本实现计划预期目标。9月，中国制定发布的《国家人权行动计划（2016-2020年）》坚持以人民为中心的发展思想，提出到2020年促进和保障人权的目标和任务，努力促进性别平等，消除性别歧视，预防和制止针对妇女的家庭暴力，保障妇女合法权益；实施未成年人保护法，消除对女童的歧视。在计划落实中广泛开展人权教育和培训，倡导男女平等，尊重妇女。

34.2016年，中国发布的《国家人口发展规划（2016—2030年）》明确指出，要制定有针对性的政策措施，创造条件让妇女等重点人群共享发展成果，将性别平等全面纳入法律体系和公共政策，消除性别歧视，提高妇女的社会参与能力和生命健康质量。加强出生人口性别比综合治理，加大力度打击非医学需要的胎儿性别鉴定和选择性别的人工终止妊娠行为。深入开展关爱女孩行动，改善女孩生存环境，建立健全有利于女孩家庭发展的帮扶支持政策体系。

第4条 暂行特别措施

35.为加速实现男女平等，中国在妇女参政、经济赋权等领域采取了一系列特别措施。

36.在促进妇女参政方面，2015年修订的《中华人民共和国全国人民代表大会和地方各级人民代表大会选举法》规定："全国人民代表大会和地方各级人民代表大会的代表……应当有适当数量的妇女代表，并逐步提高女代表比例"。《中华人民共和国村民委员会组织法》第六条规定"村民委员会成员中，应当有妇女成员"，第二十五条规定"妇女村民代表应当占村民代表会议组成人员的三分之一以上"，2013年5月民政部发布的《村民委员会选举规程》进一步增强了村委会换届选举工作的规范性、程序性和性别公平性，确保选举产生的村民委员会成员中有女性成员。截至2017年底，全国29个省（区、市）制定或者修订了村民委员会组织法实施办法，27个省（区、市）制定或者修订了村民委员会选举办法，为农村妇女参与村民自治实践提供了更加具体的法制保障。

37.为促进妇女更有效参与社会管理和决策，对省、市两级党委、人大、政府、政协领导班子和县级党委、政府领导班子中配备女干部提出明确要求，本地没有合适人选的，可通过交流解决；届中领导班子中女干部出现空缺时也要及时补充。在此基础上，明确规定中央和国家机关部委，省和市级党委、政府的工作部门，要保证一半以上的领导班子配有女干部。

38.在中国农业现代化建设中，开展专项支持培育新型职业女农民工作。2014年以来共提供专项资金3000多万元，为农村妇女提供实用技术培训，支持妇女发展特色产业，实现经济赋权。农业部下发《关于开展2017年新型职业女农民培育试点工作的通知》，推动培训资金、名额、认定扶持标准等向妇女倾斜。2017年受训女性从上年的87453人增加到155542人。

第5条 消除偏见和对妇女的暴力

39.为了改变传统性别角色定型社会观念，落实委员会第24和25条建议，中国持续加强宣传倡导、教育培训，全方位、多渠道宣传男女平等基本国策，提升大众的社会性别平等意识。

40.性别平等原则和理念逐步纳入各级各类教育教学内容与活动。国家对各级学校的课程要求、教材编写和内容都做出了贯彻落实男女平等基本国策的具体要求。2017年初印发的小学科学课程标准要求，"无论学生之间存在怎样的地区、民族、经济和文化背景差异，或者性别、个性等个体条件的不同，小学科学课程都要为全体学生提供适合的、公平的学习和发展机会"。加强了中小学德育课程上平等相待、不歧视、不偏见等思想的培养。普通高中课程标准要求学生学习"自由、平等、公正、法治"的价值取向和"人人平等"等法治理念。中国正在推动中小学性别平等教育进课堂工作，提高儿童和青少年的社会性别意识。

41.义务教育阶段对妇女权利的认识得以强化。教育部在统编教材《道德与法治》《语文》《历史》的课程内容和案例选编方面增加了保障妇女权利、提倡男女平等的相关内容。在《中国历史》教材中加入了妇女争取平等教育权的相关历史内容；在《道德与法治》教材中介绍妇女享有的各种平等权利。同时在封面图片、照片、插图编排等方面更加注重消除性别歧视观念；在图像类教材中男女人物比例基本相当。中国的教育改革正在潜移默化地推进社会性别平等观念。

42.将性别平等纳入干部教育培训。中国有2400所县级以上党校（行政学院）将"男女平等"基本国策教育纳入干部培训课程，大力提升领导干部的性别平等意识。

43.媒体在促进性别平等方面日益发挥重要作用。为了推动男女平等宣传进入主流媒体，强化尊重妇女、两性平等的舆论气氛，中国不断加强媒体领域的性别平等监管机制，依托新媒体广泛传播性别平等理念。近五年来，人民日报、新华社等中央主流媒体和城市媒体发表或刊载了超过50万条新闻报道，倡导男女平等，宣传各界妇女的成就及贡献。培训增强媒体从业者的性别平等意识，矫正有碍性别平等意识的媒体报道。妇女组织就家庭暴力、职场性骚扰、招聘性别歧视、三八国际妇女节等专题制作动漫、短视频作品，宣传妇女在社会和家庭生活中的独特作用。

44.采取多项措施，有效遏制出生人口性别比升高的势头。倡导性别平等理念，修订村规民约，宣传男孩女孩一样好文明新风。建立健全社会养老服务体系，老年妇女的生活条件得到改善，生活质量不断提高，贫困、丧偶和独居老年妇女得到特殊关照。建立跨部门协作、全社会参与的综合治理机制，严查非医学需要的胎儿性别鉴定和选择性别人工终止妊娠（"两非"）等各项措施。开展全国专项行动，依法处理涉案单位及责任人。针对内地孕妇采集血样送香港特区鉴定胎儿性别等新情况，2014年下发《关于加强打击防控采血鉴定胎儿性别行为的通知》，明确相关部门打击防控采血鉴定胎儿性别行为职责。2016年修订颁布《禁止非医学需要的胎儿性别鉴定和选择性别人工终止妊娠的规定》，为治理"两非"提供制度保障。2017年出生性别比降为111.9。

45.2015年制定颁布反家庭暴力法，很好地回应了委员会第26和第27条结论性意见及第35号一般性建议。反家庭暴力法明确规定了政府、司法机关和社会组织的相关职责，规定国家禁止一切形式的家庭暴力，政府承担预防制止家庭暴力的主体责任，依法保护家庭成员尤其是妇女免受家庭暴力侵害。

46.反家庭暴力法有效实施。2016年，最高人民法院发布《关于人身安全保护令案件相关程序问题的批复》，明确提出要解决人身安全保护令不收诉讼费用、不需要提供担保、特别程序审理等实际操作性问题。截至2018年底，全国法院共发出3718份人身安全保护令，有效遏制了家庭暴力的发生。两年多的司法实践证明，反家庭暴力法的实施，有助于预防和制止家庭暴力，更好地维护平等、和睦、文明的家庭关系，促进家庭和谐、社会稳定。

47.保护受家庭暴力影响儿童的利益。2015年，最高人民法院在"第八次全国民事商事审判工作会议纪要"中明确，审理涉及家庭暴力的婚姻家庭案件时，要从儿童利益最大化的原则出发，对于实施家庭暴力的父母一方，一般不宜判决其直接抚养未成年子女。

48.2015年，中国发布《关于完善法律援助制度的意见》，将妇女列为法律援助重点服务对象，将虐待、遗弃、家庭暴力纳入法律援助补充事项范围。

49.反家庭暴力法施行后，公安部将该法纳入公安机关人民警察执法资格等级考试、执法培训、以及普法教育等工作内容，切实提高警察预防和制止家庭暴力的意识和能力。各地公安部门结合实际，出台实施意见和操作细则，加大反家庭暴力工作力度。健全完善警情处置机制，对接到的家庭暴力警情及时出警，依法调查取证，协助受害人就医、鉴定伤情。

50.近年来，民政部就家庭暴力庇护开展业务培训，教授工作方法，提出工作要求。2017年全国开展检查整改，探索社会化公益岗位服务，引入专业社会工作者开展救助服务，协调司法行政机关提供法律援助。

51.2018年12月12日，最高人民法院印发《关于增加民事案件案由的通知》：在第一部分"人格权纠纷"的第三级案由"9、一般人格权纠纷"项下增加一类第四级案由"1、平等就业权纠纷"；在第九部分"侵权责任纠纷"的"348、教育机构责任纠纷"之后增加一个第三级案由"348之一、性骚扰损害责任纠纷"。增加两类独立案由，为这两类案件的受理和审理提供了更有力的司法保障，推动解决立案难、立案案由不统一等问题，体现了人民法院对妇女权益的高度重视和充分保障。

第 6 条　禁止拐卖妇女

52.中国重视消歧委员会第 28 和第 29 条结论性意见，实施专门行动计划，持续加强打击拐卖妇女儿童、迫使妇女卖淫等侵犯妇女儿童人身权利的犯罪行为。

53.《中国反对拐卖人口行动计划（2013—2020）》的总目标是建立集预防、打击、救助和康复为一体的反拐工作长效机制，有利于减少乃至从根本上消除拐卖妇女儿童犯罪。该计划要求国务院反拐部际联席会议加强组织领导和统筹协调，制定并完善政策措施，及时研究解决突出问题和困难。部际联席会议由 32 个部门组成，初步形成了政府负责、公安机关牵头，各部门齐抓共管、综合治理的工作格局。

54.中国修订刑法，严厉打击拐卖妇女儿童犯罪。2015 年刑法修正案（九）对刑法第二百四十一条收买被拐妇女、儿童罪第六款作出修改，明确规定收买拐卖妇女儿童一律入刑，加大了对收买方的刑事处罚力度。

55.2017 年最高人民法院、最高人民检察院联合制发《关于办理组织、强迫、引诱、容留、介绍卖淫刑事案件适用法律若干问题的解释》，针对强迫卖淫罪的"情节严重"的标准设置了更低的门槛：强迫卖淫累计人数标准参照组织卖淫罪人数的一半设定；强迫幼女卖淫的，不需要人数的限定，只要强迫幼女卖淫的，即属于"情节严重"。

56.运用新技术和新媒体，综合防治和打击拐卖妇女儿童犯罪，帮助受害者。2014 年至 2017 年，公安部进一步完善拐卖案件立案标准，建立全国"打拐"DNA 数据库，部署开展来历不明儿童摸排比对行动。公安机关破获拐卖妇女案件 3566 起，破获拐卖儿童案件 3380 起。检察机关起诉拐卖妇女、儿童罪 3065 件 6513 人，收买被拐卖妇女、儿童罪 195 件 1190 人。中国公安与 23 家新媒体和移动应用平台、25 个手机软件（APP）合作，接入公安部儿童失踪信息紧急发布平台（"团圆系统"），形成警民合作防范打击拐卖儿童犯罪的良性互动。民政部协同司法救助机关、人力资源和社会保障部门为被拐卖人员提供法律援助、心理疏导，做好救助安置工作。通过互联网新技术和精准推送技术开展寻亲，帮助被解救人员尽快返家。

57.中国公安与国际组织在反拐工作领域积极合作，联合形成国际反拐网络。先后与联合国儿童基金会、英国救助儿童会、国际劳工组织、国际移民组织、联合国毒品犯罪问题办公室、联合国机构间湄公河次区域反拐合作项目等联合国机构和非政府组织开展系列打击拐卖犯罪合作项目，取得积极成效。

58.2015年中国签署《金边宣言》，审议通过第四个《湄公河次区域国家反拐行动计划》。2016年，中柬两国签署政府间《关于加强合作预防和打击拐卖人口的协定》。2017年中英就反拐协定开展多次协商。2018年中泰签署政府间《关于合作预防和遏制拐卖人口的谅解备忘录》。中缅、中越、中老警方多次联合开展打拐专项活动，密切通报会晤机制，建立8个跨国拐卖执法联络官办公室，开展联合执法培训，有效打击跨国拐卖犯罪。2018年6月至12月，中国联合越南、缅甸、老挝、柬埔寨、泰国警方开展六国联合打击拐卖人口行动，成效明显。

第二部分

第7条　促进妇女参与政治和公共事务

59.中国重视委员会第30和31条结论性意见，采取积极措施有效执行妇女纲要，取得显著效果。

60.全国人大代表和全国政协委员中女性比重提高。第十三届（2018年）全国人大女代表742名，占24.9%，高于上届1.5个百分点，第十三届（2018年）全国政协女委员440名，占20.4%，高于上届2.6个百分点，是历届全国人大代表和政协委员中女性比重最高的一届，其中广西（32.58%）、福建（31.88%）、云南（31.87%）、辽宁（31.37%）等全国人大女代表位于前列。在省、区、市地方人大选举中，北京、广东、上海、天津、贵州、安徽等女代表比例已超过30%。

61.中国女公务员和在社会组织中任职的女性总体比例呈上升趋势。中央和国家机关、人民团体及社会组织正职中女领导数量持续增加。审计署、中国气象局、国家药监局、国家中医药局、全国妇联、中国文联、中国作协、经济日报社、全国友协、中国贸促会、中国残联、中国红十字会和供销总社正职均为女性。地方各级政府机关女性领导干部数量持续增加。2017年省级政府领导班子正职中女性的比重明显提高，达到9.7%，比2011年提高6.5个百分点；市级政府工作部门领导班子中配有女干部的班子比例提高到52.5%；配有女干部的县级政府领导班子比例达到95.1%。中央机关及其直属机构新录用女公务员超过半数，2017年达55.4%。地方新录用女公务员占总人数的比例提高至44%。

62.国家在妇女参与各级决策、女干部培训及规定村委会女委员比例等方面采取了积极的推进措施，妇女干部成为基层公共事务管理不可或缺的重要力量，妇女参与国家和社会事务管理的水平有所提高。

63.村（居）委会成员中女性比例逐步提高。2017年底，全国村委会委员195.7万人，女性44.3万人；全国在岗女大学生村官占总数的57.2%。全国居委会委员44.7万人，女性24.1万人。

64.女性参与企业经营管理的比例稳步提高。2017年，企业董事会中女职工董事占职工董事的比重为39.7%，企业监事会中女职工监事占职工监事的比重为41.6%，比2013年分别提高10.6和12.4个百分点。企业中女性参与经营管理的比重大幅增加。

65.事业单位领导班子成员中女性比例逐步提高。2015年全国事业单位领导班子成员中，女性比例为20.7%左右，2017年提高至22.3%左右。

66.少数民族妇女参政水平明显提高。第十三届全国人大代表中，少数民族女代表占少数民族代表总数的41.3%，第十三届全国政协委员中，少数民族女委员占少数民族委员总数的34.85%。地方政府中少数民族女性的比例稳步上升。

67.包括残疾妇女在内的残疾人的政治权利在中国多部法律法规中得到保障。残疾人保障法明确规定，残疾人在政治、经济、文化、社会和家庭生活等方面享有同其他公民平等的权利，禁止基于残疾的歧视。《无障碍环境建设条例》明确规定，组织选举的部门应当为残疾人参加选举提供便利，为视力残疾人提供盲文选票。2016年《"十三五"加快残疾人小康进程规划纲要》提出："拓宽残疾人和残疾人组织民主参与渠道，有效发挥残疾人、残疾人亲友和残疾人工作者人大代表、政协委员在国家政治生活中的重要作用。"

68.据统计，目前全国共有421名女性残疾人、154名女性残疾人亲友被选举为县级以上人大代表和政协委员，与五年前相比分别增长了30.3%和58.8%，覆盖了肢体残疾人、视力残疾人、听力语言残疾人、智力残疾人及其亲友、精神残疾人及其亲友等几乎所有类别的残疾人。

第8条　促进妇女代表政府参与国际事务

69.中国妇女拥有与男性完全平等的权利，代表本国政府参加各种国际交往和国际组织工作。围绕推进"一带一路"建设、推动构建人类命运共同体等倡议和主张，多领域、多渠道、多层次开展妇女对外交流，加强与联合国有关机构合作，成功举办亚太经合组织妇女与经济论坛、二十国集团妇女会议、中国—阿拉伯国家妇女论坛、首届上海合作组织妇女论坛等妇女交流活动，加强双边和区域交流机制框架下的妇女人文交流，支持和帮助发展中国家妇女能力建设，增进各国妇女之间友谊，促进民心相通。

70.参加国际会议的中国代表团中，女性数量和比例不断增多。根据2018年10月的统计数据，外交部女外交官共2065人，占33.1%，其中女大使14人，女总领事19人，女参赞152人，分别占同级外交官的9.45%、23.17%和27.8%。外交部代表中国政府推荐参加国际组织工作的女职员33人，占同类工作人员的45.2%，其中3人为副司局级以上高级职员。2014年1月以来，外交部共有105名女干部得到学历学位培训，130人出国培训，约5300人参加理论培训和业务培训。

第9条　国籍

71.有关规定与上次报告相同。根据《中华人民共和国国籍法》，除国家工作人员和现役军人不得退出中国国籍外，符合法律规定条件的男女公民及其子女均享有加入、退出和恢复中国国籍的平等权利。中国法律对妇女及其子女加入、退出和恢复中国国籍方面不存在任何歧视性或限制性的规定。

第三部分

第10条　妇女教育

72.自消歧委员会审议上次报告以来，中国为保障教育领域的性别平等，在立法、政策与措施制定、实施方面做出了积极努力，取得明显成效。在各级各类教育中多措并举消除性别歧视，保障妇女与男子的平等权利。

73.女童接受学前教育的比重持续提高。学前三年的毛入园率快速上升，由2010年的56.6%提高到2018年的81.7%。2017年教育部、国家发展改革委员会、财政部、人力资源社会保障部联合印发《关于实施第三期学前教育行动计划的意见》，保障男女童获得平等入园学习机会。截至2018年底，全国在园幼儿4656万，其中女童为2177万。

74.义务教育阶段已基本消除性别差距。中国九年制义务教育规定，年满六周岁的男女童，不分性别、民族、种族都应当入学接受规定年限的义务教育。2018年小学学龄女童净入学率接近100%；九年义务教育巩固率达到了94.2%，在校生中女生所占比重为46.5%。

75.采取特别措施着力避免农村女童义务教育阶段辍学。指导各地落实政府责任，完善行政督促复学机制，加强家校联系，实行精准化帮扶，避免适龄儿童少年尤其是农村女童因贫、因厌学而辍学。

76.高中阶段教育性别差距缩小。在普通高中教育方面，不断深化招生考试制度改革，促进教育公平。2016年教育部印发《关于进一步推进高中阶段学校考试招生制度改革的指导意见》，为男女生提供同等公平的竞争机会。2018年全国高中阶段毛入学率达88.8%，比2014年提高2.3个百分点。高中阶段在校生中共有女生1860万人，占全部在校生的47.3%；普通高中在校生中的女生自2015年起超过半数，2018年比重达50.8%。

77.实施高中攻坚计划，有效提高女童，特别是农村女童接受高中教育的机会。2017年发布《高中阶段教育普及攻坚计划（2017—2020年）》，将贫困及教育基础薄弱地区和特殊群体作为攻坚重点，通过扩大教育资源、加大经费投入、加强教师队伍建设等举措，提高落后地区高中阶段教育毛入学率，增加女童尤其是农村女童平等接受高中教育的机会。

78.保障少数民族妇女和女童的受教育权利。出台《"十三五"促进民族地区和人口较少民族发展规划》《兴边富民行动"十三五"规划》，发展各级各类民族学校，实施双语教育，对少数民族考生高考升学予以适当照顾，在广大农牧区推行寄宿制教育等。

79.高等教育阶段女性比例超过半数。截至2017年底，中国普通本专科在校女生约1447万，占比52.5%。成人教育方面，目前成人本专科女学生人数320万，占比58.8%。高等教育在校生中女研究生人数为127.8万人，占比48.4%。

80.妇女接受职业教育和技能培训，尤其是政府补贴性职业培训人数比例增加。按照《国务院关于加快发展现代职业教育的决定》《教育部等九部门关于进一步推进社区教育发展的意见》《职业教育东西协作行动计划（2016—2020年）》，加大对农村和贫困地区职业教育支持力度，为农村女性特别是贫困家庭女性接受优质职业教育创造条件。落实好中等职业教育免学费和国家助学金，高等职业教育奖助学金和助学贷款等学生资助政策，并向贫困地区和贫困人口倾斜。各项奖补政策有效解决了女童初中毕业后辍学问题，确保女性平等参与并完成职业教育。农村妇女有平等接受各类培训的权利，通过提高技术技能，改善进入劳动力市场竞争力，提升就业机会。2017年，中等职业教育中女生为681万人，占比42.8%。全国享受政府补贴性职业培训的女性比例为39.92%。女性接受职业技能培训的人数不断增加。2011—2015年，城市妇女参加各种职业技能和再就业技能培训累计达300多万人次；农村妇女参加劳动力素质和就业技能培训累计达3300多万人次。

81.妇女平等享有奖学金机会。2018年数据统计显示，国家公派留学项目中女性获取奖学金人数占总人数的53%，超过男性录取人数。

82.文化和旅游部会同教育部实施"中国非遗传承人群研修研习培训计划"，支持妇女参加研修培训。截至2018年4月，全国参与院校共计举办各类研修、研习、培训405期，培训学员1.8万人次，加上各地延伸培训，全国覆盖5.6万人次。其中，约58%的学员为妇女，有关刺绣、蜡染、面花等非遗项目的培训班，妇女占比约90%。

第11条　妇女就业

83.中国重视消歧委员会在第29和30条结论性意见中就妇女就业问题提出的

一些关切和建议，政府有关部门整合各方资源，制定出台消除就业性别歧视、促进妇女平等就业的一系列政策措施，努力消除劳动力市场的性别歧视，并通过多种渠道和措施引导并支持城乡妇女就业和创业。

84. 女性就业人数增加。2017年全国女性就业人员占全社会就业人员的比重为43.5%，其中城镇单位女性就业人员6545万人。

85. 女性创业人数比例超过半数。2016年政府印发《关于实施创业担保贷款支持创业就业工作的通知》，规定妇女"应纳入创业担保贷款重点对象范围"。妇女在大众创业、万众创新中施展才华，互联网领域创业者中女性占55%以上。2016年，全国创建女大学生创业实践基地5000多个，搭建女性创客空间、孵化器、创客服务平台2100多个，引导数百万妇女投身电商创业。创建妇女手工编织基地5000多个，从业妇女330多万人，辐射带动就业困难妇女居家灵活就业1000多万人。开展"创业创新巾帼行动"，举办首届中国妇女创业创新大赛，激发妇女双创活力，累计开展女性双创培训550多万人次，带动上千万城乡妇女创业就业。

86. 技能劳动者及高级专业技术人员中的女性比例提高。2017年公有制企事业单位中女性专业技术人员1480万人，所占比重达48.6%；其中高级专业技术人员178.9万人，所占比重达39.3%，比2014年提高2.6个百分点。

87. 尊重和促进妇女在非物质文化遗产传承中的重要地位和作用，积极认定女性传承人为各级代表性传承人。2018年文化和旅游部公布的第五批国家级非物质文化遗产代表性项目代表性传承人中，女性传承人262人，占总数的24.2%。部分项目打破了"传男不传女"的传承惯制。建设传统工艺工作站，积极引导当地妇女参与。如新疆哈密传统工艺工作站推动在当地建立了231家合作社，形成了"工作站+协会+合作社+绣娘"的链条模式，接受订单1.7万余件，近千名绣娘直接参与工作站订单制作，每人平均增收1500元以上；湖南湘西土家族苗族自治州传统工艺站自设立以来，直接培训近500人次，延伸培训绣娘6000余人次，带动当地妇女在家门口就业。

88. 女职工权益保护工作不断加强。健全劳动关系协调机制，推动将女职工特殊劳动保护、生育保障和平等的培训、晋升、工资福利待遇等纳入集体协商和集体合同或签订女职工权益保护专项集体合同，推动用人单位执行涉及女职工权益法律法规规定。截至2017年9月，全国共签订女职工权益保护专项集体合同136.6万份，覆盖女职工7999.9万人。2017年执行《女职工劳动保护特别规定》（以下简称特别规定）的企业达到71.2%。

89.积极促进工作场所性别平等。2018年，全国总工会在开展了企业性别平等机制建设调研基础上，于2019年2月编发《促进工作场所性别平等指导手册》，从就业机会平等、职业发展机会平等、薪酬待遇平等、生育保护、女职工平衡工作和家庭、预防和制止职场暴力和性骚扰六个环节，阐释用人单位应建立的制度机制，分析点评实践案例，促进工作场所性别平等。

90.加强女职工休息哺乳室建设。2016年全国总工会联合9部门出台《关于加强推进母婴设施建设的指导意见》，提出到2020年底，所有应配置母婴设施的用人单位基本建成标准化的母婴设施。各地工会女职工组织根据不同行业、类型单位女职工需求，通过项目化运作、社会化推进，为特殊生理期女职工提供安全、卫生、私密的休息哺乳场所。截至2017年9月，全国建立女职工休息哺乳室的基层企事业工会29.6万个，涵盖单位62.3万家，覆盖女职工1849.4万人。

91.加大女职工劳动监督检查工作力度。全国总工会连续三年通过全国"两会"平台，就加强特别规定监督检查提出意见建议，推动和加强全面两孩政策下女职工劳动保护监督检查工作。各地工会主动加强与地方人大和人力资源社会保障厅（局）、卫生健康委、安监局等政府部门联系配合，对特别规定贯彻落实情况协同开展监督检查，提出督促整改意见。截至2017年9月，执行女职工禁忌从事劳动有关规定的基层工会163.3万个，覆盖单位377万家，覆盖女职工7229.6万人；执行女职工在经期、孕期、产期、哺乳期享有特殊待遇有关规定的基层工会164万个，覆盖单位379.8万家，覆盖女职工7335.8万人。

92.多机构合作细化法律规范、保障妇女平等就业权利。2019年3月，人力资源社会保障部、国资委、全国妇联等部门联合发布《关于进一步规范招聘行为促进妇女就业的通知》，明确了六种禁止就业性别歧视情形，规定了对涉嫌性别歧视的用人单位和人力资源服务机构给予责令改正、罚款、吊销营业执照等处罚，建立多部门联合约谈机制，支持和帮助遭受就业歧视的妇女提起诉讼，为妇女提供个性化职业指导和服务等，为保障妇女平等享有就业权提供了有力的政策支持。

93.中国法律保障女职工享受带薪生育假期。国务院出台《关于实施全面两孩政策改革完善计划生育服务管理的决定》等系列政策措施，依法保障女性就业、休假等合法权益，支持女性生育后重返工作岗位，鼓励用人单位为孕期和哺乳期女性提供灵活的工作时间及必要的便利条件。全国31个省（区、市）依据人口与计划生育法修正案完善计划生育奖励假政策，明确规定女职工在98天法定产假之外还享有1—9个月不等的奖励假，男性享有7—31日不等的带薪陪产假。

第12条　妇女健康

94.中国高度重视妇女健康和全面发展，将保障妇女健康作为重大战略和重点任务，不断提高妇女健康水平。自2014年以来，先后发布实施《"健康中国2030"规划纲要》《"十三五"卫生与健康规划》《"十三五"深化医药卫生体制改革规划》，把妇女儿童健康放在优先发展战略，努力保障妇女儿童全方位、全生命周期的健康。

95.妇女平均预期寿命持续延长。2017年我国人口平均预期寿命为76.7岁，2015年妇女平均预期寿命79.43岁，比2010年延长2.06岁。

96.孕产妇死亡率持续下降。2017年全国孕产妇死亡率由2010年的30/10万下降到19.6/10万，下降了10.4个十万分点，提前实现了妇女纲要目标和联合国千年发展目标，中国被世界卫生组织列为妇幼健康高绩效的10个国家之一。

97.妇女生殖健康水平不断提高。2017年，妇女病检查率为66.9%，查出妇女病率为24.2%。全国流动人口基本公共卫生计生服务覆盖率保持在87%以上。

98.妇女艾滋病和性病防控力度加大。2015年起，中央财政每年投入14亿元，将预防艾滋病、梅毒和乙肝母婴传播工作扩展至全国，政府为所有孕产妇免费提供艾滋病、梅毒和乙肝筛查，同时免费为所有发现的感染孕产妇及所生儿童提供预防母婴传播综合干预服务。2017年女性抗病毒在治人数达155618人。2017年，孕产妇艾滋病、梅毒和乙肝检测率达到99%以上；HIV感染孕产妇抗病毒药物应用比例达90%；梅毒感染孕产妇接受治疗的比例达80%；艾滋病母婴传播率下降到4.9%；先天梅毒报告病例数从2011年的1.3万例降至3846例；乙肝感染孕产妇所生儿童的乙肝免疫球蛋白注射率达到99.7%；新生儿首针乙肝疫苗接种率达到96.8%。

99.妇幼健康服务体系不断健全，形成了以妇幼保健机构为核心，基层医疗卫生机构为网底，综合医院和科研教学机构为技术支持，覆盖城乡、分层负责的中国特色的三级妇幼健康服务体系。

100.妇幼保健基础设施明显改善，服务能力显著提高。中国持续加大妇幼保健机构建设投资力度，着力改善基层妇幼健康服务基础设施条件。"十二五"期间（2011—2015）中央财政投资107亿元支持1100多所妇幼保健机构基础设施建设，投资40亿元支持800个县级计划生育服务机构基础设施建设和配备设备。2016—2017年，中央政府下达预算内投资62.5亿元，支持512个妇幼保健机构建设，投资规模较"十二五"时期明显提高。2013年以来，中国推进妇幼保健和计划生育技术服务资源优化整合。截至2017年底，全国市县乡三级机构资源整合率达到89.8%。整合后的妇幼保健计划生育服务机构将逐步实现孕产保健、妇女保健、儿童保健、生殖健康全程服务。

101.妇幼健康服务可及性和公平性不断改善。自2009年中国全面实施基本公共卫生服务项目以来，孕产妇健康管理服务持续增加。据统计，2017年，早孕建册率和产后访视率达85%以上。深入实施农村孕产妇住院分娩补助项目，各级财政对全国农村孕产妇住院分娩按照人均500元的标准进行补助。

102.妇女心理精神卫生工作不断加强。2015年，中国制定《全国精神卫生工作规划（2015—2020年）》，提出要保障和促进妇女精神卫生工作。2016年制定《关于加强心理健康服务的指导意见》，全面开展严重精神障碍患者管理治疗工作，启动精神卫生综合管理试点，广泛开展多种宣传活动普及精神卫生、心理健康核心知识。

第13条　妇女的其他经济和社会权利

103.中国法律对妇女在其他经济和社会权利方面无任何歧视性限制。

104. 保障妇女平等获得公共服务与资源。2016年新修订的《城市公共厕所设计标准》明确将女性厕位与男性厕位的比例调整为3：2，人流量较大地区为2：1，有效改善妇女享有的人居环境。

105. 国务院颁布的《全民健身计划（2011—2015年）》对进一步发展全民健身事业、广泛开展全民健身运动、加快体育强国建设进程做出规划，明确提出"妇女健身站（点）有较大发展"；《全民健身计划（2016—2020年）》提出"开展职工、妇女、幼儿体育，推进外来务工人员公共体育服务纳入属地供给体系"。

106. 妇女生育保障水平提高。2018年，全国生育保险参保人数总计2.04亿人，首次突破2亿人大关，其中女职工达8927万人，比2014年增加1520万人。妇女生育医疗费用均有相应的制度保障，女职工生育医疗费用由生育保险支付，未就业妇女生育医疗费用纳入城乡居民基本医疗保险支付范围。2017年中国启动生育保险和职工基本医疗保险（以下简称两项保险）合并实施试点工作。2019年，在全国范围内全面推进两项保险合并实施，将有利于扩大生育保险覆盖面，增强社会保险基金共济能力和生育保险的保障功能。

107. 妇女参加基本医疗保险人数不断增加。2017年，职工基本医疗保险、城乡居民基本医疗保险（含新型农村合作医疗）参保人数达13.4亿。其中，参加城乡居民基本医疗保险的女性为3.8亿人（不含未整合的新农合参保人数），占城乡居民基本医疗保险参保总人数的比重由2011年的34.1%提高到43.6%。

108. 妇女参加养老保险覆盖面不断扩大。2017年，全国参加基本养老保险的女性约3.85亿人，比上年增加约3300万人。女性参加城镇职工基本养老保险人数近1.8亿人，较2010年增长58.1%。2017年，女性参加城乡居民基本养老保险的人数近2.1亿人，比上年增长18.5%。

109. 妇女参加失业保险和工伤保险人数不断增加。2017年，全国女性参加失业保险的人数为7950万人，比2014年增加了805万人。女性参加工伤保险人数8594万人，比2014年增加了524万人。

110. 妇女享有养老服务水平不断提高。全国养老服务机构增幅扩容显著，截至2017年底，全国各类养老服务机构和设施15.5万个，养老床位总数约744.8万张，每千名老人拥有养老床位数约30.9张，居家养老服务设施基本覆盖城镇社区和50%以上的农村社区。全国93%的养老机构可以不同形式为入住对象提供医疗卫生服务，更多老年妇女从中受益。

111.持续实施国家舞台艺术精品创作扶持工程、中国民族歌剧传承发展工程、国家美术收藏和发展工程等重大工程项目，创作了一批反映关注妇女基本权利以及老年妇女、残疾妇女、进城务工妇女等重点人群题材的作品，同时也为妇女提供更多丰富多彩的文艺作品。

112.中国注重加强和改进残疾妇女在教育、就业、健康等方面的公共服务。2017年，844.5万16周岁及以上持证残疾女性参加城乡居民养老保险，参保比例为80.1%；1246.7万残疾女性参加基本医疗保险，参保比例为96.7%；355万残疾女性得到基本康复服务；6671名学前残疾女童接受残疾人事业专项彩票公益金助学项目资助入园；5858名残疾女生被高等院校录取；16-54周岁持证残疾女性就业人数达到296.8万。

第14条　农村妇女

113.关于消歧委员会第43和45条结论性意见，中国政府采取一系列积极措施解决农村妇女土地权利保障问题。

114.农村土地改革进程加快。2014年中国开始组织开展农村承包地确权颁证试点工作，鼓励试点地区探索解决妇女在结婚、离异等情形下土地承包权益保护问题。农业农村部在全国推广安徽凤阳等试点地区保障农村妇女土地承包权益经验。国土资源部在《关于进一步加快宅基地和集体建设用地确权登记发证有关问题的通知》中明确提出"农村妇女作为家庭成员，其宅基地权益应记载到不动产登记簿及权属证书上"。2018年审议修订农村土地承包法，规定"农户内家庭成员依法平等享有承包土地的各项权益"，"土地承包经营权证或者林权证等证书应当将具有土地承包经营权的全部家庭成员列入"。同年，民政部、农业农村部等部门联合出台《关于做好村规民约和居民公约工作的指导意见》，抵制和约束一些地方存在的侵犯妇女特别是出嫁、离婚、丧偶女性合法权益等突出问题。

115.农村土地承包调解仲裁体系建设加强。完善仲裁工作机制，积极吸纳妇联组织作为仲裁委员会成员。截至2017年6月底，全国共设立农村土地承包仲裁委员会2463个，乡镇一级设立农村土地承包调解委员会约30万个，村级调解组织近60万个，确保农村妇女维权"有门"。在仲裁师资骨干培训中专题讲解涉及妇女土地合法权益的热点、难点问题，增强受训人员维护妇女权益意识和能力。各地及时受理农村土地承包纠纷，依法调解仲裁，维护妇女权益。《关于稳步推进农村集体产权制度改革的意见》在确认农村集体经济组织成员身份中指出，"成员身份的确认既要得到多数人认可，又要防止多数人侵犯少数人权益，切实保护妇女合法权益"。

116.农村妇女脱贫减贫成效显著。《2011—2020年中国农村扶贫开发纲要》将农村妇女作为扶贫重点，要求同等条件下优先安排妇女扶贫项目。制定《"十三五"脱贫攻坚规划》《关于在扶贫开发中做好贫困妇女脱贫致富工作的意见》，加大对妇女群体的扶贫力度，累计帮助3378.5万建档立卡贫困妇女实现脱贫。符合条件的建档立卡贫困户可申请5万元以下的扶贫小额信贷。组织开展"巾帼脱贫行动"，优先安排建档立卡贫困妇女在电商、旅游、万企帮万村等扶贫工程中受益；创建"全国巾帼脱贫示范基地"1.38万个，创新推出能力脱贫、创业脱贫、巧手脱贫、互助脱贫、健康脱贫、爱心助力脱贫等举措，累计培训贫困妇女和妇女骨干690万人次，帮助360多万贫困妇女增收；开展"乡村振兴巾帼行动"，动员农村妇女在推进产业兴旺、生态宜居、乡风文明、治理有效、生活富裕中发挥半边天作用。

117.持续推进农村妇女参与基层民主管理。深入落实村民委员会组织法和《村民委员会选举规程》有关女性当选的政策规定，在村委会换届选举中加强法规政策宣传，并依托妇女议事会等议事协商载体推动妇女参与基层民主管理，村委会成员中女性比例稳步提高（详见本报告第4条和第7条）。

118.农村妇女健康水平提高。国家通过实施农村妇女"两癌"免费检查，提高宫颈癌和乳腺癌的早诊早治率，极大地提高了农村妇女的健康水平。2009至2017年，合计为7398.5万名农村妇女进行了宫颈癌检查；为1363.4万名农村妇女进行了乳腺癌检查。2018年"两癌"检查工作实现贫困地区所有县全覆盖。全国妇联实施"农村贫困母亲'两癌'救助项目",截至2017年底,已累计为10.22万名患病妇女提供帮助,缓解了贫困妇女因病致贫、返贫问题。

119.农村孕产妇普遍实现住院分娩。2009至2016年,中央财政专项投入226亿元,合计补助农村孕产妇7400余万人。2014年以来,农村妇女住院分娩率持续保持在99%以上,母婴安全得到有力保障。

120.新型职业女农民队伍成长壮大。国家将新型职业女农民培训计划纳入各级农业农村部门培训整体规划。实施"新型职业农民培育工程""星火计划""百万新型女农民培训""5123"等培训项目。建立20万所"妇女学校",2亿人次妇女参加了农业新技术、新品种培训。2017年妇联系统组织举办新型职业女农民培训班1.6万余期,培训各类农业生产经营妇女骨干近150万人次。

121.中国是一个农业大国,与城镇妇女相比,部分农村地区仍然面临贫困问题,妇女占有一定比例,农村妇女享有的教育、医疗等基本公共服务依然不足。解决农村妇女面临的困难和问题需要付出长期艰巨努力,才能从根本上解决。

第四部分

第15条 妇女签订合同、择居等权利

122.实行男女平等是中国的基本国策,妇女在签订合同、管理财产、诉讼、人身移动、自由择居等方面享有与男子平等的权利。

第16条 妇女在婚姻家庭方面的权利

123.宪法规定,"婚姻、家庭、母亲和儿童受国家的保护。"婚姻法在有关婚姻和家庭关系一切事项的不歧视原则与消歧公约第16条的规定完全一致。

124.出台司法解释破解夫妻共同债务认定标准难题。2017年2月,最高人民法院公布《关于适用〈中华人民共和国婚姻法〉若干问题的解释(二)的补充规定》,针对司法实践中出现的涉及夫妻共同债务的新问题和新情况,强调虚假债务、非法债务不受法律保护。2018年1月,最高人民法院发布《关于审理涉及夫妻债务纠纷案件适用法律有关问题的解释》,重新确立了有关夫妻共同债务认定的标准和条件,公平合理地保障了夫妻双方和债权人的合法权益。

125.完善预防化解婚姻家庭纠纷工作机制。最高人民法院、公安部、司法部、民政部等联合出台《关于做好婚姻家庭纠纷预防化解工作的意见》，明确各部门职责任务和工作要求，指导各地各部门做好婚姻家庭纠纷预防化解工作。目前，全国31个省（区、市）均下发配套文件。

126.开展丰富多彩的家庭文明建设活动。中国注重家庭、注重家教、注重家风，广泛开展"文明家庭"创建工作，创新开展寻找"最美家庭"活动，累计4.1亿人次参与线上线下活动，涌现出各级各类"最美家庭"314.5万户。家庭亲子阅读实践等活动吸引1.7亿人次参与，好家风好家训征集、展示和巡讲活动覆盖1.2亿人次，以良好的家风带动支撑整个社会的良好风气。

（《中华人民共和国第九次消歧委员会审议报告》，2020年3月26日，https://docstore.ohchr.org/SelfServices/FilesHandler.ashx?enc=6QkG1d%2fPPRiCAqhKb7yhsoVqDbaslinb8oXgzpEhivjA7gevKHqra%2bWqdq6NNHzvqekJmckYpHk%2bKBNAcEVq7Dfl3fNbYXXsMxWVd2bJ0679VpGuDF0bjCvVsdgXNPLE）

第六部分

中国关于妇女、和平与安全的发言
（2000—2019 年）

中国代表在安理会第四二〇八次
会议上的发言

S/PV.4208

2000年10月24日星期二上午10时举行

纽约

主席：古里拉布先生（纳米比亚）

　　沈国放先生（中国）：主席先生，首先我要感谢你亲自主持本次会议，并对纳米比亚代表团为安排此次会议所做的努力表示赞赏。我同时还要感谢秘书长本人的发言。我要特别赞赏秘书长妇女问题特别顾问安吉拉·金女士及妇发基金执行主任诺埃琳·海泽女士刚才所作的发言。她们两位的发言提出了许多值得我们思考并加以重视的问题和建议。

　　妇女在创造人类文明、推动社会发展方面具有不可替代和重要的作用。中国有一句非常流行的话，叫作"妇女能顶半边天"。因此我们认为，维护世界和平与安全如果没有妇女的充分参与，就不可能是卓有成效的，也难以真正地持久。

　　但我们应该看到，妇女又经常是战争和武装冲突的直接和最大受害者。作为对维护世界和平与安全负有首要责任的机构，安理会以"妇女与和平与安全"为题举行公开辩论，对其更好地根据《联合国宪章》赋予的职责开展工作是有益的。

　　中国代表团谴责冲突中对妇女的一切暴力行为，敦促冲突各方恪守国际人道主义法并尊重人权，并呼吁各国政府调查并惩治那些对妇女犯下罪行的人。我们也希望国际社会能加大对受冲突影响妇女的保护和援助，帮助她们尽快返回原居住地并恢复正常生活，并呼吁有关国家、国际组织和非政府组织在这个方面加强合作。

与此同时，我们还鼓励妇女积极参与冲突的预防、解决及重建和平工作，并希望国际社会能为此创造有利的条件。

我在这里要特别赞扬妇女在非政府组织方面所发挥的重要作用，我们也同样希望妇女能够在维和方面发挥重要作用，以便能使妇女在冲突中得到更好的保护。冲突后的重建工作也应该有妇女的充分参与。如果我们有朝一日在某个冲突地区能够看到一支维和部队完全由妇女组成的话，我们会为此感到振奋。

我们认为，妇女没有充分地参与并不是因为她们没有能力，而是因为我们没有充分地重视。我们希望在这方面有非常行之有效的培训计划。

今年6月，联合国在纽约召开了关于妇女问题的特别联大。会议通过了《政治宣言》，号召各国为促进妇女权益的保护而共同努力。今天安理会以"妇女与和平与安全"为题举行公开辩论，可以看作是6月特别联大后续行动的一部分。我们希望这次会议能够对进一步保护妇女起到推动作用，通过这次会议能够有具体的后续行动。我们也希望这一势头能够在联合国内保持下去。我们更希望在联合国内能尽早地看到对妇女在冲突中受害的情况以及冲突对妇女的影响的全面评估。

妇女问题涉及面广，联合国内许多机构多年来一直在对此进行有关审议，安理会在此方面开展的工作也应与其他机构工作协调起来、相互配合。只有这样才能调动各方积极性，发挥联合国的整体优势，取得最佳效果。

（《安全理事会第四二〇八次会议临时逐字记录》，2000年10月24日，纽约，https://www.un.org/en/ga/search/view_doc.asp?symbol=S/PV.4208&Lang=C）

中国代表在安理会第四五八九次
会议上的发言

S/PV.4589

2002年7月25日星期四上午10时30分举行

纽约

主席：杰里米·格林斯托克爵士（大不列颠及北爱尔兰联合王国）

王英凡先生（中国）：主席先生，中国代表团认真听取了格诺先生以及安杰拉·金女士、海泽女士所作的发言，我们感谢他们为推动妇女充分、平等地参与维护和平事业所做的努力及提出的宝贵意见。

世界各地武装冲突的原因、性质各有不同，但它们往往对妇女造成深重影响。这一问题已日益引起国际社会的重视和关注。近年来，联合国先后通过了《北京宣言》、《温得和克宣言》和《行动纲领》，安理会两年前通过了1325号决议，最近妇女特别联大通过了《政治宣言》，这些充分表明了各国在提高妇女地位、发挥妇女作用方面的意愿和决心。需要指出的是，上述宣言、决议尚未得到充分、全面的执行。

就我们今天讨论的题目而言，关键是要切实解决两方面的问题，一是保护武装冲突中妇女的权益、吸收妇女参与和平谈判与决策、发挥妇女在预防冲突、促进和解、社会重建方面的优势和潜力。二是采取有效措施消除或减轻小武器、地雷、艾滋病以及暴力行为等对妇女造成的巨大伤害。

我们再次强烈敦促冲突各方恪守国际人道主义法并尊重人权、呼吁各国政府调查并惩治那些对妇女犯下罪行的人，呼吁国际社会摒弃双重标准，对近期发生在一些地区的伤害平民事件进行彻底调查。国际社会还应共同致力于消除冲突根源，减少贫困、普及教育等，从而在根本上保护妇女儿童权益免受伤害。

如果有更多的妇女参与解决冲突和维和行动，不但可以减少冲突对妇女的影响，还可以促进建立持久、有效的和平。这一问题涉及面广，需要各方的协调努力。联合国系统各机构只有发挥整体优势，才能取得最佳效果。安理会在开展此方面的工作时应充分尊重大会、经社理事会等有关机构的工作。

我们支持机构间委员会妇女问题工作队制订的明确各机构职责的行动计划，期待着秘书长尽早提出关于性别因素在和平进程中影响的综合报告。

（《安全理事会第四五八九次会议临时逐字记录》，2002年7月25日，纽约，https://www.un.org/en/ga/search/view_doc.asp?symbol=S/PV.4589&Lang=C）

中国代表在安理会第四六三五次
会议上的发言

S/PV.4635

2002年10月28日星期一下午3时举行

纽约

主席：贝林加－埃布图先生（喀麦隆）

　　张义山先生（中国）：首先我要感谢秘书长亲自介绍他的报告，另外要感谢安吉拉·金女士和海泽女士以及联合国相关机构为推动妇女充分、平等地参与维护和平事业所做的努力和他们提出的一些宝贵意见。

　　中国代表团欢迎并认真阅读了秘书长提交的报告，他的报告内容翔实、很有价值的，我们十分重视秘书长提出的"21点行动计划"，正对此进行认真研究，同时我们愿同各方就其可行性深入交换意见。中方特别欢迎秘书长设定的有关任命女性特别代表或特使的比例到2010年达到50%的目标，中方也在积极物色合适人选。

　　在任何武装冲突之中受伤害最深重的是妇女，所以我们应该采取一切必要措施保护她们的权益，同时我们也应当看到在预防冲突、促进和解和社会重建等方面，妇女也起着至关重要的作用。我们应该充分发挥她们的作用和潜力。国际社会已就此达成共识，并通过一系列国际文书对此加以强化。近年来安理会多次审议这一问题，并将性别因素纳入波黑、东帝汶等具体的维和行动中，在安理会派团赴科索沃、塞拉利昂等冲突地区实地考察时也充分听取当地妇女组织的意见和建议，这些都体现了安理会对妇女问题的重视。

我们同时认为，只有制止冲突、促进发展、减少贫困、清除战乱根源、发展教育，才能从根本上保护妇女和儿童的权益。因此，我们一方面应该致力于在已发生冲突的地区充分考虑性别因素，支持秘书长关于对维和人员实行"零容忍"的政策，支持建立两性平等问题专家及冲突国家和地区妇女团体和网络数据库，支持发挥当地妇女组织的作用并邀其参与决策，支持在解除武装和重返社会进程中充分照顾性别因素等建议。我们呼吁有关各方立即行动起来，将这些建议付诸实施。

另一方面，我们应该采取有效措施预防并制止冲突并在这一层面考虑性别因素。为此，中方支持秘书长关于妇女参与和平谈判促进和解的建议，强烈敦促冲突各方恪守国际人道法并尊重人权。安理会应在如何有效预防并制止冲突方面进一步努力，并采取一切措施避免国际社会在保护妇女权益、发挥妇女作用方面所取得的成绩由于爆发新的战争或冲突而功亏一篑。

秘书长报告反映出妇女参与和平进程涉及的方方面面，而真正解决妇女的特殊需要、发挥她们的独特作用，需要各方的协调努力。联合国系统各机构只有发挥整体优势，才能取得最佳效果。安理会在开展此方面的工作时应充分尊重大会、经社理事会等有关机构的工作。

（《安全理事会第四六三五次会议临时逐字记录》，2002年10月28日，纽约，https://www.un.org/en/ga/search/view_doc.asp?symbol=S/PV.4635&Lang=C）

中国代表在安理会第四八五二次会议上的发言

S/PV.4852

2003年10月29日星期三上午10时举行

纽约

内格罗蓬特先生（美利坚合众国）

　　王光亚先生（中国）：主席先生，我首先感谢你倡议举行这次会议，并感谢格诺副秘书长和斯密斯女士刚才所做的内容丰富的通报。他们的通报对我们全面了解1325号决议的落实情况以及今后面临的挑战很有帮助。他们提出的有关建议也很具启发性，值得本理事会认真研究。

　　三年前，安理会首次讨论"妇女与和平和安全"问题并通过了这一重要的决议。决议关注武装冲突对妇女造成的巨大伤害，呼吁国际社会采取措施保护武装冲突中的妇女权益，并支持妇女参与解决冲突进程，在维和行动中扮演重要角色。

　　该决议的通过标志着国际社会在保护冲突中的妇女权益、积极发挥妇女在解决冲突中的作用方面迈出了历史性的一步。如今，它已成为国际社会开展有关工作的重要指南，也是联合国安理会部署维和行动时的重要参与文件。

　　三年来，联合国秘书处、有关维和行动、秘书长妇女问题特别顾问、妇发基金等为落实1325（2000）号决议都付出了巨大而艰辛的努力，并取得了不少值得肯定的成绩。目前，在许多冲突地区，保护妇女权益、发挥妇女作用已成为维和行动中的一项重要工作。在波黑和科索沃，特派团加大打击贩卖妇女的力度，并采取特别措施保护受害者;在刚果（金）和塞拉利昂，维和人员通过接受有关保护妇女权益方面知识的培训，提高了在打击针对妇女暴力、处理女兵复员等问题方面的能力；在东帝汶，妇女在国家建设进程中正发挥着日益重要的作用，她们在政府和议会中的比率已近30%。我们对这些积极进展感到高兴，希望联合国及有关机构及时总结上述成功经验，并将其应用到其他维和行动中去。

进一步落实1325（2000）号决议，国际社会仍有许多工作要做。在此，我想强调以下三点：

一、安理会应加大预防冲突和解决冲突的力度，以便从根本上使妇女免受战争伤害，从而最大限度地维护她们的权益。

二、针对妇女的暴力犯罪必须受到法律制裁，有关国家政府有义务和责任认真调查此类案件，并将肇事者绳之以法。冲突各方必须遵守国际人道主义法，采取特别措施保护妇女免受暴力侵害。同时，我们支持秘书长对维和人员实行"零容忍"政策，并敦促出兵国加强对维和人员的培训和监督，使联合国有关行为准则得到切实遵守和执行。

三、妇女在促进解决冲突进程中的作用不可忽视，在一些冲突地区甚至不可或缺，因此我们支持妇女参与和平进程所有阶段，希望安理会特派团及有关当事方继续努力，为妇女的广泛、深入参与创造有利条件。

总而言之，实现持久和平，不能没有妇女的参与。1995年通过的《北京宣言》曾这样写道：

> "地方、国家、区域和全球的和平是可以实现的，而且是与提高妇女地位密不可分的，因为妇女是发挥领导作用、解决冲突和促进持久和平的根本力量"。

中国一贯重视保护妇女权益、提高妇女地位。我们愿继续与国际社会一道，为切实落实1325号决议所确定的目标而共同努力。

（《安全理事会第四八五二次会议临时逐字记录》，2003年10月29日，纽约，https://www.un.org/en/ga/search/view_doc.asp?symbol=S/PV.4852&Lang=C）

中国代表在安理会第五〇六六次会议上的发言

S/PV.5066

2004年10月28日星期四上午10时举行

纽约

主席：埃米尔·琼斯·帕里爵士（联合王国）

张义山先生（中国）：主席先生，感谢你主持召开这个会议，并感谢秘书长提交的综合报告（S/2004/814），以及盖埃诺副秘书长、阿尔布尔女士和奥贝德女士的发言。

在当今许多冲突中，女性已成为最大、最直接的受害者。所幸的是，向处于冲突中的妇女提供切实保护、充分发挥她们在解决冲突和战后重建方面的作用已成为广泛共识，并在此方面取得了一些积极进展。然而，要想达到理想的境界，仍有许多工作要做。一、应加大预防和解决冲突的力度，加强预警机制，及早遏制冲突的苗头，防止其演变成大规模暴力行为。二、加强法律手段制裁性暴力犯罪者，利用现有机制对肇事者予以严惩，并帮助有关国家完善法律体系，加强能力建设，加大打击性暴力犯罪的力度。三、加大人道援助投入。国际社会应共同努力，及时向冲突受害者提供帮助。捐助国可贡献更大力量。四、帮助女性全面参与和平谈判，并确保有关和平协议中包括保护妇女权益的内容。五、重视并支持当地妇女团体发挥积极作用，并向它们提供必要帮助。六、加大妇女在维持和建设和平活动中的代表性。秘书长应根据实际情况更多任命女性担任特别代表等高级职务，会员国也可向维和行动提供更多女性官员。

保护妇女权益、让妇女发挥更大作用，需要国际社会的协调努力。会员国、国际组织与民间团体之间应相互配合与补充。联合国系统各机构应各司其职，优化利用有限资源，优势互补。安理会应从履行自己职责的角度，加大制止和解决冲突的努力，从根本上使妇女免受伤害。

国际社会应及时向冲突、战乱国家提供帮助，帮助它们恢复稳定、发展经济、加强法治和机构建设，促进社会全面发展。唯有在和平安定的环境下，妇女权益才能得到最大的保护，女性也才能发挥更大、更有建设性的作用。

（《安全理事会第五〇六六次会议临时逐字记录》，2004年10月28日，纽约，https://www.un.org/en/ga/search/view_doc.asp?symbol=S/PV.5066&Lang=C）

中国代表在安理会第五二九四次会议上的发言

S/PV.5294

2005年10月27日星期四上午10时举行

纽约

主席：莫措克先生（罗马尼亚）

王光亚先生（中国）：主席先生：我首先感谢你倡议举行此次会议，并感谢安南秘书长日前提交的联合国系统行动计划报告（S/2005/636），以及盖埃诺副秘书长、马扬贾女士、海泽女士及其他来宾刚才所作通报。

秘书长报告就联合国系统进一步落实第1325（2000）号决议提出了很多具体的建议，我们表示欢迎，并希望能够得到切实执行。

今年既是安理会通过第1325（2000）号决议五周年，也是联合国第四次世界妇女大会在北京召开十周年。值此之际，安理会就"妇女、和平与安全"问题举行公开辩论，具有特别意义。

五年前，安理会通过第1325（2000）号决议，唤起国际社会对冲突中妇女问题的重视，并为促进性别平等、保护妇女权益、发挥妇女作用制订了工作指南。

五年来，在联合国秘书处、有关维和行动、秘书长妇女问题特别顾问、国际妇女发展基金及成员国努力下，第1325（2000）号决议执行取得了不少成就。国际社会更加重视妇女在解决武装冲突的作用；维和部已将加强妇女保护作为维和行动日常工作的重要内容；联合国总部和许多维和行动都任命了专门的性别顾问。

在刚刚落幕的联合国首脑会议上，各国领导人再次重申妇女在预防和解决冲突及建设和平中的重要作用，并郑重承诺将全面、切实执行第1325（2000）号决议。

五年后，回顾走过的历程，展望未来，要实现第1325（2000）号决议所设目标，还有不少工作要做。

首先，要努力消除武装冲突的根源，加大预防冲突力度，加强预警机制，为妇女免受战争伤害创造良好的外部环境。所谓治病要治本。

其次，要加大惩罚性侵犯的力度，认真调查针对妇女的暴力犯罪，并将肇事者绳之以法。联合国维和行动应继续推行"零容忍"政策，使有关准则得到切实遵守和执行。

其三，要鼓励妇女参与和平进程的各个阶段，特别是要有决策权，以反映其在冲突中及冲突后的特殊需求和作用。妇女既是各类武装冲突的最大受害者，也是任何冲突解决方案不可或缺的参与者。妇女对和平的渴望使她们在推动和平进程中可以发挥更大的作用。

其四，要及时总结在保护妇女权益方面的成功经验，并大力推广，要进一步强化保护妇女权益的意识，推动各方将口头承诺变为具体行动。

其五，要有效协调有关机构在此问题上的努力，调动各方积极性，发挥整体优势，取得最佳效果。大会、经社理事会等多年审议妇女问题，经验丰富，安理会的行动应与之协调起来。

妇女在创造人类文明、推动社会发展方面发挥着不可替代的重要作用。妇女的进步就是全人类的进步。中国有一句非常流行的话，叫作"女人能顶半边天"。我希望，在大家共同努力下，母亲、妻子、女儿的眼泪不再在战火中流淌，世界上所有的妇女姐妹都能过上幸福、安宁的生活。我相信，我们的世界也会因此而变得更加灿烂、美好！

（《安全理事会第五二九四次会议临时逐字记录》，2005年10月27日，纽约，https://www.un.org/en/ga/search/view_doc.asp?symbol=S/PV.5294&Lang=C）

中国代表在安理会第五五五六次
会议上的发言

S/PV.5556

2006年10月26日星期四上午10时举行

纽约

主席：大岛先生（日本）

刘振民先生（中国）：主席先生，我首先感谢您发起讨论该问题，感谢秘书长提交的报告（S/2006/770），感谢马扬贾女士、盖埃诺先生、海泽女士和麦卡斯基女士的发言。

今年是安理会通过第1325（2000）号决议六周年，也是秘书长在联合国系统内落实关于该决议的《全系统行动计划》一周年。第1325（2000）号决议是安理会在"妇女、和平与安全"领域工作的基础，也为该领域的工作明确了长期努力方向。

正如秘书长报告所述，经过六年来的努力和一年多实践检验，在预警和预防冲突、缔造与建设和平、维和、人道主义援助、冲突后重建、落实解甲归田计划、在武装冲突中保护妇女权益等方面，联合国系统内各相关机构开展了大量工作，落实了许多具体项目，使妇女地位和作用得到了提高，妇女的正当权益得到了保护和巩固。

然而，我们也看到，妇女、和平与安全问题涵盖了多个层次和方面，涉及多个机构和具有不同特点的冲突局势，目前具体工作中也遇到了一些制度和组织工作中的挑战与不足。在有些冲突局势中，妇女的境遇仍十分悲惨，她们的人身安全尚不能保障，更无法有效参与和平进程和政治生活。中国代表团高度重视这一问题。在此，我愿强调如下几点：

首先，应积极、全面落实妇女、和平与安全领域的已有成果，安理会应从自身角度发挥关键作用。第1325（2000）号决议、去年首脑会议成果文件（大会第60/1号决议）、《北京宣言和行动纲领》以及该领域的一系列成果为我们的工作提出了明确、长期的要求，需要广大成员国和联合国各机构采取集体努力共同贯彻。安理会对维护国际和平与安全负有首要责任，应努力消除冲突根源，加大预防冲突和维和力度，为包括妇女、儿童和平民在内的各弱势群体创造生存和发展的良好环境。各国则需根据本国国情，自行制定国家战略或行动计划，落实上述承诺。

其次，要在和平进程中的各个阶段都重视妇女的地位和作用，就此形成一种重视和尊重妇女的意识和文化。追求两性平等是《联合国宪章》和第1325（2000）号决议中的要求，也是各成员国的义务。要重视妇女在预防冲突、维和、建设和平等不同阶段的特殊需要和关切，也要充分肯定和发掘她们的潜力和作用。妇女应该在和平进程中享有充分的决策权，她们可以为来之不易的和平提供坚定的支持和坚实的基础。重视、尊重妇女的和平进程是有希望的和平进程；重视、尊重妇女的社会制度是成熟和持久的社会制度。建设和平委员会得以设立并顺利开始了实质性工作，承载了各方较高的期待，今后工作中要对冲突后妇女的状况给予一定优先考虑，并鼓励妇女参与建设和平的各项工作。

第三，在联合国改革进程中，应加强联合国机构间在妇女、和平与安全领域的协调、能力建设并优化资源配置。秘书长在联合国系统内落实关于第1325（2000）号决议的《全系统行动计划》是一次有意义的尝试。这项计划涉及数十个联合国机构，涵盖数百项具体行动。希望该计划能够继续落实下去，并与联合国改革进程相结合，使联合国系统内各机构和秘书处内部在制度上和做法上能够更有利于全面落实该决议。联合国大会、经社理事会多年来审议综合妇女问题，有丰富的经验和系统的工作议程。安理会的工作要与之相协调，将重点放在自身职责范围以内，以达到分工明确、重点突出的整体效果。

实现持久和平和长期的社会稳定，不能没有妇女的有效参与。《北京宣言》中曾这样写道："地方、国际、区域和全球的和平是可以实现的，而且是与提高妇女地位密不可分的，因为妇女是发挥领导作用、解决冲突和促进持久和平的根本力量"。十多年后，这项宣言仍具有深刻的指导意义。中国政府一贯重视保护妇女权益、提高妇女地位，积极参加了联合国在妇女领域的各项进程。我们愿与国际社会一道，为进一步落实妇女、和平与安全领域中的各项目标而共同努力。最后，中方支持安理会发表目前各方达成一致的主席声明稿。

（《安全理事会第五五五六次会议临时逐字记录》，2006 年 10 月 26 日，纽约，https://www.un.org/en/ga/search/view_doc.asp?symbol=S/PV.5556&Lang=C）

中国代表在安理会第五七六六次
会议上的发言

S/PV.5766

2007年10月23日星期二上午10时举行

纽约

主席：奥塞–阿杰伊先生（加纳）

刘振民先生（中国）：主席先生，我感谢您来纽约亲自主持今天的会议，感谢秘书长提交的报告（S/2007/567），欢迎秘书长出席今天的会议并发言，我还要感谢格诺副秘书长、玛燕嘉女士和桑德勒女士等的发言。

今年是安理会第1325（2000）号决议通过七周年。该决议在妇女、和平与安全领域具有里程碑意义，奠定了有关各方进行合作的基础。安理会围绕该决议采取了不少后续行动，各有关成员国也根据该决议要求积极采取了相关措施。秘书长于2005年制定了《联合国全系统行动计划》，两年多来，就落实第1325（2000）号决议的各个方面取得了积极进展。

然而，我们需要客观看待目前已经取得的成绩和存在的不足。正如秘书长报告所述，在预防冲突、早期预警、缔造和平、建设和平、维持和平、人道救援、冲突后重建及恢复、实施解甲归田计划、预防及应对各种性暴力等各个领域，都有不同程度的进展。

但各层面的能力建设不足、缺乏足够资金、国际合作与国家行动配合不紧密等各项挑战影响了全面落实第1325（2000）号决议的效果。安理会应进一步重视落实第1325号决议的工作，以推动妇女、和平与安全领域的问题取得全面进展。

为实现这一目标，各方应特别重视以下几方面工作：

首先，安理会可在妇女、和平与安全领域发挥自身独特作用，联合国各机构宜各司其责，并加强协调与合作。保护妇女，提高妇女地位，维护妇女权益，实现男女平等是国际社会的广泛共识，是一项综合性的重要事业，联合国在该领域取得了不少成果。安理会作为维护国际和平与安全的首要机构，要从做好本职工作角度出发，侧重于做好预防冲突、维持和平及冲突后重建等方面的相关工作。联合国大会、经社理事会、人权理事会和建设和平委员会等机构在促进妇女权益方面有各自任务和作用，安理会不应重复或替代它们的工作。

其次，要加强妇女在和平进程各个阶段中的参与，重视她们的地位和作用，为巩固和平及实现持久和平奠定坚实基础。尊重和保护妇女是社会文明和进步的表现，也是一个成熟的社会制度应有的要素。要将尊重和保护妇女贯穿于和平进程的始终，照顾其特殊需要和关切，发掘她们的潜力和作用，赋予她们更多的参与和决策权，并在制度上予以保障。近年来，秘书处在增加女性高官及维和特派团女性团长及职员比例方面采取了不少积极举措，今后需继续努力。

第三，要鼓励各有关国家根据各自国情制定落实第1325（2000）号决议的国家行动计划或策略，联合国及国际社会应提供大力协助。第1325（2000）号决议的全面落实离不开成员国的国家行动，然而最需要采取落实行动的国家，尤其是涉及武装冲突或冲突后国家，往往缺乏落实该决议的能力，而且还面临着各自的特殊情况与困难。国际社会和各捐助方应慷慨解囊，联合国也要提供各种帮助，使有关当事国政府和人民充分发挥自主作用，加强其能力建设，而不是代替其行动或强加于人。

世界首脑会议成果文件强调，妇女的进步是全人类的进步，在和平与安全领域也是如此。对第1325（2000）号决议的全面落实是实现这一目标的重要保障。我们支持秘书长继续落实《联合国全系统行动计划》。我们愿与国际社会一道，为进一步推动在世界范围内落实妇女、和平与安全领域的各项目标共同努力。

（《安全理事会第五七六六次会议临时逐字记录》，2007年10月23日，纽约，
https://www.un.org/en/ga/search/view_doc.asp?symbol=S/PV.5766&Lang=C）

中国代表在安理会第五九一六次会议上的发言

S/PV.5916

2008年6月19日星期四上午10时举行

纽约

主席：赖斯女士/哈利勒扎德先生（美利坚合众国）

刘振民先生（中国）：我要感谢赖斯国务卿来纽约亲自主持今天的会议。我代表杨洁篪部长参加今天的讨论。我想转达杨部长向赖斯国务卿的亲切问候。我要感谢潘基文秘书长的发言，我要感谢联大主席克里姆先生的发言。

安理会通过第1325（2000）号决议近8年。该决议奠定了有关各方在妇女、和平与安全领域进行合作的基础。然而，随着冲突特点的改变及各类复杂因素的交织，该决议尚未得到全面、充分的落实。在当今许多冲突中，妇女仍是最直接的受害者，针对妇女的性暴力问题仍十分严重。

中方谴责冲突中针对妇女的一切暴力行为，包括性暴力行为，敦促冲突各方遵守国际人道主义法和人权法。我们呼吁各国政府调查并惩治那些对妇女犯下罪行的人。我们敦促所有国家采取措施尽早加入《消除对妇女一切形式歧视公约》。我们支持秘书长对维和人员性剥削行为实行零容忍政策，我们希望出兵国加强对维和人员的培训和监督，使联合国有关行为准则得到切实遵守和执行。

在此，我愿就改进武装冲突中保护妇女工作强调以下几点：

第一，安理会可在应对性暴力问题上发挥自身独特作用，但联合国各机构宜加强协调与合作。冲突中的性暴力问题与武装冲突密切相关。安理会作为维护国际和平与安全的主要机构，应重点做好预防冲突、维持和平及冲突后重建等工作，将性暴力问题放在其所处的和平进程和政治局势中综合处理，避免孤立看待该问题，或只关注问题的表面现象。此外，安理会还应加强与大会、经社理事会、秘书处及有关条约机构的协商，以共同努力解决针对妇女的暴力问题。

第二，各国政府在保护本国妇女问题上负有主要责任，国际社会应提供大力协助。落实第 1325（2000）号决议，保护本国妇女的责任首先在于各国政府。然而，无论是冲突中还是冲突后国家，其自身往往面临各类困难，国际社会和各捐助方应慷慨解囊，帮助它们加强能力建设。同时，外部支持应符合《联合国宪章》原则，尊重当事国意愿，避免损害当事国的主权。

第三，要加强妇女在和平进程各个阶段的参与，重视她们的地位和作用。尊重和保护妇女是社会文明和进步的表现，也是一个成熟的社会制度应有的要素。要将尊重和保护妇女权利贯穿于和平进程的始终，照顾其特殊需要和关切，赋予她们更多的参与和决策权。近年来，秘书处在增加女性高官及维和特派团女性团长及职员比例方面采取了不少积极举措，今后需继续努力。

第四，应继续鼓励支持民间社会参与保护妇女的工作。不少非政府组织的同事们，在艰苦的条件下，在实地开展保护妇女权益的活动，他们的工作值得赞赏。中方支持他们在武装冲突中保护妇女问题上继续发挥建设性作用，鼓励他们多与联合国其他机构，特别是那些直接涉及妇女问题的机构保持联系，提出合理建议。

我们高兴地注意到，在赖斯国务卿的亲自指导下，美国代表团在本议题下提交了一项关于消除一切形式性暴力的决议草案，我们支持通过该决议。该决议请求秘书长于 2009 年 6 月 30 日前提交一份关于决议执行情况的报告。在此，我想指出的是，几个月前，第 62 届联大就同一问题通过了第 62/134 号决议，请求秘书长就决议执行情况向第 63 届联大提交报告。为了节约资源、避免重复劳动，我们希望秘书长加强协调，利用好所有信息，向安理会和大会均提交一份高质量的报告。

2005 年世界首脑会议成果文件强调，妇女的进步是全人类的进步，在和平与安全领域也是如此。对第1325（2000）号决议的全面落实是实现这一目标的重要保障。我们支持秘书长继续落实《联合国全系统行动计划》。中国政府一贯重视保护妇女权益和提高妇女地位，我们愿与国际社会一道，为进一步在世界范围内减少性暴力行为，落实妇女、和平与安全领域的各项目标共同努力。

（《安全理事会第五九一六次会议临时逐字记录》，2008年6月19日，纽约，https://www.un.org/en/ga/search/view_doc.asp?symbol=S/PV.5916&Lang=C）

中国代表在安理会第六〇〇五次会议上的发言

S/PV.6005

2008年10月29日星期三上午10时15分举行

纽约

主席：张业遂先生（中国）

主席：我现在以中国代表的身份发言。

我感谢秘书长性别问题特别顾问玛延佳女士、负责维和事务的副秘书长勒罗伊先生、联合国妇女发展基金（妇发基金）执行主任阿尔韦迪女士和"妇女、和平与安全工作组"协调员泰勒女士的发言。

八年前，安理会通过第1325号决议，奠定了国际社会在该领域进行合作的基础。我们高兴地注意到，今年以来，在全球各类政府间机构、区域和次区域组织、会员国和民间社会的共同努力下，妇女在预防冲突、和平谈判、维和及冲突后重建等方面的作用有所加强，性别平等和妇女赋权等观念更加深入人心。

但我们也不得不面对的现实是，随着冲突特点的改变及各类复杂因素的交织，第1325号决议仍有待全面落实。在有些冲突局势中，妇女的境遇仍十分惨痛，她们的人身安全尚不能保障，更无法有效参与和平进程和政治生活。我们高度重视这一问题。在此，我愿强调以下三点：

第一，安理会可在"妇女、和平与安全"问题上发挥自身独特作用，并应加强与联合国其他机构的协调与合作。安理会作为维护国际和平与安全的主要机构，应该加大预防冲突和解决冲突的力度，从根本上使妇女免受战争伤害，最大限度地维护她们的权益。联合国大会、经社理事会、妇女基金会等机构在促进妇女权益方面有着各自的任务和作用，安理会应加强与它们的协调与合作，共同努力处理好有关问题。

第二，要加强妇女在和平进程各个阶段中的参与，重视她们的地位和作用。我们支持妇女参与和平进程各阶段工作，希望有关各方继续努力，为妇女的广泛、深入参与创造有利条件。近年来，秘书处在增加女性高官及职员比例方面采取了不少积极举措，今后需要继续努力。

第三，应该继续鼓励并支持民间社会参与保护妇女的工作。不少非政府组织的同事们，在艰苦的条件下，在实地开展保护妇女权益的活动，他们的工作值得赞赏。中国代表团支持他们在武装冲突中保护妇女问题上继续发挥建设性作用，鼓励他们多与联合国其他机构，特别是那些直接涉及妇女问题的机构保持联系，提出合理建议。

根据英国代表团的倡议，安理会将于本次公开辩论会后通过一项主席声明，要求秘书长于明年10月前继续提交关于第1325号决议落实情况的报告。我们对此表示支持。

需要指出的是几个月前，安理会刚刚通过第1820号决议，要求秘书长就打击性暴力问题提交报告。我们希望秘书处加强内部协调，利用好相关信息，向安理会提交高质量的报告。

（《安全理事会第六○○五次会议临时逐字记录》，2008年10月29日，纽约，https://www.un.org/en/ga/search/view_doc.asp?symbol=S/PV.6005&Lang=C）

中国代表在安理会第六一八〇次
会议上的发言

S/PV.6180

2009年8月7日星期五上午10时30分举行

纽约

主席：约翰·索沃斯爵士（大不列颠及北爱尔兰联合王国）

刘振民先生（中国）：我欢迎潘基文秘书长出席会议并发言。我感谢他依据安理会第1820（2008）号决议提交报告。我们也要欢迎我们的常务副秘书长女士出席会议。

10年前，安理会通过了关于妇女、和平与安全问题的第1325（2000）号决议。去年6月，安理会就打击性暴力问题通过第1820（2008）号决议。这两项决议奠定了安理会在和平与安全领域应对相关妇女问题的基础。近年来，在联合国、会员国、各区域组织和民间社会的共同努力下，性别平等、向妇女赋权、防止和打击性暴力等观念日益深入人心，有关工作取得了不少成果。然而，残酷的现实表明，在当今许多冲突中，女性仍是最直接的受害者，针对妇女的性暴力问题仍很严重。国际社会在保护妇女、维护妇女权益方面仍有很多工作要做。

中国谴责有关武装冲突中针对妇女的一切暴力行为、包括性暴力行为，敦促冲突各方遵守国际人道法和人权法。我们呼吁有关国家政府调查并惩治那些在武装冲突中对妇女犯下罪行的人。我们敦促尚未加入《消除对妇女一切形式歧视公约》的国家尽早加入该公约。我们支持秘书长对维和人员性剥削行为实行"零容忍"政策，希望出兵国加强对维和人员的培训、监督和问责，使联合国有关行为准则得到切实遵守。

在此，我愿就加强武装冲突中保护妇女工作谈几点看法：

第一，安理会可发挥自身独特作用，联合国各有关机构应各司其职，加强协调与合作。秘书长在其报告中分析了性暴力问题的诸多特点，其中最重要的一点就是该问题与武装冲突密切相关。安理会作为维护国际和平与安全的首要机构，要将保护妇女问题放在有关政治局势与和平进程中处理，重点要做好预防冲突、维持和平及冲突后重建等工作，为缓解和消除性暴力营造良好的政治、安全和法制环境。联大、经社理事会、人权理事会、秘书处及有关条约机构也应根据各自职责各有侧重，发挥自己应有的作用。安理会应与上述机构加强沟通与合作，形成整体合力，共同应对。

我们一向不赞成安理会动辄使用制裁或以制裁相威胁，在打击性暴力问题上也需慎用制裁。

第二，在和平进程的各个阶段，应重视妇女的地位和作用，形成重视和尊重妇女的意识和文化。要重视妇女在预防冲突、维和、建设和平等不同阶段的特殊需要和关切，使妇女在和平进程中享有充分的参与权和决策权，为妇女生存和发展创造良好环境。这有助于从根本上改变妇女的弱势地位，切实维护妇女权益。

第三，各国政府在保护本国妇女问题上负有主要责任，国际社会应提供建设性协助。落实安理会有关决议，保护本国妇女的责任首先在于各国政府。各国国情不同，国际社会应尊重当事国政府根据本国情况制定和采取的应对措施，使有关当事国政府充分发挥自主作用。

需要强调的是，无论是冲突中还是冲突后国家，其自身往往面临各类困难，国际社会应在遵守《联合国宪章》原则、尊重当事国意愿的基础上帮助它们加强能力建设。

第四，应继续鼓励支持民间社会参与保护妇女的工作。不少非政府组织的同事们，在艰苦的条件下，在实地开展保护妇女权益的活动，他们的工作值得赞赏。中方支持他们在武装冲突中保护妇女问题上继续发挥建设性作用，鼓励他们多与联合国其他机构，特别是那些直接涉及妇女问题的机构保持联系，提出合理建议。

　　我们注意到，秘书长建议针对苏丹、刚果（金）和乍得问题设立调查委员会，以调查有关性暴力事件，并向安理会提出有效打击有罪不罚问题的建议。我们建议秘书长就此与有关国家进行充分的沟通与协调，事先征得当事国同意。同时，在处理有关性暴力问题上，应注意区分政府的行为与叛军组织的行为。我们敦促有关各方综合、平衡地看待武装冲突中针对妇女的所有暴力行为。

　　安理会在讨论妇女、和平与安全问题时，不仅要将妇女看作是武装冲突中的受害者，更重要的是，要高度重视妇女在和平进程中可发挥的重要作用。去年10月，在中国担任安理会轮值主席期间，安理会围绕妇女在和平进程中的作用进行了认真讨论，取得很好效果。我们希望安理会今后继续重视这一问题。

　　中国政府一贯重视保护妇女权益和提高妇女地位，我们愿与国际社会一道，为进一步在世界范围内减少性暴力行为，提高妇女在有关国家和平进程中的地位、落实妇女、和平与安全领域的各项目标共同努力。

（《安全理事会第六一八〇次会议临时逐字记录》，2009年8月7日，纽约，
https://undocs.org/zh/S/PV.6180）

中国代表在安理会第六一九五次
会议上的发言

S/PV.6195

2009年9月30日星期三上午10时举行

纽约

主席：克林顿女士（美利坚合众国）

　　张业遂先生（中国）：主席女士，首先，我要感谢你亲自主持今天的会议。我要感谢联合国秘书长先生刚才的发言。

　　中国谴责冲突中针对妇女的一切暴力行为，包括性暴力行为，敦促冲突各方遵守国际人道法和人权法。我们呼吁各国政府调查并整治那些对妇女犯下罪行的人。我们敦促所有国家采取措施尽早加入《消除对妇女一切形式歧视公约》。

　　基于上述原因，中国代表团在去年4月安理会通过的第1820（2008）号决议以及刚才通过的第1888（2009）号决议中均投下了赞成票。在此，我们对赖斯大使为决议通过所作的努力以及美国代表团在决议磋商中显示的灵活和建设性态度表示高度赞赏。在此，我愿就改进武装冲突中保护妇女工作强调以下3点。

　　第一，各国政府在保护本国妇女、打击性暴力犯罪问题上负有主要责任。但是，国际社会应该提供大力的援助。落实第1820（2008）号决议及第1888（2009）号决议的责任首先在于各国政府。然而，无论是冲突中还是冲突后的国家，其自身往往面临各类困难。国际社会和各捐助方应该慷慨解囊，帮助它们加强能力建设。同时，我想强调，外部支持应该符合《联合国宪章》的原则，尊重当事国的意愿，避免损害当事国的主权。

　　第二，要加强妇女在和平进程各个阶段的参与，重视她们的地位和作用。要将尊重和保护妇女权益贯穿于和平进程的始终，照顾她们的特殊需要和关切，赋予她们更多的参与和决策权。近年来，联合国秘书处在增加女性高官及维和特派团女性团长及资源比例方面采取了不少积极的举措。我们希望这些努力今后继续下去。

　　第三，应该继续鼓励支持民间社会参与保护妇女的工作。不少非政府组织的同事们在艰苦的条件下，在实地开展保护妇女权益的活动。他们的工作值得高度赞赏。中国支持他们在武装冲突中保护妇女问题上继续发挥建设性作用，鼓励他们多与联合国其他机构，特别是那些直接涉及妇女问题的机构保持联系，提出合理的建议。

　　中国政府一贯重视保护妇女权益和提高妇女地位。我们愿与国际社会一道，为进一步在世界范围内减少性暴力行为，落实妇女、和平与安全领域的各项目标共同努力。

（《安全理事会第六一九五次会议临时逐字记录》，2009 年 9 月 30 日，纽约，https://www.un.org/en/ga/search/view_doc.asp?symbol=S/PV.6195&Lang=C ）

中国代表在安理会第六一九六次会议上的发言

S/PV.6196

2009年10月5日星期一上午10时举行

纽约

主席：范家谦先生（越南）

张业遂大使（中国）：主席先生，我感谢越南政府倡议举行今天的安理会公开辩论会，并感谢你亲自主持今天的这次会议。

主席先生，九年前，安理会通过了第1325号决议，这一具有里程碑意义的文件奠定了国际社会在妇女、和平与安全领域开展合作的基础。安理会围绕该决议采取了不少后续行动，各有关成员国也根据决议要求积极采取了相关措施。妇女已越来越多地肩负起维护世界和平的使命，在世界各地的缔造和平、维持和平及建设和平过程中发挥了重要作用。这正应了中国的一句俗语——"妇女能顶半边天"。

然而，由于冲突特点的改变和各种复杂因素的交织，全面切实落实1325号决议，国际社会仍有许多工作要做。联合国各相关机构、组织间应根据各自授权，分工合作，发挥整体优势，以取得最佳的效果。在此，我愿强调如下两点。

第一，在冲突后和平重建中重视妇女需求并发挥妇女的作用是全面、充分落实1325号决议的重要一环。尊重和保护妇女是社会文明和进步的表现，也是一个成熟的社会制度应有的要素。要将尊重和保护妇女权利贯穿于和平进程的始终，照顾其特殊需求和关切，赋于她们更多的参与权和决策权，并在制度上予以保障。冲突后国家的和平往往比较脆弱，为了实现持久和平和长期的社会稳定，不能没有妇女的有效参与，她们应该在冲突后的和平建设和国家发展进程中享有充分决策权和参与权，她们可以为来之不易的和平提供坚定的支持。

第二，当事国承担着应对冲突后妇女需求、全面落实 1325 号决议的首要责任。世界各地武装冲突的起因、性质各有不同，而最了解当地妇女需求的是当事国政府和人民。冲突后的国家往往百废待兴，面临各类困难。国际社会应慷慨解囊，提供资金、技术等援助，帮助它们加强能力建设。在提供外部支持的同时，国际社会和各捐助方应尊重当事国的意愿，依靠当地政府，充分激发当地妇女的热情，鼓励她们以"主人翁"精神投身和平重建事业。

主席先生，安理会刚刚通过了第 1889 号决议。我们感谢越南代表团在决议起草和磋商过程中做出的努力。第 1889 号决议要求秘书长 2010 年向安理会提交两份报告，一份有关第 1325 号决议落实情况，另一份针对冲突后妇女需求问题。几天前，安理会刚刚通过第 1888 号决议，要求秘书长就打击武装冲突中性暴力问题继续提交报告。我们希望秘书处重视两个决议的要求，加强内部协调，既要避免重复劳动和浪费资源，又要利用好相关信息，向安理会提交高质量的报告。

（《安全理事会第六一九六次会议临时逐字记录》，2009 年 10 月 5 日，纽约，https://www.un.org/en/ga/search/view_doc.asp?symbol=S/PV.6196&Lang=C）

中国代表在安理会第六三〇二次
会议上的发言

S/PV.6302

2010年4月27日星期二上午10时10分举行

纽约

主席：高须先生（日本）

龙舟先生（中国）：我感谢日本倡议举行今天的通报会。感谢秘书长关于武装冲突中性暴力问题特别代表瓦尔斯特伦女士以及秘书长性别问题特别顾问马扬贾女士的通报。

十年前，安理会通过了关于妇女、和平与安全问题的第1325（2000）号决议，这一具有里程碑意义的文件奠定了国际社会在妇女、和平与安全领域开展合作的基础。安理会围绕该决议采取了不少后续行动，各成员也根据决议的要求积极采取了有关措施。性别平等、向妇女赋权、防止和打击性暴力等观念日益深入人心，有关工作取得了显著的成果。

展望未来，要实现第1325（2000）号决议确立的各项工作目标，国际社会仍有很多工作要做。联合国各相关机构、组织应根据各自授权，分工合作，发挥整体优势。

安理会应着力预防和减少武装冲突的发生，从根源上减少冲突给妇女造成的伤害。当事国负有保护本国妇女的首要责任，不仅要重视冲突中和冲突后妇女的特殊需要和关切，而且应使妇女在预防冲突、维持和平、建设和平进程中享有充分的参与权和决策权。国际社会和各捐助方应为有关国家提供资金、技术等援助，帮助它们加强能力建设。

性暴力是某些国家和地区冲突中妇女面临的突出问题之一。中方欢迎秘书长任命瓦尔斯特伦女士为其性暴力问题的特别代表，支持她按照授权积极开展工作。我们希望特别代表和当事国加强沟通与合作，为其解决性暴力问题提供建设性的帮助。我们也希望，联合国打击性暴力的努力与保护冲突中妇女的工作，加强协调，提高效率。

中方欢迎秘书长根据第 1889（2009）号决议的要求向安理会提交报告（S/2010/173），就制定衡量 1325（2000）号决议执行情况的指标提出建议。我们对秘书处所做的大量工作表示赞赏，希望秘书处对有关指标继续加以改进和完善。第 1325（2000）号决议涵盖保护妇女权益、促进妇女参与预防和解决冲突的诸多领域。就某些领域而言，具体执行情况难以用量化的标准进行衡量，在制定和完善相关指标时，要充分考虑这一因素。

此外，鉴于各国的国情不同，发展程度不一，历史文化各异，有关指标也要切实可行，使各国能够结合自身的国情加以灵活的运用。我们希望秘书处在制定和完善相关指标的过程中，充分听取有关各方，特别是广大成员国的意见，以便集中各方智慧，使有关指标最终能为会员国执行第 1325（2000）号决议，提供有益的参考。

（《安全理事会第六三〇二次会议临时逐字记录》，2010 年 4 月 27 日，纽约，https://www.un.org/en/ga/search/view_doc.asp?symbol=S/PV.6302&Lang=C ）

中国代表在安理会第六四一一次会议上的发言

S/PV.6411

2010年10月26日星期二上午10时举行

纽约

主席：卡泰加亚先生（乌干达）

王民先生（中国）：今年是安理会通过第1325（2000）号决议十周年，也是联合国第四次世界妇女大会在北京召开十五周年。安理会就"妇女、和平与安全"问题举行公开会，具有重要意义。

安理会第1325（2000）号决议提高了国际社会对冲突中妇女问题的重视，为国际社会帮助冲突中及冲突后国家保护妇女权益奠定了合作基础。全面落实安理会第1325（2000）号决议，国际社会仍有很多工作要做。我愿强调以下四点。

第一，确保妇女免受武装冲突的伤害要从源头抓起。充分发挥妇女在和平与安全领域的作用对预防和降低冲突具有重要意义。但从根本上防止冲突发生、保护妇女权益，还要靠国际社会致力于开展预防性外交，坚持通过对话、协商等和平方式解决争端，解决冲突产生的根源。

第二，冲突中或冲突后局势的当事国政府对保护本国妇女负有首要责任。国际社会重在向当事国提供帮助，赢得当事国的理解与合作，加强当事国能力建设，包括推进安全部门改革、完善法治及司法救济机制。中方支持秘书长任命更多的妇女担任特别代表，承担政治斡旋或调解任务。

中方谴责将性暴力作为战争手段的行径，在冲突局势中防止性暴力是国际社会的共同责任。中方支持联合国有关机构积极向性暴力的受害者提供必要的帮助。

第三，确保妇女对政治进程、恢复与重建的参与是落实安理会第1325号决议的重要组成部分。妇女有效参与政治进程、民族和解和国家重建，有助于维护冲突后社会稳定，巩固和平成果。在冲突后国家建设中，要赋予妇女更多的发言权和决策权，照顾她们的特殊需要和关切，提供就业机会，保障生活来源。

第四，在妇女与和平与安全问题上，联合国相关机构应根据各自授权分工协作。安理会应关注对国际和平与安全构成威胁的局势，同时我们也要充分发挥联合国大会、经社理事会、人权理事会、联合国妇女等机构的作用，形成合力。

（《安全理事会第六四一一次会议临时逐字记录》，2010年10月26日，纽约，https://www.un.org/en/ga/search/view_doc.asp?symbol=S/PV.6411&Lang=C）

中国代表在安理会第六四五三次会议上的发言

S/PV.6453

2010年12月16日星期四下午3时举行

纽约

主席：赖斯女士（美利坚合众国）

王民先生（中国）：主席女士，今年是安理会通过第1325（2000）号决议十周年。安理会就武装冲突中性暴力问题举行公开会具有重要意义。

中方谴责武装冲突中针对妇女的一切暴力行为，包括性暴力行为，敦促冲突各方遵守国际人道法和人权法。

我们呼吁各国政府调查并惩治那些对妇女犯下罪行的人。我们敦促所有国家采取措施，尽早加入《消除对妇女一切形式歧视公约》。

保护妇女在武装冲突中免遭性暴力，国际社会仍有许多工作要做。我愿强调以下四点。

第一，确保妇女免受性暴力等伤害要从源头抓起。从根本上防止冲突发生才能真正保护妇女的权益。为此，国际社会应致力于开展预防性外交，坚持通过对话、协商等和平方式解决争端，解决冲突产生的根源。

第二，当事国政府对打击性暴力犯罪负有首要责任。国际社会重在向当事国提供帮助，赢得当事国的理解与合作，加强当事国能力建设，包括推进安全部门改革，完善法治及司法救济机制等。

第三，在处理性暴力等涉及妇女和平与安全的问题上，联合国相关机构应根据各自授权，分工协作。

安理会应关注对国际和平与安全构成威胁的局势，同时要充分发挥联合国秘书长特别代表、联合国妇女署等机制的作用，形成合力。

第四，中国支持刚刚通过的第1960（2010）号决议。我们希望秘书长特别代表严格根据安理会授权开展工作，为妥善解决武装冲突中性暴力问题发挥建设性作用。

（《安全理事会第六四五三次会议临时逐字记录》，2010 年 12 月 16 日，纽约，https://www.un.org/en/ga/search/view_doc.asp?symbol=S/PV.6453&Lang=C）

中国代表在安理会第六六四二次会议上的发言

S/PV.6642

2011年10月28日星期五上午9时举行

纽约

主席：奥格武夫人（尼日利亚）

李保东（中国）：中方赞赏尼日利亚召开今天的公开辩论会。我感谢潘基文秘书长的发言。我也认真听取了联合国妇女署执行主任巴切莱特女士、赞比亚常驻代表卡潘布韦大使以及内马特女士的通报。

妇女在冲突局势中容易受到伤害，需要给予特殊关注。妇女为维护国际和平与安全可以做出独特贡献，需要进一步发挥妇女的潜力。安理会通过第1325（2000）号决议，是国际社会保护妇女权益取得的重要进展。全面落实第1325（2000）号决议，国际社会仍有许多工作要做。我愿强调以下四点：

第一，避免和减少妇女遭受武装冲突的伤害，首先要防止战争、减少冲突。安理会负有维护国际和平与安全的首要责任。保障妇女权益，安理会应积极开展预防外交，推动通过对话协商谈判等手段和平解决争端。安理会决议特别是保护平民授权应严格得到执行，以避免造成更多的妇女、儿童伤亡。

第二，确保妇女对预防和解决冲突、恢复和重建的参与，是落实安理会第1325（2000）号决议的重要组成部分。中方支持让妇女为斡旋、调解争端发挥更大作用。我们希望秘书长任命更多的女性特别代表、特使，希望看到更多的女性参与联合国斡旋和调解重大国际及地区热点的努力。

第三，解决冲突和冲突后重建，需要尊重当事国政府及人民的主导权。国际社会可提供建设性帮助，但要坚持《联合国宪章》及不干涉内政原则。保障妇女权益和加强妇女在和平与安全领域的作用，应当充分考虑各国国情及历史、文化差异。"一刀切"的做法不可取。

第四，在妇女、和平与安全问题上，联合国相关机构应该分工协作。安理会应该根据《宪章》的授权，关注对国际和平与安全构成威胁的局势。同时，落实第 1325（2000）号决议也要充分发挥联大、经社理事会、人权理事会等机构的作用。中方赞赏联合国妇女署在国际妇女领域发挥的牵头作用，期待其为落实第 1325（2000）号决议做出更大贡献。

（《安全理事会第六六四二次会议临时逐字记录》，2011 年 10 月 28 日，纽约，https://www.un.org/en/ga/search/view_doc.asp?symbol=S/PV.6642&Lang=C）

中国代表在安理会第六七二二次会议上的发言

S/PV.6722

2012年2月23日星期四上午10时35分举行

纽约

主席：奥欣先生（多哥）

王民先生（中国）：主席先生，我感谢多哥倡议召集今天的公开辩论会，欢迎外长阁下亲自主持今天的会议。我还要感谢瓦尔斯特姆特别代表、苏和副秘书长和阿米娜女士刚才所做的通报和发言。

中国谴责武装冲突中针对妇女的一切暴力行为、包括性暴力行为。我们敦促卷入冲突或介入其中的所有各方均遵守国际人道法和其他相关国际法。在此，我愿强调以下五点：

第一，避免和减少妇女遭受武装冲突的伤害，首先要防止战争、减少冲突。安理会负有维护国际和平与安全的首要责任。保障妇女权益，安理会应积极开展预防外交，推动通过对话协商等和平手段解决争端。安理会决议的授权应得到全面严格执行，避免滥用，更不能采取超越安理会授权的行动。保护平民的行动尤其要防止造成更多的妇女和儿童伤亡。

第二，各国政府在保护本国妇女、打击性暴力犯罪问题上负有主要责任，落实第1820号、1888号、1960号决议及相关主席声明的责任首先在于各国政府。国际社会可为此提供建设性协助，但外部支持应符合《联合国宪章》的宗旨和原则，充分尊重当事国的主权。

第三，要加强妇女在和平进程各个阶段的参与，重视她们的地位和作用，进一步发挥妇女的潜力。中方支持妇女为预防和解决冲突、恢复和重建发挥更大作用。中方支持联合国任命更多的女性高官、秘书长特别代表或特使等，特别是增加来自发展中国家的女性。

第四，妇女问题也是发展问题。从根本上解决包括性暴力在内的诸多问题，应重视促进经济社会发展，消除冲突滋生的根源，实现妇女的全面发展。联合国应积极推动落实千年发展目标，提高对发展中国家的支持援助。对冲突后国家的重建和发展，联合国尤其要给予更大关注。

第五，在处理性暴力等涉及妇女、和平与安全的问题上，联合国相关机构应分工协作。安理会应根据《宪章》的授权，关注对国际和平与安全构成威胁的局势。同时要充分发挥联大、经社理事会、人权理事会、联合国妇女署等机构的作用，争取形成合力。

我们希望秘书长特别代表严格根据安理会授权开展工作，为妥善解决武装冲突中的性暴力问题发挥建设性作用。

（《安全理事会第六七二二次会议临时逐字记录》，2012 年 2 月 23 日，纽约，https://www.un.org/en/ga/search/view_doc.asp?symbol=S/PV.6722&Lang=C）

中国代表在安理会第六八七七次
会议上的发言

S/PV.6877

2012年11月30日星期五上午10时举行

纽约

主席：哈迪普·辛格·普里先生（印度）

王民先生（中国）：主席先生，我感谢埃利亚松常务副秘书长出席今天的会议及所做的发言。我认真听取了联合国妇女署执行主任巴切莱特女士、维和事务副秘书长苏和先生和迪奥普女士的通报。

妇女是创造人类文明的伟大力量。促进性别平等、保障妇女权益不仅关系到妇女的切身利益，也与世界和平与发展密切相关。妇女容易在冲突和冲突后局势中成为受害者。同时，妇女也是预防和调解冲突的重要参与者，以及实现冲突后重建的积极推动者。安理会关于妇女、和平与安全问题的讨论，既要关注在冲突和冲突后局势中保护妇女安全、维护妇女权益，同时也要重视发挥妇女在和平进程中的独特作用，推动妇女为维护国际和平与安全作出积极贡献。

安理会通过1325（2000）号决议，奠定了国际社会在妇女、和平与安全领域开展合作的基础。近年来，在会员国、联合国等国际和区域组织的共同努力下，安理会1325（2000）号决议的落实取得积极进展。关于积极推动落实安理会在妇女、和平与安全领域的相关决议，我愿强调以下四点：

第一，安理会对维护国际和平与安全负有首要责任。安理会要重点做好预防冲突、维护和平与冲突后重建等工作，为保护和促进妇女权益营造良好的政治、安全和法制环境。安理会在审议冲突或冲突后局势时，应将保障妇女和妇女的安全和权益作为需要考虑的重要因素之一。落实安理会在妇女、和平与安全领域的承诺，应严格执行安理会有关决议的授权。安理会的关注重点是冲突或冲突后局势，安理会不是就妇女或人权问题制订普遍标准的合适平台。安理会应加强与联大、经社理事会及人权理事会等机构的合作，各司其职，并加强信息交流和沟通。

第二，会员国政府对保护冲突或冲突后局势中妇女的权益负有首要责任。保障妇女权益、加强妇女在和平与安全领域的作用，应充分尊重当事国政府的主导权。当事国政府根据本国国情，为保障妇女安全和权益制定和采取的应对措施，应予尊重。在落实安理会1325（2000）号决议的过程中，国际社会可在尊重当事国意见的基础上，向当事国提供建设性帮助。

第三，在推动和平进程的各个阶段，均应重视并不断提高妇女的地位和作用。在预防冲突、维持和平和建设和平过程中，要重视妇女的特殊需要和关切，推动妇女在和平进程中享有充分的参与权和决策权，这有助于改变妇女的弱势地位，切实维护妇女权益。中方支持联合国及其秘书处任命更多的女性高官、秘书长特别代表或负责开展斡旋、调解的特使等。

第四，国际社会应加大对妇女发展的重视和支持。妇女发展是实现真正赋权的基础。当前国际发展支持和技术援助远远低于广大妇女的需要。在冲突和冲突后局势中实现妇女发展更是面临严峻挑战。国际社会应切实重视发展中国家的诉求，在尊重"国家所有权"的前提下，提高对发展中国家的妇女发展援助。国际社会在重视加强当事国能力建设的同时，也应注意到妇女团体及民间社会可为预防冲突、建设和平、民族和解等发挥有益的辅助作用。

（《安全理事会第六八七七次会议临时逐字记录》，2012 年 11 月 30 日，纽约，https://www.un.org/en/ga/search/view_doc.asp?symbol=S/PV.6876&Lang=C）

中国代表在安理会第六九四八次
会议上的发言

S/PV.6948

2013年4月17日星期三上午10时举行

纽约

主席：穆希基瓦博女士/恩杜洪吉雷赫先生/卡伊纳穆拉先生（卢旺达）

李保东先生（中国）：中方代表团感谢卢旺达倡议举行今天的辩论会。我欢迎路易丝·穆希基瓦博外长阁下主持今天的会议。感谢潘基文秘书长和班古拉特别代表的通报。中方也认真听取了非政府组织代表的发言。

尊重和保护妇女权益，不仅是人类社会文明进步的体现，也与世界和平与发展密切相关。妇女容易成为武装冲突中各种暴力行为的受害者。这不仅是对妇女权益的严重侵犯，也对全面解决冲突、实现社会重建构成严重挑战。

近年来，联合国会员国及各区域和次区域组织密切合作，为打击武装冲突中的性暴力问题做出积极努力，中方对此表示欢迎。但同时，在当今许多冲突局势中，针对妇女的性暴力问题依然突出。国际社会在维护妇女安全、保障妇女权益方面仍然任重道远。

中国谴责武装冲突中针对妇女的一切暴力，包括性暴力行为，支持全面执行安理会有关决议，敦促冲突有关各方遵守国际人道法和其他相关国际法，切实保护妇女等脆弱群体的安全。在此我愿强调以下三点。

第一，各国政府在保护本国妇女安全和权益方面负有首要责任。冲突局势各不相同。国际社会应支持当事国为保障妇女权益作出努力，并为此提供建设性的帮助。外部支持应充分尊重当事国主权，重点加强当事国能力建设，帮助其解决资金和技术等领域的困难。

第二，联合国应充分发挥自身独特作用，以加强与联合国有关机构的协调与合作。安理会作为维护国际和平与安全的主要机构，应重点做好预防冲突、调解争端及冲突后建设和平工作。为缓解和消除性暴力问题营造良好的政治、安全和法治环境。联大、经社理事会、人权理事会、联合国妇女署等机构应各司其职，同时与安理会密切配合，形成合力。

第三，保障妇女权益、预防和遏制冲突中的性暴力问题需要实现妇女的全面发展。国际社会不能仅关注冲突中性暴力问题的现象、要求加大施压和惩治力度、建立监督机制，也应从消除冲突孳生的根源入手，高度重视促进经济社会发展，真正提高妇女地位，全面实现妇女赋权。

（《安全理事会第六九四八次会议临时逐字记录》，2013 年 4 月 17 日，纽约，https://www.un.org/en/ga/search/view_doc.asp?symbol=S/PV.6948&Lang=C）

中国代表在安理会第六九八四次会议上的发言

S/PV.6984

2013年6月24日星期一上午10时举行

纽约

主席：黑格先生（大不列颠及北爱尔兰联合王国）

　　王民先生（中国）：我欢迎黑格外交大臣来纽约主持今天的会议，还要感谢秘书长潘基文、秘书长冲突中性暴力问题特别代表班古拉女士、联合国难民事务高级特使朱丽女士的通报。我也认真听取了阿尼娃女士的发言。

　　妇女是社会和平、稳定、发展的重要推动力量。促进性别平等，保护妇女权益，是人类社会文明进步的具体体现，也与世界和平与发展密切相关。但在许多武装冲突局势中，针对妇女的性暴力经常作为冲突参与方的战争手段之一，妇女等弱势群体往往成为冲突首当其冲的受害者。武装冲突中针对妇女的性暴力、性奴役等行径，不仅是对妇女权益的严重践踏，也是对人类良知和社会正义的公然挑战，理应受到国际社会的同声谴责和坚决反对。

　　中方强烈谴责武装冲突中针对平民的一切暴力，坚决反对将性暴力作为战争手段和对妇女进行性暴力、性奴役的任何行径。我们支持全面落实安理会有关决议，敦促冲突各方遵守国际人道法和相关国际法，立即停止一切侵犯妇女的暴力行为。在此，我愿强调以下三点。

　　第一，打击武装冲突中性暴力现象要切实尊重国家主权，主要依靠各国的自身努力。各国政府对保护本国妇女权益负有首要责任，落实安理会有关决议，打击冲突中性暴力问题的责任首先在各国政府。国际社会，包括联合国在向当事国提供协助时，应充分尊重当事国的主权，尊重当事国的意愿，尊重当事国政府根据本国国情制定的各项措施，加强与当事国的协商，提供建设性帮助，避免强加于人。

第二，安理会可根据自身职责和优势，为打击武装冲突中性暴力问题发挥积极作用。但安全理事会不是人权理事会，也不是妇女地位委员会。在性暴力问题上，安理会不应侵蚀联合国其他机构的职责。安理会应切实履行维护国际和平与安全的首要责任，重点做好预防冲突、维护和平与冲突后重建等工作，为解决武装冲突中的性暴力问题、保护妇女权益提供良好的政治、安全环境。联合国各机关应各司其职、分工协作，避免重复劳动。

第三，要重视维护妇女安全、遏制冲突中的性暴力问题的根源性问题。要从根本上解决包括性暴力在内的侵犯妇女权益行为，必须实现妇女的全面发展，消除冲突滋生的根源。国际社会应高度重视促进有关国家的经济社会发展，真正提高妇女地位，全面实现妇女赋权。国际社会应加大对冲突国家妇女发展的重视和援助力度，支持当事国政府加强能力建设，提高对有关国家的妇女发展援助，切实提高妇女地位，维护妇女权益。

中方积极参与了有关打击武装冲突中性暴力问题决议草案的磋商，对决议投了赞成票。我们认为，秘书长特别代表及联合国相关特派团等机制，应严格根据安理会授权开展工作。

中方愿与国际社会一道，继续为打击武装冲突中的性暴力问题作出积极努力。

（《安全理事会第六九八四次会议临时逐字记录》，2013 年 6 月 24 日，纽约，https://www.un.org/en/ga/search/view_doc.asp?symbol=S/PV.6984&Lang=C）

中国代表在安理会第七○四四次会议上的发言

S/PV.7044

2013年10月18日星期五上午10时举行

纽约

主席：梅赫迪耶夫先生/穆萨耶夫先生（阿塞拜疆）

　　刘结一先生（中国）：我感谢潘基文秘书长的发言。中方欢迎联合国妇女署执行主任姆兰博－努卡女士、人权高专皮雷女士及非政府组织代表巴利波女士出席今天的会议，认真听取了她们的通报。

　　尊重和保护妇女权益，不仅是人类社会文明进步的体现，也与世界和平与发展密切相关。国际社会既要关注冲突中和冲突后保护妇女安全、维护妇女权益，也要重视发挥妇女在和平进程中的独特作用。为推动妇女真正肩负起维护和平的使命，并在建设和平进程中发挥重要作用，需要联合国相关机构和组织根据各自职责，分工合作，发挥整体优势。我愿强调以下四点：

　　一、各国政府在保护本国妇女安全和权益方面负有首要责任。国际社会应支持当事国为保障妇女权益所作努力，并为此提供建设性帮助。外部支持应充分尊重当事国主权，根据当事国国情和需求，重点加强当事国能力建设，加大援助力度，帮助其解决资金和技术困难。

　　二、安理会应充分发挥自身独特作用，加强与联合国有关机构的协调与合作。安理会作为维护国际和平与安全的主要机构，应重点做好预防冲突、调解争端及冲突后重建等工作，为保障妇女安全和权益营造良好的政治、安全和法治环境。联大、安理会、经社理事会、人权理事会、妇女署等联合国相关机构应各司其职，密切配合，形成合力。

三、加强法治建设是冲突后国家建设和平努力的重要环节，也是维护和保障妇女权益的重要基础。为防止妇女成为冲突中各种暴行的受害者，应确保妇女平等参与安全和司法部门改革进程，并坚持法治建设与政治进程、经济发展、民族和解等平衡推进，为尊重和保护妇女权益提供全面保障。

四、妇女的有效参与是实现持久和平和社会稳定的重要基础。妇女应成为预防和调解冲突的重要参与者，并在冲突后和平建设和国家发展进程中享有充分决策权和参与权。这有助于改变妇女弱势地位，切实维护妇女权益。妇女发展是实现真正赋权的基础，国际社会应通过促进经济社会发展，真正提高妇女地位，推动妇女为维护国际和平与安全作出积极贡献。

（《安全理事会第七〇四四次会议临时逐字记录》，2013 年 10 月 18 日，纽约，https://www.un.org/en/ga/search/view_doc.asp?symbol=S/PV.7044&Lang=C）

中国代表在安理会第七一六〇次
会议上的发言

S/PV.7160

2014年4月25日星期五上午10时举行

纽约

主席：奥格武夫人（尼日利亚）

王民先生（中国）：主席女士，中国代表团感谢尼日利亚倡议举行今天的公开辩论会。我感谢潘基文秘书长和班古拉特别代表的通报。我们也认真听取了非政府组织代表刚才的发言。

近年来，在联合国及国际社会共同努力下，有关冲突当事国在预防和打击性暴力、保护冲突中妇女权利方面取得了积极进展。另一方面，在当今许多武装冲突中，妇女等弱势群体仍是首当其冲的受害者，冲突方将性暴力作为战争手段的作法仍十分突出。这不仅是对妇女权利和尊严的严重侵犯，也是对当事国和平重建和人类良知的粗暴践踏，理应受到国际社会的一致反对。

中方谴责和反对武装冲突中针对平民的一切暴力，包括性暴力行为。我们支持全面落实安理会有关决议，敦促冲突各方遵守国际人道法和相关国际法，立即停止一切性暴力行为，采取具体行动，保护妇女、儿童等脆弱群体的安全及权利。在此我愿强调以下三点：

第一，打击武装冲突中的性暴力现象，主要依靠当事国自身努力。有关国家政府对落实安理会有关决议、打击冲突中性暴力问题负有首要责任。国际社会、包括联合国应充分尊重当事国主权和意愿，重点帮助当事国加强能力建设，解决其资金和技术等领域的困难，并切实体现秘书长报告中强调的"国家自主，国家领导，国家负责"原则，鼓励并支持当事国预防和解决冲突中性暴力问题的努力。

第二，在处理性暴力等涉及妇女、和平与安全问题上，联合国相关机构应各司其职、分工协作。安理会作为维护国际和平与安全的主要机构，应重点做好预防冲突、维护和平及冲突后重建等工作，为缓解和消除武装冲突中的性暴力问题营造良好的政治、安全环境。联大、经社理事会、人权理事会、联合国妇女署等应充分发挥各自优势，与安理会密切协调，形成合力。安理会应严格按照授权处理性暴力问题，避免侵蚀联合国其他机构的职责。联合国特派团在开展安全部门改革、冲突后建设和平等工作时，也应遵守安理会决议授权，与当事国加强沟通与合作。

第三，要重视解决冲突中性暴力的根源性问题。预防和遏制冲突中的性暴力问题，既要加大惩治和监督力度，同时也要从消除冲突滋生的根源入手，促进有关国家实现经济社会全面发展，保持政治安全稳定，真正提高妇女地位，全面实现妇女赋权。国际社会应加大对冲突国家的妇女发展援助，帮助当事国政府实现妇女的全面发展。

（《安全理事会第七一六〇次会议临时逐字记录》，2014 年 4 月 25 日，纽约，https://www.un.org/en/ga/search/view_doc.asp?symbol=S/PV.7160&Lang=C）

中国代表在安理会第七二八九次会议上的发言

S/PV.7289

2014年10月28日星期二上午10时举行

纽约

主席：佩瑟瓦尔夫人／奥亚萨瓦尔先生（阿根廷）

刘结一先生（中国）：中国代表团欢迎阿根廷倡议召开今天的公开辩论会。我感谢潘基文秘书长的致辞，以及联合国妇女署执行主任姆兰博－努卡、维和事务助理秘书长穆莱特的通报。中方也认真听取了联合国人权理事会流离失所者特别报告员和民间社会代表的发言。

明年是安理会就妇女、和平与安全问题通过第1325号决议15周年。该决议通过以来，在广大会员国、联合国机构及区域和次区域组织的共同努力下，第1325号决议的落实取得积极进展。国际社会在全面保护妇女安全，维护妇女各项权益，推动妇女在和平安全领域发挥独特作用等方面取得了重要成果。

与此同时，当前国际安全形势日趋复杂严峻，各种地区冲突此起彼伏，许多地区的平民，特别是妇女迫于战乱流离失所，面对各种暴力和伤害孤立无援，亟需国际社会援手相助。国际社会需要密切协调，共同努力，加强对冲突中妇女的全面保护。我愿强调以下三点：

第一，保护冲突中的妇女安全，需要标本兼治、综合施策。国际社会既要采取有效措施，向受冲突影响的妇女提供全面安全保障、开展人道救援，同时也要大力推进政治进程，促进民族和解，通过对话协商化解分歧，为保障妇女权益创造安全稳定的外部环境。在推进和平进程的各个阶段，应确保妇女享有充分的参与权和决策权，为全面尊重和保障妇女权益提供制度性保障。

第二，联合国机构应加强协调合作，支持各国为保护冲突中妇女所作努力。有关当事国对于保护冲突中的妇女负有首要责任。国际社会应充分尊重当事国的主导作用，并结合当事国需求提供建设性帮助。安理会可与联大、经社理事会、人权理事会、联合国妇女署等机构根据各自职责密切协调，各司其职，形成合力，并充分发挥区域及次区域组织的作用。

第三，促进经济社会全面发展，消除冲突根源，是从根本上保障妇女权益的前提，也有助于加强妇女赋权，推动妇女为促进国际和平与安全作出积极贡献。为帮助有关国家尽快开展冲突后重建，实现妇女发展，国际社会应提高对发展中国家的发展支持和技术援助力度，重点帮助当事国加强能力建设，并注意到妇女团体及民间社会为此发挥的辅助作用。

当前，国际社会正在经历恐怖主义的新一轮回潮。在部分国家和地区，恐怖主义和极端势力肆意横行，给广大平民、特别是妇女造成巨大创伤，并已成为导致妇女流离失所的重要原因之一。国际社会应对此予以高度关注，在应对恐怖主义威胁时密切结合安理会第 1325 号决议，采取有效措施保护妇女免受恐怖和极端势力伤害，并确保妇女全面参与国际社会相关反恐努力。

明年，联合国将全面审议第 1325 号决议落实情况，结合会员国有关实践，总结经验教训，探讨加强保护冲突中妇女安全与权益的有效办法。中方欢迎潘基文秘书长为启动有关审议工作所作努力，将积极支持和参与有关工作，并与各方共同努力，推动联合国在妇女、和平与安全领域工作迈上新台阶。

（《安全理事会第七二八九次会议临时逐字记录》，2014 年 10 月 28 日，纽约，https://www.un.org/en/ga/search/view_doc.asp?symbol=S/PV.7289&Lang=C）

中国代表在安理会第七四二八次
会议上的发言

S/PV.7428

2015年4月15日星期三上午10时举行

纽约

主席：卡瓦夫人（约旦）

刘结一先生（中国）：中方感谢约旦倡议举行今天的公开辩论会。我感谢班古拉特别代表的通报和非政府组织代表的发言。

妇女是维护和平、实现稳定和促进发展的重要力量。保护妇女权益、促进性别平等是人类社会文明进步的体现。但在许多武装冲突局势中，针对妇女的性暴力被冲突方作为战争手段，特别是近年来恐怖和极端势力在一系列地方实施性暴力行为，严重威胁妇女和女童等弱势群体生命安全，引发国际社会高度关注。中方强烈谴责并坚决反对将性暴力作为战争手段及任何对妇女、女童实施性暴力的行径。我们支持国际社会在以下四方面推动解决冲突中性暴力问题：

第一，从根源上解决冲突中性暴力问题。只有实现和平、促进发展才能真正根除冲突中性暴力行为。国际社会应高度重视促进有关国家的经济社会发展，真正提高妇女地位，全面实现妇女赋权。安理会作为维护国际和平与安全的主要机构，应充分使用《联合国宪章》第六章规定，推动通过谈判、斡旋和调解等手段实现和平解决争端，从根源上消除冲突中性暴力的滋生土壤。

第二，切实尊重当事国主权，保障其主导作用。当事国对打击冲突中性暴力行为、保护本国妇女和女童等弱势群体负有首要责任。国际社会应支持有关国家采取"零容忍"政策，打击冲突中性暴力行为。国际社会应切实遵守"国家自主、国家领导、国家负责"原则，充分尊重当事国的主权和意愿，尊重当事国政府根据本国国情采取的各项措施，并为此提供资金、人力、技术等建设性帮助，避免外部强加解决方案。

第三，综合施策，形成合力。安理会应根据自身职责和优势，为打击冲突中的性暴力发挥积极作用。建设和平委员会、联合国妇女署和世界卫生组织等机构应各司其职，分工协作，通过预防冲突、维护和平及冲突后重建，为性暴力受害者提供医疗、法律和心理健康等服务，为保护妇女权益提供良好的政治、安全和社会环境。

第四，加大打击恐怖主义力度。恐怖和极端势力实施性暴力手段残忍，受害群体不断扩大。国际社会应高度重视这一动向，消除冲突中性暴力要与打击恐怖主义紧密结合。

恐怖主义行为，不论发生在何时、何地、何人所为，都必须采取统一标准予以坚决打击。不应该把恐怖主义与特定民族或宗教挂钩。反恐行动应遵循《联合国宪章》宗旨和原则，尊重当事国主权、独立和领土完整，充分发挥联合国和安理会的主导作用，为遭受恐怖威胁的性暴力受害者提供和平、安全的生存环境。

今年是《北京宣言和行动纲领》发表20周年，也是安理会就妇女、和平与安全问题通过第1325（2000）号决议15周年。中方愿以此为契机，继续同国际社会一道，共同营造和平、安全、稳定的国际环境，有效保障妇女和女童权益，早日消除冲突中性暴力行径。

（《安全理事会第七四二八次会议临时逐字记录》，2015年4月15日，纽约，https://www.un.org/en/ga/search/view_doc.asp?symbol=S/PV.7427&Lang=C）

中国代表在安理会第七五三三次
会议上的发言

S/PV.7533

2015年10月13日星期二上午10时举行

纽约

主席：拉霍伊·布雷先生（西班牙）

刘结一先生（中国）：中国代表团欢迎西班牙倡议召开此次公开辩论会，欢迎拉霍伊首相主持今天会议。我感谢潘基文秘书长和联合国妇女署执行主任姆兰博–努卡的通报。中方也认真听取了民间社会代表发言。

今年适逢北京世界妇女大会召开20周年，也是安理会关于妇女、和平与安全问题第1325号决议通过15周年。9月27日，中国与联合国共同倡议举办全球妇女峰会。中国国家主席习近平同140多个国家代表、包括80余位国家元首和政府首脑出席会议。此次峰会是首次在国家领导人层面就妇女问题作出承诺，是继北京世妇会后国际妇女事业发展的又一里程碑，具有开创意义。各国领导人承诺进一步落实北京世妇会成果，对全球妇女事业发展具有重大和深远影响。刚刚通过的第2242号决议也对全球妇女峰会予以积极评价。

在广大会员国、联合国机构和区域和次区域组织努力下，近年来国际社会落实第1325号决议取得积极进展，在推动妇女在和平与安全领域发挥更大作用方面取得重要成果。另一方面，当前国际安全形势仍复杂严峻，地区冲突此起彼伏。面对恐怖和暴力极端主义肆虐，妇女常常受害最深。国际社会在保护冲突中妇女权利方面任重道远。我愿强调以下几点：

一是加大热点问题政治解决，创造有利于妇女发展的国际环境。国际社会要坚定和平发展和合作共赢理念，大力推进有关冲突国家政治进程，促进民族和解，通过对话协商化解分歧，为受冲突影响的妇女提供安全保障和人道救援。同时采取有效措施，确保妇女在和平进程各阶段享有充分参与权，听取她们的呼声和诉求。

二是标本兼治，推动冲突国家实现妇女和经济社会同步发展。国际社会应帮助有关冲突国家积极开展战后重建，重点支持当事国加强能力建设和经济社会发展，消除冲突根源，确保发展惠及包括妇女在内的全体人民，确保妇女平等分享发展成果。国际社会应为发展中国家实现性别平等和妇女赋权提供发展援助和技术支持，注意引导妇女团体和民间社会发挥积极和建设性作用。

三是努力构建和谐包容的社会文化。有关冲突后国家重建时应加强法治建设，致力于消除对妇女的歧视、偏见和暴力行为，努力推动男女平等，从观念上消除有碍妇女和平与发展的根源和土壤，促进冲突后国家社会和谐发展，使社会更具包容性和活力。

四是充分发挥联合国现有机制作用，各司其职，形成合力。安理会应充分发挥维护国际和平与安全的主要职责，重点处理好妇女、和平与安全领域的问题，与联大、经社理事会、联合国妇女署等相关机构根据各自分工加强协调。联合国各机构在处理妇女、和平与安全问题时应重点发挥现有机制作用，挖掘潜力，提高效能，对设立新机制应慎重。

在上月举行的全球妇女峰会上，习近平主席宣布了中国支持全球妇女事业发展的新承诺：一是资金承诺。中国将向妇女署捐款1000万美元，用于支持落实《北京宣言》和《行动纲领》，及2015年后发展议程相关目标；二是项目承诺。今后5年内，中国将采取一系列举措帮助发展中国家解决妇女和女童就医、就学困难，加强对当地妇女培训力度，并在同联合国合作设立的有关基金项下，专门开展支持发展中国家妇女能力建设的项目。这些承诺充分体现了中国为促进全球妇女事业健康发展的坚定决心和实际行动。中方将全面落实习近平主席在全球妇女峰会上所作的新承诺，并与各方一道努力，继续推动落实妇女、和平、安全各项目标，为推进全球妇女事业的更大发展作出不懈努力。

（《安全理事会第七五三三次会议临时逐字记录》，2015年10月13日，纽约，
https://www.un.org/en/ga/search/view_doc.asp?symbol=S/PV.7533&Lang=C）

中国代表在安理会第七六五八次会议上的发言

S/PV.7658

2016年3月28日星期一上午10时举行

纽约

主席：德尔加多女士（安哥拉）

刘结一先生（中国）：中方欢迎安哥拉倡议召开此次会议，感谢德尔加多部长主持此次会议。我也感谢努卡主任、泽里胡恩助理秘书长、卡马乌大使和安东尼奥大使的通报。中方也认真听取了南苏丹妇女组织代表的发言。

当前，国际安全形势复杂严峻，特别是非洲、中东等地区长期受战乱困扰，许多妇女成为暴力冲突和恐怖威胁的受害者。同时，妇女在参与预防和解决地区冲突方面承担越来越重要的责任。国际社会应加强对冲突中妇女权益的保护，更多发挥妇女在预防和解决冲突中的作用。

一要加大对冲突中妇女的保护。国际社会应采取有效措施，向受冲突影响的妇女尽可能提供安全保障。在向冲突地区提供人道救援时，应注重妇女等弱势群体的需求。安理会决议有关保护冲突中妇女的规定必须得到严格执行。联合国维和行动应根据授权协助当事国保障冲突中妇女安全，并切实执行打击性暴力问题的"零容忍"政策。

二是加大地区热点问题的政治解决，重视发挥妇女在解决冲突中的作用。国际社会应大力推进有关冲突政治解决，通过对话化解分歧。应推动妇女成为调解冲突的重要参与者，充分发挥她们的优势，倡导和平文化。联合国维和行动也可不断提高女性任职比例，加强同当地妇女和儿童的沟通。

三要推动妇女为构建和谐包容文化发挥更大的作用。国际社会应支持妇女更多发挥作用，教育青年抵制暴力极端思潮影响，避免受武装团伙和恐怖分子蛊惑。应确保妇女充分参与冲突后重建各阶段工作，积极促进武装分子解武、复员、融入社会，为暴力受害者提供心理辅导和社区支持。

四要推动妇女促进经济社会发展，消除冲突根源。国际社会应加大非洲妇女经济赋权，帮助非洲国家实现减贫，促进经济发展，进一步向非洲妇女提供职业技能培训，加大创业资金扶持，全面提高妇女收入和经济水平，实现非洲大陆工业化和农业现代化，消除冲突产生的根源。

去年9月，中国与联合国共同倡议举办全球妇女峰会。中国国家主席习近平同140多个国家代表，包括85位国家元首或政府首脑出席会议，对全球妇女事业发展产生了重大而深远的影响。中方决定向妇女署捐款1000万美元。今后5年内，中国将采取一系列举措，帮助发展中国家解决妇女和女童就医、就学困难，加强对当地妇女培训力度，并在同联合国合作设立的有关基金项下，专门开展支持发展中国家妇女能力建设的项目。

中方高度重视同非洲开展妇女领域合作，在政治、经济、文化、教育和卫生等领域加大支持非洲妇女力度。中非合作论坛约翰内斯堡峰会《行动计划》提出深化中非妇女务实合作，开展妇女领导人对话。近年来，中国提供的援助涵盖了几乎所有非洲国家。中国还向塞拉利昂、利比里亚等埃博拉疫情严重的西非国家妇女和女童提供大量物资援助，支持非洲全面提升公共卫生体系建设和应急防控能力。

中国将在非洲实施200个"幸福生活工程"和100个乡村"农业富民工程"，合作兴建一批工业园和职业教育中心，为非洲培训20万名职业技术人才。这些合作项目将造福非洲民众，特别是为非洲妇女发展提供新机遇、带来新希望，为解决冲突创造新条件。

中方愿继续同国际社会一道努力，共同促进妇女实现全面发展，推动妇女全面参与政治、经济和社会生活，让妇女为非洲大陆的和平、发展与繁荣贡献更多力量。

（《安全理事会第七六五八次会议临时逐字记录》，2016 年 3 月 28 日，纽约，https://www.un.org/en/ga/search/view_doc.asp?symbol=S/PV.7658&Lang=C）

中国代表在安理会第七七〇四次
会议上的发言

S/PV.7704
2016年6月2日星期四上午10时举行

纽约

主席：德拉特先生（法国）

　　吴海涛先生（中国）：主席先生，中方感谢法国倡议举行今天的公开辩论会。我感谢潘基文秘书长、班古拉特别代表和加玛丽纳洛特别报告员的通报和民间社会代表的发言。

　　当前，地区冲突持续不断，冲突中性暴力问题，包括非法贩运人口特别是妇女和女童问题，日益突出。冲突方通过贩运人口等方式获取资金，将性暴力作为战争手段。妇女和女童等弱势群体首当其冲成为受害者，其生命、安全、健康及尊严受到严重威胁。中方强烈谴责并坚决反对一切形式的武装冲突中性暴力，包括非法贩运人口特别是妇女和女童问题，支持国际社会对此采取零容忍政策，切实落实安理会第2015/25号主席声明，全面解决武装冲突中非法贩运人口特别是妇女和女童问题。中方愿提出以下几点看法。

　　一是停战止乱，尽快实现冲突地区的和平与发展。这将从根源上消除冲突中性暴力，包括贩运人口特别是妇女和女童现象。有关各方应根据《联合国宪章》宗旨和原则，通过对话、协商等手段和平解决争端。国际社会应重视冲突后国家的经济重建和发展，推动实现妇女赋权，全面提高妇女地位，让妇女掌握自身命运，成为促进一国发展的重要力量。

二是加大打击恐怖势力和暴力极端组织。伊斯兰国等恐怖组织利用地区冲突牟利，通过贩运妇女和女童进行性奴役和性剥削获取资金，将其作为战争手段，手段残忍。任何恐怖行为，无论发生在何时何地，何人所为，出于何种动机，都是不可饶恕的罪行。国际社会应切实落实政治承诺，坚持统一标准，坚决打击一切形式的恐怖主义行为，并加强反恐国际协调。

三是充分尊重当事国主权，发挥当事国主导作用。当事国是保护本国国民的主体，应在保护本国妇女、女童，打击冲突中贩运妇女和女童方面承担首要责任。国际社会应支持当事国根据本国国情，制定具体应对措施，有效打击冲突中贩运妇女和女童行为。国际社会也应根据当事国需求，向其提供资金、人力和技术等帮助，加强其打击冲突中贩运妇女和女童的能力建设，使受害者能够获得社会和医疗援助。

四是应加强对冲突中贩运妇女和女童问题的国际合作。当前，冲突中贩运妇女和女童问题已经形成利益链条，涉及来源国、中转国和目的地国等多个国家。只有相关国家和国际组织通力合作，密切协调，才能真正切断这一链条，切实打击这一跨国犯罪行为。同时，冲突中贩运妇女和女童涉及面广泛，包括妇女赋权、儿童保护、教育就业、健康卫生等多个领域。有关国家和国际组织应伸出援手，提供资金和物质帮助。世界卫生组织、联合国妇女署和儿童基金会等机构应向受害者提供医疗、法律和心理健康救助，帮助其更好地重新融入社会。

保护妇女权益，促进性别平等，是人类社会文明进步的具体体现。中国高度重视妇女权益保护。去年9月，中方同联合国妇女署共同举办了全球妇女峰会。国际社会重申对《北京宣言和行动纲领》的庄严承诺。中方愿以落实全球妇女峰会成果为契机，继续同国际社会一道，共同营造和平、安全、稳定的国际环境，有效保障妇女和女童权益，消除武装冲突中性暴力，包括贩运人口特别是妇女和女童现象。

（《安全理事会第七七〇四次会议临时逐字记录》，2016 年 6 月 2 日，纽约，https://www.un.org/en/ga/search/view_doc.asp?symbol=S/PV.7704&Lang=C）

中国代表在安理会第七七九三次
会议上的发言

S/PV.7793

2016年10月25日星期二上午10时举行

纽约

主席：丘尔金先生/扎加伊诺夫先生/伊利切夫先生（俄罗斯联邦）

　　吴海涛先生（中国）：我感谢俄罗斯召开今天的会议，感谢潘基文秘书长、努卡主任的通报，我也认真听取了民间社会代表的发言。

　　近来，在广大会员国、联合国各机构及区域组织的共同努力下，安理会关于妇女、和平与安全问题的决议落实工作取得积极进展。国际社会全面保护妇女安全，维护妇女各项权益，推动妇女在和平与安全领域发挥更大作用，上述努力取得了重要成果。与此同时，国际安全形势复杂严峻，地区冲突此起彼伏。在部分国家和地区，恐怖主义和暴力极端主义威胁不断上升，妇女作为弱势群体，深受其害。国际社会应伸出援手，密切协调合作，全面提升对冲突中妇女的全面保护。我愿强调以下几点：

　　一是推进政治解决地区热点问题，为保障妇女权益创造良好外部环境。国际社会应倡导合作共赢与和平发展理念，协助有关冲突国家推进政治进程和民族和解，推动对话协商化解分歧，确保冲突中妇女免受冲突影响，享受和平红利。在推进和平进程的各个阶段，应确保妇女享有充分参与权和决策权，重视发挥其独特优势，推动妇女成为缔结和平的积极力量。

　　二是推进经济社会全面发展，为加强妇女赋权提供坚实基础。国际社会应帮助有关国家积极开展冲突后重建，支持当事国加强能力建设，促进经济社会发展，更好保护妇女权益。国际社会应积极向发展中国家提供发展援助和技术支持，帮助其推进妇女平等和妇女赋权工作，同时引导妇女团体和民间社会为此发挥积极和建设性作用。

三是推进联合国相关机构合作，形成保护冲突中妇女的合力。安理会应充分发挥维护国际和平与安全的主要职责，重点处理妇女、和平与安全领域的问题，并与联大、经社理事会、建设和平委员会和联合国妇女署等相关机构加强协调。在此过程中，联合国各机构应发挥现有机制作用，提高效能，同时充分发挥区域和次区域组织对保护冲突中妇女的作用。

四是重视打击冲突中性暴力现象，切实保护妇女合法权益。国际社会应高度重视恐怖和极端暴力势力侵害妇女的恶劣行径，予以坚决打击。国际社会应重视发挥当事国主导作用，帮助其全面落实安理会有关决议，提升打击性暴力现象的能力。国际社会应妥善应对恐怖主义威胁，推进国际反恐合作，采取全面措施保护妇女免受恐怖和极端势力伤害。

去年9月，中国与联合国共同倡议举办全球妇女峰会，中国国家主席习近平同140多个国家代表、包括80余位国家元首和政府首脑出席会议。此次峰会凝聚了国际共识，各国领导人承诺进一步落实北京世妇会成果，对全球妇女事业发展产生了重大而深远的影响。习近平主席在峰会上宣布了支持全球妇女事业发展的新承诺，包括向联合国妇女署捐款，以及向发展中国家提供帮助。这些承诺体现了中国致力于促进全球妇女事业健康发展的坚定决心和实际行动，中方正全面落实这些承诺。

作为2016年二十国集团主席国，中国于今年5月在西安举办了题为"平等参与、创新发展"的二十国集团妇女会议，致力于推动妇女平等参与经济发展和全球治理，促进妇女经济赋权。中方愿同国际社会共同努力，继续推动落实妇女、和平与安全的各项目标，为推进全球妇女事业的更大发展作出不懈努力。

（《安全理事会第七七九三次会议临时逐字记录》，2016年10月25日，纽约，
https://www.un.org/en/ga/search/view_doc.asp?symbol=S/PV.7793&Lang=C）

中国代表在安理会第七九三八次会议上的发言

S/PV.7938

2017年5月12日星期五上午10时30分举行

纽约

主席：坎塞拉先生 / 罗塞利先生 / 贝穆德斯先生（乌拉圭）

　　吴海涛先生（中国）：中方感谢乌拉圭倡议举行今天的公开辩论会，欢迎坎塞尔副外长主持此次会议。中方感谢阿明娜·穆罕默德常务副秘书长、迪恩副秘书长的通报，认真听取了民间社会代表的发言。

　　近年来，在国际社会共同努力下，安理会关于妇女、和平与安全问题相关决议落实取得了积极进展。另一方面，当前国际安全形势仍复杂严峻，恐怖主义活动猖獗，广大冲突中国家的妇女儿童受到性暴力威胁。国际社会应对冲突中性暴力问题加大重视，采取切实举措，全面提升对冲突中妇女等弱势群体的保护。

　　一是通过和平手段预防和化解武装冲突，从根源上消除冲突中性暴力行为。国际社会应坚持政治解决热点问题的大方向，通过谈判、斡旋和调解等手段，和平解决争端。在推进和平进程的各个阶段，确保妇女享有充分的参与权和决策权，重视发挥其独特优势，切实解决其安全关切，推动妇女成为缔结和平的主要力量。

　　二是增强当事国打击冲突中性暴力的能力。当事国对预防和打击冲突中性暴力行为、保护本国妇女儿童负有首要责任。国际社会应尊重当事国主权和意愿，尊重当事国政府根据本国国情采取的各项措施，积极向当事国提供建设性帮助，增强其安全、经济、治理等各方面能力建设，推动其落实好有关妇女、和平与安全问题安理会和联大决议。

三是加大打击恐怖主义和跨国有组织犯罪。国际社会应高度重视恐怖组织实施性暴力行为的新动向，坚持统一标准，加强合作，有效打击国际恐怖主义，特别是打击利用互联网及社交媒体从事以性犯罪为目的的恐怖活动、资金筹集、人口贩卖和极端思想传播。相关国家应加强边境管控和执法合作，分享反恐情报资源，切断恐怖分子流动通道。

四是确保联合国各机构形成合力。安理会应充分发挥维护国际和平与安全的首要职责，同联大、经社理事会、建设和平委员会和联合国妇女署等相关机构加强协调，共同处理妇女、和平与安全领域问题。联合国维和行动应继续对维和人员性犯罪采取"零容忍"政策。维和行动出兵国和出警国应继续加强对维和人员相关培训，增强维和人员保护妇女儿童的意识，扩大妇女参与维和行动。

中方愿继续同国际社会一道，共同营造和平、安全、稳定的国际环境，为早日消除冲突中性暴力行为、推进全球妇女事业的不断发展做出更大贡献。

（《安全理事会第七九三八次会议临时逐字记录》，2017年5月12日，纽约，https://www.un.org/en/ga/search/view_doc.asp?symbol=S/PV.7938&Lang=C）

中国代表在安理会第八〇七九次会议上的发言

S/PV.8079

2017年10月27日星期五上午10时举行

纽约

主席：德拉特先生（法国）

申博先生（中国）：主席先生，中方感谢维奥蒂女士、姆兰博－努卡执行主任、米歇尔·让秘书长的通报。我们也认真听取了民间社会代表的发言。

妇女是推动人类进步的重要力量，妇女事业和人类的发展紧密相连。从安理会通过关于妇女和平与安全问题的第1325（2000）号决议开始，国际社会已经为推动妇女在和安领域发挥更大作用构建了良好的框架，也取得了重要的成果和积极的进展。

同时也要看到，当前，国际的安全形势日趋严峻复杂，地区冲突此起彼伏。妇女往往首当其冲，深受其害。国际社会在保护冲突中妇女权利方面仍然任重道远。应该继续作出努力。

一是要加大力度，预防和制止武装冲突。中方支持安理会根据联合国宪章赋予的职责，积极通过政治手段，鼓励对话协商，解决分歧，继续在预防冲突、维持和平等方面发挥更大的作用，为保护妇女提供坚实的保障。国际社会也应该坚定和平发展和合作共赢的理念，在推进和平进程的各个阶段听取妇女的呼声和诉求，确保妇女有效参与，发挥独特的作用。

二是要坚决打击冲突中的侵犯妇女权利的行为，确实保护妇女权益。国际社会应该重视发挥当事国的主导作用，帮助其全面落实安理会的决议，重视妇女等弱势群体的特殊需求，坚决制止武装冲突中的性暴力。国际社会也应该妥善应对恐怖主义威胁，积极探讨有效方法，推进国际反恐合作，采取全面措施，保护妇女免受恐怖和极端势力的伤害。

第三是要在冲突后重建中，加大保护妇女权益。国际社会应该着眼长远，为发展中国家实现性别平等和妇女赋权提供发展援助和技术支持，消除冲突的根源，从根本上保障妇女的权益。应该积极帮助有关国家提高经济社会发展水平，确保发展惠及包括妇女在内的全体人民，注意引导妇女团体和民间社会为此发挥促进作用。

最后，必须要确保联合国机构发挥各自的特长和优势，同各方的努力形成合力。安理会已经就妇女和平与安全问题通过了一系列决议，体现了各方的共识，这些决议应该得到有效落实。安理会、联大、经社理事会、联合国妇女署等相关机构应该根据各自分工，加强协调，并同区域和次区域组织在经验交流、人员培训、当事国能力建设及资金筹措等方面广泛合作，充分发挥现有机制作用，挖掘潜力，提高效能。

中方愿同国际社会一道共同努力，继续推动落实妇女和平与安全的各项目标，为推动全球妇女事业的更大发展作出更大努力。

（《安全理事会第八〇七九次会议临时逐字记录》，2017 年 10 月 27 日，纽约，https://www.un.org/en/ga/search/view_doc.asp?symbol=S/PV.8079&Lang=C）

中国代表在安理会第八二三四次
会议上的发言

S/PV.8234

2018年4月16日星期一上午10时举行

纽约

主席：梅萨－夸德拉先生（秘鲁）

吴海涛先生（中国）：中方感谢秘鲁倡议举行今天的公开辩论会。感谢阿明娜常务副秘书长、秘书长特别代表帕滕女士所作通报。中方也听取了民间社会代表的发言。

当前国际安全形势仍然复杂严峻，武装冲突时有发生，恐怖主义活动猖獗，一些国家和地区的人民仍然生活在战争和冲突的阴影之下，妇女和女童等弱势群体首当其冲成为武装冲突中性暴力的受害者。中方强烈谴责并坚决反对将性暴力作为战争手段，以及任何对妇女、女童实施性暴力的行径。国际社会应采取综合举措，切实加强合作应对这一问题。

一是应推动武装冲突的和平解决，从根源上消除冲突中性暴力的滋生土壤。国际社会应坚持通过外交手段政治解决热点问题，通过谈判、斡旋和调解等方式和平解决争端。应切实落实安理会在妇女、和平与安全领域的有关决议，在推进和平进程的各个阶段，发挥妇女的独特优势，照顾其安全关切，确保妇女享有充分参与权和决策权。

二是应大力支持当事国加强能力建设，以稳定助保护，以发展促平等，切实保障妇女权益。当事国对预防和打击冲突中性暴力、保护本国妇女儿童负有首要责任。国际社会应尊重当事国主权和意愿，尊重当事国政府根据本国国情采取的各项措施，积极向当事国提供建设性帮助，增强其安全、经济、治理等方面能力建设，推动提高妇女地位，全面实现妇女赋权。

三是应坚决打击恐怖主义和跨国有组织犯罪。国际社会应坚决遏制恐怖和极端势力侵害妇女和儿童的恶劣行径，将消除冲突中性暴力同打击恐怖主义紧密结合，坚持反恐统一标准，加强国际协调。相关国家应加强边境管控和执法合作，为遭受恐怖威胁的性暴力受害者提供安全的环境和有尊严的社会氛围。

四是应确保联合国各相关机构工作形成合力。安理会应履行维护国际和平与安全的首要职责，同联大、经社理事会、建设和平委员会和联合国妇女署等机构加强协调，根据自身授权和专业特长，合作应对妇女、和平与安全领域问题。同时应加强与有关区域及次区域组织的合作，发挥其专长和独特优势，为妇女、女童创造良好的生存环境。

中方愿继续同国际社会一道，共同营造和平、安全、稳定的国际环境，为早日消除冲突中性暴力、推进全球妇女事业的不断发展做出更大贡献。

（《安全理事会第八二三四次会议临时逐字记录》，2018 年 4 月 16 日，纽约，https://www.un.org/en/ga/search/view_doc.asp?symbol=S/PV.8234&Lang=C）

中国代表在安理会第八三八二次会议上的发言

S/PV.8382

2018年10月25日星期四上午10时举行

纽约

主席：略伦蒂·索利斯先生/科尔多瓦·索利亚夫人（多民族玻利维亚国）

马朝旭先生（中国）：首先，我感谢玻利维亚作为主席召开此次会议，感谢古特雷斯秘书长、联合国妇女署姆兰博–努卡执行主任的通报。中方认真听取了民间社会代表阿塔拉女士的发言。

60多年前，毛主席曾经说过，妇女能顶半边天。今天中国有14亿人口，其中6亿7千871万为女性。妇女在中国社会经济发展当中发挥着半边天作用，并且为维护国家的和平与安全发挥了不可替代的作用。此次会议的主题很有意义，使我想起了那些为维和事业坚守担当的维和女兵。在地中海之滨的联合国驻黎巴嫩临时部队东区，中国首位外派执行维和任务的女指挥官毛平去年11月被黎巴嫩政府授予杰出女性奖。她带领的中国维和医疗队以妙手仁心在当地远近闻名。他们为当地的老百姓和贫困家庭提供医疗服务，在雪松之国播种着友谊与和平。在距离中国一万多公里的南苏丹，中国赴南苏丹维和步兵营当中有一支由10名女战士组成的战斗班。她们在履行自身职责的同时，为难民营中的孩子们赠送文具、器材，普及女性权益保护知识，给孩子们带去了欢乐和笑容。

目前，在联合国维和任务区服务的2000多名中国维和人员中，有50多名女性。中国参加联合国维和行动近30年来，已有近千人次女性维和人员。这些可敬可爱的维和女兵在自己的岗位上默默地奉献，为维护世界和平贡献着自己的光和热。在此，我们要向所有参与联合国维和行动的女性表示崇高的敬意。

妇女是维护国际和平与安全的重要力量。近 20 年来，安理会通过了关于妇女、和平与安全问题的一系列决议，为在冲突中保护妇女权益、推动妇女在和平与安全领域发挥更大作用构建了良好的框架。女性是战争冲突中的易受害者和弱势群体，也日益成为和平进程的重要参与者、建设者和贡献者。广大女性在预防冲突、维护和平、弥合分歧、融合社群等方面发挥着不可或缺的作用。国际社会应该加强协调合作，充分发挥妇女在维护国际和平与安全方面的重要作用。在此，我愿提出以下几点建议。

一是要就加大热点问题的政治解决，创造有利于女性生存发展的国际环境。国际社会应坚持和平发展、合作共赢的理念，帮助冲突国家早日实现和平稳定。安理会应该根据《联合国宪章》赋予的职责，积极鼓励通过对话协商和平解决争端，为保护妇女提供坚实的保障。应该确保妇女在和平进程各个阶段享有充分的参与权和决策权。

二是要坚决打击冲突中侵犯女性的行为，支持当事国在保护冲突中妇女方面承担首要责任。应坚决制止武装冲突中的性暴力，团结应对恐怖主义威胁，采取全面措施保护妇女免受恐怖和极端势力的伤害，为受冲突影响的妇女提供安全保障和人道救援。国际社会应该充分尊重当事国在上述领域的主导作用，并结合当事国的需求提供建设性的援助。

三是要标本兼治，推动受冲突影响的国家实现妇女和经济社会的同步发展。国际社会应该积极帮助当事国开展冲突后重建，重点加强其能力建设，消除冲突根源，确保发展惠及包括妇女在内的全体人民。国际社会应为受冲突影响的国家实现性别平等和妇女赋权提供支持，注意引导妇女团体和民间社会在和平进程中发挥积极和建设性的作用。

四是要确保联合国各相关机构形成合力。安理会、联大、建设和平委员会、经社理事会和联合国妇女署等相关机构应该根据各自授权，充分发挥自身优势，并加强协调，共同应对妇女、和平与安全领域有关的问题。联合国应该同各区域、次区域组织在妇女、和平与安全领域人员培训、资金筹措等方面增进合作，挖掘潜力，提高效能。近年来，中国国防部同联合国妇女署合作，在北京共同举办了面向女性维和军官的国际培训班，鼓励出兵国积极编配和派遣女性维和军官，进一步提高女性军官执行维和任务的能力与素质。

2015年9月，中国国家主席习近平在联合国主持全球妇女峰会时曾经指出，"没有妇女解放和进步，就没有人类的解放和进步。"中方愿同国际社会共同努力，继续推动落实妇女、和平与安全领域各项目标，为推动全球妇女事业发展不懈努力，共同构建人类命运共同体，共同创造一个对所有女性、所有人更加美好的世界。

（《安全理事会第八三八二次会议临时逐字记录》，2018年10月25日，纽约，https://www.un.org/en/ga/search/view_doc.asp?symbol=S/PV.8382&Lang=C）

中国代表在安理会第八五一四次
会议上的发言

S/PV.8514

2019年4月23日星期二上午10时举行

纽约

主席：马斯先生（德国）

马朝旭先生（中国）：中方强烈谴责在斯里兰卡发生的系列爆炸事件，对遇难者表示深切哀悼，向伤员和遇难者家属表示诚挚慰问。

我欢迎马斯外长阁下来纽约主持此次公开会，感谢古特雷斯秘书长和帕藤特别代表的通报，以及其他通报者的发言。

当前国际安全形势复杂严峻，武装冲突此起彼伏，恐怖主义活动猖獗，妇女和女童等首当其冲成为武装冲突中性暴力的受害者。中方强烈谴责并坚决反对将性暴力作为战争手段，以及任何对妇女和女童实施性暴力的行径。在此，我愿强调以下几点：

一是通过和平手段预防和化解武装冲突，从根源上消除冲突中性暴力的滋生土壤。安理会应根据《联合国宪章》赋予的职责，支持通过政治手段和对话协商解决争端，在预防冲突、维和等方面发挥更大作用，有效打击恐怖主义，为保护妇女提供坚实保障。安理会通过第1325号决议以来，国际社会为妇女、和平与安全问题构建了良好框架，应切实落实安理会有关决议。

二是充分尊重当事国主权和意愿，尊重当事国政府根据本国国情采取的各项措施。当事国在预防和打击冲突中性暴力、保护本国妇女儿童方面负有首要责任。应大力支持当事国能力建设，提供有针对性帮助，增强安全领域和社会治理等各方面能力建设，切实保障冲突中妇女权益。

三是在冲突后重建过程中加大保护妇女权益，尤其是充分考虑冲突中性暴力问题受害者的权利。国际社会应着眼长远，为发展中国家实现性别平等和妇女赋权提供发展援助和技术支持，从根本上保障妇女权益。国际社会应积极帮助冲突后国家提高经济社会发展水平，确保发展惠及包括妇女在内的全体人民。注意引导妇女团体及民间社会为此发挥建设性作用。

四是确保联合国相关机构形成合力。安理会应履行维护国际和平与安全的首要职责，同联大、经社理事会、建设和平委员会等加强协调，根据自身授权和专业特长开展合作。联合国应加强与有关区域和次区域组织的合作，在应对冲突中性暴力方面形成合力。

中方愿继续同国际社会一道，切实加强合作，共同营造和平、安全、稳定的国际环境，有效保障妇女和女童权益，早日消除冲突中性暴力行为，为推进妇女、和平与安全事业发展作出更大贡献。

（《安全理事会第八五一四次会议临时逐字记录》，2019年4月23日，纽约，https://www.un.org/en/ga/search/view_doc.asp?symbol=S/PV.8514&Lang=C）

中国代表在安理会第八六四九次会议上的发言

S/PV.8649

2019年10月29日星期二上午10时举行

纽约

主席：马特基拉先生/潘多尔夫人/马皮萨－恩卡库拉女士（南非）

张军先生（中国）：主席女士，在正式发言之前，我要向你保证，尽管我属于坐在这张桌子旁的三分之一那部分，但是我和我的同事会尽最大努力，促进男女平等，促进妇女事业的发展。

中国代表团感谢古特雷斯秘书长、妇女署执行主任努卡、非盟妇女、和平与安全问题特使迪奥普女士的通报。我也认真听取了埃科莫女士和萨拉赫女士的发言。

中方欢迎安理会刚刚通过第2493号决议，对南非政府和南非常驻团所做努力表示赞赏。

明年是安理会确立妇女、和平与安全议程20周年，也是联合国成立75周年和《北京宣言》和《行动纲要》通过25周年。国际社会应以此为契机，认真回顾和总结妇女、和平与安全领域的成就和不足，为下一步合作找准方向，增加共识。中方愿积极支持和参与第1325号决议落实情况全面审议，与各方共同努力，推动联合国在妇女、和平与安全领域工作迈上新台阶。

多年来，在安理会和各方大力推动下，妇女在和平与安全领域发挥越来越突出的作用，日益成为和平进程的重要参与者和贡献者。越来越多的女性在联合国总部和特派团等担任高级职务，女性维和士兵和警察的数量逐渐增加。

在受冲突影响国家，广大女性在预防冲突、调解斡旋、建设和平等方面发挥着不可或缺的作用，对女性的保护和救助措施也越来越完善。国际社会应继续加强协作，充分发挥妇女在维护国际和平与安全方面的重要作用。

一要坚持通过对话协商政治解决热点问题，创造有利于女性生存发展的国际环境。安理会应切实履行维护国际和平与安全的首要职责，既要采取有效措施，向受冲突影响的妇女提供全面安全保障、开展人道救援，更要大力推进政治进程，促进和平解决争端，使妇女免受战乱之苦和恐怖主义、暴力极端主义危害。

应确保妇女在和平进程各阶段享有充分参与权和决策权，同时参与和平进程的妇女代表应真正反映当地妇女的呼声。

中国维和女兵和医疗队不畏艰苦，在有关冲突地区积极维护和平，帮助和照顾妇女儿童，成为一道道"亮丽的风景线"。

二要标本兼治，消除冲突根源问题，切实加强妇女能力建设，确保其有效参与和平进程。帮助妇女实现平等发展，脱离贫困，接受高质量教育，是她们有效参与和平进程的重要条件。应积极帮助当事国开展冲突后重建，重点加强其能力建设，确保发展惠及包括妇女在内的全体人民。

应为受冲突影响国家实现性别平等和妇女赋权提供支持，提供专项资金，开展支持妇女能力建设项目。长期以来，中国通过中非合作论坛、中阿合作论坛等平台，为有关冲突国家在妇女赋权、反恐、预防冲突等领域提供了大量支持。

中方正积极履行中国国家主席习近平在2015年全球妇女峰会上作出的承诺，在健康、教育、职业技术培训等领域为发展中国家妇女和女童提供帮助。我们将以《北京宣言》和《行动纲要》25周年为契机，深化同各方合作，推动妇女发展事业。

三要充分尊重当事国主权和意愿，确保联合国各机构发挥各自专长，形成合力。当事国在促进妇女有效参与和平进程中负有首要责任，应根据本国国情采取适当措施。

安理会、经社理事会、建设和平委员会和妇女署等相关机构应根据各自授权，充分发挥自身优势并加强协调，共同推动妇女在和平与安全领域发挥重要作用。区域和次区域组织最了解实际情况，可以提供有针对性的解决方案。

应充分尊重非盟、阿盟等有关区域和次区域组织自主权和独特作用，加强政策交流，分享最佳实践。非政府组织开展活动要遵守当事国法律，尊重当事国政府主导权，与当事国充分协商，发挥建设性作用。因此，中方对第 2493（2019）号决议第 6 执行段是有保留的。

关于安理会妇女、和平与安全问题非正式专家小组工作，中方注意到其做出的有关努力。该小组不是安理会的正式机构。任何以安理会名义开展的工作，必须以符合安理会授权和议事规则的方式，尊重安理会所有成员的意见，否则其决定没有权威性和道义约束力。

（《安全理事会第八六四九次会议临时逐字记录》，2019 年 10 月 29 日，纽约，https://undocs.org/zh/S/PV.8649）

图书在版编目（CIP）数据

妇女、和平与安全文件汇编：全二卷 / 李英桃，张

瀚之主编 . -- 北京：社会科学文献出版社，2021.11

（"妇女、和平与安全"研究丛书）

ISBN 978-7-5201-8965-1

Ⅰ.①妇… Ⅱ.①李… ②张… Ⅲ.①妇女儿童权益

保护 - 文件 - 汇编 - 世界 Ⅳ.① D912.709

中国版本图书馆 CIP 数据核字（2021）第 175506 号

"妇女、和平与安全"研究丛书

妇女、和平与安全文件汇编（中国卷）

主　　编 / 李英桃　张瀚之

出 版 人 / 王利民
责任编辑 / 赵怀英
责任印制 / 王京美

出　　版 / 社会科学文献出版社·联合出版中心（010）59366446
　　　　　　地址：北京市北三环中路甲 29 号院华龙大厦　邮编：100029
　　　　　　网址：www.ssap.com.cn
发　　行 / 市场营销中心（010）59367081　59367083
印　　装 / 三河市尚艺印装有限公司

规　　格 / 开　本：787mm×1092mm　1/16
　　　　　　印　张：32.75　字　数：502 千字
版　　次 / 2021 年 11 月第 1 版　2021 年 11 月第 1 次印刷
书　　号 / ISBN 978-7-5201-8965-1
定　　价 / 196.00 元（全二卷）

本书如有印装质量问题，请与读者服务中心（010-59367028）联系